바클레이 성경 주석

로마서 고린도전·후서

바클레이 성경 주석 7

로마서 | 고린도전·후서

1판 1쇄 발행 1971년 7월 15일
개정1판 1쇄 발행 2009년 11월 25일
지은이 윌리엄 바클레이
옮긴이 편찬위원회
발행인 한동인
펴낸곳 (주)기독교문사
등 록 제1- c0062호
주 소 서울 종로구 충신동 5-13
출판부 T. 741-5184~5 F. 744-1634
특판부 T. 744-1633 F. 744-1635
도매부 T. 741-5181~3 F. 762-2234
직영서점 기독교문사
서울 종로구 종로5가 412-2
T. 2266-2117~9 F. 2266-6397

책값은 뒤표지에 있습니다.
ISBN 978-89-466-0425-4 94230
978-89-466-0418-6(전12권) 94230

Web www.kclp.co.kr
e-mail kclp@kclp.co.kr

기독교문사는 독자와 함께 기독교 출판문화를 이끌어 가겠습니다.
공급처 기독교문사 도매부 T. 741-5181~3 F. 762-2234

바클레이 성경 주석 7

로마서
고린도전·후서

기독교문사

The Letter to the Romans, Corinthians

by William Barclay

This translation is published by agreement
with The Saint Andrew Press, Edinburgh.

Chirstian Literature Press
Seoul, Korea

한국어 판에 붙여서

본인의 책이 한국에서 출간될 뿐만 아니라 국경을 넘어서게 되어 말할 수 없이 기쁩니다.

멀리에서 이 책이 출간될 수 있도록 수고해 주신 분들과 애써 번역해 주신 분들에게 깊은 감사를 드립니다.

제가 기도하고 바라는 이 사업이 하나님 나라를 널리 펴는 데 일익이 되고 모든 한국 사람이 예수 그리스도를 구주로 받아들이는 데 큰 도움이 되었으면 합니다.

주후 1971년 8월 6일

글래스고 대학교에서

윌리엄 바클레이

개정판을 내면서

기독교는 말씀의 종교입니다. 말씀은 믿는 자에게 구원을 주는 하나님의 능력입니다. 이 진리는 모든 기독교인의 신앙의 벽이자 지름이며, 성경을 대하는 머릿돌이므로 기독교인은 이 진리를 가슴속에 새겨야 합니다.

이러한 성경관과 철저한 소명의식으로 기독교문사는 반세기가 넘는 세월 동안 말씀 반포와 기독교 양서 보급에 2대에 걸쳐 온 힘을 다해 왔습니다. 《바클레이 성경 주석》 개정판(전 12권)도 이러한 사명과 선교적 책무에 부합한 것이며, 외적으로는 그동안 많은 독자들의 호평과 주문 요청에 순응한 것입니다.

1955년 피난지 대구에서 "문서 출판과 보급을 통한 기독교 문화 창달"을 목적으로 설립된 기독교문사는 처음 시작할 때부터 한국 교회의 강단을 풍요롭게 만들기 위한 출판에 초점을 맞추었습니다. 그 결과 주석의 고전이라 할 수 있는 《매튜 헨리 성경 주석》(전 45권)과 《바클레이 성경 주석》(전 17권)이 발행되었고, 이로써 한국 교회의 대형 주석 시대가 열려 한국 교회 목회자와 신학자, 평신도가 성경을 연구하는 분위기를 조성하는 데 크게 기여했습니다.

1953년 영국에서 처음 출간된 본 시리즈는 1백 만 부 이상의 판매를 기록했고, 국내에서는 본사 주관으로 "바클레이 성경 주석 편찬위원회"를 구성하여 1971년부터 출판하기 시작했습니다. 이후 범교단적으로 많은 목회자들의 소중한 성경 연구서로 사용되어 설교에 큰 영향과 능력을 나타내었습니다.

본 주석의 구성과 특징을 살펴보면, 우선 이 주석은 구성 면에서 단순성이 돋보이며, 본문 해설도 용어화한 것이 특징이자 장점이라 할 수 있습니다. 빈번히 설교해야 하는 목회자와 성경을 더 잘 이해하여 가르치는 일과 생활에 적용하기를 원하는 교사나 평신도 모두에게 유익하고 적시에 활용되도록 기술되어 있습니다. 또 다른 특징은 권위 있는 전문 지식을 토대로 한 해박한 기독교 역사와 문화 정보가 광범위하게 포함되어 있다는 것입니다. 특히 1세기 팔레스타인과 헬라 로마의 역사 · 문화 · 지리적 배경을 해당 본문과 관련하여 소개함으로써 독자의 영적 시각을 넓혀 주고 있습니다. 특징 중 가장 흥미로운 요소는 본문과 연결해 적절하고 풍부한 예화, 예증을 곳곳에서 제공해 줌으로써 목회자는 물론 주일학교 교사, 평신도 모두가 은혜롭게 공감하고 활용할 수 있다는 것입니다.

본 총서의 구성의 핵심이라 할 수 있는 것은, 본문의 역사적 접근 방식을 통한 하나님의 구속사의 통찰적 이해와 독자 각자의 본분을 현실적 삶에 적용하도록 강조하고 그 실천을 독려하고 있다는 것입니다.

이와 같이 《바클레이 성경 주석》은 그 권위, 가치, 공헌 면에서 한국 강단과 성도들에게 영적 풍요로움과 함께 하나님을 아는 지식의 깊이를 더해 주었고, 견고한 신앙의 뿌리의 자양분이 됨으로써 그동안 많은 세월이 흘렀어도 독자들로부터 변함없는 사랑과 관심을 받고 있습니다.

오류와 변질로 혼탁해진 한국 교회 강단에 영적인 풍성함과 깊이가 더해지기를 바라며, 《바클레이 성경 주석》이 설교자들의 성경 연구와 성도들의 신앙을 바르게 하는 데 변함없는 동반자가 되기를 소원합니다.

2009년 1월

기독교문사 대표 한 동 인

번역판을 내면서

전 세계에 널리 알려졌고 많은 목회자와 신학도, 성경 연구에 관심이 있는 평신도까지 지대한 영향과 은혜를 끼친 바클레이 박사의 성경 주석이 좀 늦은 감이 있기는 하나 우리말로 번역되어 나오게 된 것은 참으로 다행한 일이며 하나님께 감사드립니다.

원저자가 말했듯이 본 총서는 현재 신학의 집성을 전문적인 신학 용어가 아닌 평이한 말을 사용해 우리에게 성경의 참뜻을 십분 드러냈습니다. 또한 바클레이 박사의 해박한 지식이 이 총서에 담겨 있음을 쉽사리 발견할 수 있습니다.

우리말로 번역해 출간하는 데 원저자와 출판사의 양해를 얻었고, 더 나아가 호의와 협조를 아끼지 않은 바클레이 교수와 스코틀랜드 장로회 출판국에 깊은 감사를 드립니다.

이 번역판에 대하여 몇 가지 일러 둘 말이 있습니다.

첫째, 원저자는 본문을 헬라어에서 사역을 했는데 본 총서는 저자의 양해를 얻어 현재 우리나라에서 가장 널리 보급된 개역개정성경을 인용했습니다.

둘째, 빠른 출간을 위해 부득이 여러 명이 번역을 했고, 이에 따른 용어를 통일하기 위해 각별히 주의를 했으나 간혹 그렇지 못한 부분이 발견될 수도 있음을 양해 바랍니다.

마지막으로, 이런 거작의 번역 사업이 결코 쉬운 일이 아니고 많은 희생을 각오해야 하는 일인데 물심양면으로 적극적으로 도와주신 기독교문사 한영제 장로님께 교계와 번역위원회를 대신해 심심한 감사를 드립니다.

바클레이 성경 주석 편찬위원회

저술에 즈음하여

"일일 성경 연구 총서(Series of Daily Studies)"는 우연한 계기로 시작되어 출간된 것이라고 말하는 것이 옳을 것 같습니다. 스코틀랜드 교회가 쓰고 있던 총서가 바닥이 나자 곧 다른 총서가 필요했습니다.

본인이 사도행전에 대해 책을 써 달라는 요청을 받았을 때만 해도 그 이상 집필할 생각은 없었으나 한 권이 나오자 다른 책이 연이어 나오게 되었고, 마침내 전 신약성경 주해를 쓸 계획을 세우게 된 것입니다.

각 권으로 나온 주해가 특별한 장점이 있는 것은 아닙니다. 단지 독자가 신약성경과 본문 주해를 어느 곳이나 함께 갖고 다니기에 편리하고, 어느 곳에서나 읽을 수 있도록 한 것입니다.

본인이 주해를 하는 동안 모팻(Moffatt)과 웨이마우스(Weymouth)와 녹스(Knox)의 주석들을 줄곧 참조했으며, 《미국 개정표준역 성경(*American Revised Standard Version*)》, 《20세기 신약성경(*Twentieth Century New Testament*)》, 찰스 킹슬레이 윌리엄스(Charles Kingsley Williams)가 번역한 《쉬운 말 신약성경(*New Testament in Plain Engish*)》이 본문으로 사용되었습니다. 출판을 시작한 이래 본인은 손필드(Hugh J. Schonfield)가 번역한 《정통 신약성경(*Authentic New Testament*)》을 철저히 참조했습니다.

본인에게 이 종서를 처음 시작하게 할 뿐만 아니라 계속하도록 특권을 허락한 스코틀랜드 교회 출판위원회에 심심한 사의를 표합니다. 특히 회장인 존경하는 맥도날드(R. G. Macdonald) 씨와 총무 앤드류 맥코시(Andrew McCosh) 씨의 끊임없는 격려와 지도 편달에 감사를 드립니다.

각 주해서가 연이어 출간됨에 따라 총서에 대한 이념이 뚜렷해졌습니다.

본 총서의 목적은 비전문적인 독자들이 성경을 이해하는 데 유용하게 하려는 것과 신약성경의 가르침이 오늘날의 일상생활과 활동에 부합하도록 하려는 데 있습니다.

이 총서의 궁극적인 목적은 리차드(Richard)의 유명한 기도에 잘 나타나 있습니다.

사람들이 좀더 분명하게 예수 그리스도를 알게 하고,
좀더 극진히 그를 사랑하게 하고,
좀더 가까이 그를 따르게 하고자 함이라.

이 기도가 총서를 만들 수 있게 한 나의 기도입니다.

윌리엄 바클레이

바울 서신에 대한 총론

바울의 편지들

신약성경 가운데서 바울의 편지들은 가장 흥미 있는 문서다. 모든 형태의 문학 가운데서 편지는 가장 개인적인 것이기 때문이다. 고대 헬라의 문예 비평가인 디메트리우스(Demetrius)가 이렇게 썼다. "모든 인간은 그의 영혼을 편지 속에서 나타낸다. 다른 모든 글에서도 저자의 성격을 가려 낼 수는 있으나 서한문에서는 더 말할 수 없이 명백히 가려 낼 수 있다"(디메트리우스, **문장체에 대하여** 227). 우리가 바울에 대해 잘 안다고 생각하는 것은 바울이 상당히 많은 서신들을 남겨 놓았기 때문이다.

이러한 편지들에서 바울은 사랑하는 사람들과 흉금을 털어놓고 이야기하였으며, 오늘까지도 우리는 초대교회의 문제들과 대결하였던 위대한 심령을 찾아볼 수 있고, 잘못된 길에 빠졌을 때라도 그 사람들을 사랑하는 위대한 심령의 고통을 우리는 느낄 수 있다.

바울 서신의 난점

이와 동시에 편지보다 더 이해하기 어려운 문서도 없다. 디메트리우스(**문장체에 대하여** 223)는 아르스토들의 편지를 편집한 아테몬의 말을 인용하였다. 편지란 두 사람이 하는 대화 가운데서 한쪽 사람의 말과 같다고 보기 때문에 아테몬은 편지란 대화와 같은 형태로 써야 한다고 말했다. 좀더 현대적으로 말하면, 편지를 읽는 것이 마치 전화로 이야기를 듣는 것과 같다는 것이다. 따라서 우리는 바울의 편지들을 읽을 때 어려움에 봉착한다. 바울에게 대답을 요청한 편지들을 우리는 알지 못한다. 바울이 처하였던 환경도 우리는 완전히 알지 못한다. 단지 바울의 편지를 통해 바울이 왜 그 편지를 써야 했는지 그 상황을 추측할 뿐이다. 이러한 편지들을 읽을 때 언제나 두 가지 문제점을 갖게 된다. 그 하나는 편지를 이해하는 문제이며, 그보다도 더 심각한 문제는 편지를 쓸 수밖에 없었던 원인이 되는 정황을 이해하지 못하고는 그 편지를 완전히 이해할 수 없다는 것이다. 우리는 항상 그 편지를 쓴 당시 상황을 재구성해 보아야 한다.

고대의 편지들

바울의 편지들이 **서신**(epistles)이라고 불리는 것은 매우 유감스럽다. 바울 서신들은 실제적으로 **서신**이다. 신약성경의 주석에 밝은 빛을 던져 준 것은 **파피루스** 문서들을 발견하고 출판해 온 것이다. 고대사회에서는 대부분의 문서를 **파피루스** 위에 썼다. 파피루스는 나일 강 언덕에 자라는 지초(紙草)의 심지로 만들어졌다. 그 심지들을 차곡차곡 쌓아 놓아 누런 종이의 모양으로 만들었다. 애굽 사막의 모래사장은 이러한 파피루스가 성장하는 데 가장 좋은 곳이다. 파피루스는 매우 약한 것 같아도 수분이 전혀 없는 곳에서도 생존하기 때문이다. 그리하여 고고학자들은 야곱의 쓰레기 더미에서 결혼증서, 법적인 계약서, 국가의 문서 같은 것을 수백 가지씩이나 발견하였는데 무엇보다 흥미 있는 것은 많은 서신들을 발견한 것이다. 이러한 서신들을 읽어 보면 모든 편지에는 어느 정도 일정한 형식이 있었다는 것을 알 수 있다. 그리고 바울의 편지도 고대사회에서 사용하던 편지 형식을 그대로 답습하고 있다는 사실을 발견한다. 여기에 고대사회의 편지가 있다. 그것은 아피온(Apion)이란 군인이 그의 부친 에피마쿠스에게 보낸 것이다. 그는 미세눔이란 곳에서 자신이 폭풍을 헤치고 무사히 도착하였다는 소식을 알렸다.

> "아피온이 그의 아버지가 되시고 주가 되시는 에피마쿠스에게 충심에서 인사를 보내 드립니다. 먼저 당신이 평안하오며, 당신과 제 누이와 그녀의 딸과 제 형제가 만사형통하시기를 빕니다. 저는 위험한 바다에서 안전하게 보호해 주신 나의 주 세라피스(그의 신)에게 감사를 드립니다. 미세눔에 도착하자 저는 시저에게서 황금 세 닢을 여비로 받았습니다. 그리고 모든 일이 순조롭게 진행 중입니다. 경애하는 아버님, 부디 한 줄 글월을 보내 주시기를 청합니다. 우선 당신의 안부와, 둘째로 형제들의 안부를 알고 싶사오며, 셋째로 당신의 손에 키스하게 하소서. 그것은 당신의 은덕으로 저는 잘 지냈으며 앞으로도 더욱 하나님의 뜻 가운데서 속히 승진되기를 바라기 때문입니다. 카피토에게 저의 충심에서 인사를 전해 주소서. 그리고 제 형제들과 세레닐라와 친구들에게도 전해 주소서. 육테몬이 그린 제 작은 초상화를 보내 드립니다. 제 군명(military name)은 안토니오 맥시무스입니다. 당신의 건강을 위해 기도합니다. 세레누드와 다이몬의 소년 아가토스와 갈로니우스의 아들 타르보도 함께 문안을 드립니다"(G. 밀리간, 헬라 파피루스 선집 36).

아피온은 부친에게 보낸 자신의 편지를 쓴 지 1800년 후에 우리가 읽으리라고는 꿈에도 생각하지 못했을 것이다. 이것은 인간의 본성이 쉽사리 변하지 않는다는 것을 보여 준다. 그 젊은이는 속히 진급되기를 원하고 있다. 세레닐라가 누구인지는 몰라도 그가 고향에 남겨 눈 소녀가 아닐까? 그는 집에 있는 사람들에게 고대사회의 사진과 같은 것을 보내고 있다. 그 편지는 몇 개 부분으로 나눌 수 있다. 1) 인사가 있다. 2) 편지를 받는 이의 건강을 위한 기원이 있다. 3) 신에게 드리는 감사가 있다. 4) 특별한 용무가 있다. 5) 끝으로 특별한 인사와 개인적인 안부가 있다. 실제적으로 바울의 모든 편지도 똑같은 형식으로 되어 있다. 이 구분을 바울의 편지에 적용해 보자.

I. 인사 : 로마서 1장 1절, 고린도전서 1장 1절, 고린도후서 1장 1절, 갈라디아서 1장 1절, 에베소서 1장 1절, 빌립보서 1장 1절, 골로새서 1장 1-2절, 데살로니가전서 1장 1절, 데살로니가후서 1장 1절.

II. 기원 : 매번 바울은 그의 편지를 읽을 사람들에게 하나님의 은총이 함께하시기를 기원한다. 로마서 1장 7절, 고린도전서 1장 3절, 고린도후서 1장 2절, 갈라디아서 1장 3절, 에베소서 1장 2절, 빌립보서 1장 3절, 골로새서 1장 2절, 데살로니가전서 1장 2절, 데살로니가후서 1장 2절.

III. 감사 : 로마서 1장 8절, 고린도전서 1장 4절, 고린도후서 1장 3절, 에베소서 1장 3절, 빌립보서 1장 3절, 데살로니가전서 1장 3절, 데살로니가후서 1장 3절.

IV. 특별한 내용 : 서신의 중요한 부분이 특별한 내용으로 채워졌다.

V. 특별한 인사와 개인적인 문안 : 로마서 16장, 고린도전서 16장 19절, 고린도후서 13장 13절, 빌립보서 4장 21-22절, 골로새서 4장 12-15절, 데살로니가전서 5장 26절.

바울은 편지를 썼을 때 모든 사람이 사용하는 형식을 사용하였다. 위대한 학자 다이스만은 바울의 편지에 대해 이렇게 말했다. "바울의 편지는 바울이 썼다고 하는 면에서만 애굽에서 발견되는 보통의 파피루스의 단편들과 다를 뿐이다." 우리가 바울의 편지를 읽을 때 학문적인 노작이나 신학적인 논문을 읽는 것이 아니다. 우리는 한 친구가 다른 친구들에게 보내는 인간적인 기록을 읽는 것이다.

당면한 문제

극소수 예외가 있긴 하지만 바울의 편지들은 대부분 어떤 문제에 당면해 쓴 것이다. 그 편지들은 바울이 평화롭고 고요하게 앉아서 정리한 학문적인 논문이 아니다. 고린도, 갈라디아, 빌립보, 데살로니가에 긴급한 사정이 생겼으며 그러한 긴급한 문제에 당면해 바울은 편지를 썼던 것이다. 바울이 편지를 쓸 때는 후대의 독자들을 조금도 염두에 두지 않았던 것이다. 단지 그 편지를 받아 볼 사람들만 생각했을 것이다. 다이스만은 다음과 같이 쓰고 있다. "바울은 이미 현존해 있던 유대인의 편지 형식에 어떤 새로운 작문법을 첨가하고자 하는 생각은 조금도 없었다. 더욱이 자기 민족이 가진 성 문학을 풍부하게 하고자 하는 생각은 조금도 없었다. 바울은 그 후 자신의 글이 세계 역사에서 차지하게 될 지위를 예측하지 못했다. 자신의 편지가 다음 세대에도 남아 있으리라고 생각하지 못했을 뿐 아니라 더욱이 그것들이 성경으로 만들어지리라고는 꿈에도 생각하지 못했던 것이다."

우리는 언제나 어떤 글이 당면한 문제에 대해 썼다고 해서 일시적인 것으로만 여겨서는 안 된다. 세계적으로 위대한 사랑의 노래는 모두 한 사람을 바라보고 노래한 것이다. 그러나 온 세상 사람들도 그것을 좋아한다. 바울이 편지를 긴급한 위험과 다급한 요구에 대면해 썼다는 바로 그 이유로 여전히 인간에게 감동을 준다. 그리고 인간의 요구와 정황은 변화하지 않기 때문에 하나님께서는 바울의 편지들을 통해 오늘날 우리에게 말씀하신다.

받아쓴 글

바울의 편지들은 다른 한 면에 대해서도 주목할 필요가 있다. 바울은 당시 사람들과 똑같이 행동하였다. 보통 때는 자신이 펜을 들고 편지를 쓰지 않았다. 비서에게 자신이 부르는 대로 받아쓰게 했다. 그리고 구술이 끝난 뒤에는 자신의 편지가 틀림없다는 보증으로 친서하였다. 우리는 실제로 바울의 편지를 대서한 사람들 중 어떤 이름을 알고 있다. 로마서 16장 22절을 보면 비서 더디오가 편지를 끝내기 전에 자기 자신의 인사를 슬며시 삽입한 것이 있다. 바울은 고린도전서 16장 21절에서 다음과 같이 말했다. "나 바울은 친필로 너희에게 문안하노니…"(골 4:18; 살후 3:17 참조). 이러한 사실은 많은 것을 말한다. 어떤 때는 바울의 문장이 이해하기 곤란하다. 그의 문장이 시작은 있으나 끝이 없을 때가 있으며, 문법에 어긋나고 문장이 뒤섞여 있을 때가 있기 때문이다. 우리는 바울이 책상 앞에 조용히 앉아 문장을 하나하나 다듬어 가면서 썼다고 보아서는 안 된다. 우리는 그의 비서가 바울의 말을 받아쓰고 있는 동안 좁은 방안에서 이리저리 왔다 갔다 하며 말을 하는 바울을 생각해야 한다. 바울이 편지를 작성할 때 그의 마음은 자신의 편지를 받을 사람들의 환상들로 가득 채워졌던 것이다. 그리고 그들을 도와주고자 하는 그의 열심이 독자들에게 전해지도록 그 글 속에 자신의 심정을 집어넣게 했다. 바울의 편지들은 학자의 서재에서 주의 깊게 학문적으로 쓴 작품이 아니다. 바울의 편지들은 살아 있으며, 생명력이 넘치며, 편지를 읽을 친구들의 마음에 그의 마음에서 쏟아 넣어 주는 폭포수와 같은 말들로 가득하다.

바클레이 성경 주석

로마서

머리말

《로마서》가 신약에서 가장 위대한 책이라고 생각하는 사람들이 많이 있습니다. 물론 어느 책도 신교 신학에 이보다 큰 영향을 끼친 책은 없고, 바울 사상의 본질을 이보다 많이 내포하고 있는 책은 찾아볼 수 없는 것이 사실입니다.

바울이 《로마서》에서 사람들을 기독교 신앙의 오묘한 진리 속으로 이끌고, 아주 열정적으로 글을 써 나갔기 때문에 가끔 그의 실마리를 풀어 나가기 어려울 뿐만 아니라 이해하기도 무척 힘이 듭니다. 그러나 이 책을 연구하고 이해하기 어려운 만큼 연구의 보상도 고귀한 것입니다. 본인은 이 놀라운 책을 연구하는 데 정신적 노력을 아끼지 않는 사람들이 많아지기를 바랍니다.

다행히 《로마서》는 주석한 사람들이 많습니다. 《I. C. C. 주석(*International Critical Commentary*)》에 수록된 샌디(W. Sanday)와 헤들람(A. C. Headlam)의 주석은 가장 훌륭한 주석 중 하나입니다. 《모팻 주석(*Moffatt Commentary*)》에 수록된 다드(C. H. Dodd)의 주석은 그 시리즈 가운데 가장 잘 된 두 주석 중 하나로 한 줄도 빛나지 않는 것이 없을 정도입니다. 《스피커스 주석(*Speakers Commentary*)》에 수록된 기포드(E. H. Gifford)의 《로마서》 주석은 큰 도움이 되었습니다. 《클라렌든 성경(*Clarendon Bible*)》에 수록된 커크(K. E. Kirk)가 쓴 소책자도 모든 면에서 훌륭합니다.

해설자를 위한 헬라어 성경 중 제임스 대니(James Denny)의 저서는 그의 저작 중 가장 훌륭한 것입니다. 칼 바르트(Karl Barth)의 주석은 신기원을 기록했습니다. 최근 영어로 번역된 안델스 뉘그렌(Anders Nygren)의 《로마서》 주석은 오늘날 가장 훌륭한 주석 중 하나입니다. 이 모든 책이 항상 내 곁을 떠나지 않았고, 특히 다드, 샌디, 헤들람에게는 말할 수 없이 많은 빚을 지고 있습니다.

《로마서》 번역은 특히 어렵습니다. 모팻과 《미국 개정표준역 성경(*American Revised Standard Version*)》, 필립스(J. B. Phillips) 번역 등이 늘 인용되었습니다. 그러나 뜻을 명확하게 하기 위해 빈번히 직역보다는 의역을 하지 않으면 안 되었습니다다..

이 책을 쓰는 동안 줄곧 바울과 함께 생활해 온 것은 좋은 경험이었습니다. 그리고 오늘날 바울의 복음의 정수에 도달하기를 원하는 독자들에게 바울 사상이 이 책을 통하여 비쳐졌으면 하는 바람을 가져봅니다.

1955년 11월

글래스고, 트리니티 대학에서

윌리엄 바클레이

| 차례 |

개정판을 내면서 6
번역판을 내면서 8
저술에 즈음하여 10
바울 서신에 대한 총론 12
머리말 20
서론 27

01

1:1-7	소명, 복음, 임무 _ 39
1:8-15	위대한 예의 _ 43
1:16-17	자랑할 기쁜 소식 _ 47
1:18-23	하나님의 진노 _ 53
1:24-25	어찌할 수 없는 인간들 _ 59
1:26-27	수치스러운 세대 _ 61
1:28-32	하나님을 떠난 생활 _ 64

02

2:1-11	특전의 의무 _ 72
2:12-16	불문율 _ 77
2:17-29	진정한 유대인 _ 79

03

3:1-8 성실한 하나님과 불성실한 인간 _ 85
3:9-18 그리스도가 없는 세계 _ 89
3:19-26 하나님과 화해하는 유일한 길 _ 91
3:27-31 마지막 인간 공적의 길 _ 96

04

4:1-8 하나님의 말씀을 그대로 믿는 신앙 _ 99
4:9-12 믿는 자의 조상 _ 103
4:13-17 모든 것이 은총에서 _ 105
4:18-25 불가능을 가능케 하시는 하나님을 믿음 _ 108

05

5:1-5 하나님과 함께하는 생활 _ 111
5:6-11 사랑의 마지막 증거 _ 115
5:12-21 파멸과 구원 _ 118

06

6:1-11 살기 위해 죽는다 _ 124
6:12-14 신앙의 행위 _ 129
6:15-23 독점 소유 _ 131

07

7:1-6 새로운 충성 _ 136

7:7-13 심한 죄성 _ 138
7:14-25 인간의 상황 _ 142

08

8:1-4 인간 본성의 해방 _ 147
8:5-11 삶의 두 원칙 _ 151
8:12-17 하나님과 가족이 되다 _ 153
8:18-25 영광스러운 소망 _ 156
8:26-30 모든 것은 하나님의 것 _ 159
8:31-39 끊을 수 없는 사랑 _ 164

09

유대인의 문제 _ 170
9:1-6 비극적인 실패 _ 175
9:7-13 하나님의 선택 _ 179
9:14-18 하나님이 지상에서 가지신 뜻 _ 182
9:19-29 토기장이와 진흙 _ 184
9:30-33 유대인의 잘못 _ 187

10

10:1-13 그릇된 열심 _ 190
10:14-21 핑계하지 못함 _ 195

11

11:1-12 마음이 굳어짐 _ 200

11:13-24 돌감람나무—특전과 경고 _ 204
11:25-32 모든 것이 자비로 인함 _ 208
11:33-36 찬양하는 마음의 부르짖음 _ 212

12

12:1-2 진정한 예배와 근본적인 변화 _ 214
12:3-8 한 사람이 모두를 위하여, 그리고 모두가 한 사람을 위하여 _ 218
12:9-13 현실에서 기독교 생활 _ 223
12:14-21 기독교인과 그의 이웃 _ 228

13

13:1-7 기독교인과 국가 _ 232
13:8-10 갚아야 할 부채와 갚을 수 없는 부채 _ 236
13:11-14 시간의 경고 _ 238

14

14:1 남의 의심도 존중하라 _ 243
14:2-4 타인의 견해를 용납하라 _ 246
14:5-6 한 목적을 위한 여러 가지 방법 _ 248
14:7-9 불가능한 고립 _ 250
14:10-12 심판 아래 있는 인간들 _ 252
14:13-16 인간과 그의 이웃의 양심 _ 254
14:17-20 기독교인의 자유와 위험 _ 256
14:21-23 약한 형제를 존중함 _ 259

15

15:1-6 기독교인 친교의 표시 _ 262
15:7-13 모든 것을 포용하는 교회 _ 265
15:14-21 언어가 사람을 나타냄 _ 269
15:22-29 현재와 미래의 계획 _ 272
15:30-33 위험에 대비 _ 274

16

16:1-2 천거의 편지 _ 277
16:3-4 하나의 교회를 이룬 가정 _ 279
16:5-11 이름을 불러 따로 천거하다 _ 282
16:12-16 숨긴 낭만 _ 284
16:17-20 마지막 사랑의 간청 _ 288
16:21-23 인사말 _ 290
16:25-27 마지막은 찬양으로 _ 291

로마서

서론

특이한 서신

바울의 **로마서**와 기타 서신 간에는 명백한 차이가 있다. **고린도서**를 읽고 난 후 로마서를 읽는 사람은 누구나 그 차이를 즉시 느낀다. 분위기와 방법에서 차이가 있다. 그 차이의 주요 이유는 다음의 근본적인 사실에 기인한다.

바울이 로마 교회에 편지를 썼을 때 자신이 교회 설립에 전혀 관여하지 않은 곳이며 직접적인 관련이 없는 교회에 편지를 썼다고 하는 사실이다. 그것은 또 다른 서신에는 꽉 차 있는 세부적인 실제 문제들이 **로마서**는 왜 그렇게 적은지를 설명해 주기도 한다. 그래서 **로마서**가 첫눈에는 그렇게 비인격적인 것같이 보인다. 디벨리우스(Dibelius)가 말했듯이 "로마서는 바울의 모든 서신 중 그 당시 영향을 가장 적게 받은 것이다".

다른 말로 표현하면 **로마서**는 바울의 서신 중 신학 논문에 가장 근사하다고 할 수 있다. 여타의 바울 서신에서는 대부분 어떤 직접적인 문제, 긴급한 환경, 현재의 잘못, 위협적인 위험 등 그가 편지하는 교회를 위협하는 문제들을 다루었다. 그러나 **로마서**는 직접적인 주위 환경과 동떨어져서 바울 자신의 신학적 입장의 조직적 설명에 가장 가까운 것이다.

유언적이며 예방적이다

상기와 같은 이유로 유명한 학자 두 사람이 **로마서**에 그 성격을 잘 설명해 주는 두 개 형용사로 각각 그 특성을 나타냈다. 샌디는 **유언적**이라고 했다. 그것은 마치 바울이 자신의 신학적 유언을 쓰는 것 같고, 그의 신앙의 궁극적인 요소를 **로마서**에 쏟아 넣는 것 같은 것이다. 로마는 당시 가장 큰 도시였고 인류 역사상 가장 컸던 제국의 수도였다. 바울은 그곳에 가 본 적이 없었고, 앞으로 그곳에 가 볼 수 있을는지 없을는지조차도 몰랐다. 그러기 때문에 그는 그런 도시 안에 있는 교회에 편지하는 데는 그의 생사를 좌우하는 신앙의 핵심을 그들에게 제시하는 것이 타당했던 것이다. 버튼(Burton)은 **로마서**를 **예방적**이라고 했다. 예방이란 감염되지 않게 방지해 주는 것을 의미한다.

바울은 기독교 신앙의 그릇된 사상, 비뚤어진 생각, 오도된 개념 등이 어떤 해와 말썽을 가져왔는지를 너무나 많이 보아 왔다. 그래서 그는 세계의 중심인 이 도성 안에 있는 교회에 편지를 보내어 악영향이 올 때 그 편지가 진정한 기독교 교리 안에서 강력하고 효과적인 방비책을 발견할 수 있도록 성도들의 신앙 구조를 형성할 수 있게 하기를 바랐던 것이다.

바울이 로마에 편지를 쓰게 된 동기

전 생애를 통해 바울은 로마에 대한 생각이 그의 마음에서 떠난 적이 없었다. 로마에 가서 전도하는 것이 항상 그의 꿈이었다. 그가 에베소에 있을 때 또다시 아가야와 마게도냐를 지나가려고 계획했다. 그 바로 다음에 분명히 진심에서 우러나오는 말로 보이는 구절이 나온다. "내가 거기 갔다가 후에 **로마도 보아야 하리라**"(행 19:21). 예루살렘에서 그가 난관에 봉착했고 종말이 가까워진 것같이 보였을 때 항상 그의 마음에 용기를 주는 한 환상을 보았다. 그 환상에서 주께서 그의 곁에 서서 "담대하라 네가 예루살렘에서 나의 일을 증언한 것같이 로마에서도 증거하여야 하리라"(행 23:11)고 하셨다.

본서 첫 장에 로마를 보고자 하는 바울의 욕망이 잘 나타나 있다. "내가 너희 보기를 간절히 원하는 것은 어떤 신령한 은사를 너희에게 나누어 주어 너희를 견고하게 하려 함이니"(롬1:11). "그러므로 나는 할 수 있는 대로 로마에 있는 너희에게도 복음 전하기를 원하노라"(롬 1:15).

로마라는 이름이 바울의 마음에 새겨졌다고도 말할 수 있을 것이다. 바울이 실제로 **로마서**를 기록한 때는 주후 58년경이고 그가 고린도에 있을 때였다. 그때 그는 마음에 중요하다고 생각되는 한 계획을 완성할 단계에 있었다. 예루살렘 교회는 모든 교회의 모교회였지만 빈곤했다. 그래서 바울은 예루살렘 교회를 위해 새로 세운 교회들에서 헌금을 모았다(고전 16:1 이하; 고후 9:1 이하). 그 헌금에는 두 가지 의미가 있다. 그의 새 개종자들이 기독교인의 자선심을 기독교인의 행동으로 옮길 수 있는 기회라는 것, 그리고 모든 기독교인에게 기독교회의 일치를 나타내고, 그들에게 그들이 고립되었거나 홀로 독립된 회중의 일원이 아니라 한 지체가 기타 모든 지체에 대해 책임을 가지고 있는 한 커다란 교회의 일원임을 가르쳐 주는 가장 적합한 기회라는 것이었다.

바울이 **로마서**를 기록했을 때는 그가 예루살렘 교회에 보내는 선물을 가지고 막 떠나려 하고 있을 때였다. "그러나 이제는 내가 성도를 섬기는 일로 예루살렘에 가노니"(롬 15:25).

본 서신의 목적

그러면 왜 그런 때 바울은 본 서신을 써야만 했을까?

1. 바울은 예루살렘 여행이 위험하다는 것을 알고 있었다. 그는 그곳에 자신을 대적하는 자가 있다는 것을 알고 있었고, 예루살렘에 간다는 것은 생명과 자유를 내걸고 모험을 하는 것이었다. 그가 이 모험을 하기 전에 로마 교회에 기도를 구했다. "형제들아 내가 우리 주 예수 그리스도와 성령의 사랑으로 말미암아 너희를 권하노니 너희 기도에 나와 힘을 같이하여 나를 위하여 하나님께 빌어"

(롬 15:30-31). 바울은 이 모험적인 일을 시작하기 전에 로마 교회의 기도를 동원한 것이다.

II. 바울은 마음속에 타오르는 큰 계획이 있었다. 바울은 "항상 저 너머에 있는 지역 생각으로 머리가 꽉 찼었다"라는 말이 있다.

그는 결코 배의 닻을 내렸다고는 생각하지 않고, 오히려 배를 저어 바다 저 건너편 사람들에게 복된 소식을 가져가기 원했다. 그는 산비탈을 저 멀리 바라만 보고 있는 것이 아니라 그 산을 넘어 십자가 이야기를 한 번도 들어 보지도 못한 사람들에게 가져가기를 원했다. 그때 바울은 서바나 생각에 사로잡혀 있었다. "언제든지 서바나로 갈 때에 너희에게 가려는"(롬 15:23) 계획이었다. "그러므로 내가 이 일을 마치고… 너희에게 들렀다가 서바나로 가리라"(롬 15:28). 무엇 때문에 서바나로 가려는 큰 계획을 세웠을까? 로마는 서바나 길을 열었다. 서바나에는 오늘날까지도 로마의 도로와 건물의 잔재가 남아 있는 것이 있다. 우연히도 바로 당시 서바나에서는 위인들이 불길같이 일어나고 있었다. 당시 로마 역사와 문학에 이름을 남긴 많은 위인들이 서바나인이었다. 풍자시의 거장 마샬(Martial)이 있었다. 또 서사시인 루칸(Lucan)도 있었다. 그밖에 로마 문학사의 대가들인 콜루멜라(Columella)와 폼포니우스 멜라(Pomponius Mela) 등도 있었다. 로마의 대웅변가 퀸틸리안(Quintilian)도 서바나인이었고, 네로의 선생으로 로마 제국의 총리대신을 지낸 로마의 스토아 철학자 세네카(Seneca)가 있었다.

바울의 생각이 이렇게 청사에 빛나는 위인들을 배출하는 서바나로 미치게 되는 것은 아주 당연한 일이다. 그런 사람들이 그리스도를 위하여 어떤 변화를 가져온다면 무슨 일이 생길까? 서바나는 당시 기독교로서 빼놓을 수 없는 목표였다. 우리가 아는 한 바울은 그곳에 가지 못했다. 그러나 바울이 로마서를 기록했을 때는 그것이 꿈이었다. 또한 바울은 전략가였다. 그는 대지휘관같이 활동 범위에 대한 일가견을 갖고 있었다. 그는 그때쯤에는 소아시아 지방에서 더 나아갈 수 있으며, 얼마 동안 헬라를 떠나 있을 수 있다고 생각했다. 그의 앞에 기독교로서는 처녀지인 서방 국가들이 즐비하게 있는 것을 보았다. 그러나 그가 서방에서 일을 시작하려면 한 가지 필요한 것이 있었다. **그것은 작전기지다.** 그는 사령부가 필요했다. 그는 자신의 편지를 써서 보낼 수 있는 장소가 필요했다. 이를 위해서는 단 하나의 기지밖에는 없는데, **그것은 로마였다**. 그것이 바울이 로마서를 기록한 이유다.

그는 거대한 계획을 갖고 있었다. 그는 새 사업의 기지로서 로마가 필요했다. 그는 로마 교회가 자신의 이름을 알고 있으리라는 것을 의심치 않았다. 그러나 바울은 실질적인 사람이었기 때문에 로마에서 알고 있는 자신에 대한 이야기가 일정하지 않다는 것도 알고 있었다. 그와 대적하는 자들은 바울에 대한 중상모략과 허위 비난을 퍼뜨리는 것을 별로 나쁘다고도 생각하지 않는 사람들이었다. 그래서 그는 로마 교회를 위해 자신의 신앙의 공수를 설명하였고, 그리하여 행동할 때가 오면 로마 안에 공명해 주는 교회를 가지고 거기서부터 사바나와 서방 지역으로 서신을 보낼 수 있을 것이라고 생각했다. 바울이 주후 58년에 고린도에서 로마 교회로 이 편지를 쓰게 된 계획과 의도는 그러하였던 것이다.

서신의 개요

로마서는 매우 복잡한 동시에 주의 깊게 구성된 편지다. 그러므로 이 서신의 개요에 대한 지식을 갖고 있으면 본 서신을 이해하는 데 도움이 될 것이다.

본 서신은 네 부분으로 뚜렷이 구분할 수 있다.

1. 1–8장 : 의에 대한 문제를 다룸
2. 9–11장 : 선민 유대인 문제를 다룸
3. 12–15장 : 실생활 문제를 다룸
4. 16장 : 뵈뵈의 소개와 마지막 인사

I. 바울이 "의"라는 단어를 쓸 때는 "하나님과 올바른 관계"를 의미한다. 의로운 사람은 하나님과 올바른 관계를 갖고 있고 그의 생활이 이를 증명하는 사람이다.

바울은 이방 세계를 훑어보는 것으로 시작한다. 이방 세계가 의에 대한 문제를 해결하지 못했다는 것을 알려면 우리는 단지 그 이방 세계의 부패와 타락상을 보기만 하면 충분하다. 다음에 유대 세계로 넘어간다. 유대인은 의의 문제를 율법에 대한 빈틈없는 순종으로 해결하려고 했다. 바울 자신도 그 방법을 써 봤으나 이는 좌절과 패배로 끝나 버렸다. 왜냐하면 지상에서 누구도 율법에 완전히 순종할 수 없으므로 인간은 하나님에 대한 부채와 하나님의 저주 밑에 있다는 끊임없는 생각을 갖게 된다. 그래서 바울은 의의 길을 완전한 신뢰와 완전한 복종에서 찾는다. 하나님과 올바른 관계를 맺는 단 하나의 길은 하나님의 말씀을 그대로 믿고 하나님의 자비와 사랑에 자신을 던져 버리는 것이다. 이것은 신앙의 방법이다. 중요한 것은 우리가 하나님을 위해 무엇을 할 수 있는지를 아는 것이 아니라, 하나님이 우리를 위해 무엇을 하셨는지를 아는 것이다.

바울에게서 기독교 신앙의 핵심은 우리는 하나님의 호의를 우리 힘으로 얻을 수도 없고 받을 자격도 없으며 그럴 필요도 없다는 것이다. 문제는 전체가 은혜고, 오직 우리가 할 수 있는 것은 놀라운 사랑과 감사와 신뢰 안에서 하나님이 우리를 위해 행하신 것을 받아들이는 것뿐이다. 그렇다고 해서 우리의 의무가 없어지거나 우리가 하고 싶은 대로 할 수 있는 것은 아니다. 그것은 두고두고 우리를 위해 무한한 일을 하신 하나님의 사랑을 받을 수 있도록 노력해야 한다는 것을 의미한다. 그러나 우리 생에 변화가 있다. 우리는 더 이상 엄격하고 단죄적인 율법의 요구를 다 지키려고 노력할 필요는 없다. 우리는 더 이상 재판장 앞에 선 죄수가 아니고, 우리를 먼저 사랑하신 그분에 대해 우리의 전 생애를 바치는 사람이 되는 것이다.

II. 그는 유대인 문제로 괴로워했다. 그들은 진정한 의미에서 하나님의 선민이었으나 하나님의 아들이 이 세상에 오셔서 그를 배척했다. 이 가슴 아픈 사실에 대해 어떤 설명이 있을 수 있겠는가? 바울이 발견할 수 있는 단 한 가지 해답은 결국 하나님이 하신 일이라는 것이다. 어찌하다가 유대인의 마음이 굳어지기는 했으나 결코 전적인 실패는 아니었다. 또 무의미한 것은 아니다. 왜냐하면 유대인이 그리스도를 배척했다는 바로 그 사실이 이방인에게 문을 열어 준 것이다. 또 그것이 마지막은 아니었다. 왜냐하면 종국에 가서는 이방인이 유대인을 다시 데리고 들어올 것이며 모든 사람이 구원을 받게 될 것이다. 그러나 바울은 다시 상세히 논한다. 유대인은 단순히 유대인이라는 사실 하나로 선민의 한 사람이라고 늘 주장해 왔다. 그것은 순전히 계보와 혈통과 아브라함의 육적 후손의 문제였다.

그러나 바울은 진정한 유대인은 그의 육적인 계보가 아브라함에게 속하는 사람이 아니라고 주장한다. 진정한 유대인은 아브라함과 마찬가지로 사랑의 신앙 안에서 하나님께 완전하게 복종하기를 결심한 사람이다. 바울은 혈통적으로는 전혀 유대인이 아닌 많은 순수한 혈통의 유대인이 있다고 말한다. 즉, 여러 나라에서 온 많은 진정한 의미의 유대인이 있다. 새 이스라엘은 전혀 혈통적이 아니다. 그것은 아브라함이 가졌던 것과 똑같은 신앙과 하나님에 대한 태도를 갖고 있는 사람으로 구성되어 있다. 선민의 한 사람이 되는 것은 혈통적으로 순수한 유대인이 되는 것이 아니라 아브라함이 가졌던 것과 똑같은 신앙과 하나님에 대한 태도를 갖고 있는 사람으로 구성되어 있는 것이다. 선민의 한 사람이 되는 것은 혈통적으로 순수한 유대인이 되는 것이 아니라 아브라함이 가졌던 것과 똑같은 하나님에 대한 신앙을 갖는 것이다.

III. 로마서 12장은 매우 귀한 윤리 장이므로 항상 산상보훈과 동급으로 취급되어야 한다. 여기서 바울은 기독교의 윤리적 성격을 기술한다. 14-15장은 끝없이 반복되는 문제를 다룬다.

초대교회에는 그들 자신이 어떤 특정한 음식을 삼가야 하고 특정한 날과 의식을 중요시하는 편협한 사람들이 있었다. 바울은 그들을 오히려 더 연약한 형제로 생각했는데 그들의 신앙은 그런 외적인 것에 의존하기 때문이다. 다른 한편에는 스스로를 이런 외적 규례, 규칙이나 절기 등에서 해방시킨 더 관용적이고 자유스러운 사람들이 있었다. 바울은 이런 사람들을 신앙에서 더 견고한 사람이라고 생각했다.

바울은 이 견고한 사람들에게 더 마음이 끌린 것이 명백하다. 그러나 동시에 그 누구도 신앙에 약한 형제의 양심을 아프게 해서는 안 되며, 그 앞에 거침돌을 놓아서는 안 된다는 일대 원리를 천명했다. 그의 요점은 우리는 다른 사람이 기독교인이 되는 데 힘들게 할 어떤 일도 해서는 안 된다는 것이다. 그것은 약한 형제를 위해서는 우리에게 옳은 것이라도 포기해 버리는 것을 의미할 것이다. 기독교인의 자유는 타인의 생애나 양심에 손상을 주게끔 사용되어서는 안 된다.

IV. 제4부는 이로써 서신이 끝나며 겐그레아 교회의 교인이며 로마로 가는 뵈뵈에 대한 천거문이다. 그 뒤에는 문안과 마지막 축복으로 편지가 끝난다.

두 가지 문제

로마서 16장은 항상 학자들에게 하나의 문제를 제기해 왔다. 많은 학자들이 이 장은 실제로 **로마서**의 한 부분이 아니라고 생각하며, 이는 사실 다른 교회에 보낸 서신인데 나중에 바울 서신이 편집될 때 본서에 첨부된 것이라고 생각한다. 이런 학자들이 이와 같은 결론에 도달하게 된 근거는 과연 무엇일까? 첫째, 가장 중요한 것은 바울이 이 16장에서 26명에게 문안을 하는데 그 중의 24명은 이름을 언급했고 이들은 모두 바울이 친숙하게 알고 있는 것같이 보인다. 얼마나 친숙했는지 어떤 때는, 예를 들어 루포의 어머니가 자신의 어머니도 된다고 말했다. 문제는 바울이 **자신이 가 보지도 않았고** 그가 설립하지도 않았고, 생전에 한 번도 가 보지도 않은 **한 교회** 안에 26명이나 그렇게 친숙한 사람이 있을 수 있을까 하는 것이다.

사실 그는 16장에서 다른 어느 서신보다 많은 사람에게 문안하나 로마에는 전혀 가 본 적이 없다. 그러기에 이를 뒷받침할 만한 무엇이 있어야 한다.

그러나 16장이 로마에 보내진 것이 아니라면 원래 누구를 위해 썼을까? 여기에 브리스가와 아굴라가 논쟁에 오른다. 그들은 글라우디오가 유대인 추방령을 내렸을 때(행 18:2)인 주후 52년에 로마를 떠난 것으로 우리는 알고 있다. 또 그들이 바울과 함께 **에베소**로 간 것을 알고 있다(행 18:18). 바울이 **로마서**를 기록하기 약 2년 전에 고린도서를 기록할 때 그들이 **에베소**에 있었다는 것을 우리는 알고 있다(고전 16:19). 또 그들은 목회 서신이 기록되었을 때 아직 **에베소**에 머물고 있었다는 것도 알고 있다(딤후 4:19). 다른 수신인만 없었다면 브리스가와 아굴라에게 보낸 문안을 볼 때 그 편지가 에베소로 보내졌어야 하리라고 추정되는 것도 사실이다.

16장이 처음에 에베소로 보내졌었다고 생각하게 하는 무슨 증거라도 있는가? 바울이 다른 어느 곳에서보다도 에베소에서 많은 시간을 보냈다는 보편적인 근거가 있고 그렇기 때문에 그곳에 있는 여러 사람에게 문안한 것은 극히 자연스러운 것이다.

바울은 **아시아의 첫 열매인 에배네도**에 대해 언급한다. 에베소는 아시아에 있었고 그런 소개가 에베소로 보내는 편지에는 자연스러운 것이나 로마에는 그렇지 않다.

로마서 16장 17절에 바울은 **너희가 이미 배운 교훈에 불순종**에 대해 언급하는데 이는 바울이 자신의 가르침에 대한 불순종에 대한 언급같이 들리나 바울은 로마에서 가르친 일이 전혀 없다.

16장이 에베소로 처음에 보내졌다는 주장도 있으나 그것은 크게 논쟁할 필요가 없다. 예컨대 이 장은 로마서 이외에는 다른 아무 곳에도 첨부될 만한 곳이 있다는 증거가 없다. 또 다른 이유는 바울이 잘 알고 있는 다른 교회들에게는 개인적인 문안을 보내지 **않는다**. 데살로니가서, 고린도서, 갈라디아서, 빌립보서 등에는 바울의 개인적인 인사가 없다. 이 교회들은 그가 잘 알고 있었다. 한편 바울이 디뎌 보지도 않은 또 다른 교회에 보낸 골로새서에는 개인적인 인사가 **있다**. 그 이유는 극히 단순하다. 바울이 잘 알고 있는 교회에 개인적인 인사를 하면 시기할 가능성이 있고, 모르는 교회는 가능한 한 많은 개인적 관계를 확립하기 위해서였다.

바울이 로마에 전혀 가 본 적이 없다는 사실이 그가 가능한 한 많은 개인적 관계를 확립**하려고** 했을 가능성이 있다. 다시 말하지만 브리스가와 아굴라는 **칙령으로 추방되었다**는 것을 기억해야 한다.

더 가능성이 있는 주장은 그들은 6, 7년간 다른 도시에서 거주한 후 말썽이 사라진 후에 그들의 남은 사업을 정리하려고 로마로 돌아갔을 것이라는 사실이다. 가장 설득력이 있는 얘기는 이들 대부분이 추방당해 다른 도시에서 임시로 거주하면서 바울만 남고 그 후 장애가 제거된 다음에 로마로 되돌아간 사람들의 이름이 아닐까? 바울은 로마에 그렇게 많은 친구를 갖고 있다는 것을 좋아했을 것이다. 더 나아가 16장을 자세히 공부할 때 나오겠지만 많은 이름들—아리스토불로와 나깃수의 집안, 암블리아와 네레오 등—은 로마에 잘 어울린다.

에베소설이 있는데도 우리는 16장을 **로마서**에서 분리시킬 필요가 없다고 생각한다.

또 다른 훨씬 흥미 있고 중요한 문제가 있다. 초기 사본들은 14, 15, 16장에 대해 매우 이상한 것을 보여 준다. 송영의 가장 자연스러운 장소는 **맨 마지막**이다. 로마서 16장 25-27절은 송영이고 가장 완벽한 사본에는 맨 끝에 온다. 그러나 몇몇 사본에는 14장 끝에 온다. 두 개의 무척 좋은 사본에는 두 곳에 다 있다. 한 고대 사본에는 15장 끝에 있다.

두 개 다른 사본은 **아무 데도** 없고 공난으로 남겨 놓았다. 한 고대 라틴어 사본에는 각 부분의 요약집이 있다. 이 요약 중 맨 마지막 두 구절은 다음과 같다.

50절 : 먹는 것으로 자기 형제를 슬프게 하는 사람의 위험에 대해 이 절은 분명히 **로마서** 14장 15-23절과 같다.

51절 : 주의 고난 전에는 감추어졌다가 수난 후에 나타난 주의 신비에 대해 이 절은 분명히 **로마서** 16장 25-27절의 송영이다. 이 요약들은 분명히 15, 16장이 포함되어 있지 않은 사본에서 만들어진 것이다. 여기에 한 가지 서광을 비추어 주는 것이 있다.

어떤 사본에는 **로마서** 1장 7절과 1장 15절에 있는 로마라는 언급이 **완전히 누락**되었다. 수신처 언급이 없다. 이것은 **로마서**가 두 가지 형태로 회람되었다는 것을 증명한다. 즉, 하나는 현재 우리가 갖고 있듯이 16장으로, 다른 하나는 14장 혹은 15장 형태로 말이다.

그 설명은 이러하다. 바울이 **로마로** 이 편지를 썼을 때 16장이 있었으나 15, 16장은 로마에만 관련된 것이다. 그것은 로마에만 국한된 것이다. 로마서같이 바울 교리의 대요와 그의 복음의 정수를 나타내는 것은 없다.

그러므로 **로마서**는 송영을 제외하고는 **맨 마지막 두 장을** 빼 놓고 각 교회에 회람되었을 것이다. **로마서**는 로마에 정지하여 그곳에만 머물기에는 너무 근본적이기 때문에 순수한 그 지방에 대한 것을 빼고서 여러 교회에 회람되어야 한다고 생각했다.

이 묘한 문제를 해결하고 나면 우리는 극히 초기부터 교회가 **로마서**는 바울 사상의 위대한 표현이므로 한 교회의 소유가 되어서는 안 되고 전체 교회의 소유가 되어야 한다고 느꼈던 것을 알게 된다.

우리는 본서를 연구할 때 사람들이 로마서를 항상 바울의 사상과 생각의 정수라고 생각해 왔다는 것을 기억해야 한다.

The Letter to the Romans 01

소명, 복음, 임무

로마서 1:1-7

[1]예수 그리스도의 종 바울은 사도로 부르심을 받아 하나님의 복음을 위하여
택정함을 입었으니 [2]이 복음은 하나님이 선지자들을 통하여 그의 아들에 대
하여 성경에 미리 약속하신 것이라 [3]그의 아들에 관하여 말하면 육신으로는
다윗의 혈통에서 나셨고 [4]성결의 영으로는 죽은 자들 가운데서 부활하사 능
력으로 하나님의 아들로 선포되셨으니 곧 우리 주 예수 그리스도시니라 [5]그
로 말미암아 우리가 은혜와 사도의 직분을 받아 그의 이름을 위하여 모든 이
방인 중에서 믿어 순종하게 하나니 [6]너희도 그들 중에서 예수 그리스도의 것
으로 부르심을 받은 자니라 [7]로마에서 하나님의 사랑하심을 받고 성도로 부
르심을 받은 모든 자에게 하나님 우리 아버지와 주 예수 그리스도로부터 은
혜와 평강이 있기를 원하노라

바울이 로마서를 기록했을 때 그는 자신이 알지 못하고 직접 가 보지 못한 교회에 편지를 쓴 것이다. 그는 세계에서 가장 큰 제국의 최대 도시에 있는 교회에 편지를 쓴 것이다. 그러기 때문에 바울은 가장 조심스럽게 말과 내용을 선택

했다.

바울은 자신을 소개하는 것으로 시작한다.

I. 그는 자신을 예수 그리스도의 종(doulos)이라고 부르고 있다. 이 종이란 단어에는 두 가지 사상적 배경이 있다.

1. 예수에 대해 바울이 즐겨 사용하는 이름은 주(kurios)다. 헬라어에서 **주**라는 단어는 사람이나 물건의 확실한 소유권자를 위미한다. 이것은 가장 정확하고 완전하게 말하면 **주인**이나 **소유권자**를 의미한다. 주(kurios)라는 단어의 반대어가 종(doulos)이다. 바울은 스스로를 자신의 주인이며 주이신 예수 그리스도의 종으로 생각했다. 예수께서 바울을 사랑하셨고 그를 위해 자신을 드리셨다. 그러므로 바울은 자신이 이제는 자기 자신의 것이 아니라 전적으로 예수의 것이라는 것을 확신했다. 한편 이 **종**이란 단어는 순수한 사랑의 책무를 의미한다.

2. 이 종(doulos)이란 단어는 다른 면을 갖고 있다. 구약에서는 위대한 하나님의 사람들을 표현하는 상투어였다. 모세는 주님의 종이요, 노예요, 둘로스(doulos)였다(여 1:2). 여호수아 자신도 하나님의 종이었다(여 24:9). 선지자들의 가장 영광스러운 이름이며 다른 사람들에게서 그들을 구별시키는 이름이 바로 하나님의 종이요 노예다(암 3:7; 렘 7:25).

바울이 자신을 예수 그리스도의 종이라고 부를 때는 자신을 선지자들의 후예에 들게 하는 것이었다. 선지자들의 위대성과 영광은 그들이 하나님의 노예였다는 사실에 있는 것이며 바울 역시 그렇다. 그래서 이는 위대한 사랑의 채무를 짐과 동시에 위대한 직능의 영광도 나타내고 있다.

II. 바울은 자신이 "사도가 되기 위하여 부르심을 받았다"라고 했다. 구약에서 위인들은 하나님의 부르심을 듣고 응답한 사람들이었다. 아브라함이 하나님의 부르심을 들었다(창 12:1-3). 모세도 하나님의 부르심에 응답했다(출 3:10).

예레미야와 이사야는 선지자들이었다. 그들은 자신들의 의사에 반대해 하나님의 부르심에 응답하지 않으면 안 되게끔 되었던 것이다(렘 1:4-5; 사 6:8-9). 바울은 자신을 명예를 갈망하는 사람이라고 생각해 본 적이 전혀 없으며, 임무를 맡은 사람이라고 생각했다. 예수께서 제자들에게 “너희가 나를 택한 것이 아니요 내가 너희를 택하여”(요 15:16)라고 말씀하셨다. 바울은 인생을 자신이 무엇을 하고 싶은지가 아니라 하나님께서 그가 무엇을 하라고 하시는지로 이해했다.

III. 바울은 자신이 “복음에 봉사하기 위하여 따로 택정함을 입었다”라고 기술한다. 바울은 그의 생애에서 이중선별을 의식하고 있었다. 바울의 생애에서 이 같은 단어(aphorozein)가 두 번 그에게 적용되었다.

1. 그는 **하나님으로 말미암아** 따로 택함을 받았다. 그는 하나님이 자신이 낳기도 전에 이미 자기에게 일을 맡기시려고 구별하셨다고 생각했다(갈 1:15). 각자에게 하나님은 계획이 있으시다. 모든 사람은 하나님의 뜻의 표현이다. 누구든지 그 생애에 목적 없는 사람이 없다. 하나님은 그를 이 세상에 어느 특정한 일을 하기 위해 보내셨다.

2. 그는 **사람으로 말미암아** 따로 세움을 받았다. 이 단어는 사도행전 13장 2절에서 성령이 안디옥 교회의 지도자들에게 바울과 바나바를 특별히 이방인에게 보내기 위하여 따로 세우라고 했을 때와 같은 단어다. 바울은 하나님과 하나님의 교회를 위하여 할 일이 있다는 것을 인식하고 있다.

IV. 따로 구별할 때 바울은 두 가지를 받았다는 것을 의식하고 있었다. 5절에서 그는 이 두 가지가 무엇인지 말하고 있다.

1. 그는 **은혜**를 받았다. 은혜는 항상 전혀 값없이, 전혀 노력의 대가가 아니고 받을 자격이 없는 선물을 말한다.

바울이 기독교인이 되기 전에는 사람에게 영광을 그리고 하나님 보시기에 공로를 율법의 모든 일을 엄격하게 지킴으로 얻으려고 했으나 그런 방법으로는 평안을 찾지 못했다. 이제 그는 문제가 되는 것은 그가 무엇을 할 수 있느냐에 있는 것이 아니라 하나님이 무엇을 하셨는가에 있다는 것을 깨달았다. 모든 것이 값없고 받을 권리 없는 은혜에서다.

2. 그는 **사명**을 받았다. 그는 이방인의 사도로 세움을 받았다. 바울은 자신이 어느 특별한 영예가 아니라 책임을 위해 선택을 받았다는 것을 알고 있다. 그는

하나님이 자신을 영광이 아니라 일을 위해 세우셨다고 알고 있다.

여기에 말장난이 있다고 할 수 있다. 바울은 한때 바리새인이었다(빌 3:5). 이 **바리새란** 이름 자체가 **구별된 자**를 의미한다. 바리새인은 자신을 일반 사람에게서 의식적으로 구별하였기 때문에 그렇게 불렸을 것이다. 그들은 자신들의 옷깃이 다른 일반 사람의 옷에 닿게 하지도 않았다.

바리새인은 하나님의 제안이 이방인에게도 주어졌다는 생각만 해도 몸서리친다. 그들에게는 이방인은 "지옥불의 땔감"이었다. 바울도 전에는 그러했었다. 그는 보통 사람에 대한 경멸밖에는 아무것도 없는 것을 위하여 **구별되었다**고 생각했었다. 이제 그는 자신의 전 생애가 모든 족속의 모든 사람에게 하나님의 사랑의 소식을 전하는 데 사용되어야 하는 것을 위해 **구별되었음**을 알고 있다.

기독교는 항상 우리를 구별하나, 특권이나 자기 영광과 자만을 위해서가 아니라 봉사와 겸손과 모든 사람을 향한 사랑을 위해서다.

이 구절에서는 바울은 자신을 소개함과 동시에 그가 가르친 복음의 본질을 가장 간결하게 서술하고 있다. 이것은 예수 그리스도에 집중된 복음이다(3-4절). 특별한 의미에서 이것은 두 가지 복음이다.

1. **성육신**의 복음이다. 그는 진정한 사람인 예수에 대해 언급했다. 초대교회의 한 위대한 사상가는 예수에 대해 "그는 우리가 그와 같이 되게 하기 위하여 우리와 같이 되셨다"라고 말했다. 바울은 상상적인 이야기 속의 전설적인 인물이 아니고 반신반인의 사람에 대해 가르친 것이 아니다. 그는 구원하러 오신 참 되시면 헌신적인 인물에 대해 가르치고 있다.

2. **부활의** 복음이다. 예수께서 호화로운 생애를 살고 영웅적인 죽음을 죽었고 그것이 마지막이라면 그는 위대한 영웅들과 같이 간주될 수는 있으나, 단순히 많은 영웅적인 인물들 중 하나에 불과할 것이다. 예수께서 특이하다는 사실은 그의 부활로 영원히 보상되있다. 다른 사람들은 죽어 사라졌고 단지 추억만을 남겨 놓았으나, 예수께서는 계속 살아 계시고 우리에게 아직도 능력으로 힘 있게 현존해 계신다.

위대한 예의

로마서 1:8-15

[8]먼저 내가 예수 그리스도로 말미암아 너희 모든 사람에 관하여 내 하나님께
감사함은 너희 믿음이 온 세상에 전파됨이로다 [9]내가 그의 아들의 복음 안에
서 내 심령으로 섬기는 하나님이 나의 증인이 되시거니와 항상 내 기도에 쉬
지 않고 너희를 말하며 [10]어떻게 하든지 이제 하나님의 뜻 안에서 너희에게
로 나아갈 좋은 길 얻기를 구하노라 [11]내가 너희 보기를 간절히 원하는 것은
어떤 신령한 은사를 너희에게 나누어 주어 너희를 견고하게 하려 함이니
[12]이는 곧 내가 너희 가운데서 너희와 나의 믿음으로 말미암아 피차 안위함
을 얻으려 함이라 [13]형제들아 내가 여러 번 너희에게 가고자 한 것을 너희가
모르기를 원하지 아니하노니 이는 너희 중에서도 다른 이방인 중에서와 같
이 열매를 맺게 하려 함이로되 지금까지 길이 막혔도다 [14]헬라인이나 야만인
이나 지혜 있는 자나 어리석은 자에게 다 내가 빚진 자라 [15]그러므로 나는 할
수 있는 대로 로마에 있는 너희에게도 복음 전하기를 원하노라

1,900여 년이 지난 오늘날에 와서도 이 구절의 온후한 사랑이 흘러나오고 있으며, 바울의 가슴이 자신이 보지도 못한 교회에 대한 사랑으로 뛰고 있는 것을 우리는 느낄 수 있다. 여기에 바울이 편지 쓰는 데 느낀 문제가 있다. 그는 로마에 가 본 적이 없다. 그는 로마 교회 설립에도 참여하지 않았다. 그는 그들의 의심을 풀어 주어야 했다. 그가 저들의 영역을 침범하는 자가 아니고 간여할 권리가 없는 곳에 간여하는 것이 아니라는 것을 납득시켜야만 했다. 그는 무슨 일을 하기 전에 서먹서먹함과 의심의 장벽을 무너뜨려 그들과 잘 지내도록 노력해야만 했다.

I. 바울은 지혜와 사랑을 겸하여 칭찬으로 시작했다. 그는 세상이 다 알고 있는 그들의 기독교 신앙에 대해 하나님께 감사한다고 말했다.

사람들 중에는 칭찬을 잘하는 사람과 비판을 잘하는 두 종류의 사람이 있다. 어떤 사람들은 그 눈이 남의 단점만 찾아내고 한편에는 남의 덕만을 찾아내는 사람들이 있다. 토마스 하디(Thomas Hardy)가 시골에 내려가면 들꽃을 보는 것이 아니라 농장 구석에 쌓여 있는 퇴비 더미를 바라보았다는 말이 있다. 그러나 사람을 비판하는 것보다는 칭찬으로 더 나은 것을 얻어낼 수 있다는 것은 옳은 생각이다. 남에게서 가장 좋은 것을 얻는 사람은 남에게서 가장 장점만을 찾으려는 사람이다.

황금기의 헬라 문명보다 아름다운 것은 전무후무하다. 그리고 글로버(T. R. Glover)는 헬라 문명은 "보통 사람의 마음속에 있는 숨겨진 신앙" 위에 세워졌다고 말한 적이 있다. 제1차 세계대전 때 도날드 행키(Donald Hankey)라는 유명한 사람이 있었는데 그는 《**무장한 학생**》이라는 책을 썼다.

그는 인간의 최선과 최악의 양면을 보았다. 한번은 그가 집으로 편지하기를 "내가 이 전쟁에서 살아남는다면 《살아 있는 선》이란 책을 쓰고 싶다. 그 책에서는 평민 속에 있는 모든 선과 고상함을 분석하고 교회 안에서 어떻게 행해져야 하는지를 보여 주려고 노력할 것이다"라고 써 보냈다.

도날드 행키는 〈**사랑 받는 대장**〉이란 유명한 수필을 썼다. 그는 이 사랑 받는 대장이 어떻게 서툰 사람들을 골라 가르쳤는지 기술했다. "그가 저들을 바라보았고 저들이 그를 바라보았다. 그러고는 그들은 합심을 해 최선을 다하기로 결심했다." 아무도 사람을 믿기 전에는 사람을 구원하려는 시작조차도 못한다.

인간은 지옥에 가야 할 죄인이다. 그러나 가끔 자신의 영혼 속에 잠자고 있는 영웅이 있기도 하다. 그리고 비평과 저주는 단지 불만과 절망으로밖에 이끌고 가지 않으나 간혹 칭찬의 말 한마디가 잠재하고 있는 영웅심을 일깨워 주는 때가 있다. 아이단(Aidan)은 삭손(Saxon)으로 파송된 선교사였다. 주후 630년 삭손의 왕이 요나(Iona)에 요청서를 보내어 자기 나라에 와서 복음을 전할 선교사를 보내 날라고 했다. 한 신교사가 파송되었다. 그는 "영국인들의 고집 세고 야만적인 행위"에 대해 말하며 돌아왔다. "영국인들은 예의범절이 없고, 야만인같이 행동한다"라고 말했다. 그가 자신의 임무가 절망적이라고 보고하자 아이단은 "형제여, 내 생각에는 당신이 그런 무식한 청중에게 너무 엄격했는가 보오. 그리고 당신은 그들을 너그럽게 인도하며 종교적 고기를 주기 전에 우유를 주어야 했다"라고 했다. 그래서 아이단이 노섬브리아(Northumbria)로 파송되었고 아이단의 너그러움이 그의 형제 승려의 비평적 엄격성이 퇴짜를 놓은 바로 그 사람들을 그리스도에게 이끌었다.

II. 바울이 로마에 있는 사람들을 직접적으로는 몰랐지만 끊임없이 그들을 위하여 하나님께 기도했다. 우리의 사랑하는 자들과 동료 기독교인들을 은혜의 보좌까지 안내하는 것이 기독교의 특권인 동시에 의무다.

닛사의 그레고리(Gregory)가 자신의 주기도문에 대한 설교에서 기도에 대해 다음과 같이 서정적으로 표현했다.

> 기도의 효과는 하나님과의 연합이요,
> 누구든지 하나님과 함께 있는 자는 원수에게서 떨어져 있다.
> 기도를 통하여 우리는 우리의 순결을 지키고
> 혈기를 억제하고 우리에게서 허영을 제거한다.
> 기도는 마음의 상처를 잊게 하고 시기를 극복하게 하고
> 부정을 물리치고 죄를 고치게 한다.
> 기도를 통하여 우리는 행복한 가정과 강력하고
> 질서 정연한 사회 등 육적인 복리를 획득한다.
> 기도는 처녀성의 표시요 결혼 생활에서 순결성의 보증이다.
> 기도는 나그네의 방패가 되고 잠자는 자를 보호하고
> 철야하는 자들에게 용기를 준다.
> 기도는 당신이 피로할 때 원기를 돋울 것이고 슬플 때 위로해 줄 것이다.
> 기도는 상심한 자들의 위로인 동시에 즐거워하는 자의 기쁨이다.
> 기도는 하나님과의 친교요 보이지 않는 것의 묵상이다.
> 기도는 현재 것들의 기쁨이요, 미래의 것들의 실체다.

우리가 사람들에게서 소외되고 그들에게 줄 것이 아무것도 없어도 우리는 기

도의 능력과 보호 속에 그들을 둘러쌀 수 있다.

III. 바울은 겸손에 대해 언제나 주기도 하고 받기도 할 준비가 되어 있었다. 그는 다음과 같은 말로 시작했다. 그가 로마에 가 보고 싶은 로마 교회에게 믿음 안에서 그들을 견고케 할 은사를 나누어 주기 위함이었다. 그러고 나서 그는 말을 바꾸었다. 그는 자신과 로마 교회가 서로 위로하고 강건케 하며, 서로 상대방의 신앙 안에서 고귀한 것을 발견할 수 있게 하기 위해 로마로 가고 싶어 했다. 세상에는 두 가지 교사가 있다. 하나는 학생들 위에 서서 그들이 무엇을 의무적으로 받아야 할 것을 말하는 입장을 취하는 선생이 있고, 다른 한편 사실상 "자, 와서 이걸 함께 공부하자"라고 말하는 선생이 있다.

바울은 로마 교회가 낳은 가장 위대한 사상가였으나 전도하기를 갈망하는 사람들에 대해 생각할 때 그들에게 무엇을 주는 것으로만 생각하지 않고 그들에게서 무엇인가 받는 것으로도 생각했다. 배우는 데 겸손이 필요하듯이 가르치는 데도 겸손이 필요하다.

IV. 헬라어에는 14절이 번역할 수 없는 두 가지 뜻을 갖고 있다. 성경에 "나는 헬라인이나 야만인에게 다 내가 빚진 자다"라고 했다. 바울이 이 글을 썼을 때 그는 두 가지를 생각했다. 그는 자신이 받은 온갖 친절 때문에 빚진 자요, 그가 저들에게 전도할 자신의 의무 때문에 빚진 자다. 이 함축적인 문장은 "내가 그들에게서 받은 모든 것 때문에, 그리고 내가 그들에게 줄 모든 것 때문에 모든 족속에게 채무를 지고 있다"라는 뜻이다.

바울이 **로마인**에게 편지 쓰면서 **헬라인**을 언급하는 것은 이상하게 들릴 수 있다. 이때에는 헬라인이란 단어는 그 종족적인 의미를 완전히 상실했다. 이것은 헬라 나라의 민족을 의미하지 않는다. 정복자 알렉산더 대왕이 헬라 말과 사상을 온 세계에 가져갔다.

헬라인이란 그의 출생으로 헬라인이 아니라 헬라 문화와 사상을 알고 있는 사람을 의미한다. 야만인이란 글자 그대로 하면 **바아 바아**(bar-bar)라고 말하는 사람인데 이는 아름답고 부드러운 헬라어를 말하는 대신에 추악하고 조화가 안 되는 언어를 사용하는 사람을 의미한다. 헬라인인 되는 것은 어떤 특정한 사상과 정신, 문화를 가진 사람이 되는 것이다. 어떤 헬라인이 자기 종족에 대해 "야만인은 진리에 걸릴 수 있으나 이해하는 데는 헬라인이 있어야 한다"라고 말한 적이 있다.

바울이 의미한 것은 자신의 메시지, 우정, 부채, 의무 등이 현명한 사람과 무지한 사람, 문명인과 비문명인, 유식한 사람과 무식한 사람을 위한 것이라는 것이다. 그는 세계를 위한 메시지가 있으며 언젠가는 로마에도 그 메시지를 가지고 가고자 하는 것이 그의 야망이었다.

자랑할 기쁜 소식

로마서 1:16-17

[16]내가 복음을 부끄러워하지 아니하노니 이 복음은 모든 믿는 자에게 구원을
주시는 하나님의 능력이 됨이라 먼저는 유대인에게요 그리고 헬라인에게로
다 [17]복음에는 하나님의 의가 나타나서 믿음으로 믿음에 이르게 하나니 기록
된바 오직 의인은 믿음으로 말미암아 살리라 함과 같으니라

우리가 이 두 구절에 오면 예비적인 것은 다 지나가고 바울 복음의 나팔소리가 들려온다. 많은 고전 협주곡들은 처음에 깨지는 것 같은 코드로 시작되고 난 후에 그 협주곡들이 연주하고 발전시킬 주제를 표현한다. 대개 커다란 집의 사사로운 모임에서 연주되었기 때문이다. 피아니스트가 처음으로 자리에 앉을 때 아직도 이야기 소리들이 나고 있었다. 그는 사람들의 주의를 끌기 위해 깨지는 소리를 냈고 주의가 집중된 후에 주제가 연주된다.

이 두 구절까지 바울은 자신이 편지를 써 보내는 사람들과 접근을 하고 있다. 그는 그들의 주의를 끌고 있었다. 이제 서론이 끝났고 주제가 나왔다. 여기에는 두 구절밖에 없지만 이 안에는 바울 복음의 정수가 많이 포함되어 있기 때문에

이 구절에 상당한 시간을 소모해야 한다.

바울은 자신이 전하는 것이 자신의 특권이 되는 복음을 자랑스럽게 여긴다고 하는 말로 시작한다. 이 말의 배경을 생각해 보면 놀라운 일이다. 바울은 빌립보에서 감옥에 갇히었고, 데살로니가에서 추방당했고, 베리에서는 몰래 탈출했고, 아덴에서는 조롱을 받았다. 그는 고린도에서 전도했는데 그곳에서는 헬라인에게는 미련한 것이요 유대인에게는 거치는 돌이 되었다. 그러나 바로 이런 환경 속에서 그는 복음을 부끄러워하지 않는다고 선언했다. 복음 속에는 무엇인가 바울에게 사람들이 그에게 할 수 있는 모든 것을 누르고 당당히 이기게 하는 것이 있었다.

이 짧은 구절 속에서 우리는 바울의 3대 명언에 접한다. 이것은 진실로 바울의 사상과 신앙의 3대 기초다.

1. **"구원(sōtēria)" 개념이 있다.** 역사적으로 당시는 구원을 사람들이 가장 추구하는 시대다. 헬라 철학이 사변적인 때가 있었다. 이보다 4, 5백 년 전 사람들은 이 세상이 모두 무엇으로 구성되었을까 하는 문제를 논의하느라고 시간을 보냈다. 철학은 사변철학이었고 자연철학이었다. 그러나 차차 수백 년이 지나면서 그 생명은 시들었다. 옛 지계표는 파손되었고 폭군과 정복자들, 위협이 사람을 둘러싸았다. 타락과 유약함이 사람들을 사로잡았다. 철학은 사변적이 아니라 실제적인 것으로 바뀌었다. 철학은 자연철학에 종지부를 찍고 **도덕철학**이 되었다.

이 도덕철학의 목적은 "점점 더해 가는 세계의 혼란에 방어책을" 쌓으려는 것이다. 에픽테토스(Epictetus)는 자신의 강의실을 "병든 영혼의 병원"이라고 불렀고 자신의 교훈을 "구원의 약"이라고 했다. 바울과 동시대인 세네카는 모든 사람이 **구원을 바라**(ad salutem)본다고 말했다. 그는 우리에게 필요한 것은 "우리를 들어 올릴 내려온 손"이라고 했다.

그는 사람은 지나치게 "필요한 일에서 자신의 취약과 비능률성"을 느끼고 있다고 말했다. 그는 자신이 "용납될 수 없는 사람(homo non toleriabilis)"이라고 했다. 사람은 그들의 악을 사랑하는 동시에 싫어한다. 그런 절망적인 세계에서 사람들은 "가이사의 포고령이 아니라 하나님의 화평"을 희구한다고 에픽테토스는 절망적으로 말했다. 당시보다 사람이 세계적으로 구원을 갈망한 때는 없었다. 기독교가 사람들에게 제시하러 온 것이 바로 그 구원이요 능력이요 도피인 것이다.

그러면 이 기독교의 구원이 정확히 무엇인지 살펴보자.

1. **육신의 질병에서 구원**이다(마 8:25, 14:30). 이것은 온갖 위험이 전혀 없는 생명을 인간에게 주는 것이 아니라 사람을 육신과 영혼 두 면에서 구원하는 것이다.

2. **위험에서 구원**이다(마 8:25, 14:30). 이것은 온갖 위험이 전혀 없는 생명을 인간에게 주는 것이 아니라, 어떤 일이 일어나더라도 그에게 영혼의 안전을 주는 그것을 주는 것이다.

제1차 세계대전 때 브루크(Rupert Brooke)는 그의 시 〈안전〉에서 다음과 같이 말했다.

> 나의 가는 길은 안전하리,
> 모든 죽음의 노력에 대항하여 비밀리 수호하였으니,
> 모든 안전을 상실해도 안전하며,
> 인간이 다 넘어지는 곳에서도 안전하고,
> 그리고 이 불쌍한 육신이 죽으면
> 가장 안전하리

브라우닝(Browning)은 《**파라셀서스**(*Paracelsus*)》에서 다음과 같이 말하고 있다.

> 내가
> 캄캄한 구름의 바다에 굴복한다면
> 이는 잠정적이요,
> 내가 내 마음 가까이 하나님의
> 등불을 켜면,
> 조만간 그 찬란한 빛이

그 어두움을 꿰뚫은 것이다.
어느 날엔가 나는 어두움에서
빠져 나오리

기독교의 구원은 외적인 환경과 전혀 관련이 없는 방법으로 사람을 안전하게 해 준다.

3. 이것은 **생의 악영향에서 구원**이다. 사람이 구원을 받는 것은 비뚤어지고 사악한 세대에서 구원 받은 것이다(행 2:40). 이 기독교 교훈을 간직한 사람은 세상의 악에서 오염되지 않게 방지하는 하나님의 방부제를 갖고 있다.

4. 이것은 **잃어버림에서 구원**이다(마 18:11; 눅 19:10). 예수께서 오신 것은 잃어버린 자를 찾아 구원하려 하심이다. 구원 받지 못한 사람은 죽음으로 인도하는 길과 같이 잘못된 길 위에 서 있는 것이다. 구원 받은 사람은 올바른 길 위에 놓인 사람이다.

5. 이것은 **죄에서 구원**이다(마 1:27). 인간은 주인에게서 도망칠 수 없는 주종관계의 노예와 같다. 인간은 병을 진단할 수 있고 무엇이 잘못된 것인지는 알지만 치료 방법을 찾지 못하는 사람과 같다. 기독교의 구원은 적의 폭군에게서 자유하게 하는 것이다.

6. 이것은 **하나님의 진노에서 구원**이다(롬 5:9). 이 말의 뜻에 대하여는 다음에 다룰 기회가 있다. 지금은 이 세상에는 냉혹한 도덕률이 있고 기독교 신앙에는 피할 수 없는 심판의 요소가 있다는 것만을 살피는 것으로 충분하다. 예수 그리스도께서 가져오시는 구원이 없이는 인간은 저주 받은 대로 서 있을 수밖에 없다.

7. 이것은 **한 종말론적인 구원**이다. 즉, 시간의 피안에서 완성되는 구원이다. 이 구원은 그 완전한 의미와 축복을 예수 그리스도의 최종 승리 안에서 찾게 된다(롬 13:11; 고전 5:5; 딤후 4:18; 벧전 1:5).

기독교 신앙은 이 절망적인 세계에 사람을 현세나 후세에 안전히 지킬 한 구원, **소테리아**(sōtēria), 안전을 제시하며 절망적인 이 세계에 임한 것이다.

II. "신앙"의 개념이 있다. 바울에게서 신앙이란 의미가 많은 단어다.

1. 가장 단순한 의미는 **충성**과 **성실**이다. 바울이 데살로니가에 편지할 때 그는 저들의 **믿음**에 대해 알고 싶어 했다. 즉, 그는 그들의 충성심이 어떻게 시험을 견디는지를 알고 싶어 했다. 데살로니가후서 1장 4절에는 **믿음**과 **인내**가 합쳐 있다. 예수 그리스도의 참 군인의 표시인 인내하는 충성과 성실이다.

2. **신앙**은 **확신**을 의미한다. 이것은 어떤 것이 사실이라는 확신을 의미한다. 고린도전서 15장 17절에서 바울은 고린도 사람들에게 예수께서 죽음에서 다시 사시지 않았으면 그들의 믿음도 헛된 것이라고 말한다. 그들이 믿었던 모든 것이 깨지고 만다. 신앙이란 기독교 메시지가 사실이라고 하는 긍정이다.

3. **신앙**은 우리가 **그 믿음**이라고 말할 때는 **기독교** 종교를 의미한다. 고린도후서 13장 5절에서 바울은 자신을 반대하는 자들에게 그들이 **믿음 안에** 있는지 자신을 시험해 보라고 했다. 다시 말해 그들이 기독교 종교 안에 있는지를 보라는 것이다.

4. **신앙**은 어떤 때는 실제로 **불멸의 소망**과 동일시된다. 바울은 "우리가 믿음으로 행하고 보는 것으로 하지 아니함이라" 고 했다(고후 5:7).

5. 바울의 가장 독특한 용법으로 **신앙**은 **전적인 수락**과 **절대적인 신뢰**다. 이것은 "하나님이 계시다고 목숨을 거는 것이다. 스티븐슨은 "나는 하나님을 믿는다. 그리고 내가 지옥에서 다시 깨어날지라도 하나님을 믿겠다" 라고 말했다.

신앙은 **받아들이는 것**부터 시작된다. 신앙은 사람이 적어도 진리의 메시지에 귀를 기울이려고 할 때 시작된다. 이것은 **지적 수용**으로 발전한다. 사람이란 먼저 듣고 나서 그것이 사실이라고 동의한다. 그러나 지적 수용을 행동으로 나타날 필요는 없다. 많은 사람이 어떤 것이 사실이라는 것을 잘 알고 있으면서도 그 지식에 맞게 행동을 고치지 않는다. 마지막 단계는 이 지적 수용이 **완전한 항복**으로 되는 때다. 사람은 신앙이 다 성장하면 기독교의 메시지(복음)를 듣고 그것이 사실이라고 동의하여 그 메시지에 완전히 순복하는 삶에서 그 메시지에 자신을 내던진다.

III. "의인(義認)"의 개념이 있다. 신약성경 전반에 걸쳐 의인, 의롭게 하다,

공의, 의(義) 등의 단어보다 이해하기 어려운 단어는 없다. 이 서신에서 우리는 이런 단어를 많이 대하게 될 것이다. 여기에서는 우리는 바울의 모든 사상이 나아가는 굵은 줄을 그을 수밖에 없다.

바울이 **의롭게 하다**의 경우에 사용한 헬라어는 **디카이운**(dikaioun)이다. 그 단어의 일인칭 단수 현재형—내가 의롭게 하다—은 **디카이오오**(dikaoō)다. 이런 의미로 사용된 **의롭게 하다**는 단어는 영어의 일반적 의미와는 판이한 의미를 갖고 있다는 것을 확실하게 해야겠다. 우리가 우리를 정당하다고 할 때는 우리가 옳았다고 증명할 만한 이유를 가지고 있다. 누가 우리를 정당하다고 주장한다면 그는 우리가 올바로 행동했다는 것을 증명할 수가 있는 것이 된다. 그러나 헬라어에서 오오(oō)로 끝나는 모든 단어는 어떤 사람이나 사물이 무엇으로 만드는 것을 의미하지 않고, 어떤 사람이 무엇이라고 **간주하고, 생각하고, 단정하는 것을** 의미한다. 그러면 하나님이 죄인을 옳다고 하신다면 그것은 그 죄인이 옳다고 하는 이유를 찾는 것이 절대로 아니다.

이런 점에서 하나님이 그 죄인을 선한 사람으로 만드시지도 않는다는 것을 의미한다. 이것이 의미하는 것은 **하나님이 그 죄인이 전혀 죄인이 아니었었던 것같이 취급하신다**는 것이다. 죄인을 인멸될 죄수로 취급하는 대신에 하나님은 그 죄인을 사랑 받은 아들로 여기신다. 그것이 바로 **의인**의 뜻이다.

이것은 하나님이 우리를 원수로가 아니라 친구로 단정하시고, 하나님이 우리를 당연한 죄인으로가 아니라 당연한 선한 사람으로 간주하신다는 뜻이다. 이것은 하나님이 우리를 벌 받는 범법자로 보는 것이 아니라 사랑 받는 남녀로 보신다는 것이다. 이것이 바로 복음의 본질이다.

그것은 **의로 여김을 받는다**는 것이 멀고 원수지고 두려워하는 관계 대신에 사랑과 신뢰, 화목의 관계인 하나님과 새로운 관계에 돌입하는 것을 의미한다. 우리는 더 이상 두렵거나 공정한 심판을 베푸시는 하나님에게 가는 것이 아니다. 우리는 용서와 구원의 사랑을 베푸시는 하나님께로 나아가는 것이다. 의인(dikaiousuneē)이란 하나님과 인간과의 올바른 관계다. 의로운(dikaios) 사람이란 하나님과 올바른 관계에 있는 사람이다. 그리고 가장 중요한 것은 사람이 이런 관계에 있는 것은 자신이 행한 어떠한 것 때문이 아니라 하나님이 행하신 것 때문이다. 그는 자신이 철두철미하게 율법을 행한 것으로 이런 관계에 있는 것이 아니다. 그는 완전한 신앙 가운데서 자신을 하나님의 이 놀라운 자비와 사랑에 내맡기었기 때문에 이런 관계에 있는 것이다.

의인은 믿음으로 말미암아 살리라는 아주 함축적인 구절이 있으나 이 구절이 바울의 생각에는 의인은 자신의 손으로 행한 것 때문이 아니라 하나님의 사랑이 행하신 것에 대한 철저한 신앙 때문에 하나님과 올바른 관계에 있는 사람이며 그 생애가 현세나 영원에서 어떠하리라는 것을 알고 있는 사람이라는 것을 깨달을 수 있다.

바울에게는 예수의 모든 역사가 인간이 하나님과 이런 새롭고 고귀한 관계로 들어갈 수 있게 해 주신 것이다. 두려움은 가고 사랑이 왔다. 인간이 원수로 생각했던 하나님이 친구가 되신 것이다.

하나님의 진노

로마서 1:18-23

18하나님의 진노가 불의로 진리를 막는 사람들의 모든 경건하지 않음과 불의
에 대하여 하늘로부터 나타나나니 19이는 하나님을 알 만한 것이 그들 속에
보임이라 하나님께서 이를 그들에게 보이셨느니라 20창세로부터 그의 보이
지 아니하는 것들 곧 그의 영원하신 능력과 신성이 그가 만드신 만물에 분명
히 보여 알려졌나니 그러므로 그들이 핑계하지 못할지니라 21하나님을 알되
하나님을 영화롭게도 아니하며 감사하지도 아니하고 오히려 그 생각이 허망
하여지며 미련한 마음이 어두워졌나니 22스스로 지혜 있다 하나 어리석게 되
어 23썩어지지 아니하는 하나님의 영광을 썩어질 사람과 새와 짐승과 기어다
니는 동물 모양의 우상으로 바꾸었느니라

앞의 구절에서 바울은 인간이 완전한 순복과 신뢰인 신앙을 통하여 하나님과

의 관계에 들어갈 수 있는 일에 대해 생각했다. 이와 대조하여 바울은 인간이 고의로 하나님에 대해 눈을 감아 버리고 하나님을 경배하는 것 대신에 자기 자신의 생각과 자기 자신의 우상을 경배한다면 인간이 필연코 초래할 하나님의 진노를 열거한다.

여기에서 우리는 곤란하고 심각하게 생각하지 않으면 안 될 문제에 봉착한다. 그것은 **하나님의 진노**의 개념이다. 진실로 이것은 경고와 공포의 구절이다. 그 뜻은 무엇일까? 바울이 이 말을 사용했을 때 그는 무슨 생각을 했을까?

구약에서 우리는 하나님의 진노를 볼 수 있다. 구약 초반에서는 하나님의 진노는 특별히 언약의 백성의 개념과 관계되어 있다. 이스라엘 백성은 하나님과 특별한 관계에 있었다. 하나님이 그들을 선택하셨고 그들에게 특별한 관계를 가지셨다. 그 관계의 조건은 그들이 하나님의 율법을 지키는 한 유지될 수 있는 것이었다(출 24:3-8). 이것은 두 가지를 의미한다.

I. 이것은 그 민족 안에서는 여하한 율법의 파기도 하나님의 진노를 야기하였다는 것이다. 율법의 파기는 하나님과 이스라엘 간의 언약인 그 관계를 파기하는 것이다. 민수기 16장에 고라와 다단과 아비람의 반역에 대해 기술되어 있는데 그 끝에 모세는 아론에게 "여호와께서 진노하셨으므로"(민 16:46) 백성의 죄로 특별한 속죄를 하라고 명했다. 이스라엘 백성이 바알을 섬길 때 "여호와께서 이스라엘에게 진노하시니라"(민 25:3)고 했다. 이스라엘이 하나님과 그런 특별한 관계에 있으므로 여하한 하나님의 율법의 파기도 하나님의 진노를 불러 일으켰다.

II. 더 나아가서 이스라엘이 하나님과 그런 특별하고 독특한 관계에 있었으므로 이스라엘을 압박하거나 무자비와 불법으로 대하는 국가는 하나님의 진노를 일으켰다. 바빌론이 이스라엘을 학대했다. 그래서 "여호와의 진노로 말미암아 거민이 없이 온전히 황무지가 될 것이라"(렘 50:13)고 했다. 이스라엘이 하나님과 이런 특별한 관계를 갖고 있었으므로 그들 자신의 죄악이나 그를 대항하는 나라들의 죄악이 다 같이 하나님의 진노를 초래했다.

선지서에도 하나님의 진노의 개념이 나타나나 그 강조점이 바뀌었다. 선지서 이후의 유대인의 종교적 사상은 두 시대적 개념으로 지배되어 왔다. 전적으로 악한 이 시대가 있고, 전적으로 선한 황금시대가 있다. 현세와 내세가 있다. 이 두 시대는 주의 날에 의하여 구분된다. 그것은 세상이 파괴되고 죄인이 멸망하고 우주가 하나님의 나라가 임하기 전에 다시 되는 무서운 최후의 심판 날이다. 그때는 **여호와의 진노**가 무서운 행동으로 옮겨지는 날이다. "보라 여호와의 날 곧 잔혹히 분냄과 맹렬히 노하는 날이 이르러 땅을 황무하게 하며"(사 13:9) "만군의 여호와의 진노로 말미암아 이 땅이 불타리니"(사 9:19), 에스겔(7:19)도 "여호와의 진노의 날"에 대해 언급한다. 하나님은 열국 위에 "당신의 분함과 당신의 잔혹한 진노"를 부를 것이다(습 3:8).

그러나 선지서들은 하나님의 진노가 무서운 심판의 날까지 연기된 것같이 생각하지 않았다. 그들은 하나님의 진노는 계속적으로 행동하고 있음을 보았다. 이스라엘이 하나님께로부터 떠나고, 이스라엘이 반역하고 신실치 못하면 하나님의 진노가 저들에게 역사했고, 파멸과 포로와 패망하게 했다.

선지서들은 하나님의 진노는 계속 역사하는 것이었고 주의 날에 공포와 파멸의 절정에 도달하는 것으로서 이해했다.

근대학자 중 한 사람이 이렇게 말했다. "하나님은 하나님이시며 하나님은 본질적으로 거룩하시기 때문에 하나님은 죄를 용납하실 수 없으므로 **하나님의 진노**는 죄를 '섬멸하시는 반응' 인 것이다."

그것은 우리가 이해하고 받아들이기에 어렵다. 그것은 사실상 신약보다도 오히려 구약과 관련이 있는 종교다. 루터도 이를 받아들이기에 힘든 것으로 보았다. 그는 하나님의 사랑을 **하나님 자신의 일**로 보았고 하나님의 진노를 **하나님의 이질적 일**이라고 말했다. 그것은 기독교인의 생각에는 이해할 수 없는 것이다.

그러면 바울이 이 개념을 어떻게 이해했는지를 알아보자. 다드 박사가 이 문제에 대해 매우 지혜롭고 근본적으로 말하고 있다. 바울은 빈번하게 이 진노의 개념에 대해 말하고 있다. 그러나 이상한 것은 바울이 하나님의 진노에 대해 말할지라도, **그는 절대로 하나님이 노여워하시는 것으로 말하지 않는다**. 바울은 하나님의 사랑에 대해 말하며, 사랑하시는 하나님이라고 말한다. 그는 하나님의 은혜에 대해 말하며, 은혜 주시는 하나님이시라고 말한다. 하나님의 신실성에 대해 말하고, 하나님이 그의 백성에게 신실하시다고 말한다.

그러나 참으로 이상하게도 바울은 하나님의 진노에 대해 말을 하지만 하나님이 노하신 것을 말하지는 않는다. 여기에 차이가 있다. 사랑의 하나님과 진노의 하나님 관계에 차이가 있는 것이다. 더 나아가 바울은 **하나님의** 진노에 대해 단지 세 번만 언급하고 있다. 그는 이곳과 에베소서 5장 6절, 골로새서 3장 6절에서 이같이 말하는데 에베소서와 골로새서에서는 불순종의 자녀들 위에 임하는 하나님의 진노에 대해 말하고 있다. 그러나 바울은 자주 **하나님의** 진노라고 말하지 않고 그저 **그 진노**라고 말한다. 그는 이것이 고유명사가 되어야 할 것같이 혹은 이 세계에서 역사하고 있는 비인격적 힘인 양 이 진노에 대해 비인격적인 방법으로 말하고 있다.

로마서 3장 5절에서 그는 "사람들에게 그 진노를 가져오시는 하나님"에 대해 말하고 있다. 로마서 5장 9절에 그는 진노에서 구원 받았음을 알고 있다. 로마서 12장 19절에서 그는 사람들에게 원수를 갚지 말고 악을 행하는 자들을 진노에 맡겨 두라고 충고한다. 로마서 13장 5절에서 그는 진노가 사람을 순종케 하는 강력한 동기가 된다고 말하고 있다. 로마서 4장 15절에서 그는 율법이 진노를 만들어 낸다고 한다. 그리고 데살로니가전서 1장 10절에 그는 예수께서 장차 올 진노에서 우리를 구속하셨다고 말한다.

여기에 참 이상한 것이 있다. 바울은 진노에 대하여 말하고 있으나 바로 그 진노에서 예수가 사람을 건지신다.

선지서로 다시 돌아가면 그들은 하나님의 진노에 대해 언급했다. 그리고 그들의 메시지는 사람이 순종치 않으면 하나님의 진노가 그들 위에 임하리라는 것이다. 진노가 어떤 형태로 보이며 역사할 것인가? 그것은 포로와 멸망과 민족적 재앙으로 나타난다. 다른 말로 하면 선지서의 메시지는 "만일 너희가 하나님께 순종치 않으면 하나님의 진노가 너희를 파멸과 재앙에 몰아넣을 것이다"란 뜻이다.

실상 에스겔이 다른 생생한 방법으로 기술하고 있다. "범죄하는 그 영혼은 죽으리라"(겔 18:4). 이것을 현대적 표현으로 하면 우리는 다른 용어를 사용할 것이다. "이 세상에는 도덕률이 있는데 이 도덕률을 범하는 사람은 조만간 고통을 받게 되어 있다." 이것이 바로 대역사가 프라우드(J. A. Froude)가 말한 것이다. "역사는 특수성을 지니고 반복된다고 말할 수 있다."

세계는 어떻게 해서인지는 모르지만 도덕적 기초 위에 세워졌다. 결국 선한 사람들에게는 좋고, 악한 사람들에게는 나쁠 것이다는 단 하나의 교훈이다.

히브리 선지자들의 전체 메시지는 이 세상에는 도덕적 질서가 있다는 것이다. 결론은 명확하다. **그 도덕적 질서는 지금 역사하시는 하나님의 진노다**. 하나님은 이 세상을 창조하시되 우리가 우리의 책임하에 하나님의 율법을 범하도록 하셨다. 우리가 전적으로 이 엄격한 도덕적 질서를 범한다면 우리에게는 사망과 파멸밖에는 없다. 물론 이 세계는 도덕적 질서만 발동하면 죄를 지은 영혼은 죽어야 하게끔 창조되었다.

그러나 인간의 이런 딜레마 속으로 하나님의 사랑이 들어오고 이 하나님의 사랑은 믿어지지 않는 값없는 은혜로 죄의 결과에서 사람을 건져내고 인간이 초래할 진노에서 그를 구원해 낸다.

하나님의 진노는 죄에 대한 피할 수 없는 형벌이다. 이것은 우주의 구조 내에 있다. 이것은 정확히 말해 예수께서 우리를 위해 행하신 일 때문에 하나님의 사랑이 우리를 구원하신다는 도덕적 질서에 대한 반역의 결과에서 생기는 것이다.

바울은 더 나아가 인간은 하나님을 몰랐다는 핑계를 할 수 없다고 주장한다. 인간은 하나님의 이 세계를 보고 하나님이 어떤 분이신지를 알 수 있었다. 어떤 사람의 작품을 보고 그 사람에 대해 무엇인가 말할 수 있다. 그와 마찬가지로 하나님이 창조하신 이 세계를 보고 하나님에 대해 무엇인가 말할 수 있다.

구약 기자들은 그것을 알고 있었다. 욥기 38-41장은 바로 그 개념에 근거하고 있다. 바울도 이 사실을 알고 있었다. 그가 루스드라에서 이방인에게 말할 때 그가 서두를 꺼낸 것이 세계였다(행 14:17).

유명한 초대 교부 터툴리아누스(Tertullianus)는 하나님을 당신의 창조하신 세계 속에서 발견할 수 있다는 것을 확신했다. "창조주에 대한 지식을 처음으로 가르쳐 준 것은 모세의 글이 아니다. 많은 사람이 비록 모세의 이름은 전혀 듣지 못했을지라도 틀림없이 모세의 하나님을 알고 있다." 그는 "자연은 선생이요, 사람은 학생이다"라고 했다. "내 생각에는 울타리 나무의 꽃 한 송이—초원의 아름다운 꽃을 말하지 않더라도, 바다의 조개 하나 홍해의 진주가 아니더라도, 들판의 새의 깃—공작을 들추지 않더라도 이런 것들이 우리에게 단순히 창조주에 대해 말해 주고 있다." "내가 장미 한 송이를 주면 그 꽃을 창조하신 분을 욕하지 않을 것이다." 이 세계 안에서 우리는 하나님을 볼 수 있다.

바울의 지론은—이것은 또 사실이지만—우리가 세계를 바라보면 **고통은 죄를 따라온다**는 것이다. 농사 법칙을 어겨 보라. 그러면 추수를 못할 것이다. 건축 법칙을 어겨 보라. 그러면 그 건물은 무너질 것이다. 건강의 법칙을 어겨 보라. 그러면 병을 앓을 것이다.

바울은 "세상을 바라보라! 그것이 어떻게 이루어졌는지를 보라! 그러한 세상에서 하나님이 어떤 분이신지를 알게 된다." 죄인은 아무런 핑계를 할 수 없다.

그러나 바울은 한 걸음 더 나아간다. 그러면 죄인은 무슨 짓을 했나? **하나님을 바라보는 대신 자기 자신을 들여다보았다**. 그는 허무한 생각에 자신을 몰아넣었고, 항상 어리석은 자였는데도 자신이 현명하다고 생각했다. 왜 그럴까?

그는 **자신의** 생각, **자신의** 의견, **자신의** 사색을 **하나님의 뜻** 대신에 생의 기준과 법칙으로 삼았다. 죄인의 어리석음은 "인간을 만물의 주"로 만드는 데 있다. 그는 그가 하나님을 바라보지 않고 자신을 들여다보았기 때문에 자신의 표준을 하나님께서가 아니라 자기 안에서 찾고 있다. 하나님을 바라보며 걷는 것이 아니라 자기 자신을 보며 걷고 그렇기 때문에 자신이 어디로 가고 있는지를 보지 않는 사람과 같이 그는 넘어진다.

이 결과는 어떤 것이었을까? 그것은 **우상 숭배**였다. 하나님의 영광이 인간과 동물의 형상과 바꾸어졌다. 우상 숭배의 근본적인 죄는 무엇일까? 그것은 그것이 **이기적**이라는 것이다. 사람이 우상을 만든다. 그리고 그 앞에 제물을 가져오고 우상에게 기도를 한다. 왜 그럴까? **그럼으로써 그 자신의 계획과 꿈, 목적을 촉진하기 위한 것이다**. 그가 섬기는 전부는 하나님을 위한 것이 아니고 자신을 위한 것이다.

이 본문에서 우리는 죄의 본질과 근저는 자신을 하나님의 자리에 놓는 것이라는 사실을 알게 된다. 인간이 하나님 대신 자신을 섬길 때 죄가 존재하는 것이다.

어찌할 수 없는 인간들

로마서 1:24-25

[24]그러므로 하나님께서 그들을 마음의 정욕대로 더러움에 내버려 두사 그들
의 몸을 서로 욕되게 하게 하셨으니 [25]이는 그들이 하나님의 진리를 거짓 것
으로 바꾸어 피조물을 조물주보다 경배하고 섬김이라 주는 곧 영원히 찬송
할 이시로다 아멘

욕망이라고 번역된 에피두미아(epithumia)가 이 본문 해결의 열쇠다. 아리스토텔레스는 **에피두미아**를 **쾌락을 얻으려고 애쓰는 것**이라고 정의했다. 스토아학파는 이 단어를 **모든 이성을 거슬리는** 쾌락을 얻으려고 애쓰는 것이라고 정의했다. 알렉산드리아의 클레멘트는 이것 자체를 만족시키기 위해 비이성적으로 목적하고 향하는 것이라고 불렀다.

에피두미아는 금지된 쾌락에 대한 격렬한 욕망이다. 이 욕망이 그의 명예와 분별과 품위를 앗아 가지 않았던들 절대로 하지 않았을 일을 하게 하는 일종의 정신병이다. 이것은 이 세상이 공급해 줄 수 있는 물질과 향락에 마음을 두고 천지의 창조주는 완전히 잊어버린 사람의 증상이다. 또 이것은 이 세상에 완전히 빠져 버려 하나님에 대한 생각은 전혀 하지 않게 된 사람의 생활양식이기도 하다.

하나님이 사람을 버린다는 것은 생각하기조차도 무서운 일이다. 그러나 그럴 이유가 두 가지 있다.

1. 하나님이 인간에게 자유 의지를 주셨고 그 자유 의지를 존중하신다. 결국에는 하나님도 자유 의지를 간섭하실 수 없다. 에베소서 4장 19절에서 바울은 자신을 정욕에 내맡긴 사람들에 대해 말하고 있다. 그들은 그들의 모든 의지를 그것에 내맡겼다. 호세아(4:17)는 무서운 말을 하고 있다. “에브라임이 우상과 연합하였으니 버려 두라.” 사람 앞에는 넓은 선택권이 있다. 그것은 그래야만 한다. 선택권이 없이는 선행이 없고 선택권이 없이는 사랑이 있을 수 없다. 강요

당한 선행은 참 선행이 못 되고 강요당한 사랑은 전혀 사랑이 아니다. 인간이 의식적으로 하나님을 배반하기로 결정했으면 하나님이 당신의 독생자 예수 그리스도를 이 세상에 보내시더라도 하나님은 그것에 대해 아무것도 하실 수 없다.

바울이 하나님이 사랑을 불결한 것에 내맡기심을 이야기할 때 그 **내맡기다**는 단어에는 분노가 들어 있지 않다. 사실 이 단어의 주된 어조는 저주나 심판도 아니다. 그것은 어떤 애인이 자신의 할 일을 다하고 더 이상 할 수 없을 때와 같이 아쉽고 섭섭하며 유감스러운 일이다. 이 단어는 자기 집을 버리고 먼 나라로 가버리는 아들을 보았을 때의 아버지 감정을 정확하게 그리고 있다. 사람이 그런 광경을 보았을 때는 그의 마음속에 분노보다는 서운함이 훨씬 많은 것이다.

II. "내맡기다"는 단어에는 그 이상의 뜻이 내포되어 있다. 그것은 심판이다. 죄가 죄를 낳는다는 것은 인생의 냉혹한 현실이다. 사람이 죄를 더 많이 지으면 지을수록 죄 짓기가 더 쉽다. 그는 자신이 하는 일에 대해 일종의 떨리는 마음으로 죄 짓기를 시작하나 다음에 오는 것이 무엇인지에 대해서는 생각하려고도 하지 않는다. 이것은 하나님이 사람을 벌하시는 것이 아니라 사람이 자신 위에 형벌을 자초하는 것이다.

사람이 스스로 한 걸음씩 죄의 종이 되어 들어가는 것이다. 유대인은 이 점을 알고 있었고 이 생각에 대한 훌륭한 격언들을 갖고 있었다. "임무를 완수하면 다른 임무로 보상을 받고 범죄는 또 다른 범죄로 보상을 받는다." "자신을 지키려고 노력하는 자는 누구나 그렇게 할 능력을 받고 누구든지 불결한 자에게는 악의 문이 활짝 열려 있다." "누구든지 자기 주위를 담으로 두르는 자는 방어될 것이요, 누구든지 자신을 포기하는 자는 버림을 받을 것이다."

죄에서 가장 무서운 것은 바로 이 죄를 낳을 수 있는 능력이다. 자유 의지가 결국 말살되어 사람이 죄의 종이 되고 그릇된 일에 자신을 내버리게 될 그런 방법으로 자유 의지가 사용될 수 있다는 것은 자유 의지의 엄숙한 책임이다. 죄는 항상 거짓이다. 죄인은 자신이 짓는 죄가 자신을 행복하게 만들 것이라고 생각하기 때문이다. 그러나 죄는 결국 인간을 망칠 뿐만 아니라 자기뿐 아니라 남에게도 그렇고 이 세상과 내세에서까지 그렇다.

수치스러운 세대

로마서 1:26-27

26이 때문에 하나님께서 그들을 부끄러운 욕심에 내버려 두셨으니 곧 그들의
여자들도 순리대로 쓸 것을 바꾸어 역리로 쓰며 27그와 같이 남자들도 순리
대로 여자 쓰기를 버리고 서로 향하여 음욕이 불 일듯 하매 남자가 남자와
더불어 부끄러운 일을 행하여 그들의 그릇됨에 상당한 보응을 그들 자신이
받았느니라

우리가 로마서 1장 26-32절을 읽을 때 이 본문은 어떤 현실을 과장하고 수사학적 과장법으로 색칠하는 거의 신경질적인 도덕주의자의 글인 것같이 보일 수 있다. 이 구절은 인류 역사상 거의 유례를 찾아볼 수 없는 타락한 도덕상을 그리고 있다.

그러나 바울이 말한 것으로서 당대의 헬라와 로마 저작자들이 말하지 않은 것은 하나도 없다.

1. 당시는 마치 무엇이나 억제할 수 없는 것 같은 세대였다. 버질(Virgil)은 이렇게 말했다. "옳고 그른 것이 혼동되어 버렸고, 전 세계에는 헤아릴 수 없이 많은 전쟁이 덮었고, 수없이 많은 부정이 횡행했다. 농사꾼은 떠나 버렸고 밭은 황폐해지고, 낫으로 칼을 만들었다. 동양에서는 유프라테스 강이 전쟁을 선동하고 서양에서는 독일이다. 아니, 인접한 도시들이 그들의 상호 동맹조약을 깨고 칼을 뽑으며 전쟁 신의 부자연스러운 분노가 전 세계에 맹위를 떨친다. 마치 원형극장에서 전차가 그 수문같이 생긴 문에서 터지듯 빠져 나와 그들의 코스로 질주하여, 운전사들은 고삐를 쥐고 죽을힘을 다해 말을 조종하되 전차를 제어할

수 없는 상태와 같은 세대였다." 그때는 난동이 활개 치던 세상이었다.

로마의 역사가 타시터스(Tacitus)가 당시의 역사를 기록할 때 이렇게 말했다. "나는 재난이 많고, 전쟁으로 우울하고, 폭동으로 찢어지고, 평화스러운 때에도 잔혹으로 가득 차고… 모든 것이 증오와 공포의 광란이었고, 노예는 자기 주인을 배신하라고 매수되고, 양육인은 자신의 보호자를 배신하라고 매수되었다. 원수가 없는 사람은 자기 친구에게 죽었다."

수토니우스(Suetonius)는 디베리우스(Tiberius) 치정에 대해 "하루도 누군가가 처형되지 않고 지나간 날이 없었다"라고 기록했다. 당시는 험악하고 극상의 공포 시대였다.

역사가 리비(Livy)는 말했다. "로마 시는 죄악을 견딜 수 없고, 고칠 수 있는 치료법도 없었다."

시인 프로퍼티우스(Propertius)는 이렇게 썼다. "나는 로마, 교만한 로마가 자신의 풍요의 희생 제물로 망해 가는 것을 본다."

당시는 도덕적 자살 시대였다. 풍자시인 유베날리스(Juvenalis)은 이렇게 썼다. "지구는 이 이상 악인과 못된 인간밖에는 태어나지 않는다. 그러므로 하나님이 어떤 분이시건 그 인간들을 천시하고 비웃고 싫어하신다." 생각하는 사람들에게는 그때는 모든 것이 제멋대로 돌아가는 것 같은 시대였고, 사람이 신들의 조소만이 들을 수 있는 때였다. 세네카가 말했듯이 그때는 "더 이상 자신의 주인이 아닌 영혼의 선동으로 괴롭힘을 당하던" 세대였다.

II. 유례없는 사치의 세대였다. 로마의 공중목욕탕에서는 온수와 냉수가 은제 꼭지에서 흘러 나왔다. 칼리굴라(Caligula) 황제는 경기장 바닥을 톱밥 대신 금가루로 뿌리기까지 했다. 유베날리스는 다음과 같이 혹독하게 말했다. "전쟁보다 잔혹한 사치가 로마를 내리 덮는다…. 로마의 빈곤이 사라졌기 때문에 탐욕의 죄와 행위가 모사라지 않았다." "빙텅의 영양소격인 돈과 무기력하게 하는 풍요함이 더러운 사치로 당시의 원동력을 서서히 약화시켰다." 세네카는 돈을 사물의 진정한 영예를 말살시키는 것으로 말하면서 "우리는 어떤 물건이 진정으로 무엇이냐고 묻는 것이 아니라 그것이 얼마나 가느냐고 묻는다"라고 말했다. 당시는 일반적인 것에 지쳐 버려 새로운 센세이션을 희구하던 시대였다. 루크레티우스(Lucretius)는 "향락의 근원에서 솟아나는 쓴맛"에 대해 말하고 있다. 범죄가 권태에 대한 유일한 해결책이 되었고, 심지어는 타시터스가 말한 대로 "악명이 높으면 높을수록 쾌락이 더 크다"라고 할 지경까지 이르렀다.

III. 유례없는 부도덕한 세대였다. 로마 공화국 초기 520년간에는 단 한 건의 이혼도 기록되지 않았다. 최초로 이혼한 것으로 기록된 것은 주전 234년에 스푸리우스 카빌리우스(Spurius Carvillius)였다. 그러나 이제는 세네카가 말한 대로 "여인들은 이혼하기 위해 결혼했고 결혼하기 위해 이혼했다." 로마의 귀부인은 집정관의 이름으로 연대를 계산하지 않고 자신의 남편의 이름으로 계산하였다.

유베날리스는 정절을 지킨 귀부인을 찾을 수 있다고 믿지 않았다. 알렉산드리아의 클레멘트는 전형적인 로마 사회의 귀부인을 "악의 황금띠를 두룬 비너스같이 꾸몄다"라고 평했다. 유베날리스는 "이베리나에게는 한 남편이면 충분할까? 잠시 후에 당신은 눈 하나로 만족하라고 그 여자를 설복시키게 될 것이다"라고 썼다. 그는 5년 동안 여덟 남편을 가졌던 여자의 이야기를 하고 있다. 또 그는 글라우디오 황제의 아내인 아그립바나의 믿어지지 않는 이야기를 하고 있다. 그는 황후로서 밤이면 순전히 만족할 수 없는 욕정을 위해 매음굴에서 매음부 노릇을 하기 위해 왕궁을 빠져나가곤 했다. "그들은 그들이 비천하게 만용을 부리는 일에서 대담함을 보여 준다."

바울은 이방 세계에 대해 그들의 도덕가들이 이미 말하지 않은 것을 언급한 것은 하나도 없다. 그리고 죄악은 자연적인 죄악으로서 멈추지 않았다. 사회는 위에서 바닥까지 비자연적인 죄악으로 농락되었다. 초기 15대까지 황제 가운데 14명이 동성연애자들이었다. 여기까지 바울은 당시 광경을 과장하기보다는 오히려 제한해서 묘사했다. 그리고 여기에서 바울은 복음을 전파하기를 열망했고 그리스도의 복음을 부끄러워하지 않았다.

이 세계는 구속을 이룰 수 있는 권능이 필요했고 바울은 그리스도밖에는 다른 어디에도 이런 능력이 없음을 알고 있었다.

하나님을 떠난 생활

로마서 1:28-32

28또한 그들이 마음에 하나님 두기를 싫어하매 하나님께서 그들을 그 상실한
마음대로 내버려 두사 합당하지 못한 일을 하게 하셨으니 29곧 모든 불의, 추
악, 탐욕, 악의가 가득한 자요 시기, 살인, 분쟁, 사기, 악독이 가득한 자요
수군수군하는 자요 30비방하는 자요 하나님께서 미워하시는 자요 능욕하는
자요 교만한 자요 자랑하는 자요 악을 도모하는 자요 부모를 거역하는 자요
31우매한 자요 배약하는 자요 무정한 자요 무자비한 자라 32그들이 이 같은 일
을 행하는 자는 사형에 해당한다고 하나님께서 정하심을 알고도 자기들만
행할 뿐 아니라 또한 그런 일을 행하는 자들을 옳다 하느니라

하나님을 인정하지 않고 떠나면 그 사람에게 어떤 일이 생기는지를 이렇게 명백하게 보여 주는 구절은 다른 곳에서는 거의 찾아볼 수 없다. 하나님이 인간을 심판하신다고 하기보다는 오히려 인간이 자신의 계획 속에 하나님의 자리를 남겨놓지 않을 때 심판을 받게 된다고 하는 것이 타당할 것이다.

인간이 자기 생활에서 하나님을 추방할 때는 어떤 종류의 인간이 되는지를 이 본문에는 가장 무시무시하게 열거하고 있다. 그러면 하나님 없는 생활로 들어가는 무서운 사실을 살펴보기로 하자.

그런 사람들은 사람으로서는 행하기에 합당치 못한 짓을 한다. 스토아 철학자들은 다음과 같은 말을 했다. **타 카테콘타**(ta kathekonta), 이 말은 **사람이 행하기에 합당한 것들**이란 뜻이다.

세상에는 본질적으로, 자연적으로, 본능적으로, 선천적으로 인격을 형성하는 것들이 있고 그렇지 않은 것들이 있다. 세익스피어가 《**멕베드**(*Macbeth*)》에서 이렇게 말한 바 있다.

나는 사람이 될 일이라면 무엇이든 감히 하려 한다.

그 사람이란 그 이상은 아무것도 없는 것을 감히 행하는 자다.

하나님을 버리는 사람은 인간의 존엄성을 잃어버릴 뿐 아니라 인간성도 잃는다.

바울은 그 다음에 모든 악한 일을 열거하고 있다. 하나하나씩 연구해 보자.

불의(아디키아〈adikia〉)는 **의**라는 뜻인 디카이오수네(dikaiosune)의 정반대어다. 헬라어에서는 **의라는 말을 하나님과 사람에게 마땅히 드릴 것을 드리는 것**으로 정의했다. **악인**이란 사람과 하나님께로부터 그 권리를 박탈하는 사람이다. 그는 모든 것 중심에다 자기 자신에게 재단을 쌓아 하나님과 사람을 제거하는 데 이르기까지 자신을 경배한다.

추악(포네리아〈ponēria〉)은 헬라어에서 **악** 이상의 것을 뜻한다. 악이란 대체로 그 관계된 사람에게만 해를 끼치는 것이다. 본질적으로 밖으로 나가는 악이 아니다. 이 악이 다른 사람에게 해를 끼치면 그것은 고의적이 아니다. 그것은 무의식적으로 잔인할 수는 있으나 무정하게 잔인하지는 않다. 그러나 헬라어에서는 **포네리아를 해를 끼치고자 하는 욕구**라고 정의했다. 그것은 부패시키고 상해를 입히려는 능동적이고 의식적인 의지인 것이다. 헬라 사람들이 한 여인을 포네라(ponēra)하다고 말할 때 그것은 그 여인이 의식적으로 순진한 사람을 유혹한다는 것을 의미했다. 헬라어에서 사탄의 가장 보편적인 이름 중 하나는 **호포네로스**(ho ponēross), **즉 악한 자**라는 것이고 이는 의식적으로 사람의 순진성과 선한 것을 파괴하려 습격하고 공격하고 그렇게 목적하는 자를 말한다.

호포네로스는 악한 사람일 뿐 아니라 모든 사람을 자신같이 악하게 만들고 다른 사람을 자신의 레벨까지 끌어내리기를 원하는 사람이다. 이것은 파괴적인 악행이다.

탐욕(플레오넥히아〈pleonexia〉)의 원어는 **더 갖는다**는 뜻의 두 단어가 합해 만들어진 것이다.

헬라인들은 **이 단어를 저주 받은 소유욕**이라고 정의했다.

이것은 침략적인 악행이다. 이것은 타인의 권리는 물론 심지어는 값싼 인간성마저도 완전히 무시하고 자신의 이익만을 추구하는 마음이라고 알려졌다. 이 요지는 탐욕이다. 기독교 저술가 데오도렛은 이 단어를 더 많은 것을 목표로 하고, 가질 권리가 없는 것을 취하는 마음이라고 말하고 있다.

이것은 인간 생활의 어느 면에서도 활약할 수 있다.

이것이 물질적인 면에 역사하면 그것은 명예나 정직 같은 것을 무시하고 돈과 물질을 취하는 욕망이 된다.

이것이 윤리적인 면에 역사한다면 그것은 격에 어울리지 않는 그 무엇을 얻으려고 남을 짓밟아 버리는 야심을 의미한다.

이것이 도덕적인 면에 역사한다면 누릴 자격이 없는 향락을 취하는 제재 받지 않은 욕망을 의미한다. 플레오넥히아는 법도를 모르는 욕구다.

악의(카키아〈kakia〉)는 헬라어에서 악함이란 뜻에 가장 많이 쓰이는 단어다.

이것은 자신을 선하게 할 품성은 하나도 없는 사람의 경우를 말하고 있다. 예를 들면 카코스 크리테스(kakos kritēs)는 훌륭한 판사를 만드는 데는 필요 불가결한 법률적 지식과 도덕적 센스와 바른 성품이 완전히 결여되어 있는 한 법관을 말한다.

데오도렛은 이것을 "영혼의 더 못한 것으로의 **전환**"이라고 일컬었다. 그가 전환이란 뜻으로 쓴 단어는 로페(ropē)인데 이것은 **천 평이 방향을 바꾸는 것을** 의미한다. 카코스란 사람이란 그의 삶이 더 못한 쪽으로 전환되는 사람을 말한다.

카키아는 모든 악을 내포하는 근본적인 악의라고 이해되어 왔다. 이것은 모든 죄가 자라나고 모든 죄가 번창하는 그런 타락을 의미한다.

시기(프토노스〈phthonos〉)에는 좋은 의미의 시기와 나쁜 의미의 시기가 있다. 남에게 자기 자신의 약점과 부적격성을 노출시키고 그가 어떤 위대한 본을 뜨고 그 수준까지 올라가고자 하는 시기가 있다. 반면에 본질적으로 악의를 품은 것이 있다. 이 시기는 훌륭한 것을 동경하기보다는 다른 사람이 훌륭하다고 원망을 한다. 이것은 인간 감정 중 가장 왜곡되고 비뚤어진 것이다.

살인(포노스〈phonos〉), 항상 기억해야 할 것은 예수께서 이 단어의 의미를 측량할 수 없이 넓히셨다는 것이다.

예수는 폭력 행위만이 아니라 노여워하고 미워하는 마음까지도 없이 하라고 주장하셨다. 주님은 우리 생활에서 단지 화내고 잔인한 행동을 하지 않는 것으로 충분하지 못하다고 하셨다. 온전한 것은 오직 욕망과 노함이 우리 마음에서 사라졌을 때다. 우리는 평생에 한 번도 사람을 때려 본 적이 없을 수도 있다. 그러나 누가 감히 자신은 아무도 때릴 마음도 없었다고 말할 수 있겠는가? 토마스 아퀴나스가 오래전에 이렇게 말했다. "사람은 행위를 보나 하나님은 그 의도를 보신다."

분쟁(에리스⟨eris⟩), 이 단어의 뜻은 시기, 명예, 지위, 직책, 탁월함에 대한 욕망인 야망에서 나온 논쟁이다. 이것은 질투에서 온다. 사람이 질투심을 말끔히 씻어 버렸다면 그는 논쟁과 분쟁을 일으킬 모든 것과는 거리가 멀게 된 것이다. 남의 성공을 보고 자신의 성공만큼 기쁨을 가질 수 있다는 것은 하나님이 주시는 은사다.

사기(돌로스⟨dolos⟩), 이 단어의 의미는 이 단어의 동사형인 **돌룬**(doloun)에서 가장 잘 알 수 있다. 돌룬은 두 가지 특징적 용법이 있다.

이 단어는 귀금속의 질을 저하시키는 것과 포도주에 다른 것을 혼합시키는 데 사용된다. **돌로스**는 **사기**란 뜻이다.

이것은 바르지 못한 마음과 비뚤어진 마음을 가진 사람의 성품과 똑바로 행동할 수 없는 사람, 자기 목적을 달성하기 위해 사악하고 음흉한 방법에 굴복하는 사람, 어떤 이면적 동기가 없이는 아무것도 하지 않는 사람의 성품을 기술하는 데 사용된다. 이것은 어느 사회에서나 발견되는 음모를 잘하는 모사꾼의 재치 있는 간교를 표현하는 말이다.

악독(카코에테이아⟨kakoētheia⟩: **모든 것을 가장 나쁘게 해석하는 마음**), 즉 **카코에테이아**는 원래 **악한 성격**을 의미한다. 광의로 말해서 **악의**라고 말할 수 있다.

아리스토텔레스는 이 단어를 전통적인 뜻 중에서 좁은 의미로 정의했다. 그는 이 단어는 "다른 사람에 대해 항상 가장 나쁜 짓을 생각하는 마음"이라고 말했다. 플리니우스(Plinius)는 이 단어를 "설명의 악의"라고 불렀다. 제르미 테일러(Jeremy Taylor)는 이것은 "악한 구실로 사물을 취하여 언제나 가장 나쁜 의미로 그것을 해석해 버리는 성격의 비열성"이라고 말했다. 아마도 이것이 모든 죄 중에 가장 흔할 것 같다.

만일 어떤 사람의 행동을 비판하고자 할 때 인간의 성격은 가장 나쁜 것을 택하기 쉽다. 사람들이 전혀 무죄한 행동을 악의를 갖고 해석하여 얼마나 많은 명성이 사라져 갔는지를 생각해 볼 때 무서운 생각이 든다. 우리가 그런 유혹을 받았을 때 하나님이 우리가 말하는 한마디 한마디를 모두 들으시고 기억하신다는 것을 잊어서는 안 된다.

수군수군하는 자와 비방하는 자(시투리스테스〈Psithuristēs〉와 카탈랄로스〈katalalos〉), 이 두 단어는 독설가를 말한다. 그러나 이 두 단어 사이에는 차이가 있다. 카탈랄로스, 즉 비방하는 자는 그의 비방의 말을 널리 나팔 부른 사람을 의미한다. 그는 공개적으로 비난을 하고 이야기를 하곤 하지만 시투리스테스는 자신의 악의에 찬 이야기를 남의 귀에 대고 속삭이며 사람을 한쪽 구석으로 끌고 가서 사람을 헤치는 이야기를 속삭이는 사람을 가리킨다. 사람은 적어도 공개적인 비방에는 자신을 방어할 수 있으되 남이 잘 되는 것을 파괴하는 데 희열을 느끼며 몰래 수군수군하는 사람에 대해서는 대책이 없다.

하나님을 미워하는 자(데오스투게이스〈theostugeis〉), 이 단어는 자신이 하나님께 반항하고 있다는 것을 알기 때문에 하나님을 미워하는 사람을 말한다. 하나님이 계시다면 그만큼 그에게는 불리하다는 것을 그는 알고 있다. 하나님은 마치 자신이 하고 싶은 대로 하지 못하게 하는 사슬이다. 그는 하나님 없는 세계란 자유가 아니라 면허를 받은 것 같은 세계가 될 것이므로 가능하면 기꺼이 하나님을 제거하려고 한다.

불손한 자(후브리스테스〈hubristēs〉), 후브리스(hubris)가 헬라인들에게는 신들의 손에 의하여 파멸을 자초하는 하나의 악덕이다. 이 단어에는 두 가지 의미가 있다.

I. 하나님에게 대항할 정도로 교만한 사람의 마음을 의미한다. 타락보다 앞서는 것이 모만이다. 이것은 사람이 피조물이라는 것을 망각하는 것이다. 이것은 운명에 저항하는 사람의 마음이다. 이것은 사람이 자기 부와 능력과 힘을 그다지도 확신하여 자기 혼자서 인생을 살아 나갈 수 있다고 생각하는 사람의 마음이다.

II. 이것은 방자하고 변태적으로 잔인하고 모독하는 사람이다. 아리스토텔레스는 이 단어를 복수할 목적이나 그로부터 얻을 수 있는 이익이나 유익을 위해서가 아니라 순전히 남을 해치는 쾌감 때문에 남을 아프게 하는 마음이라고 했다. 세상에는 남에게 잔혹한 말을 듣고 겁내는 것을 보는 데서 쾌락을 느끼는 사람이 있다. 또 남에게 정신적 육체적 고통을 가하는 데서 악마적인 쾌감을 느끼는 사람도 있다. 그런 것이 **후브리스**다. 단지 남을 괴롭히는 것에서 쾌감을 느끼는 것을 사디즘이라고 한다.

교만한 자(후페레파노스〈huperēphanos〉), 이 말은 성경에서 하나님은 **교만**한 자를 대적하신다고 말할 때 세 번 사용된 단어다(약 4:6; 벧전 5:5; 잠 3:34). 데오필랙트(Theophylact)는 이것을 "모든 죄악의 극치"라고 불렀다. 데오프라스투스(Theophrastus)는 일상생활에서 이 교만의 표징이 되는 것을 추려 놓았다. 교만한 자는 어떤 공직을 맡아 달라는 요청을 받았을 때 자기 자신의 일이 바빠 시간을 낼 수 없다는 이유로 거절한다. 그는 거리에서 사람을 보는 것에서 흥미를 갖기 전에는 절대로 사람을 자세히 보지 않는다. 그는 사람을 식사에 초대해 놓고 본인은 나타나지 않고 종을 보낸다. 그의 모든 생활은 모욕적인 분위기로 가득 찼고 그는 남을 경멸하는 것에서 쾌감을 느낀다.

자랑하는 자(알라존〈alazōn〉), 헬라어의 알라존은 재미있는 역사를 가진 단어다. 원래의 뜻은 **방랑하는 자**란 뜻이다. 후에 이 단어는 방랑하는 돌팔이 의사를 의미하는 말로 변했는데 그 돌팔이 의사는 자신이 병 고치는 것을 자랑하고 다니는 사람들이다. 그리고 아름다움과는 거리가 먼 자신이 만든 그릇을 아름답다고 자랑하는 값싼 장인(匠人)을 의미하기도 했다. 헬라인은 알라조네이아(alazoneia)를 없으면서도 있는 체하는 사람을 가리켜 말했다.

세노폰(Xenophon)은 이 이름은 실제보다 부유하고 용감한 체하는 사람, 사실은 불가능한 것을 할 수 있다고 약속하는 사람, 이런 일을 할 때는 무엇인가 이익을 얻으려고 하는 사람들에게 적합한 것이라고 말했다. 데오프라스투스는 또다시 "체하는" 사람에 대해 성격적인 묘사를 하고 있다. 그런 사람은 자기 상상에서만 이루어져 있는 사업 관계를 자랑하는 자, 전혀 상관없는 유력한 인사와의 친분을 자랑하고, 자신이 주었거나 전혀 제공해 본 적이 없는 자선 단체나 공무에 바친 선물을 자랑하는 사람들이라고 했다. 그런 사람은 자신이 지금 살고 있는 집은 너무 적어 더 큰 집을 사야겠다고 말한다. 자랑하는 자들은 남에게 어떤 인상을 주려고 하고 이 세상은 그런 사람들로 가득 차 있다.

악을 도모하는 자(에페우레테스 카콘〈epheurtēs kakōn〉), 이 구절은 보통 죄 짓는 방법으로는 만족하지 않고, 과거 방법에 싫증이 나고 지쳐 새로운 죄에서 좀더 새로운 스릴을 얻으려고 하기 때문에 새롭고 더 깊은 악을 찾는 자를 말한다.

부모를 거역하는 자, 유대인과 로마 사람들은 모두 부모에게 순종하는 것을 덕의 높은 자리에 두었다. 부모가 공경을 받아야 한다는 것은 십계명 중 하나다.

로마 공화국 초기에 파트리아 포테스타스(Patria Potestas), 즉 부권(父權)은 자신의 가족의 생명을 좌우할 수 있을 정도의 절대권을 갖고 있었다. 이 죄를 이 구절에 포함시킨 진정한 이유는 가족관계가 헤이해지면 대규모의 타락이 필연적으로 뒤따르기 때문이다.

우매한 자(아수네토스〈asunetos〉), 이 단어는 바보요, 경험을 통해서도 깨닫지 못하는 자요, 말할 수 없이 어리석은 자요, 하나님이 그에게 주신 마음과 두뇌를 사용치 않는 자다.

배약하는 자(아순쎄토스〈asunthetos〉), 이 단어는 로마인에게는 특별한 점을 갖게 될 것이다. 로마의 전성시대에는 로마인의 정직함은 참으로 놀라운 것이었다. 사람의 말 한마디는 법적 약정과 같은 효력이 있었다. 사실상 그것이 로마인과 헬라인 사이의 큰 차이점이다. 헬라인은 천성적으로 도벽이 있다. 헬라인은 이런 말을 하곤 했다. 지방 장관이나 관리에게 한 달란트의 돈을 맡기면 열 명의 서기나 회계원이 그것을 감시해도 그는 적어도 얼마는 착복하는 데 성공한다고 했다.

반면에 로마인은 지방 장관으로서나 원정 중인 장군으로서 순전히 말 한마디로 수천 달란트를 거래할 수 있으나 그 중 한 푼도 없어지지 않는다. 이 단어를 사용함으로써 바울은 로마인에게 기독교 윤리뿐 아니라 로마인의 전성기의 명예 기준을 상기시켰다.

무정한 자(아스토르고스〈astorgos〉), 스토르게(storgē)라는 헬라어는 가족적인 사랑을 표현하는 특별한 단어다. 당시는 가족적인 사랑이 죽어가는 세대였다는 것은 사실이다.

어린이의 생명이 이때같이 값없이 취급된 적은 없다. 어린이는 불행한 존재라고 생각되었다. 어린 아기가 출생하면 그 어린 아기는 아버지 발치에 눕혔다. 아버지가 어린 아기를 들면 좋다고 하는 의미이고 그 아버지가 뒤돌아 눕고 그냥 내버려 두면 어린 아기를 실제로 갖다 버렸다. 하룻밤 사이에 30-40명의 유아가 광장에 유기되지 않은 날이 없었다. 매일 밤 어린 아기들이 산 채로 유기되었다. 세네카 같은 유명한 사람도 이와 같이 쓸 수 있었다. "우리는 미친개를 죽인다. 우리는 사나운 소를 살해한다. 우리는 병든 짐승이 나머지 떼에게 병을 옮기지 않게 하려고 그들을 칼로 찌른다. **우리는 약하고 병신으로 태어난 아기들을 물에 던져 죽게 한다**." 인간애의 자연적인 줄이 끊어진 것이다.

무자비한 자(아넬레에몬〈aneleēmōn〉). 인간의 생명이 이때같이 무가치한 때는 없었다. 노예는 단지 물건에 지나지 않으므로 그 주인이 죽일 수도 있고 고문할 수도 있었다. 당시 법은 그런 무제한의 권한을 주인에게 부여했었다. 이런 이야기가 있다. 부잣집에서 노예가 수정 유리 쟁반 하나를 들고 들어오고 있었다. 그는 무엇에 걸려 넘어져 글라스 하나가 떨어져 깨졌다. 바로 즉석에서 주인은 마당 한복판에 있는 양어장으로 그를 집어던져 사나운 칠성장어가 그를 갈가리 찢어 산 채로 뜯어 먹게 했다.

또 쾌락에서도 무자비한 때였다. 당시는 역사상 검투 경기가 가장 성행했고 사람들은 남을 죽이는 것을 보는 데서 쾌감을 얻었다. 그때는 자비라는 것이 없었다.

끝으로 바울은 하나님을 버린 사람들에 대해 마지막 한마디를 하고 있다. 보통 사람은 비록 죄인일지라고 자신이 그것을 알고 있으며 이를 용납할지라고 남에게서는 용서 받지 못한다는 것을 알고 있다. 그러나 당시에는 사람들이 죄를 짓고 그런 죄 짓는 사람을 인정하고 더 나아가 그렇게 죄를 짓게끔 권장하기에 이르렀다. 조지(George Bernard Shaw)가 한번은 이렇게 말했다. "어떤 나라도 자기네 신을 상실하고는 존속하지 못했다."

그런데 바울은 여기에서 사람이 의식적으로 하나님을 인정하지 않고 떠나면 어떤 일이 일어나는지에 대해 무서운 광경을 보여 주었다. 그리고 때가 되니 로마도 망했다. 재난과 타락은 언제나 동행했고 말살되고 말았다.

The Letter to the Romans 02

특전의 의무

로마서 2:1-11

1그러므로 남을 판단하는 사람아, 누구를 막론하고 네가 핑계하지 못할 것은
남을 판단하는 것으로 네가 너를 정죄함이니 판단하는 네가 같은 일을 행함
이니라 2이런 일을 행하는 자에게 하나님의 심판이 진리대로 되는 줄 우리가
아노라 3이런 일을 행하는 자를 판단하고도 같은 일을 행하는 사람아, 네가
하나님의 심판을 피할 줄로 생각하느냐 4혹 네가 하나님의 인자하심이 너를
인도하여 회개하게 하심을 알지 못하여 그의 인자하심과 용납하심과 길이
참으심이 풍성함을 멸시하느냐 5다만 네 고집과 회개하지 아니한 마음을 따
라 진노의 날 곧 하나님의 의로우신 심판이 나타나는 그날에 임할 진노를 네
게 쌓는도다 6하나님께서 각 사람에게 그 행한 대로 보응하시되 7참고 선을
행하여 영광과 존귀와 썩지 아니함을 구하는 자에게는 영생으로 하시고 8오
직 당을 지어 진리를 따르지 아니하고 불의를 따르는 자에게는 진노와 분노
로 하시리라 9악을 행하는 각 사람의 영에는 환난과 곤고가 있으리니 먼저는
유대인에게요 그리고 헬라인에게며 10선을 행하는 각 사람에게는 영광과 존
귀와 평강이 있으리니 먼저는 유대인에게요 그리고 헬라인에게라 11이는 하

하나님께서 외모로 사람을 취하지 아니하심이니라

이 본문에서 바울은 직접 유대인에게 말하고 있다. 사랑의 연결은 이러하다. 즉, 앞서 언급한 구절에서 바울은 하나님의 저주 아래 있는 이방인 세계의 어둡고 무시무시한 모습을 그리고 있다. 그 저주의 한마디 한마디에 대해 유대인은 전혀 이의가 없었다.

유대인도 이방을 그들의 죄 때문에 하나님이 말살시키시리라는 것을 믿고 있었다. 그러나 유대인은 자신들도 동일한 저주 아래 있다는 것을 꿈에도 생각하지 못했다. 유대인은 하나님 보시기에 특별한 위치를 차지하고 있다고 생각했다. 하나님은 이방인의 심판자로 될망정 유대인에게는 특별한 보호자라고 생각했다.

바울은 여기서 애써 유대인에게 유대인도 이방인과 마찬가지로 죄인이고 유대인이 이방인을 저주할 때는 자기 자신을 정죄하는 것이고 혈통으로 유대인이라는 것이 심판을 면하게 못할 것이며 혈통권 계승에 근거해서가 아니라 그가 어떤 종류의 삶을 살았는지에 따라 심판을 받으리라고 강조했다.

유대인은 언제나 자신들은 하나님에게 특별한 권리를 받은 관계라고 생각했다. 그들은 "하나님은 이 땅의 모든 나라 중에서 단지 이스라엘만을 사랑하신다"라고 했다. "하나님은 이방인을 어떠한 기준에 의해 심판하실 것이고 유대인은 다른 기준으로 심판하실 것이다." "모든 이스라엘 족속은 오는 세상에 다 참여하게 될 것이다." "아브라함이 지옥 문 옆에 앉아 있어 죄를 지은 이스라엘인이 들어가지 못하게 할 것이다."

저스틴(Justin Martyr)이 《트뤼포와의 대화(*Dialogue with Trypho*)》에서 유대인의 지위에 대해 유대인과 논쟁할 때 그 유대인은 이렇게 말했다. "육체로 아브라함의 자손은 어떤 경우에서라도 심지어는 그들이 죄인이고, 하나님을 믿지 않고, 하나님께 불순종한다고 할지라도 영원한 나라에 참여하게 될 것이다."

《지혜서(*Book of Wisdom*)》의 저자는 유대인과 이방인에 대한 하나님의 태도를 비교하기를 "아버지와 같이 당신께서는 이들을 타이르면서 시험하시고 엄한 왕과 같이 당신께서는 저들을 벌하면서 잘못을 찾아내셨나이다"(지혜서 11:9)라고 했다. "그러므로 당신이 우리를 채찍질하시는 한편, 당신은 우리의 원수를 1천 배나 더 벌하시나이다"(지혜서 12:22).

유대인은 자신들만 제외하고는 세상의 누구나 심판을 받는다고 믿었다. 그 유대인을 하나님의 진노에서 보호해 주는 것은 어떤 특별한 선행이 아니라 유대인이라는 사실뿐이다. 이런 조건을 만족시키기 위해 바울은 유대인에게 네 가지 일을 주의시키고 있다.

I. 그는 그들이 하나님의 자비를 이용하고 있다고 솔직하게 말했다. 4절에서 그는 세 개 중요한 단어를 사용하고 있다. 그는 그들에게 "네가… 그의 **인자하심**과 **용납하심**과 **길이 참으심**의 풍성함을 멸시하느뇨?" 이 중요한 단어들을 살펴보면 다음과 같다.

1. **인자하심**(chrēstotēs), 이 단어에 대해 트렌취(R. C. Trench)는 "이 단어는 아름다운 것을 표현하는 아름다운 단어다"라고 했다.

헬라어에는 선하다는 말에 두 가지 단어가 있다. 아가토스(agathos)와 크레스토스(chrēstos)가 있다. 이 두 단어 사이의 차이점을 살펴보면, 아가토스한(선한) 사람의 선행은 비난과 고행과 형벌로 끝나기가 쉽다. 크레스토스한 사람의 선행은 언제나 본질적으로 인자하다.

예수께서 성전을 정결케 하사 노하시어 성전에서 돈 바꾸는 자와 비둘기 파는 자를 몰아내셨을 때 예수께서는 아가토스하셨다. 예수께서 자기 발에 기름을 부은 죄 많은 여인, 혹은 간음하다 잡힌 여인을 사랑이 넘치는 친절로 대해 주셨을 때 예수는 크레스토스하셨다. 그래서 바울은 실제적으로 "너희 유대인은 순전히 하나님의 위대하신 인자하심을 이용하려는구나"라고 말하고 있다.

2. **용납하심**(anochē), 헬라어에서 아녹헤(anochē)는 휴전을 의미한다. 사실 이 단어는 원수와 적대 행위를 중단하는 것을 말한다. 그러나 그 중단은 한정이 있는 중단이다. 이것은 정말로 찬스 주는 기회다. 그러나 이 기회는 주어진 시간에 포착되어야지 그렇지 않으면 지나가 버리는 것이다. 바울은 실상 유대인에게 "너희는 아직 하나님의 심판이 너희 위에 임하지 않았기 때문에 안전한 줄로 생각하고 있다. 그러나 너희에게 회개하고 너희의 길을 고칠 기회를 주시는 것이

다"라고 말하고 있다. 인간은 처벌을 받지 않고 영원히 죄를 지을 수가 없다.

3. **오래 참으심**(makrothumia), 마크로투미아(makrothumia)란 헬라어는 특히 **사람에 대해 참는 것**을 표현한 말이다. 크리소스토무스는 이 단어를 자신이 복수할 권리가 있으되 그 권리를 사용하지 않는 사람의 성격이라고 정의했다.

이것은 자신을 해치고 욕하는 사람을 잔멸할 수 있으되 인내하는 자비로 잔멸하지 않고 있는 사람의 마음이다. 그래서 바울이 실제로 유대인에게 말하고 있는 것은 "너희는 하나님이 너희를 벌하지 않으시는 것이 하나님이 벌하실 수 없는 증거인 줄로 생각하느냐? 하나님의 형벌이 죄를 짓자마자 곧 뒤따르지 않는 이유는 하나님의 무능력의 증거가 아니라 하나님의 인내의 증거다. 너희는 하나님의 인내 때문에 생명을 유지하고 있다"라고 말하고 있다.

저명한 주석가가 이렇게 말한 적이 있다. 사람은 대부분 소위 "벌 받지 않고 무사하기를 바라는 막연하고 불확실한 희망"을 품고 있다. 즉, "이것은 나에게는 일어날 수가 없다"라는 느낌이다. 유대인은 그보다 나아가 "하나님의 심판에서 면제되었다고 공격적으로 주장하고 있다". 유대인은 하나님의 자비하심을 이용하였고 지금도 같은 짓을 하려는 사람이 많다.

II. 유대인은 하나님의 자비하심을 회개로 인도하는 기회로, 보다 죄를 짓도록 유도하는 것으로 이해했다. 하이네가 유명한 풍자적 말을 했다. 그는 분명히 앞으로 올 세계에 대해서는 염려하지 않았다. 누군가 그에게 어째서 그렇게 자신만만하냐고 묻자 그는 "하나님이 용서하실 것이다"라고 대답했다. 계속해서 어째서 그렇게 믿느냐고 묻자 "그것은 하나님의 직업이다"라고 대답했다. 그러면 인간적인 면에서 생각해 보자.

용서에 대해 인간은 두 가지 태도를 갖고 있다. 젊은이가 자기 부모에게 창피하고 유감스럽고 마음 아픈 일을 했다고 가정하자. 그리고 그의 부모는 사랑으로 그를 용서했다고 하면 그는 다음 두 가지 중 한 가지를 할 수 있다. 그는 다시 용서 받을 수 있을 것이라는 사실을 이용하여 나아가 똑같은 잘못을 또다시 저지르든가 그가 받은 값없는 용서를 받은 것을 감사하여 그에 합당한 생활을 하려고 그의 전 생애를 바칠 것이다. 자비와 사랑의 용서를 죄를 계속해서 지으라는 핑계로 사용하는 것은 이 세상에서 가장 부끄러운 일이다. 그것이 바로 유대인이 하는 짓이었고, 아직도 지극히 많은 사람들이 하고 있는 짓이다.

하나님의 자비와 사랑은 우리가 죄를 짓고도 그냥 빠져 나갈 수 있다고 생각하게끔 하기 위한 것이 아니라 사랑으로 우리의 마음을 아파하고 다시는 죄를 짓지 않으려고 노력하게 하기 위한 것이다.

III. 바울은 하나님에게는 편애가 없다고 주장한다.

하나님의 섭리에는 가장 사랑을 받는 민족이란 없다고 주장한다. 특별한 임무와 책임을 위해 선택된 민족은 있을 수가 있다. 그러나 특별한 권리와 고려를 받게 되어 있는 민족은 없다.

밀튼이 말했듯이 이러한 것은 사실일 수 있다. 즉, "하나님이 어떤 큰 일이 있으시면 자기 백성에게 주신다". 여기서 문제되는 것은 큰 **일**이지 큰 **특권**이 아니다. 유대교 전체가 유대인은 하나님 보시기에 특권과 사랑에서 특별한 위치에 있다는 신념에 근거하고 있다.

그것은 현재 우리가 이미 과거의 위치라고 느낄 수 있을지 모른다. 그러나 그것은 현재에도 존재한다. 오늘날 유색인종 차별 같은 것은 없는가? 키플링(Kipling)이 말했듯이 "법을 모르는 저급한 종자들보다 높다는 우월감 같은 것은 없는가?"

이 말은 모든 민족이 재능과 소질과 능력에서 동일하다고 말하는 것이 아니라 다른 민족보다 발전한 민족은 그 다른 민족을 멸시하는 것이 금지되어 있는 반면에 그 민족을 자신들의 수준까지 끌어 올릴 책임이 있다는 말이다.

IV. 바울의 모든 서술 중에서 이 구절은 가장 조심스럽게 연구해야 한다. 그래야만 바울 사상을 올바로 포착할 수 있기 때문이다. 바울은 문제가 되는 것은 신앙뿐이라고 하는 입장을 왕왕 취했다고 말한다. 행위의 중요성을 강조하는 종교는 신약과는 전혀 관계가 없는 것같이 여겨 멸시되는 적이 자주 있다. 이 말보다 사실과 다른 것은 없다.

바울은 "하나님은 각 사람에게 그 행한 대로 보응하시리라" 고 했다. 바울에게서는 행함이 없는 신앙은 신앙의 서툰 모방과 풍자에 지나지 않았다. 사실 그런 것은 전혀 신앙이 아니다.

바울은 신앙을 알 수 있는 유일한 길은 행위밖에는 없다고 말했다. 모든 종교적 영향 중 가장 위험한 것은 신앙과 행위가 전혀 별개의 것인 양 생각하는 것이다. 행위를 수반하지 않는 신앙이란 있을 수 없고 신앙의 산물이 아닌 행위도 있을 수 없다. 행위와 신앙은 불가분리하게 한데 묶여 있는 것이다. 결국 하나님은 사람을 심판하실 때 그의 행위를 따라 하지 않고 무슨 다른 방법이 있겠는가? 우리는 안연히 "나는 신앙이 있으니까" 라며 그냥 지나 버릴 수가 없다. 우리의 신앙은 행동화해야 한다. 그 이유는 우리가 하나님 나라에 용납되고 안 되는 것은 우리의 행위로써다.

불문율

로마서 2:12-16

12무릇 율법 없이 범죄한 자는 또한 율법 없이 망하고 무릇 율법이 있고 범죄
한 자는 율법으로 말미암아 심판을 받으리라 13하나님 앞에서는 율법을 듣는
자가 의인이 아니요 오직 율법을 행하는 자라야 의롭다 하심을 얻으리니
14(율법 없는 이방인이 본성으로 율법의 일을 행할 때에는 이 사람은 율법이
없어도 자기가 자기에게 율법이 되나니 15이런 이들은 그 양심이 증거가 되
어 그 생각들이 서로 혹은 고발하며 혹은 변명하여 그 마음에 새긴 율법의
행위를 나타내느니라) 16곧 나의 복음에 이른 바와 같이 하나님이 예수 그리
스도로 말미암아 사람들의 은밀한 것을 심판하시는 그날이라

바클레이 사역에는 절의 순서가 약간 바뀌었다. 문장의 의미로 볼 때 16절은 13절 다음에 와야 하고 14-15절은 괄호 안에 들어 있는 문장이다. 바울은 책상에 앉아 단어 한마디 한마디, 그리고 문장 하나하나를 생각하며 써 내려간 것이

아니라는 것을 기억해야 한다.

바울은 자신의 비서격인 더디오(롬 16:22)에게 불러 주면서 방을 이리저리 왔다 갔다 했고 더디오는 받아쓰느라고 애를 썼다고 상상할 수 있다. 그 긴 괄호가 왜 있게 되었는지를 설명해 준다. 그러나 영어에서는 괄호 안에 있는 것을 빼내고 13절에서 16절로 직접 연결하고 14, 15절은 설명으로 부가하면 그 내용을 바로 이해하기가 더 쉽다.

여기에서 바울은 이방인에게 눈을 돌린다. 그는 유대인이 그릇 생각하는 특권과 편애의 주장을 다루었다. 그러나 유대인이 가지고 있던 특권은 율법이었다. 그래서 이방인은 다음과 같은 말로 응수할는지 모르겠다. "하나님은 율법을 가지고 선악을 분별할 줄 알고 있는 유대인을 벌할 것이고 우리 이방인은 율법을 알 기회도 없었으므로 선악을 분별할 줄도 몰랐기 때문에 심판을 확실히 면하게 될 것이다." 이런 주장에 대답하기 위해 바울은 두 가지 대원칙을 내세운다.

I. 사람은 그에게 알 기회가 주어진 것에 의해 심판 받는다. 그가 율법을 알고 있었다면 율법을 안 자로서 심판 받을 것이고, 그가 율법을 몰랐다면 율법을 모르는 자로서 심판 받을 것이다. 하나님은 공정하시다. 여기에 예수께서 이 세상에 오시기 전에 살았던 사람과 기독교 메시지를 들을 기회가 없었던 사람들에게 어떤 일이 일어날까 하고 질문하는 사람에 대한 대답이 있다. 기독교적인 대답은 그가 알 수 있었던 최고 수준에 대한 성실성에 의해 심판 받는다는 것이다. 그가 알고 있었던 최고 표준에 진실했다면 하나님은 그에게 더 이상 요구할 수도 없고 하시지도 않을 것이다.

II. 바울은 더 나아가 글로 쓰인 율법을 모르는 사람들도 마음속에 불문의 율법을 가지고 있었다고 말한다. 우리는 이것을 선악에 대한 본능적 지식이라고 부르고 있다. 스토아학파 철학자들은 우주에는 사람들이 위험을 무릅쓰고라도 범하려는 법칙이 있는데 그것은 생명과 생활을 지배하는 법칙, 건강의 법칙, 도덕률 등이다.

스토아학파에서는 이 법칙을 자연이란 뜻의 **푸시스**(phusis)라고 불렀고 이들은 사람들이 **카타 푸시스**(kata phusis), 즉 자연을 따라 살아야 한다고 권고했다. 바울의 이론에 의하면 사람의 본성에는 우리가 꼭 해야 할 것에 대한 선천적이고 천부적인, 본능적 지식이 심어져 있다.

헬라인들은 이 의견에 동의할 것이다. 아리스토텔레스는 이렇게 말했다. "문명하고 자립성이 있는 사람은 **자기 자신을 율법으로 생각하고** 행동할 것이다." 풀루타크는 "누가 총독을 지배할 것인가?"라고 질문하고 다음과 같이 대답했다. "핀더(Pinder)가 말했듯이 모든 죽을 존재와 죽지 않을 존재의 왕인 율법이다. 그것은 파피루스의 두루마리나 나무판에 쓰인 것이 아니고, 영혼 속에 있는 자신의 이성이다. 변함없이 그 안에 거하고 그를 지키며 절대로 그의 영혼을 지도하지 않고 내버려 두는 법이 없다."

바울은 세계가 두 종류의 사람들로 나누어져 있다고 보았다. 즉, 유대인은 자신들에게 하나님께로부터 율법이 직접 주어지고 쓰여서 누구나 읽을 수 있게 한 사람들이라고 생각했다. 그리고 다른 민족은 이 쓰인 율법은 없으나 그들 마음 속에 하나님이 심어 주신 선악에 대한 본능적인 지식을 갖고 있는 것이라고 했다. 유대인은 그가 하나님의 섭리 중 특수한 위치를 차지하고 있었다고 해서 예외를 주장할 수는 없다. 이방인은 글로 쓰인 율법을 받지 못했다고 해서 예외를 주장할 수도 없다. 유대인은 율법을 안 자로서 심판 받을 것이고, 이방인은 비록 글로 쓰인 율법은 없더라고 하나님이 주신 양심이 있는 자로서 심판을 받을 것이다. 하나님은 인간 자신이 알고 있는 것과 알 기회가 주어진 것에 따라 심판을 하신다.

진정한 유대인

로마서 2:17-29

17유대인이라 불리는 네가 율법을 의지하며 하나님을 자랑하며 18율법의 교
훈을 받아 하나님의 뜻을 알고 지극히 선한 것을 분간하며 19맹인의 길을 인

> 도하는 자요 어둠에 있는 자의 빛이요 [20]율법에 있는 지식과 진리의 모본을
> 가진 자로서 어리석은 자의 교사요 어린아이의 선생이라고 스스로 믿으니
> [21]그러면 다른 사람을 가르치는 네가 네 자신은 가르치지 아니하느냐 도둑질
> 하지 말라 선포하는 네가 도둑질하느냐 [22]간음하지 말라 말하는 네가 간음하
> 느냐 우상을 가증히 여기는 네가 신전 물건을 도둑질하느냐 [23]율법을 자랑하
> 는 네가 율법을 범함으로 하나님을 욕되게 하느냐 [24]기록된 바와 같이 하나
> 님의 이름이 너희 때문에 이방인 중에서 모독을 받는도다 [25]네가 율법을 행
> 하면 할례가 유익하나 만일 율법을 범하면 네 할례는 무할례가 되느니라
> [26]그런즉 무할례자가 율법의 규례를 지키면 그 무할례를 할례와 같이 여길
> 것이 아니냐 [27]또한 본래 무할례자가 율법을 온전히 지키면 율법 조문과 할
> 례를 가지고 율법을 범하는 너를 정죄하지 아니하겠느냐 [28]무릇 표면적 유대
> 인이 유대인이 아니요 표면적 육신의 할례가 할례가 아니니라 [29]오직 이면적
> 유대인이 유대인이며 할례는 마음에 할지니 영에 있고 율법 조문에 있지 아
> 니한 것이라 그 칭찬이 사람에게서가 아니요 다만 하나님에게서니라

이 구절은 유대인에게는 떨리는 경고임에 틀림없다. 유대인은 자신들은 하나님과 특별한 관계에 있다는 것과 순전히 혈통적으로 아브라함의 자손이라는 이유와 육체에 할례의 표시를 지니고 있다는 이유만으로 하나님이 특별히 취급해 주신다는 것을 확신하고 있었다.

그러나 여기에서 바울은 후에도 계속 반복해서 사용해 온 개념을 소개한다. 그는 유대인이 되는 것은 전혀 혈통의 문제가 아니라고 주장했다. 유대인이 되는 것은 할례와는 아무런 관계가 없다. 유대인이 된다는 것은 행위의 문제다.

그렇다면 세상에는 아브라함의 순수한 후손이고 몸에 할례의 표시를 지니고 있으되 실은 전혀 유대인이 아닌 명목상의 유대인이 많이 있다. 그와 마찬가지로 세상에는 아브라함에 대해 들어 보지도 못하고 할례는 꿈도 꾸어 보지 못하였으되 사실은 진정한 의미의 유대인인 이방인이 많이 있다. 유대인에게 이 말은 극히 이단적인 것으로 들릴 것이다. 단 한마디로 바울은 유대 사상의 토대를 철폐해 버렸다. 그는 진정한 유대인이 됨에서부터 많은 유대인을 떨어내고 모든

민족에게 적용되고 이 지구만큼이나 넓은 것 같은 새로운 개념을 소개했다. 이런 표현은 유대인을 분노하고 아연실색하게 만들 것이다.

이 구절 맨 마지막 절에 번역할 수 없는 말이 있다. "그 칭찬이 사람에게서가 아니요 하나님에게서니라." 칭찬이란 단어의 헬라어는 **에파이노스**(epainos)다. 구약(창 29:35, 49:8)을 보면 우리는 **유다**(Judah)란 말의 원래의 뜻은 **칭찬**(epainos)이라는 것을 알게 된다. 그래서 이 본문은 두 가지를 의미한다.

1. 그런 칭찬은 **사람**에게서가 아니라 하나님에게서 오는 것이다.

2. 그런 유대인이 되는 것은 사람에게서가 아니라 하나님에게서라는 뜻이다. 이 구절의 뜻은 전체적으로 하나님의 약속은 어떤 특정한 민족이 아니라 몸에 어떤 특정한 표식을 지닌 사람에게다. 즉, 하나님의 약속은 그들이 속해 있는 민족에 상관없이 어떤 종류의 삶을 살아가는 사람에 주어진 것이다. 진정한 유대인이 된다는 것은 족보의 문제가 아니라 성격의 문제다. 혈통적으로는 전혀 유대인이 아닌 사람이 육체적으로 유대인인 사람보다 나은 경우가 많다.

이곳에서 바울은 하나님의 이름을 이방 중에서 욕되게 하는 행동을 하는 유대인이 있다고 말한다. 역사적으로 유대인은 이 세계에서 가장 혐오를 받았고 인기가 없었으며 지금도 그러한 민족이라는 것은 누구나 아는 사실이다. 그러면 신약 시대에는 이방인이 유대인을 어떻게 보았는지 살펴보자.

이방인은 유대교를 "야만적인 미신"으로 생각했다. 그들은 유대인을 "가장 진절머리 나는 종족"이요 "가장 비천한 노예의 무리"로 보았다. 유대교의 근본은 악의에 찬 무지로 곡해되었다. 이런 말이 있다. 유대인은 원래 애굽 왕이 채석장에서 일하게 하려고 보낸 나병환자들이었는데 모세가 이 나병에 걸린 노예들을 선동하여 광야를 지나서 팔레스타인으로 인도해 갔다. 그리고 그들이 광야에서 죽어가고 있을 때 야생의 나귀 한떼가 그들을 물이 있는 곳으로 인도했기 때문에 나귀의 머리를 숭배했다고 한다. 또 돼지고기가 가려움병이란 피부병의 원인이라고 알고 있기 때문에 돼지고기를 먹지 않았고 가려움병은 유대인이 애굽에서 고통을 당한 병이라고 했다.

어떤 유대 풍습은 이방인에 의해 조롱을 받았다. 그들이 돼지고기를 먹지 않는 것은 이방인에게 조롱거리가 되었다. 플루타크는 그 금기가 유대인이 돼지를 신으로 섬기기 때문이라고 생각했다. 유베날리스는 유대인의 온후함이 돼지에게 장수할 수 있게 해 주었고 그들에게는 돼지의 육체가 사람의 육체보다도 더 귀한 것이었다고 자신 있게 말했다. 안식일을 지키는 습관은 단순한 나태와 게으름으로 생각되었다.

유대인이 즐기던 어떤 것들은 이방인을 격노케 했다. 이같이 악명이 높았지만 유대인이 로마 정부에서 특전을 받았다고 하는 것은 참으로 이상한 사실이다.

1. 그들은 매년 예루살렘으로 성전세를 보낼 수 있게 허락되었다. 이 성전세를 예루살렘으로 송금하는 것이 주전 60년경에 아시아 지방에서는 어찌나 심각했는지 화폐의 수출이 금지되었던 일이 있으며, 역사가에 의하면 유대인이 예루살렘으로 보내려고 했던 최소한 20톤의 밀수금을 압수했다고 한다.

2. 그들은 적어도 어느 정도는 그들 자신의 법정을 갖고 그들 자신의 법에 따라 생활할 수 있게 허락되었다. 주전 50년경 아시아 지방의 루키우스 안토니우스(Lucius Antonius)라고 불리는 총독이 내린 포고령이 있다. 그 포고령에 이런 말이 있다. "유대 시민이 나에게 와서 말하기를 그들은 그들 조상의 규례에 따라 집행된 그들 자신의 모임이 있고 그들 자신의 문제를 처리하며, 각자의 문제를 취급하는 그들의 집회 장소가 있다고 했다. 그들이 나에게 이 관습이 계속되어야 한다고 했을 때 나는 그들이 이런 특전을 유지하도록 허가한다는 결정을 내렸다." 이방인은 이와 같이 한 민족이 마치 별다른 민족같이 특전을 누리는 민족으로 살아가는 광경을 싫어했다.

3. 로마 정부는 유대인의 안식일을 존중해 주었다. 법률상으로 유대인은 안식일에 재판정에서 증거를 제시할 수 없다고 되어 있다. 또 백성에게 특별 의연금이나 선물 등이 나누어질 때 그것이 안식일일 경우에는 유대인은 그 다음날 자신의 몫을 찾아갈 수 있게 규정되어 있었다. 그리고 이방인에게 특히 아니꼽게 여겨진 것은 유대인은 로마 군대의 징병을 면제 받은 일이다. 이를 **아스트라테이아**(astrateia)라고 했다. 이 면제는 유대인의 엄격한 안식일 엄수가 그들이 안식일에 군 임무를 수행할 수 없게 만든다는 사실에 직접 기인했다. 결과는 전면 면제였는데, 무거운 짐인 이 병역 의무의 특별 면제가 나머지 민족들이 어떤 불만

을 갖고 볼는지는 쉽사리 짐작이 간다.

그러나 유대인이 특히 비난 받은 것이 두 가지 있다.

1. 무신론(atheotēs)자라고 비난 받았다. 고대 세계가 눈으로 볼 수 있는 경배 대상이 없는 종교의 가능성을 이해하기 힘들어 했다는 것은 이상한 일이다. 플리니우스는 그들을 "모든 신적 존재를 경멸하는 민족"이라고 불렀다. 타키투스는 "유대인은 자신의 신을 유일신이라고 해 마음속으로만 생각한다. 그러므로 그들의 도시나 심지어는 전각 안까지 아무런 형상도 세우지 않았다. 이 존경은 왕에게도 돌리지 않고 황제에게도 이 영예를 돌리지 않는다"라고 말했다. 유베날리스는 이렇게 말했다. "그들은 구름이나 하늘의 신성 이외에는 아무것도 공경하지 않는다. 그러나 사실은 그들 이방인이 그런 증오를 하게 한 것은 유대인의 형상 없는 경배보다는 유대인이 다른 모든 종교를 보는 차가운 냉대라고 하는 것이 옳다. 자신의 이웃에 대한 태도가 주로 멸시라면 그런 사람은 아무도 전도할 수 없다. 바울이 유대인이 하나님의 이름을 욕되게 했다고 말했을 때 그가 생각했던 것이 바로 이 타인에 대한 멸시였다.

2. 그들은 **이웃에 대한 증오**(mi santhrōpia)**와 완전한 비사교성**(amixia) 때문에 비난을 받았다. 타키투스가 말하기를 "그들은 자기들 사이에서는 정직하고 동정심이 많으나, 다른 백성에게는 적개심 같은 증오를 보인다"라고 했다. 알렉산드리아에서는 이런 얘기까지 있었다. 유대인은 이방인에게 친절을 베풀지 않기로 맹세했다고 하며, 심지어는 그들이 하나님께 제사 지낼 때 매년 한 헬라인을 제물로 드렸다고 한다. 타키투스는 이방인이 유대교로 입교하면 처음으로 배우는 것이 "신들을 경멸하고, 그들의 국적을 거절하고, 부모와 자식과 형제를 비난하라"는 것이라고 했다.

유대인에게 길을 물으면 유대인 외에는 어떤 것도 알려주기를 거절했으며, 누군가 먹을 물을 구하려고 우물을 찾으면 그가 할례 받지 않았으면 우물로 인도해 주지 않는다고 유베날리스는 말했다.

우리는 여기에서 똑같은 것을 다시 보게 된다. 타인에 대한 유대인의 근본적 태도는 멸시였고 그 멸시는 항상 증오를 초래하게 마련이다.

유대인이 하나님의 이름을 욕되게 했다는 것은 너무나 명백한 사실이다. 그들은 주위 모든 사람에게서 분리된 엄격하고 작은 사회 속으로 자신들을 가두어 버렸고, 이교도의 예배 행위에서는 멸시의 태도를, 그들의 궁핍에 대해서는 자비가 전혀 없는 태도를 보였기 때문이다. 진정한 종교는 마음을 넓히고 문을 개방하는 것이다. 유대교는 닫힌 마음과 닫힌 문의 종교였다.

The Letter to the Romans 03

성실한 하나님과 불성실한 인간

로마서 3:1-8

[1]그런즉 유대인의 나음이 무엇이며 할례의 유익이 무엇이냐 [2]범사에 많으니
우선은 그들이 하나님의 말씀을 맡았음이니라 [3]어떤 자들이 믿지 아니하였
으면 어찌하리요 그 믿지 아니함이 하나님의 미쁘심을 폐하겠느냐 [4]그럴 수
없느니라 사람은 다 거짓되되 오직 하나님은 참되시다 할지어다 기록된바
주께서 주의 말씀에 의롭다 함을 얻으시고 판단 받으실 때에 이기려 하심이
라 함과 같으니라 [5]그러나 우리 불의가 하나님의 의를 드러나게 하면 무슨
말 하리요 [내가 사람의 말하는 대로 말하노니] 진노를 내리시는 하나님이
불의하시냐 [6]결코 그렇지 아니하니라 만일 그러하면 하나님께서 어찌 세상
을 심판하시리요 [7]그러나 나의 거짓말로 하나님의 참되심이 더 풍성하여 그
의 영광이 되었다면 어찌 내가 죄인처럼 심판을 받으리요 [8]또는 그러면 선을
이루기 위하여 악을 행하자 하지 않겠느냐 어떤 이들이 이렇게 비방하여 우
리가 이런 말을 한다고 하니 그들은 정죄 받는 것이 마땅하니라

이 구절은 바울이 가장 주밀하게 그리고 가장 어려운 방법으로 논쟁하고 있는

구절이다. 바울이 상상적인 반대자와 논쟁하고 있다는 것을 기억하면 이해하기 더 쉬울 것이다. 그 논쟁은 전체적으로 이와 같을 것이다.

반대자 : 당신이 말해 온 것의 결과는 이방인과 유대인 사이에는 차이가 없고 그들은 실제로 똑같은 위치에 있다는 것이오. 정말로 그렇다는 겁니까?

바울 : 천만에요.

반대자 : 그러면 차이가 무엇이오?

바울 : 한 가지 예를 들어 유대인은 이방인이 절대로 그렇게 직접 받지 못한 것, 즉 하나님의 십계명을 갖고 있지 않은가?

반대자 : 그건 그렇다 치고 어떤 유대인이 이 계명을 어기고 하나님께 신실하지 못하여 저주 아래 있게 되면 어떻게 됩니까? 당신은 방금 하나님은 유대인에게 특별한 지위와 약속을 주셨다고 말하셨지요. 그리고 적어도 얼마만큼의 유대인은 하나님의 저주 아래 있다고 하셨지요. 그것은 하나님이 당신의 약속을 깨뜨려 하나님 자신이 옳지 않고 신뢰할 수 없는 분이라는 것을 보여 주는 것이 아닙니까?

바울 : 천만에 말씀! 그것이 보여 주는 것은 하나님에게는 편애가 없고 하나님은 어디에서나 죄가 발견되는 곳이면 처벌하신다는 것입니다. 하나님이 신실치 못한 유대인을 벌하신다는 그 사실은 하나님의 완전한 공평성의 가장 좋은 증거입니다. 하나님은 선민의 죄를 좀 모르는 척하실 수도 있었지만 하나님은 그렇게 하지 않으셨습니다. 아무것도 이 사실보다 하나님의 공의와 하나님이 온 땅의 심판자가 되실 권리가 있는 것을 나타내는 것은 없습니다.

반대자 : 그러면 좋습니다! 당신이 한 말은 모두 나의 불순종이 하나님에게 하나님의 의를 드러내는 기회를 주었다는 것을 보여 주는 데 불과합니다. 당신이 말하고 있는 것은 나의 불성실이 하나님의 성실성을 나타낼 좋은 기회를 제공했다는 것이 아닙니까? 왜 그것 때문에 나를 죄인이라고 부르는 것입니까? 나의 죄는 오히려 훌륭한 것입니다! 나의 죄가 하나님에게 하나님이 얼마나 선하신지를 보여 줄 수 있는 기회를 준 것입니다. 내가 악한 일을 했을는지도 모르지만 거기서 좋은 결과만 나타난 것입니다. 당신은 하나님에게 하나님의 공의를 들어낼 기회를 준 사람을 저주할 수는 없을 것이오!

바울 : 그런 논쟁은 무가치한 것이오. 당신이 말한 것은 그것이 얼마나 용납될 수 없는 것인지를 보여 준 것밖에는 없소!

우리가 이 구절을 이런 방법으로 다루어 보면 이 안에는 유대인에 대한 바울의 몇 가지 근본적 사상이 들어 있음을 알 수 있다.

I. 바울은 마지막까지 유대인을 하나님과의 관계에서 특별한 지위에 있음을 믿었다. 사실 그것이 유대인 자신도 믿었던 것이다. 그러나 차이점은 바울은 그 특별한 지위라는 것이 특별한 책임의 지위라고 믿은 것에 대해 유대인은 특별한 권리의 지위라고 믿었던 것이다. 유대인에게 특별히 무엇이 주어졌다고 바울은 말하고 있는가? 그것은 **하나님의 말씀**이다. 그러면 그건 무슨 뜻인가? 그가 사용한 단어는 로기아(logia)인데 이 단어는 헬라어 구약성경에서 하나님의 특별한 말씀이나 선포 등을 의미하는 데 늘 사용된 말인데, 여기에서는 **십계명**을 의미한다.

하나님이 유대인에게 위탁한 것은 특권이 아니라 계명이다. 하나님은 유대인에게 "너희는 특별한 백성이다. 그러므로 특별한 생활을 해야 한다"라고 말씀하셨다. "너희는 특별한 백성이다. **그러므로 너희는 내가 좋아하는 것을 행해야 한다**"라고 하나님은 말씀하셨다. 하나님의 이 특별한 선택은 특별한 임무를 가져온 것이지 특별 면제를 가져오지는 않았다. 던새니(Dunsany) 경이 제1차 세계대전 때 안전하게 살아남은 후 "나는 어떤 알 수 없는 방법으로 지금까지 살아 있다. 나는 하나님이 이렇게 특별하게 구해 주신 생명으로 무엇을 하라는 의미인지 모르겠다"라고 자문했다고 한다.

이것은 유대인은 생각조차 못해 본 것이다. 그들은 하나님의 특별한 선택이 특별한 임무를 위한 것이라는 사실을 파악하지 못했었다.

II. 유대인에 대해 세 가지 근본적 사실이 바울의 마음에 있음을 그의 저서를 통해 찾아볼 수 있다. 여기서는 미완성 형태로 나타난다. 그리고 사실 그것들은 세 가지 사상인데 이것은 다 검토하기에 이 책 전부가 필요한 것이다. 한 가지 주의할 점은 바울은 유대인을 모두 한 가지 정죄 아래 두지 않는다는 것이다. 그는 이렇게 말하고 있다. "**그들 중 어떤 자들이** 믿지 아니하였으면 어찌하리오?"

1. 바울은 유대인을 정죄함에 있어 하나님이 정당하시다는 것을 확신했다. 그들은 특별한 지위를 가졌고, 특별한 약속이 있었다. 그래서 그들이 하나님을 믿지 않는다는 것이 증명되었다는 사실은 그들의 저주가 더 크게 된 것이다. 책임이란 항상 특권을 지키는 것이다. 의를 행할 기회가 더 많고도 죄를 지으면 그의 저주가 더 큰 것이다.

2. **그러나** 그들 전부가 믿지 않은 것은 아니다. 바울은 나머지 믿는 자들을 결코 잊지 않았다. 그리고 그 나머지 진실한 자들이 그 수에서 얼마나 적든지 간에 진정한 유대 족속이라는 것을 확신했다. 이 밖의 사람들은 모두 그들의 특권을 잃었고 저주 아래 있었다. 그들은 이제는 전혀 유대인이 아니다. 그 나머지 사람들이 참 민족이다.

3. 바울은 이스라엘에 대한 하나님의 배척이 **최종적이 아니라**는 것을 항상 믿었다. 이 배척으로 이방인에게 문이 하나 열렸고 결국에는 이방인이 언젠가는 실제로 유대인을 되돌아오게 하고 이방인과 유대인은 그리스도 안에서 하나가 될 것이다. 유대인의 비극은 다름이 아니라 유대인이 가질 수 있었을 그리고 그렇게 계획되었던 세계 선교의 큰 임무를 거절했다는 점이다. 그래서 그 임무는 이방인에게 주어졌고 결국 하나님의 계획은 우리가 아는 대로 뒤바뀌어졌으며, 이방인에게 복음을 전한 것은 유대인이어야 했지만 그렇지 못하고 오히려 이방인이 유대인에게 복음을 전했다. 이것은 지금도 진행 중이다.

그러나 더 나아가 이 구절에는 두 개 인간적인 진리가 내포되어 있다.

I. 모든 죄의 근원은 불순종이다. 유대인의 죄의 근원은 알려진 하나님의 율법에 대한 불순종이다. 밀톤이 말했듯이 실낙원의 원인은 "인간의 최초의 불순종" 이었다. 교만이 인간의 의지를 하나님의 의지에 대항하게 할 때 거기에 죄가 있는 것이다. 불순종이 없으면 죄도 없었을 것이다.

II. 사람이 한번 죄를 지으면 자신의 죄를 정당화하려는 데 놀라운 재간을 나타낸다. 여기에 우리는 종교적 사색에서 되풀이해 나타나는 논쟁을 대하게 된다.

그 문제는 죄는 하나님에게 하나님의 공의와 자비를 보일 기회를 동시에 제공한다는 것이다. 그러므로 죄는 좋은 결과를 가져오기 때문에 좋은 것이다. 이렇게 말한다면 비뚤어진 논리다. 사람들은 이런 말을 할 수도 있다. 즉, 사람의 마음을 아프게 하는 것이 좋은 일이다. 이것은 그 사람에게 자신이 얼마나 그를 사랑하는지를 보여 줄 수 있는 기회가 되기 때문이다. 이런 것은 단지 맹목적이고 무자비하게 무정한 사람만이 그 죄를 정당화하는 제안이 아니라 참회와 부끄러움으로 그 죄를 겸허하게 고백해야 하는 것이다.

그리스도가 없는 세계

로마서 3:9-18

9그러면 어떠하냐 우리는 나으냐 결코 아니라 유대인이나 헬라인이나 다 죄
아래에 있다고 우리가 이미 선언하였느니라 10기록된바 의인은 없나니 하나
도 없으며 11깨닫는 자도 없고 하나님을 찾는 자도 없고 12다 치우쳐 함께 무
익하게 되고 선을 행하는 자는 없나니 하나도 없도다 13그들의 목구멍은 열
린 무덤이요 그 혀로는 속임을 일삼으며 그 입술에는 독사의 독이 있고 14그
입에는 저주와 악독이 가득하고 15그 발은 피 흘리는 데 빠른지라 16파멸과 고
생이 그 길에 있어 17평강의 길을 알지 못하였고 18그들의 눈앞에 하나님을 두
려워함이 없느니라 함과 같으니라

앞 구절에서 바울은 어쨌든 유대인은 하나님의 섭리 속에 특별한 위치를 차지하고 있다고 주장했다. 자연히 유대인을 반박하는 자는 그것이 다른 민족보다 훨씬 앞서 있는 것이라는 것을 의미하느냐고 반문할 것이다.

바울의 대답은 유대인이나 이방인이나 다 같이 그리스도를 소유하지 않는 한 죄의 주장하에 있다는 것이다. 바울이 죄 아래라고 한 단어는 퍽 암시적이다.

헬라어에서 이 단어는 후포 하마르티안(hupo hamartian)이다. 이 경우 후포는

확실히 ~**의 장중에**, ~**의 권한하에**란 뜻이다. 마태복음 8장 9절에서 백부장이 "내 아래(upo emauton)도 군사가 있으니"라고 했다. 이는 **내 지휘하에** 군사가 있다는 뜻이다. 학생은 마치 주인의 감독하에 있는 종처럼 upo paidagōgon, 즉 지시하에 있다. 종은 주인의 hupt zugon, 즉 장중에 있다. 그리스도가 없는 상태에서 인간은 죄악의 명령하에, 죄악의 권위하에, 죄악의 지배하에 있으며 그것에서 탈출할 수가 없다.

이 구절에는 또 하나의 흥미 있는 단어가 있다. 이 단어는 12절에 있는 단어로서 우리가 "무익하게 되고"라고 번역한 말이다. 그 단어는 **아크레이오오**(achreioō)인데 글자 그대로 하면 무익하게 하다다(원저자는 사역에서 "모두 나빠졌다"로 번역했다–옮긴이주). 이 단어의 용법 중 하나는 우유가 상한 것, 즉 못쓰게 된 것에 적용된다. 그리스도가 없는 인간 본성은 시들고 무용지물이다.

우리는 여기서 유대 랍비가 관습적으로 하던 것을 바울이 하는 것을 본다. 10–18절에서 그는 구약의 인용문을 한데 묶어 놓았다. 그는 정확하게 인용하지 못했는데 기억에서 인용하고 있기 때문이다. 그러나 그의 인용은 시편 14편 1–4절, 5편 9절, 140편 3절, 10편 7절, 이사야 59장 7–8절, 시편 36편 1절을 포함하고 있다. 이와 같이 인용문을 함께 묶어 놓는 것은 랍비의 매우 보편적인 방법이었다. 이것을 **카라즈**(charaz)라고 하는데 그 뜻은 구슬 꿰기란 말이다.

이것은 정말로 그리스도가 없는 상태의 인간 본성의 가공할 표현이다. 보헌(Vaughan)은 우리가 이 구약 인용문들을 살펴보면 거기에는 세 가지 중요한 것이 있다고 지적한다.

1. 그 특징이 무지, 무관심, 비뚤어지고 무익한 **성격**
2. 그 표현이 파괴적이고, 기만적이며, 악의가 가득 찬 **혀**
3. 그 표적은 압제와 가해적이고, 앙심을 품은 **행동** 등이다.

이런 것들은 하나님을 무시함으로 일어나는 결과다.

바울만큼 인간 본성의 악함을 분명히 본 사람은 없다. 그러나 그 악함은 절망의 부름이 아니라 희망의 도전임을 알아야 한다. 우리가 바울이 원죄를 믿었다든지, 인간 본성의 타락을 믿었다든지 할 때 그것을 바울이 인간 본성에 대해 절망하였다든지 그가 그것을 멸시했다든지 하는 것을 의미한다고 생각해서는 안 된다. 바스(Bath)의 윌리엄 제이(William Jay)가 늙어서 한번은 이렇게 말했다. "나의 기억력은 사라져 가고 있다. 그러나 두 가지 사실만은 결코 잊지 않는다. 그것은 나는 큰 죄인이요 예수 그리스도는 위대한 구세주시다."

바울은 인간의 죄를 절대로 과소평가하지 않았고, 예수 그리스도의 구속의 권능도 절대로 과소평가하지 않았다. 랑카쉬어(Lancashire)의 위대한 독립교회 지도자 윌리엄 로비(Roby)가 젊어서 맬번(Malvern)에서 전도하고 있었다. 그런데 성공하지 못하자 그는 절망하여 그 일을 집어치우려고 했다. 그때 무디라는 사람에게서 힐책하는 듯한 질문을 받았다. "저들이 구원 받을 수 없으리만큼 너무도 악합니까?" 그 질문이 윌리엄 로비를 다시 그 일로 돌아가게 했다. 바울은 그리스도가 없는 사람이 악하다고 믿었다. 그러나 그는 결코 그런 사람이 구원 받을 수 없으리만큼 악하다고는 믿지 않았다. 그는 그리스께서 자신에게 하신 것을 다른 누구에게도 하실 수 있다고 확신했다.

하나님과 화해하는 유일한 길

로마서 3:19-26

19우리가 알거니와 무릇 율법이 말하는 바는 율법 아래에 있는 자들에게 말
하는 것이니 이는 모든 입을 막고 온 세상으로 하나님의 심판 아래에 있게
하려 함이라 20그러므로 율법의 행위로 그의 앞에 의롭다 하심을 얻을 육체
가 없나니 율법으로는 죄를 깨달음이니라 21이제는 율법 외에 하나님의 한
의가 나타났으니 율법과 선지자들에게 증거를 받은 것이라 22곧 예수 그리스
도를 믿음으로 말미암아 모든 믿는 자에게 미치는 하나님의 의니 차별이 없
느니라 23모든 사람이 죄를 범하였으매 하나님의 영광에 이르지 못하더니
24그리스도 예수 안에 있는 속량으로 말미암아 하나님의 은혜로 값없이 의롭
다 하심을 얻은 자 되었느니라 25이 예수를 하나님이 그의 피로써 믿음으로
말미암는 화목제물로 세우셨으니 이는 하나님께서 길이 참으시는 중에 전에

지은 죄를 간과하심으로 자기의 의로우심을 나타내려 하심이니 [26]곧 이때에 자기의 의로우심을 나타내사 자기도 의로우시며 또한 예수 믿는 자를 의롭다 하려 하심이라

여기 난해한 구절이 또 하나 있다. 그러나 완전한 의미를 포착하면 그 의미는 심오한 것이다. 이 구절이 내포하고 있는 근본 진리까지 파악할 수 있는지 살펴보자.

인생에서 가장 큰 문제는 사람이 어떻게 하나님과 올바를 관계에 있을 수 있는가, 어떻게 하나님과 화해할 수 있고, 안심할 수 있고, 마음 편하게 지낼 수 있는가 하는 문제들이다.

유대교는 이같이 대답했다. "인간은 율법이 정하는 바를 정확히 지킴으로써 하나님과의 관계를 정상화할 수 있다. 모든 율법의 행위를 완수하면 하나님과의 관계를 정상화할 수 있다"라고 한다. 그러나 그렇게 말하는 것은 아무도 하나님과의 그런 정상적인 관계를 얻을 가능성이 없다고 말하는 것밖에 안 된다.

아무도 율법의 모든 조항을 지킬 수 없으며 지키려고도 못할 것이다. 사람은 불완전한 피조물이기 때문에 완전한 복종을 할 수가 없기 때문이다. 아무도 무한히 완전하신 하나님께 온전한 봉사를 할 수가 없다.

"내 손의 노력은 당신의 율법의 요구를 다 지킬 수 없습니다."

그러면 율법의 용도가 무엇일까? 율법의 용도는 이것이 사람에게 죄를 깨닫게 만드는 데 있다. 사람은 자신이 무엇을 해야 하는지를 깨달았을 때에만 그것을 하고 있지 않다는 것을 알게 된다. 사람이 율법을 알고 그것을 충족시키려고 노력할 때에만 사람은 절대로 충족시킬 수 없다는 것을 깨닫게 된다. 그러면 인간은 하나님으로부터 소외되어 있는가? 절대로 그렇지 않다. 하나님께 가는 길은 율법의 길이 아니요 은총의 길이다. 이 길은 행위의 길이 아니요 오직 신앙의 길이다.

바울은 자신이 무엇을 뜻하는지를 보여 수기 위해 세 가지 비유를 들고 있다.

1. 그는 "법정"에서 비유를 들었다. 그것은 우리가 **의인**(義認)이라 부르는

비유다. 다시 상기시키지만 문제는 사람이 어떻게 하나님과 정상적인 관계에 돌입할 수 있느냐 하는 것이다.

이 비유는 사람이 하나님 앞에서 재판을 받는 것으로 생각했다.

헬라어의 **의로 여기다**는 단어는 **디아키운**(diakioun)이다. 헬라어에서 어미가 ~oun으로 끝나는 모든 동사는 누구를 무엇으로 **만든다**는 것이 아니라 누구를 무엇으로 **취급**한다, **인정**한다, **간주**한다는 뜻이다. 어떤 사람이 법정에 출두해서 무죄라고 판명되면 죄가 없는 자로 취급하는 길은 그를 석방하는 것이다.

그러나 하나님과 인간 간의 관계는 인간이 하나님 앞에 설 때 인간은 무죄와는 전혀 관계가 없을 뿐더러 인간은 극도로 죄가 많다. 그런데도 하나님은 놀라우신 자비로 인간을 무죄한 사람같이 취급하시고, 인정하시고, 간주하신다는 것이다. 그것이 바로 의인(義認)이 뜻하는 바다. 바울이 "하나님이 악한 자를 의로 여기신다"라고 말했을 때 그는 하나님은 믿기 어려울 정도의 자비로 악한 자를 선한 사람인 양 취급하신다는 것을 의미한다. 그것이 유대인을 그 바닥까지 놀라게 한 것이다. 그들에게서는 악한 사람을 선한 사람같이 취급한다는 것은 부정한 재판관의 표시다. "악인을 의롭다… 하는 자는 여호와의 미워하심을 입느니라"(잠언 17:15). "나는 악인을 의롭다 하지 아니하겠노라"(출 23:7).

그러나 바울은 바로 그것이 하나님께서 하시는 일이라는 것이다. 그러나 하나님이 그러하시다는 것을 내가 어떻게 알 수 있겠는가? 그것은 **예수께서 그렇게 말씀하셨기 때문에** 하나님께서 그러하시다는 것을 알고 있다. 예수께서는 우리 같이 악한 죄인을 하나님께서 사랑하신다는 것을 전하러 오셨다. 예수께서는 우리가 죄인이더라도—현재 우리가 죄인이다—그래도 하나님께 사랑을 받는 자들이다. 이제 우리가 이와 같은 것을 발견했을 때 **그것이 우리의 하나님과의 모든 관계를 바꾸어** 놓는 것을 믿는다. 우리는 우리의 죄를 알고 있지만 우리는 공포 속에 있지 않다. 우리는 더 이상 하나님과 서먹서먹하지 않다. 우리는 잘못을 후회하는 어린이가 자기 어머니에게 나가듯 하나님께 참회하는 마음을 가지고 나가며 우리가 찾아가는 하나님은 사랑이시라는 것을 아는 것이다. 그것이 **예수 그리스도 안에서 믿음으로 의롭다 여김**이 뜻하는 바다. 우리는 예수께서 하나님에 대해 말씀하신 것이 모두 사실이라고 진심으로 믿기 때문에 우리가 하나님과 올바른 관계에 있다는 것이다. 우리는 더 이상 진노하신 하나님에게 겁에 질린 낯선 사람이 아니다. 아버지께서 용서해 주시는 사랑을 믿는다. 우리는 실수하는 자녀들이고 용서하시는 아버지의 사랑을 믿는 어린아이들이다. **예수께서 오셔서 우리에게 그렇게 말씀하시기 위해 죽으시지 않았더라면 우리는 그것을 전혀 알 길이 없었을 것이다**. 우리는 예수께서 하나님에 대해 말씀하신 것이 사실이라는 것을 전적으로 믿을 때에만 그것을 알 수 있다.

II. 바울은 "제사"에서 비유를 들었다. 그는 예수에 대해 하나님께서 예수를 우리에게 죄의 용서를 가져올 수 있는 분으로 내세우셨다는 것이다. 바울이 예수를 서술하는 데 사용한 단어는 **힐라스테리온**(hilastērion)이라는 헬라어다.

이 단어는 **화해하다**는 뜻의 동사에서 온 것이다. 이것은 제사와 관련이 있는 동사다. 고대의 제도에 따르면 사람이 법을 어기면 하나님에게 제사를 드리게 되어 있다. 제사의 목적은 그 제물이 하나님께서 자신에게 긍휼을 베풀게 하고, 그 제물이 하나님의 진노를 돌이키게 하고, 자신에게 내려질 형벌을 돌려 버리게 하고자 하는 것이다.

다른 말로 하면 사람이 죄를 지으면 그 죄가 곧 하나님과 비정상적인 관계에 놓이게 된 것을 다시 하나님과 바른 관계로 되돌아가게 하기 위해 그는 제사를 드리는 것이다. **그러나** 동물 제사가 그렇게 하기에는 완전히 실패하였다는 것은 전 인류의 경험이었다. "주께서는 제사를 기뻐하지 아니하시나니 그렇지 아니하면 내가 드렸을 것이라 주는 번제를 기뻐하지 아니하시나이다"(시 51:16). "내가 무엇을 가지고 여호와 앞에 나아가며 높으신 하나님께 경배할까 내가 번제물로 일 년 된 송아지를 가지고 그 앞에 나아갈까 여호와께서 천천의 숫양이나 만만의 강물 같은 기름을 기뻐하실까 내 허물을 위하여 내 맏아들을, 내 영혼의 죄로 말미암아 내 몸의 열매를 드릴까"(미 6:6-7).

한 번 범죄하면 자질구레한 이 땅의 제물이 문제를 바로 해결할 수 없다는 것을 인간은 본능적으로 느꼈다. 그래서 바울은 "예수 그리스도는 자신의 순종의 생활과 사랑의 죽음으로 진정으로 죄를 속하는 단 한 번의 제사를 하나님께 드렸다"라고 한다. 십자가 위에서 일어난 일은 다른 모든 제사가 열 능력이 없었던 하나님과 정상 관계로 되돌아갈 수 있는 문을 연다고 바울은 주장한다.

III. 바울은 "노예 제도"에서 비유를 들었다. 그는 예수 그리스도를 통하여 이룩된 **구원**에 대해 말하고 있다. 거기에 사용된 단어는 **아폴로트르시스**(apolutrōsis)다. 이것은 속량하기, 속죄하기, 자유하게 하기를 의미한다. 이 말은 인간은 죄의 권세하에, 죄의 장중에, 죄의 지배하에 있다는 것과 예수 그리스도만이 거기서부터 풀어 놓을 수 있다는 것을 의미한다.

끝으로, 바울은 하나님에 대해 하나님이 이 모든 일을 하셨는데 하나님은 예수를 믿는 사람을 의로 인정하시려고 하기 때문이다. 바울은 전 생애를 통해 이보다 빛나는 말을 한 적이 없다. 벵겔은 이것을 "복음의 최대 역설"이라고 불렀다. 이것이 무슨 뜻인지 생각해 보자. 이것은 하나님은 공의로우시지만 죄인을 의로운 사람으로 받아 주신다는 것이다. 이에 대한 자연스럽고 오직 하나뿐인 대답은 "하나님은 공의로우시다. 그러므로 하나님은 죄인을 범인으로 정죄하신다"라는 말일 것이다. 그러나 여기에 위대하고 고귀한 이율배반이 있다. 즉, 하나님은 공의로우시다. 그러나 이상하게도 예수께서 오셔서 나에게 가져다주신 그 믿기 어렵고 기적적인 은총 안에서 하나님은 죄인을 범인으로서가 아니라, 그가 오히려 사랑하고 계시는 아들로서 받아 주신다.

이제 이 모든 것의 근본 요소는 무엇일까? 이 모든 것과 전의 율법의 방법 사이에 어디에 차이가 있는가? 그 근본적인 차이는 이런 것이다. 율법에 대한 순종의 방법은 사람이 자기 자신이 할 수 있는 것과 관련되어 있고, 은총의 길은 하나님이 사람을 위해 하실 수 있고, 이미 행해진 것과 관련이 있는 것이다. 우리가 할 수 있는 것은 아무것도 하나님의 용서를 우리에게 가져올 수 없으며, 다만 하나님이 우리를 위해 행하신 것만이 그것을 가져올 수 있다고 바울은 주장한다. 그러므로 하나님과 정상적인 관계의 길은 우리의 행위로 사랑을 얻으려는 격분하고 절망적이고 비운의 시도에 있는 것이 아니라, 하나님이 예수 그리스도 안에서 우리에게 제공하시는 사랑과 은총을 겸손하고 참회로써 받아들이는 데 있는 것이라고 했다.

마지막 인간 공적의 길

로마서 3:27-31

[27]그런즉 자랑할 데가 어디냐 있을 수가 없느니라 무슨 법으로냐 행위로냐
아니라 오직 믿음의 법으로니라 [28]그러므로 사람이 의롭다 하심을 얻는 것은
율법의 행위에 있지 않고 믿음으로 되는 줄 우리가 인정하노라 [29]하나님은
다만 유대인의 하나님이시냐 또한 이방인의 하나님은 아니시냐 진실로 이방
인의 하나님도 되시느니라 [30]할례자도 믿음으로 말미암아 또한 무할례자도
믿음으로 말미암아 의롭다 하실 하나님은 한 분이시니라 [31]그런즉 우리가 믿
음으로 말미암아 율법을 파기하느냐 그럴 수 없느니라 도리어 율법을 굳게
세우느니라

여기에서 바울은 세 가지를 다루고 있다.

I. 하나님께 가는 방법이 믿음과 받아 주심(受容)의 길이라면 인간적인 공로의 자랑은 모두 소용이 없다. 유대교의 어느 파에서는 하나님과의 관계에서 경리장부와 같이 대차대조표를 기록하는 파가 있다. 유대인 중에 어떤 사람은 의식의 율례를 작은 것까지 엄격하게 지키는 사람이 있었다. 그리고 율법의 작은 규칙 하나라도 수행하고 나면 수입에다 기장을 했다. 그러다가 결국 그는 오히려 하나님이 자신에게 빚을 지고 있는 것으로 생각하게 되었다. 바울의 입장은 이러한 것이다. 즉, 인간은 모두 죄인이요, 아무도 자기 자신의 노력으로는 하나님과 정상적인 관계로 되돌려 놓을 수 없으며, 사람은 모두 하나님의 빚진 자다. 그렇기 때문에 자신의 공로에 대한 자기 만족과 자랑의 모든 근거는 영영 없어지고 만다.

II. 유대인은 이렇게 반문할 수 있을 것이다. 즉, 그것은 율법을 전혀 몰랐던 이방인에게는 좋을 수 있겠지만 율법을 아는 유대인에 대해서는 어떨 것인가?

바울의 대답은 그들에게 유대교 신조의 근본이며 유대인 회당에서 예배를 시작할 때 사용하는 "이스라엘아 들으라 우리 하나님 여호와는 오직 유일한 여호와이시니"(신 6:4)라는 말로 눈을 돌리라고 하는 것이다. 이방인을 위한 신이 한 분 있고 유대인을 위한 하나님이 또 따로 있는 것이 아니다. 하나님은 **한 분**이시다.

그에게 가는 길은 이방인에게나 유대인에게 동일하다. 그것은 신뢰와 응답이 있는 신앙의 길이다.

III. 유대인은 "그렇다면 이것은 모든 율법의 종말을 의미하는 것인가?"라고 반박할 것이다. 우리도 바울이 "그렇다"라고 말하는 것을 기대할지도 모른다. 그러나 그는 실제로는 "아니다"라고 말했다. 실상 그는 이것이 율법을 굳게 한다고 말했다. 그는 무엇을 의미했을까? 이런 의미다.

지금까지 유대인은 선한 사람이 되려고 노력해 왔고 계명을 지키려고 노력했으며 하나님께 봉사하려고 노력했다. 그는 하나님을 두려워했고 율법을 어김으로써 올 형벌을 무서워했기 때문이다. 그러나 사실 그런 날은 지나갔다. 그러면 무엇이 그 자리를 대신하였는가? 그 자리를 대신한 것은 **하나님의 사랑**이다. 물론 사람은 선하려고, 하나님의 율법을 지키려고 해야 하나 그것은 하나님의 형벌을 무서워서가 아니라 어떻게 해서든지 자기 힘이 다하도록 그 놀라운 사랑을 받을 자격이 있도록 노력해야 한다. 그가 선을 행하려고 노력하는 것은 하나님을 무서워서가 아니라 하나님을 사랑해서여야 한다. 죄란 하나님의 율법을 범하는 것보다 하나님의 마음을 아프게 하는 것이다. 그러므로 죄는 갑절이나 무섭다는 것을 알고 있다.

인간적인 유추를 하나 예로 들어 보자. 많은 사람이 그릇된 짓을 하도록 유혹을 받는다. 그러나 그렇게 하지는 않는다. 왜 그렇게 하지 않을까? 그것은 법률을 무서워해서가 아니다. 그는 벌금을 내든지 형무소에 가게 되는 것을 크게 걱정해서도 아니다. 그를 옳은 길에 있게 하는 것은 그가 인생에 파멸을 가져왔을 때 그를 사랑하는 사람의 눈에 슬픔을 보이지 않으려는 단순한 사실에 있는 것이다. 그가 그릇되지 않게 하는 것은 두려움의 법칙이 아니라 사랑의 법칙이다.

우리와 하나님과의 관계에서도 그러해야 한다.

우리는 영원히 하나님에 대한 공포심은 제거되었으나 그것은 우리가 원하는 대로 행동할 이유가 될 수는 없다. 우리는 이제 사랑의 법으로 영원히 선행을 하도록 선고되었으므로 절대로 우리가 좋아하는 대로 또다시 행할 수는 없다. 사랑의 법은 공포의 법보다 항상 강하다.

The Letter to the Romans 04

하나님의 말씀을 그대로 믿는 신앙

로마서 4:1-8

[1]그런즉 육신으로 우리 조상인 아브라함이 무엇을 얻었다 하리요 [2]만일 아브
라함이 행위로써 의롭다 하심을 받았으면 자랑할 것이 있으려니와 하나님
앞에서는 없느니라 [3]성경이 무엇을 말하느냐 아브라함이 하나님을 믿으매
그것이 그에게 의로 여겨진바 되었느니라 [4]일하는 자에게는 그 삯이 은혜로
여겨지지 아니하고 보수로 여겨지거니와 [5]일을 아니할지라도 경건하지 아니
한 자를 의롭다 하시는 이를 믿는 자에게는 그의 믿음을 의로 여기시나니
[6]일한 것이 없이 하나님께 의로 여기심을 받는 사람의 복에 대하여 다윗이
말한 바 [7]불법이 사함을 받고 죄가 가리어짐을 받는 사람들은 복이 있고 [8]주
께서 그 죄를 인정하지 아니하실 사람은 복이 있도다 함과 같으니라

바울은 세 가지 이유로 아브라함에 대해 언급하게 된다.

1. 유대인은 아브라함을 그 민족의 위대한 조상이요 모든 사람의 모범적 존재라고 생각했다. 그러므로 자연히 유대인은 이렇게 물을 것이다. "위에 말한 것이

모두 사실이라면 하나님이 아브라함을 자신의 특별한 백성의 조상이 되게끔 선택했을 때, 그에게 주어진 특별한 것이란 무엇이었는가? 아브라함의 특권이 어디에 근거하고 있는가? 그를 다른 사람들보다 다르게 만든 것은 무엇인가?"라고 할 것이다. 그것이 바로 바울이 다음에 해답을 주려는 것이다.

II. 바울은 이제껏 사람이 하나님과 정상적인 관계로 만드는 것은 율법이 정하는 바의 행위에 있는 것이 아니라 하나님이 말씀하시는 대로 믿고 우리가 그 사랑을 받을 만한 아무런 일도 하지 않았으나 하나님은 아직 우리를 사랑하고 계시다는 것을 믿는 신뢰라는 것이다.

이에 대한 유대인의 즉각적인 반응은 이럴 것이다 "이것은 전혀 새로운 것이다. 이것은 지금까지 배운 모든 것과 정반대다. 이것은 전혀 믿을 수도 없고 들어 보지도 못한 교리다." 바울의 대답은 이러하다. "새롭기는커녕 이 교리는 유대 종교만큼 오래된 것이고 이단적이기는커녕 이 교훈은 바로 유대교의 기초가 되는 것이다." 이것이 바울이 증명하려는 것이다.

III. 바울은 현명한 교사로서 사람의 마음과 그 마음이 어떻게 작용하고 있는지를 알고 있으므로 이제 아브라함에 대해 언급하기 시작한다. 그는 **믿음**에 대해 말해 왔다. 믿음이란 추상명사이며 추상적 개념이다. 보통 사람은 추상적인 개념을 파악하고 이해하기 힘들어 한다.

바울은 모든 언어는 육체를 이루어야 하고, 개념은 인격이 되어야 함을 알고 있다. 또 보통 사람이 추상적인 개념을 파악할 수 있는 유일한 길이란 그 개념이 행위에서이며, 그것이 인간 속에 담겨진 것을 보는 때이라는 것을 잘 알고 있었다.

그래서 바울은 실제로 "나는 믿음에 대해 말하여 왔다. 당신들이 믿음이 무엇인지를 알고 싶거든 아브라함을 보시오"라고 말하고 있었다. 바울은 자기 서신의 독자들이 추상적인 신앙의 개념이 확실한 동작을 통하여 무엇을 의미하는지를 진정으로 파악할 수 있게 하기 위하여 아브라함에게 옮겨 간다.

바울이 아브라함에 대해 말하기 시작했을 때 그는 모든 유대인은 그것을 알고 있었고 이해하고 있었다는 것에 근거를 두고 있었다. 유대인의 마음에 아브라함은 특이한 위치를 차지하고 있다. 그는 민족의 기반이었다. 그는 하나님에 의해 선택되었고 하나님의 말씀을 듣고 순종한 사람이다. 랍비는 아브라함에 대해 자신들 나름대로 이야기가 있었다.

바울에게서는 아브라함의 위대성의 근저는 이런 것이었다. 하나님이 아브라함에게 오셔서 집과 친구와 친척과 생업을 떠나라고 명하셨다. 그리고 "네가 이 위대한 믿음의 모험을 하면 너는 큰 국가와 큰 민족의 조상이 되리라"라고 하셨다. 그래서 아브라함은 하나님을 그 말씀대로 믿었다. 이유를 캐지 않았고 주저하지도 않았으며 그는 어디로 가는지도 모르고 떠났다(히 11:8). 그는 한마디도 물어보지 않고 하나님을 완전하게 신뢰했고 그 말씀을 받아들였다. 아브라함에게 이와 같이 하나님과 특별한 관계에 있게 한 것은 그가 율법의 요구를 철두철미하게 지킨 것이 아니다. 그것은 완전한 하나님의 신뢰였고, 하나님을 완전히 받아들인 것이고, 그의 삶을 하나님께 바치고자 하는 완전한 자발적인 의사였다. 바울에게 그것은 믿음이었고, 하나님이 아브라함을 선한 사람으로 보게 한 것은 아브라함의 믿음이었다.

극히 진보적 사상을 가진 랍비는 그렇게 믿었다. 랍비 주석 중 하나를 예로 들면, "우리 조상 아브라함은 이 세상과 다가올 세상을 순전히 여호와를 믿은 믿음으로 상속했다. 이는 경전에 이르기를 '그가 하나님을 믿으니 하나님께서 그것을 그에게 의로 여기시니라' 라고 했다". 그러나 대다수의 랍비는 아브라함의 이야기를 자신들의 신조에 맞게 돌렸다. 그들은 아브라함은 당시 단 하나의 의인**이었으므로** 하나님의 선민의 조상으로 선택되었다고 믿었다. 그에 대한 반론으로는, 그러면 아브라함은 율법이 주어지기 수백 년 전에 살았는데 어떻게 율법대로 살 수 있었을까 하는 것이다.

랍비는 그 어색한 이론을 이렇게 전개하고 있다. 즉, 아브라함은 **직관**과 **예견**으로 지켰다고 한다. 바룩의 요한계시록은(57:2) "그때에는 불문법이 그들 사이에서 알려졌고 그렇기 때문에 계명이 다 이루어졌다"라고 말하고 있다. 집회서(44:20-21)에서는 "그는 지존하신 분의 율법을 지켰다. 그래서 하나님과 언약을 맺게 되었으며, 그리하여 하나님은 그에게 언약하시기를 민족이 그의 후손으로 인하여 축복 받으리라고 하셨다." 랍비는 그들이 행위의 법칙을 너무나 좋아한 나머지 율법이 아직 주어지지 않았을지라고 아브라함은 예상으로 율법을 알게 되었다는 논리에서 아브라함이 선택된 것은 그의 행위 때문이라고 주장했다.

또다시 여기에 유대 율법주의와 기독교 신앙 사이에 근본적인 틈이 나 있는 것을 볼 수 있다. 유대인의 근본 사상은 사람은 하나님의 은총을 **노력으로 얻어야** 한다는 것이다. 이에 대해 기독교의 근본 사상은 사람은 하나님의 은총을 노력으로는 절대로 얻을 수 없고 사람이 할 수 있는 일은 나님의 말씀대로 믿고 하나님의 약속은 모두 진실하다는 믿음 위에 모든 것을 거는 것이라고 하는 것이다. 바울의 주장은—두말할 나위 없이 바울이 옳다—아브라함은 모든 종류의 율법적 행위를 이행했으므로가 아니라 하나님의 약속 위에 자신을 내맡김으로써 하나님과 올바른 관계에 돌입했다는 것이다.

"우리의 사랑이 좀더 단순하기만 하였더라면, 우리는 하나님을 그의 말씀대로 믿었을 것이고 우리의 생애는 좀더 빛날 것이다. 우리 주님의 사랑 속에서."

우리가 하나님의 은총을 얻으려고 쓸데없는 노력을 할 필요는 없다. 우리가 할 일은 하나님이 우리에게 주시고자 하는 사랑을 전폭적인 신뢰 속에 받아들이는 것뿐이라고 하는 것은 기독교인 생애의 최고의 발견이다. 사실 그런 연후에는 정상적인 사람이라면 누구나 평생을 두고 그 사랑을 받을 만하게 살아야 할 의무를 지니고 있는 것이다. 그는 더 이상 불가능한 율법을 지키려고 노력하는 범인이 아니다. 그는 자격이 없었을 때 자신을 사랑하신 분에게 자신의 모든 것을 바치는 사랑의 사람인 것이다.

제임스 배리(James Barrie) 경이 스티븐슨(Robert Louis Stevenson)에 대해 이렇게 말했다. "스티븐슨이 사모아에 갔을 때 거기서 작은 헛간 하나를 지었다. 그런 후에 큰 집으로 옮겼다. 그 큰 집으로 옮긴 첫날밤에 그는 피로했고 하인에게 커피를 가져오라고 이르지 못한 것을 안타까워했다. 바로 그때 문이 열리고 하인이 담배를 가지고 들어왔다. 그래서 스트븐슨은 소년에게 그 고장 말로 '너의 선견지명이 크도다!' 라고 말하자 소년은 정정하여 말하기를 '사랑이 크노다' 라고 했다." 그 서비스는 하인으로서 마지못해 한 것이 아니라 사랑의 힘에 못 이겨 한 것이다. 그것이 기독교인의 선행의 동기이기도 하다.

믿는 자의 조상

로마서 4:9-12

9그런즉 이 복이 할례자에게냐 혹은 무할례자에게도냐 무릇 우리가 말하기
를 아브라함에게는 그 믿음이 의로 여겨졌다 하노라 10그런즉 그것이 어떻게
여겨졌느냐 할례시냐 무할례시냐 할례시가 아니요 무할례시니라 11그가 할
례의 표를 받은 것은 무할례시에 믿음으로 된 의를 인친 것이니 이는 무할례
자로서 믿는 모든 자의 조상이 되어 그들도 의로 여기심을 얻게 하려 하심이
라 12또한 할례자의 조상이 되었나니 곧 할례 받을 자에게뿐 아니라 우리 조
상 아브라함이 무할례 시에 가졌던 믿음의 자취를 따르는 자들에게도 그러
하니라

이 구절을 이해하려면 우리는 유대인이 할례에 돌리던 중요성을 이해해야 한다. 유대인에게서는 할례 받지 않은 사람은 그의 혈통이 어떻든 간에 사실상 유대인이 아니었다. 유대인의 할례의 기도는 다음과 같다. "자기의 사랑하는 자를 모태에서부터 거룩히 구별하여 그의 몸에 예식을 행하여 자기 소생에게 거룩한 연약의 표로써 표를 한 자는 복이 있도다." 랍비의 예식 규정에 "너희는 몸에 아브라함의 표를 갖고 있지 않으면 유월절을 먹지 말지어다"라고 했다. 이방인이 유대교를 받아들이면 세례, 제사, 할례 세 가지가 없이는 완전하게 유대교인이 될 수 없다. 유대인에게는 할례 받지 않은 사람은 그 누구도 유대인이 아니었다.

거기서 마치 퇴각할 때 후방을 지키는 군대와 같이 반론하는 유대인 반대자들은 "백번 양보하여 당신이 아브라함에 대한 것과 그가 하나님과 정상적인 관계에 돌입하게 된 것이 완전한 신의였다는 사실에 대해 말한 것이 다 사실이라고 하더라도 당신은 아브라함이 할례를 받았다는 것에는 동의해야 할 것이다"라고 할 것이다. 바울은 이에 대해 아무도 대답할 수 없는 해답을 주고 있다. 아브라함의 부르심과 아브라함에 대한 하나님의 축복은 창세기 15장 6절에 있고, 아브라함의 할례에 대한 이야기는 창세기 17장 10절 이하에 있다. 실상 아브라함은

하나님의 부르심에 응답하고 하나님과 독특한 관계에 들어간 후 14년이 되도록 할례를 받지 않았다. 할례가 하나님과의 올바른 관계의 입문이 아니었고, 단지 하나님과 이미 그런 관계에 돌입했다는 표징이었다. 아브라함이 옳다고 여김을 받은 것은 그가 아직 할례 받기 전이었다. 그의 옳다고 여김을 받은 것은 할례와는 아무런 관계가 없었고 신앙의 행위와 끊을 수 없는 관계인 것이다.

이 대답할 수 없는 역사적 사실에서 바울은 두 가지 추론을 하고 있다.

I. 아브라함은 할례 받은 자들의 조상이 아니라 그는 그가 한 것같이 똑같이 하나님을 믿는 신앙의 행위를 하는 사람들의 조상이다.

아브라함은 모든 세대에서 그와 같이 하나님을 하나님의 말씀대로 믿는 사람들의 조상이다. 이것은 진정한 유대인은 인종적인 유대인이 아니고, 육체의 할례를 받은 사람이 아니라는 것이다. 진정한 유대인의 인종이 무엇이든 간에 아브라함처럼 하나님을 신뢰하는 사람이다. 그리고 하나님의 모든 큰 언약들은 유대 민족에게 한 것이 아니라 아브라함처럼 하나님을 신뢰하는 이유로 아브라함의 후손이 된 사람들에게란 것이다.

유대인이란 단어는 더 이상 한 민족을 지칭하는 말이 아니라 삶의 방법과 하나님에 대한 응답을 지칭하는 말이 되었다. 아브라함의 후손이란 어느 특정한 민족의 종족이 아니라 모든 나라에서 하나님의 가족에 속한 사람들을 일컬음이다.

II. 그 반대도 사실이다. 어떤 사람이 혈통상으로 순순한 유대인일 수 있다. 그는 할례를 받았을 수도 있으나 진정한 의미에서는 아브라함의 후손이 아니다. 그는 아브라함을 자기 조상이라고 부를 자격이 없고 하나님의 약속을 받겠다고 할 권리가 없다. 그는 아브라함처럼 신뢰와 믿음의 모험을 하지 않았기 때문이다.

짤막한 이 한마디로 바울은 모든 유대 사상을 뒤흔들어 놓았다. 유대인은 항상 그가 단지 유대인이라는 이유로 하나님의 축복을 누리고 하나님의 심판에서 제외될 특권을 자동적으로 누린다고 믿었다. 그가 유대인이란 증거는 할례였다.

랍비 중에는 이 말을 얼마나 문자 그대로 이해했든지 이렇게 말하는 사람도 있었다. 즉, 어떤 유대인이 하나님께로부터 저주 받을 정도로 악하다면 그가 형벌을 받게 되기 전에 그의 할례의 흔적을 없게 해 다시 무할례자가 되게 하는 천사가 있다고 했다.

바울은 하나님께 가는 길은 어떤 민족의 일원이 된다든지 사람의 몸에 어떤 표시를 해 주는 의식을 통해서가 아니라 하나님께 가는 오직 하나의 길은 하나님을 그 말씀대로 믿고 모든 것을 사업의 업적이나 실적이 아니라 단지 하나님의 은총에 의존하게끔 하는 것이라는 대원칙을 세웠다.

모든 것이 은총에서

로마서 4:13-17

[13]아브라함이나 그 후손에게 세상의 상속자가 되리라고 하신 언약은 율법으
로 말미암은 것이 아니요 오직 믿음의 의로 말미암은 것이니라 [14]만일 율법
에 속한 자들이 상속자이면 믿음은 헛것이 되고 약속은 파기되었느니라 [15]율
법은 진노를 이루게 하나니 율법이 없는 곳에는 범법도 없느니라 [16]그러므로
상속자가 되는 그것이 은혜에 속하기 위하여 믿음으로 되나니 이는 그 약속
을 그 모든 후손에게 굳게 하려 하심이라 율법에 속한 자에게뿐만 아니라 아
브라함의 믿음에 속한 자에게도 그러하니 아브라함은 우리 모든 사람의 조
상이라 [17]기록된바 내가 너를 많은 민족의 조상으로 세웠다 하심과 같으니
그가 믿은바 하나님은 죽은 자를 살리시며 없는 것을 있는 것으로 부르시는
이시니라

아브라함에게 하나님은 매우 크고 놀라운 언약을 하셨다. 하나님은 아브라함이 큰 민족을 이룰 것이고 지상의 모든 민족이 아브라함을 통해 축복을 받을 것

이라고 약속하셨다(창 12:2-3). 사실 이 세계는 그에게 하나의 유산으로 주어지는 것이었다.

이 엄청난 약속은 아브라함이 하나님에게 보여 준 믿음, 신뢰, 신임, 복종 때문에 아브라함에게 온 것이다. 그것은 율법의 모든 행위를 쌓음으로써 온 것이 아니다. 그것은 아브라함의 온전한 믿음에 대한 하나님의 너그러우신 은총에서 나온 것이다. 바울이 생각한 바로는 그 언약은 하나님의 값없으신 은총과 아브라함의 완전한 믿음 두 가지 그리고 이 두 가지 사실에만 의해서 이루어진 것이다. 유대인은 이렇게 질문할 것이다. "인간이 어떻게 해야 하나님과 올바른 관계에 들어가며, 이 엄청난 언약을 상속할 수 있을 것인가?" 그들의 대답은 이러하였다. "그는 율법이 명하는바 모든 일을 함으로 하나님 보시기에 공로를 얻어야 한다." 그것은 다른 말로 자신의 노력으로 그것을 해야 한다는 것이다.

바울은 그 유대적인 입장이 어떤 결과를 초래했는지 명확히 보았다. 즉, 그것은 **그 언약을 완전히 말살시켰다**는 것이다. 다음과 같은 이유로 그렇게 된 것이다. 즉, 아무도 율법을 온전히 지킬 수는 없다. 아무도 율법을 전혀 범하지 않을 정도로 그런 완전한 삶을 살지 못했다. 아무도 자신의 불완전 속에서는 하나님의 속성인 완전성을 충족시킬 수 없다. 그러므로 언약이 율법을 지키는 데 달려 있다면 그 언약은 결코 완성될 수 없는 것이다.

바울은 이러한 일들을 명백히 모았다. 그는 하나님과 올바른 관계에 돌입하려고 노력하는 두 가지 상호 독특한 방법을 보았다. 한편에는 인간적 노력에 의존하는 것과 다른 한편에는 하나님의 은총에 의존하는 것이다. 한편에서는 복종하지 못할 율법에 복종하려고 하는 계속되는 헛수고가 있고 다른 한편에는 단순히 하나님을 그 말씀대로 믿는 믿음이 있다.

그 양쪽에서 각각 세 가지 것을 찾아볼 수 있다.

1. **한편에 하나님의 "언약"이 있다.** 헬라어에서 언약을 의미하는 말이 두 가지 있다. 조건부로 주어진 약속을 의미하는 말인 **후포스케시스**(huposchesis)란 말이 있다. 이는 "저 사람이 저런 것을 약속한다면 나는 이런 것을 약속한다"라는 뜻이다. 또 **에팡겔리아**(epaggelia)라는 단어가 있는데 그것은 어떤 사람의 일

방적인 호의에서 나온 것이고 아주 무조건적으로 만들어진 약속을 의미한다. 바울이 하나님의 약속을 말할 때 쓰는 단어는 에팡겔리아다.

그것은 마치 "하나님은 인간 사회의 아버지 같으시다. 하나님은 자기 자녀를 무엇을 하든지 간에 사랑하시겠다고 약속하신다"라고 말하는 것과 같다.

그와 같이 하나님은 당신을 기쁘시게 하든지 슬프게 하든지 간에 마음에서 사랑을 가지고 사랑하신다. 그 어떤 경우에도 절대로 우리가 멋대로 가게 하지 않을 사랑이다. 그것은 우리의 공로에 달려 있는 것이 아니라 하나님 자신의 너그러우신 마음에 달려 있다.

II. "믿음"이 있다. 믿음이란 하나님은 진정으로 그러하시다는 확실성이다. 그것은 모든 것을 하나님의 사랑에 내맡기는 것이다. 그것은 두려움이 영영 사라져 버리는 이 사랑 안에서 평안을 얻는 신앙이다.

III. "은총"이 있다. 은총의 선물이란 항상 노력해서 얻거나 받을 자격이 있어 얻은 것이 아닌 그 무엇이다. 진리는 인간이 결코 하나님의 사랑을 노력으로 얻을 수 없다는 것이다. 인간은 항상 자신의 영광을 내가 하나님을 위해 무엇을 할 수 있느냐에서가 아니라 하나님이 나를 위해 무엇을 하셨는가에서 찾아야 한다.

I. 다른 한편에는 "율법"이 있다. 율법의 곤란한 문제는 항상 그 율법이 병을 가려 낼 수는 있으나 고칠 수는 없다는 것이다. 율법은 인간에게 잘못된 길로 가는 것을 보여 주기는 하나 잘못된 길로 가지 않도록 도와주지는 않는다. 사실상 바울이 나중에 강조하겠지만 율법에는 심한 이율배반이 있다. 어떤 일이 금지되면 그것을 더 하고 싶어 하는 것이 인간의 본성이다. "훔친 과일이 가장 맛있다." 그러므로 율법은 사실상 사람이 바로 그 율법이 금지하는 것을 하고 싶어 하게 움직이는 효과를 갖고 있다.

율법의 완성은 심판이다. 그리고 사람의 주된 생각이 율법인 종교 안에서 사는 한 그는 그 자신을 하나님의 심판대에 선 저주 받은 죄인 이외의 어떤 것으로도 볼 수가 없다.

II. **"범법"이 있다.** 법률이 생기면 범법이 따르게 마련이다. 존재하지 않는 법은 아무도 범할 수가 없다. 아무도 그 법이 있다는 것을 알지 못하는 죄를 지었다고 유죄 언도를 받을 수 없다.

우리가 법을 제정하는 데 그치고 우리 종교를 율법을 순종하는 것으로만 만든다면, 그 인생은 긴 일련의 범법과 그 결과로 오는 형벌을 기다리는 것으로만 가득 차 있을 것이다.

III. **"진노"가 있다.** 율법을 생각하고, 범법을 생각하라. 그러면 다음 단계는 틀림없이 진노다. 하나님을 율법적인 의미로 생각한다. 하나님을 맹렬히 노하시는 심판의 의미로밖에는 생각할 수가 없다. 사람을 율법적으로 생각한다면, 사람을 하나님의 형벌을 받게 정해 있는 것 이상으로 생각할 수가 없는 것이다.

그래서 바울은 로마 사람들 앞에 두 가지 길을 제시한다. 그 한 가지는 사람이 자기 자신의 노력을 통해 하나님과 올바른 관계에 들어가게 되는 것인데 그것을 통해 하나님의 은총이 이미 존재해 있으며, 단지 믿음 안에서 그 속으로 들어오기만 하면 되는 것이다.

불가능을 가능케 하시는 하나님을 믿음

로마서 4:18-25

18아브라함이 바랄 수 없는 중에 바라고 믿었으니 이는 네 후손이 이 같으리
라 하신 말씀대로 많은 민족의 조상이 되게 하려 하심이라 19그가 백 세나 되
어 자기 몸이 죽은 것 같고 사라의 태가 죽은 것 같음을 알고도 믿음이 약하
여지지 아니하고 20믿음이 없어 하나님의 약속을 의심하지 않고 믿음으로 견
고하여져서 하나님께 영광을 돌리며 21약속하신 그것을 또한 능히 이루실 줄

을 확신하였으니 22그러므로 그것이 그에게 의로 여겨졌느니라 23그에게 의
로 여겨졌다 기록된 것은 아브라함만 위한 것이 아니요 24의로 여기심을 받
을 우리도 위함이니 곧 예수 우리 주를 죽은 자 가운데서 살리신 이를 믿는
자니라 25예수께서는 우리가 범죄한 것 때문에 내줌이 되고 또한 우리를 의
롭다 하시기 위하여 살아나셨느니라

앞에서 바울은 이렇게 말함으로써 끝났다. 아브라함은 죽은 자를 살게 하시고, 존재하지도 않은 것을 있게 하시는 하나님을 믿었다고 했다. 이 말은 바울의 생각을 또 다른 하나의 좋은 예로 돌이키게 했으니 이는 아브라함이 하나님을 믿고, 신뢰하고, 그 말씀대로 믿으려고 하는 자발적인 마음이다.

세계 모든 족속이 그의 후손을 통해 축복을 받으리라는 약속은 아브라함이 늙었을 때 주어졌다. 그의 아내 사라는 그때까지 자식이 없었고 이제 아브라함이 백 세, 사라는 구십 세가 되어서야(창 17:17) 한 아들이 그들에게 낳을 것이라는 약속이 임했다. 이것은 표면상으로는 믿을 수 없고 성취되리라는 희망을 전혀 걸 수 없는 약속같이 보였으니 아브라함은 생산 연령을 훨씬 넘었고 사라도 자식을 잉태할 나이가 지난 지 이미 오래 되었기 때문이다.

그런데도 또다시 아브라함은 하나님의 말씀을 그래도 믿었다. 그는 하나님의 약속은 진실하다고 믿고, 하나님이 말씀하신 것은 반드시 이루시리라고 믿었다. 다시 말하지만 이것이 바로 아브라함에게 의로 여기게 된 믿음이다.

이것이 아브라함이 하나님과 올바른 관계에 있게 만든 것은 하나님의 말씀을 그대로 받아들인 신앙이다. 바울이 여기에서 인용한 랍비의 말이 있다. 그 말은 "아브라함에 대해 기록된 것은 그의 후손에 대해서도 기록된 것이다". 그들은 하나님이 아브라함에게 하신 어떤 약속이든 그의 자손까지 적용된다는 것이다. 그러므로 아브라함이 하나님의 말씀을 그대로 믿으려는 마음이 그를 하나님과 올바른 관계에 있게 했다면 우리에게도 똑같을 것이다. 이것은 율법의 행위가 아니다. 하나님과 사람 사이에 마땅히 있어야 할 그런 관계를 성립시키는 것은 이 신뢰하는 믿음이다.

이 경우에 아브라함의 믿음과 본질은, 하나님은 불가능을 가능케 하실 수 있

다고 믿었다는 것이다. 우리가 모든 것이 우리의 노력 여하에 달려 있다고 믿는 한, 우리는 비관론자가 될 수밖에 없다. 우리는 경험을 통해 우리의 노력은 거의 아무것도 이루지 못한다는 슬픈 교훈을 배웠기 때문이다.

중대한 것은 우리의 노력이 아니라 하나님의 은총과 능력이라는 것을 깨달으면 우리는 낙관론자가 된다. 우리는 하나님에게는 아무것도 불가능한 것이 없다고 확신하기 때문이다.

이런 얘기가 있다. 성 테레사(Theresa)가 자신의 전 재산인 반 크라운밖에 안 되는 돈을 가지고 수녀원을 지으려고 계획했다. 누군가가 이렇게 말했다. "성 테레사일지라도 반 크라운으로서는 많이 이룩하지 못할 것이다." 이에 대해 "사실입니다. 그러나 성 테레사와 반 크라운과 하나님으로서는 어떤 것이든 할 수 있습니다"라고 성 테레사는 말했다.

사람은 자기 혼자서는 큰일을 계획하는 데 망설일 수 있다. 그러나 하나님과 함께하면 주저할 일이라고는 아무것도 없다. 위대한 선교사이며 교사인 앤(Ann Hunter Small) 여사도 선교사인 자기 아버지가 이렇게 늘 말하곤 했다고 전한다. "저 불평하는 자들의 사악과 어리석음이여!" 또 여사도 즐겨 쓰는 말이 있었다. "살아 있는 교회는 무엇이든 해 볼 용기가 있다." 그 용감성은 하나님의 말씀을 그대로 믿는 성도와 교회에만 가능하다.

The Letter to the Romans 05

하나님과 함께하는 생활

로마서 5:1-5

[1]그러므로 우리가 믿음으로 의롭다 하심을 받았으니 우리 주 예수 그리스도
로 말미암아 하나님과 화평을 누리자 [2]또한 그로 말미암아 우리가 믿음으로
서 있는 이 은혜에 들어감을 얻었으며 하나님의 영광을 바라고 즐거워하느
니라 [3]다만 이뿐 아니라 우리가 환난 중에도 즐거워하나니 이는 환난은 인내
를, [4]인내는 연단을, 연단은 소망을 이루는 줄 앎이로다 [5]소망이 우리를 부끄
럽게 하지 아니함은 우리에게 주신 성령으로 말미암아 하나님의 사랑이 우
리 마음에 부은바 됨이니

여기에 바울이 하나님에 대한 신뢰의 즐거움을 노래하는 서정적인 구절이 하나 있다. 신뢰하는 믿음과 하나님을 그 말씀대로 받아들이는 신앙이 율법을 행하려는 노력이 결코 할 수 없는 일을 했다. 이것이 인간에게 하나님과의 화평을 가져다주었다. 예수가 오시기 전, 그리고 사람이 예수께서 하나님에 대해 말씀하신 것을 진실하다고 받아들이기 전에는 아무도 하나님과 친밀할 수가 없다.

하나님을 최고로 선하신 분이 아니라 가장 악한 자로 본 사람이 있다. 스윈번

(Swinburne)은 이렇게 썼다.

"그의 가린 얼굴과 쇠로 된 발을 인간은 몰랐고, 그것들을 느끼지 못했던 것으로 매일 모든 만물을 위협하고 짓밟지 않는가? 그가 우리를 굶겨 보내지 않았는가? 그가 영과 육을 갈망하게 만들었고 그에게 부르짖는 입술을 갈증으로 채우지 않았는가?"

세상에는 하나님을 전혀 접촉할 수 없는 완전히 낯선 사람으로 생각한 사람도 있다. 웰스(H. G. Wells)의 저서 중에 실업가의 이야기가 있다. 실업가는 어찌나 긴장하였든지 과로 때문에 완전한 정신적 신경적 파멸에 봉착할 위험에 놓여 있었다. 그의 의사는 그에게 살 수 있는 유일한 길은 하나님과의 교제가 줄 수 있는 화평을 찾는 길밖에 없다고 했다. "뭐라고요! 그런 걸 생각하라고요, 거기에서 나와 교제를 한다고요! 난 얼마 후 은하수로 목을 축이든지 뭇 별들과 악수하는 것이 쉽다고 생각하게 될 것이다!"라고 말했다. 그에게는 하나님은 완전히 찾을 수 없는 존재였다. 여행가 로시타(Rosita Forbes)는 중국을 여행하게 되었는데 어느 날 밤 잠 잘 곳이 없어 중국인 마을의 절간에서 잠자리를 찾은 이야기를 해 주었다. 밤중에 여사가 깨어나 보니 창문을 통해 달빛이 스며들어 각 불상 얼굴에 비치는 것을 보았는데 각 얼굴마다 사람을 증오하는 분노와 조소가 있었다고 한다.

우리 생애 속으로 바울이 의인이라고 부르는 새로운 관계인 하나님과의 친교가 들어오는 것은 우리가 하나님은 우리 주 예수 그리스도의 아버지이신 하나님이라는 것을 깨달을 때에만 있을 수 있는 일이다.

바울은 말하기를 예수야말로 우리가 현재 서 있는 이 은총에 이르는 길이다. 바울이 안내란 말에 쓰는 단어는 **프로사고게**(prosagōgē)다. 이 단어에는 두 가지 커다란 뜻이 있다.

1. 이 단어는 예전에 사람을 안내해 들어가는 뜻을 가지고 있다. 그리고 예배하는 자가 신께 가까이 가는 뜻도 가지고 있다. 이것은 마치 바울이 "예수께서 우리를 하나님의 존전에 안내해 들어간다. 예수께서 우리를 위하여 왕 중 왕께 들어가는 문을 열어 주신다. 그리고 그 문이 열리면 우리가 발견하는 것은 은총

이다. 저주가 아니고, 심판이 아니고, 복수가 아니라 순수히 받을 자격 없고, 노력하지 않은, 공 들이지 않은, 믿을 수 없을 정도의 하나님의 은혜다"라고 말하는 것과 같다.

II. **프로사고게라는 단어는 다른 의미도 있다.** 후기 헬라어에서는 배가 들어오는 곳을 뜻했다. 이것은 항구나 정박소를 의미하는 단어다. 우리가 이런 의미로 이해한다면 이것은 우리가 우리 자신의 노력에 의존하려고 하는 한, 마치 뱃사공들이 자신들을 삼키려고 위협하는 바다와 싸우는 것같이 우리 마음은 폭풍우를 만나서 요동해 왔었다. 그러나 이제 우리는 그리스도에 대한 말을 들음으로써 우리는 하나님의 은총의 항구에 도달한 것이다. 그리고 이제는 우리가 할 수 있는 것이 아니라 하나님이 우리를 위해 하신 것에 의존하는 안정을 깨달았다. 예수 때문에 우리는 왕 중 왕의 어전에 들어갈 수 있게 되었고 하나님의 은총의 항구에 들어갈 수 있게 되었다.

그러나 바울이 그것을 말하자마자 그 문제의 다른 면이 제기되었다. 이 모든 것이 사실이고, 영광이다. 그러나 한 가지 사실이 남아 있으니 이 세상에서는 기독교인들의 생활은 곤궁하다는 것이다. 로마에서 기독교인이 되기란 힘든 것이다. 그것을 기억하면서 바울은 큰 문제를 제기한다. "환난은 인내를 낳는다"라고 말한다. 고난이란 단어는 슬립시스(thlipsis)를 사용했다. 이 슬립시스는 원래는 압박이란 뜻이다. 온갖 종류의 압박이 기독교인을 습격했을 것이다. 즉, 결핍과 궁핍의 압박, 슬픔의 압박, 핍박과 인기 없고 고독함의 압박 등이다.

바울은 그런 모든 압박이 인내를 낳는다고 말한다. 그가 **인내**라고 쓴 단어는 **후포모네**(hupomonē)다. **후포모네**는 인내 이상을 말한다. 이것은 이 세상을 이길 정신을 말한다. 이것은 피동적으로 참는 것을 의미하는 것이 아니라 능동적으로 이 세상의 시험과 시련을 이기고 정복하는 것을 의미한다.

베토벤이 음악가로서 가장 비참한 귀머거리가 되었을 때 "나는 삶을 목구멍으로 살겠다"라고 말했다. 그것이 **후포모네**다. 스콧트 씨가 자신의 출판사가 파산해 고생할 때 "아무도 나에게 '불쌍한 녀석!' 이라고 말하지 않을 것이다. 그것은 내 이 오른손이 모든 빚을 갚겠기 때문이다"라고 했다. 이것이 **후포모네**

다. 어떤 사람이 큰 근심 속에 빠져 있는 사람에게 "슬픔이 삶을 꽤 다채롭게 하는군요, 그렇지요?" "예, 그렇습니다! 뿐만 아니라 나는 그 색깔을 택하기를 제안합니다!" 그것이 **후포모네**다. 헨리(Henley) 씨가 한쪽 다리를 절단한 채 에딘버그 진료소에 누워 있을 때 다른 한쪽을 마저 잘라야겠다고 진단하자 그는 **인빅투스**(Invictus)를 기록했다.

> 나를 덮은 밤에서
> 양극 사이의 칠흑 같은 지옥에서부터
> 나는 나의 정복될 수 없는 영을 위하여 신들이 어떻게 되든 간에 감사한다.

그것이 **후포모네**다. **후포모네**는 굴복해서 홍수가 그 위로 지나가게 내버려 두는 그런 정신이 아니다. 그것은 사물을 정면으로 대항하여 이기는 정신이다.

바울은 계속해서 "인내는 연단을 낳는다"라고 했다. 그가 **연단**이라고 한 단어는 **도키메**(dokimē)다.

도키메는 불을 통과하여 모든 불순물이 타 없어져 버린 금속에 사용되었다. 또 이것은 우리가 **스털링**(순은, 영국 화폐)이라는 단어를 사용하듯이 화폐 주조에 대해서도 사용되었다. 이것은 모든 불순한 합금이 다 제거된 것을 지칭한다. 환난이 인내를 만나면 인생에서 싸움을 통해 사람은 더 강해지고 더 순수해지고 더 나아지고 하나님께 더 가까이 가게 된다.

바울은 계속해서 "연단은 소망을 낳는다"라고 했다. 두 사람이 똑같은 환경에 처할 수 있다. 그 환경이 한 사람을 절망으로 몰아넣을 수 있고 다른 한 사람은 승리적인 행동을 하게끔 박차를 가할 수 있다. 한 사람에게는 소망의 끝이 될 수 있고 다른 한 사람에게는 위대하게 될 도전이 될 수 있다. 레이스(Reith) 경은 "나는 위기를 좋아하지 않지만 그 위기가 제공해 주는 기회는 좋아한다"라고 말했다. 그 의미석인 자이섬은 그 사람 내의 차이에 있나. 어떤 사람이 사신을 나약하고 이완시키고 늘어지게 하든지, 환경이 자신을 굴복하게 내버려 두면 그는 위기가 닥쳐올 때 실망 이외에는 다른 아무것도 할 수 없게 자신을 만들어 버린 것이다. 그 반면에 어떤 사람이 인생을 머리를 바로 들고 대처한다면 또 항상 그렇게 생을 대해 왔고 그렇게 함으로써 모든 일을 이겨 냈다고 하면 어떤 도전이 왔을 때 그는 그것을 희망으로 빛나는 눈을 가지고 만나게 될 것이다. 시험을 참아 낸 연단은 언제나 희망 안에서 솟아 나온다. 그러고 나서 바울은 마지막으로 중대한 진술을 하고 있다. "기독교의 소망은 부끄럽게 하지 않나니 이는 그것이 하나님의 사랑 위에 기초되었기 때문이다." 오마 카얌 씨가 인간의 희망에 대해 의미심장하게 이렇게 썼다.

> 인간이 그들의 마음에 거는 이 세상 소망은
> 재로 되어 버리든지 번영한다.
> 그러나 곧 사막의 먼지 나는 표면 위의 눈같이
> 잠시 비치다가 즉시 가 버린다.

인간의 소망이 하나님 안에 있다면 그것은 먼지나 재로 변해 버릴 수가 없다. 사람의 소망이 하나님의 사랑 안에 있다면 그것은 환상이 될 수는 없다. 이는 하나님은 영원한 사랑을 가지고 사랑하시기 때문이며 이 언약은 영원한 전능의 후원을 받고 있기 때문이다.

사랑의 마지막 증거

로마서 5:6-11

6우리가 아직 연약할 때에 기약대로 그리스도께서 경건하지 않은 자를 위하
여 죽으셨도다 7의인을 위하여 죽는 자가 쉽지 않고 선인을 위하여 용감히
죽는 자가 혹 있거니와 8우리가 아직 죄인 되었을 때에 그리스도께서 우리를
위하여 죽으심으로 하나님께서 우리에 대한 자기의 사랑을 확증하셨느니라
9그러면 이제 우리가 그의 피로 말미암아 의롭다 하심을 받았으니 더욱 그로
말미암아 진노하심에서 구원을 받을 것이니 10곧 우리가 원수 되었을 때에

그의 아들의 죽으심으로 말미암아 하나님과 화목하게 되었은즉 화목하게 된 자로서는 더욱 그의 살아나심으로 말미암아 구원을 받을 것이니라 [11]그뿐 아니라 이제 우리로 화목하게 하신 우리 주 예수 그리스도로 말미암아 하나님 안에서 또한 즐거워하느니라

예수께서 우리를 위하여 돌아가셨다는 사실은 하나님의 사랑의 최후 증거다. 사람이 의로운 사람을 위해서도 죽기 쉽지 않다. 어떤 위대하고 좋은 주의를 위해 목숨을 바치도록 설득할 수는 있다. 그러나 예수 그리스도의 놀라운 일은 그가 우리가 죄인이며 악한 사람이었을 때, 그리고 하나님의 원수와 적대적 상태에 있을 때 우리를 위해 돌아가셨다는 것이다. 어느 사랑도 그보다 클 수는 없다.

리타 스노든(Rita Snowden)이 로렌스(T. E. Lawrence) 대령의 생애에서 어떤 사건 하나를 전해 주고 있다.

1915년에 그는 몇몇 아랍 사람들과 함께 사막을 횡단하여 여행을 하고 있었다. 모든 것이 절망적이었다. 식량은 거의 떨어져 가고 물은 그 밑바닥에 이르렀다. 그들의 두건은 불꽃같이 뜨겁고 모랫바람의 끈끈한 모래로 가득 찬 바람에서 얼굴을 가리려고 머리를 덮고 있었다. 갑자기 누군가가 말했다. "재스민(Jasmin)이 어디 있을까?" "재스민이 누구요?"라고 다른 사람이 물었다. "아. 그 왜 마안(Mann) 출신으로 얼굴이 노란 사람 있지 않아!"라고 셋째 사람이 대답했다. "그 친구가 토이기 세리를 죽이고 광야로 도망치지 않았어!" 그러자 첫 번째 사람이 다시 말했다. "봐라, 재스민의 낙타에는 아무도 타고 있지 않은데! 그의 총은 안장에 묶여 있지만 재스민은 안 보여." 둘째 사람이 "누군가 길 가다가 사살했겠지"라고 말했다. 셋째 사람이 "그는 머리가 건강치 못하니까 아마 신기루에서 길을 잃었든지, 몸이 약하니까 기진맥진하여 낙타에서 떨어졌을 거야"라고 말했다. 그러자 첫째 사람이 "그게 무슨 상관이야. 재스민은 아무런 가치도 없는데"라고 했다. 그러고 나서 그 아랍인들은 낙타에 올라타고 길을 떠났다. 그러나 로렌스는 길을 바꾸어서 자신이 온 길로 되돌아갔다.

그는 찌는 볕에 자기 생명을 내걸고 홀로 갔다. 약 한 시간 반가량 타고 간 뒤

에 그는 무엇인가 모래 속에 있는 것을 보았다. 그것은 재스민이었다. 더위와 갈증으로 눈이 멀고 미쳐 거의 죽어가고 있었다. 로렌스는 그를 자기 낙타 위에 끌어 올렸다. 그러고는 그 귀중한 물의 마지막 몇 방울을 그에게 주었다. 그리고 서서히 자기 동행이 있는 곳으로 돌아왔다.

그가 그들에게 돌아오자 아랍인들은 놀란 눈초리로 바라보았다. "재스민이 여기 있다"라고 그들은 말했다. "한 푼의 가치도 없는 재스민을 우리 주인 로렌스께서 생명의 위험을 무릅쓰고 구해 주셨다." 이것은 하나의 예화다.

그리스도께서 구원하시려고 하는 사람들은 좋은 사람이 아니다. 죄인들이었다. 그리스도가 죽어서 구원하시려 한 사람은 하나님의 친구가 아니다. 그것은 하나님의 원수였다.

바울은 한 걸음 더 나아간다. 예수를 통하여 하나님과의 관계에서 우리의 지위가 바뀌었다는 것이다. 우리가 비록 죄인임에도 하나님과 올바른 관계에 놓이게 된 것이다. **그러나 그것만으로는 족하지 않다**. 우리의 **지위**가 바뀌어야만 할 뿐 아니라 우리 자신의 **상태**도 바뀌어야 한다. 구원 받은 죄인은 계속해서 죄인일 수는 없다. 그는 선한 사람이 되어야 한다. 그리스도의 죽음이 우리의 지위를 바꾸었을 뿐만 아니라 그리스도의 부활은 우리의 상태도 변화시켰다. 예수는 죽은 것이 아니라 살아 계신다. 그는 항상 우리와 함께 계셔서 우리를 도와주고 인도해 주고 지도해 주며, 우리가 시험을 이길 수 있게 그의 힘으로 채워 주시며, 우리가 그의 부활하신 몸 안에서 늘 살 때 우리의 삶을 당신의 광채로 오 입혀 주신다. 하나님과의 관계에서 우리의 지위를 바꾸신 분이 우리의 **상태**도 바꾸신다. 그는 죄인들을 그들이 아직 죄인의 상태에 있을 때 하나님과 올바른 관계로 만들어 주심으로 시작한다. 더 나아가 그의 은혜로 이 죄인들이 자신들의 죄를 버리고 선한 사람이 될 수 있게까지 하신다.

이것들에 대한 전문 용어가 있다. 우리의 **지위**의 변화를 의인(義認)이라고 한다. 거기에서 구원의 모든 과정이 시작된다. 우리의 **상태**의 변화는 성화(聖化)라고 한다. 그것은 우리의 구원 과정이 계속되어 우리가 주를 얼굴과 얼굴로 대면하게 되고, 그와 같이 되기 전까지는 결코 멈추지 않는다.

여기서 한 가지 주의할 것이 있다. 이것은 퍽 중요한 것이다. 바울은 구원의 모든 과정, 그리스도의 오심, 그리스도의 죽음 등이 **하나님**의 사랑의 증거라는 것을 확신했다. 이 모든 것은 하나님이 우리를 사랑하시기 때문에 일어난 것이다. 간혹 한편에는 마음 좋고 사랑하시는 그리스도가 있고, 다른 한편에는 진노하시고 복수하시는 하나님이 있는 것같이 말해지기도 한다. 또 간혹 그리스도가 인간에 대한 하나님의 태도를 바꾸어 하나님을 진노하심에서 너그러우심으로 바꾼 것같이 말해지고 있다. 이런 말은 사실과 전혀 다르다. 모든 것이 하나님의 사랑에서 솟아 나온다. 예수께서는 하나님의 태도를 바꾸려고 온 것이 아니다. 그는 하나님의 인간에 대한 태도가 무엇이며 항상 무엇이었는지를 보여 주려고 오셨다. 그는 사람들에게 하나님은 곧 사랑이라는 것을 인간에게 명확히 증명하시려고 이 세상에 오신 것이다.

파멸과 구원

로마서 5:12-21

[12]그러므로 한 사람으로 말미암아 죄가 세상에 들어오고 죄로 말미암아 사망
이 들어왔나니 이와 같이 모든 사람이 죄를 지었으므로 사망이 모든 사람에
게 이르렀느니라 [13]죄가 율법 있기 전에도 세상에 있었으나 율법이 없었을
때에는 죄를 죄로 여기지 아니하였느니라 [14]그러나 아담으로부터 모세까지
아담의 범죄와 같은 죄를 짓지 아니한 자들까지도 사망이 왕 노릇 하였나니
아담은 오실 자의 모형이라 [15]그러나 이 은사는 그 범죄와 같지 아니하니 곧
한 사람의 범죄를 인하여 많은 사람이 죽었은즉 더욱 하나님의 은혜와 또한
한 사람 예수 그리스도의 은혜로 말미암은 선물은 많은 사람에게 넘쳤느니
라 [16]또 이 선물은 범죄한 한 사람으로 말미암은 것과 같지 아니하니 심판은
한 사람으로 말미암아 정죄에 이르렀으나 은사는 많은 범죄로 말미암아 의
롭다 하심에 이름이니라 [17]한 사람의 범죄로 말미암아 사망이 그 한 사람을
통하여 왕 노릇 하였은즉 더욱 은혜와 의의 선물을 넘치게 받는 자들은 한

분 예수 그리스도를 통하여 생명 안에서 왕 노릇 하리로다 [18]그런즉 한 범죄
로 많은 사람이 정죄에 이른 것같이 한 의로운 행위로 말미암아 많은 사람이
의롭다 하심을 받아 생명에 이르렀느니라 [19]한 사람이 순종하지 아니함으로
많은 사람이 죄인 된 것같이 한 사람이 순종하심으로 많은 사람이 의인이 되
리라 [20]율법이 들어온 것은 범죄를 더하게 하려 함이라 그러나 죄가 더한 곳
에 은혜가 더욱 넘쳤나니 [21]이는 죄가 사망 안에서 왕 노릇 한 것같이 은혜도
또한 의로 말미암아 왕 노릇 하여 우리 주 예수 그리스도로 말미암아 영생에
이르게 하려 함이라

신약에서 이 구절만큼 신학에 영향을 끼친 구절도 없고, 현대인이 이해하기에 이보다 어려운 구절도 없다. 이것은 바울 자신이 어려운 방법으로 표현하기 때문에 난처하다.

예를 들어 첫 문장이 시작은 되었으나 끝나지 않고 중간에서 바울이 다른 개념을 추구하는 바람에 끊기는 것을 볼 수 있다. 그보다 더 힘든 것은 이 구절은 유대인에게는 익숙하고 완전히 이해할 수 있으나 우리에게는 익숙하지 않을 문제에 대해 생각하고 논하기 때문이다.

우리가 이 구절을 한 문장으로 바꾸어 놓는다면 그것은 바울이 처음에 시도했다가 곁길로 나가 버린 문장인데 이는 "아담의 죄로 모든 사람이 죄인 되었고 하나님께로부터 격리되었고 예수 그리스도의 의로 인하여 모든 사람이 의로워졌고 하나님과 올바른 관계를 회복하게 되었다"라고 할 수 있다.

바울은 사실 이것을 고린고전서 15장 21-22절에서 더 명백히 말하고 있다. "사망이 사람으로 말미암았으니 죽은 자의 부활도 사람으로 말미암는도다 아담 안에서 모든 사람이 죽은 것같이 그리스도 안에서 모든 사람이 삶을 얻으리라."

그러면 이 구절을 어떤 근본적인 유대적 개념으로 읽어야 하는가? 가장 중요한 두 가지 개념이 있는데 그것은 다음과 같다.

1. "연대" 의식이 있다. 유대인은 사실 절대로 자신을 개인으로 생각하지 않았다. 그는 항상 자신을 씨족, 종족, 민족의 일부라고 생각해 왔다. 그리고 그

사회를 떠나서는 그는 진정한 의미로는 존재하지 않았다. 오늘날에도 호주 원주민에게 이름이 무엇이냐고 물으면 그는 자신의 이름을 대지 않고 씨족이나 부족의 이름을 댄다고 한다. 그는 자신을 한 개인으로 생각하지 않고 씨족의 한 구성원라고 생각했다. 알아볼 수 있는 행동으로 나타난 이런 종류의 것으로 가장 명확한 것은 고대인들간의 피비린내 나는 복수를 들 수 있다. 어떤 부족의 사람이 다른 부족의 사람 한 명을 죽였다고 하면 가해 부족에 대해 원수 갚는 것이 그 피살자가 속해 있는 부족의 의무로 여겼다. 개인간의 분쟁이 아니라 부족간의 싸움인 혈전이 된다. 원수를 갚는 부족은 그 피해를 입은 부족이다.

구약성경에는 이런 경우가 하나 명백하게 서술되어 있다. 여호수아 7장에 기록된 대로 그것은 아간의 경우다. 여리고를 정복했을 때 아간은 전리품은 다 부숴 버리라는 하나님의 명령을 직접으로 어기고 전리품 얼마를 따로 감추었다. 아간이 죄를 지었다. 공격 계획 중 다음은 아이 성의 정복이다. 그곳은 문제없이 함락되었어야 할 곳이었다. 아이 성에 대한 공격은 비참하게도 실패로 끝났다. 왜 그런가? 그것은 아간이 죄를 지었기 때문이고 아간이 죄를 지은 이상 모든 민족이 하나의 죄인으로 낙인찍혀 하나님의 벌을 받고 있었다. 아간의 죄는 한 사람의 죄가 아니라 전 민족의 죄였다.

민족이란 각 개인의 집합체가 아니라 그것은 분리할 수 없는 하나의 덩어리다. 한 개인이 한 것은 그 민족이 행한 것이다. 아간의 죄가 인정되고 발견한 다음에는 아간 혼자만 처형된 것이 아니다. 그의 온 가족이 멸족되었다. 재언하지만 아간은 단독적인 그리고 자신에게만 책임이 있는 개인이 아니라 그가 따로 분리될 수 없는 한 백성의 한 부분이었다.

그것이 바로 바울이 아담을 보는 관점이다. 아담은 개인이 아니었다. 아담은 인류의 한 부분이었다. 아담은 인류의 한 부분이었으므로 모든 인류가 그 안에서 죄를 지은 것이다. 그의 죄는 모든 사람의 죄다.

바울은 아담 안에서 모든 사람이 죄를 지었다고 한다. 우리가 바울의 사상을 이해하려면 바울이 무엇을 의미하는지를 확실히 알아야 하고, 바울은 자신이 말하고자 하는 것이 무엇을 의미하는지를 확실히 알아두어야 한다. 기독교 사상의 모든 역사를 통해 아담의 죄와 인류와의 관계를 여러 가지로 해석해 보려는 노력이 있었다.

1. 이 구절은 "각자는 그 자신의 아담이다"라고 이해되어 왔다. 이것의 진의는 아담이 범죄했듯이 모든 사람이 죄를 지었다. 그러나 아담의 죄와 인류의 죄 사이에는 아무런 관련성은 없고, 그보다도 아담의 죄는 모든 인간의 죄의 대표적인 것이다.

2. 소위 법률적 해석이 있다. 이 해석은 아담은 인류의 **대표자**이고 인간은 그의 대표자의 행동에 동참하게 되는 것이다. 그러나 대표자란 자신이 대표하는 그 사람들에게서 **피택**되어야 하는 것이다. 그러므로 어떤 의미로든지 우리는 아담에 대해 그렇게 말할 수 없다.

3. 아담에게서 상속되어 온 것은 범죄할 **성향**이라는 해석이 있다. 그것은 사실이나 바울이 의미한 것은 아니다. 이것은 사실상 그의 변론에 맞지 않는다.

4. 그러면 한 가지 남은 해석은 소위 현실적 해석이라는 것이다. 이는 인류의 연대성 때문에 모든 인간은 아담 안에서 글자 그대로 그리고 사실상 범죄했다는 해석이다.

이것은 유대인에게는 낯선 개념이 아니다. 이것은 유대 사상가들의 실제적인 생각이었다. 에스드라2서(2 Esdras) 저자는 이를 확신했다. "최초로부터 아담의 마음에 한 악의 씨가 뿌려졌다. 그리고 오늘날까지 얼마나 많은 죄악을 맺었는가? 타작 때까지는 또 얼마나 많은 죄악을 맺을 것인가?(4:30) 첫 아담이 악한 마음을 가지고 범죄하여 패배하였으니 그뿐 아니라 그에게서 나는 모든 사람도 그러하도다(3:21)."

II. 두 번째 기본 개념은 바울의 변론 중에서 다음 것과 긴밀히 연관되어 있다. 즉, **죽음은 죄의 직접적인 결과다**. 아담이 범죄하지 않았더라면 인간은 영생할 것이라는 것은 유대인의 신념이었다. 죽음은 이 세상에 죄의 결과로서 들어왔다. 시락(Sirach)서 2장 23절에 "한 여인이 죄의 시작이요 그 여인을 통해 모두가 죽는다"라고 기록되어 있다. 지혜서에 "하나님은 인간을 영영 죽지 않게 창조하셨고 그를 당신 자신의 본질의 형상으로 만드셨다. 그러나 악마의 시기 때문에 죽음이 이 세상에 들어왔다"라고 기록되어 있다.

유대인의 생각에는 죄와 죽음은 완전히 하나로 관련되어 있다. 이것이 바울이 12-14절의 복잡하고 어려운 개념에서 추구하였던 것이다. 우리는 이 본문에 나타난 그의 사상을 일련의 개념에서 찾아볼 수 있다.

1. 아담은 금단의 나무 과일을 먹지 말라는 하나님의 직접적인 계명을 어겨 범죄하였다. 그리고 범죄하였으므로 죽지 않게 계획된 아담은 죽었다.

2. 율법은 모세 시대까지는 오지 않았다. 율법이 없으면 범법도 없는 것이다. 즉, 율법과 계명이 없으면 죄도 없다는 뜻이다. 그러므로 아담과 모세 사이에 산 사람은 실제로는 범죄했으나 아직까지 율법이 없었으며 존재하지 않는 율법을 범했다고 해서 정죄될 수 없으므로 그들에게 불리하게 인정되지 않았다.

3. 죄가 그들에게는 인정되지 않았는데도 그들은 죽었다. 그들이 존재하지 않는 율법을 범했다고 고소당할 수 없을지라도 죽음이 그들을 지배했다.

4. 그러면 그들은 왜 죽었는가? 그들은 아담 안에서 범죄했기 때문이다. 그들이 범할 법이 없었어도 그들을 죽게 한 것은 그들이 아담의 죄에 포함됐기 때문이다. 그것은 사실 모든 사람이 아담 안에서 범죄했다는 바울의 증거다.

이렇게 해 우리는 바울 사상의 일면을 끄집어냈다. 이 완전한 인류의 일체 개념으로 인하여 모든 사람은 문자 그대로 아담 안에서 죄를 지었다. 그리고 사망이 죄의 결과이므로 죽음이 모든 사람 위에 지배했다.

그러나 인간 상황에 대한 극히 비참한 개념을 내놓는 데 사용될 수 있는 올바른 이 개념은 반대로 모든 상황을 영광의 빛으로 채울 수 있게 사용될 수도 있다. 이 상황 속으로 예수께서 오신다. 하나님에게 모든 사람이 아담의 죄에 관련된 것같이 예수 그리스도의 완전한 선에 관여하였고, 아담의 죄가 죽음의 원인이 되었듯이 예수의 완전한 선이 죽음을 이기고 사람에게 영원한 생명을 주셨다.

바울의 의기양양한 변론은 모든 인류가 아담과 하나였기 때문에 인류는 사망의 정죄를 받았다. 이와 같이 인류는 그리스도와 하나이므로 생명을 얻게 면제되었다. 율법이 와서 죄를 더 무서운 것으로 만든 때에도 그리스도의 은혜는 율법이 불가피하게 가져올 정죄를 이긴다.

그것이 바울의 변론이다. 그리고 유대인의 근거에 의하면 이것은 공격할 여지가 없는 것이다. 그러나 이것은 한 큰 빛나는 진리를 가지고 있는 반면 큰 결함이 있다.

I. **결점은 이것이다.** 우리가 아담의 이야기를 문자 그대로 사실이라고 생각한다면 **아담과 우리와의 관련은 육체적인 관련이다.** 우리는 그것을 어떻게 할 수 없다. 우리는 어린아이가 자기 아버지를 선택할 수 없는 것만큼이나 그 문제에서는 선택권이 없다. 우리는 아담과는 우리가 선택하거나 거부할 아무런 권한이 없는 육체적인 후예로 관련되어 있다. 반면에 **그리스도와 우리와의 관련은 자발적인 것이다.** 그리스도와의 연합은 사람이 받아들이거나 거절할 수 있는 것이다. 사람은 그리스도와 연합할 수도 있고 그렇지 않으면 거절할 수도 있는 것이다. 그 관련성에서 서로 상당히 다른 것이다. 이것은 바울의 변론에서 심각한 단점이다.

II. **장점은 이것이다.** 바울은 도피할 수 없는 한 상황 속에 인류가 관련되어 있다는 큰 진리를 보존하고 있는 것이다. 죄는 그의 능력 안에 사람을 장악하고 있다. 거기에는 아무런 희망이 없었다. 이 상황 속으로 예수 그리스도께서 오신 것이고 그는 옛 상황을 꿰뚫는 힘을 가지고 오셨다. 그분이 행하신 것과 그분의 인격과 그분이 주시는 것으로써 그는 인간을 죄 때문에 절망적으로 지배되던 상황에서 도피할 수 있게 하셨다. 바울의 변론에 대해 여하한 말을 할지라도 최소한도로 이렇게는 말할 수 있다. 즉, 인류는 죄로 죽었고 그리스도로 구원 받았다는 것만은 틀림없는 사실이라고.

The Letter to the Romans 06

살기 위해 죽는다

로마서 6:1-11

1그런즉 우리가 무슨 말을 하리요 은혜를 더하게 하려고 죄에 거하겠느냐
2그럴 수 없느니라 죄에 대하여 죽은 우리가 어찌 그 가운데 더 살리요 3무릇
그리스도 예수와 합하여 세례를 받은 우리는 그의 죽으심과 합하여 세례를
받은 줄을 알지 못하느냐 4그러므로 우리가 그의 죽으심과 합하여 세례를 받
음으로 그와 함께 장사되었나니 이는 아버지의 영광으로 말미암아 그리스도
를 죽은 자 가운데서 살리심과 같이 우리로 또한 새 생명 가운데서 행하게
하려 함이라 5만일 우리가 그의 죽으심과 같은 모양으로 연합한 자가 되었으
면 또한 그의 부활과 같은 모양으로 연합한 자도 되리라 6우리가 알거니와
우리의 옛 사람이 예수와 함께 십자가에 못 박힌 것은 죄의 몸이 죽어 다시
는 우리가 죄에게 종 노릇 하지 아니하려 함이니 7이는 죽은 자가 죄에서 벗
어나 의롭다 하심을 얻었음이라 8만일 우리가 그리스도와 함께 죽었으면 또
한 그와 함께 살 줄을 믿노니 9이는 그리스도께서 죽은 자 가운데서 살아나
셨으매 다시 죽지 아니하시고 사망이 다시 그를 주장하지 못할 줄을 앎이로
라 10그가 죽으심은 죄에 대하여 단번에 죽으심이요 그가 살아 계심은 하나

님께 대하여 살아 계심이니 [11]이와 같이 너희도 너희 자신을 죄에 대하여는
죽은 자요 그리스도 예수 안에서 하나님께 대하여는 살아 있는 자로 여길지
어다

바울이 로마서에서 매우 자주 그러했듯이 이 구절에서도 상상적인 적에게 변론을 하고 있다. 이 변론은 5장 마지막에서 언급한 유명한 말에서 시작된다. "죄 많은 곳에 은혜도 넘치느니라." 변론은 아마도 이렇게 전개되지 않았나 생각된다.

반대자 : 당신은 방금 하나님의 은혜는 모든 죄를 용서할 수 있으리만큼 크다고 말하셨지요!

바울 : 그렇습니다.

반대자 : 당신은 사실상 하나님의 은혜는 이 세상에서 가장 크고 놀라운 것이라고 말씀하시는 것과 같습니다.

바울 : 그렇습니다.

반대자 : 자, 그렇다면 계속해서 죄를 지읍시다. 죄를 더 많이 지으면 많은 은혜가 따를 것이다. 죄는 문제가 안 된다. 하나님이 여하튼 용서하실 것이니까.

사실 우리는 더 나아가 죄가 하나님의 은혜를 역사할 수 있게 함으로 죄는 훌륭한 것이라고 말할 수 있다. 당신의 변론의 결론은 죄가 은혜를 낳는다. 그러므로 죄가 세계에서 가장 위대한 것을 만들어 낸다면 죄는 불가불 선한 것이 될 수밖에 없다는 것이다.

바울의 첫 번 반응은 그 반대자에 대해 무섭게 반박하는 것이다. "당신은 은혜에게 더 많은 기회를 주려고 범죄를 계속할 것을 주장하는가?" "그럴 수 없소. 우리는 그와 같이 불신앙의 길을 추구할 수는 없소"라고 대답한다.

그러나 이렇게 역전하면서 그는 다른 곳으로 간다. "당신은 당신이 세례를 받았는지 생각을 전혀 안해 보았소?"라고 그는 힐문한다. 바울이 무엇을 말하려 하는지를 이해하려면 우리는 바울 당시의 세례는 오늘날의 세례와는 달랐다는 것을 기억해야만 한다.

1. 그것은 성인 세례였다. 이 말은 신약이 어떤 의미로든지 유아 세례를 반대

한다는 말은 아니다. 유아 세례는 기독교 가정의 결과요 기독교 가정은 바울과 같은 초기에는 존재할 수 없었다. 초대교회에서는 흔히 사람들은 하나의 개인으로 그것도 자기 가족을 뒤에 두고 예수께 나온 것이다.

2. 초대교회에서는 세례는 신앙고백과 밀접한 관련이 있었다. 일반적으로 사람들이 교회에 들어올 때 세례를 받고, 이교에서 직접적으로 교회에 들어왔다. 세례는 그의 생애에서 분계선을 의미했다. 세례 때 그는 자신의 인생을 둘로 나누는 결단으로 흔히 자기 자신을 뿌리에서 찢어 버리는 것을 의미했다. 절단은 그에게는 자기 인생을 처음부터 다시 시작하는 것보다 못지않은 것을 의미하는 것이다.

3. 보통 세례는 전신 침례로 집행되었다. 이런 방법은 물을 뿌리는 것과 다른 상징을 나타내었다. 사람이 물속으로 내려가 물이 그 위에 덮일 때면 그것은 무덤 속에 파묻히는 것과 같다. 그리고 물에서 나올 때 그것은 무덤에서 나오는 것과 같다. 세례는 상징적으로 죽고 부활하는 것과 같다. 그 사람은 한 가지 인생에 죽고 다른 종류의 인생에 다시 살아났다. 그는 옛 죄악 생활에 죽고 은혜의 새 생활에 다시 살아났다. 그는 이 세상의 사람으로 물속으로 내려갔으나 그리스도 안에 있는 사람으로 나왔다.

그리고 우리가 이것을 완전히 이해하려면 바울은 당시 사람들이 거의 아무나 이해할 수 있는 언어와 예화를 들고 있다는 것을 기억해야 한다. 이 말은 우리에게는 좀 서먹서먹할는지 모르지만 바울 당시 사람들에게는 친숙한 것이었다. 바울이 사용한 언어는 바로 당시 사람들에게는 친숙한 것이었다. 바울이 사용한 언어는 당시 사람들이 사용했던 것이다.

유대인은 그것을 이해하고 있었다. 사람이 이교에서 유대 종교에 들어갈 때 그것은 세 가지 일을 수반하게 된다. 즉, 제사와 할례와 세례다. 이방인은 세례로 유대교에 들어갔다. 그 의식은 다음과 같다. 세례 받을 사람은 자기 손톱, 발톱과 머리를 깎는다. 그리고 옷을 완전히 벗는다. 세례수는 적어도 40세아, 즉 두 드럼 정도의 물이 있어야 한다. 그의 몸의 어느 부분이나 물이 닿아야 한다. 그가 물속에 있을 때 세 명의 집례를 하는 자 앞에서 신앙 고백을 하고 권면과 축복이 그에게 주어진다. 이 세례는 완전히 중생으로 생각되었다. 그 사람은 새로운 사람이다. 그는 새로 났다. 그는 하루밖에 안 된 갓난아기라고 불렸다. 그의 모든 죄는 용서되었다. 그가 낳기 전에 지은 죄를 하나님은 벌하실 수 없기 때문이다. 완벽한 변화는 어떤 랍비가 세례 받기 전에 아이들이 있었는데도 세례를 받은 후에 낳은 아이가 그의 첫 아이라고 주장했다는 사실에서 찾아볼 수 있다. 비록 실제로 실행되지는 않았으나 이론상으로는 그 사람이 완전히 새 사람이기 때문에 자기 누이나 어머니와도 결혼할 수 있다고 주장했다. 그는 변화된 사람에 불과한 것이 아니라 새로운 사람이요 전혀 다른 사람이다. 어떤 유대인이라도 세례 받은 사람은 완전히 새 사람이 되어야 한다는 필요성에 대한 바울의 발언을 완전히 이해할 것이다.

헬라인도 이해할 것이다. 이때에는 단 하나의 헬라 종교는 신비 종교에 기초하고 있었다. 이 신비 종교들은 훌륭한 것들이었다. 이 종교들은 이 세상의 염려와 걱정과 공포에서 해방시켜 주는 것이고 그 해방은 어떤 신과 결합하는 것이었다. 모든 신화는 수난극이었다. 그들은 수난을 당해 죽고 다시 살아난 신들의 이야기에 근거했다. 신의 이야기는 연극화되었다. 누구나 그 연극을 관람하기 전에 기초 훈련을 받아야 했다. 그는 그 연극의 내적 의미가 무엇인지에 대해 기나긴 사전 교육을 받아야 했다. 그는 호행을 해야 했다. 그리고 조심스럽게 관람할 수 있게 만들어지고 준비되었다. 드라마는 음악, 조명, 향과 제물 등 모든 방편을 동원하여 연출되었다. 연극이 연출되는 동안 그 사람은 그 신과 하나가 된 것같이 느낀다. 즉, 그는 신과 일체가 되는 감정적인 경험을 하게 된다. 그가 이 경지에 들어오기 전에 그는 입신식(入信式)을 받았다. 이 입신식은 항상 인간이 영생을 위해 재생하는 새 출생이 뒤따르는 죽음이라고 생각되었다. 입신식을 받은 사람은 자신은 "자발적인 죽음"을 체험했다고 말한다. 우리는 어떤 신화극에서 입신식을 받을 사람을 **죽을 사람**이라고 부르고 그는 도랑에 머리까지 잠긴다는 것을 알고 있다. 입신식을 받을 때 그는 어린아이라고 불리고 갓난아이와 같이 우유를 먹었다. 어느 다른 신화극에서 입신식을 받을 사람이 이렇게 기도했다. "신이여, 나의 영과 나의 생각과 나의 전생으로 들어오시오. 당신은 곧 나요 나는 곧 당신이니이다." 이러한 것을 경험한 헬라인은 누구라도 바울이 죽었다가 세례 안에서 다시 산다고 하는 중에 그리스도와 하나가 된다는 것이 무엇을 의미하는지 이해하는 데 하등의 곤란을 겪지 않았다.

우리는 결코 바울이 아이디어나 말들을 그런 유대교적 혹은 이교적 관계에서 빌려 왔다고 하는 것이 아니다. 우리가 말하는 것은 그가 유대인과 이방인이 다 함께 이해하고 인정할 수 있는 말과 예화를 사용하였다는 것이다.

이 구절에는 세 가지 커다란 진리가 있다.

I. 하나님의 자비를 악용하려는 것은 두려운 것이다. 하나님의 자비를 죄를 짓는 핑계로 삼는 것은 비참한 일이다. 인간적인 면으로 생각해 보자. 아들이나 딸이 아버지나 어머니가 용서하실 것을 알고 있기 때문에 자유롭게 죄를 지을 수 있다고 생각한다면 그 얼마나 비열하겠는가? 그것은 사랑을 이용하여 사랑하는 사람의 마음을 아프게 하는 것이다.

II. 기독교인의 길을 걷기 시작하는 사람은 다른 종류의 인생을 약속한 것이다. 그는 한 종류의 인생은 죽었고 다른 종류의 인생에 속한 것이다. 그는 근본적으로 다른 사람이다. 근래에 와서 우리는 기독교인의 생에 들어가는 것이 사람의 생에 그다지 큰 변화를 가져와야 할 필요가 있지 않다는 것을 강조하는 경향이 있다. 바울은 전적인 차이가 있어야만 한다고 말하고 있다.

III. 사람이 그리스도를 받아들였을 때 그 사람의 생애는 단지 윤리적인 변화만 있는 것이 아니다. 거기에는 진정한 그리스도와의 연합이 있다. 윤리적 변화는 그리스도와의 연합이 없이는 불가능하다는 것은 소박한 진리다. 사람은 그리스도 안에 있다. 저명한 학자가 이 말에 대해 다음과 같은 비유를 들었다. 우리는 공기 속에 있지 않으면 살 수 없고 동시에 공기는 우리 안에 있다. 그리스도에게서도 그렇다. 우리가 그리스도 안에 그리고 그가 우리 안에 있지 않으면 우리는 하나님의 생을 살 수가 없다. 기독교를 윤리적 요구에 제한시키고 그리스도와의 근본적인 연합을 빼어 놓는다는 것은 기독교를 절반 이하로 삭감하는 것이다.

신앙의 행위

로마서 6:12-14

[12]그러므로 너희는 죄가 너희 죽을 몸을 지배하지 못하게 하여 몸의 사욕에
순종하지 말고 [13]또한 너희 지체를 불의의 무기로 죄에게 내주지 말고 오직
너희 자신을 죽은 자 가운데서 다시 살아난 자같이 하나님께 드리며 너희 지
체를 의의 무기로 하나님께 드리라 [14]죄가 너희를 주장하지 못하리니 이는
너희가 법 아래에 있지 아니하고 은혜 아래에 있음이라

바울에게서 이 구절과 바로 앞 구절과의 변화보다 전형적인 변화는 없다. 바로 앞 구절은 신비적인 기록법이고, 그것은 세례에서 온 기독교인과 그리스도와의 신비적인 결합에 대해 언급했다. 그것은 기독교인이 자신의 생애가 그리스도 안에 산다고 말할 수 있을 정도로 그리스도와 가까이 살아야 하는 생활 방법을 언급했다. 이 신비적 경험 다음에 실질적인 요구가 뒤따라온다. 기독교는 감정적인 체험이 아니다. 기독교는 생활 방법이다. 기독교인은 아무리 놀라운 경험이라도 그것을 즐기라는 것이 아니다. 그는 나아가 이 세상의 공격과 문제의 틈바구니에서 그와 대결해서 사는 생활을 의미한다. 종교적 생활에서는 교회에 앉아 우리에게 밀어 닥쳐오는 감정의 물결을 느낀다는 것은 가장 평범한 것이다. 우리가 홀로 있을 때 그리스도가 우리에게 아주 가까이 있는 것같이 느끼는 것은 드문 일이 아니다. 거기서 중단한 기독교 신앙은 중도에 머문 것이다. 감정은 행위로 변해야 한다. 종교적 감정이 종교적 행위를 대신해서는 결코 안 된다. 기독교는 비밀 장소의 경험만이 될 수는 없다. 기독교는 시장 안에서 생활이 되어야 한다. 사람이 세상으로 나갈 때 그는 무서운 상황과 부닥치게 된다. 바울이 생각하듯이 하나님과 죄는 둘이 다 사용할 무기를 찾고 있다. 하나님은 사람 없이는 일할 수 없다. 하나님이 말을 하시려면 반드시 사람을 시켜 말하게 하셔야 한다. 하나님이 어떤 일을 하시려면 하나님은 사람에게 그것을 하게 하셔야 한다. 하나님이 어떤 사람을 기쁘게 하고 격려하고 강하게 하고 도우시기를 원하

신다면 사람을 시켜 이 일을 하셔야 한다. 기술한 대로 하나님은 어디에서나 사용할 손을 찾고 계신다. 죄의 경우도 마찬가지다. 누구든지 죄 중에 떨어뜨려야 한다. 죄의 초청이 모든 사람에게 제공되어야 한다. 죄는 말이나 행동으로 다른 사람들에게 죄를 짓게 유혹할 사람을 찾고 있다. 이것은 마치 바울이 "이 세상에는 죄와 하나님 사이에 영원한 전쟁이 있으니 자기 편을 선택하라"고 말하는 것과 같다. 우리는 하나님 손안에 있는 무기가 되든지 죄의 손안에 있는 무기가 되든지 두려운 양자택일에 직면해 있다.

이렇게 대답할 사람이 있을 것이다. "그런 선택은 나에게 너무 막중하다. 나는 실패하게 되어 있다." 바울은 "낙심하지 마시오. 절망하지 마시오. 죄는 당신에게 주인 노릇을 하지 않을 것이오"라고 대답할 것이다. 왜 그런가? 그 대답은 우리가 더 이상 율법 아래 있지 않고 은혜 아래 있기 때문이다. 어째서 그런 차이점이 생기는가? 우리는 이제 율법의 요구를 충족시키려고 하지 않고 사랑의 선물에 합당하게 되려고 노력하기 때문이다. 우리는 이제 하나님은 엄격한 재판관으로 생각하지 않고 사람의 영을 사랑하시는 분으로 본다. 온 세상에 사랑과 같은 격려가 없다. 더 좋은 사람이 되려는 불타는 욕망 없이 자신을 사랑하는 자의 면전을 떠나간 사람이 누구인가? 기독교 생활은 이제 더 이상 지기 힘든 짐이 아니다. 그대로 사는 것은 하나의 특권이다. 대니(Denny)가 말했듯이 "이것은 속박이 아니라 죄에서 자유하게 하는 격려다. 성자를 만드는 것은 시내 산이 아니라 갈보리 산이다." 율법의 여러 규정 때문에 구원 받는 것이 아니라, 그가 사랑한 사람과 자신을 사랑한 사람을 감히 가슴 아프게 하거나 고통 받게 하거나 실망시킬 수가 없어 죄에서 구원 받은 사람이 허다히 있다. 최선의 경우일지라도 율법은 두려움을 통해 억제는 한다. 그러나 사랑은 사람이 자신의 최선의 것보다 나아지게 격려함으로 구원을 한다. 기독교인의 격려는 하나님이 그에게 무엇을 하실까 하는 두려움에서가 아니라 하나님이 그에게 무엇을 하셨는가에 대한 격려에서 온다.

독점 소유

로마서 6:15-23

15그런즉 어찌하리요 우리가 법 아래에 있지 아니하고 은혜 아래에 있으니
죄를 지으리요 그럴 수 없느니라 16너희 자신을 종으로 내주어 누구에게 순
종하든지 그 순종함을 받는 자의 종이 되는 줄을 너희가 알지 못하느냐 혹은
죄의 종으로 사망에 이르고 혹은 순종의 종으로 의에 이르느니라 17하나님께
감사하리로다 너희가 본래 죄의 종이더니 너희에게 전하여 준바 교훈의 본
을 마음으로 순종하여 18죄로부터 해방되어 의에게 종이 되었느니라 19너희
육신이 연약하므로 내가 사람의 예대로 말하노니 전에 너희가 너희 지체를
부정과 불법에 내주어 불법에 이른 것같이 이제는 너희 지체를 의에게 종으
로 내주어 거룩함에 이르라 20너희가 죄의 종이 되었을 때에는 의에 대하여
자유로웠느니라 21너희가 그때에 무슨 열매를 얻었느냐 이제는 너희가 그 일
을 부끄러워하나니 이는 그 마지막이 사망임이라 22그러나 이제는 너희가 죄
로부터 해방되고 하나님께 종이 되어 거룩함에 이르는 열매를 맺었으니 그
마지막은 영생이라 23죄의 삯은 사망이요 하나님의 은사는 그리스도 예수 우
리 주 안에 있는 영생이니라

어떤 종류의 사람들에게는 이 무상 은혜의 교리는 항상 유혹이 되었다. "전술한 것같이 용서가 그리 쉽고 불가피한 것이고 하나님의 유일한 욕망이 사람을 용서하는 것이고 하나님의 은혜가 모든 흠과 잘못을 다 덮을 수 있을 정도로 넓다면 무엇 때문에 죄에 대해 염려하는가? 왜 우리가 하고 싶은 대로 하지 않는가? 결과는 모두 마찬가지일 터인데." 바울이 기독교인은 이제는 율법 아래 있지 않고 은혜 아래 있다고 말한 것은 글자 그대로다.

바울은 이 논쟁을 생생한 예화를 사용함으로 반격한다. "네가 한 번 너 자신을 죄에게 죄의 노예로 주어 버리고 나면 의는 네 위에 아무런 권리를 주장할 수 없다. 그러나 이제 너는 너 자신을 의의 노예로 하나님께 드렸으니 이제는 죄는 네

위에 아무런 권리를 주장할 수 없다." 이것을 이해하려면 우리는 노예의 지위를 이해해야 한다.

우리가 우리 언어 개념으로 종에 대해 생각할 때 우리는 자기 주인에게 어떤 합의된 시간을 바치고 그럼으로써 합의된 대가를 받는 사람을 생각한다. 그 합의된 시간 내에는 그는 그 주인의 재량과 지휘하에 있게 되어 있다. 그러나 그 시간이 끝나면 그는 자기 마음대로 할 수 있다. 우리가 보는 대로 종은 자신의 근무 시간 동안은 그의 주인에게 속한다. 이와 같이 낮에는 사무실의 서기로 일할 수 있고 밤에는 오케스트라 대원으로 바이올린을 연주할 수도 있다. 그러나 바울의 시대에는 노예의 지위는 판이하였다. 사실 문자 그대로 자신에게 속한 시간이라고는 없었다. 그는 잠시도 자유로운 시간이라고는 없다. 그의 모든 시간은 일 초라도 주인의 것이었다. 그는 완전 주인의 독점 소유이고 평생 동안 잠시도 자기 마음대로 할 수 있는 시간이란 없다. 바울 시대에 노예는 절대로 자신이 하고 싶은 일을 할 수는 없었다. 그가 두 주인을 섬기는 일은 불가능하다. 그는 한 주인의 독점 소유물이었기 때문이다. 그것이 바울의 생각에 있었던 정경이었다. 그는 "전에는 너희가 죄의 노예였었다. 죄가 너희를 독점했었다. 그때에 너희는 죄 짓는 것밖에는 아무것도 이야기하지 않았다. 그러나 이제 너희는 하나님을 너희 주로 삼았다. 하나님이 너희를 독점하셨다. 이제 너희는 죄 짓는 일에 대하여는 이야기할 수 없고 너희는 성결만을 이야기해야 한다"라고 한다.

바울은 실제로 이 비유를 드는 것을 변명하고 있다. 그는 "나는 너희 인간의 마음이 그것을 이해할 수 있게 하기 위하여 인간적인 비유를 들고 있는 것이다"라고 말한다. 그가 변명하는 이유는 기독교인 생활을 다른 어느 종류의 노예 제도와도 비교하기를 싫어했기 때문이다. 그러나 이 비유가 보여 주는 것 한 가지는 기독교인은 하나님밖에는 다른 주인을 섬길 수 없다는 사실이다. 그는 자기 생의 일부는 하나님께, 그리고 다른 일부는 이 세상에 바칠 수는 없다. 하나님께서는 전부가 아니면 안 된다. 사람이 자기 생의 한 구석을 하나님 없이 살려고 하는 한, 그리고 자기 생의 얼마만큼을 하나님 없게 하려고 하는 한 그는 진정한 기독교인이 아니다. 기독교인은 자신의 생을 완전히 그리스도의 지배하에 두게 하고 아무것도 숨겨 놓은 것이 없는 사람이다. 그리고 그렇게 한 사람은 아무도 은혜를 죄 짓는 핑계로 사용하려고 생각할 수가 없는 것이다.

그러나 바울은 그보다 할 말이 있다. 그는 "너희가 너희 자신을 맡긴 교훈의 양식을 순종하기로 자발적인 결단을 내렸도다"라고 했다. 즉, 바울은 실질적으로 "너희는 너희가 무엇을 하고 있는지를 알고 있었으며 그것은 너희 자의에 의하여 한 것이다"라고 말했다. 이것은 흥미 있는 일이다. 이 구절이 6장 초반에 세례에 대한 변론에서 나온 것이다. 그러므로 그 세례는 학습 받은 세례였다는 것을 의미한다.

우리는 이미 초대교회의 세례는 사물의 본질, 즉 성인 세례에 있었고 이것은 신앙 고백이었다는 것을 알고 있다. 그러면 아무도 어떤 감동된 순간에 기독교에 받아들여지지 않았다는 것은 명백하다. 그는 가르침을 받았다. 그는 그가 무엇을 하는지를 알아야 했다. 그 문제가 그의 앞에 제시되었다. 그에게 그리스도께서 무엇을 제공하셨고 그리스도께서 무엇을 요구하셨는지를 가르쳐 준다. 그러고 나서야만 그가 들어오겠다는 결단을 내릴 수 있었다. 저명한 베네딕트의 수도사가 되려는 사람은 처음 일 년 동안은 견습으로 받아들인다고 한다. 그 기간 동안에 그는 세상에서 입던 옷을 자기 방 안에 걸어 놓는다. 아무 때나 승복을 벗고 자기 옷을 입고 나가 버릴 수 있으며 그렇게 해도 언짢게 생각하지 않는다. 그는 자신이 무엇을 하고 있는지 알아야 한다. 그가 종단에 들어가기 위해 하고 있는 것이 무엇인지를 두 눈을 뜨고 완전하게 볼 수 있어야 한다.

기독교에서도 그러하다. 예수께서는 지불해야 할 대가가 무엇인지를 생각해 보지 않은 제자들을 원치 않으신다. 예수께서는 감정에 좌우되어 불확실한 충성을 표시하는 자를 원치 낳으신다. 교회는 교회 구성원이 되기를 원하는 사람들에게 기독교 신앙을 그 풍부한 봉사와 요청의 높음에서 신앙을 증거할 의무가 있다.

바울은 옛 생활과 새 생활 사이에 뚜렷한 선을 그었다. 옛 생활은 **부정**과 **불법**으로 특징지어졌다. 이방 세계는 부정한 세계였다. 이방 세계는 정절의 의미를 몰랐다. 저스틴 마터(Justin Martyr)가 재미있는 이야기를 한 일이 있다. 그는 유아유기에 대해 말하고 있다. 로마에서는 원치 않는 아기, 특히 여자는 문자 그대로 내던졌다. 매일 밤 많은 수의 어린아이들이 광장에 내버려졌다. 그 아이들은 매음굴을 경영하는 무서운 사람들이 데려다 키워서 그들이 관계하고 있는 매음굴의 창녀로 만든다. 그래서 저스틴은 이교의 반대자들에게 얼굴을 돌려 그들에게 말하기를, 그들은 그들의 부도덕 속에서 모든 도시가 매음굴로 들어갈 기회가 언제든지 있었다. 창녀들이 저들에게 알지 못하는 사람이었으나 실상은 그들 자신의 자녀들과 동침하게 될 것이라고 했다. 그것이 이방 생활의 모습이었다.

이방 세계는 불법 세계였다. 사람의 정욕이 그들의 단 하나의 법이라는 의미에서 불법 세계였다. 그 불법이 더 많은 불법을 낳았다. 그것이 바로 죄의 법칙이다. 죄는 죄를 낳는다. 처음으로 우리가 나쁜 일을 할 때 우리는 망설이거나 겁이 나거나 떨면서 할 것이다.

두 번째로 그런 일을 할 때는 더 쉽다. 그리고 계속해서 하면 힘이 들지 않고 죄는 그 공포를 잃고 만다. 우리가 처음으로 도락에 빠지게 되면 별로 많지 않아도 만족할 것이나, 그와 같은 드릴을 맛보기 위해서는 그런 도락을 더욱더 많이 필요로 할 때가 온다. 죄는 죄로 인도한다. 불법이 불법을 낳는다. 죄의 길을 출발한다는 것은 점점 더 나아가게 되는 것이다. 그러나 새 생활은 다르다. 그것은 의로운 생활이다.

헬라인은 의를 **사랑과 하나님에게 마땅히 드릴 바를 드리는 것**이라고 정의했다. 기독교 생활은 하나님에게 하나님의 합당한 자리를 제공하는 것이며, 인간의 권리를 존중하는 것이다. 기독교인은 절대로 하나님께 불순종하지 않을 것이며 인간을 쾌락이나 정욕을 만족시키려는 욕망에 사용하지 않을 것이다.

그 생활은 성경에 이른 대로 **성화**(聖化)로 인도한다. 이 말의 헬라어 단어는 **하기아스모스**(hagiasmos)다. **아스모스**(asmos)로 끝나는 모든 헬라어는 어떤 완성된 상태를 말하지 않고 과정을 말한다. 성화로 어떤 완성된 상태가 아니니다. 이것은 성결로 가는 길이다. 사람이 그리스도에게 자기 생을 드렸을 때 그는 거기서 정지하여 완전한 사람이 되는 것이 아니니다. 투쟁이 끝난 것은 결코 아니니다. 그러나 기독교는 항상 사람이 성취해 놓은 어떤 특정한 상태보나도 그가 향하고 있는 방향을 훨씬 중요시했다. 그가 한번 그리스도의 소유가 되고 나면 그는 성화 과정, 즉 성결로 가는 길을 출발한 것이다.

훼방할 만한 것들을 매일같이 뒤로 남기고,
매일같이 더 빨리 뛰며,
더 순결하고 너그럽게 자란다.

스티븐슨이 말하기를 "희망을 가지고 여행하는 것이 도착하는 것보다 낫다"라고 했다. 우리가 비록 그 길을 다 가지 못할지라도 위대한 목표를 향해 출발하는 것이 중요한 일이라고 하는 것은 사실이다.

바울은 이 부분을 저 유명한 이중 비유로 끝맺는다. "죄의 값은 사망이요 하나님의 값없는 은사는 영생이니라"고 말한다. 여기에서 바울은 두 개 군사 용어를 사용한다. **값**이란 말은 **옵소니아**(opsōnia)란 단어를 썼다. 옵소니아는 군인의 보수로서 자기 몸의 위험과 이마의 땀으로 얻은 것이며 그가 마땅히 받을 것으로 그에게서 빼앗을 수 없다.

은사란 말에는 **카리스마**(charisma)를 사용했다. **카리스마** 혹은 라틴어로 **도나티움**(donativum)은 완전히 거저 그리고 수고하지 않고 받은 은사로서 군대에서 가끔 받는 것이다. 특별한 경우에, 예를 들어 황제의 생일이나 등극일 또는 그 기념일에 황제는 군대에게 돈을 선물로 분배했다. 그것은 벌은 것이 아니라 선물이다. 황제의 너그러움과 은혜의 선물이다. 그래서 바울은 "죄는 사망을 벌었다. 우리가 벌은 삯이 있다면 그것은 죽음일 것이다. 우리에게 정당하게 돌아올 것은 사망이다"라고 말했다. 그리고 그는 계속하기를 "그러나 우리가 받은 것은 값없는 선물이다. 우리는 그것을 벌은 것이 아니다. 우리는 그것을 받을 자격이 없다. 그러나 주님의 은혜로 하나님이 우리에게 생명을 주셨다"라고 말했다.

The Letter to the Romans 07

새로운 충성

로마서 7:1-6

1형제들아 내가 법 아는 자들에게 말하노니 너희는 그 법이 사람이 살 동안
만 그를 주관하는 줄 알지 못하느냐 2남편 있는 여인이 그 남편 생전에는 법
으로 그에게 매인바 되나 만일 그 남편이 죽으면 남편의 법에서 벗어 나느니
라 3그러므로 만일 그 남편 생전에 다른 남자에게 가면 음녀라 그러나 만일
남편이 죽으면 그 법에서 자유롭게 되나니 다른 남자에게 갈지라도 음녀가
되지 아니하느니라 4그러므로 내 형제들아 너희도 그리스도의 몸으로 말미
암아 율법에 대하여 죽임을 당하였으니 이는 다른 이 곧 죽은 자 가운데서
살아나신 이에게 가서 우리가 하나님을 위하여 열매를 맺게 하려 함이라 5우
리가 육신에 있을 때에는 율법으로 말미암는 죄의 정욕이 우리 지체 중에 역
사하여 우리로 사망을 위하여 열매를 맺게 하였더니 6이제는 우리가 얽매였
던 것에 대하여 죽었으므로 율법에서 벗어났으니 이러므로 우리가 영의 새
로운 것으로 섬길 것이요 율법 조문의 묵은 것으로 아니할지니라

바울은 이 구절같이 힘들고 복잡한 구절을 쓴 적이 드물다. 다드가 이 구절에

대해 말하기를 우리가 이것을 연구할 때 바울이 말한 것은 잊어버리려고 노력해야 하고 그가 무엇을 의미하는지를 찾아내려고 노력해야 한다고 했다.

이 구절의 기본 사상은 사망은 모든 계약을 말소시킨다는 법적 주의에 입각한 것이다. 바울은 이 진리의 삽화로 시작한다. 그리고 이 묘사를 기독교인에게 일어날 일의 상징으로 사용하고 싶어 했다. 한 여인의 남편이 살아 있는 한 그는 다른 남자와 결혼할 수 없다.

그렇게 한다면 그 여인은 간음한 자다. 그러나 그 여자의 남편이 죽으면 소위 계약은 취소된다. 그리고 그 여자는 자유스럽게 자신이 좋아하는 자와 결혼할 수 있다. 그런 관점에서 바울은 우리는 죄와 결혼했었고 죄는 그리스도에 의하여 죽음을 당했으니 이제 우리는 하나님과 결혼할 수 있다고 말했다고 할 수 있다. 이것이 바로 바울이 말하려고 한 것이다. 그러나 이 삽화 속으로 율법이 들어왔다.

바울은 이 문제를 좀더 간단하게 만들 수가 있었다. 그는 우리는 율법과 결혼했고 그 율법은 그리스도의 업적으로 죽었으며 이제 우리는 하나님과 결혼할 수 있게 되었다고 말했을 수도 있다. 그러나 갑자기 그는 그 반대로 만들었다. 그의 갑자기 바뀐 예화에서 율법에 죽는 것은 우리라고 말했다. 어떻게 해서 가능한가? 세례로 우리는 그리스도의 죽음에 동참한다. 즉, 죽었다는 것은 우리는 율법에 대한 모든 의무와 임무에서 놓였고 재혼할 수 있게 된 것이다. 그렇게 된 연후에 기독교인의 순종은 어떤 문자화된 규례를 외적으로 가장된 순종에 근거한 것이 아니라 예수 그리스도에 대한 우리 영의 내적 충성에 근거한 것이 된다.

바울은 인간의 두 가지 상태, 즉 그리스도가 없는 상태와 그리스도가 있는 상태 간에 비교를 한다. 우리가 그리스도를 알기 전에는 우리는 의문의 율법에 대한 순종으로 생활을 지배하려고 했었다. 그것은 우리가 **육에** 있을 때였다. 바울이 이 육이란 말로써 단순히 우리의 육신을 의미하지는 않았다. 사람은 끝날 때까지 육신을 갖고 있기 때문이다. 사람에게는 죄의 유혹에 응답하는 무엇이 있다. 사람에게 죄가 호소할 아무 대상도 없다면 그 죄의 공격은 무해한 것이 될 것이다. 그러나 사람에게는 죄에게 교두보를 제공해 주는 무엇이 있다. 바울이 육이라고 부르는 것은 죄에게 교두보를 제공해 주는 사람의 그 부분이다. 육은 하나님께로부터 동떨어지고 도움을 받지 못할 때 율법이 실제로 우리의 정욕을 범죄하도록 흔들었다고 한다. 그것은 무슨 뜻일까. 바울은 몇 번 율법이 실제로 죄를 낫는다고 생각했다. 율법이 어떤 것을 금하고 있다는 그 자체가 어떤 호기심을 불러 일으켰기 때문이다. 금단의 파일은 그 자체에 매력을 지니고 있으며 그렇기 때문에 율법의 금지 자체가 범죄하려는 욕망을 일깨웠다. 우리가 율법이 존재하는 한 죄의 지배하에 있는 것이다.

다음에 바울은 그리스도가 있는 사람의 상태로 돌린다. 사람이 그리스도와의 연합으로 생을 주관하면 자신의 생을 범죄하고 싶은 욕망을 일깨워 주는 율법의 순종으로 주관하는 것이 아니라 자기 영과 자기 마음속에 예수 그리스도에 대한 충성으로 그 생을 주관한다. 율법이 아니라 사랑이 그의 생의 동기가 되고 율법의 자체가 할 수 없었던 것을 사랑의 고취가 그에게 행할 수 있게 한다.

심한 죄성

로마서 7:7-13

7그런즉 우리가 무슨 말을 하리요 율법이 죄냐 그럴 수 없느니라 율법으로
말미암지 않고는 내가 죄를 알지 못하였으니 곧 율법이 탐내지 말라 하지 아
니하였더라면 내가 탐심을 알지 못하였으리라 8그러나 죄가 기회를 타서 계
명으로 말미암아 내 속에서 온갖 탐심을 이루었나니 이는 율법이 없으면 죄
가 죽은 것임이라 9전에 율법을 깨닫지 못했을 때에는 내가 살았더니 계명이
이르매 죄는 살아나고 나는 죽었도다 10생명에 이르게 할 그 계명이 내게 대
하여 도리어 사망에 이르게 하는 것이 되었도다 11죄가 기회를 타서 계명으
로 말미암아 나를 속이고 그것으로 나를 죽였는지라 12이로 보건대 율법은
거룩하고 계명도 거룩하고 의로우며 선하도다 13그런즉 선한 것이 내게 사망
이 되었느냐 그럴 수 없느니라 오직 죄가 죄로 드러나기 위하여 선한 그것으
로 말미암아 나를 죽게 만들었으니 이는 계명으로 말미암아 죄로 심히 죄 되

게 하려 함이라

이 구절에서 신약에서 가장 위대한 구절과 가장 감동적인 구절이 시작되는데 바울은 우리에게 자신의 영적 자서전을 말해 주고 자기 마음과 영을 그대로 나타내고 있기 때문이다.

여기에서 바울은 율법의 고통스러운 이율배반성을 다루고 있다. 율법 자체로는 참으로 좋고 훌륭한 것이다. 그것은 **거룩**하다. 다시 말해 그것은 하나님의 목소리 그 자체라고 하는 말이다. **거룩**(hagios)이라는 단어의 근본 뜻은 **다르다**는 것이다. 이것은 이 세상이 아닌 다른 공간에서 오는 것과 생활을 넘어선 생과 존재의 영역에 속하는 그 어떤 것을 말한다. 율법은 신성한 것이고 그 안에 하나님의 목소리를 내포하고 있다. 이것은 **공의**다.

우리는 이미 공의의 헬라어의 근본적 의미는 인간과 하나님에게 그 권리와 마땅히 드릴 바를 드리는 것이라는 것을 생각한 적이 있다. 그러므로 율법이란 인간과 신과의 그 모든 율법이 없다. 관계를 결정짓는 것이다. 어떤 사람이 율법을 완전하게 지켰다면 그는 하나님뿐 아니라 동료 인간들 사이에서도 완전한 관계에 있게 되었을 것이다. 율법은 **선하다**. 즉, 율법은 우리의 최고의 복지와 최고의 선을 위해서만 마련된 것이다. 율법은 사람을 선한 사람으로 만들기 위한 것이었다. 그 모든 것이 사실이다. 그런데도 바로 이 율법이 그것을 통해 죄가 인간으로 들어갈 수 있고 들어갈 교두보를 얻는다는 사실이 남아 있다. 어째서 그럴까? 율법이 어떠한가를 말하는 데 두 가지 방법이 있으며 한 의미로는 죄의 원천이요 원조(元祖)다.

1. "율법이 죄를 정한다." 바울에 의하면 죄는 율법이 없다면 죽은 것이다. 그것은 존재하지 않는다. 율법에 의해 어떤 일이 죄로 정해지기 전에는 사람은 그것이 죄라는 것을 알지 못한다. 운동경기에서 그 비유를 찾을 수 있다. 테니스를 예로 들면 어떤 사람이 규칙을 몰랐다 하자. 그가 경기할 때 상대방 쪽으로 쳐 넘기기 전에 한 번 이상 땅에 튀게 놔 둘 수가 있다. 그것을 규제할 규칙이 없는 한 그는 잘못했다고 할 수가 없다. 그러나 규칙이 제정되고 공이 한 번 튄

다음에는 반드시 상대편으로 가야 한다. 그리고 두 번 튀게 내버려 두는 것은 실점이 된다. 규칙은 무엇이 실점이 되는지를 정한다. 그리고 규칙이 제정되기 전에는 용납되던 것이라도 제정된 후에는 실점이 되는 것이다. 그와 같이 율법이 죄를 규정한다.

다시 좀더 나은 비유를 들을 수 있다. 그것은 어린아이나 야만민족의 문명하지 못한 사람에게서 용납되던 것이 문명한 나라의 성인의 경우에는 용납되지 않는 것이다. 성장하고 개명한 사람은 어린아이나 미개인이 모르는 행위의 규칙을 알고 있다. 그러므로 그들에게서 용납되는 것이 그에게는 잘못이 된다. 율법은 그것이 죄를 규정하는 그런 의미로 죄를 만드는 것이다. 오랫동안 어떤 차도에 양쪽 방향으로 차를 운행해도 합법적이었으나 그 도로가 일방통행이라고 선포되었다. 그 법이 생겨난 후에는 하나의 새로운 범법 행위가 생겼으니 금지된 방향으로 차를 운전하는 과오다. 새 규칙이 실제로 잘못을 만들었다. 율법이 사람에게 죄가 무엇인지 알게 함으로써 죄를 만들었다.

II. 율법이 죄를 만든다는 데는 그보다 훨씬 중요한 뜻이 있다. 인간 생활에서 한 가지 이상하고 괴상한 것은 금지된 것에 대한 매혹이다.

사실상 유대 랍비와 사상가들은 이런 인간의 경향이 에덴동산에서 작용하였음을 보았다. 아담은 처음에는 죄가 없이 살았다. 금지된 나무를 만지지 말라는 계명이 주어졌다. 그런데 그 계명은 유익을 위한 것밖에는 아무것도 아니었다. 그것은 권익을 보호하는 것이었다. 그러나 뱀이 와서 교묘하게 금지를 유혹으로 바꾸어 버렸다. 그 나무가 금지되었다는 사실은 실상 그것을 갖고 싶은 것으로 되었다. 그래서 아담은 금지된 과일로 죄에 유인되었다. 그러고 나니 사망이 그 결과로 왔다. 필로(Philo)가 그 이야기를 우화로 만들었다. 그 **뱀**은 향락이다. **이브**는 **감각**을 뜻한다. 향락이란 늘 그렇듯이 금지된 것을 원했다. 그것이 감각을 뚫고 공격해 왔다. **아담**은 **이성**이다.

감각에 대한 금지된 것의 공격으로 이성은 방향을 잃었다. 그리고 사망이 도래했다. 어거스틴의 《참회록》에 어거스틴이 금지된 것에 대한 매력에 대해 쓴 유명한 구절이 있다.

> 우리 포도원 근처에 배가 잔뜩 달린 배나무가 있었다. 어느 폭풍우가 불던 날 밤에 우리 불한당 패들이 배를 훔쳐 내려고 떠났다. 우리는 배를 굉장히 많이 따 가지고 나왔다. 그것을 금지된 과일에 대한 쾌감을 맛볼 수 있을 정도는 먹었지만 우리끼리 잔치를 하지 않고 주로 돼지에게 던져 주었다. 좋은 배들이었다. 우리 집에는 그보다 훨씬 좋은 것이 많이 있기 때문에 그것은 나 같은 몹쓸 놈이 갈망하였던 것은 아니었다. 나는 단순히 도둑놈이 되어 보고 싶어서 도둑질한 것이다. 내가 가졌던 유일한 잔치는 부정행위의 잔치뿐이었다. 나는 그것을 최대한 즐겼다. 그 도둑질에서 내가 좋아했던 것은 무엇이었을까? 그것은 법의 포로인 내가 금지된 것을 해 봄으로써 절름발이 같은 자유의 가장된 것을 누려 보기 위한 범법의 즐거움이었을까? …훔치고 싶은 욕망은 단순히 절도 행위의 금지로 일깨워졌다.

어떤 일은 금지된 것들의 범주 내에 두든지, 장소를 경계선 밖으로 내놓으면 즉시 그 장소와 그 일은 매력 있게 된다. 그런 의미에서 율법이 죄를 낳는다.

바울이 죄에 대해 사용하는 계시적인 단어가 있다. 그는 "죄가 나를 **기만했다**"라고 했다. 죄에는 언제나 기만이 있다.

보헌은 죄의 기만과 유혹은 세 가지 방법으로 작용한다고 말한다.

I. 우리는 "만족"을 죄 가운데서 찾을 수 있으리라고 기만당한다. 아무도 그 금지된 것이 그를 행복하게 만들리라고 생각하지 않고 그것을 해 본 사람이 없고, 아무도 그것이 만족하게 해 주는 것을 발견하지 못했다.

II. 우리는 그것에 대해 핑계할 수 있다고 기만당한다. 누구나 자신이 잘못된 일을 행하는 데 대해 어떤 방어를 할 수 있다고 생각한다. 그러나 어느 누구의 방어도 하나님 존전에서 했을 때는 무익한 것으로밖에는 들리지 않았다.

III. 우리는 "그 결과에서 도피 가능성이" 있다고 기만당한다. 아무도 그가 그대로 통과될 수 있다는 희망, 더 나아가서는 그런 확신이 없고서는 죄를 짓지 않는다. 그러나 조만간에 우리 죄는 우리를 찾아내고야 말 것이 확실하다.

그러면 율법이 실제로 죄를 낳으니 율법이 나쁜 것인가? 바울은 그 전 과정 중에 지혜가 있다는 것을 확신하였다.

I. 첫째로 그는 율법의 결과가 무엇이든 간에 죄는 죄라고 알려져야 한다고 확신했다. 결과가 무엇이든 죄는 규정지어져야 한다.

II. 전 과정이 죄의 무서운 본성을 보여 주고 있으니, 이는 죄가 거룩하고 공정한 선한 율법을 취하여 악의 목적을 충족시키는 그런 것으로 비틀어 버렸기 때문이다. 죄의 끔찍한 면은 죄가 좋고 훌륭하고 아름다운 것들을 악의 무기로 만들 수 있다는 사실이다. 그것이 바로 죄가 하는 짓이다.

죄는 사라의 사랑스러움을 가지고 정욕으로 바꾸어 놓을 수 있다. 죄는 명예로운 독립의 갈망을 가지고 금전과 권력을 위한 욕심으로 바꾸어 놓을 수 있다. 죄는 우리의 아름다움을 가지고 잘못된 일의 유혹으로 사용할 수가 있다. 그것이 칼라일이 "죄의 무한한 가증함"이라고 부른 것이다. 죄가 율법을 가지고 죄로 가는 교두보로 만들었다는 바로 그 사실이 죄의 최고의 죄악성을 보여 주는 것이다. 그 무서운 전 과정이 결코 우연한 것이 아니다.

이것은 모두 죄라는 것이 얼마나 무서운 것인지를 보여 주기 위한 것이다. 죄는 가장 사랑스러운 것을 가지고 더러운 손으로 더럽힐 수 있기 때문이다.

인간의 상황

로마서 7:14-25

14우리가 율법은 신령한 줄 알거니와 나는 육신에 속하여 죄 아래에 팔렸도
다 15내가 행하는 것을 내가 알지 못하노니 곧 내가 원하는 것은 행하지 아니
하고 도리어 미워하는 것을 행함이라 16만일 내가 원하지 아니하는 그것을

행하면 내가 이로써 율법이 선한 것을 시인하노니 [17]이제는 그것을 행하는
자가 내가 아니요 내 속에 거하는 죄니라 [18]내 속 곧 내 육신에 선한 것이 거
하지 아니하는 줄을 아노니 원함은 내게 있으나 선을 행하는 것은 없노라
[19]내가 원하는바 선은 행하지 아니하고 도리어 원하지 아니하는바 악을 행하
는도다 [20]만일 내가 원하지 아니하는 그것을 하면 이를 행하는 자는 내가 아
니요 내 속에 거하는 죄니라 [21]그러므로 내가 한 법을 깨달았노니 곧 선을 행
하기 원하는 나에게 악이 함께 있는 것이로다 [22]내 속사람으로는 하나님의
법을 즐거워하되 [23]내 지체 속에서 한 다른 법이 내 마음의 법과 싸워 내 지
체 속에 있는 죄의 법으로 나를 사로잡는 것을 보는도다 [24]오호라 나는 곤고
한 사람이로다 이 사망의 몸에서 누가 나를 건져내랴 [25]우리 주 예수 그리스
도로 말미암아 하나님께 감사하리로다 그런즉 내 자신이 마음으로는 하나님
의 법을 육신으로는 죄의 법을 섬기노라

이 구절에서 바울은 자신을 있는 그대로 나타낸다. 그리고 우리에게 인간 상황의 가장 핵심이 되는 한 경험을 말해 주고 있다. 그는 무엇이 옳은 것인지 알고 있었고 그 옳은 것을 행하려고 했다. 그런데도 어째서인지 그렇게 행할 수가 없었다. 그는 무엇이 그른가를 알고 있었고 그것은 결코 하지 않으려 했다. 그런데도 그는 그것을 행했다. 그는 그 자신이 분열된 존재라고 느꼈다. 그것은 마치 두 사람이 한 가족 안에 있는 것 같았다. 그는 자신이 두 방향으로 이끌리는 것 같이 느꼈다. 그는 자신이 걸어 다니며 내란을 겪고 있다는 것을 알았다. 그는 이 좌절감으로 괴로워했다. 즉, 무엇이 그른 것인지를 알되 그것을 행하지 않게끔 자제하지 못하는 무능력 말이다.

바울 시대 사람들은 우리가 잘 알고 있듯이 그때도 이 느낌을 잘 알고 있었다. 세네카는 "필요한 것에서 우리의 무능력"에 대해 이야기했다. 그는 인간이 죄를 얼마나 싫어했고 동시에 그 죄를 좋아했는지에 대해 말했다. 로마의 시인 오비드(Ovid)가 이런 유명한 말을 기록해 놓았다. "나는 더 좋은 것을 안다. 그리고 그렇게 인정하나 나는 더 나쁜 것을 따르고 있다."

아무도 이 문제를 유대인만큼 잘 알지는 못했다. 유대인은 이 문제를 모든 사

람 안에는 두 본성, 두 경향, 두 충동이 있다고 말함으로써 해결하고 있다. 그들은 그것을 예스터 하톱(Yester Hatob)과 예스터 하라(Yester Hara)라고 불렀다. 하나님이 인간 안에는 선한 충동과 악한 충동이 모태에서부터 있었고 사람이 낳기 전부터 있었다고 믿는 사람이 있었다. 그것은 "악한 제2의 인간성"이었다. 그것은 "인간의 화해하기 곤란한 원수"였다. 그것은 사람을 못 쓰게 할 기회를 얻으려고 대기하고 있었다. 그러나 유대인은 이론상으로 그와 동등하게 아무도 악간 충동에 반드시 굴복해야 할 필요가 없다는 것을 명확히 알고 있었다. 유대인에게서는 그것은 모두 선택의 문제였다. 벤 시락(Ben Sirach)에 의하면 다음과 같다.

"태초로부터 하나님 자신이 인간을 창조하셨다.
그리고 하나님은 인간을 자신의 계획에 맡겨 두었다.
네가 계명을 지키기를 원한다면,
그리고 신실을 행하는 것이 네 자신의 즐거움이 된다면,
그는 불과 물은 네 앞에 두셨다.
어느 것이든 네가 원하는 것으로 네 손을 내밀자.
사람 앞에는 생과 사가 있다.
그리고 어느 것이든 그가 좋아하는 것이 그에게 주어질 것이다….
그는 아무도 악하게 행하라고 명하시지 않았고,
아무에게도 범죄할 허가를 하지 않으셨다"(15:11-20).

사람이 그 악한 충동에 빠지지 않게 할 것이 몇 가지 있다. **율법**이 있다. 그들은 하나님이 다음과 같이 말씀하시는 것같이 생각했다.

"내가 너를 위하여 악한 충동을 지었고,
내가 너를 위하여 율법을 방부제로 지었도다."
"네가 율법으로 너를 채우면 너는 악한 충동의 능력에 빠지지 않을 것이다."

의지와 믿음이 있다.

> "하나님이 사람을 지었을 때 사람에게 자신의 사랑과 지배권을 심어 주셨고, 그 위에 거룩하고 다스리는 마음을 주셨다."

악한 충동이 공격해 올 때 유대인은 지혜와 이성이 물리칠 수 있다고 믿었다. 주의 말씀의 연구로 소일하는 것이 안전이다. 율법은 예방법이다. 그러한 때 선한 충동이 동원될 수 있다.

바울은 그 모든 것을 알고 있었다. 그리고 틀림없이 그것은 이론상으로 사실이다. 또 틀림없이 그것은 사실**이어야만** 한다. 그와 동시에 그것은 또 사실이 아니다. 인간에게는 전쟁이 남아 있다. 인간 본성 안에는 바울이 **이 죽을** 몸이라는 말로 뜻하는 것들, 즉 죄의 유혹과 시험에 응답하는 것들이 있다. 우리가 옳은 것을 알면서도 잘못을 행하며, 우리는 마땅히 선해야 할 만큼 결코 선하지 않다는 인간의 상황의 일부분이다. 그것은 일시에 그리고 동시에 선으로 시달리고 죄로 시달리는 것이다.

어떤 관점에서 이 구절은 무능을 시사하는 것이라고 말할 수 있다.

1. 이것은 "인간"의 "지식의 무능"을 시사한다. 옳은 것을 아는 것이 그것을 행하는 것이라면 인생은 쉬울 것이다. 그러나 지식 자체는 사람을 선한 사람으로 만들지 않는다. 이것은 모든 면에서 같다.

우리가 골프 치는 방법을 정확히 알고 있다고 하더라고 그것은 골프를 칠 줄 안다는 것과는 거리가 멀다. 우리가 시를 어떻게 써야 하는지 정확히 알고 있다 하더라고 그것은 시를 쓸 줄 아는 것과는 거리가 멀다.

그것이 종교와 도덕 간의 차이점이다. 도덕은 무엇을 행하여야 하는지에 대한 지식이고, 종교는 예수 그리스도에 대한 지식이다. 도덕은 법전의 지식이고, 종교는 인격에 대한 지식이다. 그리고 우리가 마땅히 행하여야 한다고 알고 있는 것을 행할 수 있게 되는 것은 오직 우리가 그리스도를 알게 될 때다.

II. 이것은 "인간"의 "결단"의 무능을 시사한다. 어떤 일을 하겠다는 결단은 그것을 행하는 것과는 거리가 멀다. 인간의 본성에는 근본적으로 미약한 의지가 있다. 의지는 사실과 문제와 곤경과 반대에 부닥치게 되면 일어난다. 그리고 그 의지는 좌절된다. 베드로가 한번은 대단한 결단을 내렸다. "내가 주와 함께 죽을지언정 주를 부인하지 않겠나이다"(마 26:35)라고 말했다. 그리스도로 말미암아 강화되지 않은 인간 의지는 깨어지게 마련이다.

III. 이것은 "진단의 한계"를 시사한다. 바울은 무엇이 나쁜지를 아주 확실히 알고 있었다. 그러나 그는 그것을 바로 고칠 수는 없었다. 그는 마치 병을 정확히 진단할 수 있으되 고치기에는 무능한 의사와 같았다. 예수는 무엇이 나쁜지를 알 뿐만 아니라 나쁜 것을 고칠 수 있는 유일한 분이시다. 예수가 주시는 것은 비판이 아니라 도우심이다.

The Letter to the **Romans** 08

인간 본성의 해방

로마서 8:1-4

[1]그러므로 이제 그리스도 예수 안에 있는 자에게는 결코 정죄함이 없나니
[2]이는 그리스도 예수 안에 있는 생명의 성령의 법이 죄와 사망의 법에서 너
를 해방하였음이라 [3]율법이 육신으로 말미암아 연약하여 할 수 없는 그것을
하나님은 하시나니 곧 죄로 말미암아 자기 아들을 죄 있는 육신의 모양으로
보내어 육신에 죄를 정하사 [4]육신을 따르지 않고 그 영을 따라 행하는 우리
에게 율법의 요구가 이루어지게 하려 하심이니라

이 구절은 바울이 이미 말한 전체를 극히 간결하게 말하려고 하기 때문에 매우 어려운 구절이다.

본 장을 통하여 두 단어가 계속 반복되고 있다. 이 두 단어는 **육**(sarx)와 **영**(pneuma)이다. 우리는 이 두 단어를 어떻게 이해하고 있는지를 알기 전에는 이 구절을 전혀 이해할 수 없을 것이다.

1. 첫째 "사르크(sarx)"를 생각해 보기로 하자. 문자 그대로는 육(肉)을 의미

하고 있다. 바울 서신을 가장 창졸(倉卒)하게 읽을지라고 그가 얼마나 자주 이 단어를 사용하고 자기 자신만의 방법으로 이 단어를 사용하고 있는 것을 볼 수 있다. 넓게 말해 그는 이것을 세 가지 방법으로 사용하고 있다.

1. 그는 극히 문자 그대로 사용한다. 그는 육의 할례에 대해 언급한다(롬 2;28). 그것은 단순한 육체적 할례를 의미한다.

2. 여러 번 반복하여 그는 **카타 사르카**(kata sarka)라는 구절을 많이 사용하는데 이것은 문자 그대로는 **육을 따라서**라는 뜻이다. 대부분의 경우 이 구절은 **사물을 인간적인 관점에서 보는 것**이라는 뜻이다.

예를 들면 바울은 아브라함이 **카타 사르카**, 즉 **육을 따라** 우리의 조상이라고 말하는데 이는 **인간적인 관점에서**라는 뜻이다. 그는 예수께서 **카다 사르카**, 즉 **육을 따라** 다윗의 자손이라고 말했다(롬 1:3). 그것은 예수께서는 그의 족보상 인간적인 면으로 다윗의 자손이라는 것이다. 그는 유대인이 **카타 사르카**의 친척이라고 말한다(롬 9:3). 그것은 인간적인 친척 관계나 인간적인 용어로 말하면 유대인은 바울의 친척이라는 뜻이다. 바울이 **카타 사르카**라는 말을 쓸 때 그것은 인간적인 입장에서 사물을 본다는 뜻이다.

3. 바울이 이 **사르카**라는 단어의 독자적인 용법이 있다. 그가 기독교인에 대해 말한다(롬 7:5). 그는 기독교 생활을 하는 사람들에 반하여 **육을 따라 사는** 사람들에 대해 언급하고 있다(롬 8:4–5). 그는 **육 안**에 있는 자들은 하나님을 기쁘시게 할 수 없다고 말한다(롬 8:8). 그는 **육의 생각**은 사망이며 그것은 하나님께 원수 된다고 말한다(롬 8:6, 8). 그는 **육을 따라 삶**에 대해 언급하고 있다(롬 8:12). 그는 기독교인 친구들에게 "너희가 육신에 있지 아니하다"(롬 8:9)라고 말했다.

이 맨 마지막 예에서 볼 때 바울은 육이라는 용어를 단순히 우리가 **살과 피**라고 할 때 쓰는 육이라는 의미에서만 사용하지 않는다는 것이 명백해졌다. 그러면 그는 어떻게 사용하는가?

바울이 육이라는 단어를 이런 방법으로 사용할 때 그는 인간성의 모든 약점과 무능과 무력을 의미한다. 그는 죄와 시험에 유약한 인간 본성을 의미한다. 그는 인간 본성 중 죄에게 기회와 교두보를 허락하는 부분을 의미한다. 그는 그리스도와 하나님과 동떨어진 죄악스러운 인간 본성을 의미한다. 그는 사람을 하나님

대신에 이 세상에 애착을 갖게 하는 모든 것을 말한다. **육을 따라 산다는 것**은 하나님의 명령과 사랑으로 지배되는 생활을 하는 대신에 죄 많은 인간 본성의 명령과 욕망으로 지배되는 삶을 사는 것이다. 육은 인간 본성 중 낮은 부분이다.

바울이 **육**, 즉 **사르카**에 의해 지배되는 생을 사는 사람의 삶을 생각할 때 그는 순전히 성적이고 육적인 죄악만을 생각하지 않는다는 것을 조심스럽게 주의할 필요가 있다. 그는 우리가 육적인 죄악이라고 부르는 것만을 생각하지는 않는다. 그가 갈라디아서 5장 19-21절에서 육체의 일을 나열했을 때 그는 육적이고 성적인 죄악을 포함하고 있다. 그러나 그는 우상 숭배, 증오, 분노, 분쟁, 이단, 시기, 살인 등도 포함하고 있다.

바울에게 육이란 물질적인 것이 아니라 영적인 것이다. 육이란 죄와 약함과 무력과 좌절감의 인간 본성이었다. 육이란 인간이 하나님과 그리스도 없이 있는 인간의 상태다.

II. "영"이란 단어가 있다. 이 한 장에서만도 **영**이란 단어는 적어도 20회 이상 나타난다. 이 **영**이란 단어는 매우 정확한 구약적 배경이 있다. 히브리어로 이 단어는 **루악**(ruach)이다. 그리고 두 가지 기본적인 개념이 있다.

1. **루악**은 **영**이란 뜻만 있는 것이 아니다. 이것은 **바람**이란 뜻도 있다. 이것은 항상 능력, 즉 강한 바람의 능력 같은 능력의 개념이 있다.

2. 구약에서 **루악**은 항상 인간적인 것 이상의 무엇과 인간에게서 유래되지 않은 것과 인간 권한 내에 속하지 않은 그 무엇의 내념이 있었다. 바울에게는 영이 하나님의 능력을 대표하는 것이었다.

그래서 바울은 이 구절에서 기독교인이 되기 전에는 그가 자기 자신의 죄악스러운 인간 본성의 손에 매달려 있었을 때가 있었다고 말한다. 그런 상태에서 율법은 오직 그가 죄를 짓게끔 감동시킨 것밖에 안 되고, 그런 상태에서 그는 나쁜데서 더 나빠지었고 패배하고 절망한 사람이 되었다. 그러나 그가 기독교인이 되었을 때는 그의 생활 속으로 하나님의 영의 불길 같은 능력이 들어왔고 이제 그의 생애에는 자신의 능력이 아닌 다른 능력이 있고, 그는 패배한 존재 대신 승리의 삶으로 돌입한 것이다.

이 구절 둘째 부분에서 바울은 우리에 대한 예수의 역사의 효과에 대해 언급한다. 이 부분은 참으로 복잡하고 난해한 곳이지만 바울이 겨냥하는 바는 바로 이것이다. 그는 이 모든 말을 모든 사람이 아담 안에서 범죄했다고 말함으로써 시작했다는 것을 기억해야 한다.

우리는 유대인의 연대 의식이 어떻게 바울이 거의 문자 그대로 모든 사람이 아담 안에서 범죄했고 모든 인류가 그 죄에 관련되어 있으며 그 결과로 사망이 왔다고 주장할 수 있게 하였는지를 이미 말했다.

그러나 이 이야기에는 다른 면이 있다. 이 세상으로 예수께서 오셨다. 그는 인간으로 오셨다. 그는 완전히 그리고 진실로 인간 본성을 가지고 오셨다. 그가 인간으로 살았을 때 죄 없이 사셨다. 그는 죄를 물리치셨다. 그가 죄를 정죄하셨다. 그 안에서 죄는 정복당하고 패배하였다. 그는 하나님에게 완전한 순종과 하나님의 율법의 완전한 완성의 삶을 가져왔다. 예수께서 온전한 인간이었기 때문에 우리가 아담과 하나였던 것과 똑같이 이제 우리는 그와 하나이며 우리가 아담의 죄에 관련된 것같이 우리는 이제 예수의 완전성에 관련되어 있다. 인류가 아담 안에서 하나님의 법을 어긴 것같이 그의 안에서 인류는 하나님의 법을 완성하였다. 마치 인류가 아담 안에서 불순종했듯이 그 안에서는 인류는 하나님께 완전한 순종을 했다. 인간은 전에 아담의 죄에 가담했었으나 이제 예수 안의 선에 참여하였으므로 구원을 받았다. 그것은 바울이 말하려는 것이다. 이것이 우리에게는 이해하기에 아무리 어려울지라도 그에게 또 이 말을 들은 사람들에게는 이 말은 아주 수긍이 가는 말이다. 예수께서 행하신 것 때문에 기독교인에게는 더 이상 육과 죄악되고, 무능한 인간 본성으로 지배되지 않는 삶의 길이 열린다. 그 삶이란 그 능력의 영과 인간을 자기 자신의 것이 아닌 다른 능력으로 채우시는 하나님의 영에 의해 지배되는 삶을 말한다. 과거에 대한 형벌은 사라지고 미래를 위한 힘이 약속되었다.

삶의 두 원칙

로마서 8:5-11

5육신을 따르는 자는 육신의 일을, 영을 따르는 자는 영의 일을 생각하나니
6육신의 생각은 사망이요 영의 생각은 생명과 평안이니라 7육신의 생각은 하
나님과 원수가 되나니 이는 하나님의 법에 굴복하지 아니할 뿐 아니라 할 수
도 없음이라 8육신에 있는 자들은 하나님을 기쁘시게 할 수 없느니라 9만일
너희 속에 하나님의 영이 거하시면 너희가 육신에 있지 아니하고 영에 있나
니 누구든지 그리스도의 영이 없으면 그리스도의 사람이 아니라 10또 그리스
도께서 너희 안에 계시면 몸은 죄로 말미암아 죽은 것이나 영은 의로 말미암
아 살아 있는 것이니라 11예수를 죽은 자 가운데서 살리신 이의 영이 너희 안
에 거하시면 그리스도 예수를 죽은 자 가운데서 살리신 이가 너희 안에 거하
시는 그의 영으로 말미암아 너희 죽을 몸도 살리시리라

이 구절에서 바울은 두 가지 생활을 비교한다.

I. 세상에는 죄 많은 인간 본성에 의해 지배되는 삶이 있다. 그 삶의 초점과 중심은 자기 자신이요, 죄 많은 인간 본성을 매혹시키는 것에 흡수되어 버리는 삶이요, 그 유일한 법은 자신의 욕망인 삶이며, 그가 좋아하는 것을 좋아하는 곳에서 하는 삶이다. 사람에 따라 그 삶은 다르게 서술될 것이다. 그것은 격정으로 지배되든지, 정욕으로 지배되든지, 교만으로 지배되는지, 야심으로 지배될 수가 있다. 그 특징은 그리스도가 없는 인간성이 추구하고 있는 일에 열중하시는 것이다.

II. 하나님의 영에 의해 지배되는 삶이 있다. 사람의 마음에 영이 있다. 인간이 공기 중에서 살고 있듯이 결코 그리스도에게서 떨어지지 않고 그리스도 안에서 살고 있다. 사람이 공기 중에서 살고 있듯이 결코 그리스도에게서 떨어지지

않고 그리스도 안에서 살고 있다. 사람이 공기 중에서 호흡할 때 공기가 그를 채워 주듯이 그리스도가 채워 준다. 그는 자기 자신의 생각이라고는 없다. 그리스도가 그의 생각이다. 그는 자기 자신의 욕망이라고는 없다. 그리스도의 뜻이 자신의 유일한 법이다. 그는 영으로 지배되고 그리스도로 지배되고 하나님이 중심이 된다.

이 두 종류의 삶은 정반대의 방향으로 가고 있다. 죄 많은 인간 본성의 욕망과 행동으로 지배되는 삶은 사망의 길로 가고 있다. 엄격히 말하면 거기에는 장래가 없다. 그런 삶은 하나님께로부터 점점 멀어지고 있기 때문이다. 세상 일이 삶을 완전히 지배하게 내버려 두는 것은 자멸 행위다. 그것은 영적 자살이다. 그것은 다시 말하지만 엄격히 말해 영혼의 파멸이다. 그런 생을 삶으로써 사람은 자신을 전적으로 하나님 앞에 설 수 없게 만드는 것이다. 그는 하나님께 적대하고 하나님의 율법과 하나님의 지배를 언짢게 생각한다. 하나님은 그의 친구가 아니라 원수다. 그러나 지금까지 아무도 하나님에 대한 결정적 싸움에서 이긴 자는 하나도 없다.

영으로 지배되는 삶, 그리스도 중심의 삶, 하나님 중심의 삶은 생명으로 가는 길에서 사는 것이다. 매일매일 이 삶은 비록 지구상에 있을지라도 하늘에 가까워지는 삶이다. 매일같이 이 삶은 그리스도와 같이 되고 그리스도와 하나가 된다. 이것은 하나님께로 가는 지속적인 전진의 생활이고, 따라서 죽음은 그에게서 자연히 필연적으로 변혁되어 가는 것이다. 이것은 하나님과 함께 행하다가 하나님이 데려간 에녹과 같다. 마치 어린아이들이 말했듯이 "에녹은 하나님과 함께 길을 갔고 홀연히 그는 돌아오지 않았다".

그러나 바울이 이 말을 하자마자 피할 수 없는 반대에 부딪쳤다.

어떤 사람은 이렇게 말할 수 있을 것이다. "당신은 영으로 지배되는 사람은 생명으로 가는 길에 있다고 했지만 실상은 누구나 죽어야 한다. 그것은 도대체 무슨 뜻이오?" 라고 그는 모든 사람이 인간적 상황에 관련되어 있기 때문에 죽는 것이라고 말한다. 죄가 이 세상에 들어왔고 죄와 함께 사망이 왔다. 사망은 죄의 결과다. 그러므로 모든 사람은 필연적으로 죽는다. 그러나 영으로 지배되는 사람은 그리고 그 마음이 그리스도로 꽉 차 있는 사람은 죽으나 다시 살아난다. 기독교인을 분리할 수 없게 그리스도와 하나라는 것이 바울의 기본 사상이다. 그리스도는 죽으시고 다시 사셨다. 그는 사망을 이기셨다. 그러므로 그리스도와 하나 된 사람은 사망의 정복자와 하나이고 그 승리에 동참한다. 영으로 지배되고 그리스도를 소유한 자는 생명으로 가는 길에 있고 죽음이란 그 길에서는 통과하지 않으면 안 될 불가피한 막간의 간격에 지나지 않는다는 것은 아직도 사실로 남아 있다.

하나님과 가족이 되다

로마서 8:12-17

12그러므로 형제들아 우리가 빚진 자로되 육신에게 져서 육신대로 살 것이
아니니라 13너희가 육신대로 살면 반드시 죽을 것이로되 영으로써 몸의 행실
을 죽이면 살리니 14무릇 하나님의 영으로 인도함을 받는 사람은 곧 하나님
의 아들이라 15너희는 다시 무서워하는 종의 영을 받지 아니하고 양자의 영
을 받았으므로 우리가 아빠 아버지라고 부르짖느니라 16성령이 친히 우리의
영과 더불어 우리가 하나님의 자녀인 것을 증언하시나니 17자녀이면 또한 상
속자 곧 하나님의 상속자요 그리스도와 함께 한 상속자니 우리가 그와 함께
영광을 받기 위하여 고난도 함께 받아야 할 것이니라

이 본문에서 바울은 기독교인의 하나님에 대한 새로운 관계를 설명하는 또 하나의 유명한 비유를 도입한다. 여기에서 바울은 기독교인이 하나님의 가족으로 입적되는 것으로 말하고 있다.

우리가 이 구절의 깊은 의미를 진정으로 이해하려면 로마에서 양자 절차가 얼마나 신중하고 복잡한지를 이해할 때에만 가능하다. 로마에서 양자는 항상 로마의 **파트리아 포테스타스**(patria potestas) 때문에 더 신중하고 복잡해졌다. **파트리아 포제스타스**는 가족에 대한 아버지의 권한이다. 그 권한은 절대적인 것이고

실질적으로 생사권을 가졌었다. 로마에서는 아들은 아버지와의 관계에서는 절대적으로 성년이 되지 못한다. 즉, 아무리 나이가 많아도 **파트리아 포페스타스** 아래에 있다. 그것은 그의 아버지의 절대적인 소유와 절대적인 지배에 있게 되어 있다는 말이다. 그래서 자연히 다른 가족으로 입양을 매우 힘들고 까다로운 절차로 만들었다. 입양 과정에서 피입양자는 한 **파트리아 포테스타스**에서 다른 **파트리아 포테스타스**로 옮겨져야 했다. 그는 아버지의 절대적인 소유와 지배에서 나와 그와 동등하게 절대적인 다른 소유의 지배로 들어가야 했다.

그 수속에는 두 단계가 있었다. 첫째는 **만키파치오**(mancipatio)라고 알려진 것이다. 그것은 상징적인 매매 행위로 이루어지는데 세 번 거행된다. 두 번을 그 아버지가 팔고 두 번을 도로 산다. 세 번째는 그 아버지가 도로 사들이지 않는다. 그렇게 함으로 **파트리아 포테스타스**가 끊어진 것으로 이해됐다. 그 매매가 거행된 후에 **빈디카치오**(vindicatio)라는 의식이 뒤따른다. 맞아들이는 아버지는 로마의 지방장관인 **프라에토르**(praetor)에게 가서 자기 **파트리아 포테스타스**로 입양할 사람의 전적을 위한 법정 소송을 제기한다. 이 모든 것이 끝나면 입양이 끝나는 것이다. 분명히 이것은 신중하고 인상적인 절차였다.

그러나 바울의 생각 중 가장 중요한 것은 입양의 결과다. 네 가지 주요 결과가 있다.

I. 피입양자는 옛 가족에서 모든 권리는 상실하고 새 가족의 완전히 합법적인 아들의 모든 권리를 얻은 것이다. 가장 엄격한 의미로 법적 구속력을 가진 의미에서 그는 새 아버지를 가진 것이다.

II. 다음은 그가 새 아버지의 재산의 상속자가 되었다. 그 후 진정한 혈연의 다른 아들들이 태어난다 하더라도 그의 권리에는 영향을 주지 않았다. 그는 양도할 수 없이 그들과 함께 공동상속자다.

III. 법률상으로 입양된 사람의 옛 생활은 모두 완전히 씻어진 것이다. 예컨대 법적으로 그의 모든 부채는 취소되고 전혀 없었던 것같이 깨끗이 씻어졌다. 입양된 사람은 과거는 전혀 상관이 없는 것과 같이 새로운 생으로 들어가는 것같이 인식되었다.

IV. 법적인 눈으로 볼 때 입양된 사람은 문자 그대로 그리고 절대적으로 새 아버지의 아들이다. 로마 역사가 이것이 얼마나 문자 그대로 그리고 완전하게 사실로 인식되었는지 하는 경우를 제공해 준다. 클라우디오 황제가 네로를 자기 왕좌의 후계자가 되게 하기 위하여 그를 입양했다. 그들은 혈연관계라고는 아무것도 없었다. 클라우디오는 이미 옥타비아(Octavia)라는 딸이 있었다. 그 결연을 공고히 하기 위하여 네로는 옥타비아와 결혼하기를 원했다. 네로와 옥타비아는 아무런 관계가 없었다. 그들은 아무런 혈연관계도 없었다. 그런데도 법률적인 입장에서는 그들은 남매간이다. 그래서 그들이 결혼할 수 있기 전에 로마 원로원은 네로가 법적으로 자기 누이인 사람과 결혼할 수 있게 특별 조치법을 통과시켜야 했다. 로마에서 입양이 완전하였다는 것을 이보다 잘 보여 주는 것은 없다.

그것이 바울이 생각하고 있는 것이다. 그는 로마의 입양에서 또 다른 예화를 들고 있다. 그는 하나님의 영이 우리의 영과 더불어 우리가 진정으로 하나님의 자녀임을 증거한다고 한다. 입양 의식은 일곱 증인의 입회하에 진행된다. 그 입양하는 아버지가 사망했고 입양된 아들의 상속권에 대해 논란이 생겼다고 가정하면 원래 일곱 명의 증인 중 한 사람 이상이 앞으로 나와 그 입양이 진실하고 사실이었다는 것을 맹세하게 된다. 이렇게 해 입양된 사람의 권리는 보장이 되는 것이고 그는 상속권을 갖게 된다. 이렇게 바울은 성령이 우리의 하나님 가족으로 입양의 증인이라고 말한다.

우리는 바울이 그 로마 입양의 이야기를 우리가 하나님 가족의 입양으로 옮겼을 때 그의 생각에는 로마의 입양 절차 하나하나가 의미 있는 것이었다는 것을 알 수 있다. 우리는 전에 죄의 절대적인 소유하에 있었고 죄 많은 인간 본성의 절대적 지배하에 있었다. 그러나 하나님의 자비로 우리를 당신의 절대적인 소유로 만드셨다. 옛 생활은 이제는 우리에게 아무런 권한이 없고 하나님이 절대권을 갖고 계신다. 과거는 다 취소되었다. 과거의 부채는 다 청산되었다. 우리는 하나님과 함께하는 새로운 생을 시작한다. 우리는 하나님의 모든 부요함의 상속자가 된다. 그렇다면 우리는 하나님의 독생자 예수 그리스도와 공동 상속자가 된다. 그리스도가 상속한 것, 상속하는 것은 우리도 상속한다. 그리스도가 고난을 당해야 했다면 우리도 그 고난을 상속해야 한다. 그러나 그리스도가 생명과 영광으로 부활하셨으면 우리도 그 생명과 영광을 얻게 된다.

바울의 생각은 사람이 기독교인이 되면 그는 바로 하나님의 가족이 된다는 것이다. 그는 그것을 받을 만한 아무런 일도 하지 않았으나, 하나님 우리 아버지께서 놀라우신 사랑과 자비로 길 잃고, 무력하고 가난에 시달리고 빚을 진 죄인을 취하여 자신의 가족으로 입양하셨다. 그리하여 그 빚은 다 청산되었고 힘들여 벌지 않은 사랑과 영광을 상속한 것이다.

영광스러운 소망

로마서 8:18-25

[18]생각하건대 현재의 고난은 장차 우리에게 나타날 영광과 비교할 수 없도다
[19]피조물이 고대하는 바는 하나님의 아들들이 나타나는 것이니 [20]피조물이
허무한 데 굴복하는 것은 자기 뜻이 아니요 오직 굴복하게 하시는 이로 말미
암음이라 [21]그 바라는 것은 피조물도 썩어짐의 종 노릇 한 데서 해방되어 하
나님의 자녀들의 영광의 자유에 이르는 것이니라 [22]피조물이 다 이제까지 함
께 탄식하며 함께 고통을 겪고 있는 것을 우리가 아느니라 [23]그뿐 아니라 또
한 우리 곧 성령의 처음 익은 열매를 받은 우리까지도 속으로 탄식하여 양자
될 것 곧 우리 몸의 속량을 기다리느니라 [24]우리가 소망으로 구원을 얻었으
매 보이는 소망이 소망이 아니니 보는 것을 누가 바라리요 [25]만일 우리가 보
지 못하는 것을 바라면 참음으로 기다릴지니라

바울은 이제 막 하나님의 가족으로 입양의 영광에 대해 언급하였고 또다시 고난 많은 현실의 세상으로 되돌아온다. 바울은 여기에서 엄청난 그림 한 폭을 그

려 본다. 그는 시인의 상상력을 가지고 말하고 있다. 그는 창조 그 자체를 보고 있다. 그리고 창조된 세계와 장차 올 영광을 기다리는 모든 만물을 보았다. 그 순간 창조 세계는 썩어질 운명에 놓여 있다.

"내 모든 주위에서 변화와 부패를 나는 보도다."

이 세계는 아름다움이 시들고, 사랑스러운 것이 썩어지는 곳이요, 이 세계는 죽어가고 있다. 그러나 이 세계는 이 모든 것에서 해방을 기다리고 있으며 자유와 영광의 상태가 올 것을 고대하고 있다.

바울이 이 그림에 색칠을 할 때 모든 유대인이 이해할 수 있는 개념을 가지고 했다. 그는 현세대와 장차 나타날 영광에 대해 이야기하고 있다. 유대 사상은 시간을 두 부분으로 구분하고 있다. 이 현세대는 전적으로 악하고 죄와 사망과 부패에 복종해 있는 것이다. 그러나 어느 날엔가 주의 날이 올 것이다. 그날은 심판 날과 이 세계가 그 기초부터 흔들리는 날이 될 것이다. 그러나 이런 와중에서부터 새 세계가 올 것이다. 이 세계의 회복은 하나의 유대 사상의 근간이다. 구약은 이에 대해 간단명료하게 언급하고 있다. "보라, 내가 새 하늘과 새 땅을 창조하나니"(사 65:17). 그러나 신 · 구약 중간기에 유대인이 압박을 당하고 노예가 되고 핍박을 당하였을 때에는 새 세계와 회복된 세계의 꿈을 꾸고 있었다.

> "포도나무는 그 열매를 일만 배나 맺힐 것이요, 포도나무마다 일천 개 가지가 있게 될 것이요, 매 가지마다 일천 개 송이가 열릴 것이요, 내 송이마다 일천 개 포도알을 맺힐 것이요, 매 포도알마다 한 장의 포도주를 낼 것이라. 또 배고픈 자들은 기뻐할 것이요, 더욱이 그들은 매일같이 놀라움을 우러러 볼 것이라. 이는 내 앞에서 바람이 나아가 매일 아침 향기로운 열매의 향을 가져올 것이요, 날이 저물 때 구름은 건강한 물방울을 거를 것이다"(바룩의 묵시 29:5).

> "땅과 모든 나무와 헤어질 수 없이 많은 양 떼가 인류에게 그들의 진정한 열매를 줄 것이요, 포도주와 단 꿀과 흰 우유와 곡식을 줄 것인데 이는 사람에게는 모든 것 중 가장 귀한 선물이다"(시빌라의 신탁 3:620-633).

"우주의 모체인 지구는 인간들에게 그 열매로써 많은 곡식과 포도주와 기름을 줄 것이다. 진실로 맛 좋은 꿀 한 그릇이 하늘에서 내려올 것이다. 나무는 그 종류대로 열매를 맺을 것이요, 살찐 염소 떼와 암소와 어린 양과 어린 염소를 줄 것이다. 그는 흰 우유의 샘이 터져 나오게 할 것이요, 도시에는 온갖 좋은 것들이 가득 차고 들은 중요한 것이며 온 땅에는 칼이나 전쟁의 소리가 없을 것이며 이 땅은 깊은 신음소리로 떠들썩하지 않을 것이다. 전쟁이 다시 있지 않을 것이요, 온 땅에 다시는 가뭄이 있지 않을 것이요, 기근이나 우박이 농작물에 해를 끼치지 않을 것이다"(시빌라의 신탁 3:744-756).

새 세계에 대한 꿈은 유대인에게는 귀중한 것이었다. 바울은 그것을 알고 있었고 그래서 여기에서 그는 창조물에 의식을 부여하여 묘사했다. 그는 죄의 지배가 끝나고 사망과 썩어짐이 사라지고 하나님의 영광이 임하는 날을 자연히 갈망하고 있는 것으로 생각했다. 상상적인 통찰력으로 바울은 자연의 상태는 인간의 상태보다 훨씬 못하다고 말했다. 인간은 자발적으로 죄를 지었다. 그러나 자연은 자신의 선택에 의해서가 아닌 타인에 의해서 그렇게 되었다. 부지불식간에 자연은 인간의 범죄의 결과에 말려든 것이다. "땅은 너로 인하여 저주를 받고"(창 3:17)라고 범죄 후 하나님이 아담에게 말씀하셨다. 그래서 여기서 바울은 시인의 눈을 가지고 자연이 인간의 죄를 세상에 가져온 사망과 썩어짐에서 해방되기를 기다리는 것으로 보았다.

그것이 자연에서 사실이라면 사랑에서는 더욱 그러하다. 그래서 바울은 인간의 갈망에 대해 생각한다. 성령의 경험에서 인간은 장차 올 영광을 시식한 셈이다. 이제 인간은 하나님의 가족으로 입양이 의미하는 바의 완전한 실현을 전심으로 고대하고 있다. 그 최종 입양이 몸의 구원이 될 것이다. 영광의 상태에서 바울은 사람을 몸이 없는 영으로만 생각하지는 않았다. 이 세상에서 인간은 몸과 영이다. 그리고 영광의 세계에서 인간은 전인(全人)이 구원을 받을 것이다. 그 몸만이 따로 떨어져 썩어짐과 죄의 수단이 될 것이 아니고 영적인 사람의 생활에 알맞은 영적인 몸이 되는 것이다.

다음에 저 유명한 말이 온다. "우리가 소망으로 구원 얻었다"라고 바울에게 생명을 불어 넣어 준 빛나는 진리는 인간의 상황은 희망이 없는 것이 아니라는 엄청난 사실이다. 바울은 비관론자가 아니었다. 웰스(H. G. Wells)가 이런 말을 한 적이 있다. "인간, 즉 방풍림(防風林) 뒤의 동굴에서 시작해서 빈민굴에서 병들고 술로 패가망신한 중에서 끝장날 것이다." 바울에게는 그렇지 않다. 그는 인간의 죄를 인정했다. 그는 이 세계와 인간 상황의 현상을 인정했다. 그러나 하나님의 구속하시는 능력도 보았다. 이 모든 것의 종국은 바울에게서는 소망이었다. 그렇기 때문에 바울에게서는 생이란 죄와 사망과 썩어짐으로 둘러싸인 세계의 피할 수 없는 결과만을 절망적으로 기대되는 것이 아니라, 생이란 하나님의 영광과 권능으로 이루어지는 해방과 새롭게 됨과 재창조에 대한 열망이다.

19절에서 그는 **고대**란 말로 기가 막힌 단어를 쓰고 있다. 그 단어는 **아포카라도키아**(apokaradokia)인데 이 단어는 머리를 쑥 내밀고 열심히 영광스러운 새벽의 첫 징조를 찾으려고 멀리 수평선을 내다보는 사람의 태도를 말한다. 바울에게서 생은 지치고 패배한 기다림이 아니다. 생은 약동하고 생생한 기대다. 기독교인은 인간성 가운데 포함되어 있다. 속으로는 자신의 악한 인간성과 싸워야만 한다. 밖으로는 그는 사망과 썩어짐의 세계 속에서 살아야만 한다. 그런데도 기독교인은 이 세계에서만 사는 것이 아니다. 그는 그리스도 안에서도 사는 것이다. 그는 단지 이 세상만을 보는 것이 아니라, 이 세계 뒤에 하나님을 보는 것이다. 기독교인은 인간의 죄의 결과만을 보는 것이 아니다. 하나님의 자비와 사랑의 능력을 본다. 그러므로 기독교인 생애의 기조(基調)는 항상 소망이요, 절대로 절망이 아니다. 기독교인은 죽음을 기다리는 것이 아니라 생명을 기다린다.

모든 것은 하나님의 것

로마서 8:26-30

26이와 같이 성령도 우리의 연약함을 도우시나니 우리는 마땅히 기도할 바를
알지 못하나 오직 성령이 말할 수 없는 탄식으로 우리를 위하여 친히 간구하

시느니라 [27]마음을 살피시는 이가 성령의 생각을 아시나니 이는 성령이 하나
님의 뜻대로 성도를 위하여 간구하심이니라 [28]우리가 알거니와 하나님을 사
랑하는 자 곧 그의 뜻대로 부르심을 입은 자들에게는 모든 것이 합력하여 선
을 이루느니라 [29]하나님이 미리 아신 자들을 또한 그 아들의 형상을 본받게
하기 위하여 미리 정하셨으니 이는 그로 많은 형제 중에서 맏아들이 되게 하
려 하심이니라 [30]또 미리 정하신 그들을 또한 부르시고 부르신 그들을 또한
의롭다 하시고 의롭다 하신 그들을 또한 영화롭게 하셨느니라

이 부분의 첫 두 구절은 신약 전체에서 기도에 대한 가장 중요한 구절이다. 바울은 말한다. 우리의 연약함으로 우리는 무엇을 기도해야 할지 모른다. 그러나 우리가 마땅히 드려야 할 기도가 하나님의 성령에 의하여 우리에게 주어진다. 다드는 기도를 이렇게 정의하고 있다. "기도는 우리 위에 있는 신에게 호소하는 우리 속의 신성한 것이다." 우리가 마땅히 기도해야 하는 대로 기도하지 못하는 매우 뚜렷한 이유가 두 가지 있다. 첫째, 우리는 미래를 내다볼 수 없기 때문에 옳게 기도할 수 없는 것이다. 우리는 일 년을 아니 한 시간도 앞을 내다보지 못한다. 우리는 우리가 앞을 내다보지 못하기 때문에 우리에게 유익한 것에서 떠나고 싶다고 기도하든가 종국적으로 우리에 해롭게 될 일들을 구하며 기도할 수도 있다. 둘째, 우리는 어떤 주어진 상황에서도 무엇이 우리에게 가장 유리한 것인지 알 수 없기 때문에 바로 기도할 수 없는 것이다. 우리는 가끔 자신을 해칠 수밖에 없는 것을 달라고 하는 어린아이처럼 될 때가 있다. 하나님은 어린아이보다는 그 아이에게 무엇이 좋은지를 더 잘 알고 있기 때문에 아이의 요구를 거절하든지 원치 않은 일을 하게끔 설득해야 하는 부모의 입장이 될 때가 가끔 있다. 헬라인도 그것을 알고 있다.

피타고라스(Pithagoras)는 제자들에게 무식해서 무엇이 유익한지를 모르기 때문에 자신들을 위해 기도하는 것을 금했다. 크세노폰(Xenophon)이 우리에게 이르기를 소크라테스가 제자들에게 그저 유익한 것을 위해 기도하고 유익한 것이 무엇인지는 명시하지 말고 하나님이 무엇이 유익한 것인지를 결정하게 하라고 가르쳤다고 한다.

다드는 이것을 이렇게 표현한다. 우리는 진정으로 우리에게 필요한 것을 알 수 없다. 우리는 제한된 생각으로 하나님의 계획을 알 수 없다. 결국 우리가 하나님께 가져올 수 있는 것의 전부는 다만 말로 표현할 수 없는 간절한 탄식이다. 성령은 그것을 우리를 대신해서 하나님께 전해 드리는 것이다.

바울이 본 대로는 다른 것도 그렇지만 기도는 하나님께로부터 온 것이다. 바울은 어떤 인간의 노력으로도 사람은 자신을 정당화할 수 없다는 것을 알고 있었고, 어떤 지혜로도 사람은 무엇을 기도해야 할지 알 수 없다는 것도 알고 있었다. 결국 완전한 기도는 단순히 "아버지여, 내 영혼을 아버지 손에 부탁하나이다. 그러나 나의 뜻이 아니라 아버지의 뜻이 이루어지이다"라고 하는 것이다.

바울은 더 나아간다. 그는 하나님을 사랑하고 하나님의 목적을 따라 부르심을 받은 자들은 하나님이 모든 것이 합하여서 자신들에게 유익되게 하신다는 것을 잘 알고 있다고 한다. 우리는 구태여 나이가 매우 많이 든 후에야 생을 되돌아보며 불행이라고 생각했던 것이 우리에 유익하게 되었고, 실망이라고 생각했던 것이 더 큰 축복이 된 경우를 생각해 볼 수 있는 것은 아니다. 우리는 비록 짧은 인생이지만 되돌아보며 거기서 그리고 그 끝까지 인도하는 손을 찾아볼 수 있다.

그러나 우리는 그런 체험은 단지 **하나님을 사랑하는 자들에게만** 온다는 것을 주목해야 한다. 스토아학파는 굉장한 생각을 했었다. 아마 바울이 이 구절을 기록할 때 그의 머릿속에 있었던 것이 실제로 스토아학파의 생각이었는지도 모른다.

스토아학파의 위대한 사상 중 하나는 하나님의 **로고스**(logos) 개념이었다. **로고스**는 하나님의 마음과 이성이다. 스토아학파는 이 세계는 **로고스**로 말미암아 침투되고 상호 침투되었다고 믿었다. 이 세계에서 질서와 의미를 부여한 것이 로고스다.

별이 그 경로를 지키게 하고 뭇 혹성들을 그 지정된 길에 있게 하는 것이 **로고스**다. 밤과 낮의 질서 있는 순서를 지키게 하고 춘하추동의 순서를 조종하는 것은 **로고스**다. **로고스**는 우주 안에 있는 하나님의 이성과 마음이요, 우주를 혼돈이 아니라 질서 있는 것으로 만드는 것이다. 스토아학파는 거기서만 머물지 않았다. 스토아학파는 하나님의 **로고스**는 우주의 질서를 가지고 있을 뿐만 아니라 개개인의 생애에 대하여서도 질서와 계획과 목적이 있다고 믿었다. 달리 말하면 스토아학파는 그 사람에게는 하나님께로부터 오지 않은 것이나 사람에 대한 하나님의 계획의 일부가 아닌 것은 있을 수 없다고 믿었다.

에픽테토스(Epictetus)는 "하나님을 쳐다보고 다음과 같이 말할 용기를 가져라. '이제부터는 하나님께서 원하시는 대로 나를 대해 주십시오. 나는 당신과 하나입니다. 나는 당신의 것입니다. 나는 당신이 좋다고 생각하시는 한 그것에서 주저하지 않겠습니다. 당신이 원하는 옷을 나에게 입히소서. 내가 책임 맡기를 원하시나이까? 혹은 회피하기를 원하시나이까? 머무르기를 원하시나이까? 피난하기를 원하시나이까? 부자가 되기를 원하시나이까? 가난하기를 원하시나이까? 이런 이유로 나는 사람 앞에서 당신을 변명하리다"라고 말했다. 그래서 스토아학파는 모든 사람이 해야 할 의무는 수락이라고 가르쳤다. 그가 하나님이 그에게 보낸 것을 받아들이면 그는 화평을 안 것이다. 그가 그것을 대항해 싸우면 그는 하나님의 불가항력의 목적을 대항하여 쓸데없이 머리를 부딪치는 것이다.

바울도 똑같은 생각을 했다. 그는 모든 것이 합동하여 유익하게 된다. 그러나 그것은 **하나님을 사랑하는 자들에게**만이다. 사람이 하나님을 사랑하고, 그를 믿고 받아들이며, 사람이 하나님을 전지하시고 전적으로 사랑하시는 아버지라는 것을 느끼고 알고 있고 확신한다면 겸손히 하나님이 그에게 보내 주시는 것을 받아들일 수 있을 것이다. 우리는 의사에게 갈 수 있다. 그때는 의사는 기분이 나쁘고 심지어는 고통스러울 수도 있는 치료 방법을 세울 수도 있다. 그러나 우리는 그 인술을 베푸는 사람의 지혜를 신뢰한다. 그러고는 그에게 지워진 것을 그대로 수락한다. 이것은 우리가 하나님을 사랑한다면 우리에게도 마찬가지다. 그러나 하나님을 사랑하지도 신뢰하지도 않는다면 그는 그에게 일어나는 것에 대해 불만을 품을 것이고 하나님의 뜻에 반대해 싸울 수도 있다. 그는 인생의 괴로움과 슬픔과 시련이 그를 노하고 반역하게 만드는 것을 알 수 있을 것이다. 모든 것이 합동하여 유익하게 되는 것은 단지 하나님을 사랑하고 신뢰하는 사람뿐인데 이는 그에게는 모든 것이 완전한 지혜와 사랑과 능력으로 항상 최선을 위해 역사하시는 아버지에게서 오기 때문이다.

그러나 바울은 한 걸음 더 나아간다. 그는 모든 기독교인의 영적 체험에 대해 언급한다. 성경에 보면 다음과 같이 유명한 말이 뒤따른다. "하나님이 미리 아신 자들로 또한 그 아들의 형상을 본받게 하기 위하여 미리 정하셨으니 이는 그로 많은 형제 중에서 맏아들이 되게 하려 하심이니라. 또 미리 정하신 그들을 또한 부르시고, 부르신 그들을 또한 의롭다 하시고, 의롭다 하신 그들을 또한 영화롭게 하셨나니라."

이 구절은 심히 오용되어 온 구절이다. 우리가 이 구절을 바로 이해하려면 우리는 바울이 이것이 절대로 신학적이거나 철학적 표현을 위한 것이 아니고 오히려 거의 기독교인의 서정적인 체험담이었다는 근본적인 사실을 먼저 이해해야 한다. 우리가 이 구절을 철학적이거나 신학적으로 이해하여 이것에 냉철한 논리를 적용한다면 이것은 하나님이 어떤 사람은 택하고 어떤 사람은 택하지 않았다는 것을 의미하게 되고, 따라서 하나님의 사랑에 이해하기 곤란하고 무서운 선택이 있다는 결론이다. 그러나 그것은 아무런 관계가 없고 모든 것이 하나님께로부터라는 것을 확신하게 된다. 예수 그리스도는 이 세상에 와서 사시고 십자가에 죽으시고 다시 사셨다. 우리가 그러한 일이 일어나게끔 한 것은 아무것도 없고 다만 그것은 하나님의 일이다.

우리는 이 놀라운 사랑의 이야기를 들었다. 우리는 그 이야기를 **만들지** 않았고 그 이야기를 **받아들였을** 뿐이다. 우리 마음속에 사랑이 일깨워져서 죄의 자각이 왔고 그를 따라 용서와 구원의 경험이 왔다. 우리가 이것을 이루어 놓은 것이 아니다. 모든 것이 하나님께로부터 온 것이다. 그것이 여기에서 바울이 생각하고 있는 것이다. 구약에 이 **안다**는 단어를 사용한 좋은 예가 있다. "내가 광야 마른 땅에서 너를 알았거늘"(호 13:5)이라고 이스라엘 백성에 대해 하나님이 호세아에게 말씀하셨다. "내가 땅의 모든 족속 가운데 너희만을 알았나니(know)"(암 3:2)라고 하나님이 아모스에게 말씀하셨다. 성경이 하나님이 사람을 **아신다**라고 말할 때 그것은 하나님께서 그 사람에게 목적과 계획과 설계와 임무가 있다는 것을 의미한다. 그리고 우리가 기독교 체험을 돌아볼 때 할 수 있는 말은 "오직 내가 이것을 하지 않았다. 나는 이것을 결코 할 수 없다. 하나님께서 이 모든 것을 하셨다"뿐이다. 그리고 우리는 이것이 우리의 자유 의지를 앗아 가는 것이 아니라는 것을 알고 있다. 하나님은 이스라엘을 알고 계셨다. 그러나 이스라엘은 하나님께서 그들을 위해 마련하셨던 사명을 거절하게 되었다. 하나님의 보이지 않는 인도가 우리의 생활 속에 있지만 마지막 날까지 우리는 그것을 거절하고 우리 자신의 길을 택할 수가 있다. 모든 것이 하나님께로부터라는 것, 즉 그는 아무것도 안하고 하나님이 모든 것을 하셨다고 하는 것은 기독교의 깊은 체험이다. 그것이 여기에서 바울이 의미하는 것이다. 그는 태초부터 하나님이 우리를 구원하시려고 표시해 놓으셨고, 때가 되어 그의 부르심이 우리에게 임한 것이다. 그러나 바울은 사람의 교만한 마음이 하나님의 계획을 파괴할 수 있고 인간 의지의 불순종이 하나님의 부르심을 거절할 수가 있다는 것을 알고 있었다.

끊을 수 없는 사랑

로마서 8:31-39

31그런즉 이 일에 대하여 우리가 무슨 말 하리요 만일 하나님이 우리를 위하
시면 누가 우리를 대적하리요 32자기 아들을 아끼지 아니하시고 우리 모든
사람을 위하여 내주신 이가 어찌 그 아들과 함께 모든 것을 우리에게 주시지
아니하겠느냐 33누가 능히 하나님께서 택하신 자들을 고발하리요 의롭다 하
신 이는 하나님이시니 34누가 정죄하리요 죽으실 뿐 아니라 다시 살아나신
이는 그리스도 예수시니 그는 하나님 우편에 계신 자요 우리를 위하여 간구
하시는 자시니라 35누가 우리를 그리스도의 사랑에서 끊으리요 환난이나 곤
고나 박해나 기근이나 적신이나 위험이나 칼이랴 36기록된바 우리가 종일 주
를 위하여 죽임을 당하게 되며 도살당할 양같이 여김을 받았나이다 함과 같
으니라 37그러나 이 모든 일에 우리를 사랑하시는 이로 말미암아 우리가 넉
넉히 이기느니라 38내가 확신하노니 사망이나 생명이나 천사들이나 권세자
들이나 현재 일이나 장래 일이나 능력이나 39높음이나 깊음이나 다른 어떤

피조물이라도 우리를 우리 주 그리스도 예수 안에 있는 하나님의 사랑에서 끊을 수 없으리라

이것은 바울이 기록한 것 가운데 가장 서정적이다. 32절에 구약을 잘 알고 있는 유대인에게는 매우 인상적인 훌륭한 암시와 추억이 있다. 결과적으로 바울은 이렇게 말하고 있다. "하나님이 우리를 위하여 자기 아들도 아끼지 않으셨다. 확실히 그것은 하나님이 우리에게 필요한 것을 다 공급해 주실 만큼 충분히 우리를 사랑하신다는 가장 확고한 보증이다." 바울이 여기에 성심을 보였을 때 하나님이 아브라함에게 한 말과 똑같은 것이다. 아브라함에게 "네가 이같이 행하여 네 아들 네 독자를 아끼지 아니하였다"(창 22:16)라고 말씀하셨다.

바울은 이렇게 말하는 것 같다. "이 세상에서 하나님에 대한 사람의 가장 위대한 충성의 한 예를 생각해 보라. 하나님의 너에 대한 신실성은 그러하니라." 아브라함이 하나님을 위하여 자신의 가장 귀한 것을 희생시킬 각오가 되어 있었으리만큼 하나님께 충성스러웠던 것과 똑같이 하나님은 자신의 독생자를 사람을 위하여 희생시킬 만큼 인간에게 신실하시다. 분명히 우리는 어떤 일에서라도 그런 신실성은 믿을 수 있는 것이다.

33-35절을 어떻게 이해해야 할지는 참으로 어려운 일이다. 두 가지 해석 방법이 있는데 둘 다 훌륭한 의미와 귀중한 진리를 내포하고 있다.

I. 우리는 이 구절을 두 개 선언문으로 간주할 수 있다. 그 뒤에 이 선언문에서 추리할 수 있는 두 개 질문이 따라오는 것이다.

1. 사람을 면죄하는 이는 하나님이시다. 이것은 선언문이다.

그렇다면 누가 우리를 저주하리오? 사람이 하나님께로부터 면죄되었으면 그는 기타 여하한 저주에서도 구원을 얻은 것이다.

2. 우리의 신앙은 죽었다가 다시 살아나고 영원히 살아 계시는 그리스도를 믿는 것이다. 이것도 선언문이다. 그렇다면 이 세상이나 기타 어느 세상에서라도 우리를 부활하신 주님에게서 능히 떼어 놓을 수 있는 것이 있겠는가? 이와 같이 이해한다면 두 개 커다란 진리가 거기에 있다.

첫째는 하나님이 우리를 용서하셨으니 아무도 우리를 저주하지는 못할 것이다.

둘째는 그리스도는 부활하셨다. 그러므로 아무도 우리를 그에게서 갈라놓을 수 없다.

II. 달리 해석하는 방법도 있다. 하나님이 우리를 면죄하셨다. 그러므로 심판대에 누가 우리 위에 서서 우리를 저주하겠느냐? 그 대답은 이렇다. 모든 사람의 재판장은 예수 그리스도이시다. 그는 정죄할 권리가 있는 분이시다. 그러나 정죄하기는커녕 그는 하나님 오른편에 계셔 우리를 위해 중재하고 계신다. 그러므로 우리는 안전하다. 34절에서 바울은 매우 놀라운 일을 하는 것 같다. 예수에 대해 무엇이라고 말하는가 보자. 그는 예수에 대해 네 가지를 말하고 있다. (1) 그는 죽으셨다. (2) 그는 다시 사셨다. (3) 그는 하나님 우편에 계신다. (4) 거기서 그는 우리를 위해 중재하시고 변호해 주신다.

다음은 최초의 교회 신경으로서 지금도 모든 기독교 신경의 근본이 되는 것이다. "그는 십자가에 달려 죽으시고 매장되었고, 제3일에 그는 죽음에서 부활하셔서 하나님 오른편에 앉아 계신다. **거기로부터 산 자와 죽은 자를 심판하러 오시리라**." 바울의 선언문 중 처음 것 세 가지와 초대교회의 신경이 꼭 부합하지만 마지막 것은 다르다는 것을 주의해 볼 필요가 있다. 그 세 가지란 예수가 죽으시고, 부활하시고, 하나님의 오른편에 앉아 계시다는 것이다. 그러나 **넷째 것은 다르다**. 신조에 있는 넷째 것은 예수는 **죽은 자와 산 자의 심판자가 되려고** 오신다는 것이다.

바울에게서는 예수는 하나님 우편에 계셔서 **우리를 위해 중보하시고 변호하신다**는 것이다. 이것은 마치 바울이 다음과 같이 말하는 것 같다. "당신들은 예수를 정죄하는 재판관으로 생각하는 모양인데 과연 그는 그런 권리가 있기 때문에 그것은 가능할 것이다. 그러니 당신들의 그 생각은 잘못이다. 그는 우리를 고소하는 자로 있는 것이 아니라 변호하기 위해 있으며, 우리에게 불리하게 진술하려고 거기에 있는 것이 아니라 진술하려 거기에 있는 것이며, 우리의 재판관이 되려고 거기에 있는 것이 아니라 호소하는 친구가 되려고 거기에 있는 것이다."

내 의견에는 둘째 방법이 옳은 것 같다. 바울은 사고의 비약과 모험으로 그리스도를 신경에 있는 재판관이 아니라 인간의 영을 사랑하는 자로서 보았다.

그래서 바울은 시인의 정열과 애인간의 환희로써 부활 주님 안에는 하나님의 사랑에서 아무것도 끊을 수 없는 것을 노래했다.

I. 아무런 환난이나 곤고나 핍박이 끊을 수 없다(36절). 세상이 무너질지라도 우리는 그리스도와 달콤한 시간을 가질 수 있다. 세상의 재난이 그리스도에게서 사람을 끊을 수 없다. 그 재난은 오히려 더 가깝게 만든다.

II. 38-39절에서 바울은 끔찍한 일들을 나열한다. 생명이나 사망이 우리를 그리스도에게서 끊을 수 없다. 생명에서 우리는 그리스도와 함께 살고 사망에서 우리는 그와 함께 죽는다. 그리고 그와 함께 죽음으로 우리는 그와 함께 부활할 것이요, 사망이란 우리를 갈라놓는 것이 되기는커녕 그가 계신 곳에 더 가까이 가는 발걸음이다. 사망은 마지막이 아니라 예수 그리스도의 존전으로 인도하는 지평선의 입구에 지나지 않는다. 천사의 힘도 우리를 그에게서 끊을 수 없다. 당시 유대인들에게는 천사 숭배가 상당히 발달되어 있었다. 이 세상의 모든 것은 각기 천사를 가지고 있다. 바람, 눈물, 구름, 눈, 싸락눈, 흰서리, 천둥, 번개, 춥고 더운 날씨, 절들도 모두 있다. 랍비는 이 세상에는 심지어 풀잎 하나도 천사가 없는 것은 없다고 말했다. 이 천사들은 계급과 부족(部族)과 등급 등으로 구분되어 있다. 랍비에 의하면 등급이 있다고 한다. 제1등급은 하나님 왕좌와 그룹과 스랍들을 포함한다. 제2등급은 권세와 통치권과 세력을 포함하고 제3등급은 천사와 천사장과 군주들을 포함한다. 바울은 종종 천사에 대해 언급했다(엡 1:21, 3:10, 6:12; 골 2:10, 15; 고전 15:24). 이 랍비는—바울도 한때는 랍비였지만—이 천사들이 사람에게 악의를 품고 적대적이었다고 믿었다. 그들은 심지어 하나님이 인간을 창조하셨을 때 화를 냈다고 한다. 그것은 마치 그 천사들이 하나님을 다른 아무하고도 나누어 갖기를 원치 않았고 인간 창조와 인간이 하나님을 차지하는 것을 시기하는 것과 같이 되었다.

랍비에게는 다음과 같은 전설이 있었다. 하나님이 시내 산에서 모세에게 율법을 주시려고 나타나셨을 때 천사의 무리로 둘러싸였었는데 그때 천사들은 이스라엘 민족에게 율법 주는 것을 싫어하여 모세가 산에 올라가는 길에 습격하여 그를 멈추게 하려 했다. 그리고 하나님이 직접 관여하지 않으셨더라면 모세를 정지시켰을 것이다.

그래서 바울은 당시 사고방식에 따라 시기하고 질투하는 천사들일지라도 우리를 하나님의 사랑에서 끊을 수가 없다. 비록 "그들이 그렇게 하고 싶더라도"라고 말하고 있다. 어느 세대도 우리를 그리스도에게서 끊을 수 없다. 바울은 **현재 일과 장래 일**에 대해 말하고 있다. 우리는 유대인은 항상 **현재 일**과 **장래 일**로 갈려 있다는 것을 알고 있다. 바울은 이렇게 말하고 있다. "현세에서는 아무것도 우리를 그리스도 안에 있는 하나님께로부터 끊을 수가 없다. 그러나 이 세상이 흔들리고 새 시대가 동트는 때에도 결속에는 변함이 없다"고. **아무런 악영향도** 우리를 그리스도에게서 끊을 수가 없다.

바울은 **높음과 깊음**에 언급했다. 이 단어들은 천문학적 용어다. 고대 세계는 별의 횡포에 떨고 있었다. 그들은 사람이 어떤 별을 따라 탄생되므로 그의 운명은 정해져 있다고 믿었다. 오늘날도 그것을 믿는 사람들이 있지만, 고대 세계는 정말로 별이 인간을 지배한다는 가설로 괴로움을 받았다. **높음**(hupsōma)은 별이 가장 높은 정점에 있을 때이며 그 영향이 가장 클 때다. **깊음**(bathos)은 별이 가장 낮은 위치에서 뜨기를 기다리며 어떤 사람에게 영향을 끼치려고 하는 때다. 바울은 당시 이 괴로움을 당하고 있는 사람들에게 이렇게 말하고 있다. "별들은 사람을 해칠 수 없다. 그들이 뜰 때나 질 때나 사람을 하나님의 사랑에서 끊을 능력이 없다." **다른 어떤 세상도** 우리를 하나님께로부터 끊을 수가 없다.

바울이 **다른** 피조물이라고 말할 때 사용한 **다른**(heteros)이란 단어는 **같지 않은**(different)이란 뜻을 가지고 있다. 그러므로 바울은 "어떤 망상으로 다른 그리고 지금의 세계와 같지 않은 다른 세상이 생겨난다고 가정한다 하더라고 우리는 안전할 것이다. 우리는 그래도 하나님의 사랑으로 감싸일 것이다"라고 말하고 있다.

여기에 모든 고독과 공포를 제거할 비전이 있다. 바울은 말한다. "이 세계 혹은 기타 어떤 세계라도 제시할 온갖 무서운 것을 생각해 내도 좋다. 어떤 것도 기독교인을 모든 공포의 주시요, 모든 세상의 주인이신 예수 그리스도 안에 있는 하나님의 사랑에서 끊을 수가 없다." 그렇다면 우리는 더 무엇을 겁내리요?

The Letter to the Romans 09

유대인의 문제

9-11장에서 바울은 교회가 해결했어야 할 가장 곤란한 문제, 즉 유대인의 문제를 다루고 있다. 유대인은 하나님의 선민이다. 그들은 하나님의 섭리 중에서 독특하고 특별한 위치를 차지하고 있었다. 그런데도 하나님의 아들이 이 세상에 오자 그들은 그를 배척하고 십자가에 처형했다. 이 비극적인 파라독스를 어떻게 설명할 것인가? 우리는 하나님의 백성이 하나님의 아들을 죽였다는 사실을 어떻게 설명해야 하는가? 그것이 바울이 이곳에서 다루려는 문제다. 이 장(章)들은 복잡하고 난해한 것이다. 그러므로 우리가 세부적으로 들어가기 전에 바울의 주된 개념과 바울이 제시한 해결책의 개요를 살펴보는 것이 좋다.

우리가 바울의 사상을 풀어 나가기 전에 주의해야 할 것은 이 장들은 분노하여 쓴 것이 아니라 비판 속에서 쓴 것이다. 바울은 자신이 유대인이라는 사실을 절대로 잊을 수가 없었고 목숨을 버려서라도 자기 형제를 예수 그리스도에게 이끌 수 있다면 생명을 기꺼이 내버릴 각오가 되어 있었다.

바울은 유대인이 선민이었다는 것을 부인하지 않는다. 하나님은 그들을 자신의 백성으로 입양하셨다. 하나님은 그들에게 언약을 주셨고 성전의 예배와 율법을 주셨고 하나님 자신의 영광스러운 임재를 주셨고 족장을 주셨다. 그리고 무엇보다도 예수께서는 인간 족보상으로는 유대인이었다. 하나님의 구원의 섭리 속에서 유대인의 특별한 위치를 전체 문제의 원리이며 시발점이라고 생각한다.

첫째로 그가 지적하는 점은 유대인은 하나의 민족으로서는 예수를 배척하고 십자가에 못 박은 국민인 것이 사실이나 유대인 모두 그를 배척한 것이 아니라는 것도 사실이다. 그들 중 얼마는 그를 받아들이고 믿었으니 이는 초기 신자는 모두 유대인이었다. 바울은 역사를 돌아보고 말하기를 아브라함에게서 육적 혈통은 유대인이 아니라고 주장했다. 유대인의 역사에는 여러 번 되풀이하여 하나님의 선발 과정—바울은 이것을 선택이라 부른다—이 있었는데, 그것을 통해 아브라함의 육적 자손 중 어떤 이들은 선택되고 어떤 이들은 버림을 받았다. 아브라함의 경우 하나님의 언약에 따라 출생한 이삭은 선택되었고 단순히 자연적인 과정과 욕망을 통해 낳은 아들 이스마엘은 선택되지 못했다. 이삭의 경우에서 그의 아들 야곱은 선택되었으나, 그의 쌍둥이 에서는 선택되지 못했다. 이 선택은 인간의 공로와는 전혀 관계가 없다. 이것은 그 선택된 사람들이 어떤 권리로서 얻은 것이 아니라 전적으로 하나님의 선택의 지혜와 권능의 일이다.

더욱이 참 이스라엘 민족, 즉 참으로 선택된 백성은 절대로 전체 민족이 아니라 **의로운 남아 있는 자**, 즉 모든 사람이 하나님을 배척할 때에도 하나님께 신실한 소수자이었다. 엘리야 시대에 그러했다. 모든 백성이 바알을 따라갔을 때 7,000명의 남은 자들이 하나님께 신실하였다. 이것은 이사야의 교훈의 본질적 부분이었다. 그는 "이스라엘 자손들의 수가 비록 바다의 모래 같을지라도 **남은 자만 구원을 받으리니**"(롬 9:27; 사 10:22)라고 말했다. 그러므로 바울의 첫째 강조점은 어떤 때라도 모든 백성이 선택된 적은 없었다는 것이다. 세상에는 항상 하나님 편에서 보아 **선택**이 있었다.

그러나 그것이 공정한 것일까? 하나님께서 누구는 택하고 누구는 버린다는 것이 과연 공정한 것일까? 사람들이 자신들의 잘잘못으로 기인하지 않고 누구는 택함을 받고 누구는 버림을 받는다면 그리스도를 배척한다고 해서 어떻게 그들을 비난하며 그리스도를 받아들였다고 해서 어떻게 칭찬할 수 있겠는가? 바울이 여기서 사용하는 이러한 논쟁은 우리를 망설이게 할 뿐 아니라 온전히 위축케 한다. 솔직히 바울의 변론은 하나님은 당신이 좋아하시는 것을 할 수 있으며 하나님의 결정이 제아무리 난해할지라고 그것에 대해 반문할 아무런 권리도 갖고 있지 못하다는 것이다. 진흙은 옹기장이에게 반문할 수 없으며 어떤 물건이 자신을 만든 장인에게 반문할 수 없다. 장인이 두 개 그릇을 만들 때 하나는 영광스러운 목적을 위해 그리고 다른 하나는 천한 목적을 위해 만들 수 있으되 그릇들은 아무런 말도 할 수 없다. 그것이 바울에 의하면 하나님이 사람에 대해 가지고 계신 권리다. 그는 바로의 경우를 예로 들었는데(롬 9:17), 바로는 단지 그리고 순전히 하나님의 보복의 능력을 과시하는 도구가 되게 하기 위하여 역사의 무대 위에 올라서게 된 것이라고 그는 말하고 있다. 어쨌든 이스라엘 백성은 이방인의 선택에 대해 미리 경고를 받았으니 선지자 호세아가 말한 대로 "내가 내 백성 아닌 자를 내 백성이라, 사랑하지 아니한 자를 사랑한 자라 부르리라"(롬 9:25; 호 1:10)라고 말씀하셨다.

그러나 여하간 이스라엘의 이 배척은 예사롭고 목적이 없고 우연한 것이 아니다. 이것은 이방인이 들어올 수 있게 하기 위해 일어난 것이다. 그 문은 이방인에게 열려지기 위해 유대인에게는 닫힌 것이다. 이방인을 받아들이게 하기 위해 유대인은 버림을 받았다. 하나님이 유대인의 마음을 굳게 하고 그들의 눈을 멀게 했다면 하나님께서 그렇게 하셨고 그것은 이방인을 신앙 안으로 들어오게 한 길을 열어 줄 궁극적 목적을 위하여 하신 것이다. 불필요한 모든 것을 떼어놓고 보면 바울은 하나님은 어느 사람이나 민족에 대하여도 하고 싶은 때 할 수 있으며 이방인이 들어오게 하기 위해 유대인의 마음을 어둡게 하고 눈을 감게 하셨다고 주장하는 것이다.

그렇다면 유대인의 근본적인 잘못은 무엇일까? 이것은 우리가 직전에 언급한 것으로 볼 때 호기심 나는 질문으로 보일 수 있다. 그러나 이율배반적으로 바울은 유대인을 버린 것이 하나님의 일일지라도 이 일이 꼭 일어날 필요는 없었다고 주장한다.

바울은 모든 것이 하나님께로부터 인한 것이며 동시에 인간은 자유의지를 가졌다는 영원한 이율배반을 제거하려고 하지도 않는다. 유대인의 근본적인 실수는 그들이 인간적 노력, 즉 율법에 대한 순종으로 하나님과 올바른 관계에 들어가려고 노력했지만 이방인은 하나님의 제안을 온전하고 전적인 신뢰로 단순히 받아들인 것이다. 유대인은 하나님께로 가는 유일한 길은 신앙의 길이라는 것과 인간 업적은 아무런 효험이 없다는 것을 알았어야만 했다. 이사야가 이렇게 말하지 않았는가? "누구든지 그를 믿는 자는 부끄러움을 당하지 아니하리라"(롬 10:11; 사 28:16). 요엘은 이렇게 말하지 않았는가? "누구든지 주의 이름을 부르는 자는 구원을 받으리라"(욜 2:32; 롬 10:13). 사실 아무도 하나님의 제언을 듣기 전에는 신앙을 가질 수가 없다. 그런데 유대인에게는 그런 제언이 주어졌다. 그들은 율법에 대한 순종을 통한 인격적 업적 방법을 고집해서, 모든 것을 행위에 운명을 걸었다. 그리고 그들은 선지자들이 알려 주었기 때문에 하나님께로 가는 유일한 길은 신앙의 길이라는 것을 깨닫지 못한 것이다.

다시 강조할 점은 이 모든 것이 하나님이 마련한 것이고 이방인이 들어올 수 있게 허락되게끔 마련된 것이다. 그래서 바울은 이방인에게 돌이킨다. 그는 그들에게 자만심을 갖지 말라고 말한다. 그들은 참감람나무에 접붙임을 받은 돌감람나무순과 같은 입장에 있다. 그들은 유대인과 마찬가지로 자기네 구원을 스스로 이룩하지 못했다. 사실상 그들은 유대인에게 의존해 있는 것이다. 그들은 접붙인 가지에 지나지 않는다. 그 뿌리와 줄기는 여전히 선민족이다. 그들의 선택됨과 유대인의 버림 받음은 이방인의 마음에 자만심을 낳게끔 해서는 안 된다. 그렇게 된다면 그들도 버림 받게 될 수 있고, 틀림없이 그렇게 될 것이다. 그러나 그것이 마지막인가? 천만에, 그렇지 않다. 하나님의 목적은 유대인에게 이방인의 하나님과의 관계에 질투심을 불러일으키며 그들이 자신들을 그런 관계에 받아 달라고 와서 청원을 하게끔 하기 위한 것이다. 모세는 이렇게 말했다. "나도 백성이 아닌 자로 그들에게 시기가 나게 하며 어리석은 민족으로 그들의 분노를 일으키리로다"(신 32:21; 롬 10:19). 결국 이방인은 유대인이 구원을 얻게 하는 바로 그 수단이 될 것이다. "그리하여 온 이스라엘이 구원을 받으리라"(롬 11:26).

이렇게 해서 바울은 변론의 결론에 이른다. 우리는 세분하지 않고 요약하여 그 순서를 다음과 같이 말할 수 있다.

I. 이스라엘은 선민이다.

II. 이스라엘 족속이 되는 것은 혈육적인 계통 이상을 의미한다. 한 민족 안에서는 언제나 선택이라는 것이 있었는데 그 중 가장 선한 자는 신실한 자인 남은 자다.

III. 하나님의 선택은 불공평한 것이 아니다. 하나님은 무엇이나 좋아하시는 대로 행하실 권리가 있기 때문이다.

IV. 하나님은 유대인의 마음을 좋게 하셨으나 오직 이방인에게 문호를 개방하기 위해서였다.

V. 이스라엘의 잘못은 율법에 기초한 인간의 업적에 의존한 것이다. 하나님께 가기 위한 필요한 접근 방법은 전적으로 신뢰하는 마음이다.

VI. 이방인은 자만하지 말아야 한다. 그들은 참감람나무 줄기에 접붙임을 받아 돌감람나무에 지나지 않기 때문이다.

그들은 이 사실을 기억해야 한다.

VII. 이것이 끝은 아니다. 유대인은 이방인이 받은 특권에 대해 놀라운 질투를 하게 될 것이요, 결국 이방인으로 구원을 얻게 될 것이다.

VIII. 최후에는 유대인이나 이방인이다 할 것 없이 모두 구원을 받게 될 것이다.

영광은 바울의 변론의 맨 마지막에 있는 것이다. 그는 어떤 이들은 받아들여지게 그리고 다른 이들은 버림 받게 선택되었다고 하는 말로 시작했으나, 끝에 가서 모든 사람이 구원을 받는 것이 하나님의 뜻이라고 말하게 된 것이다.

비극적인 실패

로마서 9:1-6

1-2내가 그리스도 안에서 참 말을 하고 거짓말을 아니하노라 나에게 큰 근심
이 있는 것과 마음에 그치지 않는 고통이 있는 것을 내 양심이 성령 안에서
나와 더불어 증언하노니 3나의 형제 곧 골육의 친척을 위하여 내 자신이 저
주를 받아 그리스도에게서 끊어질지라도 원하는 바로라 4그들은 이스라엘
사람이라 그들에게는 양자 됨과 영광과 언약들과 율법을 세우신 것과 예배
와 약속들이 있고 5조상들도 그들의 것이요 육신으로 하면 그리스도가 그들
에게서 나셨으니 그는 만물 위에 계셔서 세세에 찬양을 받으실 하나님이시
니라 아멘 또는 만물 위에 계신 하나님께 세세에 찬양이 있으리로다 6그러나
하나님의 말씀이 폐하여진 것 같지 않도다 이스라엘에게서 난 그들이 다 이
스라엘이 아니요

이 구절로써 바울은 유대인의 예수 그리스도에 대한 배척을 설명하려고 시도한다. 그는 노여움이 아니라 슬픔에서 시작한다. 여기에는 분노나 노한 저주의 추방이 없다. 여기에는 찢어진 가슴의 날카로운 슬픔이 있다. 바울은 자신이 사랑하고 섬기는 하나님과 같이 대처하고 있다. 바울은 죄를 미워했다. 그러나 죄인은 사랑했다. 누구도 그가 먼저 사람을 사랑하기 전에는 그들을 구원하려고 하지도 않을 것이다. 바울은 유대인을 노함으로 채찍 맞을 백성으로 본 것이 아니라 갈망하는 사랑으로 동정하여야 할 백성으로 보았다.

바울은 유대인에게 그리스도를 믿게 할 수만 있다면 기꺼이 생명이라도 내던질 수가 있었다. 그의 생각은 유대 역사상 가장 위대했던 옛이야기로 돌아가고 있었는지 모르겠다. 모세가 산꼭대기로 하나님의 손에서 율법을 받기 위해 올라갔을 때 산 아래 남아 있었던 백성은 금송아지를 만들고 거기에 경배함으로 죄를 지었다. 하나님이 그들에게 진노하셨다. 그러자 모세는 저 유명한 기도를 했다. "그러나 이제 그들의 죄를 사하시옵소서 그렇지 아니하시오면 원하건대 주

께서 기록하신 책에서 내 이름을 지워 버려 주옵소서"(출 32:32) 바울은 자신의 형제를 위하여 도움이 될 수만 있다면 저주라도 받겠다고 말한다. 그가 사용한 단어는 **아나테마**(anathema)인데 이것은 진멸하기 위하여 하나님께 바쳐졌다(신 3:6, 2:34; 여 6:17, 7:1-26). 누구든지 이스라엘을 하나님 경배에서 유혹하려고 하면 그는 사정없이 무자비하게 진멸하도록 정죄되었다(신 13:8-11).

바울 생애 중 가장 귀한 것은 아무것도 그를 그리스도 예수 안에 있는 하나님의 사랑에서 끊을 수 없다는 것이다. 그러나 하나님께로부터 추방이라도 감수하려 했다. 여기에 또다시 큰 진리가 있으니 **죄인을 구원하고자 하는 자는 죄인을 사랑해야 한다**. 아들이나 딸이 어떤 잘못을 저질러 벌을 달게 받게 되었을 때 대다수의 부모는 할 수만 있다면 그 처벌을 대신 달게 받는다. 마이어스(Myers)가 〈성(聖) 바울〉이라는 시에서 바울의 입을 빌려 말했듯이!

> 그리고 전율로써 견딜 수 없는 소원이 나팔 소리와 같이 내 전신을 떨게 하네.
> 오, 이들을 구하려고, 그들의 구원을 위해 죽더라도—
> 그들의 생명을 위해서는 죽음이라도 그들 전부를 위하여
> 제단에 드리워질지어다.

그것이 바로 하나님이 느낀 것이고, 바울이 느낀 것이며, 우리가 느껴야만 할 것이다.

바울은 잠시도 하나님의 섭리 속에 있는 유대인의 지위를 부인하지 않았다. 그는 그들의 특권을 열거한다.

1. 특별한 의미로 그들은 하나님의 자녀요, 특별히 선택되었고, 특별히 하나님의 기족에 들어간 것이다. "너희는 너희 하나님 여호와의 자녀이니"(신 14:1) "그는 네 아버지시요 너를 지으신 이가 아니시냐?"(신 32:6) "이스라엘은 내 아들 내 장자자"(출 4:22). "이스라엘의 어렸을 때에 내가 사랑하여 내 아들을 애굽에서 불러 냈거늘"(호 11:1). 성경 전체에 걸쳐 이 이스라엘의 특별한 아들 됨의 개념과 이스라엘의 이에 대한 전적인 부정의 개념으로 가득 차 있다. 보어햄(Boreham)

이 어디에선가 소년 시절에 친구의 집을 방문한 일에 대해 이야기하고 있다. 거기에는 들어가서는 안 될 방이 하나 있었다. 하루는 그가 그 방 건너편에 앉아 있었는데 그때 방문이 열리며 그 안에 자기 또래의 한 소년을 보았다. 그러나 그 소년은 무서운 백치 상태에 있었다. 그는 그 소년의 어머니가 그 곁으로 가는 것을 보았다. 그 여자는 틀림없이 어린 보어햄이 건장하고 온전한 정신으로 앉아 있는 것을 보고는 자기 아들과 비교함으로써 가슴이 찢어졌을 것이다. 그는 그 어머니가 백치 소년의 곁에 무릎을 꿇고 고통스럽게 대성통곡하는 것을 보았다. "내가 너를 먹이고 입히고 사랑했다. 그러나 너는 나를 이렇게도 몰라주는구나." 그것이 하나님이 이스라엘에게 하셨을 말씀일 것이다. 이 경우에는 다만 더 심한 것뿐이다. 이스라엘의 배척은 고의적이고 의식적으로 한 것이기 때문이다. 하나님의 마음을 아프게 하는 것은 무서운 일이다.

II. 이스라엘이 영광을 가지고 있었다. 쉐키나(shekinah) 혹은 **카보스**(kaboth)가 이스라엘의 역사에는 여러 번 되풀이하여 나타난다. 이것은 하나님이 자기 백성을 보러 내려오실 때 내려온 하나님의 웅장한 빛이었다(출 16:10, 24:16-17, 29:43, 33:18-22). 이스라엘은 하나님의 영광을 보고도 하나님을 배척했다.

우리에게 이것은 예수 그리스도의 얼굴에서 하나님의 사랑과 자비의 영광을 보게끔 주어진 것이다. 하나님의 영광을 보고도 세상 길을 택한다는 것은 무서운 일이다.

III. 이스라엘은 언약을 소유했다. 언약이란 두 민족 사이에 이루어진 관계이며, 상호 이익을 위한 협상이요, 상호간의 우의를 위한 결정이다.

이스라엘 역사에서 하나님은 반복해서 이스라엘 백성에게 찾아오셨고 그들과 특별한 관계를 맺으셨다. 그는 아브라함과 이삭과 야곱과 시내 산 위에서 율법을 주었을 때 그러하셨다. 이레나이우스(Irenaeus)는 하나님이 인간과 이런 관계의 계약을 맺은 네 번의 큰 계기를 말하고 있다.

그 첫 언약은 홍수 후에 노아와 이루어진 것이다. 그 표징으로는 하늘에 있는 무지개로 다시는 이 땅에 홍수가 나지 않는다는 약속이다. 두 번째 언약은 아브라함과의 언약이다. 그리고 그 표시는 할례였다. 세 번째 언약은 시내 산에서 한 민족과 맺은 언약으로서 그 근거는 율법이었다. 네 번째 언약은 예수 그리스도 안에 있는 새 언약이다.

하나님께서 인간에게 찾아오셔서 인간과 어떤 언약의 관계에 들어간다는 것을 생각하는 것은 놀라운 일이다. 하나님이 한 번도 인간을 홀로 내버려 두시지 않는다는 것은 누구나 아는 사실이다. 하나님은 한 번 접근해 오시려 했다가 다음에는 인간을 내버리지는 않으신다.

하나님은 인간에게 되풀이해서 접근해 오시고 지금도 각각의 영혼에 반복하여 접근해 오고 계신다. 그는 문 앞에 서서 문을 두드리고 계신다. 그리고 인간이 하나님의 접근을 거절할 수 있다는 것은 인간 의지의 무서운 책임이다.

Ⅳ. 그들은 율법을 소유했다. 이스라엘은 절대로 하나님의 뜻을 몰랐다고 변명할 수 없다. 하나님은 그들이 무엇을 했으면 하는지를 그들에게 다 말해 주셨다. 그들이 범죄했으며 모르고서가 아니라 알고서 죄를 지었다. 알고서 지은 죄는 모든 죄악 중 가장 큰 죄악인 하나님에 대한 죄다.

Ⅴ. 그들은 성전에서 예배를 드렸다. 예배는 본질적으로 인간이 하나님께 접근하는 것이다. 그리고 성전 안에서 하나님를 경배하는 것은 유대인에게 하나님께 접근하는 방법의 특별한 길을 열어 주었다. 하나님께로 가는 문이 닫혔으면 그들 자신이 닫은 것이다.

Ⅵ. 그들은 언약이 있었다. 이스라엘은 그 민족의 운명을 모른다고는 절대로 말하지 못한다. 하나님은 자신의 목적 안에 그들을 위해 쌓아 둔 임무와 특권을 그들에게 일러주셨다. 그들은 하나님의 섭리 가운데서 크게 될 것을 알고 있었다.

Ⅶ. 그들은 조상을 가지고 있었다. 그들은 전통과 역사도 가지고 있었다. 그리고 자신의 전통에 충실하지 못하거나 그에게 주어진 유전을 부끄럽게 하는

자는 천하게 여길 자였다.

VIII. 그러고는 그 절정에 다다른다. 그들에게서 하나님의 기름부음을 받은 자가 왔다. 앞의 모든 것은 이것을 위한 준비 과정이었다. 모든 것이 이것으로 집중되었다. 그런데도 그가 오셨을 때 그들은 그를 배척했다. 인간이 가질 수 있는 가장 뼈아픈 비애는 자기 자식에게 성공의 모든 기회를 마련해 주고 수고하고 난 후에 그 아이가 자신의 불순종이나, 반역이나 방종으로 기회를 놓친 것을 보는 것이다. 거기에 비극이 있다. 거기에는 사랑의 수고의 낭비와 사랑의 꿈의 패배가 있기 때문이다. 이것이 이스라엘의 비극이다. 하나님이 이스라엘에게 자기 아들이 오는 날을 위해 예비하셨으나 그 모든 준비가 완전히 좌절된 것이다. 그것은 하나님의 율법이 지켜지지 않은 것이 아니라 하나님의 사랑이 거절을 당한 것이다. 바울의 표현 뒤에 있는 것은 하나님의 분노가 아니라 찢어진 하나님의 마음이다.

하나님의 선택

로마서 9:7-13

7또한 아브라함의 씨가 다 그의 자녀가 아니라 오직 이삭으로부터 난 자라야
네 씨라 불리리라 하셨으니 8곧 육신의 자녀가 하나님의 자녀가 아니요 오직
약속의 자녀가 씨로 여기심을 받느니라 9약속의 말씀은 이것이니 명년 이때
에 내가 이르리니 사라에게 아들이 있으리라 하심이라 10그뿐 아니라 또한
리브가가 우리 조상 이삭 한 사람으로 말미암아 임신하였는데 11그 자식들이
아직 나지도 아니하고 무슨 선이나 악을 행하지 아니한 때에 택하심을 따라
되는 하나님의 뜻이 행위로 말미암지 않고 오직 부르시는 이로 말미암아 서
게 하려 하사 12리브가에게 이르시되 큰 자가 어린 자를 섬기리라 하셨나니
13기록된바 내가 야곱은 사랑하고 에서는 미워하였다 하심과 같으니라

유대인이 하나님의 아들 예수 그리스도를 배척하여 십자가에 못 박았으면 그것은 하나님의 목적이 좌절되고 하나님의 계획이 차질을 가져온 것이라는 말인가? 바울은 그렇지 않다는 이상한 논증을 제시한다. 사실상 유대인이 모두 예수를 배척한 것은 아니다. 그 중 얼마는 예수를 받아들였으니 초기 신자들은 다 유대인이었다. 초기란 물론 복음이 이방으로 나가기 전을 의미했다. 그리고 바울 자신도 유대인이 아니었던가? 바울은 말한다.

우리가 이스라엘의 역사를 거슬러 올라가면 이 선택의 과정이 되풀이하여 작용하고 있는 것을 볼 것이다. 반복하여 하나님의 목적과 설계 안에 들어 있는 유대인 모두가 아니라는 것을 볼 수 있다. 그 중 일부는 그러했고, 일부는 그렇지 못했다. 하나님이 역사하시고 당신의 계획을 집행해 나가신 민족의 계보는 절대로 아브라함의 육적 후예라고 주장하는 모든 사람으로 구성된 것이 아니다. 모든 계획의 배후에는 순전한 혈통적 후예만이 하나님의 택하심, 즉 선택이 있다.

자기 주장을 증명하기 위해 바울은 유대 역사에서 두 경우를 예로 들고 그것을 성경 구절로 보강한다.

아브라함은 두 아들이 있었다. 하나는 여종 하갈의 아들 이스마엘이요 다른 하나는 그의 처 사라의 아들 이삭이다. 이스마엘과 이삭 두 사람은 틀림없이 다 아브라함의 혈육의 후예다. 육체적으로 그들은 둘 다 그의 아들이다. 사라가 아들을 낳은 것은 너무 늙어 인간적으로 말할 때 불가능하다고 할 정도로 나이 많아서였다. 이삭이 나서 자랄 때 불가능하다고 할 정도로 나이가 많아서였다. 이삭이 태어나서 자랄 때 이스마엘이 이삭을 희롱하는 날이 왔던 것이다. 사라는 언짢게 생각하고 하갈과 그의 아들 이스마엘을 내쫓아 이삭 혼자서 상속할 수 있게 하라고 요구했다. 아브라함은 하갈과 이스마엘을 내쫓기를 아주 꺼렸으나 하나님이 그렇게 하라고 명하셨다. 이는 그의 자손이 이삭 안에서 그의 이름을 유지하기 원하셨기 때문이다(창 21:12). 이스마엘은 자연적이고 인간적인 방법과 욕망으로 낳은 아들이었다. 그러나 이삭은 인간적인 입장에서 볼 때 아들을 낳는다는 것조차 불가능한 때 낳은 하나님의 약속에 의한 아들이었다(창 18:10-14). 진정한 후계권이 주어진 것은 약속의 아들이었다. 그러면 여기에 모든 아브라함의 육적인 후손이 유대인, 즉 선택된 자로서 인정될 수 없다는 증거가 있다. 그 민족 안에서 하나님의 선별과 택함은 계속되었다.

그 다음에 바울은 다른 경우를 예로 든다. 이삭의 아내 리브가가 잉태했을 때 하나님이 그에게 다음과 같이 말했다. 즉, 그의 태속에는 두 민족의 조상이 될 두 아이가 있다. 그런데 때가 이르면 형이 아우를 섬기고 그에게 종이 되리라는 것이다(창 25:23). 이리하여 쌍둥이 에서와 야곱이 태어났다. 그리고 사실은 에서가 형이었으나 하나님의 선택은 야곱에게 떨어졌고 그 야곱의 계통을 통하여 하나님의 뜻이 이루어졌다. 변론의 결론을 내리기 위해 바울은 말라기 1장 2-3절을 예거했는데 그곳에는 하나님이 선지자에게 "내가 야곱을 사랑하였고 에서는 미워하였다"라고 말하였다.

바울의 논증은 유대인 됨에는 아브라함의 후손 됨보다 무엇인가가 더 있고, 택함 받은 백성은 단순히 아브라함의 육적인 후손의 전체가 아니고 그 종족 자체 내에서 역사 이래 선택의 과정이 계속되었다는 것이다.

유대인이면 지금까지 변론을 완전히 이해하고 받아들일 것이다. 아랍인은 아브라함의 순수한 육적인 아들 이스마엘의 후손이었다. 그러나 유대인은 아랍인이 택함 받은 백성에 속한다고 말하는 것은 꿈도 꾸지 않는다. 에돔인은 에서 자손이었다. 이것이 말라기가 의미하는 바다. 에서는 이삭의 참 아들, 아니 야곱의 쌍둥이 형인데도 유대인이라면 어느 누구도 에돔 사람이 택함 받은 백성 중의 한 몫을 가지고 있다고 생각하지 않는다.

바울은 유대인의 관점에서 자기 주장을 했다. 아브라함의 육적 자손의 가족 내에서도 선택이 **있었다**. 바울은 더 나아가 그 선택은 행위와 공로와 그것을 얻으려는 인간적인 노력과는 무관하다고 말한다. 그 증거로서는 야곱과 에서는 **그들이 낳기도 전에** 야곱은 택함을 받았고 에서는 버림을 받았다. 그 선택은 그들이 아직 모태에 있어 낳기도 전에 이루어졌던 것이다.

불가피하게 우리의 생각은 이 논리에 주저하게 된다. 이것은 우리에게 하나님은 명백하게 마음대로 한 사람은 택하고 다른 한 사람은 버리시는 분으로 보인다. 우리에게는 이 논리가 터무니없는 말이다. 그것이 하나님께서 우리에게는 윤리적으로 정당화될 수 없는 행동에 대해 책임을 지우기 때문이다.

그러나 실상은 이것이 우리에게는 이상하게 보이고 받아들이기 어려우나 유대인에게는 적중하는 논리다. 우리에게도 이 논리의 핵심에는 하나의 큰 진리가 있는 것이다. 모든 것이 하나님께로부터 기인되었고 그 배후에는 하나님의 행위가 있다. 심지어는 독단적이고 우연하게 보이는 것까지도 하나님이 하시는 것이다. 이 세상에는 목적 없이 움직이는 것은 아무것도 없다.

하나님이 지상에서 가지신 뜻

로마서 9:14-18

[14]그런즉 우리가 무슨 말을 하리요 하나님께 불의가 있느냐 그럴 수 없느니
라 [15]모세에게 이르시되 내가 긍휼히 여길 자를 긍휼히 여기고 불쌍히 여길
자를 불쌍히 여기리라 하셨으니 [16]그런즉 원하는 자로 말미암음도 아니요 달
음박질하는 자로 말미암음도 아니요 오직 긍휼히 여기시는 하나님으로 말미
암음이니라 [17]성경이 바로에게 이르시되 내가 이 일을 위하여 너를 세웠으니
곧 너로 말미암아 내 능력을 보이고 내 이름이 온 땅에 전파되게 하려 함이
라 하셨으니 [18]그런즉 하나님께서 하고자 하시는 자를 긍휼히 여기시고 하고
자 하시는 자를 완악하게 하시느니라

이제 바울은 우리 마음에 일어나는 바로 그런 논쟁과 반론을 항변한다. 그는 이미 이스라엘의 모든 역사를 통해 선별과 선택 과정이 계속되었다고 말했다.

그는 한 걸음 더 나아가 이 선택이 그 선택된 사람의 어떤 공로나 가치에 있는 것이 아니며, 하나님의 뜻밖에는 아무것에도 달려 있지 않다고 강조한 바가 있다. 이를 반대하는 자는 물을 것이다. 그러나 그것이 공평한가? 그것이 정당한가? 사실과 같이 인간의 의지가 전혀 반영되지 않은 완전히 독단적인 선택의 정책을 좇는 것이 하나님의 공의인가? 바울의 대답을 대강 간추린다면 하나님은 자신이 하시기로 정하는 대로 할 수 있다. 로마 제국의 공포시대에는 그 누구의 생명도 안전하지 못했고 무책임하고 의심 많은 황제의 변덕으로 누구나 죽을 수

있었다. 갈바(Galba)라는 한 황제가 등극했을 때 "나는 내가 좋아하는 것은 무슨 짓이라도 할 수 있고, 누구에게라도 할 수 있다"라고 말했다. 솔직히 말해서 그것이 바로 바울이 여기에서 하나님에 대해 말하고 있는 것이다.

또다시 바울은 자신의 주장을 증명하려고 두 경우를 들고 그것을 성경 인용으로 보강한다. 첫 번째에는 출애굽기 33장 19절에서 인용한다. 그 경우에 모세는 하나님이 이스라엘 백성과 함께 계시다는 어떤 진정한 증거를 간구하고 있었다. 하나님의 대답은 당신이 택하는 그 사람에게 자비를 베풀 것이라고 했다. 어느 민족의 선택과 그 민족에 대한 하나님의 자비도 오직 하나님 자신에게 달려 있다.

다른 경우는 이스라엘의 애굽과 바로의 권력에서 해방되기 위한 전쟁에서다. 모세가 처음으로 바로에게 가서 놓아 달라고 요구했을 때 바로에게 하나님께서는 하나님의 능력을 나타내시기 위해서, 또 그 능력을 거역하는 자에게 그 능력이 무엇을 의미하는지를 명백히 하기 위해 바로를 역사의 무대 위에 올려놓으셨다고 경고했다. 바로는 모든 사람에게 하나님에게 대항하는 사람에게 어떤 일이 생길 것인가 하는 한 예로 역사 위에 들어오게 된 것이다(출 9-16장).

또다시 우리의 생각은 여기서 주저한다. 이것은 물론 하나님께서 아무 일이나 하실 수 있다는 것은 어떤 의미에서든지 사실이 아니다. 하나님은 당신 자신의 본 성격에 위배되는 일을 아무것도 하실 수 없다. 하나님은 불공정한 데 대해서, 또 사실상 당신 자신의 법을 어기게 되는 여하한 행위에도 책임이 있는 것은 아니다. 우리는 무책임하게 한 사람에게는 자비를 베푸시고 다른 사람에게는 행하지 않으시며, 어떤 왕을 그저 꼭두각시가 되거나 어떤 인물을 통해 하나님의 보복적 능력을 과시하기 위해 내세우시는 하나님은 생각할 수가 없다. 다시 말하지만 이런 논리는 그것이 모든 것의 배후에 하나님이 계시다는 것을 의미하기 때문에 유대인에게는 이론이 정연하고 이해할 수 있는 것이다.

그러나 이 논리의 맨 밑바닥에 내려가면 이것은 적어도 한 가지 큰 진리를 내포한다. 하나님과 인간과의 관계를 공의라는 조건하에서는 생각할 수가 없다. 사람은 하나님에게 아무것도 권리를 주장할 수가 없다. 피조물은 창조자에게 아무 권리도 주장하지 못한다. 언제든지 **공의**가 들어오면 그 대답은 인간은 하나님께로부터 아무것도 받을 수 없고 권리를 주장할 수 없다. 이 논리는 하나님이 인간을 다룰 때 본질적인 것은 절대로 하나님에 대한 인간의 주장이 될 수 없고 다만 하나님의 뜻과 자비뿐이라는 것이다.

토기장이와 진흙

로마서 9:19-29

[19]혹 네가 내게 말하기를 그러면 하나님이 어찌하여 허물하시느냐 누가 그
뜻을 대적하느냐 하리니 [20]이 사람아 네가 누구이기에 감히 하나님께 반문하
느냐 지음을 받은 물건이 지은 자에게 어찌 나를 이같이 만들었느냐 말하겠
느냐 [21]토기장이가 진흙 한 덩이로 하나는 귀히 쓸 그릇을, 하나는 천히 쓸
그릇을 만들 권한이 없느냐 [22]만일 하나님이 그의 진노를 보이시고 그의 능
력을 알게 하고자 하사 멸하기로 준비된 진노의 그릇을 오래 참으심으로 관
용하시고 [23]또한 영광 받기로 예비하신바 긍휼의 그릇에 대하여 그 영광의
풍성함을 알게 하고자 하셨을지라도 무슨 말을 하리요 [24]이 그릇은 우리니
곧 유대인 중에서뿐 아니라 이방인 중에서도 부르신 자니라 [25]호세아의 글에
도 이르기를 내가 내 백성 아닌 자를 내 백성이라, 사랑하지 아니한 자를 사
랑한 자라 부르리라 [26]너희는 내 백성이 아니라 한 그곳에서 그들이 살아 계
신 하나님의 아들이라 일컬음을 받으리라 함과 같으니라 [27]또 이사야가 이스
라엘에 관하여 외치되 이스라엘 자손들의 수가 비록 바다의 모래 같을지라
도 남은 자만 구원을 받으리니 [28]주께서 땅 위에서 그 말씀을 이루고 속히 시
행하시리라 하셨느니라 [29]또한 이사야가 미리 말한바 만일 만군의 주께서 우
리에게 씨를 남겨 두지 아니하셨더라면 우리가 소돔과 같이 되고 고모라와
같았으리로다 함과 같으니라

앞에서 바울은 이스라엘의 모든 역사를 통하여 하나님의 선택과 선별이 계속

되고 있었다는 것을 보여 주었다. 이에 대해 자연스럽게 반대가 일어날 수 있다. 모든 역사의 배후에 하나님의 선택과 버림이 있다면 어떻게 하나님이 당신을 배척한 사람을 나무랄 수 있겠는가? 그 잘못은 전혀 그들의 것이 아니고, 진실로 하나님의 것이다. 책임이 그들에게 있는 것이 아니라 하나님에게 있다.

이 조잡한 반론에 대해 바울은 거의 거칠 정도로 퉁명스럽게 대답한다. 그는 누구도 하나님과 논쟁할 아무 권리가 없다고 말한다. 토기장이가 그릇을 만들 때 그 그릇은 토기장이에게 말할 수 없다. 토기장이는 그것에 대해 절대권을 가지고 있다. 한 덩어리의 진흙에서 한 그릇은 고귀한 목적을 위해, 다른 하나는 천한 목적을 위해 만들 수 있으되 그 진흙은 그와 아무런 관련이 없고 반항할 아무런 권리가 없다. 사실은 바울은 이 말을 예레미야에서 인용한 것이다(렘 18:1-6). 이에 대해 두 가지가 언급되어야 할 것이 있다.

I. 이것은 좋지 못한 유추법이다. 유명한 신약 주석가는 이 구절은 바울이 기록하지 않았으면 하는 구절이라고 말했다. 물론 그런 것은 거의 없지만, 인간과 진흙덩어리하고는 차이가 있는 것이다. 인간은 한 인격이고 진흙덩어리는 물건이다. 물건을 가지고는 무엇이건 원하는 대로 할 수 있을지 모르지만 인격적인 사람을 가지고는 그럴 수가 없다. 진흙은 대답하려 하지 않고 또 질문하려 하지 않는다. 진흙은 생각할 수도, 느낄 수도 없다. 진흙은 괴로워할 수도, 당황할 수도, 몹시 고민할 수도 없다.

어떤 사람이 말할 수 없이 마음 아프고, 영혼을 시들게 하는 슬픔을 당했다면 그에게 하나님이 자신이 좋아하는 대로 할 수 있기 때문에 불평할 권리가 없다고 말하는 것은 아무런 도움을 못 줄 것이다. 그것은 폭군의 상징이지 인자한 아버지의 표식은 아니다. 하나님께서 인간을 토기장이가 진흙덩어리를 취급하듯이 대하지 않는다는 것은 복음의 기본적인 문제다. 하나님은 인간을 인자한 아버지가 자기 자식을 대하듯 취급하신다.

II. 우리가 그것을 말했을 때 기억해야만 할 것이 하나 있는데, 바울 자신이 이 구절을 기록한 것은 마음의 번뇌에서 비롯된 것이라는 사실이다. 그는 하나님의 백성이, 바울 자신의 골육이 하나님의 아들을 배척하고 십자가에 못 박았다는 난처한 사실에 봉착했다.

바울은 이 말을 하기 **원했던** 것이 아니라 말하지 않으면 **안 되게 되었었다**. 그가 찾을 수 있는 단 하나의 가능한 설명은 하나님께서 자신의 목적을 위하여 어째서인지는 몰라도 하여간 자신의 백성의 눈을 멀게 하셨다는 것이다. 어쨌든 바울은 그 논쟁을 거기서 끝내지 않았다. 이렇듯 유대인을 배척하는 것은 이방인에게 문호가 개방되게 하기 위한 것이라고 말한다.

여기서 다시 한 번 바울은 좋게 변론하지 않는다. 하나님이 악한 환경을 **사용하여** 거기서 선한 것을 끄집어냈다고 하는 말과 하나님이 악한 환경을 **창조하여** 거기서 선한 것을 끄집어냈다고 말하는 것과는 천양지차가 있다. 이것은 사실상 하나님이 선한 것이 나오게 하기 위해 악을 행했다는 것과 같다.

바울이 말하는 것은 하나님이 의식적으로 이방인이 들어올 수 있게 유대인의 생각을 어둡게 하고 눈을 멀게 하고 마음을 굳게 만드셨다는 것이다. 그래도 이것은 연구실에 조용히 앉아 사색을 하는 신학자의 논리는 아니라는 것을 기억해야 한다. 이것은 완전히 이해할 수 없는 경우에 대한 어떤 타당성 있는 이유를 찾기 위해 절망하고 있는 사람의 변론이다. 결국 바울이 찾을 수 있는 단 하나의 해답은 그저 하나님이 하셨다는 것이다.

바울은 유대인과 논쟁하고 있는 것이다. 그러므로 바울은 자신의 논증을 방어하려면 성경을 인용해 보강하는 길밖에 없다는 것을 알았다. 그래서 그는 유대인을 배척하는 것과 이방인을 받아들이는 것이 이미 선지자들에게서 예언되었다는 본문을 인용한다. 호세아는 하나님께서 자기 백성이 아닌 자들을 자기 백성으로 만들 것이라고 말했다(호 2:23). 그는 하나님의 백성이 아닌 자들로 하나님의 아들들이라 부를 것이라고 말했다(호 1:10). 그는 이사야가 이스라엘에 남아 있는 자들이 없었더라면 전멸되었을 환경을 미리 본 것을 보여 주었다(사 10:22-23, 13:10). 이스라엘의 백성이 이해만 했더라면 자신들의 운명을 미리 알 수 있었을 것이라는 것이 바울의 논조다.

이 구절에서 바울은 비평하기는 쉽다. 그러나 우리가 기억해야 할 것은 바울은 자기 백성에 대한 절망적인 번뇌 속에서 어찌해서인지는 모르나 모든 것이 하나님의 하신 일이라는 사실에 매달렸다는 것이다. 그때에는 그것밖에는 아무 것도 말할 것이 없었다.

유대인의 잘못

로마서 9:30-33

[30]그런즉 우리가 무슨 말을 하리요 의를 따르지 아니한 이방인이 의를 얻었
으니 곧 믿음에서 난 의요 [31]의의 법을 따라간 이스라엘은 율법에 이르지 못
하였으니 [32]어찌 그러하냐 이는 그들이 믿음을 의지하지 않고 행위를 의지함
이라 부딪칠 돌에 부딪쳤느니라 [33]기록된바 보라 내가 걸림돌과 거치는 바위
를 시온에 두노니 그를 믿는 자는 부끄러움을 당하지 아니하리라 함과 같으
니라

여기에서 바울은 하나님을 향하여 느끼는 두 가지 방법 사이에 명확한 구분을 짓는다. 먼저 유대적인 방법이 있다. 유대인의 목적은 자신을 하나님과 올바른 관계에 놓는 것이다. 그의 주장은 자기 자신이 율법의 엄격한 준수로서 자신을 하나님과 올바른 관계에 놓을 수 있다고 하는 것이다. 유대인은 하나님과 올바른 관계는 노력으로 얻어질 수 있는 것이라고 생각했다. 그것은 달리 생각할 수 있다. 즉, 근본적으로 유대인의 생각은 사람은 엄격한 율법 준수로써 결국에는 대변(貸邊)의 잔고가 늘어 갈 수 있다고 생각하는 것이다. 그가 이 대변의 잔고를 쌓게 되면 그 결과 하나님이 그에게 빚진 격이 되는 것이다. 하나님은 그에게 구원해 줄 빚을 지게 되는 것이다.

본질적으로 유대인은 하나님과 친교를 인간의 노력으로 획득하고 쟁취하고 달성할 수 있는 것으로 생각했다. 이것은 명백히 승산이 없는 전쟁이다. 그것은 인간의 불완전성이 절대로 하나님의 완전성을 충족시킬 수가 없고, 인간의 죄악은 하나님의 성결을 대할 수 있는 권리를 얻을 수가 없으며, 인간은 하나님이 자

신을 위해 행하신 것을 보답하기 시작조차도 못한다. 그것이 정확히 바울이 발견한 것이다. 바울은 이렇게 말했다. 유대인은 평생을 두고 율법을 찾아 헤맨다. 그 율법을 순종하면 그는 하나님과 올바른 관계에 있게 되리라는 희망에서. 그러나 결코 찾지를 못한다. 세상에는 그런 율법이 없기 때문이다. 이방인은 한 번도 이렇게 찾아본 일이 없다. 그러나 이방인이 갑자기, 전혀 뜻밖에 예수 그리스도 안에 있는 믿기 어려운 하나님의 사랑을 만나게 되자 완전한 믿음 속에서 그 사랑 위에 자신을 내던져 버렸다.

이것은 이방인이 십자가를 보고 이렇게 말한 것 같다. "하나님께서 나를 그렇게 사랑하신다면 나는 내 생명과 영혼을 다 바쳐서라도 믿겠습니다." 유대인은 하나님을 자신들에게 빚지게 하려고 했고 이방인은 하나님에게 빚진 것으로 만족했다. 유대인은 하나님을 위해 무엇인가를 함으로써 구원을 획득할 수 있다고 믿었고 이방인은 하나님이 자신을 위해 행해진 것에 대해 놀라워 어쩔 줄 몰랐다.

유대인은 하나님께 가는 길을 행위로 찾으려고 노력했고, 이방인은 믿음 통해 왔다. 어느 누구도 하나님의 호의를 살 수가 없다는 것이 바울의 확신이다.

> 내 손의 수고가
> 당신의 율법의 요구를 충족할 수 없습니다.
> 내 열심은 휴식을 모르고,
> 내 눈물이 영원히 흐를 수 있으나,
> 이 모든 것이 죄를 속할 수가 없습니다.
> 주님이 구원하셔야 합니다. 오직 주님만이.

바울은 그것에 대해 "아멘"이라고 말했을 것이다.

이 구절 맨 끝에 우리는 **그 돌**에 대한 기사를 찾을 수 있다. 이것은 초대 기독교 저자들의 특징 있는 기사 중의 하나다.

구약에는 **이 돌**에 대한 오히려 모호한 구절들이 있다. 창세기 49장 24절에는 하나님을 이스라엘의 목자와 돌(혹 반석)이라고 기술했다. 이사야 8장 14절에는 하나님이 이스라엘 집의 **거치는 돌**과 걸리는 반석이 될 것이라고 했다. 이사야 28장 16절에서 하나님은 시온에 기초를 위해 **한 돌**, **한 귀한 모퉁이 돌**, 즉 견고한 기초를 놓으리라고 하셨다. 다니엘 2장 34, 35, 44, 45에는 알 수 없는 돌에 대한 기사가 있다. 시편 118편 22절에서 저자는 "건축자가 버린 돌이 집 모퉁이의 머릿돌이 되었나니"라고 읊었다. 기독교인들이 그리스도의 예언을 찾으려고 구약을 연구했을 때 이 놀라운 돌에 대한 기사들이 머리에 떠올랐다. 그리고 예수를 그들과 동일시했다. 그들이 그렇게 하는 데 보증이 된 것은 예수 자신이 그렇게 동일하게 여겼고 시편 118편 22절을 취하여 자신에게 적용하는 것을 복음서가 보여 주기 때문이다. 예수께서 악한 농부 비유를 끝마치고서 그렇게 하신 것으로 되어 있다(마 21:42).

초대 교인들은 견고한 기초요, 전체 건물을 함께 연결해 주는 모퉁이 돌이요, 버림 받았으나 나중에 모든 돌 중에 제일가는 돌이 된 이 놀라운 돌을 그리스도 자신의 자화상이라고 생각했다. 바울이 여기에서 실제로 사용하고 있는 인용은 이사야 8장 14절과 28장 16절이 결합된 것이다. 초대 기독교인과 바울은 이것을 하나님께서 자기 아들을 모든 사람의 생명의 기초가 되게 하려 하셨으나 그가 오시자 유대인은 배척을 했고 그들이 배척을 했기 때문에 하나님께서 그들의 구원이 되었어야 할 하나님의 선물이 그들의 저주가 되었다는 것을 의미한다고 생각했다. 이들의 이야기는 초대 교인들을 매혹시켰다. 우리는 이것을 신약에서 여러 번 찾아볼 수 있다(행 4:11; 엡 2:20; 벧전 2:4-6).

이 개념의 배후에 있는 영원한 진리는 이것이다. 즉, 예수 그리스도는 인간의 구주가 되려고 이 세상에 보내졌다. 그러나 예수 그리스도는 모든 사람이 심판 받을 기준이 되기도 한다. 사람이 예수에 대한 사랑과 순종으로 나아가면 예수께서는 그에게는 구원이 되신다. 사람이 전혀 감동을 받지 않고 혹은 노하여 반역한다면 예수께서는 그에게는 저주가 되는 것이다. 예수께서는 이 세상에 우리의 구원을 위해 오셨으나 인간은 예수에 대한 자신의 태도에 따라 구원을 얻든지 저주를 받게 된다.

The Letter to the **Romans** 10

그릇된 열심

로마서 10:1-13

[1]형제들아 내 마음에 원하는 바와 하나님께 구하는 바는 이스라엘을 위함이
니 곧 그들로 구원을 받게 함이라 [2]내가 증언하노니 그들이 하나님께 열심이
있으나 올바른 지식을 따른 것이 아니니라 [3]하나님의 의를 모르고 자기 의를
세우려고 힘써 하나님의 의에 복종하지 아니하였느니라 [4]그리스도는 모든
믿는 자에게 의를 이루기 위하여 율법의 마침이 되시니라 [5]모세가 기록하되
율법으로 말미암는 의를 행하는 사람은 그 의로 살리라 하였거니와 [6]믿음으
로 말미암는 의는 이같이 말하되 네 마음에 누가 하늘에 올라가겠느냐 하지
말라 하니 올라가겠느냐 함은 그리스도를 모셔 내리려는 것이요 [7]혹은 누가
무저갱에 내려가겠느냐 하지 말라 하니 내려가겠느냐 함은 그리스도를 죽은
자 가운데서 모셔 올리려는 것이라 [8]그러면 무엇을 말하느냐 말씀이 네게 가
까워 네 입에 있으며 네 마음에 있다 하였으니 곧 우리가 전파하는 믿음의
말씀이라 [9]네가 만일 네 입으로 예수를 주로 시인하며 또 하나님께서 그를
죽은 자 가운데서 살리신 것을 네 마음에 믿으면 구원을 받으리라 [10]사람이
마음으로 믿어 의에 이르고 입으로 시인하여 구원에 이르느니라 [11]성경에 이

르되 누구든지 그를 믿는 자는 부끄러움을 당하지 아니하리라 하니 [12]유대인
이나 헬라인이나 차별이 없음이라 한 분이신 주께서 모든 사람의 주가 되사
그를 부르는 모든 사람에게 부요하시도다 [13]누구든지 주의 이름을 부르는 자
는 구원을 받으리라

바울은 유대인에 대해 듣기 거북한 말들을 해 왔다. 그는 그들이 듣고 견디기 힘든 진리를 말했다. 로마서 9-11장은 모두 신앙에 대한 유대인의 방식과 태도에 대한 비난이다. 그런데도 한 가지 주목할 일은 처음부터 끝까지 거기에는 분노의 빛이 없다는 것이다. 거기에는 단지 희망적인 갈망과 충심에서 우러나는 동경밖에는 없는 것이다. 유대인이 구원을 받았으면 하는 것은 변함없는 욕망이다.

우리가 사람들을 기독교 신앙으로 이끌어 들이려면 우리의 태도도 그와 같아야 한다. 옛날 대설교가들은 이 사실을 알고 있었다. "꾸짖지 마시오"라고 말한 사람도 있고, "당신의 음성을 낮추기를 항상 잊지 마시오"라고 한 사람도 있다. 현대의 한 대설교가는 설교를 "사람에게 호소하는 것"이라고 말했다.

예수는 예루살렘을 위해 통곡하셨다. 사람을 희생시키는 설교가 있는가 하면 난폭한 말로 죄인을 후려치는 설교도 있다. 그러나 바울은 진리를 말할 뿐이요, 그 진리를 사랑으로 말했다.

바울은 유대인이 하나님에 대해 열성적이라는 것을 전적으로 수긍할 단계에 있었다. 그러나 그는 그 열성이 오도(誤導)된 것이라는 사실도 알고 있었다. 모든 유대교가 율법의 완전한 복종에 근거하고 있는 것이다. 율법의 그런 복종은 자기 종교에 대해 지독하게 열심인 사람에게만 가능하다는 것이 명백하다. 그것은 쉬운 일이 아니다. 간혹 심히 불편하기도 하고 빈번히 인생을 극히 불편한 것으로 만들기도 한다.

안식일 규정을 예로 들어 보자. 사람이 안식일에는 얼마만한 거리를 갈 수 있는지를 정확히 정해 놓았다. 또 두 개 마른 무화과보다 무거운 것을 들어서는 안 된다고 규정되어 있다. 안식일에는 어떤 음식도 만들어서는 안 된다고 되어 있다. 병이 걸렸을 때 환자가 악화되지 않게는 해도 무방하나 회복되게 해서는 안

된다.

오늘날까지도 안식일에는 불을 잘 고쳐 지피거나 전등 스위치를 켜지 않는 엄격한 정통파 유대인이 있다. 불가피하게 불을 고쳐 지펴야 하면 이방인을 고용한다. 어떤 유대인이 여유가 있으면 안식일 저녁에 자신이 손수 불을 켜지 않아도 될 수 있게 타이어를 설치하여 자동적으로 켜지게 하는 사람도 있다. 이것은 웃어넘길 문제가 아니다. 이것은 경탄해야 할 일이다.

율법의 길은 쉽지 않다. 그 누구도 자기 종교에 극히 열심이 아닌 이상 이런 일을 하려고 하기조차 않을 것이다. 유대인은 과거에도 열성적이었고 현재에도 그렇다. 바울은 그것을 수긍하기에 어렵지 않았다. 그러나 그 열성은 오도된 것이고 잘못 적용된 것이다.

마카비4서(the Fourth Book fo Maccabees)에 제사장 엘리아살(Eleazar)의 놀라운 사건이 있다. 그는 유대교를 말살하려 하는 안디오커스 에피파네스(A. Epiphanes) 앞에 끌려 나왔다. 안디오커스는 그에게 돼지고기를 먹으라고 명했다. 늙은 제사장은 거절했다. 그는 이렇게 말했다. "안디오커스 각하, 하나님의 율법 아래 사는 우리는 어떤 강압도 율법의 순종보다 강하다고 생각하지 않습니다." 그는 돼지고기를 만지기도 거부했다. "절대로 안 됩니다. 당신이 내 눈을 뽑아 내고 나의 장을 불에 태울지라도 안 됩니다." 그가 죽어야 한다면 조상들이 그를 "거룩하고 순전하게" 받아들일 것이라고 확신했다. 그를 때리라고 명했다. "그의 살은 매로 찢어져 피가 흘러 내렸고, 그의 옆구리는 상처로 쪼개졌다." 그가 넘어지자 한 병사가 발로 찼다. 나중에는 군인들이 하도 측은히 여겨 그에게 돼지고기를 먹었다고 말하라고 일렀다. 그는 거절했다. "나는 여호와 율법으로 인하여 무서운 고통에 이르기까지 율법을 위해 저항했다"라고 말하며 사형당했다. 그러면 이건 도대체 무엇인가? **이것은 돼지고기 먹는 것 때문이다**. 한 인간이 그런 율법 때문에 죽어가야 한다는 것은 믿어지지 않는 것같이 보인다. 그러나 유대인은 그렇게 죽었다. 진실로 그들은 율법에 대한 열심이 있었다. 아무도 그것을 부인할 수는 없다. 그들은 그렇게 함으로써 하나님께 진실한 것이라고 생각했다. 누구도 그들이 하나님께 드리는 봉사에 지독히 열심이 아니라고 말할 수 없다.

유대인의 접근 방법은 모두 율법에 대한 이런 순종으로 사람은 자신을 하나님과 올바른 관계에 놓일 수 있으며, 하나님의 신망과 호의를 얻는다고 생각했었다. 그들이 인류를 분류한 세 계급보다 유대인의 태도를 잘 보여 주는 것은 없다. 가장 먼저 선하여 그 대차계정에 오른쪽(貸邊)에 있는 사람이 있고, 다음으로는 악하며 대차계정에 차변(借邊)에 있는 사람이 있고 끝으로 한복판 중간에 있는 사람이 있는데 그는 선한 일 하나만 더 하면 선하게 될 수 있는 사람이다. 이 모든 것은 율법과 성취의 문제다.

바울은 이에 대해 "그리스도가 율법의 궁극"이라고 대답한다. 그가 의미한 것은 "예수 그리스도는 율법주의의 궁극"이라는 것이다. 신인 관계는 더 이상 대여자와 차입자 관계가 아니고, 수익을 얻은 자와 사정자(查定者) 간의 관계나 재판관과 재판정 앞에 서 있는 사람과의 관계가 아니다. 예수 그리스도가 이 세상에서 사셨고 그의 복음을 인간에게 가져오셨으므로 인간은 더 이상 하나님의 공의를 만족시켜야 할 임무를 가지지 않는다. 그가 할 수 있는 것은 오직 하나님의 사랑을 수락하는 것뿐이다. 그는 더 이상 하나님의 호의를 획득할 필요가 없고 하나님이 값없이 그에게 주시는 은혜와 사랑과 자비를 받아들이기만 하면 된다.

바울은 자신의 주장을 강조하기 위해 구약에서 두 곳을 인용한다. 첫째 그는 레위기 18장 5절을 인용하는데 거기에는 사람이 율법의 계명을 철저히 지키면 그것을 통해 생명을 얻은 것이라고 말하고 있다. 그것은 사실이다. **그러나 아무도 그렇게 하지 못했다**. 단순히 인간의 불완전성은 절대로 신의 완전성을 충족시킬 수 없기 때문이다. 그 다음에 신명기 30장12-13절을 인용한다. 이 인용구에서 바울은 하나님의 율법은 멀리 있거나 도달할 수 없는 것이거나 불가능한 것이 아니라 사람의 입과 생명과 마음속에 있는 것이라고 말했다.

바울은 그 구절을 비유로 바꾸었다. 그리스도를 이 세상으로 오게 한 것이나 죽음에서 다시 살게 한 것은 우리의 노력에 의한 것이 아니다. 우리에게 선한 것을 갖다 주는 것도 우리의 노력에 의한 것이 아니다. 그 일은 이미 우리를 위해 되어 있고 우리는 단지 그것을 받아들이고 자기 것으로 만든 것뿐이다.

9-10절은 가장 중요하다. 그 두 절이 초대 기독교 신조의 기초를 제공했다.

I. "예수 그리스도가 주"라고 말해야 한다. 주라는 말의 헬라어는 **큐리오스**(kurios)다. 이것은 초대교회의 가장 기초적인 단어다. 이것은 그 의미에 있어 네 단계가 있다.

1. 그것은 일반적인 경칭이다. 즉, 영어에서는 sir, 프랑스어에서는 monsieur, 독일어에서는 herr라고 하는 말이다.

2. 그것은 로마 황제의 일반적인 공칭이다.

3. 헬라 신들의 공칭으로 신의 이름 앞에 붙어 다녔다. **큐리오스 세라피스**(Kurios Serapis)를 영어로 하면 세라피스 신(Lord Serapis)이 된다.

4. 히브리 성경의 헬라어 번역에서는 하나님의 명칭 야훼 혹은 여호와의 역어(譯語)로 사용되었다. 그러므로 누가 예수를 **큐리오스**(kurios)라고 부른다면 그는 예수를 황제나 신과 동등하게 만드는 것이다. 그는 자기 생애에서 가장 높은 자리를 예수에게 드리는 것이고 절대 복종과 경건한 경배를 드리는 것이다.

예수를 **큐리오스**라고 부르는 것은 유일한 분으로 부르는 것이다. 그렇다면 사람이 기독교인이 된다는 것은 우선 예수 그리스도의 절대 **유일성**에 대한 느낌이 있어야 한다.

II. 예수께서 죽음에서 다시 사신 것을 믿어야 한다. 예수의 부활은 기독교 신앙의 요소였다. 기독교인은 예수 그리스도가 과거에 **사셨다**는 역사적 사실만이 아니라, 예수 그리스도가 지금도 **살아 계신**다는 것도 믿어야 한다. 그는 **그리스도에 대해서**만이 아니라 **그리스도를 알아야** 한다. 그가 얼마나 위대한지 그 역사적 인물을 연구하는 것이 아니라 그는 실제 인물과 함께 사는 것이다. 그는 그리스도의 **희생**만을 알 것이 아니라 그리스도의 **정복**도 알아야 한다. 그는 **순교자** 그리스도만을 알 것이 아니라 **승리자** 그리스도도 알아야 한다.

III. 마음으로 믿을 뿐 아니라 자기 입으로 고백해야 한다. 기독교는 믿음에다 고백을 가미한 것이다. 또 이것은 사람 앞에서 고백을 포함한다. 하나님뿐 아니라 우리 이웃도 우리가 기독교인이라는 것을 알아야 한다. 우리는 사람들에게 어느 쪽에 속하는지를 선언해야 한다.

유대인은 하나님께 가는 길이 율법에 의한 것이 아님을 믿는 것은 힘든 일이었다. 이 신뢰와 받아들이는 길이 그에게는 전적으로 그리고 믿을 수 없게 새로운 것이었다. 더 나아가 하나님께 가는 길이 **모든 사람**에게 개방되었다는 것을 믿기는 참으로 어려울 것이다. 그들이 보기에는 이방인이 자신과 같은 지위에 있다고 보지 않는다.

그래서 바울은 자기 주장을 확증하기 위해 구약에서 두 곳을 인용함으로써 변론을 끝낸다. 처음으로, 그는 로마서 10장 11절 "누구든지 그를 믿는 자는 부끄러움을 당하지 아니하리라"를 인용했다. 여기에는 율법이라고는 전혀 없고 모든 것이 신앙에 기초되어 있다. 둘째로, 그는 요엘 2장 32절을 인용했다. "누구든지 여호와의 이름을 부르는 자는 구원을 얻으리니." 여기에는 제한이 없다. 그 약속은 **모든 사람**에게 주어진 것이다. 그러므로 유대인과 헬라인 사이에는 차이가 없다.

본질적으로 유대인에게 율법주의를 버리고 은혜의 방법을 수락하라는 호소를 하고 있다. 그들에게 모든 열심은 무익한 것이고 잘못된 것임을 알아들으라고 호소하는 것이다. 이것은 이미 예전에 신앙만이 하나님께 가는 길이며 그 길은 모든 사람에게 개방되어 있는 것이라고 선언한 선지자들의 말을 들으라는 호소다.

핑계하지 못함

로마서 10:14-21

14그런즉 그들이 믿지 아니하는 이를 어찌 부르리요 듣지도 못한 이를 어찌
믿으리요 전파하는 자가 없이 어찌 들으리요 15보내심을 받지 아니하였으면
어찌 전파하리요 기록된바 아름답도다 좋은 소식을 전하는 자들의 발이여
함과 같으니라 16그러나 그들이 다 복음을 순종하지 아니하였도다 이사야가
이르되 주여 우리가 전한 것을 누가 믿었나이까 하였으니 17그러므로 믿음은

들음에서 나며 들음은 그리스도의 말씀으로 말미암았느니라 [18]그러나 내가
말하노니 그들이 듣지 아니하였느냐 그렇지 아니하니 그 소리가 온 땅에 퍼
졌고 그 말씀이 땅 끝까지 이르렀도다 하였느니라 [19]그러나 내가 말하노니 이
스라엘이 알지 못하였느냐 먼저 모세가 이르되 내가 백성 아닌 자로써 너희
를 시기하게 하며 미련한 백성으로써 너희를 노엽게 하리라 하였고 [20]이사야
는 매우 담대하여 내가 나를 찾지 아니한 자들에게 찾은바 되고 내게 묻지 아
니한 자들에게 나타났노라 말하였고 [21]이스라엘에 대하여 이르되 순종하지
아니하고 거슬러 말하는 백성에게 내가 종일 내 손을 벌렸노라 하였느니라

이 구절이 로마서 중에서 가장 어렵고 명료하지 않은 구절이라는 데 모든 주석가가 의견을 같이하고 있다. 이 구절은 우리가 앞서 서론에서 말한 것 같지 않고 미완성 구절같이 보인다. 이 문장들에는 무언가 간결한 맛이 있다. 우리가 가지고 있는 이 본문은 바울이 곧잘 유대인에게 그들의 오류를 깨닫게 하게 하기 위해 말하던 설교의 요약문일 수가 있다.

원칙적으로 이 구절의 개요는 이러하다. 앞 구절에서 바울은 하나님께로 가는 길은 어떤 행위와 율법의 방법이 아니라 신앙과 신뢰의 길이라고 말했다. 그에 대한 반론은 유대인이 그것을 전혀 들어 보지 못했다면 어찌될 것인가? 여기서 바울이 다루는 것은 바로 이 문제에 대한 답변이다. 그리고 그가 이 문제를 여러 각도에서 다루어 나가는 데 매 경우마다 성경에서 해답을 찾으려고 한다.

그 반론과 그에 대한 성경 구절 답변을 하나하나 검토해 보자.

1. 첫째 반론은 "하나님을 믿기 전에는 하나님을 찾아갈 수 없고 하나님에 대해 듣기 전에는 믿을 수가 없고 복음을 선포하는 자가 없이는 하나님에 대해 들을 수 없고 하나님이 그렇게 하라고 누구에게 맡기고 보내지 않는 한 복음은 전할 사람이 없다". 바울은 이 빈대에 대해 이사야 52장 7절을 인용한다. 이사야 선지자는 복된 소식을 가져오는 자가 얼마나 환영을 받았는지를 보여 준다. 그래서 바울의 처음 답변은 "너희가 이런 소식을 전하는 자가 없다고 말할 수 없다. 이사야가 소식 전하는 자들이 있다고 말했고 이사야는 이미 오래전에 살았다" 라고 했다.

II. 둘째 반론은 "그러나 사실상 이스라엘은 그 복된 소식을 순종치 '않았다'—당신 말이 사실이라고 한다면—그러면 어찌될 것인가?" 바울의 대답은 "이스라엘의 불신은 이미 예견되었었으니 이는 이사야가 오래전에 감동되어 절망 중에 이렇게 말했다. 즉, "우리가 전한 것을 누가 믿었느뇨"(사 53:1). 이스라엘이 하나님의 복된 소식을 수락하지 않고 순종치 않았던 것은 사실이다. 그들은 거절과 불순종으로 살아왔을 뿐이다. 역사는 그것을 되풀이했다.

III. 셋째 반론은 첫째 것의 반복이다. "그러나 그들이 실상은 들었다는 것을 인정하지 않았다면 어찌될 것인가? 또 그들이 전혀 들을 기회가 없었다고 우긴다면 어찌될 것인가?

이번에는 시편 19편 4절에서 인용한다. "그의 소리가 온 땅에 통하고 그 말씀이 세상 끝까지 이르도다." 그의 대답은 사실 이와 같은 것이다. "너희는 이스라엘이 들을 기회가 전혀 없었다고 말할 수 없다. 성경이 분명히 하나님의 말씀이 **모든** 세계에 이르렀다고 했으니 아무도 그들이 들을 기회가 없었다고 말하지 못한다."

IV. 반대는 "이스라엘이 이해하지 못했다면 어찌될 것인가?" 그 말은 분명히 "그 메시지가 극히 이해하기 힘들고, 불명료하고, 어둡고 무식하여 이스라엘이 들었더라도 그 의미와 뜻을 이해하지 못한다면 어찌될 것인가?"라고 하는 말이다. 여기에 이 구절의 난점이 있다. 그러나 바울의 대답은 "**이스라엘**은 혹시 이해하지 못했을지 모르나 이방인은 그렇지 않았다. 그들은 그 복음이 뜻밖에 그리고 찾지 않았는데도 그들에게 복음이 왔을 때 그 뜻을 옳게 이해했다."

이것을 증명하려고 바울은 두 인용구를 제시한다. 그 중 하나는 신명기 32장 21절인데 거기에 보면 하나님이 말씀하시기를, 이스라엘의 불순종과 반역으로 하나님은 그 은혜를 다른 백성에게 옮겨가 들을 기회를 가졌던 이스라엘은 그 기회를 갖지 못한 민족에게 화를 낼 것이라고 하셨다. 둘째 인용은 이사야 65장 1절이다. 거기서는 하나님이 말씀하시기를, 이상한 방법으로 하나님은 전혀 그를 찾으려고 하지 않았던 백성에게 발견되었다고 하셨다.

끝으로 바울은 이스라엘 모든 역사를 통해 하나님은 이스라엘에게 호소하는 손길을 내밀었으나 이스라엘은 항상 불순종하고 반대했고 괴팍했었다고 말한다.

우리가 이 구절을 읽을 때 이상하게 보일 수 있고 매우 납득되지 않고 사실 그와 같이 바울이 인용한 성경 구절들이 문맥에서 비뚤어지고 원래 의미와는 거리가 먼 것을 의미하게 된 것같이 보인다는 것을 기억해야 한다. 그러나 이 구절에는 무언가 영원한 의미와 가치가 있다.

이 구절에는 핑계할 수 없는 어떤 무지가 있다는 확신이 깔려 있다.

I. 지적(知的) 태만으로 인한 무지가 있다. 순수한 무식은 변명할 여지가 있지만 지적 태만으로 인한 무지는 그렇지 않다는 법적 격언이 있다. 사람은 그가 알 기회가 없었던 모든 것에 대해서는 책임을 질 수 없다. 그러나 항상 그에게 개방되어 있었던 것을 알기에 게으른 것에 대해서는 책임을 져야 한다.

예를 들면 어떤 사람이 계약서 내용을 읽어 보지 않고 서명을 하고 나서 나중에 그 내용이 자신이 생각했던 것과 매우 차이가 있다는 것을 알게 되어도 불평할 수가 없는 것과 마찬가지다. 우리에게 어떤 임무를 위해 적절히 무장할 기회가 충분히 있었는데도 하지 않았다면 우리는 비난을 받아야 한다. 우리는 알 수 있었던 일을 모른 것에 대해서는 책임을 져야 한다.

II. 의식적인 회피로 인한 무지도 있다. 인간은 보기를 원치 않는 것에 대해서는 생각을 차단할 수 있고, 듣기 싫은 것에 대해서는 귀를 막아 버릴 수 있는 무한하고 치명적인 능력을 가지고 있다.

사람은 어떤 습관, 도락, 생활 양식, 친구, 교제 등이 치명적이고 비참한 결과를 가져온다는 것을 잘 알고 있다. 그렇다고 얘기를 들을 수도 있고, 다른 사람들의 생리에서 그런 치명적인 결과를 볼 수도 있다. 그러나 사람은 자기 자신의 경우에서 사실을 직시하기 원치 않는다. 어떤 일에 맹목적으로 눈을 돌린다는 것은 몇몇 경우에는 덕이 될 수도 있으나 대부분 우매한 것이 된다.

III. 본질적으로 허위인 무지가 있다. 우리가 의심하는 것은 생각하고 싶은 것보다 훨씬 적다. 우리가 솔직하게 "나는 일이 그렇게 되리라고는 전혀 몰랐다"라고 말할 수 있는 경우는 참으로 드물다. 하나님은 우리에게 양심을 주셨다. 하나님은 우리에게 성령이 인도할 수 있게 하셨다. 솔직하게 말하면 우리 마음에 그 사실을 알고 있다고 수긍할 일을 몰랐다고 하소연하는 때가 가끔 있다.

이 구절에 대해 한 가지 더 말해 둘 것이 있다. 우리가 지금까지 바울의 변론을 놓치지 않고 기억하고 있다면 한 가지 충격적인 일이 있다. 여기에는 상호 상충되고 이율배반적인 것이 있다. 이 모든 구절에서 바울은 유대인의 직접적인 책임을 납득시키려 했다. 그들은 더 잘 알 수 있었을 터요, 그들은 더 잘 알 수 있던 기회를 가졌었다.

바울은 유대 민족이 거절한 호소의 손길을 편 하나님의 표현으로 이 구절을 끝마쳤다. 이제 생각할 것은 그가 모든 것이 하나님께로부터 온 것이요 인간은 진흙이 토기장이의 작품에 아무런 관련이 없는 것과 똑같이 인간은 그 되는 일에 무관하다는 말로 시작했다는 사실이다.

바울은 두 가지 일을 나란히 놓았다. 즉, 모든 것이 하나님께로부터요, 모든 것이 인간의 선택에 달렸다고 하는 것이다. 바울은 이 딜레마를 해결하려는 노력을 보이지 않는다. 실상은 해결이 있을 수가 없다. 이것은 체험의 딜레마다. 우리는 모든 것의 배후에 하나님이 계시다는 것을 알고 있다. 그러면서도 그와 동시에 우리는 자유 의지를 가졌고, 하나님의 제의를 수락할 수도 있고 거절할 수도 있다는 것을 알고 있다. 사실 이에 대해 해답이 있을 수 없다. 이것은 하나님이 주장하시나 그래도 인간 의지는 자유라고 하는 인간 현상의 파라독스다. 이것은 바울 자신이 스스로 이율배반으로 만들었다고 하는 것보다는 바울이 처음에는 하나님 편에서, 다음에는 인간 편에서 시작했다는 것이 더 가깝다.

The Letter to the Romans 11

마음이 굳어짐

로마서 11:1-12

[1]그러므로 내가 말하노니 하나님이 자기 백성을 버리셨느냐 그럴 수 없느니
라 나도 이스라엘인이요 아브라함의 씨에서 난 자요 베냐민 지파라 [2]하나님
이 그 미리 아신 자기 백성을 버리지 아니하셨나니 너희가 성경이 엘리야를
가리켜 말한 것을 알지 못하느냐 그가 이스라엘을 하나님께 고발하되 [3]주여
그들이 주의 선지자들을 죽였으며 주의 제단들을 헐어 버렸고 나만 남았는
데 내 목숨도 찾나이다 하니 [4]그에게 하신 대답이 무엇이냐 내가 나를 위하
여 바알에게 무릎을 꿇지 아니한 사람 칠천 명을 남겨 두었다 하셨으니 [5]그
런즉 이와 같이 지금도 은혜로 택하심을 따라 남은 자가 있느니라 [6]만일 은
혜로 된 것이면 행위로 말미암지 않음이니 그렇지 않으면 은혜가 은혜 되지
못하느니라 [7]그런즉 어떠하냐 이스라엘이 구하는 그것을 얻지 못하고 오직
택하심을 입은 자가 얻었고 그 남은 자들은 우둔하여졌느니라 [8]기록된바 하
나님이 오늘까지 그들에게 혼미한 심령과 보지 못할 눈과 듣지 못할 귀를 주
셨다 함과 같으니라 [9]또 다윗이 이르되 그들의 밥상이 올무와 덫과 거치는
것과 보응이 되게 하시옵고 [10]그들의 눈은 흐려 보지 못하고 그들의 등은 항

상 굽게 하옵소서 하였느니라 [11]그러므로 내가 말하노니 그들이 넘어지기까
지 실족하였느냐 그럴 수 없느니라 그들이 넘어짐으로 구원이 이방인에게
이르러 이스라엘로 시기나게 함이니라 [12]그들의 넘어짐이 세상의 풍성함이
되며 그들의 실패가 이방인의 풍성함이 되거든 하물며 그들의 충만함이리요

이제 유대인이라면 누구나 물어볼 질문이 하나 있다. 이상의 모든 것이 하나님께서 자기 백성을 버리셨다는 뜻인가? 그것은 바울의 심정으로는 견딜 수 없는 질문이다. 아무리 그래도 그 자신은 그 백성의 한 사람이었다. 그래서 바울은 구약 대부분에 걸쳐 있는 한 개념을 끄집어낸다.

엘리야 시대에 엘리야가 한때 낙담하고 있었다(왕상 19:10-14). 그는 여호와께 충성할 자는 자기 하나만 남았다고 생각했다. 그러나 하나님은 그에게 말씀하셨다. 그 엘리야의 충성 말고도 바알에게 무릎을 꿇지 않은 자가 이스라엘 중에 7천 명이 남아 있다. 이리하여 유대인의 사상에 **남은 자**의 개념이 들어오게 된 것이다.

선지자들은 모든 민족이 하나님께 충성할 때라고는 없었고 있지도 않을 것이라는 것과 그와 동시에 그 백성 중에는 충성심을 버리거나 신앙을 타협하지 않은 남은 자들이 항상 있다는 사실을 알게 되기 시작했다. 선지자 한 사람 한 사람씩 이것을 알게 되었다. 아모스(9:8-10)는 하나님께서 인간을 곡식을 체에 치듯 선한 사람만 남을 때까지 하는 것으로 생각했다. 미가(2:12, 5:3)는 이스라엘의 남는 자를 모으시는 하나님의 환상을 보았다. 스바냐(3:12-13)도 같은 생각을 했다. 예레미야는 남은 자들이 흩어졌던 모든 나라에서 모여 올 것을 미리 보았다(렘 23:3). 개인주의자 에스겔 선지자는 인간은 한 민족으로서나 조상에게서 받은 의(義)로 구원을 얻지 못한다고 확신했다. 의인은 자신의 의로 구원을 얻게 될 것이라고 생각했다(겔 14:14, 20, 22).

이 모든 개념에 이사야의 사상이 지배하였다. 그는 자신의 아들을 **스알야숩**이라고 불렀는데 이는 **남은 자의 구원**이라는 뜻이다. 여러 번 되풀이하여 하나님이 구원하실 신실한 남은 자의 개념이 나타난다(사 7:3, 8:2, 18 9:12, 20:21, 6:9-13).

여기에 엄청난 진리가 동트기 시작하는 것이다. 대학자가 말했듯이 "아무 교

회나 민족이 몽땅 구원 받지 못했다". **선민**사상은 이런 근본적인 이유 때문에 이치에 맞지 않는다. 하나님과의 관계는 개별적이다. 사람은 마음을 다해야 하고 스스로 복종해야 하고 자신의 삶을 하나님께 바쳐야 한다. 하나님은 인간을 단체적으로 부르지 않으신다. 하나님은 "각자의 마음속으로 들어가는 하나님만의 통로가 있다."

사람은 어떤 민족의 일원이나 가족의 일원이 되었거나 조상에게서 의(義)와 구원은 상속 받음으로 구원을 얻는 것이 아니라 하나님을 위하여 개별적이고 자기 자신의 결단을 내림으로써 구원을 얻게 되는 것이다. 선민으로서 한꺼번에 인정된 것은 전체 민족이 아니라 하나님께 그들의 마음을 바친 각 개인, 하나님께 순복한 사람, 소위 남은 자들이다.

이제 바울의 변론은 유대 민족은 버림 받은 것이 아니다. 참 유대인은 그 민족 전체가 아니라 그 중 충성된 남은 자들이다. 그러면 나머지 사람들은 어떻다는 것일까? 바울이 여기에 무서운 생각을 하게 되었다. 그는 하나님이 그 사람들에게 둔한 마음을 주어 헤어날 수 없는 잠을 자게 하는데 그 잠 속에서는 그들은 들을 수도 없고 들으려고도 하지 않는다.

바울은 이 생각을 증명하려고 구약의 여러 구절을 하나로 묶어 놓았다(신 29:4; 사 6:9-10, 29:10). 그는 시편 69편 22-23절을 인용한다. "저희 밥상이 올무가 되게 하소서." 배후의 사상은 사람들이 자기 자리에서 편안하게 앉아 잔치하고 있으며 바로 그들의 안일과 안보와 안전감 등이 멸망으로 되었다. 그들은 환상적인 안전 속에서 매우 안일하고 편안하고 안전하기 때문에 그들의 적은 생각하지도 않은 때 덮칠 수 있다. 그것이 바로 유대인의 상태를 나타내고 있다.

그들은 선민사상 속에서 안전하고 자기 만족에 빠지고 안일하게 여겼기 때문에 그 선민사상 자체가 그들을 파멸하게 한 요인이 된 것이다. 그들이 전혀 볼 수 없는 때가 올 것이며 사람이 어두움 속에서 헤매는 것같이 더듬을 때가 올 것이다. KJV의 7절에는 "그들이 소경이(blinded)가 되었다"라고 되어 있으나 사실은 "그들은 마음이 굳어졌다(hardened)"라고 해야 한다(우리말에는 "완악하여졌다"라고 번역되었다).

여기에 사용된 동사는 **포루운**(pōroun)이다. 그 명사형 **포로시스**(pōrōsis)가 더 명확하게 뜻을 나타낼 것이다. 이것은 의학적인 용어로서 **피부 경질**(callus)이라는 뜻이다.

이것은 특별히 골절이 생겼을 때 골절 치유에 도움이 되는 그 주위에 형성되는 피부 경질을 뜻한다. 이런 피부 경질이 사람들의 마음에 자란 것이다. 이렇게 피부 경질이 신체 어느 부분에 생겼을 때 그 부분은 감각을 잃게 된다. 이곳은 무감각하게 된다. 많은 사람들의 마음이 무감각하게 되었다. 이것은 아무에게나 일어날 수 있다. 누가 자신만을 위해 오랫동안 살면 그는 결국 선한 일들을 위한 호소에 무감각해진다. 그가 계속 죄를 지으면 결국 죄의 공포와 선의 매력에 무감각하게 된다. 그가 좋지 못한 환경에서 오랫동안 살면 결국 그것에 무감각해지게 된다. 번즈는 이같이 읊었다.

> 나는 많은 죄를 포기한다.
> 그리고 은폐의 위험도
> 오오! 그러나 그것은 안으로 모든 것을 굳게 하고
> 감각을 돌같이 굳어지게 하도다.

못(피부 경질)이 손에 생길 수 있듯이 마음에도 자랄 수 있다. 그것이 바로 이스라엘 백성에게 생긴 것이다. 하나님이여, 우리는 그렇게 되지 않게 하소서!

그러나 바울은 할 말이 더 있다. 그것은 비극이다. 그러나 그 비극에서 하나님은 좋은 것을 낳게 하셨다. 왜냐하면 이방인이 들어올 수 있게 문을 열어 놓은 것이 바로 이 이스라엘의 무감각이다. 이스라엘 민족이 복음을 원치 않았기 때문에 그 복음은 그것을 환영하고 받아들일 준비가 되어 있는 사람들에게 간 것이다. 이스라엘의 거절이 세상을 살찌게 했다. 그런 다음에 바울은 이 모든 것 뒤에 있는 꿈에 대해 언급했다. 이스라엘의 거절이 이방인에게 문을 열어 주어 세상을 살찌게 했다면 하나님의 섭리가 모두 이루어지고 이스라엘과 이방인이 함께 들어오는 날에서 그 부요함은 얼마나 하겠는가?

그래서 결국 비극 다음에는 소망이 오게 마련이다. 마음에 못이 있는 민족인 이스라엘은 무감각해졌고 이방인은 믿음과 신뢰로 하나님의 사랑 속으로 들어

왔다. 하나님의 사랑이 마음의 못까지도 용해제와 같이 작용하게 되고 이방인과 유대인이 함께 모이게 될 날이 올 것이다. 결국 아무것도 하나님의 사랑을 이길 것이 없다는 것이 바울의 확신이다.

돌감람나무—특전과 경고

로마서 11:13-24

13내가 이방인인 너희에게 말하노라 내가 이방인의 사도인 만큼 내 직분을
영광스럽게 여기노니 14이는 혹 내 골육을 아무쪼록 시기하게 하여 그들 중
에서 얼마를 구원하려 함이라 15그들을 버리는 것이 세상의 화목이 되거든
그 받아들이는 것이 죽은 자 가운데서 살아나는 것이 아니면 무엇이리요
16제사하는 처음 익은 곡식 가루가 거룩한즉 떡덩이도 그러하고 뿌리가 거룩
한즉 가지도 그러하니라 17또한 가지 얼마가 꺾이었는데 돌감람나무인 네가
그들 중에 접붙임이 되어 참감람나무 뿌리의 진액을 함께 받는 자가 되었은
즉 18그 가지들을 향하여 자랑하지 말라 자랑할지라도 네가 뿌리를 보전하는
것이 아니요 뿌리가 너를 보전하는 것이니라 19그러면 네 말이 가지들이 꺾
인 것은 나로 접붙임을 받게 하려 함이라 하리니 20옳도다 그들은 믿지 아니
하므로 꺾이고 너는 믿으므로 섰느니라 높은 마음을 품지 말고 도리어 두려
워하라 21하나님이 원 가지들도 아끼지 아니하셨은즉 너도 아끼지 아니하시
리라 22그러므로 하나님의 인자하심과 준엄하심을 보라 넘어지는 자들에게
는 준엄하심이 있으니 너희가 만일 하나님의 인자하심에 머물러 있으면 그
인자가 너희에게 있으리라 그렇지 않으면 너도 찍히는바 되리라 23그들도 믿
지 아니하는 데 머무르지 아니하면 접붙임을 받으리니 이는 그들을 접붙이
실 능력이 하나님께 있음이라 24네가 원 돌감람나무에서 찍힘을 받고 본성을
거슬러 좋은 감람나무에 접붙임을 받았으니 원 가지인 이 사람들이야 얼마
나 더 자기 감람나무에 접붙이심을 받으랴

바울이 지금까지 말한 것은 유대인에게였는데 이제 그는 이방인에게 돌린다. 그는 이방인을 위한 사도였다. 그러나 자기 자신의 백성을 결코 잊을 수 없었다. 사실상 그는 그의 목적 중 하나는 유대인이 기독교 이방인에게 무엇을 했는지를 알고 나면 그들이 질투하게 하자는 것이라고 말하기까지 한다.

사람이 기독교를 원하게끔 만드는 가장 확실한 방법은 기독교가 실생활에서 무엇을 할 수 있는지를 보여 주는 것이다.

이런 이야기가 있다. 전장에서 부상한 병정이 하나 있었다. 군목이 그에게 기어가서 자신이 할 수 있는 것을 다했다. 군목은 나머지 군대가 후퇴할 때 부상병과 함께 남아 있었다. 뜨거운 대낮이 되자 군목은 목이 타 죽을 지경이지만 물병에서 물을 따라 먹였다. 밤이 되어 차가운 서리가 내리자 그는 부상병을 자기 코트로 덮어 주었고 마지막에는 춥지 않게 하려고 자기 옷을 더 벗어서 폭 감싸 주었다.

나중에 그 부상병은 군목을 쳐다보고 "당신은 기독교인이지요?"라고 물었다. "노력을 하고 있지요"라고 군목은 대답했다. "그래요? 기독교가 당신이 나에게 해 준 것처럼 하게 만든다면 그것에 대해 말해 주시오. 난 그것을 원합니다"라고 부상병은 말했다. 부상병이 그런 생활을 할 수 있도록 신앙을 갖기 원하게 만든 것은 이 행동하는 기독교였다. 바울의 소망과 기도는 언젠가는 유대인이 기독교가 이방인을 위해 무엇을 했는지를 보게 되고 기독교를 갖기 원하게 될 날이 있으리라는 것이다.

바울은 유대인이 들어오기만 한다면 그것은 큰 기쁨이었다. 유대인의 거절이 그것을 통하여 이방 세계가 하나님과 화려하게 되었다면, 유대인이 들어올 때에는 얼마나 월등한 영광이 올 것인가! 이 거절의 비극이 그렇게 놀라운 결과를 유발했다면, 그 거절의 비극이 수락의 영광으로 바뀌었을 때 그 해피엔딩은 과연 어떤 것일까? 그것은 죽음에서 재생하는 것과 같다고 말할 수밖에 없다고 바울은 말했다.

그러고서 바울은 유대인이 절대로, 전적으로, 영원히는 버림을 받을 수 없다는 것을 보이기 위해 두 가지 예를 든다. 모든 음식은 하나님께 거룩하게 되어야 한다. 음식을 먹기 전에 하나님께 바쳐야 한다. 율법은 이렇게 말하고 있다(민

15:19-20). 즉, 가루 반죽을 했을 때 그 첫 부분을 하나님께 바쳐야만 했다. 그렇게 하면 반죽 덩어리 전부가 거룩하게 되는 것이다. 한 입 한 입 먹을 때마다 따로따로 하나님께 바쳐야 할 필요는 없다. 첫 부분을 드리는 것이 전체를 거룩하게 한다.

신께 바친 거룩한 장소에 거룩한 나무를 심는 것은 매우 흔한 일이었다. 어린 나무가 심어졌을 때 그것은 하나님께 바쳐졌다. 그 후 여기서 나오는 모든 가지는 하나님께 거룩한 것이다. 매 가지마다 하나님께 따로따로 바칠 필요는 없다. 다만 어린 나무를 드림으로써 나무 전부가 거룩하게 된 것이다.

바울이 여기에서 끄집어내고자 하는 것이 이것이다. 즉, 족장은 하나님께 거룩했다. 그들은 특별한 방법으로 하나님의 음성을 들었고 말씀에 순종했다. 특별한 방법으로 그들은 하나님께 선택되고 봉헌되었다. 그들에게서 모든 민족이 일어났다. 봉헌된 처음 반죽 한 줌이 반죽 전체를 거룩하게 한 것같이, 그리고 어린 나무의 봉헌이 나무 전체를 거룩하게 한 것같이 민족의 창시자들의 특별한 봉헌이 모든 민족을 특별한 방법으로 하나님께 거룩하게 만들었다. 여기에 진리가 있다. 이스라엘 중의 남은 자들은 그들 스스로 그렇게 된 것이 아니다. 그들은 조상에게서 신앙을 물려받았다. 우리는 모두 어느 정도 과거의 영적인 자본에 의존해 산다. 우리는 아무도 스스로 된 자가 아니다. 우리는 영적인 우리 조상이 만들어 놓은 그대로다. 그리고 우리가 멀리 떠나 해매고 유전을 부끄럽게 했을지라도 만들어 준 선한 것과 성실함에서 우리 자신을 완전히 갈라놓을 수는 없다.

그 다음에 바울은 한 긴 비유를 사용한다. 선지자들은 여러 번 이스라엘 민족을 하나님의 감람나무로 비유했었다. 감람나무는 지중해 지역에서는 가장 흔하고 유용한 나무였기 때문에 그런 예를 든 것은 퍽이나 자연스러운 것이다. "나 여호와께서는 그의 이름을 일컬어 좋은 열매 맺는 아름다운 감람나무라 하였었으니"(렘 11:16), "그의 가지는 퍼지며 그의 아름다움은 감람나무와 같고"(호 14:6).

그래서 바울은 이방인을 참감람나무인 이스라엘에 접붙임을 받은 돌감람나무의 가지로 생각했다. 물론 원예 입장에서 볼 때는 바울의 비유는 불가능하다. 원예 원칙에는 돌감람나무 줄기에 접붙임을 받은 것은 참감람나무다. 이렇게 해 열매 맺는 감람나무가 되는 것이다. 바울의 예화에서 나오는 과정은 실제에서는 아무런 좋은 결과도 가져오지 않기 때문에 전혀 사용하지 않는다. 그러나 그것은 본래 목적과는 거리가 멀다. 바울이 주장하고자 하는 것은 매우 명확하다. 이방인은 사막과 광야에 있었고 들장미 속에 있었으나 이제는 하나님의 은혜의 행위로 그들은 참감람나무의 부요함과 비옥함에 접붙임을 입은 것이다.

이 비유에서 바울은 두 가지를 말하려 했다.

I. 첫째는 "경고의 말이다". 이방인이 유대인에 대해 경멸의 태도를 발전시키기 쉬웠다. 그들이 들어가기 위해 유대인은 버림을 받은 것이 아니냐? 유대인이 보편적으로 미움을 받은 세계에서는 그런 태도는 너무나 일어나기 쉬운 것이었다. 그러므로 바울의 경고가 아직 필요하다. 결과적으로 그가 말하는 것은 이것이다. **즉, 유대교라는 것이 먼저 있지 않았더라면 기독교라는 것은 존재하지 않았다.** 유대교는 기독교가 발상된 뿌리에 진 빚을 잊어버리는 날에는 불행한 날이 될 것이다. 기독교는 유대인에게 기독교를 가져오는 방법 이외에는 다른 어떤 방법으로도 갚을 수 없는 빚을 유대교에 지고 있는 것이다. 그래서 바울은 이방인이 유대인을 경멸하지 않도록 경고하고 있다. 원나무가 그들의 불신으로 잘리었는데 하물며 단지 접붙임을 받은 가지야 그보다 더 한 일이 일어나지 않겠는가 하고 그는 엄하게 말하고 있다.

II. 둘째는 "소망의 말이다". 이방인은 하나님의 사랑을 경험하고 유대인은 하나님의 엄위하심을 경험했다. 이방인이 신앙 안에 어울려 있으면 그들은 그 사랑 안에 머무는 것이고, 유대인이 그들의 불신에서 나와 신앙으로 들어가면 그들도 또다시 접붙임을 받을 것이다. 그 이유를 바울은 이렇게 말한다. 다른 나무인 돌감람나무가 참감람나무에 접붙일 수 있다면 그 참감람나무의 가지가 다시 접붙임을 받는 것이야 얼마나 더 가능하겠는가? 다시 한 번 바울은 유대인이 돌아올 날을 희망하고 있다.

이 구절에는 난해한 것이 무척 많다. 이 구절은 전혀 우리 세계 밖에 있는 비유로 생각한다. 그러나 한 가지 분명한 것은 유대교와 기독교 간의 관계, 즉 옛 것과 새 것 간의 관계다.

구약을 단지 기독교와는 무관한 유대교 책으로 여겨 제거하려는 사람들에게 대한 대답이 여기에 있다. 자신이 올라온 데까지 높이 올려 준 사다리를 차 버리는 가지는 미련한 가지다. 새 신앙이 옛 것에서부터 자란 것이다. 유대교는 기독교가 자라난 뿌리다. 완성은 오직 돌감람나무와 참감람나무가 하나가 될 때 그리고 원줄기에는 접붙임을 받지 못한 가지가 하나도 없을 때에만 올 것이다.

모든 것이 자비로 인함

로마서 11:25-32

25형제들아 너희가 스스로 지혜 있다 하면서 이 신비를 너희가 모르기를 내
가 원하지 아니하노니 이 신비는 이방인의 충만한 수가 들어오기까지 이스
라엘의 더러는 우둔하게 된 것이라 26그리하여 온 이스라엘이 구원을 받으리
라 기록된 구원자가 시온에서 오사 야곱에게서 경건하지 않은 것을 돌이키
시겠고 27내가 그들의 죄를 없이 할 때에 그들에게 이루어질 내 언약이 이것
이라 함과 같으니라 28복음으로 하면 그들이 너희로 말미암아 원수 된 자요
택하심으로 하면 조상들로 말미암아 사랑을 입은 자라 29하나님의 은사와 부
르심에는 후회하심이 없느니라 30너희가 전에는 하나님께 순종하지 아니하
더니 이스라엘이 순종하지 아니함으로 이제 긍휼을 입었는지라 31이와 같이
이 사람들이 순종하지 아니하니 이는 너희에게 베푸시는 긍휼로 이제 그들
도 긍휼을 얻게 하려 하심이라 32하나님이 모든 사람을 순종하지 아니하는
가운데 가두어 두심은 모든 사람에게 긍휼을 베풀려 하심이로다

바울은 이제 자신의 변론에서 결론에 도달한다. 그는 자신에 대해 당황할 일이요, 유대인으로서는 가슴 아픈 일까지 직면했다. 어찌해서든지 그는 하나님의 아들이 이 세상에 왔을 때 하나님의 백성이 그를 배척했다는 사실을 해명해야

했다. 바울은 절대로 비참한 일에 자신의 눈을 가려 버리지 않고 오히려 그 비극 전체가 하나님의 계획에 맞아들일 수 있는 방법을 발견했다. 물론 유대인이 그리스도를 배척한 것은 사실이다. 바울이 본 대로는 그 배척은 그리스도가 이방인에게 주어질 수 있게 하기 위해 일어났던 것이다. 하나님의 섭리의 권위를 유지하려고 바울은 심지어 이방인에게 길을 열어 주기 위하여 유대인의 마음을 굳게 한 것은 하나님 자신이라고까지 말했다. 그런데도 이것이 아무리 모순으로 들릴지라도 바울은 하나님의 제의를 받아들이지 못한 유대인 자신의 책임을 주장한다.

바울은 하나님의 권위와 인간 책임을 동시에 고집한다. 그러나 이제 희망의 서광이 비쳐 온다. 그의 변론은 약간 복잡하다. 그래서 그 속에 있는 여러 가지 요소를 분류하고 조합하면 이해하기 더 쉬울 것이다.

I. 바울은 유대인의 마음이 굳어지는 것이 전체적이나 영구적인 것이 아니라는 것을 확신했다. 그것은 어떤 특정 목적을 위한 것이며 그 목적이 달성되면 없어질 것이다. 그것은 이방인에게 길을 열어 주기 위함이었고 그 길이 열리고 나면 없어질 것이다.

II. 바울은 하나님의 섭리 안에서 유대인의 지위를 역설적(逆說的)으로 말하고 있다. 이방인이 들어올 수 있게 하고 세계적으로 복음이 달성되게 하기 위하여 유대인은 하나님의 원수가 되는 입장에 도달하게 된 것이다.

바울이 사용한 단어는 **에크스로이**(echthroi)다. 이 단어는 번역하기 곤란하며 능동과 수동의 뜻을 가지고 있기 때문에 어떤 의미를 부여하기 어렵다. 이 단어는 ~**에 원수되다**와 **미움**을 받다는 두 가지 뜻을 의미할 수 있다. 또 이 단어는 **미워하는 것**과 **미움 받는 것** 중에서 어느 것이나 의미할 수 있다.

이 구절에서 동시에 두 가지 의미를 읽어 보는 것도 좋을 것이다. 유대인은 하나님께 원수가 되었고 하나님의 제의를 거절해 하나님의 진노 밑에 있게 된 것이다. 그것이 유대인에 대한 현상이었다. 그러나 유대인에 대한 또 다른 사실이 있다. 아무것도 그들이 하나님의 선민이라는 것과 그들이 하나님의 섭리 가운데 특별한 위치를 차지하고 있다는 사실을 바꿀 수는 없다. 그들이 무슨 짓을 하더라도 하나님은 당신의 약속과 언약에 역행할 수는 없다. 하나님의 약속은 그 조상들과 맺은 것이며 약속은 지켜져야 한다.

그러므로 바울에게는 다음 사실이 명백하며 바울은 이를 증명하기 위해 이사야 59장 20-21절을 인용한다. 즉, 하나님의 유대인에 대한 배척은 영구적인 것이 못 된다. 그는 그들도 종국에 가서는 돌아올 것을 확신했다. 현재에는 이방인이 그리스도의 제의를 받게 되고 자비를 찾게 된 것이 유대인의 불순종 때문이었으나 마지막에 가서는 그들도 그 자비의 권내로 들어오게 될 것이다.

III. 그러고 나서 바울은 이상한 생각을 하게 된다. 그는 "하나님이 모든 사람은 순종치 아니하는 가운데 가두어 두심은 모든 사람에게 긍휼을 베풀려 하심이로다"라고 말한다. 한 가지, 어느 민족이라도 자신의 구원을 성취하거나 받을 자격이 있거나 받을 만하다는 것은 바울이 생각할 수 없었던 것이다. 이제 유대인이 하나님의 의지에 완벽히 순종을 했더라면 하나님의 구원을 받을 자격이 있고, 받을 만한 공적이 있고, 벌은 것이고, 그 구원이 마땅히 오게 되어 있다는 것과 그 구원을 하나의 권리와 상으로 받은 것이라고 주장하였을지도 모른다.

그래서 바울이 말하는 바는 하나님께서 유대인이 불순종하게 했고 그리하여 구원이 그들에게 임할 때 그것은 틀림없이 하나님의 자비이며 여하한 경우에도 그들의 노력에 의하여 된 것이 아님을 나타내려는 것이었다. 이 모든 과정은 유대인이나 이방인이나 아무도 하나님의 자비를 떠나서는 구원을 얻을 수 없다는 것을 주기 위함이었다.

결국 바울의 변론 중에는 한 가지 엄청난 것이 있다. 여러 면으로 이것은 우리에게 이상하게 보일는지 모른다. 여러 경우에서 그가 들고 나오는 "증거들"은 매우 수긍이 가지 않을는지 모른다. 어떤 경우에는 우리 생각과 마음이 그가 말하는 것들 중 어떤 것에 대해 반발적으로 몸시리치기까지 한다. 그러나 그 변론은 무관한 것이 아니다. 이 배후에 있는 엄청난 사실은 **하나의 역사관**이기 때문이다.

바울에게는 **하나님이 주장하시고 계셨다.** 세상에는 아무것도 목적 없이 움직인 것이 없었다. 심지어는 가장 가슴 아픈 사건이나 일련의 그런 사건일지라도 하나님의 뜻과 섭리 밖에 있는 것은 아니다. 어떤 사건도 제멋대로 날뛸 수는 없다. 하나님의 섭리는 절대로 좌절할 수가 없다. 이런 말이 있다. 땅 위에 바람이 몹시 불고 질풍이 무서운 속도로 맹위를 떨치는 어느 날 밤에 한 아이가 창문가에 서 있었다. 그 소녀는 "오늘 밤에는 틀림없이 하나님이 바람의 고삐를 놓쳤나 봐"라고 말했다. 바울은 그런 것은 절대로 일어날 수가 없다는 것이다. 그가 이해하는 대로는, 사물과 사랑과 어떤 과정과 민족들은 절대로 하나님의 주장을 벗어날 수가 없다. 모든 것이 하나님의 섭리를 이루는 것이다. 거기에다 바울은 엄청난 확신을 하나 더 추가한다. **하나님의 목적은 구원의 목적이며 파멸의 목적이 아니라**고 주장하였다.

바울은 하나님께서 배열하심이 **사람의 의지에 반대해서라도** 인간을 구원하시기 위함이라고 말하기까지 했을 것이다. 결국 인간을 추적하는 것은 하나님의 진노가 아니라 사랑이었다.

이스라엘의 형편은 프란시스 톰슨(Francis Thompson)이 《하늘의 사냥개》에서 아주 감동적으로 서술한 형편과 똑같았다.

나는 밤이나 낮이나 하나님을 피했고
여러 해를 지나며 그를 피했다.
나는 나 자신의 마음의 미로(迷路)로 그를 피했다.
그리고 많은 눈물 속에서
나는 그로부터 숨었고 연속적인 비웃음 속에서.
……
그러나 재촉하지 않는 추격과
당황하지 않은 발걸음으로,
침착한 스피드와 당당한 긴박성으로
내 마음을 때린다. 그리고 한 소리가 때린다.
발소리보다 일정하게
"나를 배반한 너는, 모든 것에 배반당한다"라고.

그러고 나서 도피자가 매를 맞는 때가 왔다.
"알몸으로 나는 당신의 사랑의 고상한
매를 기다리나이다.
당신이 나의 무기를 하나하나 나에게서 잘라 내시고
내 발 앞에 던지시니,
나는 벌써 나를 지킬 아무것도 없도다."
그리고 결말이 온다.
"나의 발걸음은 멎었다."
사랑스럽게 펴신 그의 손의 그림자야말로
내 마음의 슬픔인가?
"아, 가장 사랑스럽고, 눈멀고, 약한 자여,
나는 그대가 찾는 바로 그로다!
그대의 사랑을 내게 향해 나를 이끌기를!"

이것이 바로 이스라엘의 정황이었다. 이스라엘은 하나님과 오랫동안 싸움을 해 왔다. 그들은 아직도 싸움을 계속한다. 그러나 하나님의 사랑은 항상 그들을 추적하고 있다. 로마서 9-11장이 어떻게 해석될지라도 그것은 결국 아직도 추척하고 있는 사랑의 미완성 이야기다.

찬양하는 마음의 부르짖음

로마서 11:33-36

33 깊도다 하나님의 지혜와 지식의 풍성함이여, 그의 판단은 헤아리지 못할
것이며 그의 길은 찾지 못할 것이로다 34 누가 주의 마음을 알았느냐 누가 그
의 모사가 되었느냐 35 누가 주께 먼저 드려서 갚으심을 받겠느냐 36 이는 만물
이 주에게서 나오고 주로 말미암고 주에게로 돌아감이라 그에게 영광이 세

세에 있을지어다 아멘

바울은 이 구절보다 특징 있게 기록한 것이 없다. 여기에서는 신학이 한 가닥의 시로 변한다. 여기에서는 생각의 추구가 마음의 찬양으로 변하다. 결국 모든 것은 인간이 이제 이해할 수 없는 신비 속에서 지나가야 한다. 그러나 그 신비의 골자는 사랑이다. 어느 누가 모든 것이 하나님께로부터요, 모든 것이 하나님을 통해 존재하게 되고, 모든 것이 하나님 안에서 끝난다고 말할 수 있다면 더 할 말이 무엇이겠는가? 인간 정황에는 약간 역설적인 것이 있다. 하나님이 이성을 주셨다. 그리고 그 이성을 인간 사고의 최극단까지 사색하는 데 사용하는 것은 인간의 의무다. 그러나 이것도 사실이다. 즉, 그 이성이 어느 정도까지밖에 못 가고 그 한계에 이르면 나머지 일이라고는 그대로 받아들이고 찬양하는 것이다.

그처럼 이해된다면
어떻게 해서 찬양할 수가 있을까.

바울은 그의 위대한 이성이 소유하였던 온갖 자원을 다 가지고 마음 아픈 문제와 싸우고 있었다. 그는 사람이 기하 문제를 멋지게 풀어 놓듯이 자신이 이 문제를 풀었다고 말하지 않는다. 그 대신 최선을 다하고서 그는 이것을 하나님의 사랑과 권능에 맡김으로 만족한다고 말한다. 우리 생애에서 빈번히 다음과 같이 말하는 것밖에는 다른 아무것도 할 것이 없을 때가 많다. "나는 생각했었습니다. 그러나 나는 그 이유와 그 방법을 알지 못합니다. 나는 당신의 뜻을 깨닫지 못하나 온 마음을 다하여 당신의 사랑을 믿습니다. 당신의 뜻이 이루어지이다!"

The Letter to the **Romans** 12

진정한 예배와 근본적인 변화

로마서 12:1-2

[1]그러므로 형제들아 내가 하나님의 모든 자비하심으로 너희를 권하노니 너
희 몸을 하나님이 기뻐하시는 거룩한 산 제물로 드리라 이는 너희가 드릴 영
적 예배니라 [2]너희는 이 세대를 본받지 말고 오직 마음을 새롭게 함으로 변
화를 받아 하나님의 선하시고 기뻐하시고 온전하신 뜻이 무엇인지 분별하도
록 하라

여기에서 우리는 바울이 항상 자기 친구에게 편지할 때 사용하던 양식을 따르고 있음을 발견한다. 그는 항상 실질적인 충고문으로 편지를 끝낸다. 그의 이성은 무한의 세계를 두루 찾아 헤맬는지 모른다. 그러나 그는 결코 그 속에서 자신을 잃지 않는다. 그는 항상 두 발을 땅에 굳게 두고서 끝마친다. 그는 신학이 제공한 심오한 문제를 시도할 수도 있고, 하기도 하지만 끝에 가서는 모든 사람의 생활 환경을 지배하는 윤리적 요구로 끝맺는다.

"너희 몸을 하나님께 드리라"고 그는 말한다. 이 이상의 기독교적인 요구는 없다. 우리는 이미 그것은 헬라인에게는 절대로 있을 수 없는 것이라고 말했다.

헬라인에게는 문제가 되는 것이 영이다. 육신은 고난과 감옥에 불과하며 육신이란 경멸해야 하고 심지어는 부끄러워해야 할 대상이다. 진정한 기독교인은 아무도 그것을 믿지 않았다. 기독교인은 영혼이 하나님께 속해 있듯이 몸도 그러하고, 마음이나 영으로 하나님을 섬길 수 있듯이 자기 몸으로도 하나님을 섬길 수 있다. 몸은 성령이 거처하는 장소이며 성령이 역사하시는 기관이 되는 성령의 성전이다. 결국 성육신의 위대한 사실은 근본적으로 하나님 자신이 인간의 육신을 입기 꺼려 하지 않았고 그 육신 속에서 기거하고 그것을 통하여 역사하기를 꺼려 하지 않으셨다는 것을 의미한다. 교회나 성당의 경우를 생각해 보자. 이것은 하나님께 인간 영혼의 예배를 드리기 위해 지어진 것이다. 그러나 어떤 설계자의 손을 빌려 설계해야 한다. 그리고 기술자와 노동자의 손으로 만들어져야 한다. 이것은 문자 그대로 말하면 인간의 마음과 몸과 영의 합작이다.

"그러므로 너희 몸을 취하고, 네가 매일 해야 하는 모든 일을 취하고, 상점, 공장, 조선소, 광산의 매일의 일을 취하여 모든 것을 하나님께 예배 행위로써 하나님께 드리라"고 바울은 말한다. 이 구절에서 KJV에 **예배**(service)라고 번역하고 저자의 사역에 **예배**(worship)로 번역한 단어는 흥미 있는 역사를 갖고 있는 단어다. 이 단어는 헬라어 원어에 **라트레이아**(latreia)이고 동사 **라트레우에인**(latreuein)의 명사형이다. 원래 **라트레우에인**이란 단어는 **고용이나 임금을 받기 위해 일하다**는 뜻이다. 이것은 사용주가 줄 삯의 대가로 주인이나 고용주에게 자신의 노력을 제공하는 노동하는 사람에 대해 사용되었다.

이것은 노예를 뜻하지 않고 자발적으로 일하는 것을 의미한다. 그런 후에 아주 일반적으로 **복무하다**고 뜻하게 되었다. 그러나 **사람이 자기 전 생애를 바치는 대상**을 의미하게도 되었다. 예컨대 사람이 **라트레우에인 칼레이**(latreuein kallei)라고 말할 수 있다. 그것은 **미**(美)**의 봉사에 자기 생을 바치다**고 의미하게 된다. 그리고 결국 이 단어는 특별히 **신을 섬김**에만 국한하여 사용된 단어가 되었다.

성경에서는 이 단어는 한 번도 인간에 대해 사용되지 않았고 늘 하나님의 예배와 하나님에 대한 봉사에 사용되었다.

이제 여기에 가장 의미심장한 것이 있다. 진정한 예배는, 그리고 진정으로 영적인 예배는 하나님께 자신의 몸과 그 몸으로 매일 행하는 모든 것을 드리는 것이다. 진정한 예배는 하나님께 정교한 기도를 드리는 것이 아니고, 장엄한 의식을 드리는 것이 아니다. **진정한 예배는 하나님께 매일매일의 삶을 드리는 것이다**.

진정한 예배는 교회당 안에서 행하는 어떤 행사가 아니라 온 세상을 살아 계신 하나님의 성전으로 보고, 모든 일상 행동을 한 예배 행위로 보는 바로 그것이다. 휘티어(Whittier)는 이렇게 썼다.

> 예수에게 사랑받은 자는 진실로써 말한다.
> 주께서 축복하시는 거룩한 예배는
> 잃은 자를 회복하고, 상한 영을 잡아매고,
> 과부와 고아를 키우는 것이다.

이렇게 말할 사람이 있을 것이다. "나는 교회에 하나님을 예배하러 간다." 그러나 그는 이렇게 말할 수도 있어야 한다. "나는 공장에, 상점에, 사무실에, 학교에, 차고에, 격납고에, 광산에, 조선소에, 밭에, 외양간에, 뜰에 하나님을 예배하러 간다"라고.

바울은 계속해서 이것은 근본적인 변화를 요구한다고 말한다. 우리는 세상을 본받아서는 안 되고 세상에서 변화되어야 한다고 말한다. 이 개념을 표현하기 위해 그는 거의 번역할 수 없는 두 단어를 사용한다. 그 단어를 영어로 번역하는데, 그 뜻을 표현하는 데 거의 몇 개 문장이 필요했다. 세상을 본받는다는 단어는 **수스케마티제스타이**(suschēmatizesthai)인데, 그 단어의 어근은 **스케마**(schēma)다. **스케마**는 외형(外型)이라는 뜻으로 연년이, 그리고 날마다 변화한다는 뜻이다. 어떤 사람의 **스케마**는 그가 17세 때와 70세 때가 같지 않다. 사람의 **스케마**는 일하러 나갈 때와 식사복으로 갈아입었을 때가 같지 않다. 사림의 사케마는 계속적으로 변한다. 그래서 바울은 이렇게 말한다. "너의 생활을 이 세상의 온갖 유행에 맞추려고 하지 말라. 주위의 색깔을 따라 변하는 도마뱀 카멜레온과 같이 되지 말라. 세상과 함께 행하지 말라. 세상이 네가 무엇이 될지를 결정짓게 하지 말라." 세상에서 **변화되다**는 뜻으로 사용한 단어는 **메타모르푸스타이**(metamorphousthai)다.

이 단어의 어근은 **모르페**(morphē)이며 모르페는 어떤 사물의 **본질적으로 불변하는** 형태나 요소를 의미한다. 사람은 17세와 70세에 같은 **스케마**를 가질 수는 없다. 그러나 그는 같은 **모르페**를 가지고 있다. 사람은 작업복을 입었을 때와 야외복을 입었을 때는 동일한 **스케마**를 가지고 있지 않으나 같은 **모르페**를 가지고 있다. 그의 외적 모습은 변하나 내적으로는 같은 사람이다. 그래서 바울은 말하기를, 하나님을 예배하고 하나님께 예배를 드리려면 우리는 변화를 거쳐야만 하는데 그것은 외적 모습이 아니라 우리의 내적인 인격의 변화, 즉 우리가 근본적이고 본질적으로 변화하는 것을 말한다. 그 변화는 어떤 것인가? 바울의 용어를 빌리면 다음과 같을 것이다.

우리 자신에게 내버려 두면 우리는 **카타 사르카**(kata sarka), 즉 가장 비열한 인간 본성의 지배를 받는 삶을 살 것이고, 그리스도 안에 있으면 우리는 **카타 크리스톤**(kata Christon)이나 **카타 프뉴마**(kata pneuma), 즉 그리스도나 성령에 의해 지배되는 삶을 살 것이다. 하나의 내적인 변화가 일어났다. 그 본질적인 인간이 변화되었다. 이제 그는 자기 중심이 아니라 그리스도 중심으로 생활하게 되는 것이다.

바울은 이것이 우리 마음의 새롭게 된 것으로 일어나야만 한다고 말한다. 바울이 **새로움**이란 의미로 사용한 단어는 **아나카이노시스**(anakainosis)다. 헬라어에는 새롭다는 뜻으로 두 단어가 있다. **네오스**(neos)와 **카이노스**(kainos)다. **네오스**는 시간의 입장에서 볼 때 **새롭다**는 것이다. **카이노스**는 성격과 성질의 입장에서 새로운 것을 의미한다. 새로 만든 연필은 네오스다. 그러나 전에는 죄인이었다가 이제는 성자가 되는 길에 있는 사람은 카이노스다. 그리스도가 사람의 생으로 들어오면 그는 새 사람이다. 그의 존재의 중심이 다르다. 그의 생을 움직이게 하는 원동력이 다르다. 그의 마음이 다르다. 그리스도의 마음이 그 안에 있기 때문이다.

그리스도가 생의 중심이 되면 우리는 진정한 예배를 드릴 수 있는데 생의 매 순간과 모든 행위를 하나님께 드리는 것이다.

한 사람이 모두를 위하여, 그리고 모두가 한 사람을 위하여

로마서 12:3-8

[3]내게 주신 은혜로 말미암아 너희 각 사람에게 말하노니 마땅히 생각할 그
이상의 생각을 품지 말고 오직 하나님께서 각 사람에게 나누어 주신 믿음의
분량대로 지혜롭게 생각하라 [4]우리가 한 몸에 많은 지체를 가졌으나 모든 지
체가 같은 기능을 가진 것이 아니니 [5]이와 같이 우리 많은 사람이 그리스도
안에서 한 몸이 되어 서로 지체가 되었느니라 [6]우리에게 주신 은혜대로 받은
은사가 각각 다르니 혹 예언이면 믿음의 분수대로, [7]혹 섬기는 일이면 섬기
는 일로, 혹 가르치는 자면 가르치는 일로, [8]혹 위로하는 자면 위로하는 일
로, 구제하는 자는 성실함으로, 다스리는 자는 부지런함으로, 긍휼을 베푸
는 자는 즐거움으로 할 것이니라

바울이 즐겨 사용한 개념 중 하나는 교회를 하나의 몸으로 생각하는 것이다(고전 12:12-27 참조). 우리 몸의 지체는 서로 다투지도 않고, 시기하지도 않으며, 제각기 중요성에 대해 시비하지도 않는다. 몸의 각 지체는 그 기능이 제아무리 뛰어나거나 눈에 안 보일 정도로 낮은 것일지라도 자신의 기능을 다하는 것이다. 교회가 그와 같아야 한다는 것이 바울의 확신이다. 교회의 각 지체는 지워진 임무가 있다. 그리고 각 지체가 각자의 임무를 다하고 협조를 할 때에만 교회 전체가 해야 할 일을 제대로 하는 것이다.

이 구절 속에는 생애의 매우 중요한 원칙이 있다.

I. 첫째로, 이 구절은 우리에게 자기 자신을 알기를 권한다. 그리스 성현의 기본적인 교훈 중 하나는 "네 자신을 알라"는 것이다. 이 세상에서 우리가 무엇을 할 수 있고 무엇을 할 수 없는지를 알기 전에는 그리 큰일은 하지 못한다. 기만과 허위의 겸손을 갖지 않고서는 자기 자신의 능력을 정직히 평가하는 것은 생의 유익을 위해 첫째가는 요소다.

II. 둘째로, 이 구절은 우리 자신을 받아들이라고 명한다. 이 구절은 하나님이 우리에게 주신 은사를 사용하라고 명한다. 우리는 남의 은사를 시기해서는 안 된다. 우리는 좀더 다른 은사가 우리에게 주어지지 않았다고 불평하거나 후회해서는 안 된다. 우리는 우리 그대로를 받아들여야 한다. 그리고 우리가 갖고 있는 그 은사를 구사해야 한다. 그것은 간혹 우리가 맡은 일이 어떤 때는 아주 낮거나, 우리가 하는 일이 거의 안 보인다는 사실을 받아들여야만 한다는 것을 의미할 때도 있다. 모든 생물에는 하나님의 생기가 있다는 것이 스토아학파의 근본 사상 중 하나다.

이 세상 어떤 것이라도 생명이 있다면 스토아학파에서는 적어도 어느 정도는 그것이 신성을 가지고 있다고 믿었다. 그의 생명이란 그 안에 있는 신이다. 무신론자들은 이 교리를 비웃었다. "벌레 속에 하나님이라고?" 그리고 "풍뎅이 속에 하나님이라고?" 이렇게 그들은 물었다. 거기에 대해 스토아학파에서는 이렇게 대답한다. "물론 있고말고요. 지렁이가 하나님께 봉사할 수 없습니까? 당신은 훌륭한 군인이란 장군뿐이라고 생각하시오? 이등병이나 부대 내 심부름꾼은 최선을 다해 싸워 자기 나라를 위해 목숨을 바칠 수가 없습니까? 당신이 진실하게 하나님께 봉사하라고, 그 대섭리를 수행해 나가기를 원한다면 지렁이가 되었더라도 당신은 행복할 것이오." 우주의 생명의 활력은 가장 낮은 생물에 달려 있는 것이다. 바울은 여기에서 자신을 받아들여야 하고 자신이 기여할 공헌이 보이지 않고 알려지지 않고 찬사가 없고 탁월하지 못할지라도 그 공헌을 해야만 한다. 이것은 중요하며 이것이 없이는 우리 생애와 교회는 본래의 의도한 바와 같이 못 된다.

III. 셋째로, 바울은 진실로 사람이 어떤 재능을 가졌든지 그것은 하나님께로부터 오는 것이라고 한다. 그는 이 은사를 **카리스마타**(charismata)라고 부른다. 신약에서 **카리스마**(charisma)는 인간이 노력으로 얻을 수 없고 하나님이 인간에게 주시는 그 무엇을 말한다. 이것은 하나님께로부터 그에게 주어진 개별적이며 일신상의 은사다. 사실상 생이란 그런 것이다.

누구나 평생을 두고 피아노 연습을 할 수는 있으나 켄트너(Kentner)나 푸이쉬

노프(Pouishnoff)같이 피아노를 잘 치지 못할 수 있다. 이 저명한 사람들은 연습보다 더 중요한 것이 있었다. 그들은 하나님의 은사인 **카리스마**라는 것이 있었다. 사람이 평생 애써 일할 수 있으나 도구나 목재나 금속 일에 손재주가 없을 수 있다. 그러나 다른 사람은 나무를 멋지게 깎고 쇠를 특별한 재주로 모양을 만들 수 있으며, 그렇게 해 도구가 자기 자신의 일부분이 될 수 있다.

이 사람은 하나님의 은사인 **카리스마**가 있는 것이다. 어떤 사람이 평생 말하는 것을 연습해도 청중이나 군중을 감동시키는 마력을 얻지 못하지만, 어떤 사람은 강단에 올라가기만 하면 청중은 그의 손아귀에 있게 된다. 이 사람은 하나님의 은사인 **카리스마**를 가지고 있는 것이다. 어떤 사람은 평생 고생을 해도 자기 사상을 종이 위에 생생하고 조리 있게 옮겨 놓지 못하는 사람이 있는 반면, 어떤 사람은 노력하지 않아도 자기 사상이 자기 앞에서 자라나고 있는 것을 볼 수 있다.

이 둘째 사람은 하나님의 은사인 **카리스마**를 가지고 있는 것이다. 누구나 자기 자신의 **카리스마**를 가지고 있다. 이 은사는 설교 작성과 집 짓는 일, 씨 뿌리기, 나무 깎기, 손으로 교묘히 다루기, 피아노 치기, 노래 부르기, 어린이 가르치기, 축구나 골프 치기 등을 위한 것일 수 있다. 그것이 어떤 것이든 각자가 다 그 은사를 가지고 있고 그것이 하나님이 그에게 주신 **카리스마**다. 그의 재주는 그가 습득한 것 이상으로 주어졌다. 그는 그것을 하나님께로부터 받은 것이다.

IV. 넷째로, 무슨 은사가 있든지 사람은 그것을 사용해야 하며, 사용하는 동기는 자신의 명예가 아니라 전체의 유익을 위해 기여하는 것이 그에게 지워진 의무인 동시에 하나님이 주신 특권이라는 확신이다.

여기에 바울이 특별히 언급하려고 열거한 은사를 살펴보자.

I. "예언"의 은사가 있다. 신약에서는 예언이 장래 일을 말하는 경우는 참으로 드물다. 대개는 하나님의 말씀을 **바로 말하기**와 관련이 있다. 예언자는 알고 있는 자의 권위를 가지고 기독교 메시지를 선포할 수 있는 사람이다. 그리스도를 다른 사람에게 선포하려면 그는 먼저 그리스도를 알아야만 한다.

칼라일(Carlyle)의 부친은 "이 교구가 필요로 하는 것은 그리스도를 간접적으로가 아니라 직접적으로 알고 있는 사람이다"라고 했다.

II. "섬기는 일(diakonia)"이 있다. 바울의 생각에 이 섬기는 일이 열거한 것 중 상위를 차지한 것은 참으로 의미 있는 일이다. 사람이 한 번도 공중 앞에 나서서 그리스도를 선포할 특권을 누리지 못할 수도 있으나 날마다 자기 동료에게 봉사를 함으로써 그리스도의 사랑을 보여 주지 못할 사람은 하나도 없다.

III. "가르치는 일"이 있다. 그리스도의 메시지는 선포되는 것만 아니라 **설명**되어야 하기도 한다. 오늘날 교회의 큰 실수는 기독교가 무엇인지를 설명하지 않고 계속해서 기독교인이 되라고만 하는 것이다. 가르침의 배경이 없는 권고나 초청은 허무한 것이다.

IV. "권고하는 일"이 있다. 권고하는 일은 한 유력한 특징이 있어야 하는데 그 특징은 **권장**이다. 해군 규정에 어느 장병도 다른 장병에게 그가 수행하게 될 일에 대해 낙담하게 말해서는 안 된다고 하는 것이 있다. 겁나게 하고 낙담하게 하는 일종의 권고가 있다. 참으로 권고하는 일은 사람을 지옥 불길 위에 뒹굴게 하지 않고 그리스도 안에서 생의 기쁨으로 모는 데 그 목적이 있다.

V. "구제하는 일"이 있다. 구제는 **성실함**으로 해야 한다. 바울이 사용한 단어는 **하플로테스**(haplotēs)인데 이 단어는 번역하기 힘들다. 이 단어에는 소박함과 관용의 두 가지 뜻이 포함되어 있다. 어느 대주석이 《잇사갈의 언약서(*The Testament of Issachar*)》에서 한 구절을 인용했는데 거기에 이 **하플로테스**(haplotēs)의 뜻을 완벽하게 나타내 주고 있다. "또 나의 부친이 나에게 축복해 주셨다. 그것을 본 나는 **소박하게**(haplotēs) 살았다. 또 나는 내 행동에서 호기심을 갖지 않았으며 내 이웃을 향하여 악하거나 시기하지 않았다. 나는 아무에게도 욕하거나 어느 누구의 목숨도 해하지 않고 다만 소박한 눈(직역하면 내 눈의 소박함)으로 살았다. 모두 가난한 자와 괴로움을 당하는 자에게 나는 마음의 소박함(haplotēs)으

로 이 땅의 좋은 것을 주었다. 소박한(hapolous) 사람은 금을 바라지 않으며 자기 이웃을 강탈하지 않으며 온갖 맛좋은 고기를 생각하지 않으며 여러 가지 옷을 원치 않으며 스스로 수명을 약속하지 않아 오직 하나님의 뜻을 받는다. 그는 정직한 생활을 하며 모든 것을 소박하게(haplotēs) 본다." 남에게 구제는 하되 그 구제와 함께 도덕적인 비판을 하는 구제이고, 그것은 남의 필요를 덜어 주기보다는 자기 허영심과 자기 만족을 선동하는 것이고, 즐거움 대신 쓰디쓴 의무감에 의해 구제하는 것이고, 순수한 구제의 기쁨이 아니라 배후에 다른 동기를 가지고 구제하는 것이다. 기독교인의 구제와 서로 나눔은 하플로테스, 즉 성실함으로 하는 것인데 이는 구제 자체를 위해 구제하는 큰 기쁨을 누리는 것이다.

VI. "다스리는 일"이 있다. 바울은 우리가 그런 일을 하게 부르심을 받았으면 열심을 가지고 할 것이라고 말한다. 오늘날 교회의 가장 큰 문제는 그 모든 활동 분야에 지도자를 구하는 것이다. 봉사와 책임감을 가진 사람은 점점 적어진다. 이 지도적 임무를 맡으려고 자기 취미와 향락을 포기하려는 사람은 점점 적어진다.

진정한 원인은 마음이 내키지 않거나 게으름인 경우에도 적성이 안 맞는다든지 가치가 없다느니 하는 핑계를 대는 경우가 많다. 바울은 그런 직무를 맡았으면 **열심**을 가지고 맡으라고 말한다.

장로가 성찬식 카드를 전해 주는 데 두 가지 방법이 있다(스코틀랜드 교회 풍습으로 성찬식—10월 첫 주일—전에 통지서로 알림-옮긴이주). 대문에 있는 편지함에 넣든지 직접 찾아가서 전해 주는 방법이다. 교사가 학과 준비를 하는 데도 두 가지 방법이 있다. 즉, 속마음으로 할 수도 있고 가장 형식적으로 할 수도 있다. 어떤 교인이 교회에서 어떤 임무를 재미 없고 단조롭게 해 나갈 수도 있고 기쁨과 열심을 가지고 일할 수도 있다. 오늘날의 교회는 지도자가 필요하다. 그 지도자는 그들 마음속에 열심을 품은 사람들이이야 한다.

VII. "긍휼을 베풀 때"가 있다. 바울은 이 긍휼을 친절한 마음으로 베풀어야 한다고 말한다. 잘못한 사람을 용서해 줄 수 있는데 그 방법이 모욕적일 수 있다. 용서를 하되 동시에 비판과 모욕의 태도를 보여 줄 수도 있다. 우리가 죄인을 용서해 줄 기회가 생긴다면 우리도 같은 죄인이라는 점을 기억해야 한다. "저기로 내가 갈 것이다. 하나님의 은혜가 아니었더라면" 이라고 조지 화이트필드(Geroge Whitefield)가 한 죄수가 교수대로 가는 것을 보고 말했다. 죄인을 더 함정으로 몰아넣는 용서 방법이 있다. 그리고 죄인을 수렁에서 끌어올리는 용서 방법도 있다. 진정한 용서는 언제나 사랑에 바탕을 두고 있는 것이지 결코 우월감에 있는 것이 아니다.

현실에서 기독교 생활

로마서 12:9-13

9사랑에는 거짓이 없나니 악을 미워하고 선에 속하라 10형제를 사랑하여 서
로 우애하고 존경하기를 서로 먼저 하며 11부지런하여 게으르지 말고 열심을
품고 주를 섬기라 12소망 중에 즐거워하며 환난 중에 참으며 기도에 항상 힘
쓰며 13성도들의 쓸 것을 공급하며 손 대접하기를 힘쓰라

여기에서 바울은 일상생활에서 필요한 열두 가지 간결한 규칙을 제시한다. 하나씩 고찰해 보자.

I. **사랑은 온전히 신실해야 한다.** 기독교인의 사랑에는 의식이 없어야 하고, 연극하듯 하는 것이 없어야 하고, 외적인 동기가 없어야 한다. 이른바 선반 사랑이란 것이 있는데 그것은 얻어질 수 있는 득을 넘보는 것이다. 또 이기적인 사랑이 있는데 그것은 자신이 주는 것보다 많은 것을 얻으려는 목적을 가지고 있는 것이다. 기독교인의 사랑은 자신을 개입시키지 않는 사랑이다. 이것은 타인에 대한 순수한 마음의 발로다.

II. 우리는 악한 것을 미워하고 선한 것에 속해야 한다. 죄에 대한 한 가지 보안 방법은 우리가 그 죄로 충격을 받는 것이라고들 한다. 칼라일의 말을 빌리면 우리가 필요한 것은 무한한 성결의 아름다움과 무한한 죄의 저주를 깨닫는 것이다. 바울이 사용한 단어들은 매우 강력하다. 열정이 없는 덕은 안전하지 못하다. 사람은 그가 악을 조심성 있게 피하고 선한 것에 타산적으로 밀착해 있을 때는 안전하지 못하다. 그는 악을 **미워하고 선을 사랑해야** 한다. 한 가지 밝혀 두어야 할 것은 많은 사람이 미워하는 것은 **악**이 아니라 **악의 결과**다. 사람은 누구도 단순히 악하게 되었을 때의 결과를 무서워하여 선해진다면 참으로 선한 것이 아니다. 번즈가 이렇게 시를 썼다.

> 가련한 자를 질서 있게 끌고 가는 지옥 형리(刑吏)의 채찍은 무섭다.
> 그러나 너희 명예가 방해하는 것을 느끼거든
> 영원히 너희의 경계선으로 하라.

불명예의 결과를 두려워하지 않고 명예를 열렬한 사랑으로 사랑하는 것이 진정한 선의 길이다.

III. 우리는 형제 사랑으로 서로 우애해야 한다. 바울이 우애란 뜻으로 사용한 단어는 **필로스토르고스**(Philostorgos)이며 **스토르게**(storgē)는 **가족간의 사랑**을 뜻한다. 우리는 한 가정의 식구이므로 서로 사랑하여야 한다.

교회 안에서 우리는 피차 낯선 사람이 아니다. 물론 우리는 고립된 것도 아니다. 우리는 서로 형제요 자매다. 이유인즉 우리는 한 아버지 곧 하나님을 가졌다. 교회는 이미 알고 있는 사람들을 모아 놓은 집합체가 아니다. 물론 친구들의 집합체도 아니다. 이것은 하나님 안에 있는 가족이다.

IV. 우리는 서로 먼저 존경해야 한다. 교회 안에서 일어나는 말썽의 반 이상은 각종 권리와 특권과 지위와 명예에 관계되어 있다. 어떤 사람이 자신의 지위를 받지 못했다, 무시되었다든지, 치사를 받지 못했다, 강단 위에서 다른 사람보다 높은 자리에 앉게 되었다 등 거기에 싸움이 있다. 진정한 기독교인의 표시는 언제나 겸손이다. 가장 겸손했던 사람 중 하나는 저 유명한 성자요 학자인 카이언즈(Cairns) 교장이다.

어떤 사람이 카이언즈가 어떠했는지를 보여 주는 사건을 이렇게 전한다. 그는 큰 모임에서 강단 위에 올라가게 되어 있었다. 카이언즈가 나타나자 우레 같은 박수가 터져 나왔다. 카이언즈는 멈춰 서서 뒤에 선 사람을 앞으로 보내 놓고 자신도 박수치기 시작했다. 그는 그 박수가 자기에 대한 것이라고는 꿈도 꾸지 않았다. 그는 그 박수가 다른 사람을 위한 것이라고 생각했다. 서로 먼저 존경하기란 쉽지 않다.

우리 중에는 권리를 찾으려는 자연인은 충분히 있다. 그러나 기독교인은 아무 권리도 없고 다만 의무만 있다는 것을 알고 있다.

V. 우리는 열성에 게을러서는 안 된다. 기독교인의 생애에는 어떤 강도(强度)가 있다. 거기에는 무기력하게 행할 여지가 없다. 기독교인에게는 인생이란 언제나 생사간의 선택이므로 사물을 안일하게 생각할 수가 없다. 그리고 세계는 항상 선악간의 권장이요, 시간은 짧고, 인생은 영원의 준비 장소이기 때문에도 그렇다. 기독교인은 타 버릴 수는 있으되 녹아날 수는 없다.

VI. 우리는 영혼을 항상 뜨겁게 해야 한다. 부활하신 그리스도께서 받아들일 수 없는 사람은 뜨겁지도 않고 차지도 않은 사람이다(계 3:15-16). 오늘날 사람들은 남의 열심을 곁눈으로 보기 쉽다. 현대의 표어는 "내가 알 바가 아니다"다. 그러나 기독교인은 철두철미하게 진지한 사람이다. 그는 뼛속에 불을 가지고 있다. 그러므로 그는 그리스도를 불사르는 것이다.

VII. 바울의 일곱 번째 훈령은 다음 두 가지 중 하나일 것이다. 고대 사본에는 두 가지가 서로 다르다. 어떤 사본에는 "주를 섬기라"로 되어 있고, 다른 사본에는 "때를 섬기라", 즉 "기회를 포착해라"다. 두 가지가 있게 된 이유는 이러하다. 모든 고대 서기관은 가장 간결하게 썼다. 특히 아주 보편적인 말들은 약자로 썼다. 약자의 가장 일반적인 방법은 보통 속기 방법같이 모음을 빼놓는 것이다. 그러고는 남아 있는 글자 위에 선을 긋는 것이다.

이제 **주님**이란 단어는 **큐리오스**(Kurios)이고 **시간**이란 단어는 **카이로스**(kairos)이고 이 두 단어의 약자는 Krs이다. 실질적인 교훈이 가득 차 있는 이 부분에서는 바울이 사람들에게 "기회가 올 때 잡으라"고 하는 편이 더 가까웠을 것이다. 우리 인생은 우리에게 온갖 종류의 기회를 제공하고자 한다. 즉, 새 것을 배우고 낡고 잘못된 것을 끊어 버릴 기회요, 격려나 경고의 말을 할 기회요, 남을 도와주고 안위할 기회다.

인생의 비극 중 하나는 우리가 너무나 자주 기회가 올 때 잡지 못하고 놓지는 것이다. "한 번 오고 다시 되돌아오지 않는 것이 세 가지 있다. 시위를 당긴 화살, 입에서 나온 말, 놓친 기회다."

Ⅷ. 우리는 소망 중에 즐거워해야 한다. 알렉산더 대왕이 동방 정벌을 떠날 때 한번은 자기 친구들에게 갖가지 선물을 나누어 주었다. 그는 마음이 후해 자신이 가진 것을 거의 나누어 주었다. "왕이여, 왕께서 가지실 것도 거의 없겠습니다"라고 한 친구가 말했다. "천만에, 나는 있습니다. 나는 아직도 내 희망을 가지고 있습니다"라고 왕은 말했다. 기독교인은 본질적으로 낙관주의자가 되어야 한다. 하나님이 참으로 하나님이신 이유로 기독교인은 언제나 "가장 좋은 것은 아직 오지 않았다"라고 확신하고 있다. 기독교인은 그가 모든 것을 위해 충분한 은혜를 알고 있고 약한 데서 온전하게 되는 능력을 알기 때문에 그는 어떤 임무도 과한 것이 없다는 것을 알고 있다. "인생에는 절망적인 상태가 없고 단지 그 상태에 절망적이라고 생각하게 된 사람이 있을 뿐이다." 그리고 절망적인 기독교인 같은 것은 절대로 있을 수 없다.

Ⅸ. 우리는 환난을 인내해 승리할 수 있어야 한다. 어떤 사람이 한 용기 있는 사람에게 "고통은 인생의 전부를 물들이지요. 그렇지요?"라고 말했다. "예, 그렇습니다. 그러나 나는 그 색깔이 있는 것을 택하겠습니다"라고 대답했다.

베토벤에게 완전한 청각 장애의 무서운 고통이 오기 시작하고 인생이 끊이지 않는 불행의 연속인 것같이 보였을 때 그는 "나는 인생을 목구멍으로 살겠다"라고 말했다.

윌리엄 카우퍼(William Cowper)은 다음과 같이 썼다.

> 현재의 슬픔에서 벗어나서,
> 우리는 즐거이 말할 수 있다.
> 내일 미지의 것이 온다면
> 그것이 무엇이든 오게 하라
> 주님은 우리에게 감당치 못할 만한
> 아무것도 주시지 않으리라.

옛날에 느브갓네살 왕이 사드락과 메삭과 아벳느고를 불타는 풀무 속에 던져 넣었을 때 그들이 상하지 않은 것을 보고 놀랐다. 그는 세 사람을 불 속에 던지지 않았느냐고 물었다. 그들은 그렇다고 대답했다. "내가 보니 결박되지 아니한 네 사람이 불 가운데로 다니는데 상하지도 아니하였고 그 넷째의 모양은 신들의 아들과 같도다"(단 3:25). 사람은 그리스도와 함께하면 어떤 일이라도 맞이할 수 있다.

X. 기도에 항상 힘써야 한다. 우리 생애에서 며칠씩 혹은 몇 주일씩 지나도 하나님께 전혀 기도하지 않는 때가 없는가? 사람이 기도하기를 그치면 그는 자신에게서 권능하신 하나님의 능력을 박탈당하는 것이 된다. 아무도 이 세상에서 자기 힘으로 살아 나가려고 고집한다면 인생의 파멸을 가져와도 놀라지 않을 것이다.

XI. 핍절한 자와 함께 나누어 써야 한다. 받으려고 하는 이 세상에서 기독교인은 주는 데 힘써야 한다. "우리가 간직하는 것은 잃은 것이요 우리가 주는 것은 차지할 것이라"는 것을 알고 있기 때문이다.

XII. 기독교인은 손대접하기에 전념해야 한다. 신약성경에서는 여러 번 이 환대의 의무를 강조하고 있다(히 13:2; 딤전 3:2; 딛 1:8; 벧전 4:9). 틴데일(Tyndale)은 훌륭한 단어를 사용했다. 그는 기독교인은 **항구**와 **같은**(harborous) 행동을 해야 한다고 번역했다. 한 가정이 이기적인 가정일 때 결코 행복한 가정이 될 수 없다. 기독교는 개방된 손과 개방된 마음, 개방된 문의 종교다.

기독교인과 그의 이웃

로마서 12:14-21

14 너희를 박해하는 자를 축복하라 축복하고 저주하지 말라 15 즐거워하는 자
들과 함께 즐거워하고 우는 자들과 함께 울라 16 서로 마음을 같이하며 높은
데 마음을 두지 말고 도리어 낮은 데 처하며 스스로 지혜 있는 체 하지 말라
17 아무에게도 악을 악으로 갚지 말고 모든 사람 앞에서 선한 일을 도모하라
18 할 수 있거든 너희로서는 모든 사람과 더불어 화목하라 19 내 사랑하는 자들
아 너희가 친히 원수를 갚지 말고 하나님의 진노하심에 맡기라 기록되었으
되 원수 갚는 것이 내게 있으니 내가 갚으리라고 주께서 말씀하시니라 20 네
원수가 주리거든 먹이고 목마르거든 마시게 하라 그리함으로 네가 숯불을
그 머리에 쌓아 놓으리라 21 악에게 지지 말고 선으로 악을 이기라

여기에 바울은 우리 이웃과의 관계에 대한 규칙과 원칙을 제시한다.

I. 기독교인은 자신을 핍박하는 자를 위한 기도로 핍박을 맞아들여야 한다. 오래전에 플라톤이 이렇게 말했다. 선량한 사람은 악을 행하기보다는 악을 당하기를 선택할 것이고 미워하는 것은 악이라고 했다. 기독교인이 다치고 욕을 보고, 학대를 받을 때 그의 앞에는 주님의 본(本)이 있다. 주님은 그 십자가 위에서 당신을 죽이는 자들을 위해 기도하고 있다.

세상에는 순교자들이 여러 세대에 보여 준 이 엄숙한 용서보다 사람들을 기독교로 개종하게 한 더 큰 위력이 없다. 스데반은 자신을 돌로 쳐서 죽이는 자들의 용서를 빌며 죽어갔다(행 7:60). 그를 죽인 사람들 중에 사울이라는 한 청년이 있었다. 그는 후에 바울이 되어 이방인의 사도와 그리스도의 종이 되었다. 바울을 그리스도께로 돌려놓은 것 중 하나가 스데반의 죽음의 장면이었다는 데는 의심할 여지가 없다. 어거스틴에 의하면 "기독교회가 바울을 갖게 된 것은 스데반의 기도 덕분이다". 많은 박해자가 전에 그가 파멸하려 했던 이 종교의 일원이 되었다. 그는 기독교인이 어떻게 용서할 수 있는지를 보았기 때문이다.

II. 우리는 즐거워하는 자들과 함께 즐거워하고 우는 자들과 함께 울어야 한다. 공통된 슬픔의 결속과 같은 것은 거의 없다. 어떤 저자가 미국 흑인 여자의 말에 대해 언급했다. 찰스톤(Charlseton)에 사는 여인이 이웃인 흑인종을 만났다. "루씨 아줌마가 돌아가셨다니 참 안됐어요. 당신은 그 아줌마를 잊지 못할 거예요. 서로 참 다정했지요"라고 말했다. "네, 그래요. 돌아가셔서 슬퍼요. 그러나 우리는 친한 사이가 아니었어요." "그럴 리가 있나. 나는 둘이서 친한 줄 알았는데. 난 여러 번 같이 웃고 얘기하는 것을 봤는데." "그건 그래요. 우린 같이 웃었고, 함께 얘기를 나누었지요. 그러나 우린 그저 아는 사이였어요. 아시겠지요. 루스 양, 우리는 한 번도 함께 눈물을 흘린 적이 없어요. 사람이란 친구가 되기 전에 함께 울어야 해요." 눈물의 결속은 모든 결속 가운데 가장 강한 것이다. 그러나 즐거워하는 자들과 함께 즐거워하는 것보다 우는 자들과 함께 우는 것이 더 쉽다.

크리소스토무스가 이 구절에 대해 기록한 적이 있다. "우는 자들과 함께 우는 것보다 즐거워하는 자들과 함께 즐거워하기에는 기독교인의 높은 기질을 더 필요로 한다. 그리고 재난에 빠져 있는 사람을 보고 울지 않을 정도로 굳은 마음을 가진 사람은 없다. 그러나 즐거워하는 것은 시기하지 않을 뿐만 아니라, 칭찬 받고 있는 그 사람과 함께 기쁨을 느끼기까지 하게 한다는 것은 아주 고상한 마음을 필요로 한다. 타인의 성공을 축하한다는 것은 그의 슬픔과 손실을 동정하는 것보다 참으로 더 어렵다. 특히 그의 성공이 우리의 실망과 관련이 있는 경우에는 말이다. 타인의 성공을 우리 자신의 것같이 즐거워할 수 있는 것은 오직 자아

(自我)가 죽었을 때만 가능하다.

III. 우리는 서로서로 마음을 같이하여 살아야 한다. 넬슨 제독이 전쟁에서 승리한 후 보고를 했는데 거기서 그 이유를 이렇게 말했다. "나는 일단의 형제들을 지휘하게 되어 기쁘다." 기독교회는 일단의 형제들이어야 한다. 레이튼(Leighton)의 글에 "교회의 정치 형태는 속박이 없는 것이다. 그러나 화평과 협조, 친절과 선행은 불가결한 것이다"라고 했다. 분쟁이 어느 기독교 사회에든지 들어올 때 선행의 가능성과 희망은 사라진다.

IV. 우리는 모든 교만과 신사인 체하는 것을 버려야 한다. 우리가 언제나 기억해야 할 것은 세상이 사람을 판단하는 기준이 반드시 하나님이 사람을 판단하시는 기준이 아니라는 것이다. 성자다운 것은 계급이나 부나 출생 신분과 전혀 무관하다. 제임스 블랙(James Black) 박사가 자신의 독특하고 생생한 방법으로 초대교회 회중의 한 장면을 그리고 있다. 한 귀족이 입교했다. 그리고 그 사람이 처음으로 교회 예배에 참석했다. 예배 드리는 방으로 그가 들어섰다. 그 회중의 지도자가 한 자리를 가리키며 "저기 앉으실까요?"라고 말했다. "그렇지만, 거기는 내 종의 옆에 앉게 되기 때문에 앉을 수가 없습니다." "저기 앉으시겠어요?" 재차 말했다. "그렇지만 정말 내 종 옆에만은…" "저기 앉으시겠어요?" 다시 한 번 말했다. 그러자 결국 그 사람은 방을 건너 자기 종 옆에 앉으며 인사의 키스를 했다. 이것이 바로 기독교가 행한 것이다. 이것이 오직 기독교만이 로마 제국에서 할 수 있었던 것이다. 기독교회만이 주인과 종이 나란히 앉았던 곳이다. 기독교만이 아직도 이 땅의 모든 구별이 없어진 곳이다. 그것은 하나님은 사람을 외모로 보시지 않기 때문이다.

V. 우리의 행동이 모든 사람이 보기에 공명정대해야 한다. 바울은 기독교인의 행동은 선하기만 할 것이 아니라 보기에도 좋아야 한다. 소위 이름으로만 기독교인 것은 가장 어렵고 매력 없이 보일 수 있다. 그러나 진정한 기독교는 모든 사람이 보기에 공명정대한 그 무엇이다.

VI. 우리는 모든 사람과 더불어 화평해야 한다. 그러나 바울이 두 가지 조건을 붙인 것을 잊어서는 안 된다.

1. 그는 **할 수 있거든**이라고 말한다. 호의의 주장이 원칙의 주장에 굴복해야 할 때가 올 것이다. 기독교란 아무것이나 받아들이고 모든 것을 모르는 척 눈 감아 버리는 태평한 관용이 아니다. 싸워야 할 때가 오면 기독교인은 회피해서는 안 된다.

2. **할 수 있는 데까지**라고 말했다. 바울은 어떤 사람은 다른 사람보다 화평하게 지나기가 더 쉽다는 것을 잘 알고 있었다. 그는 어떤 사람은 한 시간 동안에 다른 사람이 평생 걸릴 많은 성질을 조절할 수 있다는 것을 알고 있었다. 우리는 선행이 어떤 사람들에게는 다른 사람들보다 훨씬 쉽다는 것을 기억하는 것이 좋다. 우리가 그것을 기억한다면 그렇게 간단히 비판과 낙심하지 않을 것이다.

VII. 우리는 원수 갚는 생각을 하지 말아야 한다. 바울은 세 가지 이유를 든다.

1. 원수 갚는 것은 우리에게 속한 것이 아니다. 그것은 하나님께 속하여 있다. 결국 어떤 인간도 심판할 권리가 없고 오직 하나님만이 하실 수 있다.

2. 원수 갚는 것보다는 친절함으로 대하는 것이 그의 마음을 감동시키는 방법이다. 원수 갚는 것은 그의 영을 파탄케 할 수 있으나 친절은 그의 마음을 아프게 한다. "우리가 원수에게 친절하면 그것은 숯불을 그 머리 위에 쌓아 놓는다"라고 바울은 말하고 있다. 그것은 그들에게 더 심한 형벌을 쌓아 놓는다는 것이 아니라 우리가 늘 말하듯이 그것은 심히 부끄럽게 만들 것이다.

3. 굳이 원수를 갚으려는 것은 우리 스스로 악에게 정복당하는 것이다. 악은 절대로 악에게 지지 않는다. 증오가 더 큰 증오를 만나면 그 증오가 증가될 뿐이다. 그러나 증오가 사랑을 만나게 되면 해독시키는 방법이 발견된다.

부커 워싱톤이 이렇게 말했다. "나는 어떤 사람이라도 결코 내가 그를 증오함으로 나 자신을 더 천하게 만들지 않으리라." 원수를 물리치는 단 한 가지 방법은 그를 친구로 만드는 것이다.

The Letter to the Romans 13

기독교인과 국가

로마서 13:1-7

1각 사람은 위에 있는 권세들에게 복종하라 권세는 하나님께로부터 나지 않
음이 없나니 모든 권세는 다 하나님께서 정하신 바라 2그러므로 권세를 거스
르는 자는 하나님의 명을 거스름이니 거스르는 자들은 심판을 자취하리라
3다스리는 자들은 선한 일에 대하여 두려움이 되지 않고 악한 일에 대하여
되나니 네가 권세를 두려워하지 아니하려느냐 선을 행하라 그리하면 그에게
칭찬을 받으리라 4그는 하나님의 사역자가 되어 네게 선을 베푸는 자니라 그
러나 네가 악을 행하거든 두려워하라 그가 공연히 칼을 가지지 아니하였으
니 곧 하나님의 사역자가 되어 악을 행하는 자에게 진노하심을 따라 보응하
는 자니라 5그러므로 복종하지 아니할 수 없으니 진노 때문에 할 것이 아니
라 양심을 따라 할 것이라 6너희가 조세를 바치는 것도 이로 말미암음이라
그들이 하나님의 일꾼이 되어 바로 이 일에 항상 힘쓰느니라 7모든 자에게
줄 것을 주되 조세를 받을 자에게 조세를 바치고 관세를 받을 자에게 관세를
바치고 두려워할 자를 두려워하며 존경할 자를 존경하라

첫눈에 이 구절은 극히 놀라운 구절같이 보인다. 이 구절은 기독교인에게 국가 권력에 대한 절대 복종을 가르치고 있는 것같이 보이기 때문이다. 그러나 사실 이것은 모든 신약을 관철해 있는 계명이다.

디모데전서 2장 1-2절에 "그러므로 내가 첫째로 권하노니 모든 사람을 위하여 간구와 기도와 도고와 감사를 하되 임금들과 높은 지위에 있는 모든 사람을 위하여 하라 이는 우리가 모든 경건과 단정한 중에 고요하고 평안한 생활을 하려 함이니라"고 기록되었고, 디도서 3장 1절에는 목회자에게 주는 충고가 있다. "너는 저희로 하여금 정사와 권세 잡은 자들에게 복종하며 순종하며 모든 선한 일 행하기를 예비하게 하라." 베드로전서 2장 13-17절을 보면 "인간에 세운 모든 제도를 주를 위하여 순복하되 혹은 위에 있는 왕이나 악행하는 자를 징벌하고 선행하는 자를 포장하기 위하여 그의 보낸 방백에게 하라 곧 선행으로 어리석은 사람들의 무식한 말을 막으시는 것이라… 뭇 사람을 공경하며 형제를 사랑하며 하나님을 두려워하며 왕을 공경하라"고 쓰여 있다. 우리는 이러한 구절들이 로마 정부가 아직 기독교인을 박해하고 잡아 가기 시작하기 전에 나온 말이라고 이의를 제기하려는 유혹을 받을 수 있다.

예를 들어 사도행전에서 기번(Gibbon)이 말했듯이 이교도인 지방장관 관서가 흥분한 유대인 군중을 피하기에 가장 안전한 장소였다는 것을 간혹 보았다.

우리는 바울이 여러 번 로마 재판의 손에서 공정한 재판과 보호를 받은 것을 보았다. 그러나 흥미 있고 의미심장한 일은 여러 해 후에, 심지어는 몇 세기 후에 박해가 시작되고 기독교인은 불법자로 낙인이 찍혔을 때일지라도 기독교의 지도자들은 똑같은 말을 하고 있다. 저스틴 마터는 이렇게 썼다(변증 1:17). "어디에서나 우리는 모든 사람보다 흔쾌히 당신네들이 임명한 사람들에게 우리가 예수에게서 배운 대로 보통과 특별세 내기를 노력한다. 우리는 오직 하나님만을 경배합니다. 그러나 다른 일에서는 우리는 기꺼이 당신을 왕과 통치차로 알고 또 당신이 그 왕권을 가지고 올바른 판단력을 갖게 되기를 기도하면서 당신을 섬기겠습니다." 아데나고라스(Athenagoras)는 기독교인을 위한 화평을 간청하면서(37장) "우리는 은총을 받을 만합니다. 당신의 정부를 위해 기도하되 당신이 가장 정당하므로 국권을 아들이 아버지에게서 받도록 기도하여 당신의 나라가 모든 사람이 당신의 지배하에 오게 될 때까지 번영하고 커지기를 기도하기 때문입니다"라고 말했다.

터툴리아누스는 이같이 말하고 있다(변증 30). "우리는 왕들의 안전을 위해 영원하시고, 진실하시고 살아 계신 하나님에게 기도를 드린다. 그 하나님의 은총은 왕자 자신이 세상의 무엇보다도 원하는 바다…. 쉬지 않고 우리는 왕을 위해 기도를 드린다. 우리는 장수하기를 위해 기도하며, 나라의 안전을 위해, 왕가의 보호를 위해, 용맹스러운 군대를 위해, 충성스러운 원로원과 덕망 있는 사람과 세계 평화를 위해, 무엇이든 사람이나 가이사이든 왕이든 모두가 원하는 것을 위해 기도합니다." 그는 심지어 기독교인은 황제를 존경할 수밖에 없다. 그 황제는 "우리 주님에게 그 직임에 부르심을 받았기 때문"이라고 말하기까지 한다. 그리고 끝으로 이렇게 말한다. "가이사는 우리 하나님이 임명하셨기 때문에 너희 편보다는 우리 편이다."

아노비우스(Arnobius 4:36)는 기독교인의 모임에서는 "권세 잡은 모든 자를 위해 평강과 용서를 빌었다"라고 선언했다. 심지어는 당시 박해자가 네로 같은 자일지라도 정부에 복종해야 하고 그들을 위해 기도해야 한다는 것은 기독교의 끊임없고 공식적인 교훈이었다.

이 배후에 있는 사상과 신념은 도대체 무엇일까?

I. 바울의 경우에는 그가 정부에 복종할 것을 강조하는 직접적인 원인이 있다. 유대인은 반역으로 유명했다. 팔레스타인 특히 갈릴리는 계속적으로 폭동으로 들끓고 있었다. 우선 열심당원이 있는데 그들은 유대인에게는 하나님밖에는 왕이 없다고 믿었다. 그리고 하나님 외에는 아무에게도 조공을 바쳐서는 안 된다고 믿었다. 또 그들은 수동적인 반항 같은 것으로는 만족하지 않았다. 그들은 그들 자신을 돕기 위한 폭력 행위를 시작하기 전에는 하나님이 그들을 돕지 않으시리라고 믿었다. 그들은 직업적으로 살인과 암살을 하기로 시약했다. 그들의 목적은 여하한 정부의 존재도 불가능케 하는 것이다. 그들은 칼을 품은 자로 알려졌다. 그들은 폭력 방법을 서약한 광신적 민족주의자들이었다. 그들은 로마 정부에 대해 폭력을 사용할 뿐만 아니라 로마 정부에 세금을 내는 같은 유대인

의 가택을 부수고 밭의 곡식을 불태우고 가족들을 암살했다. 이런 것에 대해 바울은 아무런 정당한 이유를 찾지 못하고 있다. 뿐만 아니라 이런 것은 모든 기독교적 행위의 정반대다. 그런데도 적어도 유대 민족 한 구석에서는 이것이 정상적인 그들의 행동으로 되어 있었다. 바울은 기독교를 폭력적인 유대주의에서 완전히 분리시키고 기독교와 선량한 시민 생활은 서로 손을 마주 잡고 가는 것이라는 것을 명확히 하기 원했기 때문에 그런 명확성을 가지고 이것을 기록했다고 하는 것이 좋을 것이다.

II. 기독교인과 국가 사이에는 그런 단순한 잠정적인 여건보다 더한 것이 있다. 바울의 생각에는 유대인의 불안으로 야기된 여건이 있었으리라고 생각하는 것이 좋을 것이다. 그러나 거기에는 다른 원인도 있었다. 첫째로 아무도 자신이 살고 있고 그 한 부분이 된 사회에서 자신을 완전히 분리시킬 수 없는 것이라는 이론이다. 솔직히 말해 아무도 그 민족에게서 떨어져 나올 수 없다. 민족의 한 부분으로서 그는 자기 혼자서는 도저히 맛볼 수 없는 어떤 혜택을 입고 있는 것이다. 이성으로서 그는 모든 권리를 요구하고 의무는 모두 거절할 수 없다. 그는 일상생활에서 하나로 묶여 있는 것이다. 그가 교회의 일원인 것같이 민족의 한 일원이다.

III. 국가에 자신의 보호를 빚지고 있는 것이다. 국가는 공의와 안전을 위해 존재하고 국가가 맹수와 야만인에게서 안전을 보장해 준다는 것은 플라톤적인 개념이었다. 그가 표현한 대로 옮기면 "사람들은 안전한 벽의 배후에 모이는 것이다"라고 함과 같다.

국가란 본래 서로 법령을 준수함으로써 어떤 관계를 유지하기 위해 스스로 결속하고 서약한 사람들의 집단이다. 국가가 없이는, 그리고 이 법률과 이 법률을 준수하겠다는 상호 약속 없이는 약하고 이기적인 강자만이 최고가 될 것이다. 약한 자들은 발붙일 데가 없다. 우리의 삶은 정글의 법칙에 따라 지배될 것이다. 모든 사람은 국가에 자신의 안전을 빚지고 있는 것이므로 국가에 대해 의무와 책임이 있다.

IV. 국가로부터 일반인은 자기 혼자서는 도저히 누릴 수 없이 넓은 범위의 서비스를 받는다. 개인으로서는 각자 수도, 전기, 하수도, 운송수단 등을 가질 수는 없다. 개인으로서는 도시 서비스나 사회보장제도의 혜택을 누릴 수 없다. 이런 것들은 단지 사람들이 함께 살기로 합의할 때만 가능하다. 국가가 제공하는 모든 것을 누리고 국가에 대한 의무는 지키지 않으려고 하면 옳지 못하다. 아무도 받을 것은 다 받고 줄 것은 안 줄 수는 없다. 실은 그것이 기독교인이 명예를 걸고 선량한 시민이 되고 그 시민을 위한 온갖 의무를 다해야 할 한 가지 이유다.

V. 국가에 대한 바울의 주장은 당시 그의 견해에 따르면 로마 제국은 세계를 혼란에서 구하기 위하여 하나님께 받은 하나의 도구였다는 것이다. 바울의 견해에 의하면 국가를 제외하면 이 세계는 조각조각 흩어져 날아가게 될 것이다. 사실 기독교 선교가 그런 일을 할 기회를 준 것은 로마의 평화(Pax Romana)였다. 이상적으로 말하면 인간은 기독교적인 사랑으로 한데 묶여져야 하는데 현실은 그렇지 않다. 그래서 인간들을 한데 결속시키는 유대 역할을 하는 것이 국가다.

바울은 국가에서 하나님의 손안에 있는 도구를 보았다. 국가는 세계를 혼란에서 보호했고, 국가에 봉직하는 사람들은 그 큰 임무수행에서 한 부분적 역할을 하고 있는 것이다. 그들이 알았든지 몰랐든지 간에 그들은 하나님의 일을 하고 있는 것이다. 그러므로 기독교인은 그것을 방해하는 것이 아니라 도와줄 의무가 있다.

갚아야 할 부채와 갚을 수 없는 부채

로마서 13:8-10

8피차 사랑의 빚 외에는 아무에게든지 아무 빚도 지지 말라 남을 사랑하는
자는 율법을 다 이루었느니라 9간음하지 말라, 살인하지 말라, 도둑질하지
말라, 탐내지 말라 한 것과 그 외에 다른 계명이 있을지라도 네 이웃을 네 자

신과 같이 사랑하라 하신 그 말씀 가운데 다 들었느니라 [10]사랑은 이웃에게
악을 행하지 아니하나니 그러므로 사랑은 율법의 완성이니라

앞 구절은 인간의 공공부채라고 부를 수 있는 문제를 다루었다. 7절에서 이 공공부재에 대해 언급한다. 그 중 하나는 소위 조공이고 나머지 하나가 **세**다. **조공**이라는 말로 바울은 속국국민이 내야 할 조공을 의미했다.

로마제국이 그 속국에 부과하는 표준 조공은 세 가지가 있었다.

첫째 **지세**(ground tax)인데 이것은 국민이 자기 땅의 소출 중 곡식의 10분의 1과 포도주와 실과의 5분의 1로 현금이나 물품으로 지불해야 하는 것이다. **소득세**(income tax)가 있었다. 이것은 국민 각자의 소득의 1백 분의 1이다. **인두세**(poll tax)가 있었는데 이것은 14−65세의 모든 사람이 내는 것이다. 세라는 말로서 바울은 지방세를 의미했다. 이것 중에는 수출입 관세, 대로(大路) 사용세, 교량세, 시장세, 입항세, 동물 소요세, 차량 운행세 등이 있었다. 바울의 주장은 이 조공과 그것이 아무리 괴로울지라도 기독교인은 국가와 지방 관서에 내야 한다는 것이다.

다음에 바울은 **개인 부채**에 대해 언급한다. 그는 "누구에게든지 어떤 빚도 지지 말라"고 말하다. 이것은 거의 불필요한 것같이도 보이지만 심지어는 주기도문의 "우리가 우리에게 죄 지은 자(debtors, 직역하면 빚진 자들)를 사하여 준 것같이 우리의 죄를 사하여 주옵소서"라는 기도를 고의로 왜곡하여 모든 빚과 금전적인 의무의 사면의 이유로 삼으려는 사람도 있다. 바울은 자기 백성에게 기독교인 동료들에 대한 우리의 의를 거절하는 핑계가 아니라 그것을 최선을 다해 완성할 이유가 되는 것이라고 일러 준다.

다음에 바울은 인간이 날마다 갚아야 하되 동시에 매일 다시 빚을 져야만 하는 한 분채에 대해 말한다. 그것은 서로 사랑하는 것이다. 오리게네스(Origenes)는 "사랑의 빚은 영구히 우리와 함께 남아 있고 절대로 우리를 떠나지 않으며 이것은 우리가 매일 주고 영원히 받는 것이다"라고 말했다. 사람이 솔직하게 이 빚을 갚으려고 하면 그는 자동적으로 모든 계명을 지킬 것이라는 것이 바울의 주장이다. 그가 이 사랑의 빚을 갚는다면 그는 간음하지 않을 것이다. 두 사람이

육적인 열정이 그들을 지배하게 내버려 둔다면 그것은 그들이 서로 너무 사랑해서가 아니라 너무 적게 사랑해서다. 참사랑에는 곧 존경이 있고, 사람이 죄짓지 않게 하는 법이다. 그가 사랑의 빚을 갚는다면 살인하지 않을 것이니 이는 사랑은 절대로 미워할 수가 없다. 사랑은 언제나 유순하다.

사랑은 자기 원수를 죽임으로써 없애 버리려 하지 않고 언제나 자기 친구로 만들려고 노력한다. 그가 사랑의 빚을 갚는다면 절대로 도적질하지 않을 것이다. 사랑은 언제나 받는 것보다는 주는 것에 더 관심이 깊기 때문이다. 그가 사랑의 빚을 갚는다면 절대로 탐내지 않을 것이다. 탐냄(epithumia)은 금지된 것과 욕심내서는 안 될 것에 대한 과도하고 자제하지 못하는 욕망이다. 그러나 사랑은 욕심이 사라질 때까지 마음을 깨끗이 씻어 준다.

유명한 말이 있다. "하나님을 사랑하라. 그러고 나서 하고 싶은 대로 해라." 사랑이 사람의 마음에 주요 동기가 된다면, 그리고 그의 전 생애가 하나님과 동료 인간에 대한 사랑으로 지배된다면 사랑의 법이 다른 모든 법을 불필요하게 만들기 때문에 그는 다른 법이 필요 없다.

시간의 경고

로마서 13:11-14

11또한 너희가 이 시기를 알거니와 자다가 깰 때가 벌써 되었으니 이는 이제
우리의 구원이 처음 믿을 때보다 가까웠음이라 12밤이 깊고 낮이 가까웠으니
그러므로 우리가 어둠의 일을 벗고 빛의 갑옷을 입자 13낮에와 같이 단정히
행하고 방탕하거나 술 취하지 말며 음란하거나 호색하지 말며 다투거나 시
기하지 말고 14오직 주 예수 그리스도로 옷 입고 정욕을 위하여 육신의 일을
도모하지 말라

많은 위인들과 마찬가지로 바울도 시간이 부족해 괴로움을 받았다. 앤드류 마

벨(Andrew Marvell)은 "시간은 급히 달려오는 날개 돋힌 마차"라는 말을 늘 들을 줄 알았던 사람이다. 키츠(Keats)는 자신의 펜이 의욕적인 두뇌를 다 거두어들이기 전에 죽지 않을까 하는 두려움으로 늘 고민했던 사람이다. 스티븐슨은 이렇게 썼다.

아침 기상의 북소리가 나의 성급한 귀에 아직 잊혀지지 않고 울리고,
아침 안개가 한낮의 나의 밭에 아직 마르지 않고 있다.
그러나 이제는 이따금 내가 일하다가 멈춘다.
그리고 종소리를 세고는 겁에 질린다.
혹시 내가 들을까 봐
(내일이 정돈되지 않은 채)
해가 너무 일찍 진다는 소리를.

그러나 바울의 생각에는 단순한 시간의 부족 이상의 것이 있었다. 그가 기대했던 것은 그리스도의 재림인 세계 역사의 위기였다. 로마 교회는 재림이 곧 올 것이라고 기대했고 그래서 긴박하게 준비해야 했다. 그 기대는 다소 희미해져 가고 있으나 한 가지 불변의 사실이 남아 있으니 이는 하나님이 언제 일어나 가라고 명령하실지 아무도 모른다. 우리는 매일 그 시간이 하루 더 가까워짐으로 점점 가까이 다가오는 것이다. 우리의 생애는 아직도 그 위기의 순간의 기대 속에서 지나간다. 우리도 모든 준비를 해야 한다.

맨 마지막은 영원히 기억되어야 할 유명한 구절이다. 어거스틴이 이 구절을 통해 회개했기 때문이다. 그는 《**참회록**》에서 그 이야기를 한다. 그가 정원에서 거닐고 있었다. 그는 선한 생활을 하려는 계획이 실패해 절망 중에 있었다. 그는 비참하게 부르짖고 있었다. "얼마나 더 오래? 얼마나? 내일, 그리고 또 내일? 왜 지금은 안 될까? 왜 이 시각에 내 타락한 생활에 종지부를 찍지 못하나?" 그가 갑자기 "들어 읽어라. 들어 읽어라"는 말을 들을 때까지는 이같이 말하고 생각하고 슬피 울고 있었다. 그 소리는 어린아이의 목소리 같았다. 그는 이런 말이 나오는 아이들의 장난을 생각해 내려고 머리를 쥐어 짜 보았으나 도무지 생각이

나지 않았다. 그는 바울 서신 한 권을 두고 왔기 때문에 친구인 알리피우스(Alypius)가 앉아 있던 자리로 급히 되돌아왔다. "나는 그 책을 급히 집어 내 눈이 닿은 첫 구절을 조용히 읽었다. '방탕이나 술 취함과 부도덕과 파렴치와 쟁투와 반목 속에 행하지 말고 오직 주 예수 그리스도를 사람이 옷 입듯 입을 것이요 네 첫째 생각이 그리스도 없는 인간 본능의 욕구를 만족시키려는 생활을 중지하라.' 나는 더 읽으려 하지도 않았고 그럴 필요도 없었다. 그 문장의 끝과 함께 내 마음속에 보증의 빛이 쏟아져 들어오듯이 모든 의심의 그늘이 흔들렸다. 나는 알리피우스를 향하여 말했다"(다드〈C. H. Dodd〉 박사의 번역). 하나님의 말씀으로 하나님이 어거스틴에게 말했다.

성경은 하나님의 영감으로 믿는다고 콜러리지(Coleridge)는 말했는데, 이는 그가 말한 대로 "성경이 나를 발견하기 때문"이다. 하나님의 말씀은 언제나 인간의 심정을 찾아낼 수 있다.

바울이 전형적인 그리스도가 없는 생활이라고 골라낸 여섯 가지 죄를 살펴보는 것은 흥미 있다.

I. **"방탕(kōmos)."** 이것은 참으로 재미있는 단어다. 원래 코모스(kōmos)는 운동 경기에서 우승자를 집으로 동행해 오면서 칭찬하는 노래를 부르며 그의 우승을 축하하며 오는 한 무리의 모습을 묘사한 말이다. 후에 이 단어는 밤중에 도시의 거리를 휩쓸고 다니는 시끄러운 술주정꾼들의 한 무리와 **오합지졸**(rout)이라고도 불릴 수 있는 술꾼들의 한 무리를 의미하게 되었다. 이 단어는 인간이 자신을 격하시키고 다른 사람에게는 방해가 되는 떠드는 것을 말했다.

II. **"술 취함(methē)."** 특히 헬라인에게는 술 취하는 것은 아주 무례한 일이었다. 헬라인은 포도주를 마시는 사람들이었다. 어린아이들까지도 포도주를 마셨다. 조반은 **아크라티스마**(akratisma)라고 불렀다. 그리고 그것은 포도주에 담근 빵 한 조각이다.

그런데도 술 취하는 것은 특별히 부끄러운 것이다. 당시 헬라인이 마시던 포도주는 아주 약한 것이었으며, 그런 포도주를 마신 이유는 식수가 부적당하고 위험했기 때문이다. 이 술 취하는 것은 기독교인뿐 아니라 존경 받을 만한 이교도도 한 가지로 비난한 죄악이다.

III. **"부도덕(koitē)."** 코이테(koitē)라는 단어는 문자 그대로 하면 **침상**(bed)을 의미했다. 이 단어에는 금지된 침상에 대한 욕구를 내포하고 있다. 이것은 이방의 전형적인 죄였다. 정절이라는 것을 알지도 못했고 덕으로 생각조차 하지 않았다는 것도 사실이다. 이 단어는 정절에 아무런 가치를 부여하지 않는 사람과 자신이 원하는 장소에서 원하는 시간에 자신의 향락을 취하는 사람을 생각나게 한다.

IV. **"파렴치(aselgeia)."** **아셀게이아**는 헬라어에서 가장 추한 단어 중의 하나다. 이것은 부도덕함뿐만 아니라 부끄러움에 자신을 상실한 사람을 의미한다. 사람들은 대부분 자신의 악행을 감추려 하고 몰래 죄를 지으려고 한다. 그러나 마음속에 아셀게이아가 있는 사람은 그 상태도 훨씬 지나간 것이다. 그는 누가 자신을 보든지 상관하지 않고, 자기 자신이 얼마나 사람들의 구경거리가 되든 상관치 않으며, 사람들이 자신을 어떻게 생각하든 상관치 않고, 명성, 명예, 체면 따위는 그에게는 아무런 의미가 없다. **아셀게이아**는 순전히 육욕에 사로잡혀 다른 사람들은 하지 않는 그런 것들을 공공연히 행하는 사람의 인품을 말한다.

V. **"쟁투(eris)."** **에리스**는 난폭하고 사악한 경쟁에서 태어난 정신을 말한다. 이것은 지위와 권세와 영예에 대한 욕구와 뒤떨어짐으로써 증오와 무능과 둘째 자리를 차지하지 않으려는 데서 기인하는 것이다. 이것은 본질적으로 자신을 맨 앞에 내놓으려는 죄다. 이것은 기독교 사랑인 아가페(agapē)와 정반대다.

VI. **"시기(zēlos)."** 헬라어의 **셀로스**(zēlos)는 구태여 나쁜 단어가 아니다. 이것은 어떤 사람이 위대한 인격에 접했을 때 그대로 모방하고 거기에 도달하려는 사람의 고상한 흉내 내기를 말한다. 또 이것은 악의에 찬 시기도 의미할 수 있는데 이 경우는 어느 사람에 대해 그의 고귀한 신분이나 탁월함을 시샘하는 것을 말한다. 이 단어는 여기에서 자신의 소유물에 대해 만족하지 않는 정신을 말하며 다른 사람에게는 주어지고 자신에게는 주어지지 않은 모든 축복을 시기하는 눈으로 보는 정신을 말한다.

The Letter to the Romans 14

남의 의심도 존중하라

로마서 14:1

1믿음이 연약한 자를 너희가 받되 그의 의견을 비판하지 말라

이 장에서 바울은 로마 교회 안의 임시적이고 사적일 수 있는 문제를 다루고 있다. 그러나 이것은 계속적으로 교회에 도전해 오며, 늘 어떤 해결을 요구하는 문제이기도 하다.

로마 교회 안에는 확실히 두 가지 조류의 사상이 있었다. 거기에는 기독교인의 자유에서는 **터부**는 다 사라졌다고 믿은 사람들이 있었다. 그들은 사람이 무엇을 먹거나 마시거나 하는 것은 아무 상관이 없으며, 옛 음식 율례는 관련이 없으며, 레위기 안에 기록된 정결하고 불결한 짐승 목록은 기독교인과는 아무 관계가 없다고 믿었다. 그들은 기독교는 어느 한 날이나 절기를 지키는 데 있는 것이 아니며 유대인이 안식일을 엄수하는 시대는 지나갔다고 믿었다. 물론 바울은 이것이 진정하고 순수한 기독교 신앙의 입장이라는 것을 명확히 했다. 그러나 의심이 가득한 사람들도 있었다. 그들은 고기 먹는 것을 옳지 못하며 식물만을 먹어야 한다고 믿었고, 한 날을 지키기를 그날이 폭군 되기까지 엄격하고 빈틈

없이 지키는 것을 믿었다. 바울은 지나치게 의심이 많은 사람을 **믿음이 연약한 자**라고 불렀다. 바울은 무엇을 뜻하는 것일까? 왜 그가 그런 사람을 **믿음이 연약한 자**라고 불렀을까?

그런 사람은 두 가지 이유로 믿음이 연약하다.

I. 그는 아직 기독교인의 자유를 발견하지 못했다. 그는 내심으로는 아직 율법주의자이고 기독교를 율례와 규정의 종교로 보고 있는 것이다. 그의 모든 목적은 자기 생애를 율법과 지키는 일들로 지배하려는 것이고 사실 기독교인의 자유에 놀라고 겁내고 있는 것이다.

II. 그는 아직도 자기 자신의 행위에 대한 믿음에서 해방되지 못했다. 그는 마음속으로 어떤 일을 행하고 어떤 것은 금함으로써 하나님의 호의를 살 수 있다고 믿고 있는 것이다. 근본적으로 그는 하나님과의 옳은 관계를 노력으로 얻어보려 하고 있으며 은총의 길을 받아들이지 않았다. 그는 아직도 자신이 하나님을 위해 무엇을 할 수 있을지 생각하고 있으며 하나님이 자신을 위해 무엇을 하셨는지는 생각하지 않는다.

바울은 강한 자들을 보고 영접하며 그를 비판으로 포위하고 공격하지 말라고 명한다.

이 문제는 바울의 시대에만 국한되지 않았다. 오늘날까지도 교회 안에는 두 가지 관점이 있다. 좀더 관용하고 자유스러운 관점이 있는데 그것은 여러 가지 일에서 잘못된 것이 없다고 보며 이른바 순진한 쾌락은 교회 안에서도 그대로 유지되어야 한다는 데 극히 만족해 하는 것이다. 다른 하나는 편협하고 더 엄격한 관점이 있는데 이는 자유주의자가 잘못된 것이 없다고 생각하는 많은 것들에 대해 깜짝 놀라고 감정이 상하는 것이다.

바울의 동정은 모두 도량이 넓은 사람들에게 가지만 그와 동시에 연약하고 편협한 사람이 교회에 들어오게 되면 교회는 그를 형제적 동정으로 영접해야만 한다고 말하고 있다. 우리가 이 편협한 관점을 가진 사람들의 주장에 부닥칠 때 피해야 할 세 가지 태도가 있다.

I. "자극적"인 태도를 피해야 한다. 성급하게 그런 사람을 괴롭히는 것은 우리에게 아무런 결론도 가져다주지 못한다. 우리가 아무리 의견이 다르고 차이가 있다 하더라도 우리는 우선 타인의 관점을 알려고 해야 하고 동정하고 이해하려고 노력해야 한다.

II. "조롱"하는 태도를 피해야 한다. 어느 누구도 자신이 고귀하다고 생각하는 것이 조롱을 받을 때는 마음에 상처를 입지 않을 수 없다. 다른 사람의 신념을 조소하는 것은 작은 죄가 아니다. 우리에게는 그것이 신념보다는 편견으로 보일 수 있다. 그것은 문제가 안 된다. 아무도 남이 존중하는 것을 조소할 권리는 없다. 여하간 아무도 더 넓은 관점으로 이끌지 못할 뿐 아니라 단지 자신의 정직한 생각으로 더 후퇴를 하게끔 하는 것이다.

III. "멸시"하는 태도를 피해야 한다. 편협한 사람을 멸시당할 구식의 바보라고 생각해서는 안 된다. 어떤 사람에 대한 진지한 존중 없이는 그 사람을 우리 편으로 만들 수 없다. 우리 이웃에 대한 모든 태도 중 가장 비기독교적인 태도는 조롱이다.

우리가 이 구절에서 주목해야 할 점은 완전히 다른 번역을 할 수 있다는 것이다. "믿음에 연약한 자를 영접하고 곧장 의심만을 일으킬 문제의 논의에 그를 인도하지 말라." 어떤 사람은 믿음이 강해 아무리 많은 논쟁과 질문 등으로도 동요되지 않는 사람이 있다. 어떤 사람들은 종교에 대한 접근이 극히 지적(知的)인 것이어서 실제로 어려운 문제의 논의에서 기분을 내는 사람이 있다. 그러나 어떤 사람들은 진지하고 이지적인 논쟁으로 필요 이상으로 동요되는 신앙을 가진 사람도 있다.

우리 세대는 논쟁을 위한 논쟁을 너무 좋아하는 것 같다. 기독교는 단지 일련의 논쟁의 대상이 되는 문제들로만 구성되어 있다는 인상을 주는 것은 치명적이다. "우리는 찾을 수 있는 문제는 모조리 찾아냈다. 이제는 문제 찾기를 그치고 해답을 찾아야 할 때가 되었다"라고 체스터턴(G. K. Chesterton)이 말했다. "당신의 확신에 대해 말해 주시오. 나는 나 자신의 의심에 지쳤습니다"라고 괴테를 말했다. 어느 논쟁이거나, 아니 모든 논쟁, 그것이 비록 어리둥절한 논쟁이거나 진정한 해답이 없는 논쟁일지라도 그 논쟁의 진전을 인도할 좋은 규칙이 있다. 그것은 항상 긍정으로 끝나야 한다는 것이다. 어느 교회나 단체의 토론에서 우리는 이해할 수 없는 일련의 질문만을 남겨 놓고 끝내서는 안 된다. 해답을 얻지 못한 문제가 많이 있을 수 있다. 그러나 동시에 흔들리지 않는 어떤 확신도 있어야만 한다.

타인의 견해를 용납하라

로마서 14:2-4

2어떤 사람은 모든 것을 먹을 만한 믿음이 있고 믿음이 연약한 자는 채소만
먹느니라 3먹는 자는 먹지 않는 자를 업신여기지 말고 먹지 않는 자는 먹는
자를 비판하지 말라 이는 하나님이 그를 받으셨음이라 4남의 하인을 비판하
는 너는 누구냐 그가 서 있는 것이나 넘어지는 것이 자기 주인에게 있으매
그가 세움을 받으리니 이는 그를 세우시는 권능이 주께 있음이라

여기에 로마 교회에서 논쟁이 되고 있는 명확한 문제점이 제기되고 있다. 로마 교회에는 아무런 음식률(律)이나 터부도 지키지 않고 어떤 음식이나 먹는 사람들과 성실하게 고기를 먹지 않고 채소만 먹는 사람들이 있었다. 고대에는 엄격한 음식률을 지키는 종파나 종교들이 많이 있었다.

유대인도 음식률이 있었다. 레위기 11장은 먹을 수 있는 것과 먹을 수 없는 것을 나열해 놓았다. 유대인 중 가장 엄격한 파는 에세네파였다. 그들의 사회에서는 목욕을 하고 특별한 옷으로 갈아입고 참석하는 공동 식사가 있었다. 이 식사는 제사장에 의해 마련되어야 했으며, 그렇게 하지 않으면 그들은 그 음식을 먹지 않았다.

이방 세계에서는 피타고라스 교인들이 특별한 음식률을 가지고 있었다. 피타

고라스는 인간의 영이란 하나의 무덤과 같은 육신에 갇힌 타락한 신성이라고 가르쳤다. 그는 환생설을 믿었다. 환생설에 의하면 영이 인간 속에, 동물 속에, 혹은 식물 속에 끝없이 살아 있게 된다는 것이다. 이 연쇄적인 존재에서 해탈하는 것은 절대적인 정열과 고행을 통해서만 발견될 수 있다. 그리고 이 고행은 침묵, 연구, 자아 반성, 모든 육체적인 것에서 금기를 포함했다. 어떤 기독교 집단에도 특정한 음식률이나 터부를 지키는 사람들이 있다고 해도 틀리지 않을 것이다.

여기에 우리는 똑같은 문제에 또다시 봉착하게 되었다. 그 교회 내에 더 편협한 파와 더 관용하고 자유로운 파가 있었다. 바울은 실수 없이 야기될 가능성이 있는 위험을 지적했다. 거의 틀림없이 자유로운 파에서는 편협한 파의 의심을 경멸할 것이다. 그리고 그보다 한층 확실한 것은 편협한 파에서는 자유로운 파의 이완에 대해 그들이 믿는 대로 비난적인 판결을 내렸을 것이다. 이것이 바울의 시대와 같이 오늘날의 교회에서도 실제적이고 위험한 사태다.

이에 대비하여 바울은 일대 원칙을 설정한다. 아무도 타인의 종을 비판할 권리가 없다. 그 종은 자기 주인에게만 책임이 있다. 그런데 모든 사람은 하나님의 종이다. 그들을 비판하고, 그들의 잘못을 찾아내고, 더구나 그들을 죄인시할 권리 등은 우리에게 주어진 것이 아니다. 그 권리는 하나님에게만 속한 것이다. 사람이 서고 넘어지는 것은 우리 판단에 있는 것이 아니라 하나님께 있는 것이다. 바울은 사람이 자신의 원칙대로 충직하게만 살아 나간다면 하나님은 그를 설 수 있게 하실 능력이 있다고 계속해서 말했다.

수없이 많은 교회가 자유주의자들이 노하여 고집불통의 보수파와 청교도들을 경멸하는 이유와 겉으로는 더 엄격한 사람들이 그들이 옳다고 생각하는 것을 행할 권리 갖기를 원하는 사람들에 대해 비판적이고 비난하는, 그리고 정죄하는 사람들 때문에 둘로 갈라졌다. 서로 비판하고 정죄할 권리가 우리에게는 없다. 크롬웰은 당시 엄격한 스코틀랜드인들에게 "내가 당신들에게 그리스도의 이름으로 간청하노니 당신들도 실수를 할 가능성이 있다는 것을 생각하기 바란다"라고 말했다.

우리는 성도의 교제에서 비난이나 경멸을 없애야 한다. 우리는 남에 대한 판단은 하나님께 맡기고 오직 동정과 이해를 하려고 노력해야만 한다.

한 목적을 위한 여러 가지 방법

로마서 14:5-6

[5]어떤 사람은 이날을 저날보다 낫게 여기고 어떤 사람은 모든 날을 같게 여
기나니 각각 자기 마음으로 확정할지니라 [6]날을 중히 여기는 자도 주를 위하
여 중히 여기고 먹는 자도 주를 위하여 먹으니 이는 하나님께 감사함이요 먹
지 않는 자도 주를 위하여 먹지 아니하며 하나님께 감사하느니라

바울은 여기에서 편협파와 자유파의 사람들이 의견을 달리할 또 다른 문제를 들고 나온다. 편협파에서는 어느 특정한 날을 지키는 것을 크게 생각한다. 그것은 진실로 유대인의 특징이기도 하다. 바울은 다른 곳에서도 날을 지키는 것을 미신화하는 사람들을 걱정했다. 갈라디아인들에게 그는 이렇게 썼다. "너희는 날과 달과 절기와 해를 삼가 지키니 내가 너희를 위하여 수고한 것이 헛될까 두려워하노라"(갈 4:10-11). 골로새인들에게는 이렇게 말했다. "그러므로 먹고 마시는 것과 절기나 초하루나 안식일을 이유로 누구든지 너희를 비판하지 못하게 하라 이것들은 장래 일의 그림자이나 몸은 그리스도의 것이니라"(골 2:16-17).

유대인은 안식일을 그 주위에 율례와 규칙과 금령의 정글로 둘러싸여 하나의 폭군으로 만들었다. 바울이 결코 주의 날을 없애 버리려고 의도한 것은 아니었고 기독교가 어떤 특정한 날을 지키는 데 있다고 믿는 태도를 사실상 두려워했던 것이다. 기독교에는 주의 날을 지키는 것보다 훨신 더한 것이 있다. 저명한 선교사 메리 슬레소(Mary Slessor) 여사가 3년간 숲 속에서 홀로 지냈을 때 달력이 없었기 때문에 간혹 날짜를 혼돈한 적이 있었다. 한번은 월요일에 예배를 드리는 것을 보았고, 어느 때는 주일에 월요일인 줄 알고 지붕에 올라가 망치질을 하는 것을 본 적이 있다. 그러나 아무도 슬레소 교사가 월요일에 예배드렸기 때문에 효험이 적다고 하거나 어떤 의미에서든지 일요일에 노동을 했기 때문에 주일을 범했다고 주장할 사람은 없다.

바울은 주일이 귀한 날이라는 것과 실제로 이날을 하나님께 바쳐야 한다는 사

실을 절대로 부정하지 않으나 그만큼 주일일지라도 폭군이 되어서는 안 되며, 더욱이 우상화해서는 안 되며, 우리가 마땅히 섬겨야 할 것은 그날이 아니라 모든 날의 주인이신 그분을 섬겨야 한다고 주장한다.

그러나 이 모든 것에도 바울은 편협파와 자유파 형제간에 서로 동정하기를 호소했다. 그의 주장은 이렇다. 그들의 관례가 아무리 다르다고 할지라도 결국 그들의 목적은 같다는 것이다. 남들에 대한 입장이 다른 가운데서도 그들은 하나님을 섬긴다고 믿으며 그들이 앉아 음식을 나눌 때도 한쪽은 고기를 먹고 다른 쪽은 먹지 않으나 양쪽 모두 하나님께 감사를 한다. 우리는 바로 그것을 기억해야 한다. 내가 글래스고우에서 런던까지 가려면 갈 수 있는 길이 여럿이 있다. 반드시 어느 한 길로만 가야 할 이유가 없다. 실제로 다른 사람이 가는 길보다 5리나 가까운 길로 갈 수도 있다. 바울의 호소는 우리는 공통된 목적으로 하나가 되어야 하고 다른 관습이 우리를 갈라놓아서는 안 된다는 것이다.

그러나 바울은 한 가지 일에 대해 주장하고 있다. 어떤 길을 택하든 그는 자기 생각에 완전히 확신을 가져야 한다고 한다. 그의 행위는 **세상의 관습**에 좌우되어서는 안 되며 더욱이 미신에 의해 좌우되어서는 안 되며 전적으로 **확신**에 의해 좌우되어야 한다. 그는 단순히 다른 사람들이 하니까 그런 일을 해서는 안 되며 단순히 "소위 옳은 것"이기 때문에 한다고 해서는 안 된다. 그는 저 마음 깊은 곳에서부터 반(半)미신적인 터부에 의해 지배되어 행동해도 안 된다. 그는 심사숙고해서 행동하고 적어도 이것은 옳은 일이라는 확신에 도달했다고 하는 데 근거를 두어야 한다.

바울은 여기에 한 가지 더 첨가한다. 아무도 자기 자신의 관습을 다른 모든 사람의 공통된 표준으로 만들어서는 안 된다는 것이다.

이것이 교회가 해야 할 행동 중 하나다. 사람은 자신의 예배 방법과 특별한 관습이 유일한 예배 방법과 관례라고 생각하기 쉽다. 글로버(T. R. Glover)가 어디에선가 캠브리지 격언을 인용한 적이 있다. "아무것이나 그대의 손이 할 일을 찾으면 그대의 힘으로 하라. 그러나 다른 사람은 달리 생각한다는 것을 기억하라." 모든 일에서 우리 자신의 확신을 가지는 것이 하나의 의무이지만 다른 사람들을 죄인이나 출교당한 자같이 보지 않고 그들도 그들 자신의 확신을 갖도록 허락하는 것도 동등한 책임이다.

불가능한 고립

로마서 14:7-9

[7]우리 중에 누구든지 자기를 위하여 사는 자가 없고 자기를 위하여 죽는 자
도 없도다 [8]우리가 살아도 주를 위하여 살고 죽어도 주를 위하여 죽나니 그
러므로 사나 죽으나 우리가 주의 것이로다 [9]이를 위하여 그리스도께서 죽었
다가 다시 살아나셨으니 곧 죽은 자와 산 자의 주가 되려 하심이라

여기에서 바울은 본질상 만물의 고립된 생활을 영위할 수 없다는 위대한 사실을 제시한다. 이 세상에는 완전히 동떨어진 개체(個體)란 존재하지 않는다. 그것은 어느 면으로 보나 사실이다. 맥네일 딕슨(M' Neile Dixon)이 이렇게 말했다. "사람은 신들과의 관계가 있고, 생물들과의 관계도 있다." 아무도 자신을 이웃 사람이나 하나님에게서 분리할 수는 없다.

세 가지 의미에서 사람은 자기 동료에게서 자신을 분리할 수 없다.

1. 그는 자신을 "과거"에서 고립시킬 수 없다. 아무도 스스로 난 사람이 아니다. 유리시스(Ulysses)는 "나는 내가 만난 모든 것의 한 부분이다"라고 말했다. 사람은 전통과 상속과 유전을 받는다. 그는 조상이 그를 만든 모든 것의 총화다. 물론 그 자신도 그 총화에 무엇인가를 기여하고 있지만 그는 무에서 시작하는 것이 아니다. 좋건 나쁘건 그는 그를 만든 과거 전부를 가지고 시작한다. 보이지 않는 구름같이 많은 증인들이 그를 둘러싸고 있을 뿐 아니라 그들은 그 자신 안에 거하고 있는 것이다. 사람은 자신이 솟아나온 줄기나 그가 잘려 나온 바위에서 자신을 분리시킬 수는 없다.

II. 그는 "현재"에서 자신을 고립시킬 수 없다. 우리는 오늘날 인간을 나날이 더 가깝게 묶어 놓는 문명 속에 살고 있다.

이 세상에는 사람이 자기 자신에게만 영향을 주는 일을 할 수 있는 것은 전혀 없다. 인간은 자기 행위로 남을 기쁘게 혹은 슬프게 하는 굉장한 힘이 있는 것이다. 한층 나아가 자기 행동으로 남을 선하게 혹은 악하게 만들 수 있는 힘이 있다. 모든 사람에게서 남이 고상한 길이나 천한 길을 택하기 쉽게 만드는 영향력을 발산한다. 모든 사람의 행위에서 남에게 다소나마 밀접한 영향을 끼친다. 사람은 생의 한 뭉치 안에 묶여 있으며 그 뭉치에서 그는 탈피할 수 없다.

III. 그는 "미래"에서 자신을 고립시킬 수 없다. 사람은 누구나 생명을 받듯이 그 또한 생명을 넘겨준다. 그는 자녀에게 육적인 생명과 영적 성질의 유산을 넘겨준다.

인간은 혼자 밀폐된 개체(個體)가 아니라 사슬의 한 링크에 불과하다. 어떤 사람이 한 젊은이에 대해 이렇게 말했다. 그 청년은 아무렇게나 살아오다가 생물학을 연구하기 시작했다. 현미경을 통해 그는 우리가 실제로 잠시 동안 살다 죽고, 다른 종자를 낳는 것을 볼 수 있었다. 그는 현미경에서 벌떡 일어났다. "나는 이제 알았다. 나는 사슬의 한 링크다. 그리고 나는 더 이상 약한 링크가 되지 않으련다" 라고 외쳤다.

우리가 무엇인가를 이 세상에 남긴다는 것은 우리의 크나큰 책임이다. 죄가 그 죄짓는 사람에게만 영향을 끼친다면 훨씬 덜 무서운 것이다. 모든 죄가 무서운 점은 또 하나의 새로운 악을 연속해 이 세상에 낳게 되기 때문이다.

그래도 사람은 자신을 예수 그리스도에게서 분리할 수는 없다.

I. 이생에서 그리스도는 영원히 살아 계신 존재다. 우리는 현존에 대해 그리스도가 과거에 우리를 보고 계신 것같이 말할 필요는 없다. 그리스도는 우리를 보고 계신다. 모든 생은 예수의 눈 안에서 사는 것이다. 인간이 부활하시고 영원히 계시는 그리스도에게서 피할 수 없는 것은 자기 그림자에서 떨어질 수 없는 것 이상이다. 그리스도를 뒤로 떼어놓을 장소가 없다. 그리고 아무것도 그리스

도가 못 보게 행할 수 있는 것은 없다.

II. 죽음이라도 그 임재를 끊을 수 없다. 이생에서는 그리스도의 불가시적(不可視的) 임재 속에 살고 있다. 그러나 다가올 세상에서는 우리는 그리스도를 실존하고 살아 계신 상태로 보게 된다. 죽음이란 영원한 인멸로 끝나는 그런 구렁이 아니다. 죽음이란 그리스도에게 인도하는 입구다.

어떤 인간도 고립주의를 따라갈 수 없다. 사람은 자기 동료 인간들에게 묶여 있고 그리스도에게는 시간이나 영원이 끊을 수 없는 줄로 묶여 있는 것이다. 사람은 감히 자기 자신을 위해 살 수 없고 자기 자신에게 죽을 수도 없다.

심판 아래 있는 인간들

로마서 14:10-12

10네가 어찌하여 네 형제를 비판하느냐 어찌하여 네 형제를 업신여기느냐 우
리가 다 하나님의 심판대 앞에 서리라 11기록되었으되 주께서 이르시되 내가
살았노니 모든 무릎이 내게 꿇을 것이요 모든 혀가 하나님께 자백하리라 하
였느니라 12이러므로 우리 각 사람이 자기 일을 하나님께 직고하리라

우리가 다른 아무도 판단할 수 없는 근본적인 이유가 있다. 그리고 그 이유는 우리 자신이 심판 아래 서 있는 사람들의 하나다. 우리는 재판관이 아니라 재판 받는 입장이라는 것은 휴머니티의 본질이다. 바울은 자신의 주장을 증명하기 위해 이사야 45장 23절을 인용한다. 이 의견은 정말로 유대인이라면 누구나 동의할 의견이다. 다음은 랍비의 말이다. "너는 무덤을 도피처라고 생각하지 말라. 네가 네 의견 없이 잉태되었고, 출생했고, 살고 있으며, 죽으며, 머지 않아 왕 중 왕이시요 찬송 받을 거룩한 분 앞에서 회개하고 청산해야 하기 때문이다." 다른 사람을 조금이라고 심판할 권리가 있는 분은 하나님 한 분뿐이시다. 그러나 하

나님의 심판대 앞에 서게 될 사람이 그 심판대 앞에 설 또 다른 사람을 판단할 아무런 권리를 갖지 못한다는 것은 말할 나위도 없다.

바로 이전에 바울은 고립된 생활의 불가능성을 생각해 왔다. 그러나 사람이 고립되는 경우가 하나 있다. 그것은 사람이 하나님의 심판대 앞에 설 때다. 고대 로마 공화국 시대에는 공화당 한 구석, 즉 주피터 신전에서 가장 먼 곳에 **판사석**이 있었는데 거기에는 도시 집정관이 앉아 재판을 하는 것이다.

바울이 이 편지를 썼을 당시에는 로마 법정은 하나 이상의 재판석이 있어야 했다. 큰 공회당에는 공회의 관장 주위에 큰 기둥들의 희랑이 있고 판사는 거기 앉아 재판을 했다. 로마 사람은 법원의 재판석 앞에 서 있는 사람의 모습을 잘 알고 있었다. 그것이 모든 사람에게 일어날 것이고 사람들이 혼자서 겪어야만 할 재판이다. 이 세상에서는 다른 사람의 덕을 볼 수도 있다. 많은 젊은이들이 부모 때문에 형벌이나 정죄를 면했다. 많은 남편들이 그 부인이나 자녀 때문에 동정을 받았다. 그러나 하나님의 재판정에서는 사람은 누구나 홀로 서게 되는 것이다. 위대한 사람이 죽으면 장례식에서 그의 관이 조상하는 사람들 앞에 놓여 있고 관 위에 그 사람의 학위 가운이나 국가 지위의 표시들이 잘 정돈되어 놓여 있지만 그는 그것을 가지고 가지 못한다. 적신으로 우리는 이 세상에 오고 적신으로 떠나는 것이다. 하나님 앞에서 우리 영혼이 아무도 없이 홀로 서 있게 되는 것이다. 하나님께로 우리는 우리 자신과 이생에서 쌓아 올린 인격 이외에는 아무것도 가지고 가지 못하는 것이다.

그러나 그것만이 전부는 아니다. 우리는 하나님의 심판대 앞에 홀로 서 있는 것이 아니다. 예수 그리스도가 우리와 함께 서 계시다. 우리의 모든 것을 두고 빈 몸으로 가야 할 필요는 없다. 우리는 예수의 공로를 입고 갈 수 있다. 유명한 작가이며 저널리스트인 콜린 브룩스(Collin Brooks)는 저서에서 이렇게 진술하고 있다. "하나님은 우리가 생각하는 것보다도 더 너그러우실 것이다. 하나님이 '잘하였도다! 착하고 신실한 종아' 라고 말할 수 없으시다면 결국에는 '걱정 마라. 내 악하고 불충실한 종아, 나는 너를 싫어하는 것만은 아니다' 라고 말하실 것이다."

이것은 어떤 사람이 자신의 신앙을 표현하는 이상야릇한 방법이다. 그러나 그것만이 아니다. 그것은 하나님이 우리를 싫어하시지 않을 뿐만 아니라 우리 같은 죄인일지라도 예수 그리스도 우리 주 때문에 우리를 사랑하신다는 것이다. 물론 우리는 하나님의 심판대 앞에 우리 영으로서는 완전히 홀로 서야 하지만 우리가 이 세상에서 그리스도와 함께 살았다면 우리는 죽음에서도 주와 함께 설 것이요 하나님 앞에서 그는 우리를 위해 변호하는 변호사가 될 것이다.

인간과 그의 이웃의 양심

로마서 14:13-16

13그런즉 우리가 다시는 서로 비판하지 말고 도리어 부딪칠 것이나 거칠 것
을 형제 앞에 두지 아니하도록 주의하라 14내가 주 예수 안에서 알고 확신하
노니 무엇이든지 스스로 속된 것이 없으되 다만 속되게 여기는 그 사람에게
는 속되니라 15만일 음식으로 말미암아 네 형제가 근심하게 되면 이는 네가
사랑으로 행하지 아니함이라 그리스도께서 대신하여 죽으신 형제를 네 음식
으로 망하게 하지 말라 16그러므로 너희의 선한 것이 비방을 받지 않게 하라

스토아학파에서는 세상에는 소위 아디아포라(adiaphora), 즉 구별 없는 것이라고 부른 사물이 퍽 많다고 가르쳤다. 그것 자체로는 극히 중립적이고 선도 악도 아닌 것이다.

스토아학파에서는 그것을 이렇게 말한다. "이 모든 것은 우리가 어떤 손잡이로 그것을 집어 드느냐에 달려 있다." 그것은 틀림없는 사실이다. 어떤 한 폭의 그림이 미술학도에게는 예술작품이 될 수 있다. 그러나 다른 사람에게 하나의 외설적 그림에 불과할 수도 있다. 한 토론이 어떤 사람들에게는 흥미진진하고 자극적이며 정신을 흥분시키는 경험이 될 수 있으나 다른 사람에게는 바로 그 똑같은 것이 이단이나 심지어는 신을 모독하는 것같이 보일 수도 있다. 어떤 활동, 여론, 향락, 오락 등이 어떤 사람에게는 아주 무해한 것이 다른 사람에게는

금지된 것일 수도 있다. 더 나아가 한 사람에게는 분명히 무해한 것이 사실상 다른 사람의 파멸이 될 수도 있다. 그 사물 자체는 정결하지도, 불결하지도 않다. 그러나 그의 성격은 그것을 보는 사람이나 행하는 사람에 의해 결정된다.

그것이 바울이 여기에서 말하고자 하는 것이다. 세상에는 신앙이 강한 자는 그렇게 해도 아무 잘못이 있다고 생각하지 않는 것이지만, 그것을 더 고지식하고 편협한 사람이 본다면 그의 양심은 상처를 입고 쇼크를 받을 것이다. 그런 사람에게 그런 일을 하라고 강요하면 그의 양심은 법을 범하고 더럽혀진다고 믿게 될 것이다. 극히 간단한 예를 하나 들어 보자. 어떤 사람은 양심적으로 주일에 야외에서 뛰노는 것이 나쁘지 않다고 생각할 수 있고, 그가 옳을 수도 있으나 다른 사람의 양심이 그런 일에 놀랄 것이며 그런 일에 동참하라고 누군가 강권한다면 자신이 잘못을 저지르고 있다는 생각이 늘 잠재해 있고 그를 괴롭힐 것이다.

많은 향락이나 오락을 어떤 사람은 진지하게, 양심적으로, 그리고 원칙면에서 아주 합법적이라고 확신하는가 하면 더 세심하고 편협한 사람은 그것을 죄라고 생각하며 그에 동참하라고 말한다면 그는 어떤 금지된 일에 동참하고 있다는 잠재의식에서 벗어날 수가 없다.

바울의 충고는 매우 간명하다. **모든 영향은 우리에게만이 아니라 다른 사람에게도 영향을 끼친다고 생각하는 것은 기독교인의 의무다**.

여기서 주의해야 할 것은 바울은 우리의 행동이 언제나 다른 사람의 눈이나 심지어는 편견에 의해 지배되거나 지시되어야 한다고 말하고 있지는 않다는 것이다. 근본적으로 원칙적인 문제에 해당되는 것이 있다. 그럴 때 사람은 자기 판단대로 해야 한다. 그러나 중립적인 문제가 퍽 많다. 또 그 자체로 볼 때는 선하거나 악하지 않은 것이 있고 진정한 의미의 오락이며 관습으로서 자신이 좋아하지 않으면 할 필요가 없는 것들이 많이 있다. 그런 것들은 우리 생애와 행위의 본질적 부분이 아니다. 그것은 생애의 여분에 속하는 것이라고 말할 수 있다. 그리고 그런 일에서는 바울의 생각으로는 우리가 더 고지식한 형제에게 모욕을 줄 권리가 없다는 것이다.

우리 자신이 그것을 행하거나 그에게 하라고 말함으로써 그의 양심을 괴롭히고 죄를 짓고 있다는 생각을 갖게 할 권리가 없다. 인생은 사랑의 원리로 인도되어야 하며 우리가 우리 생을 그렇게 끌고 나갈 때 소위 우리가 하고 싶은 대로 하겠다고 생각하기보다는 다른 사람에 대한 우리의 책임을 더 생각하게 될 것이다. 우리는 정말로 문제가 되지 않는 일로 다른 사람의 양심을 괴롭힐 권리가 없다. 기독교인의 자유는 타인의 천진한 느낌을 짓밟는 핑계로 사용되어서는 절대로 안 된다. 아무 향락이라도 남에게 모욕과 비탄과 심지어는 파멸을 안겨 줄 만한 중요한 이유가 되지 못한다.

어거스틴은 기독교 윤리가 모두 다음 한마디로 요약된다고 말하고 있다. "하나님을 사랑하라. 그리고 네가 좋아하는 대로 행하라." 어떤 의미로 이 말은 사실이다. 그러나 기독교는 하나님을 사랑하는 것만이 아니다. 기독교는 이웃을 내 몸같이 사랑하는 데 있다.

기독교인의 자유와 위험

로마서 14:17-20

17하나님의 나라는 먹는 것과 마시는 것이 아니요 오직 성령 안에 있는 의와
평강과 희락이라 18이로써 그리스도를 섬기는 자는 하나님을 기쁘시게 하며
사람에게도 칭찬을 받느니라 19그러므로 우리가 화평의 일과 서로 덕을 세우
는 일을 힘쓰나니 20음식으로 말미암아 하나님의 사업을 무너지게 하지 말라
만물이 다 깨끗하되 거리낌으로 먹는 사람에게는 악한 것이라

근본적으로 바울은 여기에서 기독교인의 자유와 위험과 오용을 다룬다. 유대인에게는 특히 기독교인의 자유는 그 위험성을 내포하고 있다. 전 생애를 통해 그는 수많은 율례와 규칙으로 둘러싸여 살아왔다. 어떤 것들은 부정하며 어떤 것들은 깨끗하나, 어떤 동물은 먹어서는 안 된다는 등 많은 정결의 규례를 지켜야만 했다. 그런데 유대인이 기독교에 입교했을 때 모든 작은 율례와 규칙이 단

번에 없어져 버렸다는 것을 발견하고 나자 그 위험은 기독교를 자신이 좋아하는 대로 행할 수 있는 새로운 자유인 양 이해할 수 있다는 것이었다. 우리는 기독교인의 자유와 자비는 서로 병행해야 한다는 것을 기억해야 한다. 그리고 우리는 기독교인의 자유와 형제 우애, 상호 배려는 모두 하나로 묶여 있다는 진리를 고수해야 한다.

바울은 하늘나라인 기독교는 사람이 좋아하는 것을 먹거나 마시는 데 있는 것이 아니라는 것을 상기시켜 주고 있다. 기독교는 세 가지 중요한 일에 존재한다. 이것은 모두 근본적으로 **비이기적**이다.

첫째 **의**(義)인데 이 의는 사람과 하나님께 마땅히 드려야 할 것을 드리는 데 있다. 그런데 기독교 생활 중 자기 동료에게 보낼 가장 처음 것은 동정과 배려다. 우리가 기독교인이 되는 순간 다른 사람에 대한 느낌이 나 자신에 대한 것보다 중요하게 여겨진다. 기독교는 남을 앞세우고 자신을 맨 뒤에 세우는 것을 의미한다. 우리는 남에게 마땅히 할 일을 다하고 동시에 우리가 하고 싶은 일을 할 수는 없다.

평강이 있다. 신약에서는 평강이란 다툼이 없는 것만을 의미하지는 않는다. 평강이란 소극적인 것이 아니라 극히 적극적이다. 그것은 인간의 최선을 돕는 모든 것을 의미한다. 유대인은 간혹 평강을 인간간의 올바른 관계를 의미하는 것으로 생각한 적이 있다. 우리가 기독교인의 자유를 우리 마음대로 행동하는 것이라고 주장한다면 평강이란 도저히 성취할 수 없는 상태다. 기독교는 온전히 하나님에 대한 **개인적인 관계**에 있는 것이다. 구속 받지 않는 기독교인의 자유는 우리가 우리 이웃과 올바른 관계, 즉 **화평**한 상태에서 살아야 할 우리 의무에 의하여 결정된다.

희락이 있다. 기독교에서는 즐거움이란 절대로 이기적인 것이 될 수는 없다. 기독교적 즐거움이란 우리 자신을 행복하게 만드는 데 있는 것이 아니라 남을 행복하게 만드는 데 있다. 남을 근심하게 하고 비판하게 하는 이른바 행복이란 기독교적 행복이 아니다. 어떤 사람이 행복을 찾기 위한 자신의 노력 때문에 다른 사람에게는 아픈 마음과 상한 양심을 초래한다면 그의 탐색의 종국은 즐거움이 아니라 슬픔이다. 기독교적 즐거움이란 개인주의적인 것이 아니라 상호 의존적인 것이다. 기독교인의 자유는 절대로 남의 감정을 속박하는 자유가 아니다. 기독교인이 자신에게 사실상 제한이 있다손 치더라도 남에게 즐거움을 가져다 줄 때에만 기독교인에게 진정한 즐거움이 오는 것이다.

사람이 이 원리를 따를 때 그리스도의 종이 되는 것이다. 여기에 문제의 핵심이 있다. 기독교인의 자유는 우리가 좋아하는 것이 아니라 그리스도가 좋아하는 것을 행할 자유다. 이것은 우리가 어떤 일을 행하는 자유가 있는 것이 아니라 그 일을 삼갈 자유가 있는 것을 의미한다. 그리스도가 없이는 사람은 자신의 습관과 향락과 방종의 종이다. 그런 사람은 진정한 의미에서 자신이 하고 싶은 일을 하는 것이 아니다. 그는 자신이 꽉 잡고 있는 것들이 하게 하는 바를 행한다. 일단 그리스도의 능력이 그에게 들어갈 때 그는 주체성을 가지고 그때에만 비로소 진정한 자유가 그 인생에 들어오는 것이다.

우리는 이기적이고 난폭한 인간성이 하고 싶은 대로 남을 대하거나 생활을 하는 것이 아니다. 우리는 예수께서 보여 준 것과 똑같은 사랑의 태도를 모든 사람에게 보여 줄 자유가 있다.

그래서 바울은 성도의 교제 안에 있는 기독교인의 목표를 제시함으로 끝을 맺는다.

첫째, **평강**이 목표다. 이것은 성도 교제가 서로 올바른 관계를 유지해야 한다는 목표다. 불화와 다툼이 있는 교회, 싸움과 빈정댐이 있는 교회, 분열과 균열이 있는 교회는 교회의 이름을 사용할 권리를 다 상실한 것이다. 이것은 하늘나라의 단편들이 아니다. 이것은 단지 지구상에 있는 집단에 불과하다.

둘째, **쌓아 올림**의 목표다. 교회를 하나의 건물로 보는 것은 모든 신약을 통해 흐르고 있다.

교회 구성원은 그 건물의 돌들이다. 교회의 조직을 해이하게 하는 것은 그 어떤 것이나 하나님께 반대되는 것이고 그 조직을 더 강하게 하고 더 튼튼하게 하는 것은 어떤 것이나 하나님께로부터 오는 것이다. 여러 경우에서 형제간의 화평을 저해하는 것이 규례, 절차, 관례, 명예 등 극히 사소한 문제라는 것은 참으로 비극적인 사실이다. 우리가 권리라는 것이 의무보다 덜 중요하다는 것을 기억하고, 기독교인의 자유를 소유하고 있는 것을 남의 마음과 양심을 슬프게 하고 아프게 할 권리가 우리에게 부여된 것같이 사용한다면 그것은 항상 무례한 짓이라는 것을 기억할 때 기독교회에서는 새로운 시대가 동틀 것이다. 교회가 사랑 안에서 서로를 생각하는 사람들의 집단이 아니면 그것은 전혀 교회가 아니다.

약한 형제를 존중함

로마서 14:21-23

[21]고기도 먹지 아니하고 포도주도 마시지 아니하고 무엇이든지 네 형제로 거
리끼게 하는 일을 아니함이 아름다우니라 [22]네게 있는 믿음을 하나님 앞에서
스스로 가지고 있으라 자기가 옳다 하는 바로 자기를 정죄하지 아니하는 자
는 복이 있도다 [23]의심하고 먹는 자는 정죄되었나니 이는 믿음을 따라 하지
아니하였기 때문이라 믿음을 따라 하지 아니하는 것은 다 죄니라

다시 우리는 한 사람에게는 옳은 것이 다른 사람에게는 파멸이 될 수도 있는 논점에 되돌아왔다. 바울의 충고는 매우 실질적이다.

1. 그는 믿음에 강한 자를 위하여 충고하고 있다. 믿음이 강한 자는 먹고 마시는 것이 아무 상관이 없다는 것을 알고 있다. 그는 기독교인의 자유의 원리를 파악한 것이다. 그렇다면 그 자유를 그와 하나님 간의 문제로만 국한하는 것이 타당하다. 그는 이런 신앙의 경지에 도달한 것이다. 그리고 하나님은 그가 거기에 도달한 것을 잘 알고 계신다. 그러나 그것이 아직 그런 상태에 이르지 못한 사람의 면전에서 이 자유를 자랑할 아무런 이유가 되지는 못한다.

많은 사람이 자기 자신의 자유를 주장하고는 나중에 그 결과를 보았을 때 그렇게 행한 것을 후회할 만한 이유를 뒤늦게 알았다. 사람은 자신의 기독교인의 자유가 알코올을 적당히 사용할 만한 충분한 권리로 그에게 주었다는 결론에 도

달할 수 있다. 그리고 그것은 그에게 관한 한 아무런 위험이 없는 완전히 안전한 향락의 방법일 수도 있다. 그러나 그를 존경하고 본받는 젊은이가 있을 수 있다. 그리고 이 젊은이는 알코올이 그에게는 아주 치명적이고 극히 미량이라도 크게 불리하게 작용할 수 있다. 그러면 그 나이 많은 사람이 자신의 기독교인의 자유를 사용하여 그 젊은 숭배자에게 파멸을 가져다줄 일을 밀고 나아가야 하겠는가? 아니면 자기 자신을 위해서가 아니라 자신의 발자국을 따라오는 사람을 위해 자제해야 하지 않겠는가? 진정으로 남을 위한 양심적인 자제가 기독교인 것이다. 사람이 이것을 실천하지 않으면 자신이 순수하게 허용할 수 있고 옳다고 생각한 것이 다른 사람에게 파멸을 가져왔다는 것을 발견하게 될 것이다. 사람이 하나의 쾌락으로 요구했던 것이 다른 사람에게 사망이 되었다는 것을 알고 후회하는 것보다는 이 자발적인 자제를 하는 것이 확실히 더 나을 것이다.

다시 말해 기독교인은 생활에서 모든 일을 살피되 그것이 자신만이 아니라 다른 사람에게도 영향을 끼친다는 것으로 보아야 한다는 사실에 직면하게 된다. 사람은 어떤 의미에서 항상 자기 형제를 지키는 자다. 사람은 자기 혼자만이 아니라 그와 만나게 되는 모든 사람에 대해서도 책임이 있다. "그의 우정이 나에게 해를 끼쳤다"라고 번즈가 어빈(Irvine)에서 한 연장자를 만나 그에게서 아마도 법을 배웠을 그 사람에 대해 논평했다. 하나님이여, 우리가 기독교인의 영광스러운 자유를 잘못 사용함으로써 아무도 우리에 대하여 그런 말을 하지 못하도록 해 주시옵소서!

II. 바울은 믿음에 약한 사람, 즉 고지식한 양심을 가진 사람에게 충고하고 있다. 이 사람은 자기 양심의 소리를 불순종하거나 묵살해 버릴 수 있다. 그는 간혹 다른 사람들이 다 하니까 자신도 할 수 있다. 그는 소수파에 속하기 싫어서 그럴 수도 있다. 그는 조소를 받거나 평판이 나쁠까 봐 그렇게 할 수도 있다. 바울의 대답은 이렇다. 즉, 이런 사함들 중 어떤 이유로든지 자기 양심을 거역하면 그는 죄를 지은 것이다. 어떤 사람이 자기 양심에 진정으로 잘못되었다고 믿고, 그것이 금지된 것이라는 생각을 금할 수 없는데도 그것을 행하면 그에게 죄가 된다. 중용적인 것이라도 그것이 신앙에서 그리고 그렇게 하는 것이 옳은 것이라는 심사숙고한 확신에서 행동할 때만 옳은 것이 된다. 어떤 일이든 행동의 동기는 그것이 옳은 일이라고 믿는 것뿐이다. 어떤 일을 사회적 인습에서나 평판이 나쁠까 해서 또는 사람을 기쁘게 하려고 행한다면 그것은 잘못된 것이다. 그 누구도 다른 사람의 양심을 지킬 수 없다. 각자의 양심은 중요하지 않은 일에서는 그에게 무엇이 옳고 그른가를 판단하는 결정자가 되어야 한다.

The Letter to the Romans 15

기독교인 친교의 표시

로마서 15:1-6

1믿음이 강한 우리는 마땅히 믿음이 약한 자의 약점을 담당하고 자기를 기쁘
게 하지 아니할 것이라 2우리 각 사람이 이웃을 기쁘게 하되 선을 이루고 덕
을 세우도록 할지니라 3그리스도께서도 자기를 기쁘게 하지 아니하셨나니
기록된바 주를 비방하는 자들의 비방이 내게 미쳤나이다 함과 같으니라 4무
엇이든지 전에 기록된 바는 우리의 교훈을 위하여 기록된 것이니 우리로 하
여금 인내로 또는 성경의 위로로 소망을 가지게 함이니라 5이제 인내와 위로
의 하나님이 너희로 그리스도 예수를 본받아 서로 뜻이 같게 하여 주사 6한
마음과 한 입으로 하나님 곧 우리 주 예수 그리스도의 아버지께 영광을 돌리
게 하려 하노라

바울은 아직까지도 기독교인 친교에서 다른 사람에 대한 책임 특히 강한 형제가 약한 형제에 대한 책임을 다루고 있다. 이 구절은 기독교인 교제를 특징짓는 것을 잘 집약해 주고 있다.

I. 기독교인의 교제는 그 구성원들이 서로 남을 "생각하는 것"으로 특징지어져야 한다. 그들의 생각은 언제나 자신을 위해서가 아니라 서로를 위한 것이어야 한다. 그러나 이 배려가 안일하고 감상적이고 유연한 나타남으로 떨어져서는 안 된다. 그것은 항상 다른 사람의 선과 그의 신앙 건설을 위해 계획되어야 한다. 다른 아무 일이나 하기에 너무 게을러서 참고 있는 관용은 아니다.

이것은 비판의 포문으로 사람을 공격하는 것보다는 사랑의 분위기로 감싸안음으로써 더 원숙한 신앙에 쉽게 도달할 수 있게 그를 설복시킬 수 있다는 것을 알고 있는 관용이다.

II. 기독교인의 교제는 "성경 연구"로 특징지어져야 한다. 그리고 그 성경 연구에서 기독교인은 격려를 얻는다. 이런 관점에서 성경은 우리에게 두 가지를 제공해 준다.

1. 성경은 하나님의 한 민족과의 관계를 보여 주는 기록으로서 하나님과 함께 있어서 고생하는 의가 사람과 함께 있어서 곤란을 피하는 악보다 언제나 낫다는 증거를 제공해 준다. 이스라엘의 역사는 역사적인 사건에서 결국에는 선한 사람에게는 좋고 악한 사람에게는 좋지 않다는 증거다. 성경은 하나님의 길이 늘 쉬운 길이 아니라 결국에는 생을 현세나 영원의 세계에서 가치 있는 것으로 만드는 유일한 길이라는 것을 증거하고 있다.

2. 성경은 우리에게 위대하고 고귀한 하나님의 약속을 가져다준다. 알렉산더 화이트(Alexander Whyte) 목사는 간혹 심방 도중 어떤 가정을 떠날 때 한 성경 구절을 말해 주는 버릇이 있었다. 즉, "이 말을 혀 밑에 두고 알사탕같이 빨아 잡수시오"라고 말하곤 했다. 이 성경의 언약은 절대로 위약을 하지 않으시는 신의 언약이다. 사실 이 약속에 접촉한다는 것은 굉장한 일이다. 이런 방법으로 성경은 성경을 연구하는 사람에게 슬플 때 위로와 환난 중에 격려를 준다.

III. 기독교인의 교제는 "불굴의 정신"으로 특징지어져야 한다. 불굴의 정신은 생에 대한 태도를 의미한다. 또다시 신약에서 우리는 **후포모네**(hupomonē)라는 이 중요한 단어를 만나게 된다. 이것은 인내보다 더한 것이다. 그것은 생을 충분히 이겨 내는 승리적 적용이며 사물을 그저 받아들이는 것뿐 아니라 그것을 받아들임에서 그들을 영광으로 변화시키는 능력이다.

IV. 기독교인의 교제는 "소망"으로 특징지어져야 한다. 기독교인은 언제나 현실주의자이지 결코 비관론자는 아니다. 기독교적인 소망은 장차 올 곤란을 아직 보지 못하고 인생의 경험을 하지 않아서 낙관하는 그런 미숙한 소망이 아니다. 희망이란 젊은이의 특권이라고 생각할 수 있다. 그러나 저 유명한 미술가 왓츠(Watts)는 그렇게 보지 않았다. 그가 〈희망〉을 그렸을 때 한 여인이 한 줄만 남고 다 끊어지고 활처럼 구부러진 거문고를 갖고 있는 것을 그렸다.

기독교인의 소망은 하나님을 믿음으로 모든 것을 보았고 모든 것을 견뎌 왔고 그래도 실망하지 않는 소망이다. 기독교인의 소망은 인간의 영혼이나, 선이나, 인내나, 업적에 있는 것이 아니다. 기독교인의 소망은 하나님의 능력 안에 있는 소망이다.

V. 기독교인의 교제는 "조화"로 특징지어져야 한다. 그 교회가 제아무리 화려하고 그 예배와 음악이 완전하고 헌금이 아무리 자발적이라도 조화를 잃었다면 그 교회는 기독교인 교제의 가장 본질적인 것을 상실한 것이다. 이 말은 의견 차이가 있어서는 안 된다는 것이 아니고 변론과 논쟁이 없으리라고 말하는 것이 아니다. 기독교인 교제를 하는 사람들은 인생 문제를 공동으로 해결해 나간다는 뜻이다. 확실히 회중을 분열의 다툼에서 구하고 결합시키는 그리스도야말로 참으로 위대한 분이시다.

VI. 기독교인의 교제는 "찬양"으로 특징지어져야 한다. 사람의 말에서 주요 강조점이 불평하는 불만인지 즐거운 감사인지를 물어보는 것은 사람을 알아보는 나쁜 시험 방법은 아니다. "나같이 좀 늙고 병신인 내가 하나님께 감사하는 것밖에 또 무엇을 할 수 있겠는가?"라고 에픽테토스가 말했다.

기독교인은 하나님을 즐거워하기 때문에 생을 즐겨야 한다. 그는 하나님께서 모든 일이 합동하여 선하게 되게 하실 것을 확신하는 것이다.

VII. 문제의 핵심은 기독교인 교제는 그 양식과 모범과 영감과 능력을 그리스도에게서 취한다는 것이다. 그리스도는 스스로를 기쁘게 하지 않았다. 바울이 인용한 곳은 시편 69편 10절이다.

바울이 다른 사람의 연약함을 **짊어진다**는 것을 말할 때 그리스도가 십자가를 **짊어지신다**(bastazein)는 단어와 같은 단어를 사용했다는 것은 의미심장한 것이다. 영광의 주가 자신을 기쁘게 하는 것보다 남을 봉사하는 길을 택하셨을 때, 그는 그의 추종자가 되려는 사람들은 누구나 받아들여야만 하는 본을 세워 주셨다.

모든 것을 포용하는 교회

로마서 15:7-13

7그러므로 그리스도께서 우리를 받아 하나님께 영광을 돌리심과 같이 너희
도 서로 받으라 8내가 말하노니 그리스도께서 하나님의 진실하심을 위하여
할례의 추종자가 되셨으니 이는 조상들에게 주신 약속들을 견고하게 하시고
9이방인도 그 긍휼하심으로 말미암아 하나님께 영광을 돌리게 하려 하심이
라 기록된바 그러므로 내가 열방 중에서 주께 감사하고 주의 이름을 찬송하
리로다 함과 같으니라 10또 이르되 열방들아 주의 백성과 함께 즐거워하라
하였으며 11또 모든 열방들아 주를 찬양하며 모든 백성들아 그를 찬송하라
하였으며 12또 이사야가 이르되 이새의 뿌리 곧 열방을 다스리기 위하여 일
어나시는 이가 있으리니 열방이 그에게 소망을 두리라 하였느니라 13소망의
하나님이 모든 기쁨과 평강을 믿음 안에서 너희에게 충만하게 하사 성령의
능력으로 소망이 넘치게 하시기를 원하노라

여기에서 바울은 마지막으로 교회 안의 모든 사람은 하나로 뭉쳐야 하고, 믿음이 약한 자와 믿음이 강한 자들이 한 몸으로 하나가 되어야 하고 유대인과 이

방인이 교회의 가족으로서 같은 교제를 해야 한다고 호소하고 있다. 많은 차이점이 있을 수 있으되 그리스도는 오직 한 분뿐이며 연합의 줄은 그리스도에 대한 공통적인 충성심이다.

그리스도의 사업은 유대인과 이방인을 다 같이 위한 것이다. 그는 유대인으로 태어났고 유대 율법을 지켜야 했고 유대 족속으로서 이 세상에 오셨다. 그가 유대인으로 오신 것은 유대인의 조상들에게 주어진 큰 약속들이 다 이루어지게 하기 위함이며 구원이 유대인에게 먼저 오게 하기 위함이다. 그러나 그는 유대인만을 위해서가 아니요 이방인을 위해서도 오신 것이다. 바울은 그것이 자신의 창작이거나 이단설이 아니라는 것을 증명하기 위해 구약에서 네 구절을 인용하고 있다. 그는 그 말씀들을 70인역에서 인용하고 있으므로 우리가 가지고 있는 구약과는 차이가 있다. 바울이 인용하는 것은 시편 18편 50절, 신명기 32장 43절, 시편 117편 1절, 이사야 11장 10절이다. 이 모든 구절에서 바울은 이방인을 신앙으로 받아들임에 대한 고대 예언을 찾고 있다.

바울의 확신은 예수 그리스도가 모든 사람을 구원하기 위하여 오신 것같이 교회는 그 차이점이 무엇이든지 간에 모든 사람을 받아들여야 한다는 것이다.

그러고 나서 바울은 기독교 신앙의 특징을 다시 한 번 강조하고 있다. 이 구절에서 기독교 신앙의 위대한 표현들이 어떻게 빛나고 있는지를 살펴보기로 하자.

1. **"소망."** 경험의 입장에서 보면 자신에 절망하기가 쉽다. 여러 사건의 입장에서 볼 때 세상에서 절망하기 쉽다. 인간이나 세상은 절대로 더 나아지지 않으리라는 희망이 없는 상태나 패배당한 체념을 냉소적으로 받아들이는 데로 흘러들어가기 쉽다.

어떤 사람이 교회에서 비상시에 있었던 모임에 대해 나에게 일러준 말이 있다. 그 모임은 의장의 기도로 시작되었다. 그는 하나님께 이렇게 기도했다. "전능하시고 영원하신 하나님, 당신의 은혜는 모든 일에 충분합니다." 그는 모든 사람이 일상 기도에서 늘 하는 말들을 사용했다. 그리고 기도가 끝나고 회의가 시작되었을 때 그는 회의 의제 소개를 이렇게 했다. "여러분, 이 교회의 사태는 전혀 희망이 없고 어떻게 할 수도 없습니다." 그의 기도도 허황하고 의미 없는 말로 구성되었고, 그의 설명도 불신실했다. 오래전에 누군가가 이런 말을 했다. "희망이 없는 사태란 있을 수 없고 오직 그 사태에 대해 희망을 잃은 사람들이 있을 뿐이다." 프랑스가 항복을 한 직후 전쟁이 가장 암담하던 때 영국의 각의(閣議)가 있었다고 한다. 처칠 경은 당시 사태를 가장 정직한 어조로 표현했다. 문자 그대로 영국은 홀로 서 있었다. 그가 말을 마쳤을 때 거기에는 적막이 흘렀다. 그리고 어떤 사람들 얼굴에는 절망이 뚜렷했고, 투쟁을 포기하려는 사람들도 있었다. 처칠 경은 잠시 잠잠히 있다가 사기가 저하된 동석자들을 돌아보고는 "여러분, 저는 오히려 고무적이라고 생각합니다"라고 말했다.

기독교적 희망에는 아무것도 말살할 수 없고, 온갖 그림자도 가릴 수 없는 그 무엇이 있다. 그 무엇이란 바로 하나님이 아직 살아 계시다는 확신이다. 예수 그리스도의 은혜가 있는 한 아무도 절망적일 수 없고, 하나님의 능력이 있는 한 절망적인 사태는 없다.

II. **"희락."** 이 세상에서는 향락과 희락 사이에는 엄청난 차이가 있다. 옛날 견유학파(Cynic) 학자들은 향락이란 절대 악이라고 선언했다. 안티스테네스(Anthisthenes)는 "나는 즐거워지기보다는 차라리 미치겠다"라는 이상한 말을 했다. 그들의 이론은 "향락이란 두 개의 고통간에 있는 정지에 불과하다"는 것이다.

우리는 어떤 것에 대한 욕망이 있다. 그러나 그것이 고통이다. 그 욕망을 채웠다고 하자. 순간은 기쁘지만 그것을 누리고 그 시간이 지나고 나면 고통은 또다시 찾아온다. 그리고 사실상 그것이 향락이 작용하는 방법이다. 그러나 기독교적 희락이란 사람 밖에 있는 것에 의존해 있는 것이 아니다. 그 원천은 사람 속에 있는 것이지 환경 안에 있는 것이 아니다. 그것은 아무것도 우리를 그리스도 안에 있는 하나님의 사랑에서 끊을 수 없다는 확신인 주님이 살아 계시다는 느낌에서부터 온다.

III. **"화평."** 옛날 철학자들은 안정된 생활이라는 뜻의 **아타락시아**(ataraxia)라고 부른 그 무엇을 찾았다. 그들은 무엇보다도 평정(平靜)을 원했는데 그 평정이란 이 생의 치명적인 타격과 자질구레한 성가신 일에도 견딜 수 있는 것이다.

사람들은 대부분 오늘날 평정이란 잃어버린 것이라고 말할 것이다. 평정을 불가능하게 하는 것이 두 가지 있다.

1. **내적 긴장**이 있다. 인간은 산산조각 난 삶을 살고 있다. 디스트랙트(distract)라는 단어 자체가 **잡아들여 떼어 놓는다**는 뜻이다. 인간이 내적으로 싸우고 있거나 자신이 전쟁터가 되어 있는 한, 그리고 내적 분열 상태에 있는 한 평정이라는 것은 있을 수조차 없다. 이에서 빠져 나갈 길은 오직 하나뿐이며 그 길이란 자신이 그리스도에게 모든 것을 바치는 것이다. 그리스도께서 주관하실 때면 긴장은 사라진다.

2. **외적인 것에 대한 염려**가 있다. 인생의 변화가 우발적 사건 때문에 괴로움을 당하는 사람이 퍽 많다.

웰스(H. G. Wells)가 뉴욕 항에서 여객선 위에서 어떻게 지났는지를 말해 주고 있다. 때는 안개가 자욱했었다. 그리고 갑자기 안개에서 다른 여객선 하나가 어렴풋이 나타나더니 두 배는 겨우 서너 자 정도만을 남겨 놓고 스쳐 지나갔다. 그는 갑자기 이른바 인생의 중대한 위험에 직면하게 되었다. 염려하지 않을 수 없었다. 인간은 성격상으로 앞을 내다보고 추측하고 두려워하는 존재이기 때문이다. 그 염려를 종식시키는 유일한 길은 무슨 일이 일어나든 하나님의 손이 절대로 자신의 자손에게 불필요한 눈물을 흘리도록 하지 않으시리라는 굳건한 확신이다.

우리가 이해하지 못할 여러 사건이 일어날 것이다. 그러나 우리가 사랑을 확신하기만 한다면 우리 마음을 상하게 하고 당황케 하는 일일지라도 의젓하게 받아들일 수 있다.

IV. **"능력."** 여기에 인간의 최고 난국이 있다. 인간은 옳은 것을 알지 못한다든지 선한 일이 무엇인지를 모른다는 것이 문제가 아니라 그것을 행하는 것이 문제다. 문제는 그것과 겨루어 극복하는 것이고, 웰스가 말했듯이 "우리 속에 감춘 빛나는 의도"를 생활의 실질적인 것에 실현시키는 것이다. 그것은 우리

홀로는 절대로 할 수 없다. 오직 그리스도의 능력의 물결이 인간의 연약함을 채우실 때에만 우리가 당연히 주관해야 하는 것같이 주관할 수 있게 된다. 우리 스스로는 아무것도 하지 못한다. 그러나 하나님에게는 모든 것이 가능하다.

언어가 사람을 나타냄

로마서 15:14-21

[14]내 형제들아 너희가 스스로 선함이 가득하고 모든 지식이 차서 능히 서로
권하는 자임을 나도 확신하노라 [15]그러나 내가 너희로 다시 생각나게 하려고
하나님께서 내게 주신 은혜로 말미암아 더욱 담대히 대략 너희에게 썼노니
[16]이 은혜는 곧 나로 이방인을 위하여 그리스도 예수의 일꾼이 되어 하나님
의 복음의 제사장 직분을 하게 하사 이방인을 제물로 드리는 것이 성령 안에
서 거룩하게 되어 받으실 만하게 하려 하심이라 [17]그러므로 내가 그리스도
예수 안에서 하나님의 일에 대하여 자랑하는 것이 있거니와 [18]그리스도께서
이방인을 순종하게 하기 위하여 나를 통하여 역사하신 것 외에는 내가 감히
말하지 아니하노라 그 일은 말과 행위로 [19]표적과 기사의 능력으로 성령의
능력으로 이루어졌으며 그리하여 내가 예루살렘으로부터 두루 행하여 일루
리곤까지 그리스도의 복음을 편만하게 전하였노라 [20]또 내가 그리스도의 이
름을 부르는 곳에는 복음을 전하지 않기를 힘썼노니 이는 남의 터 위에 건축
하지 아니하려 함이라 [21]기록된바 주의 소식을 받지 못한 자들이 볼 것이요
듣지 못한 자들이 깨달으리라 함과 같으니라

바울의 성격을 이보다 잘 나타내는 구절은 별로 없다. 그는 서신을 끝맺으려 한다. 그리고 그는 마지막 구절에 로마를 방문하려는 데 대한 근거를 마련하기를 원했다. 이 구절을 읽을 때 우리는 바울이 사람을 설득시키는 비밀의 일부를 보게 된다.

I. 바울은 자신이 "재치 있는 사람"이라는 것을 나타낸다. 그는 로마에 있는 형제들에게 잔소리를 하거나 어떤 성난 교장같이 행세하지 않는다. 그는 그들에게 그들이 이미 알고 있는 것들을 다시 생각나게 하는 것뿐이라고 말한다. 그리고 그는 그들이 그들 안에 서로 봉사하고 주께 훌륭한 봉사를 할 능력이 있다고 확신하고 확고히 말해 주고 있다. 바울은 사람이 과거에 어떠했느냐보다는 어떻게 될 수 있느냐에 더 관심이 있었다. 그는 잘못을 명확히 보았고 그 잘못을 성실로 대해 주었다. 그러나 그는 항상 인간이 얼마나 못된 존재였느냐가 아니라 얼마나 훌륭한 존재가 될 수 있는지에 대해 생각하는 것이었다.

미켈 안젤로(Michael Angelo)가 대단히 크고 모양이 없는 대리석 덩어리를 조각하기 시작했을 때, 한번은 그 바위 안에 갇힌 천사를 그리려고 했었다고 말했다. 바울은 그와 같았다. 그는 사람을 때려눕히지 않았다. 그는 상심하도록 비판하지 않았다. 그는 정직하고 엄격하게 말했다. 그러나 그가 늘 그렇게 말한 이유는 그 사람이 아직 성취하지는 못했으나 그를 무엇이 될 수 있는 존재로 만들게 하기 위해서였다.

II. 바울이 주장한 단 한 가지 영광은 "그리스도의 종"이 되었다는 것이다. 그가 사용한 단어(leitourgos)는 의미심장하다. 고대 헬라어는 **리터지**(leitourgiai)라고 불리는 국가적 의무가 있었는데 이는 나라를 사랑하는 사람에 지워지든가 간혹 그런 사람이 자진해서 짊어지는 것이다. 애국적인 시민이 지켜 오던 다섯 가지 자발적인 봉사가 있다.

1. 첫째 **코레기아**(chorēgia)인데 이는 합창을 하는 의무다. 이스킬루수(Aeschylus)와 소포클레스(Sophocles), 유리피데스(Euripides) 등이 그들의 불후의 드라마를 창작했을 때 가사를 말하는 코러스가 있었다. 디오니시아(Dionysia) 시 같은 대대적인 축제가 있었는데 그때는 18개 새로운 연극이 상연되었다. 자신의 고장을 사랑하는 사람들은 지신들의 비용으로 그런 코러스를 모집해서 유지하고 가르치며 필요한 장비를 사 주었다.

2. **김나시아르키아**(gumnasiarchia)가 있었다. 아덴 사람들은 10종족으로 나누어졌는데 이들은 모두 유명한 운동가들이었다. 어떤 축제에서는 유명한 횃불 경기

가 있었는데 그때에는 다른 종족들끼리 경기를 했다. 우리는 오늘날도 **횃불 전달**에 대해 말하고 있다. 횃불 경기에서 승리한 것은 큰 영예이며 공공정신이 철저한 사람들은 자신의 비용으로 종족을 대표할 팀을 선발, 유지 훈련을 시켰다.

3. **헤스티아시스**(Chestiasis)가 있었다. 가끔 종족간에 함께 먹고 즐기는 때가 있었는데 이런 모임의 모든 비용을 담당하는 사람들이 있었다.

4. **아케테오리아**(archetheōria)가 있었다. 가끔 가다가 아텐 시는 그들의 대표를 델피나 도도나(Delphi, Dodona)에서 신탁을 의논하려고 보내는 때가 있다. 그런 경우에는 시의 명예가 유지되게 하기 위해서는 온갖 일을 다해야 했고 그런 때 대표단의 모든 비용을 자진해서 부담하는 애국적인 시민이 있었다.

5. **트리에라키아**(triērarchia)가 있었다. 아텐 사람들은 고대 사회에서 강한 해군력을 가지고 있었다. 이 나라에서 가장 애국적인 행동은 일 년간 군함을 유지하는 비용을 자발적으로 부담하는 것이었다.

그것이 **레이투르고스**(leitourgos)란 단어의 배경이다. 차츰 애국심이 없어지면서 그런 **리터지**는 자발적이 아니라 의무화했다. 후에 이 단어는 어떤 종류의 봉사 활동에도 사용되었다. 그리고 더 지난 후에는 특히 신전에서 예배 활동에 적용되기 시작했다. 그러나 이 단어는 항상 이런 너그러운 봉사의 의미가 그 배후에 있었다. 당시 사람들이 자신이 사랑하는 아테네 사람을 봉사하는 제단에 모든 재산을 바쳤듯이 바울은 그리스도를 봉사하는 제단에 자신의 모든 것을 바쳤고, 자기 주인의 종이 된 것을 자랑스럽게 여겼다.

III. 바울은 모든 일의 조직 속에서 "자신을 그리스도의 수중에 있는 하나의 기구"로 보았다. 그는 자신이 무엇을 했는지에 대해 말하지 않고, 그리스도가 자신에게 무엇을 했는지를 이야기했다. 그는 어떤 것에 대해서도 "내가 그것을 했다"라고 말하지 않았다. 그는 항상 "그리스도가 나를 사용하여 그것을 하셨다"라고 말했다. 무디(D. L. Moody)는 집회에서 목사가 이렇게 말하는 것을 들었을 때 생애의 변화를 가져왔다고 한다. "어떤 사람이 자신을 조금도 남김없이 성령에게 바친다면 그 성령이 그 사람으로 무엇을 하실까?" 무디는 자신에게 "내가 왜 그 사람이 되지 않겠는가?"라고 말했다.

온 세계가 성령이 무디에게 행하신 것을 알고 있다. 어떤 일들이 일어나기 시작하는 것은 사람이 자신이 무엇을 할 수 있는지를 생각하기 멈추고 하나님이 무엇을 자신에게 하실 수 있는지를 생각하기 시작할 때다.

IV. 바울은 일편단심 "갇힌 자"가 되는 것이다. 리빙스톤이 런던 선교 협회에 선교사로 자원했을 때 협회에서 그에게 어디에 가기를 원하느냐고 물었을 때 그는 "아무 곳이나 전진하는 길이라면"이라고 대답했다. 그가 아프리카에 도착했을 때 멀리서 보이는 수천 개 촌락에서 나오는 연기를 보며 괴로워했다.

바울은 하나님의 복된 소식을 들어 보지 못한 사람들에게 전해 주는 것이 유일한 소원이었다. 그는 자신이 목표하는 바를 말해 주기 위해 이사야서를 인용하고 있다.

> 너희 살아 계신 하나님의 군대여,
> 그의 거룩한 군대들이여,
> 거룩한 발걸음이 한 번도 밟아 보지 않은 곳에
> 너희의 지정된 직책을 가져갈지어다.

현재와 미래의 계획

로마서 15:22-29

22그러므로 또한 내가 너희에게 가려 하던 것이 여러 번 막혔더니 23이제는
이 지방에 일할 곳이 없고 또 여러 해 전부터 언제든지 서바나로 갈 때에 너
희에게 가기를 바라고 있었으니 24이는 지나가는 길에 너희를 보고 먼저 너
희와 사귐으로 얼마간 기쁨을 가진 후에 너희가 그리로 보내주기를 바람이
라 25그러나 이제는 내가 성도를 섬기는 일로 예루살렘에 가노니 26이는 마게
도냐와 아가야 사람들이 예루살렘 성도 중 가난한 자들을 위하여 기쁘게 얼

마를 연보하였음이라 [27]저희가 기뻐서 하였거니와 또한 저희는 그들에게 빚
진 자니 만일 이방인이 그들의 영적인 것을 나눠 가졌으면 육적인 것으로 그
들을 섬기는 것이 마땅하니라 [28]그러므로 내가 이 일을 마치고 이 열매를 그
들에게 확증한 후에 너희에게 들렀다가 서바나로 가리라 [29]내가 너희에게 나
아갈 때에 그리스도의 충만한 복을 가지고 갈 줄을 아노라

바울은 여기에서 현재와 미래의 계획을 말하고 있다.

I. 그의 장래 계획은 서바나로 가는 것이었다. 바울이 서바나로 가고자 하는 이유가 두 가지 있었다. 첫째, 서바나는 유럽의 서쪽 끝에 있었다. 이곳은 어떤 의미에서 당시 문명 세계의 끝이었고 바로 그런 이유로 바울은 그곳에서 선교하기를 원했다. 그는 더 이상 갈 수 없는 그 변방까지 하나님의 복음을 전하기 원하는 마음을 아주 특징 있게 표현했다.

II. 당시 서바나는 천재들을 많이 배출하고 있었다. 로마 제국의 많은 위인들이 서바나 출신이었다. 서사시인 루칸(Lucan), 풍자시의 대가 마르티알(Martialis), 당시 대수사학자 퀸틸리아누스(Quintilianus) 등이 모두 서바나 사람이었다. 그리고 누구보다도 대스토아 철학자이며 네로 황제의 후견이었다가 총리가 된 세네카도 서바나 사람이었다. 바울이 마치 자신이 그리스도를 위해 이 땅에 가 닿을 수만 있다면 엄청난 일들이 일어날 것이라고 말하는 것과 같다.

III. 바울의 즉각적인 계획은 예루살렘으로 가는 것이었다. 바울은 참으로 값진 것으로 여겨지는 계획을 갖고 있었다. 그는 예루살렘 교회의 가난한 자들을 위해 자신이 갓 세운 교회들에서 헌금을 거두어 가고자 계획을 짜 놓았었다. 그 헌금이 필요하리라는 데는 의심의 여지가 없었다.

예루살렘과 같은 도시에서는 많은 직업이 성전과 성전에 공급하는 물품과 관련이 있었다. 모든 제사장과 성전 관리는 사두개인이었다. 사두개인들은 예수의 최대 적이었다. 그러므로 많은 사람들이 예루살렘에서 기독교인이 되면 직장

을 잃게 되고 심히 곤핍하게 되었을 것이 확실하다. 새로 생긴 교회들의 도움은 무척 필요한 것이었다. 그러나 바울이 그다지도 이 예물을 예루살렘에 가져가려는 데는 세 가지 이유가 있었다.

1. 그 자신에게 이것은 빚을 갚는 것이었다. 바울이 이방인을 위한 사도가 되기를 합의했을 때 교회 지도자에게서 하나의 훈령이 주어졌는데 가난한 자들은 기억해야 한다는 것이었다(갈 2:10). 바울은 "이것을 힘써 행하노라"고 했다. 바울은 약속을 어기거나 빚을 잊어버리는 사람이 아니었고 이제 그 빚이 적어도 얼마는 갚아질 무렵이었다.

2. 이보다 교회의 일치를 가장 실질적인 방법으로 나타내는 더 좋은 방법은 없었다. 이것은 새로 생긴 교회들에게 그들이 고립되어 있는 기관이 아니라 전 세계를 통하여 하나의 대교회의 일원이라는 것을 가르치는 방법이다. 남에게 주는 것의 위대한 가치는 그것이 우리가 한 회중의 일원이 아니라 세계적인 교회의 일원이라는 것을 기억하게 만든다.

3. 기독교를 실제 행동으로 옮기게 하는 데는 이보다 좋은 방법이 없다. 기독교의 자비에 대해 이야기하고 그에 대해 가르치는 것은 퍽 쉽다. 그러나 여기에 그 말들을 실제 행위로 바꾸어 놓을 좋은 기회가 있다.

그리하여 바울은 예루살렘 길에 올라 있고 사바나로 갈 계획을 하고 있다. 우리가 아는 대로 바울은 사바나에 가 보지를 못했다. 그는 예루살렘에서 그를 장기간의 옥중 생활과 사망에 이르게 한 난관에 부닥치게 되었다. 이것은 위대한 개척자의 한 계획으로서 결코 이루어지지 못한 것이라고 생각된다.

위험에 대비

로마서 15:30-33

30 형제들아 내가 우리 주 예수 그리스도와 성령의 사랑으로 말미암아 너희를
권하노니 너희 기도에 나와 힘을 같이하여 나를 위하여 하나님께 빌어 31 나

로 유대에서 순종하지 아니하는 자들로부터 건짐을 받게 하고 또 예루살렘
에 대하여 내가 섬기는 일을 성도들이 받을 만하게 하고 [32]나로 하나님의 뜻
을 따라 기쁨으로 너희에게 나아가 너희와 함께 편히 쉬게 하라 [33]평강의 하
나님께서 너희 모든 사람과 함께 계실지어다 아멘

앞의 구절에서 우리가 알기로는 바울은 사바나에 가려는 계획은 실현되지 못했다고 하는 데까지 이야기했다. 우리는 바울이 예루살렘에 갔을 때 거기서 체포되어 그 후 4년간 감옥 생활을 했는데 가이사랴에서 2년, 로마에서 2년을 지냈다는 것을 확실히 알고 있다. 여기에 다시 바울의 위대한 인격이 나타나 있다.

I. 바울이 예루살렘으로 올라갈 때 자신이 무엇을 하고 있는지 잘 알고 있었다. 그는 자신 앞에 있는 위험을 잘 알고 있었다. 그는 사자굴 속으로 들어가며 자신을 그를 미워하는 사람들의 손에 던져 버리고 있다는 것을 잘 알고 있었다. 마치 그의 주 예수께서 확고부동하게 예루살렘으로 그 얼굴을 향하고 있었던 것과 똑같이(눅 9:51) 바울도 그러했다. 최고의 용기란 어떤 위험이 우리를 기다리고 있다는 것을 알고 있으면서도 그대로 전진하는 것이다. 그것이 예수께서 보여 주신 용기이고, 바울이 보여 준 용기이며, 모든 그리스도의 추종자들이 보여야만 하는 용기다.

II. 그러한 환경에서 바울은 로마 교회의 교인들에게 기도를 부탁했다. 우리가 우리를 사랑하는 사람들의 뜨거운 기도에 싸여 있다는 것을 알고 가는 것은 위대한 일이다. 우리가 우리를 사랑하는 사람에게서 제아무리 멀리 떨어져 있고 그들이 어떤 위험 속에 처해 있을지라도 하나님의 속죄 속에서 만날 수 있다.

III. 바울은 떠나면서 그들에게 축복을 빌었다. 바울이 무엇인가를 주어야만 했다는 것은 의심할 여지 없이 사실이다. 우리가 다른 아무것도 없을 때라도 친구와 사랑하는 자들을 하나님께 드리는 기도 안에서 참을 수 있다.

Ⅳ. 바울이 로마로 보냄을 받은 것은 평강의 하나님의 축복이요, 바울 자신이 그 모든 위협을 받으면서도 예루살렘으로 간 것은 평강의 하나님이 임재하시기 때문이다. 하나님의 평강을 자기 마음에 간직한 사람은 인생의 온갖 위험도 무서워하지 않고 대할 수 있다.

The Letter to the **Romans**

16

천거의 편지

로마서 16:1-2

[1]내가 겐그레아 교회의 일꾼으로 있는 우리 자매 뵈뵈를 너희에게 추천하노
니 [2]너희는 주 안에서 성도들의 합당한 예절로 그를 영접하고 무엇이든지 그
에게 소용되는 바를 도와줄지니 이는 그가 여러 사람과 나의 보호자가 되었
음이라

우리가 새로 취직을 하든지 새 직책을 맡으려 할 때 보통 우리를 잘 알고 성격과 능력을 칭찬한 사람의 추천서 같은 것을 받는 것이 상례다. 어떤 사람이 낯선 지방에 가서 살게 될 때 보통 그 고장의 사람을 잘 아는 사람의 소개장을 가지고 가기도 한다.

옛날에도 그런 편지가 참으로 보편적이었다. 그 편지들은 **수스타티카이 에피스톨라이**(sustatekai epistolai), 즉 추천서라고 알려졌다. 지금도 우리는 이런 편지가 파피루스에 쓰인 것이 애굽 사막의 쓰레기 더미에서 발견되는 것을 볼 수 있다. 애굽의 감람나무 재배자인 미스타리온(Mystarion)이 자신의 종을 대제사장인 스토토에티스에게 심부름을 보냈을 때 소개서를 가지고 가게 했다.

미스타리온은 자기 대제사장에게 문안을 드리는 바입니다.
나는 내 종 블라스투스(Blastus)를 나의 감람원에서 사용할 삼지창을 가지러 당신에게 보냅니다. 그러므로 그는 지체하지 않게 하십시오. 당신은 내가 그를 늘 필요로 한다는 것을 알고 있지 않습니까.
섬의 대제사장 스토토에티스 귀하.

이것은 심부름을 간 블라스투스를 소개하는 소개장이다. 이와 같이 바울은 로마 교회에 뵈뵈를 소개하는 편지를 썼다.

뵈뵈는 고린도의 항구인 겐그리아에서 왔다. 어떤 때는 그를 여**집사**라고 불렀다. 그러나 교회 내의 공직으로 불릴 직책을 갖고 있지는 않은 것 같다. 기독교회에서는 여자의 봉사가 무한한 가치를 갖지 않았던 때가 없었다. 초대교회에서는 특히 더 그러했을 것이다. 당시와 같이 전신 침수의 세례 때와 병자 심방 때와 가난한 자에게 식량을 나누어 주는 일에서 여자는 교회 생활과 일을 하는 데 큰 역할을 했을 것이다. 그러나 그때에는 부인들이 아무런 공직도 갖지 않았었다.

바울은 로마 교회에서 뵈뵈를 환영해 줄 것을 미리 부탁한다. 그는 로마에 있는 사람들에게 하나님의 충성스러운 백성이 마땅히 서로 영접해야 하듯 뵈뵈를 영접하라고 말하고 있다.

그리스도의 식구간에는 낯선 사람이 없어야 한다. 기독교 성도들간에는 서로 형식을 갖춘 소개가 필요하지 않다. 왜냐하면 그들은 모두 한 아버지의 아들과 딸로서 각기 형제와 자매다. 그런데도 교회는 반드시 사람을 잘 영접하는 기관만은 아니다. 교회와 더 나아가 교회 기관들이 작은 배타적 집단이 되고 외부인을 받아들이는 데는 전혀 관심이 없는 폐쇄된 단체로 전락하기 쉽다. 어떤 낯선 외부인이 우리 안에 오면 바울의 충고는 아직도 유효하므로 그런 경우에 하나님의 백성이 마땅히 서로 영접하듯 그를 영접하라는 것이다.

하나의 교회를 이룬 가정

로마서 16:3-4

3 **너희는 그리스도 예수 안에서 나의 동역자들인 브리스가와 아굴라에게 문
안하라 4 그들은 내 목숨을 위하여 자기들의 목까지도 내놓았나니 나뿐 아니
라 이방인의 모든 교회도 그들에게 감사하느니라**

신앙에서 브리스가와 아굴라보다 빛나는 부부는 없다. 브리스가는 가끔 브리스길라라고 불렸는데 이 이름은 그 여자의 이름의 귀여운 축소형이다. 그들에 대해 우리가 알고 있는 것에서 시작해 보자.

그들은 처음 사도행전 18장 2절에 나타난다. 그 구절에서 우리는 그들이 전에 로마에 거주했다는 것을 알 수 있다. 글라우디오 황제가 주후 52년에 로마에서 유대인을 추방하라는 칙령을 내렸다. 반유대주의는 새로운 것이 아니다. 유대인은 고대에도 오늘날 자주 당하듯이 미움을 받았다. 유대인은 로마에서 추방당했을 때 브리스가와 아굴라는 고린도에 정착했다. 그들은 바울의 직업과 똑같은 천막 제조업자였고 바울은 곧 그들과 함께 가족같이 지내게 되었다.

바울이 고린도로 떠나 에베소로 갔을 때 브리스가와 아굴라도 그와 함께 가서 그곳에서 정착했다. 그들과 관련된 바로 첫 번째 사건은 그들의 성격을 잘 나타내고 있다. 에베소에 저 유명한 학자 아볼로가 왔다. 그러나 아볼로는 그때에는 기독교 신앙을 완전히 포착하거나 이해하지는 못했다. 그래서 아굴라와 브리스가는 그들의 집으로 데리고 가 그를 친절히 대해 주고 기독교 신앙을 가르쳤다(행 18:24-26). 처음부터 브리스가와 아굴라는 마음이 활짝 트인 사람이고 개방적이었다.

다음에 그들에 대한 기술이 있을 때도 그들은 에베소에 있었다. 바울은 고린도전서를 에베소에서 썼으며 그 서신에서 그는 브리스가와 아굴라와 그의 집에 있는 교회에서 문안을 보냈다(고전 16:19). 그래서 브리스가와 아굴라의 집은 기독교 성도들의 집회 장소로 사용되었다. 다음에 우리가 그들의 소식을 들었을

때는 그들은 로마에 있었다. 글라우디오 황제의 유대인 추방령은 유효기가 만료되었고 틀림없이 브리스가와 아굴라, 다른 많은 유대인도 옛 집과 예전의 직업으로 되돌아갔을 것이다. 또다시 우리는 그들이 여전한 것을 발견하게 된다. 그들의 집에서 모이는 교회와 기독교 성도들이 있다.

그 후 맨 마지막으로 디모데후서 4장 19절에 나타나는데 그들은 다시 에베소에 있었다. 바울이 보낸 마지막 소식 중에는 바울과 그다지도 오래 함께 지내 온 이 부부에게 보내는 문안이 있었다.

브리스가와 아굴라는 이상하게도 유랑적이고 정착하지 않은 생활을 했다. 아굴라 자신은 본도에서 출생했다(행 18:2). 우리는 그들이 처음에는 로마, 다음에는 고린도, 에베소, 다시 로마, 끝으로 에베소에 다시 사는 것을 보게 된다. 그러나 그들이 어디 있든지 우리는 그들의 집이 기독교인의 친교와 예배의 중심이었다는 것은 발견하게 된다. 모든 가정은 교회가 되어야 한다. 예수께서 거하시는 곳이기 때문이다. 브리스가와 아굴라는 어디에 거주하든지 그들의 가정에서 친절과 친교와 사랑이 비쳐 나갔다. 누구든지 낯선 타향에 가서 있을 때 이 세상에서 가장 중요한 것은 자신이 들어갈 수 있는 집(가정)을 갖는 것이다. 그러한 가정은 고독감을 없애 주고 유혹에서 보호해 준다. 가끔 우리는 집을 닫을 수 있는 문이 있는 장소로, 그래서 그리로 들어가서 문을 닫아 바깥세상과 차단해 버리는 장소로 생각할 때가 있다. 그러나 그와 마찬가지로 집은 개방된 곳이기도 하다. 개방된 문, 개방된 손, 개방된 마음 등이 기독교인 생활의 특징이기도 하다.

브리스가와 아굴라에게는 그 정도는 사실이었다. 그러나 그들의 이야기 가운데는 그보다 더한 낭만도 있을 수 있다.

오늘날까지도 로마 시에는 아벤틴(Aventine) 가에 성 브리스가 교회가 있다. 또 브리스길라 묘지도 있다. 이 묘지는 고대 로마와 아킬리안(Acilian) 가족의 묘지다. 그 안에는 아킬리우스 글라브리오(Acilius Glabrio)가 묻혀 있다. 아킬리우스 글라브리오는 주후 91년 로마의 집정관이었다. 그리고 그것은 로마 제국이 그에게 줄 수 있는 최고 관직이었고 아킬리우스 글라브리오가 기독교인으로서 순교했을 가능성이 아주 크다. 그는 아마도 로마 고난 중에서 기독교인이 되어 그의 신앙으로 고난을 당한 맨 처음 사람이었을 수 있다.

로마 제국에서는 사람들이 자유를 받으면 유명한 가족 중 어느 하나에 이름을 올리고 그 가족의 이름 중 하나를 취하여 그들의 이름으로 사용한다. 아킬리안 가족의 가장 흔한 여자 이름 중 하나가 브리스가였다. 그리고 아킬리우스(Acilius)는 간혹 아굴리우스(Aguilius)라고 쓰이기도 했는데 이것은 아굴라(Aguila)에 매우 가깝다. 여기서 우리는 두 가지 놀라운 가능성을 만나게 된다.

I. 브리스가와 아굴라는 둘 다 그들이 전에 노예로 있었던 아킬리안 가족의 어떤 사람에게서 자유를 얻었는지 모르겠다. 이 두 사람이 그 가족에게 기독교의 씨를 뿌려 놓았고 그것이 훗날 그 가족 중 한 사람인 로마의 집정관이었던 아킬리우스 글라브리오가 기독교인이 되었을 수도 있지 않겠는가? 브리스가와 아굴라가 그들이 빠져 나온 가족에게 처음에 기독교를 전해 주었기 때문에 로마 제국에서 가장 높은 고관직에 있던 사람에게 기독교가 전해졌을 수도 있지 않겠는가?

II. 그보다 낭만적인 가능성이 있다. 참으로 이상한 것은 신약에 그들의 이름이 6번 나오는 중 4번이나 브리스가 이름이 그의 남편보다 **앞서** 나오는 것이다. 일반적으로는 남편의 이름이 부인의 이름보다 앞에 있게 마련이다. 그러나 이 경우에는 브리스가 이름이 그 남편보다 앞에 나온다. 그 이유는 브리스가 자신은 놓임을 받을 여자가 아니라 아킬리안 가족의 한 사람으로 태어났을 가능성도 다분히 있다. 그런데 기독교 집회에서 이른바 고관 집 여자와 보잘것없는 유대인 천막 제조인인 아굴라가 만나 두 사람은 사랑하게 되었고, 기독교가 종족과 계급과 부와 신분의 장벽을 깨뜨렸고, 그리하여 로마 귀족과 유대 직업인인 이들 두 사람은 기독교적인 사랑과 봉사로 영원히 결합되었을 수도 있다.

이 추측에 대해 우리는 결코 확신할 수는 없다. 그러나 한 가지 확실한 것은 고린도와 에베소, 로마에 브리스가와 아굴라와 교회로 사용된 그들의 집으로 인해 영혼을 건지게 된 사람이 많다고 하는 것이다.

이름을 불러 따로 천거하다

로마서 16:5-11

5또 저의 집에 있는 교회에도 문안하라 내가 사랑하는 에배네도에게 문안하
라 그는 아시아에서 그리스도께 처음 맺은 열매니라 6너희를 위하여 많이 수
고한 마리아에게 문안하라 7내 친척이요 나와 함께 갇혔던 안드로니고와 유
니아에게 문안하라 그들은 사도들에게 존중히 여겨지고 또한 나보다 먼저
그리스도 안에 있는 자라 8또 주 안에서 내 사랑하는 암블리아에게 문안하라
9그리스도 안에서 우리의 동역자인 우르바노와 나의 사랑하는 스다구에게
문안하라 10그리스도 안에서 인정함을 받은 아벨레에게 문안하라 아리스도
불로의 권속에게 문안하라 11내 친척 헤로디온에게 문안하라 나깃수의 가족
중 주 안에 있는 자들에게 문안하라

이 모든 사람의 이름의 배후에는 틀림없이 그리스도 안에서 낭만적인 이야기가 하나씩 있을 것이다. 이들 이야기를 우리는 하나도 모른다. 그러나 어떤 이름에 대해서는 우리는 추측을 할 수 있다. 이 16장에는 24명의 이름이 있는데 두 가지 흥미 있는 사실이 있다.

I. 24명 중 여섯이 여자다. 이 사실을 기억할 만하다. 왜냐하면 바울은 가끔 교회에서 여자의 지위를 천하게 만들었다는 비난을 받아 왔다. 우리가 교회에서 여자에 대한 바울의 입장을 진정으로 알기를 원한다면 이곳이 우리가 읽어야 할 구절이다. 여기에는 여자들이 교회에서 행하는 일이 그의 말을 통해 빛나고 반짝이는 것에서 감사하게 여긴 흔적이 역력하다.

II. 24명 중 13명이 황족이나 로마의 왕궁과 관련이 있는 문서에 나타난다. 많은 이름이 극히 보편적인 이름이다. 그러나 그것은 상상에 불과하다. 빌립보서 4장 22절에 바울은 가이사의 집안 식구인 성도들에 대해 언급하고 있다. 그들은

대부분 노예일 수도 있으나 기독교가 초기에 궁중과 그 가족까지 침투한 것같이 보이는 것은 중요한 일이다.

안드로니고와 유니아는 재미있는 한 쌍의 이름을 이룬다. 그 이유는 유니아란 여자 이름일 수 있기 때문이다. 그렇다면 그것은 초대교회에서는 여자가 사도와 동급으로 인정될 수 있었다는 것을 의미하게 된다. 이런 의미의 사도란 크게 말해 교회가 내보내서 예수의 복음을 전파하게끔 한 사람들이었다. 바울은 안드로니고와 유니아가 자신보다 먼저 기독교인이었다고 말한다. 그것은 그들의 기원이 스데반의 시대로 직결된다는 것은 의미한다. 그들은 예루살렘의 초대교회와 직접 관련이 있었을 것이다.

암블리아의 뒤에는 재미있는 이야기가 있을 수 있다. 암블리아는 아주 흔한 노예의 이름이다. 기독교인의 최초의 카타이었던 도마틸라(Domatilla) 묘지에는 굵직하고 화려한 글자로 **암블리아**라는 이름이 새겨져 있는 묘가 하나 있다. 이름이 암블리아라고 하나만 새겨져 있다는 사실은—로마 시민권을 가진 사람이면 자기 이름(nomen)과 전명(praenomen)과 성(cognomen), 이렇게 세 개 이름을 갖게 마련이다—이 암블리아가 노예였다는 것을 나타내지만, 그 정교한 분묘와 굵직한 글자는 그는 교회에서 높은 자리에 있었다는 것을 말한다. 이로써 추리할 수 있는 것은 초대교회에는 계급과 지위의 차별이 완전히 없어져 사람이 노예이면서도 동시에 교회의 높은 직위에 있을 수 있었다는 것을 분명히 볼 수 있다. 사회적 차별이 존재하지 않았다.

우리는 바울이 말한 암블리아가 도마틸라 묘지의 암블리아인지는 알 길이 없으나 그렇다고 불가능한 것은 아니다.

아리스도불로 권속 역시 재미있는 이야기를 가졌다. 로마에서 권속(household)이라는 단어는 한 사람의 가족과 그 친척에만 국한된 것이 아니라 그 집의 종과 노예를 포함했다. 영국 같으면 그에게 속한 모든 것(his whole establishment)이라고 할 수 있다. 로마에는 헤롯 대왕의 손자가 오래 살고 있었는데 그의 이름이 아리스도불로였다. 이 아리스도불로는 늘 하나의 평민으로 살아왔고 헤롯의 영토는 하나도 상속 받지 않았다. 그러나 그는 글라우디오 황제의 소유물이 되고 말았을 것이다. 그러나 그 후에도 **아리스도불로 권속**이라는 이름으로 황제 소유물의 한 부분을 이루고 있었다. 그러므로 이 말은 처음에는 헤롯의 손자 아리스도불로에게 속했다가 나중에 황제의 소유가 된 유대인 노예들을 지칭했을 것이다. 이것은 그 앞뒤에 있는 이름들로 더 그럴싸한 주장이 된다. **아벨레**는 유대인이면 아벨이라고 부를 이름의 헬라어형이었을 것이고 뒤에 나오는 **헤로디온**은 분명히 헤롯 가족과 어떤 관계가 있는 사람의 이름이었을 것이다.

나깃수의 권속 역시 그 뒤에 재미있는 이야기가 있다. 나깃수는 퍽 평범한 이름이었으나 가장 유명한 나깃수는 노예에서 자유의 몸이 된 사람으로 글라우디오 황제의 비서가 되었고 황제에게 큰 영향력을 행사했다. 그는 개인 재산을 400만 파운드나 소유했었다고 한다. 그의 권세는 황제에게 오는 서신은 모두 그의 손을 거쳐야 하며, 그가 전해 주기 전에는 황제에게 전해지지 않았다는 사실에 기인한다. 그는 많은 사람들이 자신들의 진정서나 요구서가 황제에게 전달되게 하기 위해 뇌물을 바쳤기 때문에 큰 재산을 모았다. 글라우디오가 살해되고 네로가 등극하자 나깃수는 잠시 살아 있다가 나중에는 자살을 하게 되었고 그의 모든 재산과 식솔은 네로의 소유물로 되었다.

여기에 기명된 사람들은 한편으로 그의 노예였던 사람일 수도 있다. 아리스도불로가 정말로 헤롯의 손자 아리스도불로라면, 그리고 이 나깃수가 정말로 글라우디오 황제의 비서 나깃수였다면 황실의 많은 종들이 이미 기독교인들이었다는 것을 뜻한다. 기독교의 누룩이 제국의 가장 높은 층까지 도달했다.

숨긴 낭만

로마서 16:12-16

[12]주 안에서 수고한 드루배나와 드루보사에게 문안하라 주 안에서 많이 수고
하고 사랑하는 버시에게 문안하라 [13]주 안에서 택하심을 입은 루포와 그의
어머니에게 문안하라 그의 어머니는 곧 내 어머니니라 [14]아순그리도와 블레
곤과 허메와 바드로바와 허마와 및 그들과 함께 있는 형제들에게 문안하라

[15]빌롤로고와 율리아와 또 네레오와 그의 자매와 올름바와 그들과 함께 있는
모든 성도에게 문안하라 [16]너희가 거룩하게 입맞춤으로 서로 문안하라 그리
스도의 모든 교회가 다 너희에게 문안하느니라

이상 여러 이름의 배후에는 틀림없이 무슨 사연이 있겠으나 우리가 추측이라도 해서 이야기를 만들어 볼 수 있는 것은 몇 개 안 된다.

I. 바울이 쌍둥이 자매같이 생각되는 드루배나와 드루보사에게 문안할 때 미소를 지으며 쓴 것 같다. 그가 서술한 방법이 그 용어에서 완전히 정반대같이 들리기 때문이다. 문안 부분에서 바울은 세 번 기독교 봉사에 해당하는 헬라어를 썼다. 그는 마리아(6절), 드루배나와 드루보사에게, 버시에 대해 사용하고 있다. 이 말은 동사 **코피안**(kopian)이며 코피안이란 단어는 **기진하기까지 수고하다**는 뜻이다. 즉, 사람이 자신이 가지고 있는 모든 것을 일에 바치는 것을 의미하고 극히 지치는 데까지 일하는 것을 의미한다. 그것이 바울이 드루배나와 드루보사가 늘 그렇게 했다고 말한 것이다. 그리고 묘한 것은 **드루배나**와 **드루보사**는 각각 **우아**와 **섬세**를 뜻한다! 이것은 마치 "당신네 둘은 우아하고 섬세하다고 불릴 수 있으나 교회와 그리스도를 위하여 열심히 일하니 그 이름과 다르다"라고 말하는 것 같다. 우리는 바울이 눈을 지그시 감고 얼굴에 미소가 가득 차는 것을 보는 듯하다.

II. 루포와 바울의 어머니이기도 한 그 어머니에 대해서는 신약성경에 숨은 이야기가 있다. 루포는 선택된 사람이요 로마 교회에서는 그의 봉사와 성결로 유명했었다는 것이 명백하다. 그리고 바울은 루포의 어머니에게서 받은 친절에 크게 감사하고 있었다는 것도 명백하다. 이 루포는 누구일까? 마가복음 15장 21절로 되돌아가 보면 갈보리로 가는 길에 예수의 십자가를 억지로 지고 간 구레네 시몬에 대한 기사가 있다. 여기의 시몬은 **알렉산더와 루포의 아버지**라고 기술되어 있다. 이제 어떤 사람이 그의 아들의 이름으로 알게 된다면 그것은 그 자신은 비록 그 이야기를 듣던 사람들에게 잘 알려져 있지는 않을망정 그 아들은 잘 알려

져 있는 것이다. 마가는 이 복음을 어떤 교회에 써 보냈는가? 틀림없이 로마 교회를 위해 기록한 것이며 그는 그 교회가 알렉산더와 루포가 누구였다는 것을 알고 있었을 것이다.

그런데 다시 루포를 발견하게 된다. 그는 예수의 십자가를 지고 간 그 시몬의 아들이었다. 그날은 시몬에게는 억세게 좋지 않은 날이었을 것이다 그는 유대인이었고 저 멀리 북아프리카의 구레네에서 왔다. 보나마나 그는 예루살렘에서 유월절을 지키려고 반평생을 준비하고 기다렸을 것이다. 드디어 그가 참석할 잔치에 대한 벅찬 가슴을 안고 그 도시에 들어섰을 때, 갑자기 로마 병정의 창 끝이 그의 어깨를 툭 쳤다. 그는 로마 군대에 징발되었고 곧 죄인의 십자가를 지고 가는 자신을 발견했다. 그의 마음에 얼마나 큰 후회와 불만이 있었으랴! 그 크나큰 모욕에 그는 얼마나 화가 나고 불만스러웠으랴! 구레네에서 그 먼 길을 겨우 이것을 위해 왔단 말인가! 유월절의 영광의 자리에 앉으려고 그렇게 먼 길을 왔는데 겨우 이런 무섭고 창피한 일이 일어나다니! 틀림없이 그는 갈보리에 도착하자마자 십자가를 내동댕이치고 혐오하며 떠나가 버리려고 했을 것이다. 그러나 무엇인가가 일어났다. 갈보리로 가는 길에 이 처절한 모습을 한 사람의 매력이 그의 마음을 덩굴손같이 휘어잡았을 것이다. 그는 머물러 주의해 보았고 그 십자가의 인물이 시몬을 영원히 그 자신에게 끌어당겼을 것이다. 갈보리로 가는 길에 만난 이 사건이 시몬의 인생을 영원히 바꾸어 버렸다. 그는 유대인의 유월절에 참석하러 왔다가 그리스도의 종이 되어 돌아갔다. 그는 집으로 돌아가 처와 아들들에게도 자신이 경험한 것과 똑같은 체험을 하게 했을 것이다.

이에 대해 더 많은 상상력을 동원할 수 있다. 안디옥에 와서 처음으로 이방 세계에 복음을 전한 것은 **구브로**와 **구레네**에서 온 사람들이었다(행 11:20). 시몬이 이 구레네에서 온 사람들 중 하나였을까? 루포가 그와 함께 있었을까? 그들이 기독교를 전 세계의 종교로 만든 이 엄청난 첫발을 내딛게 한 사람들인가? 그들이 유대교 안에 국한되고 말았을 것을 깨우치게 도와준 사람들인가?

어떤 의미로 우리가 오늘날 기독교인이라는 사실이 구레네에서 온 한 사람이 그리스도의 십자가를 억지로 갈보리까지 지게 되었다는 이상한 에피소드에 연유되었다고 말할 수 있지 않을까? 에베소에서 에베소인의 아테미 여신을 섬기는 사람들이 폭동을 일으켜 그들이 할 수만 있었다면 바울에게 매를 때리려고 했을 때, 감히 그 폭도들의 정면으로 나간 사람이 누구였는가? 알렉산더라고 불리는 사람이었다(행 19:33). 바울의 일을 떠맡은 사람이 루포의 형제였을까? 그리고 그들의 어머니에 대해서는 그녀는 바울이 가장 필요로 할 때 그에게 도움과 위로와 그가 기독교인이 된 후 그의 가족이 그에게 거절한 사랑을 가져다주었을 것이다. 물론 이것은 알렉산더와 루포라는 이름이 흔한 이름이기 때문에 추측에 불과할 수도 있지만 다른 한편 사실이며, 갈보리로 가는 길에 우연히 일어난 일에서부터 이 가장 놀라운 일이 일어났을 수도 있다.

III. 아마도 더 놀라운 일화가 있을 수 있는 이름이 하나 남아 있는데 그것은 네레오다. 주후 95년에 로마를 깜짝 놀라게 한 사건이 벌어졌다.

로마에서 가장 높은 사람들 중 두 사람이 기독교인이라는 정죄를 받았다. 그들은 부부간이었다. 남편은 플라비우스 클레멘스(Flavius Clemens)로 한때 로마의 집정관 노릇을 했다. 그의 부인은 도마틸라(Domatilla)였는데 황족이었다.

그 여자는 전 황제 베스파시누스(Vespasianus)의 손녀요 당시 황제인 도미티안(Domitian)의 질녀였다. 사실 플라비우스 클레멘스와 도마틸라의 두 아들은 도미티안의 계승자로 지명되었었다. 플라비우스는 처형되고 도마틸라는 폰티아(Pontia) 섬으로 유배되었는데 그곳에서 나중에 파울라(Paula)가 동굴을 발견했다. "그 여자가 기독교인의 이름을 지키기 위해 오랫동안 힘든 생활을 해 온 흔적이 있었다." 문제의 초점은 플라비우스와 도마틸라의 청지기의 이름이 네레오였다. 종의 신분인 네레오가 이 전 집정관인 플라비우스와 황녀인 도마틸라가 기독교인이 되게 하는 데 어떤 역할을 할 수 있었을까? 물론 네레오라는 이름이 흔하기 때문에 한낱 상상에 지나지 않을 수도 있지만 사실일 수도 있다.

한 가지 더 재미있는 일이 있다. 플라비우스 클레멘스는 플라비우스 사비누스(Flavius Sabinus)의 아들이었다. 아버지 플라비우스 사비누스는 네로가 주후 64년에 로마 시를 황폐케 한 대화재의 책임이 기독교인들에게 있다고 싸우고서 미친 듯이 박해를 했을 때 네로의 로마 시 주둔군 사령관을 지냈다. 도시 주둔 사령관으로서 플라비우스 사비누스는 그 박해 때 네로의 집행관 노릇을 했을 것이 틀림없다. 기독교인들을 피치 속으로 말아 넣고, 자기 마당에서 산 채로 불기둥 노릇을 하게 불을 지르고, 야생 동물의 가죽 속에 꿰매 넣는다든지 사나운 사냥개에게 던지든지 배 속에 갇혀 티베르(Tiber) 바닷속에 빠져 죽게 하도록 명한 것은 바로 그 네로 황제였다. 그가 순교하기 30년 전에 어린 플라비우스 클레멘스가 그 순교자들의 굴하지 않는 용기와 영웅적인 죽음을 보았을 것이고 그때 도대체 무엇이 사람이 저렇게 죽게 할 수 있을까 하는 생각을 갖게 할 수 있었을까?

불과 다섯 절의 이름과 인사에 지나지 않지만 우리 마음을 설레게 하는 광경들을 볼 수 있게 한다.

마지막 사랑의 간청

로마서 16:17-20

17형제들아 내가 너희를 권하노니 너희가 배운 교훈을 거슬러 분쟁을 일으키
거나 거치게 하는 자들을 살피고 그들에게서 떠나라 18이 같은 자들은 우리
주 그리스도를 섬기지 아니하고 다만 자기들의 배만 섬기나니 교활한 말과
아첨하는 말로 순진한 자들의 마음을 미혹하느니라 19너희의 순종함이 모든
사람에게 들리는지라 그러므로 내가 너희로 말미암아 기뻐하노니 너희가 선
한 데 지혜롭고 악한 데 미련하기를 원하노라 20평강의 하나님께서 속히 사
탄을 너희 발아래에서 상하게 하시리라 우리 주 예수의 은혜가 너희에게 있
을지어다

로마서는 바울로서는 끝맺기 매우 힘든 서신이었다. 문안을 다 마치고 나서도 그는 로마에 있었다. 교인들에게 모든 악한 영향에서 물들지 않게 자신을 지키라고 최후의 간청을 한다. 바울은 교회와 성도 교제에 해를 끼칠 두 종류의 사람을 지적하고 있다.

I. 형제간에 불화를 일으키는 사람들이다. 누구든지 교회의 화평을 깨뜨리는 사람은 그만한 책임을 져야 한다. 교역자가 다른 고장에서 새로 이사 온 사람에게 이야기하고 있었다. 그 사람은 그리스도에 대한 사랑은 별로 찾아볼 수 없었다. 그 사람이 목사에게 "목사님, 이렇고 저런 교회들을 아시지요?"라며 자신이 전에 다니던 교회들을 말했다. "예"라고 목사님은 대답했다. "저, 제가 모두 망쳐 버렸지요!"라고 악의 찬 표정으로 말했다. 세상에는 말썽을 만드는 것을 자랑으로 여기는 사람들이 있고, 불화를 일으키는 독한 씨를 심어 놓고 싸움이 벌어지는 것을 기다리며 보는 것을 좋아하는 사람들도 있다. 화평을 깬 사람과 형제간에 분쟁을 가져오게 한 장본인은 언젠가는 왕이시요 교회의 머리이신 예수에게 책임을 져야 할 날이 올 것이다.

II. 남의 길에 거침돌을 놓는 사람들이다. 다른 사람에게 성도가 되기 힘들게 만드는 사람도 책임이 무겁다. 그의 행위가 좋지 못한 본보기가 된다든지, 그의 영향이 남에게는 악한 올무가 된다든지, 그가 가르치는 기독교 신앙을 희미하게 하든지, 아니면 능력이 없게 하는 사람은 자신의 형벌을 받게 될 것이다. 그 형벌은 가벼운 것이 아니다. 예수께서는 자신의 작은 무리 중 한 사람을 넘어지게 하는 사람에게는 엄하시기 때문이다.

이 구절에는 두 개 재미있는 단어가 있다. **공교함**(chrēstologia)이라고 번역한 단어가 있다. 헬라 사람들은 이 크레스톨로고스(chrēstologos)라는 단어를 "말은 잘하지만 악하게 행동하는 사람"이라고 정의했다. 그는 신성하고 종교적인 말의 허울 뒤에서 악한 영향을 끼치고 직접적인 충돌이 아니라 교활한 방법으로 잘못된 길로 인도하며 그리스도를 섬기는 체하나 실상은 신앙을 파괴하는 사람이다. 또 하나는 악한 일에 **섞이지 않은**으로 번역한 단어가 있다. 이 단어는 **아케라이오스**(akeraios)인데 이는 합금이라고 의심할 수 없는 금속과 물을 타지 않은 순수한 포도주와 우유에 대해 사용되었다. 이것은 어떤 종류의 오점이나 더러움이 없는 전적으로 순수한 것을 말한다. 기독교인은 그의 신실성이 아무런 의아심이나 의구심을 받지 않는 사람이다.

이 구절에서 주의해야 할 것은 로마 교회에서는 잠재적인 말썽이 아직 행동으로 불붙지는 않았다. 바울은 실상 로마 교회는 그런 문제를 잘 다룰 수 있다고 믿는다며 말하고 있는 것이다. 바울은 현명한 목회자였다. 그는 예방이 치욕보다 나은 것이라고 확신했다. 간혹 교회나 사회에서 아무도 그 문제를 다룰 용기가 없다. 따라서 악한 일이 성숙되게 내버려 둔다. 그렇게 되고 나면 간혹 그 문제를 다루기에는 너무 늦을 때가 있다. 적절한 조치만 취한다면 처음 불씨를 끄기는 참 쉽다. 그러나 산불을 끄기란 거의 불가능하다. 바울은 후일에 올 위험한 사태를 다룰 지혜를 가지고 있었다.

이 구절은 가장 암시적인 말로 끝맺는다. 바울은 **평강의 하나님이** 얼마 후 악의 세력인 사탄을 전멸하고 타도할 것이라고 말한다. 우리는 하나님의 평강(화평)이란 행동과 정복과 승리의 평강(화평)이라는 것을 인식해야 한다. 평강(화평) 중에는 모든 문제를 회피하고, 모든 결단을 거절하고 해결해 달라고 아우성치는 문제에 눈을 감아 버림으로써 얻어지는 것이 있고, 이런 화평은 무기력함과 모든 결단성 있는 행동을 회피함으로써 오는 것이다.

기독교인은 하나님의 평강이란 세상에 굴복하는 화평이 아니라 세상을 이긴 화평이라는 것을 기억해야 한다.

인사말

로마서 16:21-23

21 나의 동역자 디모데와 나의 친척 누기오와 야손과 소시바더가 너희에게 문
안하느니라 22 이 편지를 기록하는 나 더디오도 주 안에서 너희에게 문안하노
라 23 나와 온 교회를 돌보아 주는 가이오도 너희에게 문안하고 이 성의 재무
관 에라스도와 형제 구아도도 너희에게 문안하느니라 24 (없음)

바울의 문안과 함께 문안을 보내는 친구들이 누구인지를 알아보기란 참 흥미있는 일이다. 디모데는 바울의 오른팔과 같은 사람이요 바울이 자신의 후계자로

본 사람이다. 후에 바울이 아무도 자신의 마음을 그와 같이 염려해 주는 사람은 없다(빌 2:19-20)고 말한 사람이다. 누기오는 구레네 사람 누기오로 그는 안디옥에서 바울과 바나바를 처음으로 전도하러 내보낸 선지자와 교사들(행 13:1) 중의 한 사람이라고 생각할 수 있다. 야손은 데살로니가에서 바울을 잘 영접한 야손일 수 있으며 그는 이 때문에 군중에게 곤욕을 당한 사람이다(행 17:5-9). 소시바더는 베레아의 소시바더로서 바울과 함께 예루살렘으로 그 교회에서 각출한 헌금을 가지고 간(행 20:2) 사람이다. 가이오는 바울 자신이 고린도에서 세례를 준(행 1:14) 가이오일 것이다.

오직 처음이고 마지막으로 우리는 바울이 부르는 대로 실제로 받아 쓴 비서 겸 필생의 이름을 알게 되었다. 이는 더디오가 자기 자신의 문안을 살짝 집어넣었기 때문이다. 아무리 위대한 사람이라도 겸손한 조력자들이 제공해 주는 협조 없이는 자기 일을 할 수 없게 마련이다. 바울의 다른 필생들과 비서들은 다 누구인지 알 수가 없다. 그래서 더디오는 바울의 알려지지 않은 필생들의 대표격이다.

이 16장에서 가장 재미있는 것 중 하나는 바울이 여러 번 되풀이하여 간단한 한 문장으로 사람들을 표현하는 방법이다. 그는 더 말한 여유가 없지만 그는 되풀이하여 자신이 편지를 쓰는 인물에 대해 한 문장으로 요약하여 쓰고 있다. 여기에 두 개 개요가 있다. 가이오는 손대접 잘하는 사람이요 구아도는 한마디로 형제다. 개방된 집과 우애 깊은 마음을 가지 사람으로 역사에 남는다는 것은 위대한 일이다. 언젠가는 사람들은 우리를 한마디로 요약할 것이다. 그 말이 어떤 것이 될까?

마지막은 찬양으로

로마서 16:25-27

25나의 복음과 예수 그리스도를 전파함은 영세 전부터 감추어졌다가 26이제는 나타내신바 되었으며 영원하신 하나님의 명을 따라 선지자들의 글로 말미암아 모든 민족이 믿어 순종하게 하시려고 알게 하신바 그 신비의 계시를 따라 된 것이니 이 복음으로 너희를 능히 견고하게 하실 [27]지혜로우신 하나님께 예수 그리스도로 말미암아 영광이 세세 무궁하도록 있을지어다 아멘

이리하여 로마서는 찬양으로 끝을 맺게 되는데 이 찬양은 복음의 요약이기도 하다. 여기에 바울이 가르치고 사랑한 복음의 집약이 있다.

I. 사람이 굳게 설 수 있게 하는 것은 복음이다. 하나님이 에스겔에게 "인자야 네 발로 일어서라 내가 네게 말하리라"(겔 2:1)고 말씀하셨다. 복음은 사람이 설 수 있게 하고 세상의 충격과 유혹의 공세에 정면으로 대항할 수 있게 하는 바로 그 능력이다. 기자가 사바나의 내란의 한 큰 사건을 전해 주고 있다. 포위당한 작은 수비대가 있었다. 그들에게 마지막이 다가왔고 그들 중에는 항복하여 생명을 보존하기를 원하는 사람들이 있었으나 한편에서는 계속해서 싸우자고 하는 사람들도 있었다. 이 문제는 결국 한 용감한 군인이 "우리가 무릎으로 사는 것보다는 서서 죽는 것이 낫다"라는 외침으로 결정이 났다. 인생이 어려울 때도 있다. 어떤 때는 인생이 타격에 굴복되리만큼 수난을 당하기도 한다. 인생이 위험할 수 있다. 어떤 때는 유혹의 미끄러운 장소에 떨어지는 것 같다. 복음은 구원으로 인도하는 하나님의 능력이다. 그것은 인생이 가령 최악의 경우에도, 심한 협박을 받을 때에도 사람을 안전히 보호하고 인생의 참된 길을 걷게 하는 능력이다.

II. 그것은 바울이 가르치고 예수 그리스도가 그에게 제공해 준 복음이다. 그 말은 복음이란 그 근원이 예수 그리스도요 사람에 의해 전수된 것이다.

예수 그리스도 없이는 복음이란 전혀 존재하지도 않는다. 그러나 그 복음을 전할 사람이 없어 다른 사람들은 복음을 들을 수가 없다. 기독교인의 임무는 그리스도에게 자신이 발견되어야 하고 그런 즉시 나아가 사람을 찾아야 한다. 예수께서 안드레를 발견했을 때 요한은 그에 대해 "그가 먼저 자기의 형제 시몬을 찾

아 말하되 우리가 메시아를 만났다 하고"(요 1:40-41)라는 말로 전해 주고 있다.

여기에 기독교인의 특전과 책임이 있다. 기독교인의 특전은 복음을 우리를 위한 것으로 만드는 것이요 기독교인의 책임은 그 복음을 남에게 전하는 것이다.

예수께서 십자가 고난과 부활 후에도 아직도 그의 수난의 표시를 지닌 채 그의 영광으로 들어간 것에 대한 유명한 이야기가 있다. 한 천사가 그에게 말했다. "당신은 그곳 땅에서 사람을 위해 몹시 심한 고난을 받아야 한다." 예수께서 "나는 받았다"라고 대답하셨다. "그러면 사람들이 모두 당신이 그들을 위해 무엇을 했는지 압니까?"라고 천사는 물었다. "아니요, 아직 지금까지는 팔레스타인에 있는 몇 사람밖에 모릅니다"라고 예수께서 대답하셨다. "그러면 사람들이 그 사실을 다 알게 하기 위해 무슨 조치를 취해 놓았습니까?"라고 재차 물었다. 예수께서 "저 베드로와 야고보와 요한에게 다른 사람에게 전하는 것을 그들의 업으로 삼으라고 말했습니다. 그리고 그들이 또 다른 사람에게, 그리하여 땅 끝까지 말씀이 전파되도록 했습니다"라고 대답하셨다. 천사는 인간이 얼마나 불쌍한 존재인지를 알고 있었기 때문에 의아한 눈으로 보았다. "예, 좋습니다. 그러나 베드로와 야고보와 요한이 없으면 어떻게 합니까? 또 그들이 말하기 전에 지치면 어떻게 합니까? 20세기가 되어도 인간들이 당신의 그들을 위한 사랑의 이야기를 하지 않는다면 어찌 됩니까? 그렇게 된다면 어떻게 됩니까? 다른 계획은 세워 놓지 않았습니까?"라고 천사가 묻자 예수께서 "다른 계획이라고는 아무것도 없습니다. **나는 그들을 믿습니다**"라고 대답하셨다. 예수께서는 우리에게 복음을 주시려고 돌아가셨고 이제 예수께서는 우리가 모든 사람에게 그 복음 전하기를 믿고 있다.

III. 역사의 완성이 복음이다. 무엇인가가 태초부터 있다가 그리스도께서 오신 것과 동시에 세상에 계시된 것이 있다.

예수께서 오신 것과 동시에 무엇인가 특별한 일이 일어났다. 그가 오신 것과 더불어 영원히 시간 속으로 뛰어들었다. 그가 오심으로써 하나님이 지구 위에 나타나셨다. 그가 오신 것은 역사의 전환점이었다. 그것은 그로부터 모든 역사가 흘러나오는 사건이었다.

명백한 사실은 그리스도께서 오신 이후에는 세상은 그 전과 같아질 수 없다는 것이다. 무시될 수 없는 어떤 일이 일어난 것이다.

예수께서 오신 것은 역사의 중심 사건이다. 그래서 실제로 우리 인간은 그리스도께서 오시기 이전과 오신 이후로 연대를 계산한다. 이것은 마치 그가 오신 것으로 인생과 생계가 모두 다시 시작된 것과 같다.

IV. "모든" 사람을 위한 것이며 "항상" 모든 사람을 위한 것이었던 것이 복음이다. 유대인만을 위한 복음이 아니었다. 복음이 이방인에게 나간 것은 후에 생각한 것이 아니다. 선지자들은 그들이 무엇을 말하고 있는지를 잘 알지 못했을지 모르지만 그들은 모든 백성의 모든 사람이 하나님을 알게 되는 때가 있으리라는 힌트와 전망을 말해 주었다. 그 시간은 아직 오지 않았다. 그러나 언젠가는 하나님 지식이 마치 물이 바다를 덮고 있듯이 온 지구를 덮으리라는 것이 하나님의 꿈이다. 그리고 인간이 하나님의 꿈이 실현되게 도와줄 수 있다는 것은 인간의 영광이다.

V. 하나님이 왕 노릇 하시는 세계인 순종하는 세계로 나타나는 복음이다. 그러나 순종은 대항하는 사람을 쳐서 끝나는 것 없이 하는 철퇴와 같은 법칙에 머리 숙이는, 그런 것에 근거한 순종이 아니다. 그것은 신앙과 절대 신뢰와 완전한 수용에 근거한 순종이다. 그것은 사랑의 결과인 양보에 근거한 것이다. 그 순종은 사랑 안에서 자신을 그것같이 사랑한 사랑에 항복하는 것 이외에는 할 수 없는 마음에서 우러나는 것이다. 바울에게서 기독교인은 불가항력적인 힘에 항복하는 사람이 아니요, 인간의 영을 사랑하시고 그의 사랑이 예수 그리스도 안에서 영원히 나타나 있는 하나님과 깊은 사랑을 맺는 사람이라는 것이다.

그리고 로마서의 장황한 논설이 찬양의 노래로 그 종결을 고하게 된다.

바클레이 성경 주석

고린도전·후서

머리말

"일일 성경 연구 총서(Series of Daily Studies)"의 《고린도전 · 후서》를 내놓으면서, 독자들이 이것을 어떻게 받아들일 것인가 하는 불안을 느끼고 있습니다.

이제까지 쓴 두 권, 《사도행전》과 《누가복음》의 경우에는 독자들을 이끌어 가는 위대하고도 매력적인 이야기가 성경의 소재 가운데 포함되어 있었습니다. 아무리 재주가 무딘 주석가라도 누가가 쓴 이 두 책을 전혀 맹랑한 것으로 만들 수는 없습니다. 그러나 바울의 경우에서는 이야기가 달라집니다. 이미 오래 전에 《베드로후서》의 저자까지도 바울의 편지 가운데는 간혹 이해하기 곤란한 부분이 여기저기 있다고 말했습니다(벧후 3:16).

확실히 바울의 서신들이 무척 어렵습니다. 이런 서신들은 《누가복음》이나 《사도행전》을 읽을 때와 같이 쉽게 읽어 내려갈 수는 없습니다. 그러므로 이에 대한 신중하고도 체계적인 연구가 더욱 필요합니다. 고대의 발디아 사람들에게는 하나의 습관이 있었는데, 젊은이들은 땀을 흘리지 않고는 식탁에 앉을 수 없다는 것입니다.

바울의 서신에 대해서도 이것을 연구하는 사람은 정신적인 땀을 흘릴 각오가 되어 있지 않으면 맛있는 음식을 먹을 수 없다고 말할 수 있습니다. 그 대신 연구를 위해 노력을 아끼지 않는 사람에게는 바울의 서신이 간단한 식사가 아닌 큰 잔치상을 마련해 줄 것입니다. 그런 까닭에 이 책을 세상에 내놓으면서 교회의 안팎에서 얼마만큼 사람들이 바울 연구를 위해 노력을 나해 줄 것인가 하고 불안하지 않을 수 없습니다.

이 책을 쓰면서 몇 개월 동안 바울과 함께 지낼 수 있었다는 것은 나에게는 정말 굉장한 경험임을 분명히 말씀드릴 수 있습니다.

《고린도전 · 후서》의 주석을 쓰면서 에드워드(T. C. Edwards)의 《고린도전서(*Commentary on First Corinthians*)》와 《I. C. C. 주석(*International Critical Commentary*)》에 수록된 로버슨 스미스(Robertson Smith)와 프루머(Plummer)가 쓴 같은 《고린도전서》 주석과 《고린도후서》에 대한 멘지스(A. Menzies)의 가장 우수한 연구서에서 많은 것을 배웠습니다.

영역 성경으로는 《미국 개정표준역 성경(*American Revised Standard Version*)》과 필립스(J. B. Phillips)의 《젊은 교회들에게 보내는 편지(*Letters to Young Churches*)》를 책상머리에 놓고 늘 참조하였습니다.

1951년 11월

글래스고, 트리니티 대학에서

윌리엄 바클레이

| 차례 |

머리말 296

서론 305

고린도전서

01

1:1-3 사도의 문안 _ 317

1:4-9 감사의 필요 _ 320

1:10-17 분열된 교회 _ 322

1:18-25 유대인에게는 거리끼는 것, 헬라인에게는 미련한 것 _ 326

1:26-31 부끄러움의 영광 _ 331

02

2:1-5 선교와 능력 _ 335

2:6-9 하나님으로부터 오는 지혜 _ 338

2:10-16 신령한 것은 신령한 자에게 _ 340

03

3:1-9 가장 귀중한 하나님 _ 343
3:10-15 터와 건축자들 _ 346
3:16-23 지혜와 미련함 _ 349

04

4:1-5 세 가지 판단 _ 352
4:6-13 사도의 겸비와 기독교인에게 합당치 않은 교만 _ 355
4:14-21 믿음의 아버지 _ 358

05

5:1-8 죄와 자기 만족 _ 361
5:9-13 교회와 세상 _ 364

06

6:1-8 법에 소송하는 어리석음 _ 368
6:9-11 너희 가운데 이런 사람도 있었다 _ 371
6:12-20 값으로 산 몸 _ 374

07

7:1-2 완전한 금욕주의 _ 379
7:3-7 결혼 생활에서 협력 _ 381
7:8-16 끊어서는 안 될 결합 _ 383
7:17-24 부르심을 받은 그대로 하나님을 섬기라 _ 385

7:25, 36-38	어려운 문제에 대한 현명한 권고 _ 388
7:26-35	때가 멀지 않다 _ 390
7:39-40	재혼 _ 393

08

8:1-13	지식이 있는 자에게 주는 권고 _ 398

09

9:1-14	행사하지 않은 특권 _ 402
9:15-23	특권과 사명 _ 407
9:24-27	참된 싸움 _ 411

10

10:1-13	지나친 위험 _ 415
10:14-22	성찬의 의무 _ 420
10:23-11:1	기독교인의 자유의 한계 _ 422

11

11:2-16	겸손의 필요 _ 426
11:17-22	잘못된 애찬 _ 431
11:23-34	주의 만찬 _ 433

12

12:1-3 영의 고백 _ 438
12:4-11 하나님의 여러 가지 은사 _ 440
12:12-31 그리스도의 몸 _ 445

13

13:1-12 사랑의 찬가 _ 451
13:4-7 기독교적인 사랑의 성격 _ 454
13:8-13 사랑의 극치 _ 461

14

14:1-19 거짓 예배와 참 예배 _ 463
14:20-25 거짓 예배와 참 예배의 결과 _ 468
14:26-33 실제적인 권고 _ 471
14:34-40 금지된 혁신 _ 474

15

예수의 부활과 우리의 부활 _ 476
15:1-11 부활하신 주 _ 482
15:12-19 그리스도께서 부활하지 못했으면 _ 487
15:20-28 잠자는 자들의 첫 열매 _ 491
15:29-34 부활이 없다면 _ 494
15:35-49 육의 몸과 신령한 몸 _ 498
15:50-58 죽음의 정복 _ 502

16

16:1-12 실제적인 계획 _ 505
16:13-24 맺는말과 인사 _ 510

고린도후서

01

1:1-7 위로하기 위해 받은 위로 _ 517
1:8-11 하나님만을 의뢰하도록 _ 520
1:12-14 우리의 유일한 자랑 _ 522
1:15-22 예수 그리스도 안에서 하나님의 예 _ 524
1:23-2:4 성자의 책망 _ 527

02

2:5-11 한 죄인의 용서를 위한 호소 _ 530
2:12-17 그리스도의 개선에서 _ 533

03

3:1-3 각자가 그리스도의 편지 _ 536
3:4-11 더 큰 영광 _ 539
3:12-18 진리를 가리는 수건 _ 543

04

4:1-6 가려진 눈 _ 547

4:7-15 환난과 승리 _ 550
4:16-18 인내하는 비결 _ 555

05

5:1-10 앞으로 올 기쁨과 심판 _ 559
5:11-19 새로운 피조물 _ 563
5:20-6:2 그리스도의 사신 _ 566

06

6:3-10 고난의 눈보라 _ 570
6:11-13, 7:2-4 사랑의 어조 _ 577
6:14-7:1 너희는 나오라 _ 579

07

7:5-16 하나님의 뜻대로 하는 근심과 기쁨 _ 584

08

8:1-15 너그러움을 호소함 _ 589
8:16-24 실제적인 배려 _ 592

09

9:1-5 자진해서 주는 자 _ 594
9:6-15 너그러움의 여러 원칙 _ 596

10

10:1-6 비난하는 자에 대한 바울의 대답—시작 _ 602

10:7-18 비난하는 자에 대한 바울의 대답—계속 _ 606

11

11:1-6 유혹의 위험 _ 611

11:7-15 기독교인으로 가장한 사람들 _ 614

11:16-33 사도의 신임장 _ 617

12

12:1-10 가시와 은혜 _ 623

12:11-18 최후의 변명 _ 629

12:19-21 비기독교적인 교회의 표시 _ 632

13

13:1-13 경고, 소원, 희망, 축복 _ 636

고린도전·후서

서론

고린도의 위대함

헬라의 지도를 보면 고린도가 위대한 도시가 될 운명을 지니고 있었다는 것을 한눈으로 알 수 있다. 헬라의 남부는 거의 섬과 같은 모양이다. 서쪽에는 고린도만이, 동쪽에는 사로스만이 육지 안으로 깊이 파고들어왔다. 헬라의 두 부분을 연결하는 것은 폭이 불과 4마일 좁은 지협뿐이다. 그 좁은 목 부분에 고린도가 위치하고 있다. 그러한 지리적 조건은 고린도가 필연적으로 고대 세계의 상업과 무역의 큰 중심지가 되게 했다. 헬라의 북에서 남으로 가는 모든 통로는 고린도를 경유하지 않으면 안 되었다. 다른 길이 없었다. 아덴이나 헬라 북부에서 스파르타나 펠로포네소스로 향하는 통로도 모두 고린도를 통하지 않으면 안 되었다. 고린도는 두 곳을 연결하는 좁은 지협에 위치하였기 때문이다.

그러나 헬라의 남북 통로가 필연적으로 고린도를 통과했을 뿐 아니라 그보다도 더욱 많은 양의 지중해 동서 통로가 고린도를 즐겨 통과하였다. 헬라의 남단은 마레아 곶(오늘날은 마다판 곶)이라고 했다. 그곳은 매우 위험한 곶(串)이었기 때문에 마레아 곶을 돈다는 말만 듣고도 소름이 끼칠 정도였다. 그 기분은 후대에 와서 혼 곶(Cape Horn)을 돈다는 말을 들었을 때 사람들이 느끼는 기분과 같은 것이었다. 마레아 곶을 돈다는 것이 헬라 사람에게 어떤 것이었는지를 잘 보여 주는 두 속담이 있다. 즉, "마레아를 도는 사람은 고향을 잊어버려라" "마레아를 도는 사람은 먼저 유서를 쓰라"는 것이었다.

그 결과 선원들은 두 개 항로 중 다음과 같은 항로를 사용하였다. 그들은 사로스만으로 들어가 배가 작으면 그것을 바다에서 끌어올려 로라 위에 싣고 지협을 횡단하여 반대편 바다에서 내려놓는 방법을 취하였다. 이 지협은 사실 **디오콜스**라고 불리고 있었다. 그것은 끌고 넘어간다는 뜻이다. 스코틀랜드에도 의미상 이와 비슷한 지명이 있다. **탈 버트**라고 해 육지가 매우 좁아 작은 배를 끌고 이 호수에서 저 호수까지 갈 수 있는 곳이란 의미의 지명이다. 배가 너무 큰 경우에는 짐을 내려놓고 짐꾼들에게 지협 사이를 운반케 하고, 반대편에 있는 다른 배에 싣는 방법을 인용하였다. 4마일 지협 행단(오늘날은 고린도 운하가 설치됨) 덕분으로 지중해의 가장 힘든 곳이라고 하는 마레아 곶을 도는 약 2백 마일의 뱃길을 가지 않아도 되었던 것이다.

고린도가 얼마나 큰 상업도시였는지는 상상하기 어렵지 않다. 헬라의 남북 통로는 모두 이곳을 통과할 수밖에 없었다. 또 그보다 훨씬 교통량이 많은 지중해 세계의 동서 무역은 이곳을 지나는 길을 택하였던 것이다.

고린도 주위에는 세 개 도시가 즐비해 있었다. 지협의 서단에 레기엄, 동단에 겐그레아, 약간 떨어진 곳에 소에노스가 있었다. 팔라는 다음과 같이 말한 바 있다. "드디어 사치품이 문명 세계의 모든 국민이 모여드는 이 시장으로 집결되었다. 아라비아의 향유, 베니게의 대추 야자열매, 리비아의 상아, 바빌론의 주단, 길리기아의 산양 털, 루가오니아의 모직물, 브루기아의 노예와 같은 것들이다." 고린도는 팔라가 말한 바와 같이 참으로 고대 세계에서 허영으로 가득 찬 도시였다. 사람들은 고린도를 헬라의 다리〔橋〕라고 불렀다. 헬라의 사교장이라 부른 사람도 있다. 피카데리 광장에 오랫동안 서 있으면 조만간에 이 나라에 있는 모든 사람을 만난다는 말이 있지만 고린도야말로 지중해 세계의 피카데리 광장이었다.

고린도에 사람들이 더 많이 모이게 한 것은 고린도가 지협 대경기의 개최지였기 때문이다. 이것은 고대 세계에서 올림픽에 버금가는 큰 경기였다. 고린도는 부유하고 인구가 많은 도시인데 고대 세계에서 최대의 상업과 무역의 중심지 가운데 하나였다.

고린도의 악덕함

고린도에는 또 다른 측면이 있었다. 이 도시는 상업이 번성한 것으로 유명했지만 그와 동시에 악덕함과 부도덕한 생활 태도 때문에 웃음거리가 되기도 했다. **고린티아제스타이**(korinthiazesthai: 고린도인과 같이 생활한다)라는 말이 헬라어의 하나가 되어 타락과 방탕한 가운데 사는 태도를 의미하게 되었다. 이 말은 영어에도 유입되어 섭정시대에는 고린도인이라면 무모하고 방탕한 생활에 빠진 부잣집 탕아를 두고 한 말이 되어 버렸다.

그러나 고대 고린도에는 문명 세계 전체에 알려진 악의 근원이 존재하고 있었다. 고린도 지협에는 아크로폴리스 언덕이 우뚝 솟아 있었는데 그 위에는 사랑의 여신인 아프로다일의 신전이 서 있었다. 거기에는 1천여 명의 여제사가 있었다. 그녀들은 거룩한 매춘부들이었다. 밤이 되면 아크로폴리스의 언덕을 내려와서 고린도 거리에서 몸을 팔았기 때문에 "여간 부자가 아니면 고린도에 갈 수 없다"라는 속담까지 생겼다. 이러한 노골적인 죄 말고도 더욱 음흉한 악덕이 상인과 선원들을 따라 세계 각지에서 고린도에 들어왔다. 이리하여 고린도는 부요와 사치, 술 취함과 방탕이란 말뿐 아니라 불결이란 말과도 동의어가 되었다.

고린도의 역사

고린도의 역사는 두 부분으로 나누어진다. 고린도는 매우 오래된 도시다. 헬라의 역사가 터기디디데는 3단으로 노가 달린 헬라의 군함이 고린도에서 최초로 만들어졌다고 주장한다. 전설에 의하면 야손이 황금의 양털을 찾아 바다로 나갔을 때 타고 간 배 아르고호도 고린도에서 만들었다. 하지만 주전 146년에 고린도에는 재난이 닥쳐왔다. 그때 로마는 세계 정복에 나서고 있었다. 로마가 헬라를 정복하려고 했을 때 고린도는 저항운동의 지도자였으며, 헬라의 챔피언이었다. 그리하여 주전 146년에 로마의 장군 루키우스 뭉미우스가 고린도를 점령하고 약탈하고 파괴하였기 때문에 호화찬란하였던 이 도시도 잿더미로 변하고 말았다.

하지만 고린도와 같은 지리적인 조건을 가진 도시가 언제까지나 폐허인 채로 머물러 있을 수는 없다. 그때부터 꼭 1백 년이 되는 주전 46년에 줄리어스 시저가 고린도를 재건하였기 때문에 새로운 고린도가 폐허에서 일어섰다. 이제 이 도시는 로마의 식민지가 되었다. 그뿐 아니라 고린도는 헬라 전 영토를 거의 포함하는 아가야 주의 수도가 되었다. 당시 바울 시대의 고린도에는 잡다한 인종들이 살고 있었다.

I. 줄리어스 시저가 여기에 정주시킨 로마의 퇴역군인들이 있었다. 로마의 군인은 병역을 마칠 때 시민권이 수여되고, 어느 한 신설 도시에 보내져 거기에서 토지를 하사받고 정주하였다. 이와 같은 로마 식민지가 세계 도처에 세워졌는데 그 중심이 된 것은 언제나 로마군에 충성스럽게 근무하였기 때문에 시민권이 수여된 정규군 출신의 퇴역군인들이었다.

II. 고린도 도시가 재건되자 상인들이 다시 모여들었다. 고린도는 그 지리적인 조건 때문에 여전히 상업상의 우위를 차지하였기 때문이다.

III. 많은 유대인도 있었다. 그들은 재건된 도시가 돈벌이에 좋다는 것을 알고 있었기 때문이다.

IV. 베니게인, 브루기아인, 그 밖에 동방에서 온 사람들이 다소 있었다. 그들의 관습은 매우 달랐으며 생활상은 히스테릭한 것이었다.

팔라는 이것을 두고 "모험을 좋아하는 헬라인, 유산 계급의 로마인, 사회에 해독을 끼치는 베니게인이라는 이종, 잡종의 인구, 거기에 유대인, 군인 출신, 철학자, 상인, 선원, 자유인, 노예, 소매상인, 모든 악독의 주동자 등의 대집단"이라고 했다. 그는 고린도의 특징을 “귀족도 없고, 전통도 없고, 확실히 자리 잡힌 시민도 없는” 식민지라고 했다. 이러한 고린도의 배경, 부요와 사치, 주색과 음란과 악덕, 말할 수 없이 파렴치한 생활들을 기억하고 고린도전서 6장 9-10절을 읽어 보기 바란다.

“불의한 자가 하나님의 나라를 유업으로 받지 못할 줄을 알지 못하느냐 미혹을 받지 말라, 음행하는 자나 우상 숭배하는 자나 간음하는 자나 탐색하는 자나 남색하는 자나 도적이나 탐욕을 부리는 자나 술 취하는 자나 모욕하는 자나 속여 빼앗는 자들은 하나님의 나라를 유업으로 받지 못하리라 **너희 중에 이와 같은 자들이 있더니**.”

이런 악의 온상, 헬라 가운데서도 가장 가망이 없던 도시에서 바울은 가장 위대한 일을 얼마간 행하였으며, 기독교 역사에서 가장 큰 승리를 어느 정도 거두었다.

고린도에서 바울

바울은 에베소 한 곳 말고는 그 어느 도시보다도 고린도에 오래 체류하였다. 그는 생명의 위협을 받고 마게도냐를 떠나 아덴으로 갔다. 거기서는 선교에 그리 성공하지 못하고 고린도에 와서 일 년 반 동안 체류하였다. 이 일 년 반 동안의 활동이 누가에 의해 불과 일곱 구절로 압축된 것을 보면 바울의 활동에 대한 우리의 지식이 얼마나 빈약한 것인지를 알 수 있다(행 18:1-17). 고린도에 왔을 때 바울은 아굴라와 브리스길라의 집에 유숙하였다. 유대인의 회당에서 전도하여 큰 성공을 거두었다. 디모데와 실라가 마게도냐에서 내려오매 바울은 힘을 얻어 더 힘써 노력했지만 유대인이 너무나 완고하고 적대적이었기 때문에 바울은 회당을 떠나지 않을 수 없었다. 바울은 회당의 이웃에 사는 유스도라는 사람의 집으로 옮겼다. 바울이 개종시킨 사람들 중에 가장 특별한 인물은 그리스보인데 그는 당시 회당장이었으며, 백성에게 평판이 매우 좋은 분이었다.

주후 52년에 신임 총독으로서 갈리오라는 로마인이 고린도에 부임하여 왔다.

갈리오는 그의 인간적인 매력과 유화한 성격으로 잘 알려진 사람이었다. 유대인은 그가 신임 총독으로서 매우 사람이 좋은 점을 이용하여 바울을 재판정으로 끌고 가서, 이 사람은 유대인의 율법에 반대되는 바를 가르친다고 고소하였다. 그러나 갈리오는 공명정대한 로마적인 정의심에 입각하여 이 고소를 받아들이지 않았다. 이와 같이 바울은 고린도의 활동을 무사히 마치고 수리아로 건너갔다.

고린도 교회와의 편지 왕래

고린도 교회가 잘 되지 않는다는 것을 알고 바울이 그 교회에 편지를 써 보낸 것은 주후 55년 바울이 에베소에 머물던 때였다. 그런데 우리가 가진 고린도서는 순서가 엉클어진 것일 수 있다. 바울의 서신이 수집된 것은 주후 90년경이었다는 것을 우리가 잊어서는 안 된다. 바울의 편지가 많은 교회에 파피루스의 단편으로 있었던 것인데 그것들을 수집하고 정리하는 일은 매우 어려운 일이었을 것이다. 고린도서의 경우도 그 단편들이 전부 발견되었을 리도 없고 올바른 순서대로 편집되었을 것 같지도 않다. 원하는 대로 재구성한다면 어떤 순서가 되는지 보자.

1. 고린도전서보다 먼저 써 보낸 한 편지가 있었다. 고린도전서 5장 9절에서 바울은 "내가 너희에게 쓴 편지에 음행하는 자들을 사귀지 말라 하였거니와"라고 했다. 이것은 분명히 먼저 쓴 편지를 두고 한 말이다. 학자들은 이 편지가 완전히 없어졌다고 믿는다. 어떤 학자들은 이 편지가 고린도후서 6장 14절부터 7장 1절까지에 삽입되었다고 생각한다. 분명히 이 부분은 바울이 전에 썼다고 말하는 부분과 내용적으로 일치한다. 또 이 부분이 문장 구조상 앞뒤 연결이 잘 안 되고 이 부분을 건너뛰어 6장 13절에서 7장 2절로 연결하여 읽으면 연결도 잘 되고 의미도 분명해진다. 학자들은 이 문제의 편지를 **전 편지**라고 부른다. 여기서 우리는 이 편지가 완전히 없어졌거나, 편집할 때 고린도후서 6장 14절부터 7

장 1절로 잘못 끼어졌거나 두 가지 가운데 하나라고 할 수 있다. 이런 편지들은 원래 장이나 절의 구분이 없었다는 것을 기억하여야 한다. 장으로 구분된 것은 16세기부터였다. 따라서 수집된 편지들을 올바르게 편집한다는 것은 그만큼 곤란한 일이었다.

II. 고린도 교회에 문제가 있다는 소식이 여러 갈래로 바울의 귀에 들어왔다.

1. 글로에의 집 사람들에게서 정보가 들어갔다(고전 1:11). 그들은 고린도 교회를 분열시키는 논쟁에 대한 소식을 가져왔다.

2. 스데바나와 브드나도와 아가이고가 에베소를 방문하여 소식을 가져왔다(고전 16:17). 그들은 직접 대면하여 바울이 수집한 정보의 부족한 점을 보충해 줄 수가 있었다.

3. 고린도 교회가 여러 가지 문제에 대해 바울에게 지도를 요청한 편지를 통해서도 소식이 전해졌다. 바울은 고린도전서 7장 1절을 다음과 같은 말로 시작하고 있다. "너희의 쓴 말에 대하여서는…."

이런 모든 정보에 대답하기 위하여 바울은 고린도전서를 썼다. 그리고 그것을 분명히 디모데에게 의탁하여 고린도에 급히 보냈을 것이다(고전 4:7).

III. 이 편지를 써 보낸 결과 사태는 더욱 악화되어 직접적인 기록은 없지만 바울 자신이 고린도에 몸소 방문하였을 것이라고 추측할 수 있다. 고린도후서 12장 14절에 바울은 이렇게 기록해 놓았다. "보라 내가 이제 **세 번째** 너희에게 가기를 준비하였으나…." 고린도후서 13장 1-2절에서도 "내가 이제 **세 번째** 너희에게 가리니…"라고 거듭 말하고 있다. 이제 **세 번째**라는 말이 나온 이상 **두 번째**가 있었던 것이 분명하다. 그런데 우리가 갖고 있는 기록에는 첫 번째 방문에 대한 기록밖에 없는데 그때 이야기는 사도행전 18장 1-17절에 전해지고 있다. 두 번째의 방문에 대한 기록은 전혀 없다. 하지만 고린도는 에베소에서 불과 2, 3일의 뱃길로 갈 수 있는 곳이었기 때문에 바울이 고린도에 잠깐 다녀왔을 것이다.

IV. 그 방문도 아무런 성과를 거두지 못하였다. 사태는 더욱 악화되어 그 결과 매우 엄한 견책의 편지를 쓰게 되었다. 이 편지에 대해서는 고린도후서에 있는 몇몇 구절에서 알 수 있다. 고린도후서 2장 4절에서 바울은 "내가 마음에 큰 눌림과 걱정이 있어 많은 눈물로 너희에게 썼노니"라고 했다. 또 7장 8절에서는 "그러므로 내가 편지로 너희를 근심하게 한 것을 후회하였으나 지금은 후회하지 아니함은 그 편지가 너희로 잠시만 근심하게 한 줄을 앎이라"고 썼다. 이 편지는 바울의 고뇌의 소산이며 그 편지가 너무 지독하게 엄격하였기 때문에 바울 자신도 이것을 써 보낸 것을 후회했을 정도다. 학자들은 이것을 **엄격한 편지**라고 부르고 있다.

그런데 이 편지가 남아 있는가? 그것이 고린도전서가 아니라는 것은 분명하다. 고린도전서는 그처럼 눈물에 젖은 고민의 편지가 아니기 때문이다. 바울이 고린도전서를 썼을 때는 모든 문제가 어느 정도 안정되었다는 것은 거의 분명하다. 그런데 고린도후서를 통독하면 매우 기묘한 단절이 있다는 것을 깨닫는다. 1-9장은 모든 문제가 해결되어 완전히 화해가 성립되고 모두 우정을 회복한 것을 보여 주고 있다. 그런데 10장에 이르러서는 가장 기묘한 단절이 일어난다. 10-13장은 바울이 쓴 편지 가운데서 가장 가슴을 찌르는 듯한 비통한 외침이다. 그것은 바울이 어느 교회에서도 전에도, 후에도 받아 보지 못한 심한 중상과 모략을 당했다는 것을 보여 준다. 그의 모습, 그의 말투, 그의 사도직, 그의 성실성까지 모두 공격의 대상이었다. 학자들은 대부분 10-13장이 바로 그 엄격한 편지라고 믿고 있다. 고린도 교회에 보낸 바울의 편지를 연대순으로 읽고자 하면 고린도후서 10-13장을 1-9장**보다 먼저** 읽어야 한다. 우리는 이 편지를 디도 편에 보냈다는 것을 알고 있다(고후 2:13, 7:13).

V. 바울은 이 편지를 보낸 후에 마음이 불안하였다. 디도가 회답을 가져올 때까지 앉아 기다리고 있을 수 없었다. 그래서 디도를 도중까지 마중 나갔다(고후 2:13, 7:5, 13). 마게도냐의 어느 지점에서 디도를 만나 모든 일이 괜찮아졌다는 소식을 듣고 빌립보에 머물며 화해의 편지인 고린도후서 1-9장을 썼을 것이다.

스토커는 바울의 편지들은 초대교회의 지붕을 들어 올려 그 안에서 어떤 일들이 벌어졌는지를 우리에게 보여 준다고 말했다. 이 말은 특별히 고린도서에 딱

들어맞는다. 여기서 우리는 바울에게 "여러 교회의 근심거리"가 어떤 것들이었는지를 알 수 있다. 여기서 우리는 여러 가지 문제와 실망과 슬픔과 기쁨을 볼 수 있다. 여기서 우리는 성도의 목자인 바울이 그들의 슬픔과 문제를 스스로 감당하고 있는 것을 볼 수 있다.

고린도 교인들과의 편지 왕래

고린도서를 상세히 읽기 전에 서로간에 주고받은 편지의 순서를 표로 만들어 보자.

I. **"전 편지."** 이것은 고린도후서 6장 14절-7장 1절에 포함되어 **있을지 모른다**.

II. 글로에의 집 사람들, 스데바나, 브드나도, 아가이고와 바울에게 보내는 고린도 교회의 편지가 도착했다.

III. 여기에 대한 회답으로서 고린도전서가 기록되어 디모데 편에 급히 보낸다.

IV. 사태가 악화되어 바울이 고린도를 방문하였지만 완전히 실패하여 말할 수 없는 비통에 빠진다.

V. 이 방문으로 "엄격한 편지"를 쓴다. 고린도후서 10-13장에 포함되었다는 것이 거의 확실하다. 디도 편에 보낸다.

VI. 회답을 기다릴 수가 없어 바울은 디도를 마중 나간다. 마게도냐에서 그를 만나고 만사가 잘 되고 있다는 소식을 듣고 빌립보에서 고린도후서 1-9장을 썼을 것이다. 이것은 **화해의 편지**다.

고린도전서의 처음 네 장은 고린도에 있는 하나님 교회가 분열되어 있는 상태를 취급하고 있다. 그 교회는 그리스도 안에서 하나가 되는 대신 당파나 분파로 갈라지고 자신들을 여러 지도자들과 교사들의 이름에 결부시켰다. 이러한 분열은 고린도 교인들이 하나님의 절대적인 은총을 생각하지 않고 인간의 지혜나 지식에만 의존하였기 때문에 생겼다는 것이 바울의 교훈이다. 사실 그들은 스스로 지혜 있는 자라고 생각하였지만 사실은 미숙한 상태에 머물러 있었다. 스스로는 지혜 있는 자라고 생각하였지만 사실은 어린아이와 같은 사람들이었다.

바클레이 성경 주석

고린도전서

The Letter to the Corinthians 01

사도의 문안

고린도전서 1:1-3

[1]하나님의 뜻을 따라 그리스도 예수의 사도로 부르심을 받은 바울과 형제 소
스데네는 [2]고린도에 있는 하나님의 교회 곧 그리스도 예수 안에서 거룩하여
지고 성도라 부르심을 받은 자들과 또 각처에서 우리의 주 곧 그들과 우리의
주 되신 예수 그리스도의 이름을 부르는 모든 자들에게 [3]하나님 우리 아버지
와 주 예수 그리스도로부터 은혜와 평강이 있기를 원하노라

고린도전서의 처음 열 구절까지 예수 그리스도의 이름이 열 번 이상 나온다.

바울이 쓰려고 하는 것은 어려운 편지였다. 어려운 문제를 취급하지 않으면 안 되었다. 이러한 입장에서 바울이 우선 생각하고 거듭거듭 머리에 떠올린 것은 예수 그리스도였다. 우리는 교회에서 어려운 문제에 부딪쳤을 때 곧잘 법이나 규정이나 규칙으로 해결하려고 한다. 또 때로는 인간적인 정의감으로 대처하려고 한다. 또 우리 자신의 개인적인 문제의 경우에서는 자신의 정신력이나 영력으로 이것을 처리하려고 한다. 하지만 바울은 그러한 방법을 일체 취하지 않았다. 그는 어려운 문제가 있는 곳에 예수 그리스도를 모시고 와서 그리스도의

십자가와 그리스도의 사랑에 의한 해결 방법을 강구하였다.
이 문안은 우리에게 두 가지를 말한다.

I. 교회에 대해 말한다. 바울은 **고린도에 있는 하나님의 교회**라고 말한다. 고린도의 교회가 아니라 하나님의 교회다. 바울에게는 한 무리의 성도들이 어디서 집회를 가지든 그것은 하나님의 교회의 한 부분, 한 단편에 지나지 않았다. 그는 교회를 스코틀랜드 교회라든가 영국 교회라든가 하는 이름으로 부르지 않았을 것이다. 교회에 지명을 붙여 그 교회의 명칭으로 하지 않았을 것이다. 더구나 교회의 이름을 갖고 교회를 구별하려고 결코 하지 않았을 것이 확실하다.

바울에게 교회는 모두 하나님의 교회였다. 우리도 교회를 이와 같이 생각한다면 교회의 지방적인 특수성보다는 진실한 통일성을 보다 중요시하여야 할 것이다.

II. 다음에 개개의 기독교인에 대해 말한다. 바울은 기독교인에 대해 세 가지를 말한다.

1. 기독교인은 **예수 그리스도 안에서 거룩하여진** 존재다.

거룩해진다(hagiazo)는 동사는 하나의 장소를 특별히 하나님을 위해 설정하는 것, 또 거기서 희생 제물을 바침으로써 그 장소를 거룩하게 하는 것을 의미한다. 기독교인은 예수 그리스도의 희생으로 하나님께 바쳐지고 거룩해진 존재다. 그러기 때문에 기독교인이 된다는 것은 그리스도께서 위하여 죽으신 인간이 되는 것이며, 그것을 알고, 그 희생로 자신이 하나님의 것이 되었다는 것을 인식하는 것이다.

2. 바울은 기독교인을 **성도라 부르심을 입은 자**라고 부르고 있다. 헬라어로는 이것을 한마디로 표현하고 있다. **하기오스**란 말이 바로 그것인데 KJV은 이것을 saints(성자)라고 번역하였다. 하지만 오늘날 그러한 번역은 올바른 뜻을 보여 준다고 말할 수 없다. **하기오스**란 말은 하나님의 소유가 되고 하나님께 봉사하는 것을 목적으로 해 봉헌된 물건 또는 사람을 일컬을 때 사용하는 말이다. 그 말은 곧 하나님께 제사를 드리는 성전이라든가 하나님께 바치는 희생제물 같은 것들

을 가리키는 말이다.

그러므로 어떤 한 인간이 특별히 하나님께 속한 자로서 성별되었을 경우 그는 그 생활에서나 성품에서나 하나님께 봉사하기에 합당한 자가 되지 않으면 안 된다. 거기서부터 **하기오스**란 말이 **거룩하다**, **성자답다**는 의미를 갖게 되었다. 하지만 이 말의 근원적인 의미는 **분리**라는 것이다. **하기오스**한 인간, 혹은 물건은 그렇지 못한 다른 사람이나 물건과는 **다르다**. 그 또는 그 여자 혹은 그것은 특별히 하나님께 속하는 자가 되기 위해 따른 보통의 인간이나 물건들에서 분리되었기 때문이다.

유대인이 자신들을 나타낼 때 사용한 것이 이 형용사다. 그들은 **하기오스 라오스**, 거룩한 백성, 즉 특별히 하나님께 속하여 하나님께 봉사하기 위하여 세워졌기 때문에 다른 민족과는 다른 분리된 백성이다. 바울이 기독교인들 **하기오스**라고 불렀을 때 기독교인은 특별히 하나님께 속하며 봉사하기 위하여 사는 자이기 때문에 다른 사람들과는 다른 인간이라는 것을 말하기 위한 것이었다. 그리고 그 다름은 세상에서 생활이나 활동에서 물러나는 것으로 나타나는 것이 아니라 평범한 생활 속에 있으면서도 보통 사람과는 다른 하나님의 사람다운 성격이나 성품을 나타내는 것으로 보여야 한다.

3. 바울은 이 편지를 **각처에서 우리의 주 곧 저희와 우리의 주 되신 예수 그리스도의 이름을 부르는 모든 자**에게 써 보냈다. 기독교인은 온 하늘과 온 땅을 포함하는 공동체로 부르심을 받았다. 그는 커다란 공동체의 일원이다. 때로 우리가 속한 작은 공동사회나 종파에서 눈을 돌려 우리는 세계와 같은 넓이를 가진 하나님의 교회의 일부라는 것을 생각해 볼 필요가 있다. 그렇게 하면 우리의 신앙에 매우 도움이 되는 것을 알게 될 것이다.

III. 이 문안 부분은 또다시 예수 그리스도에 대해 말한다. 바울은 처음에 우리의 주 예수 그리스도라고 말하고는 마치 그것을 정정이라도 하는 듯이 **저희와 우리 주 되신** 그리스도라는 말을 보충하였다. 그 어떤 사람도, 그 어떤 교회라 할지라도 예수 그리스도를 독점할 수 없다. 그는 우리의 주님이신 동시에 모든 사람의 주님이시기도 하다. 모든 사람이 예수 그리스도의 사랑의 모든 것을 가졌다는 것과 "하나님께서는 우리 인간 전부를 마치 한 사람과 같이 사랑하신다"는 것은 기독교의 놀라운 사실이다.

감사의 필요

고린도전서 1:4-9

[4]그리스도 예수 안에서 너희에게 주신 하나님의 은혜로 말미암아 내가 너희
를 위하여 항상 하나님께 감사하노니 [5]이는 너희가 그 안에서 모든 일 곧 모
든 언변과 모든 지식에 풍족하므로 [6]그리스도의 증거가 너희 중에 견고하게
되어 [7]너희가 모든 은사에 부족함이 없이 우리 주 예수 그리스도의 나타나심
을 기다림이라 [8]주께서 너희를 우리 주 예수 그리스도의 날에 책망할 것이
없는 자로 끝까지 견고하게 하시리라 [9]너희를 불러 그의 아들 예수 그리스도
우리 주와 더불어 교제하게 하시는 하나님은 미쁘시도다

감사에 대해 쓴 이 구절에 주목할 점 세 가지가 있다.

1. 실현된 약속이 있다. 고린도 교인들에게 그리스도의 가르침을 설교하였을 때 바울은 그리스도께서 너희를 위하여 이러이러한 일을 해 주실 것이며 그리스도께서는 능히 그런 일을 하실 수 있는 분이라고 말하였는데, 이제 그 약속이 실현되었다는 것을 자랑스럽게 주장하고 있다. 옛날 빅토인의 왕에게 어떤 나이 많은 선교사가 이렇게 말한 바 있다. "왕께서 그리스도를 받아들이시면 이상한 일이 차례차례 일어날 것입니다. 그리고 그 하나하나가 모두 사실입니다." 요컨대 우리는 변론을 갖고 사람을 기독교인으로 만들 수는 없다. 우리는 오직 "우선 믿어 보고 어떤 일이 일어나는지 보는 것이 좋겠다"라고 말할 수 있을 뿐이다. 그때 상대방이 실행하기만 하면 우리의 약속은 모두 실현된다.

II. 주어진 은사가 있다. 바울은 여기서 그가 즐겨 사용하는 말을 했다. **카리스마**가 바로 그 말이다. **카리스마**란 대가 없이 주어진 은사, 자신은 도저히 갚을 수 없고, 자신의 힘으로는 도저히 손에 놓을 수 없는 은사를 말한다. 이 하나님의 은사는 두 가지 형태로 나타난다고 바울은 보았다.

1. 구원은 하나님의 은사, **카리스마**다. 하나님과 올바른 관계를 맺는다는 것을 인간으로서는 자신의 힘으로 절대적으로 이룩할 수 없는 것이다. 그것은 공로 없이 주어진 하나님의 넓은 사랑에 의해서만 주어지는 은사다(롬 6:23 참조).

2. 사람이 갖고 있는 특별한 재능이나 기술도 하나님이 은사로 주신 것이다. 개인적인 재능(gift)은 모두 하나님이 주신 은사(gift)다(고전 12:4, 9; 딤전 4:14; 벧전 4:10). 어떤 사람이 훌륭한 솜씨를 가졌다면 그가 가진 재능이나 기술은 모두 하나님께서 주신 은사다. 이것을 충분히 인식한다면 우리의 생활에 새로운 기풍과 성격이 형성될 것이다. 우리가 갖고 있는 재능, 우리가 배운 기술, 우리가 가진 기예는 우리 자신이 도달하고 달성한 것이 아니다. 하나님께서 주신 은사다. 따라서 우리에게 맡겨진 것들이다. 그러기 때문에 우리는 그것들을 **우리의** 욕망대로 사용할 것이 아니라 하나님의 뜻대로 사용하여야 한다. 다시 말해 우리의 이익이나 명예를 위해서가 아니라 하나님의 영광과 다른 사람들의 복리를 위해 사용해야 한다. 무엇인가 특별한 재능을 갖고 있다는 것은 자신을 위한 이익을 획득하는 수단을 갖고 있는 것이 아니라 하나님께 봉사하기 위한 수단을 갖고 있는 것이다.

III. 궁극의 목적이 있다. 구약성경에는 **주의 날**이란 말이 자주 나온다. 그 날은 하나님께서 인류 역사에 개입하사 그 속에 직접 들어오시는 날로서 유대인이 대망하던 날, 옛 세계가 일소되고 새로운 세계가 탄생하는 날, 또 모든 사람이 심판 받는 날이었다. 기독교인도 이런 생각을 계승하였지만 그들이 주의 날이라고 했을 때 그것은 **주 예수의 날**로서 예수께서 모든 권세와 영광을 갖고 다시 오시는 날을 생각하였다. 그날은 참으로 심판 날이 될 것이다. 고대 영국의 시인 캐드몬은 자신의 시에서 심판 날의 모습을 그려 놓았다. 그는 십자가가 세계의 한가운데 세워지는 것을 상상하고 있다. 그 십자가에서 X광선과 같은 이상한 빛이 흘러나와 위장된 모든 것을 벗겨 벌거벗은 모습 그대로 드러내 준다. 하지만 바울은 이렇게 믿고 있다. 최후의 심판이 이르렀을 때 그리스도 안에 있는 자는 두려움이 없이 그날을 맞이할 수가 있다. 그는 자기 공로가 아니라 그리스도의 공로를 갖고 있으니만큼 아무도 그를 책망할 수 없다고 믿기 때문이다.

분열된 교회

고린도전서 1:10-17

10형제들아 내가 우리 주 예수 그리스도의 이름으로 너희를 권하노니 모두가
같은 말을 하고 너희 가운데 분쟁이 없이 같은 마음과 같은 뜻으로 온전히
합하라 11내 형제들아 글로에의 집 편으로 너희에 대한 말이 내게 들리니 곧
너희 가운데 분쟁이 있다는 것이라 12내가 이것을 말하거니와 너희가 각각
이르되 나는 바울에게, 나는 아볼로에게, 나는 게바에게, 나는 그리스도에
게 속한 자라 한다는 것이니 13그리스도께서 어찌 나뉘었느냐 바울이 너희를
위하여 십자가에 못 박혔으며 바울의 이름으로 너희가 세례를 받았느냐 14나
는 그리스보와 가이오 외에는 너희 중 아무에게도 내가 세례를 베풀지 아니
한 것을 감사하노니 15이는 아무도 나의 이름으로 세례를 받았다 말하지 못
하게 하려 함이라 16내가 또한 스데바나 집 사람에게 세례를 베풀었고 그 외
에는 다른 누구에게 세례를 베풀었는지 알지 못하노라 17그리스도께서 나를
보내심은 세례를 베풀게 하려 하심이 아니요 오직 복음을 전하게 하려 하심
이로되 말의 지혜로 하지 아니함은 그리스도의 십자가가 헛되지 않게 하려
함이라

바울은 여기서 고린도에 있는 교회에 생긴 사태를 개선하는 작업을 시작한다. 바울은 에베소에서 이 편지를 썼다. 글로에라는 부인의 집에 속한 기독교인 노

예들이 가끔 고린도를 방문하고 돌아와서 그곳 교회의 분열과 대립된 모습을 보고하였던 것이다.

바울은 여기서 두 번 고린도 교인들에게 **형제들**이라고 부른다. 성경 주석가 베자가 말했듯이 "그 말 가운데도 깊은 의미가 숨겨 있다". 그 말을 통해 바울은 두 가지 일을 한다. 이 말로써 책망의 도를 완화시킨다. 그것을 채찍을 가진 교사의 책망이 아니라 사랑 이외의 감정은 도무지 갖지 않는 사람의 책망이다. 둘째로 이 말을 사용한 그 자체가 고린도 교인들에게 의견 충돌과 불화가 얼마나 큰 잘못인지를 깨닫게 해 주었을 것이다. 서로가 형제이므로 아름다운 형제애를 갖고 살아야 한다.

그들을 화해시키고자 바울은 두 가지 재미있는 관용구를 사용한다. 바울은 그들에게 **같은 말을 하라**고 권면한다. 같은 말을 한다는 것을 적대하는 국가나 당파가 의견 일치를 보았을 때 사용하는 관용구다. 바울은 그들에게 현대적으로 말해서 **공동전선을 펴라**고 호소하고 있다.

또 바울은 **온전히 합하라**고 권면한다. 이 말은 의학적인 용어로서 부러진 뼈를 고치거나 어긋난 뼈를 바로 맞출 때 사용되는 용어다. 분열은 부자연한 것이며 교회라고 하는 몸의 건강과 힘을 위해서도 속히 고치지 않으면 안 되는 것이다.

바울은 고린도에 있는 교회의 분파를 네 개라고 말한다. 그들 분파들은 교회에서 떨어져 나간 것이 아니라 교회 안에 머물러 있다. 여기 바울이 사용하고 있는 용어는 **스키스마다**인데 **옷의 해진 곳**을 가리키는 말이다. 고린도의 교회는 해진 옷과 같이 보기 흉하게 될 위험 속에 놓여 있다. 그런데 여기에 들고 있는 바울, 게바, 아볼로와 같은 훌륭한 인물들은 사실 이 분열과는 하등 상관이 없다는 것에 주의하지 않으면 안 된다. 그 사람들 사이에는 아무런 의견의 차이가 없었다. 그런데도 그들도 알지 못하는 사이에, 그리고 동의한 일 같은 것은 전혀 없는데 고린도 교회의 무리는 그들의 이름을 자신들의 분파를 위해 마음대로 이용한 것이다. 그러나 원수보다 소위 자신을 도와주고자 하는 이들이 더 문제될 때가 흔히 있다. 그러면 고린도 교회의 분파가 각각 무엇을 주장하였는지 보자.

I. "바울"에게 속한 자라고 주장하는 사람들이 있었다. 이들은 주로 이방인으로 이루어진 분파였다. 바울은 언제나 기독교인의 자유의 복음과 율법의 종말을 주장하였다. 이 분파에 속한 사람들은 자유를 방종으로 만들려고 하였으며, 새로 발견한 기독교를 방패삼아 제 마음대로 하였으며, 기독교인의 자유로 자신들을 정당화했을 것이 거의 틀림없다. 불트만은 기독교적 서술법은 언제나 기독교적 명령법을 동반한다고 말했다. 그 사람들은 복음의 서술법이 기독교 윤리의 명령법을 동반하고 있다는 것을 잊어버렸다. 그들은 자신들이 구원 받은 것이 죄를 범하고 자유를 얻기 위해서가 아니라 죄에서 자유로워지기 위한 것이었다는 것을 잊어버리고 있었다.

II. "아볼로"에게 속한 자라고 주장하는 사람들이 있었다.

아볼로에 대해서는 사도행전 18장 24절에 간단한 성격 묘사가 있다. 그는 알렉산드리아 출신의 유대인으로 웅변가며 성경에 정통한 사람이었다.

알렉산드리아는 지적 활동의 중심지였다. 학자들은 이 도시에서 성경의 비유적인 해석을 학문적으로 행하여 성경의 가장 단순한 구절에서 다시없는 깊은 의미를 찾아냈었다. 여기에 실례가 하나 있다.

알렉산드리아의 학자가 쓴 바나바 서신이란 작품은 창세기 14장 14절과 18장 23절을 비교하고 아브라함의 집에는 그가 할례를 베풀어 준 318명의 사람들이 있었다고 한다. 그런데 18을 의미하는 헬라어는—헬라인은 숫자를 표시하는 데 문자를 사용하였다—**이오타**(iota)와 **에타**(eta)를 나란히 세운 것인데 그것은 **예수**를 표시하는 첫 두 글자이고, 300을 의미하는 헬라어는 **타우**(tau)인데 그것은 십자가 모양을 하고 있다. 따라서 창세기는 벌써 예수의 십자가를 예언하고 있었다는 것이다. 알렉산드리아의 학문은 이런 종류의 지식으로 가득 차 있었다. 그 위에 알렉산드리아 사람들은 장식적인 아름다운 문장에 대한 열렬한 애호가들이었다. 그들은 참으로 기독교를 **지성화시킨** 사람들이었다. 아볼로에게 속한 자라고 주장한 사람들은 분명히 기독교를 종교로서가 아니라 하나의 철학으로서 급속도록 전환시키고자 한 지식인들이었다.

III. "게바"에게 속한 자라고 주장하는 사람들이 있었다. 게바란 베드로의 유대인 이름이다. 이 사람들은 유대인이었을 것이다. 그들은 아직도 유대의 율법을 지켜야 한다는 것을 사람들에게 가르쳤을 것이다. 그들은 율법을 존중하기 때문에 은총을 경하게 여긴 율법주의자들이었다.

IV. "그리스도"에게 속한 자라고 주장하는 사람들이 있었다. 이들에 대해서는 두 가지로 생각할 수 있다.

1. 헬라어의 사본에는 구두점이 전혀 없으며 낱말과 낱말 사이에 띄어쓰기가 전혀 없었다. 따라서 이것이 분파에 대해 말하는 것이 아닐 수 있다. 바울 자신의 입장을 말한 것이라 생각할 수 있다. 가령 다음과 같이 구두점을 찍고 읽을 수 있다 "나는 바울에게, 나는 아볼로에게, 나는 게바에게—그러나 그리스도에게 속한다. 그렇다면 이 부분은 불행한 상태에 대한 바울 자신의 비판을 진술한 것이 된다.

2. 그렇지 않고 또 다른 분파에 대해 말하는 것이라면 이 파에 속한 사람들은 자신들만이 고린도에 있는 참 기독교인들이라고 주장하는 완고한, 자신들만이 옳다고 주장하는 소수의 무리였을 것이 틀림없다. 그들의 잘못은 자신들이 그리스도에게 속했다고 주장하는 데 있지 않고, 마치 그리스도께서 그들에게만 속해 있는 것같이 행동한 것에 있다. 그렇다면 이 부분은 관용적이지 못하며 독선적인 작은 분파에 대해 말하는 것이다.

바울이 세례를 경시하였다고 생각해서는 안 된다. 그가 세례를 베풀어 준 사람들은 매우 특별한 개종자들이었다. 스데바나는 아마 모든 개종자 가운데서도 가장 최초로 개종한 사람이었다(고전 16:15). 그리스보는 한때 고린도의 회당장까지 지낸 사람이었다(행 18:8). 가이오는 바울이 머물던 집의 주인이었을 것이다(롬 16:23). 중요한 점은 세례란 **예수의 이름으로 베푼다**는 점이다. 이런 어법은 헬라어에서는 가장 긴밀한 결합을 의미하고 있다. 어떤 사람의 이름으로 돈을 지불한다는 것은 그 사람의 계수에 들어가며 그 사람의 소유가 된다는 것을 의미한다. 어떤 사람의 이름으로 노예를 산다는 것은 그 노예를 완전히 그리고 확실히 그 사람의 소유로 만든다는 것이다. 군인들은 가이사의 이름으로 충성을 맹세하는데 그것은 그가 절대적으로 황제의 명령에 복종한다는 것을 의미하는 것이었다. 이와 같이 **이름으로**라는 어법은 완전하고도 절대적인 소유를 의미한다. 기독교에서는 단지 그뿐만이 아니다. 기독교인은 그리스도의 소유가 될 뿐 아니라 이상한 방법으로 그리스도와 동일하게 되며 글자 그대로 그리스도 안에 있게 된다.

바울이 여기서 말하고자 한 것은 다음과 같다. "내가 복음 전파에 몰두하여 다른 일을 할 틈이 없었던 것을 다행으로 생각한다. 내가 세례를 베풀었다면 너희 중에 어떤 이들은 그리스도가 아니라 나의 소유가 되기 위하여 세례를 받았다고 말할 구실을 줄 뻔했다." 바울은 결코 세례를 경시하지 않는다. 그는 단지 자신이 행한 어떤 행위도 사람들을 그리스도에게가 아니라 자신에게 끌어들이기 위한 것이었다는 오해가 없게 된 것을 기뻐하고 있는 것이다.

그리스도의 십자가를 가장 단순한 말로 사람들 앞에 내세우는 것이 바울의 목적이었다. 십자가 이야기를 수식어나 지혜의 말씀으로 장식하는 것은 사람들의 관심을 그 사실 자체보다는 말에, 내용보다는 그것을 말하는 사람에게 끌어들이는 것이 된다. 사람들 앞에 자신이 아니라 그리스도와 그의 고독한 장엄성의 모든 것을 나타내 보이고자 한 것이 바울의 목적이었다.

유대인에게는 거리끼는 것, 헬라인에게는 미련한 것

고린도전서 1:18-25

[18]십자가의 도가 멸망하는 자들에게는 미련한 것이요 구원을 받는 우리에게
는 하나님의 능력이라 [19]기록된바 내가 지혜 있는 자들의 지혜를 멸하고 총
명한 자들의 총명을 폐하리라 하였으니 [20]지혜 있는 자가 어디 있느냐 선비
가 어디 있느냐 이 세대에 변론가가 어디 있느냐 하나님께서 이 세상의 지혜
를 미련하게 하신 것이 아니냐 [21]하나님의 지혜에 있어서는 이 세상이 자기
지혜로 하나님을 알지 못하므로 하나님께서 전도의 미련한 것으로 믿는 자

들을 구원하시기를 기뻐하셨도다 [22]유대인은 표적을 구하고 헬라인은 지혜
를 찾으나 [23]우리는 십자가에 못 박힌 그리스도를 전하니 유대인에게는 거리
끼는 것이요 이방인에게는 미련한 것이로되 [24]오직 부르심을 받은 자들에게
는 유대인이나 헬라인이나 그리스도는 하나님의 능력이요 하나님의 지혜니
라 [25]하나님의 어리석음이 사람보다 지혜롭고 하나님의 약하심이 사람보다
강하니라

교양 있는 헬라인에게나, 경건한 유대인에게나 기독교가 말하는 것은 매우 어리석은 것이라고 생각되었다. 바울은 우선 이사야서에서 두 곳(사 29:14, 33:18)을 자유롭게 인용하여, 인간의 지혜만으로는 부족하다는 것을 보여 준다. 이 세상은 자신의 지혜로 하나님을 찾지 못하고 아직도 맹인이 손으로 더듬는 것처럼 하나님을 모색하고 있다고 부정할 수 없는 사실을 바울은 들고 있다. 이런 모색 자체가 사실은 하나님의 섭리에 의한 것으로 어떤 수단에 의해 하나님은 인간에게 자신의 무력과 무능을 자각시켜 주고, 그리하여 참된 길인 하나님을 받아들이도록 계획하신 것이다.

그러면 기독교의 복음은 어떤 것이었는가? 사도행전의 4대 설교(행 2:14-39, 3:12-26, 4:8-12, 10:36-43)를 살펴보면 기독교의 설교에는 어떤 확고부동한 기본적인 요소가 있다는 것을 알게 된다.

1. 하나님께서 약속하신 때가 이르렀다는 주장이 있다.
2. 예수의 생애, 죽음, 부활의 개요가 있다.
3. 이것들은 모두 예언의 성취라는 주장이 있다.
4. 예수께서 다시 오신다는 주장이 있다.
5. 사람들에게 회개하고 약속하신 은사인 성령을 받으라고 호소하는 강한 권면이 있다.

I. 이것들이 "유대인"에게는 거리끼는 것이었다. 그 이유는 두 가지 있었다.

1. 유대인에게는 십자가 위에서 그의 생애를 마친 인간이 하나님의 택하심을 입은 자라고 믿어지지 않았다. 그들은 자신들의 율법을 내세웠다. 거기에는 분

명히 이렇게 기록되어 있다. "나무에 달린 자는 하나님께 저주를 받았음이니라" (신 21:23). 유대인에게는 십자가의 사실을 예수께서 하나님의 아들이심을 증명해 주기는커녕 오히려 하나님의 아들이 아님을 결정적으로 증명해 주는 것이었다. 이상하게 생각될는지 몰라도 유대인은 이사야 53장을 눈앞에 두고도 고난의 메시아란 꿈에도 생각할 수 없었다. 십자가란 유대인에게는 예수를 믿는 믿음으로 넘어가는 데 큰 장애물이었으며 지금도 그러하다.

2. 유대인은 표적을 구했다. 하나님의 황금시대가 오면 굉장한 일들이 일어날 것을 그들은 기대하였다. 바울이 여러 교회에 편지들을 쓸 당시에도 많은 거짓 메시아들이 나타나 사람들을 속이고 이상한 일을 나타내 보이겠다고 약속하였으며, 자신이 구세주라고 믿게 하려 했다. 주후 45년에 드다란 자가 나타났다. 그는 몇 천 명이나 되는 사람들을 설득하여 집을 버리고 자신과 함께 요단강에 가자고 했다. 자신이 명령하면 요단강 물이 둘로 갈라져 모두 발을 적시지 않고 강을 건널 수 있다고 약속한 일이 있다. 또 주후 54년에는 애굽에서 선지자라고 자처하는 어떤 사람이 예루살렘으로 왔다. 그는 3만 명을 설득하여 감람산으로 데리고 갔다. 자신이 명령하면 예루살렘의 성벽이 무너진다고 약속한 것이다. 유대인은 이런 일을 기대하고 있었던 것이다.

그런데 예수에게서 그들이 본 것은 온유하고 겸손하며 인기를 끌 만한 일은 고의로 피하시는 자 그리고 사람들에게 봉사하는 자로서 십자가 위에서 생을 마치는 자였던 것이다. 이런 사람을 하나님께서 택하신 자라고는 유대인으로서는 도저히 생각할 수 없었던 것이다.

II. 기독교의 복음이 "헬라인"에게는 어리석은 것이었다. 거기에도 두 가지 이유가 있었다.

1. 헬라인의 관념으로 볼 때 하나님의 특질은 무엇보다 우선 **아파데이아**한 점에 있다. 이 헬라어는 apathy(무감동)보다도 더 강한 의미를 갖고 있다. **전혀 느낄 수 없다**는 의미의 말이다. 헬라인은 하나님께서는 아무것도 느낄 수 없다고 생각하였다. 하나님께서 기쁨이나 슬픔, 분노나 탄식을 느꼈다고 할 것 같으면 그것은 어느 인간이 하나님을 움직인 것이라고 보았다. 그리고 그때 그 인간은 하

나님께 영향을 주었으니만큼 하나님보다도 위대한 존재가 되었다는 것이다. 따라서 헬라인들은 이런 방식으로 생각해 나갔기 때문에 하나님은 어떤 인간도 움직일 수 없는, 따라서 장점이 전혀 없는 존재여야 한다는 결론에 도달한 것이다. 고난 받는 하나님이 헬라인에게는 모순된 말이었다. 더 나아가 그들은 극단적인 것까지 생각하였다. 플루탁에 의하면 하나님을 인간의 여러 사건에 관련시키는 것은 하나님을 모독하는 것이며, 하나님은 필연적으로 인간의 일에 대해서는 전혀 무관심하지 않으면 안 되고, 인간 세계에서 훨씬 멀리 떨어져 계셔야만 했다. **수육**, 즉 하나님께서 인간이 되셨다는 것은 헬라인에게는 생각만 해도 비위에 거슬리는 사상이었다. 어거스틴은 기독교인이 되기 훨씬 전부터 매우 훌륭한 학자였었는데, 그가 이렇게 말하고 있다. 자신은 헬라 철학을 발견하였는데 오직 하나 절대로 볼 수 없는 것이 있었으니, 그것은 "말씀이 육신이 되어 우리 가운데 거하셨다"는 것이라고 했다.

주후 2세기 말에 기독교를 몹시 비난한 셀서스는 다음과 같이 썼다. "하나님은 선, 미, 행이며 최선, 최고의 미이시다. 그런데 '하나님께서 인간의 세계에 내려오셨다' 는 것은 하나님이 변화하셨다는 것 더욱이 그것이 선에서 악으로, 미에서 추로, 행에서 불행으로, 최선에서 최악으로 변화하신 것이 틀림없다. 도대체 누가 이런 변화를 바랄 것인가? 인간이 변화하는 것은 그 본성인 때문에 어쩔 수 없는 일이다. 그러나 하나님은 영원히 변함없는 존재다. 하나님은 결코 이런 변화를 용인하지 않을 것이다."

생각이 많은 헬라인에게는 수육이란 절대로 있을 수 없는 것이었다. 이런 식으로 생각하는 사람들에게는 예수와 같이 사람들을 사랑하여 그들을 위해 슬퍼한 사람, 예수와 같이 고난당하신 이가 결코 하나님의 아들이란 것을 믿을 수가 없었다.

2. 헬라인은 지혜를 구했다. **소피스트**(sophist)란 헬라어는 원래 좋은 의미로 **지혜 있는 자**를 뜻하는 말이었는데 생각이 영리하고 말이 교묘하여 나쁜 것도 좋게 보이도록 하는 재변을 잘 쓰는 사람을 가리키는 말이 되어 버렸다. 아무 해결책을 가져올 수 없는 논쟁을 몇 시간이라도 거듭하는 인간, 문제의 해결에 관심을 가진 것이 아니라 단지 "정신적 소풍"을 즐기는 사람, 교묘한 기지와 매끈한

변설을 자랑하며 청중의 갈채를 받고 득의한 사람, 이런 사람들이 소피스트라는 인종이었다.

크리소스토무스는 헬라의 지혜 있는 자들을 이같이 묘사했다. "그들은 늪의 개구리 모양으로 개굴개굴 떠든다. 그들은 이 세상에서 가장 불쌍한 무리다. 자신들의 무지를 알지 못하고 지혜 있는 자라고 생각하고 있기 때문이다. 그들은 공작새와 같다. 자신의 인기와 제자 수를 펼쳐 보인다. 공작새가 꼬리를 펴 보이는 것과 조금도 다름이 없다."

저들 매끈한 변설을 가진 웅변가들이 어떻게 헬라인들의 마음을 사로잡았는지는 기괴하기까지도 하다. 플루탁은 이렇게 말하였다. "그들은 음악적인 억양과 잘 울리는 어조를 사용하여 그 소리를 매우 아름답게 했다." 그들에게는 말의 내용이 어떠하든 상관없고 오직 말씨만이 중요한 것이었다. 그들의 사상은 그것이 꿀과 같이 달콤한 말에 싸여 있었기 때문에 그만큼 유독한 것이었는지 모른다.

필로스트라토스(Philostratus)가 말하는 바에 의하면 로마에서 아드리안이라는 소피스트의 인기는 대단한 것이었다. 그의 제자가 이제부터 선생의 연설이 시작한다고 소문을 내고 다니면 금방 원로원은 텅 비게 되고 게임을 하며 놀던 이들도 이것을 내버려 둔 채 그의 이야기를 듣기 위해 구름 떼처럼 모여들었다고 한다.

크리소스토무스는 소위 지혜 있는 자들이 고린도의 지협 경기대회에서 경합하고 있는 모습을 그려 주고 있다. "많은 무리의 불쌍한 소피스트들이 서로 욕지거리를 하고 있으며 소위 그들의 제자들도 질세라 고함지르고 있다. 자신이 쓴 형편없는 책을 읽는 무리, 자작의 시를 낭독하고 있는 무리, 이상한 기술을 보여 주고 있는 요술쟁이들, 괴이한 현상의 의미를 풀이해 주고 있는 점쟁이들, 그 수는 헤아릴 수 없으리만큼 많다. 소송을 이리저리 뒤틀고 있는 웅변가의 숫자가 적어도 1만 명은 됨직하다. 한쪽엔 장사꾼들의 숫자가 어마어마한데 장사에 한창 열을 올리고 있다."

헬라인들은 아름다운 말에 취해 있었다. 따라서 무뚝뚝하게 말하는 기독교의 전도자들은 그들이 볼 때 교양이 없는 조잡한 인간으로 보였던 것이다. 그네들은 귀 기울여 들을 상대가 아니라 오히려 조소와 우롱의 대상에 불과하였던 것이다.

이러한 유대인 혹은 헬라인의 생활환경을 배경으로 했으니만큼 기독교의 선교가 성공했을 기회는 거의 없어 보였다. 하지만 바울이 말한 바와 같이 "하나님의 미련한 것이 사람보다 지혜 있고 하나님의 약한 것이 사람보다 강하였다."

부끄러움의 영광

고린도전서 1:26-31

26형제들아 너희를 부르심을 보라 육체를 따라 지혜로운 자가 많지 아니하며
능한 자가 많지 아니하며 문벌 좋은 자가 많지 아니하도다 27그러나 하나님
께서 세상의 미련한 것들을 택하사 지혜 있는 자들을 부끄럽게 하려 하시고
세상의 약한 것들을 택하사 강한 것들을 부끄럽게 하려 하시며 28하나님께서
세상의 천한 것들과 멸시 받는 것들과 없는 것들을 택하사 있는 것들을 폐하
려 하시나니 29이는 아무 육체도 하나님 앞에서 자랑하지 못하게 하려 하심
이라 30너희는 하나님으로부터 나서 그리스도 예수 안에 있고 예수께서는 하
나님으로부터 나와서 우리에게 지혜와 의로움과 거룩함과 구원함이 되셨으
니 31기록된바 자랑하는 자는 주 안에서 자랑하라 함과 같게 하려 함이라

여기서 바울은 교회가 주로 신분이 보잘것없는 비천한 자들로 이루어진 것을 자랑한다. 우리는 초대교회가 모두 노예로만 구성되었다고 생각해서는 안 된다. 신양성경의 시대에서조차 기독교인이 된 사람들 가운데는 사회의 상류층 출신들도 있었다. 예를 들면 아덴의 디오누시오(행 17:34), 그레데의 지방 총독 서기오 바울(행 13:6-12), 데살로니가 베뢰아의 귀부인들(행 7:4, 12), 아마 고린도의 재무인 에라스도(롬 16:23) 등이다. 네로 황제 시대에는 브리튼의 정복자 플라우디오의 아내 폼포니아 글라에기나가 기독교 신앙을 위해 순교하였다. 도미시안 황

제 시대인 1세기 후반에는 황제의 사촌인 플라비오스 클레멘스도 기독교인으로 순교하였다. 2세기 말 비두니아의 총독 플리니우스가 로마 황제인 트라얀에게 편지를 보내 기독교인들은 사회의 모든 계층에서 나왔다고 썼다. 하지만 기독교인들은 대부분 신분이 낮은 비천한 사람들이었다는 데는 변함이 없다.

주후 178년경 셀서스가 지금까지 쓰인 기독교에 대한 비난 가운데 가장 지독한 비난을 퍼부었는데 거기서 그가 조소하고 있는 바도 바로 이런 기독교가 일반 대중에 대해 갖고 있는 매력에 대한 것이었다. 그는 기독교의 입장을 이런 것이라고 단언하고 있다. "교양이 있는 분, 지혜 있는 분, 양식이 있는 분들은 가까이 오지 마시오. 우리는 교양이나 지혜나 양식을 악이라고 생각하고 있기 때문입니다. 하지만 무지한 인간, 양식이나 교양이 없는 사람, 바보와 같은 인간이라면 아무 염려 말고 어서 오십시오." 기독교인에 대해 그는 이렇게 쓰고 있다. "저들의 집에 가 보라. 양털 깎기, 제화공, 세탁업자와 같은 비천한 사람들뿐이다." 기독교인이란 "박쥐와 같은 무리, 집에서 기어 나온 개미, 늪 둘레에서 토론회를 벌이고 있는 개구리, 시궁창 한 모퉁이에서 비밀회의를 열고 있는 벌레와 같은 것들이다"라고 말하였다. 그러나 그것이야말로 기독교의 영광이었다.

로마제국 안에는 6천만 명의 노예들이 있었다. 법적으로 말하면 노예는 "살아 있는 도구"이며 물건이지 인간일 수 없었다. 주인은 늙은 노예를 필요 없게 된 호미나 괭이와 같이 버릴 수도 있었다. 노예들을 고문하며 즐길 수도 있었다. 마음대로 죽일 수도 있었다. 노예들 사이에는 결혼 같은 것은 없었다. 그들의 아이들도 주인의 소유였다. 마치 어린 양이 어미 양의 것이 아니라 양치기의 것인 것과 같다. 이와 같이 물건에 불과한 사람들을 참된 인격으로서 남자나 여자로 만든 것, 아니 그 이상의 것, 즉 하나님의 아들딸로 만든 것, 이것이야말로 기독교의 영광이었다. 기독교는 자신을 천히 여기는 자에게 자존심을 주었으며, 생명이 없는 자에게 영원한 생명을 주었다. 사람들에게서는 무시당하였지만 하나님으로부터는 사랑 받고 있다는 것을, 이 세상의 눈으로 볼 때는 무가치한 것으로 보였지만 하나님 보시기에는 하나님의 독생자가 죽을 수 있으리만큼 귀한 존재란 것을 기독교는 가르쳤다. 전 우주에서 기독교는 글자 그대로 인간의 가치를 가장 높여 준 또 여전히 높여 주고 있는 종교다.

바울은 예레미야 9장 23-24절에서 인용하며 이 부분의 끝을 맺는다. 불트만도 말한 바와 같이 가장 근원적인 죄는 **자기 주장**, 혹은 **사람들에게 인정 받고자 하는 욕망**이다. 우리는 아무것도 할 수 없고 오직 하나님만이 모든 것을 할 수 있다는 인식 위에 설 때 비로소 참다운 종교가 생긴다. 자신의 약함, 무지, 무능, 무력을 알고 있는 인간이 결국은 강하고 지혜 있는 인간이라는 것은 생의 놀라운 진실이다. 자기 혼자 살아갈 수 있다고 생각하는 사람이 결국은 인생에 실패한다는 것은 경험에서 얻은바 진실이다.

우리에게 그리스도는 어떤 분이신지를 바울은 네 가지로 나누어서 역설하고 있다.

I. 그리스도는 "지혜"다. 그리스도께 복종할 때만이 우리는 인생의 길을 바로 걸으며 그의 말씀을 듣고 순종할 때만이 우리는 진리의 음성을 듣는다. 그는 생을 달관한 사람이다.

II. 그리스도는 "의로움"이다. 바울이 **의**라는 말을 썼을 때 그것은 항상 **하나님과의 올바른 관계**를 의미한다. 그것은 우리 자신의 노력으로는 도저히 도달할 수 없는 관계다. 그것은 우리가 하나님을 위해 행함으로써가 아니라 하나님께서 우리를 위해 행하여 주신 업적에 의해서만 그리스도를 통해 비로소 달성할 수 있는 관계다.

III. 그리스도는 "거룩함"이다. 그리스도의 임재 가운데서만 생은 본연의 자세를 가질 수 있다. 에피큐러스(Epicurus)는 제자들에게 곧잘 이렇게 말하였다고 한다. "언제나 에피큐러스가 보고 있다고 생각하고 생활하라." 우리와 그리스도와의 관계에서는 "있다고 생각하는" 일은 쓸데없다. 기독교인은 그리스도와 함께 걸어간다. 그리고 그와 더불어 걸어가는 한 세상의 더러움에 물들지 않고 살아갈 수가 있다.

IV. 그리스도는 "구속함"이다. 디오게네스는 사람들이 안과 의사나 치과

의사에게는 가지만 영혼의 병을 고쳐 주는 사람(철학자)에게는 결코 가려고 하지 않는다고 곧잘 한탄하였다고 한다. 예수 그리스도는 사람을 과거의 죄에서, 현재의 무력함에서, 장래의 공포에서 구원해 주실 수 있는 분이시다. 그는 노예—자아와 죄의 노예가 된 자—의 해방자이시다.

The Letter to the Corinthians 02

선교와 능력

고린도전서 2:1-5

[1]형제들아 내가 너희에게 나아가 하나님의 증거를 전할 때에 말과 지혜의 아
름다운 것으로 아니하였나니 [2]내가 너희 중에서 예수 그리스도와 그가 십자
가에 못 박히신 것 외에는 아무것도 알지 아니하기로 작정하였음이라 [3]내가
너희 가운데 거할 때에 약하고 두려워하고 심히 떨었노라 [4]내 말과 내 전도
함이 설득력 있는 지혜의 말로 하지 아니하고 다만 성령의 나타나심과 능력
으로 하여 [5]너희 믿음이 사람의 지혜에 있지 아니하고 다만 하나님의 능력에
있게 하려 하였노라

여기서 바울은 처음 고린도를 방문하였을 때의 일을 기억하고 있다. 그 기억 가운데 특히 눈에 띄는 것 세 가지가 있다.

1. 그는 "단순한" 말씀을 갖고 왔다. 그는 십자가의 이야기를 있는 그대로 단순하게 말하기 위하여 왔다. 바울이 그때 어디에서 고린도에 왔었는지 알아보는 것이 중요하다. 그는 아덴에서 고린도에 왔다. 우리가 아는 한 바울은 아덴에

서 오직 한 번 기독교를 철학적인 말로 바꾸어 보려고 했던 것이다. 아덴의 말스 언덕에서 그는 철학자들을 만나서 그들의 말과 용어를 사용하며 그들이 인용하는 말을 자기도 인용하고자 노력하였다(행 17:22-31). 그러나 바울에게서는 보기 드문 실패가 거기서는 있었다. 그의 철학적인 설교는 거의 아무런 효과도 내지 못하였다(행 17:32-34). 그때 바울은 스스로를 책망하면서 이렇게 말하였을 것이다. "두 번 다시 하지 말아야지. 이제부터는 예수의 이야기를 있는 그대로 내놓아야지. 다시는 인간의 범주라는 옷에 싸는 것은 그만이다. 예수 그리스도, 더욱이 십자가에 달리신 그리스도 이외에는 아무것도 알지 않겠다."

예수의 생애에 아무런 각색도 하지 않고 있는 그대로를 말한 이야기가 사람들의 마음을 움직이는 독특한 힘을 갖고 있다는 것은 틀림없는 사실이다. 제임스 스튜어트 박사는 그의 저서 가운데서 하나의 실례를 들고 있다. 기독교의 선교사들이 프랑크 국왕 글로비스의 궁전에 간 일이 있다. 그때 십자가의 이야기를 말하였더니 국왕은 그 이야기를 들으면서 아무도 모르게 칼자루에 손을 대면서 "나와 나의 프랑크 국민이 그곳에 있었다면 갈보리를 습격하여 그를 원수들의 손에서 구했을 것이다"라고 말했다고 한다. 단순한 이야기가 비할 데 없는 큰 힘을 갖고 있다는 것은 언제나 변함없는 진리다. 학문이 없는 보통의 사람들을 상대로 말할 때 사실 있는 그대로 생생하게 묘사하는 것이 면밀하게 짜 놓은 이론보다도 설득력이 있다는 것은 항상 변함없는 진실이다. 대부분 우리는 상대방의 지성에게가 아니라 마음에 호소함으로 그 사람의 가슴속 깊이까지 들어갈 수가 있다.

II. 바울은 두려운 마음으로 말하여 왔다. 이 의미를 우리는 신중하게 이해하지 않으면 안 된다. 그것은 바울이 자신의 안전을 두려워한 것이 아니다. 더욱이 자신이 설교하고자 하는 복음을 부끄럽게 생각한 것은 아니다. 그것은 바울이 말한 바 있듯이 "무서워 떨며 의무를 감당한다"는 의미의 떨림이다. 바울은 여기서 자기에 대해 말하고 있는 그대로 양심을 갖고 주인을 섬겨야 하는 노예에 대해서도 말하고 있다(엡 6:5). 두려워 떠는 마음이 없이 큰일을 하고자 하는 사람은 결국 실패로 끝난다. 정말 위대한 배우는 무대에 나서기 저에 흥분하는 배우다. 참으로 사람의 마음을 감동시키는 설교자는 설교하기 위해 기다리는 동안 가슴이 두근거리는 설교자다. 무슨 일을 할 때 두려움도, 주저도, 흥분도 긴장도 느끼지 않는 사람이라도 그 일을 훌륭하게 완수할 수 있을 것이다. 그러나 단순한 기술이나 기예만으로는 이룩할 수 없는 효과를 내게 할 수 있는 것은 두려워 떨 줄 아는 사람, 참으로 대함의 점수가 되는 긴장감을 알고 있는 사람들의 것이다.

III. 바울은 단지 말씀만을 갖고 온 것이 아니다. 좋은 성과를 갖고 왔다. 그의 전도 결과는 현실적으로 나타났다. 그의 전도는 성령과 능력의 증거로 그 진실성이 결정적으로 보증되었다고 바울은 말한다. 그가 여기서 사용하고 있는 말은 최고의 엄밀성을 동반하는 증거, 반박의 여지가 없는 증거를 의미하는 말이다. 그 증거란 어떠한 것이었을까? 그것은 사람들의 생활이 전부 변화하였다는 증거였다. 무엇인가 전혀 새로운 것, 모든 더러움을 거부하는 것, 새로이 창조할 수 있는 힘을 가진 것이 타락된 고린도 사회에 들어온 것이다.

존 하튼이 언제나 즐겨 말하는 이야기가 있다. 어떤 사나이가 있었다. 그는 술주정뱅이 방탕꾼이었다. 그런데 예수께 붙들렸다. 그의 동료들이 그것을 알고 신앙을 버리게 하려고 했다. "너와 같이 양식이 있는 사람은 성경에 있는 기적을 믿을 수 없을 걸세. 예를 들어 예수께서 물로 포도주를 만들었다는 것을 믿지 못하지." 그러자 그는 이렇게 대답하였다. "예수께서 물로 포도주를 만들었는지 아닌지 나는 모르네. 그러나 분명한 것은 우리 집에선 예수께서 맥주를 가구로 변화시킨 것은 사실이야." 누구도 변화에 대해서는 반박할 수 없다. 우리의 생활로 그리스도를 보여 주려고 하지 않고 변론으로 사람들을 그리스도 앞으로 인도하고자 하는 것이 우리의 약점이다. 누군가가 말했듯이 "성도는 그리스도께서 그 안에 다시 살아 계시는 사람이다."

하나님으로부터 오는 지혜

고린도전서 2:6-9

6그러나 우리가 온전한 자들 중에서는 지혜를 말하노니 이는 이 세상의 지혜
가 아니요 또 이 세상에서 없어질 통치자들의 지혜도 아니요 7오직 은밀한
가운데 있는 하나님의 지혜를 말하는 것으로서 곧 감추어졌던 것인데 하나
님이 우리의 영광을 위하여 만세 전에 미리 정하신 것이라 8이 지혜는 이 세
대의 통치자들이 한 사람도 알지 못하였나니 만일 알았더라면 영광의 주를
십자가에 못 박지 아니하였으리라 9기록된바 하나님이 자기를 사랑하는 자
들을 위하여 예비하신 모든 것은 눈으로 보지 못하고 귀로 듣지 못하고 사람
의 마음으로 생각하지도 못하였다 함과 같으니라

이 구절은 기독교의 가르침에도 여러 종류가 있으며 기독교 생활에도 여러 단계가 있다는 것을 보여 준다. 초대교회에서는 두 종류의 가르침이 분명히 구분되어 있었다.

I. "케리그마(Kerygma)"라는 것이 있었다. 케리그마란 **왕에게서 보냄을 받은 사자가 전하는 고시(告示)**를 의미한다. 기독교 경우 **케리그마**란 변론의 여지가 없는 근본적인 사실을 단순하게 선포하는 것을 의미한다. 이것이 분명히 제1단계였다. 즉, 예수의 생애와 죽음과 부활의 사실과 그의 재림에 대해 말하는 것이다.

II. "디다케(Didache)"라는 것이 있었다. 디다케란 **가르친다**는 의미다. 이미 고시된 사실의 의미나 의의를 설명하는 것이다. 이것은 분명히 이미 **케리그마**를 받아들인 사람들을 위한 제2단계다. 이것이 바로 바울이 여기서 말하고자 한 것이다. 바울은 지금까지 예수 그리스도, 십자가에 달리신 그리스도에 대해 말해 왔다. 그것은 기독교의 기본적인 선포다. 그러나 거기서 머물지 않고, 단순히 사실에 대해서만이 아니라 사실의 의미에 대해서도 가르치지 않으면 안 되겠

다는 것이다.

이 사실에 대한 가르침은 **텔레이오이**한 사람들 가운데서 행해져야 한다고 바울은 말한다. KJV은 이 말을 perfect(온전한)라고 번역하였다. 과연 그런 의미도 있다. 하지만 여기서는 적절하지 못하다. **텔레이오스**란 말은 육체적인 의미를 가진다. 그것은 성숙한, 즉 육체적인 발달의 정점에 도달한 인간이나 동물을 가르칠 때 사용한다. 그것은 정신적인 의미도 갖고 있다. 피타고라스는 그의 제자들을 초급자와 **텔리이오이**한 자들로 구분하였다. 텔레이오이한 자들이란 학문의 초보적 단계를 이미 졸업한, 다시 말해 고등과 학생들이다. 바울은 여기서 이 말을 바로 그런 의미로 사용한 것이다. 바울은 이렇게 말하고 있는 것이다. "거리에 있는 사람들이나 금방 교회에 들어온 사람들에게 우리는 기독교의 기초적인 사실에 대해 말한다. 그러나 약간 성숙한 사람들에 대해서는 그 기초적인 사실이 갖고 있는 의미를 보다 깊은 데까지 가르치는 것이다." 바울이 여기서 두 종류의 기독교인을 계급적으로 차별한다고 생각해서는 안 된다. 그것은 단계의 차이에 불과하며 단계가 다른 기독교인들에게는 종류가 다른 가르침이 필요하다는 것이다. 언제나 초보적인 단계에 머물기를 만족하고 거기를 뛰어넘어 전진하려고 노력하지도, 생각하지도 않는 일은 흔히 있는 비극이다.

바울은 여기서 특별한 의미를 가진 말을 사용하고 있다. KJV은 이것을 "We speak the wisdom of God in a mistery(비밀한 가운데 있는 하나님의 지혜를 말한다)"고 번역하였다. **무스테리온**이란 헬라어는 어떤 단체에 가입하여 가르침을 받은 사람에게는 잘 알려진 것이지만 그렇지 못한 사람들에게는 잘 알려지지 않은 것을 가르치는 말이다. 그 말은 어떤 결사(結社)가 의식이나 의례를 행할 때 그 의미가 그 결사의 회원들에게는 명백하지만 제삼자들에게는 전혀 이해되지 못한다는 경우에 사용되는 말이다. 결국 바울이 말하고 있는 바는 다음과 같은 것이다. "우리는 이미 마음을 그리스도께 바친 사람들만이 이해할 수 있는 바를 설명하도록 한다."

하지만 이 특별한 가르침은 인간의 지적인 활동이 이룩한 것이 아니라고 바울은 강조한다. 그것은 하나님의 은사이며 예수 그리스도와 함께 이 세상에 온 것이다. 모든 지식은 하나님으로부터 주어진 것이다. 그것은 진리를 구하는 인간의 마음과 계시하시고자 하시는 하나님의 영과 만나는 곳에서 생겨나는 것이다. 우리가 발견한 모든 것은 우리의 지성이 찾아낸 것이라기보다는 오히려 하나님께서 우리에게 가르쳐 주신 것이다. 그렇다고 해서 우리에게 인간으로서 노력할 책임이 배제된다는 것은 결코 아니다. 잘 공부하는 학생만이 위대한 교수에게서 풍부한 지식을 받기에 합당한 학생이다. 그는 끊임없이 노력함으로써 스스로 이것을 받기에 합당한 자로 만들지 않으면 안 된다. 우리와 하나님과의 관계도 같다고 할 수 있다. 우리가 힘써 구하며 이해하고자 노력하면 할수록 하나님께서는 더욱 우리에게 많은 것을 가르쳐 주신다. 거기엔 한도가 없다. 하나님의 풍부하심엔 한이 없기 때문이다.

신령한 것은 신령한 자에게

고린도전서 2:10-16

10오직 하나님이 성령으로 이것을 우리에게 보이셨으니 성령은 모든 것 곧
하나님의 깊은 것까지도 통달하시느니라 11사람의 일을 사람의 속에 있는 영
외에 누가 알리요 이와 같이 하나님의 일도 하나님의 영 외에는 아무도 알지
못하느니라 12우리가 세상의 영을 받지 아니하고 오직 하나님으로부터 온 영
을 받았으니 이는 우리로 하여금 하나님께서 우리에게 은혜로 주신 것들을
알게 하려 하심이라 13우리가 이것을 말하거니와 사람의 지혜가 가르친 말로
아니하고 오직 성령께서 가르치신 것으로 하니 영적인 일은 영적인 것으로
분별하느니라 14육에 속한 사람은 하나님의 성령의 일들을 받지 아니하나니
이는 그것들이 그에게는 어리석게 보임이요, 또 그는 그것들을 알 수도 없나
니 그러한 일은 영적으로 분별되기 때문이라 15신령한 자는 모든 것을 판단
하나 자기는 아무에게도 판단을 받지 아니하느니라 16누가 주의 마음을 알아
서 주를 가르치겠느냐 그러나 우리가 그리스도의 마음을 가졌느니라

여기에는 매우 기본적인 것이 몇 가지 있다.

I. 바울은 하나님에 대해 우리에게 말할 수 있는 자는 하나님의 영 이외엔 없다는 근본적인 진리를 주장한다. 그는 인간적인 비유를 갖고 이것을 설명한다. 어떤 사람의 영 이외에는 아무도 알 수 없는 것이 있다. 매우 개인적인 감정이라든가 극히 사적인 사항, 혹은 내적인 경험 같은 것은 본인의 심령이 아니고는 아무도 알 수 없다. 누구도 우리의 마음속을 들여다볼 수 없으며 거기에 무엇이 있는지는 우리의 심령만이 안다. 이 같은 사실은 하나님에 대하여도 말할 수 있다고 바울은 논의를 계속한다. 하나님 안에는 하나님의 영 이외엔 아무것도 모르는 깊고 내밀한 사항이 있다. 따라서 하나님을 아는 깊은 지식으로 우리를 인도하는 자는 성령이 아니고는 없다. 인간의 사고력만으로는 절대로 발견될 수 없는 것이 있다. 우리는 그것을 성령에게서 가르침을 받아야 한다. 성령만이 아시기 때문이다.

II. 어떤 인간일지라도 그것을 이해할 수 있다고는 할 수 없다. 바울은 신령한 것은 신령한 자를 위해 해석한다고 말하고 있다. 바울은 인간을 두 종류로 구분하고 있다.

1. **프뉴마티코이**한 인간이 있다. **프뉴마**(pneuma)란 성령을 의미하는 말이다. 따라서 **프뉴마티코이**한 인간이란 성령께 민감하여 그를 순종하며 그의 삶이 성령에 인도되는 사람, 모든 결단과 판단을 성령의 영향과 지도 아래 행하는 사람, 이 세상의 사실을 초월한 사실이 있으며 이 세상의 가치와 생명을 초월한 가치와 생명이 있다는 것을 의식하는 사람을 말한다.

2. **프수키코스**한 인간이 있다. 헬라어의 **프수케**(psuche)를 흔히 **혼**이라고 번역하고 있지만 그것은 원어의 올바른 의미를 전하지 못한다. **프수케**란 **육체적인 생명의 원리**를 말한다. 살아 있는 것은 모두 **프수케**를 갖고 있다. 개나 고양이나 그 어떤 동물이라도 **프수케**는 갖고 있지만 **프뉴마**는 갖지 못한다. **프수케**는 인간이 다른 모든 생물과 공유하고 있는 육체적인 생명이며, 이에 반해 프뉴마(pneuma), 즉 영은 인간이 인간되게 하는 것, 인간을 다른 피조물과 구분하는 것,

인간이 하나님의 형상을 닮도록 하는 것이다.

바울은 14절에서 **프수키코스**한(자연적인) 인간에 대해 말하고 있다. 그것은 육체적인 생명 이외에는 아무것도 존재하지 않는 것처럼 살고 있는 인간, 육체적 · 물질적 필요 이외에는 아무것도 필요 없는 것같이 생각하고 있는 사람, 육체적 · 물질적 가치만을 가치로 생각하며, 육체적, 물질적 기준에 의해서 모든 것을 판단하는 인간이다. 이런 사람에게는 영적인 것이 이해되지 않는다. 성욕을 만족시키는 것이 가장 중요한 것이라고 생각하는 사람에겐 순결의 의미가 이해될 수 없으며, 축재를 인생의 최고 목적으로 삼는 자는 자선의 의미를 모른다. 또 욕망이야말로 행동의 궁극적인 원리라고 생각하는 사람에겐 순수성의 가치가 이해될 리 없고, 이 세상을 초월한 것에 대해 생각해 보지 않은 사람은 하나님의 일을 알 리 없다. 그러한 사람들에겐 이러한 모든 것이 어리석은 일로 보일 뿐이다.

우리는 이러한 인간이 되어서는 안 된다. 그러나 우리의 영혼 속에 있는 "끊임없는 동경심"을 계속해서 억압한다면 우리도 그러한 인간이 되어 버릴 것이다. 그리고 한 번 그렇게 되어 버리는 날이면, 가령 하나님의 성령이 말씀하셔도 이제는 귀를 기울이지 않을 것이다.

이 세상의 것에만 골몰하여 이 세상밖에는 아무것도 존재하지 않는다고 생각하기는 매우 용이하다. 그렇기 때문에 그리스도의 마음을 품을 수 있도록 기도하지 않으면 안 된다. 그리스도께서 우리의 마음속에 살아 계실 때만이 우리는 물질적인 욕구의 파괴적인 침략에서 안전하게 피할 수 있기 때문이다.

The Letter to the Corinthians 03

가장 귀중한 하나님

고린도전서 3:1-9

1형제들아 내가 신령한 자들을 대함과 같이 너희에게 말할 수 없어서 육신에
속한 자 곧 그리스도 안에서 어린아이들을 대함과 같이 하노라 2내가 너희를
젖으로 먹이고 밥으로 아니하였노니 이는 너희가 감당하지 못하였음이거니
와 지금도 못하리라 3너희는 아직도 육신에 속한 자로다 너희 가운데 시기와
분쟁이 있으니 어찌 육신에 속하여 사람을 따라 행함이 아니리요 4어떤 이는
말하되 나는 바울에게라 하고 다른 이는 나는 아볼로에게라 하니 너희가 육
의 사람이 아니리요 5그런즉 아볼로는 무엇이며 바울은 무엇이냐 그들은 주
께서 각각 주신 대로 너희로 하여금 믿게 한 사역자들이니라 6나는 심었고
아볼로는 물을 주었으되 오직 하나님께서 자라나게 하셨나니 7그런즉 심는
이나 물 주는 이는 아무것도 아니로되 오직 자라게 하시는 이는 하나님뿐이
니라 8심는 이와 물 주는 이는 한가지이나 각각 자기가 일한 대로 자기의 상
을 받으리라 9우리는 하나님의 동역자들이요 너희는 하나님의 밭이요 하나
님의 집이니라

바울은 위에서 두 종류의 인간간에 보이는 차이에 대해 말한 바 있다. 즉, 영적인 인간(**프뉴마티코스**〈pneumatikos〉), 따라서 영적인 진리를 이해할 수 있는 인간과 **프수키코스**한 인간, 다시 말해 그의 관심도 목적도 사상도 이 세상적 · 육체적 생활을 초월하지 못하는, 따라서 영적인 진리를 파악하지 못하는 인간과의 차이에 대해 말하였다. 그리고 바울은 고린도 교인들이 아직 이 세상적, 육체적 생활의 단계에 머물러 있다고 책망한다.

고린도 교인들이 빠져 있는 상태를 말하면서 바울은 두 개 새로운 낱말을 사용한다. 1절에서 바울은 고린도 교인을 **살키노이**라고 부르고 있다. 이 말은 **육신**을 의미하는 **살크스**에서 온 것으로 바울이 자주 사용한 말이다. 그런데 어미가 **이노스**로 되어 있는 헬라어의 형용사는 모두 **무엇으로 된 것**이라는 의미를 가진다. 따라서 바울은 우선 고린도 교인이 육신으로 되었으며, 인간적인 면을 아직 초월하지 못한 것을 지적하고 있다고 본다.

하지만 그것만이었다면 별로 책망이 아니다. 인간이 인간인 이상 육신으로 된 것은 당연하기 때문이다. **그러나** 인간은 그런 상태에 머물러 있어서는 안 된다. 문제는 고린도 교인이 단지 **살키노이**이었을 뿐 아니라 **살키코이**이기도 했다는 점에 있다. **살키코이**란 **육신으로 되었을 뿐 아니라 육신에 의해 지배당한다**는 것을 의미한다. 바울의 경우 **육신**은 단지 육체적인 것을 의미하지 않는다. 바울에게 **육신**이란 **하나님으로부터 떠난 인간성**, 죄의 교두보가 되는 인간의 정신적 · 육체적 부분, 죄에 대해 일할 기회를 주며 죄에 대해 감응하고 공감하는 부분을 의미한다. 따라서 바울이 고린도 교인을 책망하는 것은 그들이 육신으로 되었다는 것 때문이 아니다. 인간은 모두 육신으로 되어 있다. 그들은 지금까지 말한 인간성의 저급한 부분에 그들의 인생관과 행동의 모든 것을 지배되는 대로 내맡기고 있기 때문이다.

그러면 그렇다는 증거는 어디 있는가? 바울은 고린도 교인의 생활과 행동의 어디를 보고 이러한 책망을 했을까? 그 증거는 그들의 당파심, 분쟁, 분파, 분열이다. 이것은 매우 중요한 일이다. **한 인간과 하나님과의 관계는 그와 이웃과의 관계를 보면 알 수 있기** 때문이다. 어떤 사람이 다른 사람들과 불화하며, 싸움을 잘하며, 말이 많고, 다른 사람에게 양보할 줄 모르고, 늘 말썽을 일으킨다면 그러한 사람은 아무리 교회에는 잘 출석하며 교회의 중직을 맡은 사람이라 할지라도 하나님의 사람이 아니다. 반대로 어떤 사람이 다른 사람들과 화합하며 사랑과 일치의 정신으로 사귐을 갖고 있다면 그 사람은 하나님의 사람이 되는 길 위에 있다. 또 어떤 사람이 그의 이웃과 멀리 떨어져 있으면 바로 그것이 그가 하나님으로부터 멀리 떨어져 있다는 좋은 증거다. 그가 그의 이웃과 분리되어 있으면 그는 하나님과도 분리되어 있다. 그가 하나님을 사랑한다면 이웃인 다른 사람들을 사랑할 것이 틀림없다. 이 진리를 레이 헌트는 오래된 동양의 이야기를 소재로 지은 그의 시 가운데서 아름답게 표현하였다.

> 아브 벤 아드헴은(그의 종족에 번영 있으라)
> 어느 날 밤, 깊은 꿈에서 깨어나,
> 창으로 스며드는 달빛 속에 천사의 모습을 보았다.
> 천사는 백합화처럼 아브의 방에 황홀한 색깔을 뿌리며,
> 황금의 책에 무엇인가 쓰고 있었다.
> 다시없는 안온함에서 무서움도 잊고,
> 벤 아드헴은 천사에게 물었다.
> "무엇을 쓰십니까?" 천사는 머리를 들고,
> 우아하고 아름다운 눈초리로 대답하였다.
> "주를 사랑하는 자의 이름을."
> "그럼 내 이름은?" "없노라."
> 아브는 목소리를 낮추고, 하지만 쾌활하게 말하였다.
> "그럼 부탁드립니다.
> 이웃을 사랑하는 자라고 나의 이름을 써 주세요."
>
> 천사는 사라졌다. 다음 날 밤에
> 천사는 다시 황홀한 빛 속에 찾아와서
> 하나님의 사랑을 입은 자의 이름을 보여 주었다.
> 보라! 벤 아드헴의 이름이 맨 처음에 기록되어 있지 않는가!

계속해서 바울은 단순한 인간에 불과한 지도자를 지나치게 칭찬하는 당파심의 본질적인 어리석음을 지적한다. 밭에서 어떤 사람은 씨를 뿌리고, 어떤 사람은 물을 주지만 그 누구도 자신이 자라게 했다고는 말할 수 없다. 성장시키는 능력은 하나님에게만 속한 것이다. 인간은 많은 일을 할 수 있다. 하지만 생명을 창조할 수는 없다. 씨를 뿌리는 자나 물을 주는 자나 동등한 지위에 있는 것이지 한 편이 다른 편보다 상위에 있다고 할 수 없다. 둘이 모두 한 주인—하나님—을 위해 함께 일하는 종에 불과하다. 하나님은 진리와 사랑의 메시지를 온 인류에게 전하기 위한 도구로써 인간을 사용하시긴 하겠지만 사람들의 마음에 신생을 눈뜨게 하는 것은 하나님만이 하실 수 있다는 것을 우리는 잊어서는 안 된다. 하나님만이 인간의 마음을 창조하신 것과 같이 하나님만이 이것을 재창조하실 수가 있다.

터와 건축자들

고린도전서 3:10-15

10내게 주신 하나님의 은혜를 따라 내가 지혜로운 건축자와 같이 터를 닦아
두매 다른 이가 그 위에 세우나 그러나 각각 어떻게 그 위에 세울까를 조심
할지니라 11이 닦아 둔 것 외에 능히 다른 터를 닦아 둘 자가 없으니 이 터는
곧 예수 그리스도라 12만일 누구든지 금이나 은이나 보석이나 나무나 풀이나
짚으로 이 터 위에 세우면 13각 사람의 공적이 나타날 터인데 그날이 공적을
밝히리니 이는 불로 나타내고 그 불이 각 사람의 공적이 어떠한 것을 시험할
것임이라 14만일 누구든지 그 위에 세운 공적이 그대로 있으면 상을 받고 15누
구든지 그 공적이 불타면 해를 받으리니 그러나 자신은 구원을 받되 불 가운
데서 받은 것 같으리라

여기서 바울은 분명히 개인적인 경험에 입각해서 말하고 있다. 바울은 터를

닦아 두는 것을 자신의 사명으로 생각하였다. 그것은 그가 항상 이리저리 전전하는 사람이었기 때문이다. 아닌 게 아니라 고린도에는 18개월(행 18:11), 에베소에는 3년(행 20:31) 체류하긴 했어도 데살로니가에는 한 달도 머물지 않았고, 대부분 그 정도의 기간을 한 곳에 체류하였던 것이다. 선교하여야 할 고장은 많고 예수 그리스도의 이름을 듣기조차 못한 사람들이 무수히 많기 때문이었다. 전 세계에 복음을 침투시키는 작업을 순조롭게 진행하려고 할 것 같으면 바울은 터를 마련하면 또 다음 고장으로 이동할 수밖에 없었던 것이다. 바울이 그처럼 조급한 마음을 누르고 한 곳에 머물러 있었던 것은 감옥에 갇힌 때뿐이었다.

바울은 어디에 가든지 똑같은 터를 닦았다. 그 터란 예수 그리스도를 구주로 내세우는 것이었다. 사람들을 그리스도께 인도하는 것이 바울의 가장 중요한 사명이었다. 예수 그리스도가 교회의 터가 되지 않으면 안 된다. 예수 그리스도 안에서만 기독교인들은 다음과 같은 세 가지 사실을 찾아볼 수 있기 때문이다.

I. "과거의 죄에 대한 용서"를 본다. 기독교인은 자신이 하나님과 새로운 관계를 맺게 된 것을 알고 하나님은 이제 원수가 아니라 친구인 것을 갑자기 발견한다. 기독교인은 하나님과 가까워진다는 바른 의미를 알고 하나님은 예수와 같으신 분임을 발견한다. 지금까지는 밉게만 보였던 것이 이제는 사랑스럽게 보이고, 지금까지는 굉장히 먼 거리에 있다고 생각되었던 것이 이제는 바로 옆에 얌전히 서 있는 것처럼 보인다.

II. "현재를 위한 힘"을 본다. 예수의 임재와 도우심으로 기독교인은 인생에 대처할 힘과 용기를 발견한다. 그것은 이제 벌써 기독교인이 죄악의 세력과 고전분투하지 않아도 되기 때문이다. 기독교인은 그 어떤 것이든 간에 그를 주 예수 그리스도 안에 있는 하나님의 사랑에서 끊을 수 없는 새로운 인생을 살기 때문이다. 기독교인은 그리스도와 함께 인생의 길을 걸으며 그리스도와 함께 인생의 싸움터에서 싸운다.

III. "장래에 대한 희망"을 본다. 기독교인은 이제 장래를 바라보기 무섭던 세계에 살지 않는다. 기독교인은 하나님께서 지배하시는 세계, 하나님과 같이 일하는 가운데 만사가 합동하며 선을 이루는 세계, 생의 모든 순간순간이 하나님의 수중에 있는 세계, 그런 세계에 살고 있다. 죽음은 곧 종말이 아니라 보다 큰 영광을 위한 서곡에 불과한 세계에 살고 있다. 그리스도를 터로 삼지 않고는 누구나 그러한 세계에 살 수 없다.

하지만 이 그리스도의 터 위에 다른 사람이 집을 짓는다. 바울은 여기에 다른 사람이 잘못된 집을 지을까 염려하지 않고 불충분한 집을 지을까 염려한다. 우리는 물을 잔뜩 타서 싱거워진 기독교를 사람들에게 가르쳐 버릴는지 모른다. 혹은 자기 기분에 맞는 점만을 강조하고 그것 이외의 가르침은 무시하며 밸런스를 잃어버린 기독교를 사람들에게 전할지 모른다. 더욱이 중요한 교리를 곡해하고 신조를 왜곡하여 어그러진 모습으로 만들어 사람들에게 설교해 버릴는지 모른다. 그날이란 그리스도께서 재림하시는 날이다. 그때 마지막 시험이 있을 것이다. 잘못된 작업이나, 불충분한 작업은 깨끗이 일소될 것이다. 그러나 하나님의 자비하심을 힘입어 불충분한 건축자라 할지라도 그 사람 자신은 구원을 받을 것이다. 아무리 불충분한 것이었다고 하더라도 그 사람은 그리스도를 위해 무엇인가 해 보려고 노력했기 때문이다.

우리 각자가 갖고 있는 기독교에 대한 이해가 잘못된 것은 아니라 할지라도 불충분한 것임은 틀림없다. 하지만 이 불충분한 점은 우리 각자가 자신의 신앙을 각자의 편견이나 선입견에 비추어 보지 않고, 이러저러한 신학자의 학설과 일치하느냐 않느냐 따져 보지 말고 신약성경의 빛, 그 중에서도 십자가의 빛에 비추어 점검해 볼 때 대폭적으로 보충할 수 있을 것이다. 헬라의 위대한 평론가 롱기너스는 제자들에게 다음과 같은 시험 방법을 가르쳐 주었다. "너희가 무슨 글을 쓸 때든지 호머나 데모스데네스라면 어떻게 쓸까 하고 생각하라. 아니 그보다도 호머나 데모스데네스가 너의 글을 읽고 어떻게 생각할 것인가 자문해 보라." 우리는 그리스도에 대해 말할 때 그리스도께서 바로 옆에 앉아 들으신다고 생각하면서 말하지 않으면 안 된다. 사실 그리스도께서는 그렇게 듣고 계시기도 하다. 이렇게 시험함으로써만 우리는 많은 잘못에서 피할 수 있다.

지혜와 미련함

고린도전서 3:16-23

[16]너희는 너희가 하나님의 성전인 것과 하나님의 성령이 너희 안에 계시는
것을 알지 못하느냐 [17]누구든지 하나님의 성전을 더럽히면 하나님이 그 사람
을 멸하시리라 하나님의 성전은 거룩하니 너희도 그러하니라 [18]아무도 자신
을 속이지 말라 너희 중에 누구든지 이 세상에서 지혜 있는 줄로 생각하거든
어리석은 자가 되라 그리하여야 지혜로운 자가 되리라 [19]이 세상 지혜는 하
나님께 어리석은 것이니 기록된바 하나님은 지혜 있는 자들로 하여금 자기
꾀에 빠지게 하시는 이라 하였고 [20]또 주께서 지혜 있는 자들의 생각을 헛것
으로 아신다 하셨느니라 [21]그런즉 누구든지 사람을 자랑하지 말라 만물이 다
너희 것임이라 [22]바울이나 아볼로나 게바나 세계나 생명이나 사망이나 지금
것이나 장래 것이나 다 너희의 것이요 [23]너희는 그리스도의 것이요 그리스도
는 하나님의 것이니라

바울에게 교회란 하나님의 성전 바로 그것이었다. 교회는 그 안에 하나님의 영이 머물러 계시는 공동체이기 때문이다. 후대에 오리게네스가 말한 것같이 "우리가 성령을 받기 위해 준비할 때 우리는 무엇보다도 하나님의 성전이다".

하지만 교회와 그 사귐 속에 불화와 분쟁과 분열을 끌어들이는 사람이 있다면 그들은 이중의 의미로 하나님의 성전을 파괴하는 것이다.

1. 그들은 성령의 활동을 불가능하게 한다. 미움이 교회 안에 들어오자마자 사랑은 거기서 나가고 만다. 그러한 공기 속에는 진리가 결코 바르게 들려질 수도 없다. "사랑이 있는 곳에 하나님은 계신다." 미움과 싸움이 있는 곳에서는 하나님께서 밖에 서서 문을 두드리고 계셔도 안으로 맞아들일 수 없다. 교회의 진정한 표시는 형제를 사랑하는 것이다. 그 사랑과 사귐을 파괴하는 자는 교회를 파괴하는 자이며, 따라서 하나님의 성전을 파괴하는 자임을 우리는 결코 잊어서

는 안 된다.

II. 그들은 교회를 분열시킨다. 아니 글자 그대로 교회의 건물을 산산조각으로 와해시킨다. 어떤 건물이든지 그 건물을 구성하는 몇 개 부분을 제거하기만 하면 그 건물은 곧바로 튼튼히 서 있을 수 없다. 오늘날에서도 교회의 최대 약점은 분열에 있다. 이러한 의미에서도 그들은 하나님의 성전을 파괴하는 자들이다.

바울은 더 나가서 이러한 분열과 그 결과로 생기는 하나님의 성전, 즉 교회의 파괴에 대한 근본 원인을 명확하게 지적한다. 그 근본 원인은 지성적인, 이 세상의 지혜를 숭배하는 데 있다. 바울은 구약성경에서 두 곳, 즉 욥기 5장 13절과 시편 94편 11절을 인용함으로써 이러한 지혜야말로 규탄 받아야 할 것이라고 보여준다. 고린도 교인들은 바로 이러한 세속적인 지혜에 의해 여러 교사나 지도자들의 가치를 판단하였던 것이다. 이런 인간적인 지성의 자랑 때문에 그들은 설교하는 방법, 예를 들면 수사법이라든가 설득력의 유무라든가, 변론의 정묘성 같은 것을 판단, 평가, 비판하는 데만 열중하였지 선교의 내용 같은 것은 알아보려고 하지 않았던 것이다.

이러한 지적인 교만이 잘못된 이유는 항상 다음과 같은 두 가지 결점을 갖고 있기 때문이다.

I. 그것은 언제나 "논쟁적"이다. 상대방이 말하는 것을 조용히 듣고 경탄하는 일이 없다. 지껄이거나 비판하지 않고는 못 참는다. 자기 의견에 반대하는 자를 이해하지 못하고, 자기만 옳다고 고집한다. 자신이 잘못되었다는 점을 인정할 줄 모르고, 끝까지 자신을 정당화하려고 한다. 겸손하게 상대방에게 배울 생각은 않고, 언제나 자신을 절대적인 기준으로 삼지 않고는 가만히 있지 못한다.

II. 지적인 교만은 본질적으로 "배타적"이다. 그것은 다른 사람의 옆에 앉기보다는 높은 데서 사람을 내려다보고자 하는 경향을 가진다. 자기 의견에 찬성하지 않는 자는 모두 틀렸다고 생각한다. 옛날에 크롬웰은 스코틀랜드 사람들에게 다음과 같이 편지를 써 보냈다. "내가 그리스도의 자비하심으로 너희에게 권한다. 너희에게도 잘못이 있을 수 있다는 것을 생각해 보기 바란다." 이것이야말로 지적으로 교만한 자들이 도저히 생각할 수 없는 것이다. 지적인 교만은 사람들을 맺어 주기는커녕 서로 분리해 놓는 일이 더 많다.

바울은 생생한 어구를 사용하면서 지혜로운 자가 되려는 이들에게 어리석은 자가 되라고 권면한다. 그것은 겸허하게 배우는 자가 되라는 권면을 신선하게 표현한 것뿐이다. 그러한 것은 벌써 다 알고 있다고 생각하는 인간에겐 아무도 무엇을 가르칠 수 없다. 플라톤은 "자신은 지혜를 배우기에 적합하지 않다고 생각하는 사람이야말로 가장 현명한 인간이다"라고 말하였다. 쿠인틸리안도 어떤 제자들에게 대해 이렇게 말하였다. "자신들의 학식에 대해 그처럼 자신감을 갖지 못했더라면 틀림없이 훌륭한 학자들이 되었을 터인데." 또 옛 속담에 "무지하면서도 자신의 무지를 모르는 사람은 어리석은 사람이다. 그런 사람은 피하라. 무지하지만 자신의 무지를 아는 사람은 지혜로운 사람이다. 그런 사람에게는 가르쳐 주라"는 말이 있다. 지혜로운 사람이 되는 유일한 길은 자신이 어리석은 자임을 인식하는 것이다. 그리고 지식에 이르는 유일한 길은 자신의 무지를 고백하는 것이다.

바울의 편지에서는 종종 보이는 일이지만, 22절에 이르러 그의 문장엔 갑자기 날개가 돋아나 정열적인 서정시로 비약한다. 바울이 볼 때 고린도 교인들은 이상한 일들을 하고 있다. 그들은 자신들을 누군가의 손에 넘겨주려고 하고 있는 것이다. 그래서 바울은 그들에게 사실은 그들이 바울의 것이 아니라 바울이야말로 그들의 것이라고 말하고 있다. 자신을 어느 당파에 예속시키는 것은 왕자가 되어야 할 자가 노예의 신분을 감수하는 것과 같다. 사실 바울은 그들의 것이다. 그들은 그리스도의 것이며, 그리스도는 하나님의 것이기 때문이다. 자신의 생명과 역량과 정력과 마음을 분파 중에서도 작은 분파 같은 것에 바치는 인간은 우주와 같이 넓은 사랑과 사귐을 가질 수 있다고 하는데도, 일부러 보잘것없는 것을 위해 모든 것을 희생하고 있는 것이다. 무한한 인생의 세계관을 일부러 좁게 국한시키는 것이다.

The Letter to the Corinthians 04

세 가지 판단

고린도전서 4:1-5

[1]사람이 마땅히 우리를 그리스도의 일꾼이요 하나님의 비밀을 맡은 자로 여
길지어다 [2]그리고 맡은 자들에게 구할 것은 충성이니라 [3]너희에게나 다른 사
람에게나 판단 받는 것이 내게는 매우 작은 일이라 나도 나를 판단하지 아니
하노니 혤, 사람의 날에게나 [4]내가 자책할 아무것도 깨닫지 못하나 이로 말
미암아 의롭다 함을 얻지 못하노라 다만 나를 심판하실 이는 주시니라 [5]그러
므로 때가 이르기 전 곧 주께서 오시기까지 아무것도 판단하지 말라 그가 어
둠에 감추인 것들을 드러내고 마음의 뜻을 나타내시리니 그때에 각 사람에
게 하나님으로부터 칭찬이 있으리라

바울은 고린도 교인들에게 아볼로나 게바나 자신을 당파나 분파의 지도자로 생각하지 말고 그리스도의 일꾼으로 생각해 달라고 한다. 여기서 바울이 사용한 일꾼이란 말은 매우 재미있는 말이다. 그 말은 **휘페레테스**(huperetes)인데 원래는 3단 오르선인 갤리선의 맨 하단의 노수, 즉 큰 노를 저어 바다에서 배가 달리게 하는 노예들을 의미하는 말이다. 어떤 주석가는 이 점을 강조하여 그리스도는

배의 항로를 지시하는 키잡이고 바울은 키잡이의 명령을 받아 일하는 일꾼이라고 묘사하고 있다고 한다.

계속해서 바울은 또 하나의 묘사를 사용하고 있다. 즉, 바울은 자신을 포함해서 전도자들을 하나님께서 그의 백성에게 계시하시고자 하시는 비밀을 **맡은 자**라고 생각하고 있다. 맡은 자(**오이코노모스**)란 **청지기**를 말한다. 청지기는 주인의 집과 재산을 전부 관리하며, 일꾼들을 감독하며, 물자를 지급, 분배하며 집 전체를 보살폈다. 하지만 노예들을 감독했다고 해도 그 집주인으로 볼 때는 청지기도 노예에 불과하였다. 마찬가지로 어떤 사람이 교회에서 지위가 어떤 것이며, 교회에서 어느 정도의 권력을 행사할지라도, 어떤 특권을 누리고 있더라도 그도 그리스도의 종에 불과한 것이다.

그러한 생각은 바울이 판단이란 문제를 생각하게 했다. **오이코노모스**(oikonomos: 청지기)의 첫째 조건은 믿을 수 있는 인간이 되어야 한다는 것이다. 그처럼 많은 독립성과 책임과 지배권이 주어진 이상 주인의 절대적인 신임이 더욱 더 필요하였던 것이다. 고린도 교인들은 교회의 지도자들을 자신들이 섬겨야 할 주인으로서 독점하려고 했다. 즉, 그 지도자들에 대해 판단을 내리고 그 중에서 하나를 선택하여 주인으로 삼은 것이다. 여기서 바울은 모든 사람이 직면하지 않으면 안 될 세 가지 판단에 대해 말한다.

1. 인간은 같은 "인간"의 판단에 직면하지 않으면 안 된다. 이 경우 바울은 인간의 판단을 자신은 개의하지 않는다고 했다. 하지만 어떤 의미에서 인간은 같은 인간의 판단을 무시할 수 없다. 묘한 일이지만 인간의 판단은 때로 근본적인 잘못을 저지를 때가 있지만 본능적으로 올바를 때가 있기도 하다. 인간은 누구나 지조, 정직, 솔직, 신임, 관용, 희생, 사랑 등과 같은 기본적이면서도 위대한 덕을 본능적으로 흠모하기 때문이다. 견유학파(cynic)의 철학자인 안티스테네스는 이런 말을 가끔 했다고 전해진다. "네 자신에게 진실을 말하는 이가 두 사람 있다. 몹시 화가 난 원수와 너를 지극히 사랑하는 친구다." 분명히 다른 사람이 무엇이라고 했다고 해서 자신이 옳다고 믿는 바를 굽혀서는 안 된다. 그러나 타인의 판단이 내 생각보다 뜻밖에 정확할 경우가 많다는 것도 확실하다. 그것은

앞서 말한 바와 같이 인간은 누구나 아름다운 것을 본능적으로 흠모하기 때문이다.

II. 인간은 "자신"의 판단에 직면하지 않으면 안 된다. 이 경우에도 바울은 이것을 무시하고 있다. 인간의 자기 평가는 자기 만족이나, 독선이나, 자만이나, 자아 도취에 의해 흐려질 수 있다는 것을 바울은 잘 알고 있었다. 그러나 참된 의미에서 인간은 모두 자기 자신의 판단에 직면하지 않으면 안 된다. 헬라의 기본적인 윤리법칙의 하나는 "사람아, 네 자신을 알라"는 것이었다. 견유학파의 철학자들은 참된 인간의 첫 번째 특성을 "자기 자신과 잘 지내는 능력"이라고 주장하였다. 인간이 도저히 피할 수 없는 인간이란 자기 자신이다. 자기 자신과는 어쩔 수 없이 같이 살아야 한다. 따라서 자존심을 잃고 자기 눈을 곧바로 바라볼 수 없을 때 인생은 견디기 어려운 것이 된다.

III. 인간은 "하나님"의 판단에 직면하지 않으면 안 된다. 궁극적으로는 이것이야말로 유일한 참된 판단이다. 바울이 기다린 것은 어떤 인간적인 판단이 아니라 주의 날에서 판단이었다. 하나님의 판단은 결정적인 판단이다. 그 이유는 두 가지 있다.

1. 하나님만이 모든 **정황**을 알고 계시기 때문이다. 하나님은 모든 숨은 것을 밝히 드러내실 수 있다. 하나님은 인간의 마음속의 갈등을, 또 사람들에게는 말할 수 없는 비밀을 알고 계신다. 인간이 어디까지 떨어졌는지, 어디까지 올라갔는지, 좋든 나쁘든 어떤 인간이 되었는지 그 가능성까지라도 알고 계신다. 하나님은 모든 사실을 아시는 유일한 분이다.

2. 하나님만이 인간의 **동기**를 모조리 알고 계시기 때문이다. "인간은 행위를 보지만 하나님은 마음을 보신다." 고결하게 보이는 많은 행위도 가장 이기적인 추악한 동기에서 시작되었을는지 모르며 비열하게 보이는 많은 행위가 가장 고결한 동기에서 출발한 것인지 모른다. 인간의 마음을 창조하신 이만이 인간의 마음을 알고 또 판단하실 수 있다.

여기서 두 가지 사실을 분명히 기억해 둘 필요가 있다. 첫째로, 우리는 가령 타인의 판단을 피해 혹시 타조와 같이 이에 대해 눈을 감고 있어도 하나님의 판단을 피할 수 없다는 것과 둘째로 판단은 하나님의 것이란 점이다. 하나님만이 인간을 판단할 수 있으니만큼 우리는 누구도 판단하지 말아야 한다.

사도의 겸비와 기독교인에게 합당치 않은 교만

고린도전서 4:6-13

6형제들아 내가 너희를 위하여 이 일에 나와 아볼로를 들어서 본을 보였으니
이는 너희로 하여금 기록된 말씀 밖으로 넘어가지 말라 한 것을 우리에게서
배워 서로 대적하여 교만한 마음을 가지지 말게 하려 함이라 7누가 너를 남
달리 구별하였느냐 네게 있는 것 중에 받지 아니한 것이 무엇이냐 네가 받았
은즉 어찌하여 받지 아니한 것같이 자랑하느냐 8너희가 이미 배부르며 이미
풍성하며 우리 없이도 왕이 되었도다 우리가 너희와 함께 왕 노릇 하기 위하
여 참으로 너희가 왕이 되기를 원하노라 9내가 생각하건대 하나님이 사도인
우리를 죽이기로 작정된 자같이 끄트머리에 두셨으매 우리는 세계 곧 천사
와 사람에게 구경거리가 되었노라 10우리는 그리스도 때문에 어리석으나 너
희는 그리스도 안에서 지혜롭고 우리는 약하나 너희는 강하고 너희는 존귀
하나 우리는 비천하여 11바로 이 시각까지 우리가 주리고 목마르며 헐벗고
매 맞으며 정처가 없고 12또 수고하여 친히 손으로 일을 하며 모욕을 당한즉
축복하고 박해를 받은즉 참고 13비방을 받은즉 권면하니 우리가 지금까지 세
상의 더러운 것과 만물의 찌꺼기같이 되었도다

바울이 자기와 아볼로에 대해 말한 것은 모두 바울과 아볼로에 대해서만 진리일 뿐 아니라 고린도 교인들에게 대해서도 진실한 것이다. 인간이 직면하고 있는 것은 인간의 판단이 아니라 하나님의 판단이라는 생각에서 겸비하지 않으면 안 되는 사람은 바울과 아볼로뿐이 아니다. 고린도 교인들도 똑같이 겸비하지

않으면 안 된다. 바울은 항상 놀라우리만큼 겸비하였다. 그가 사람들을 경고하고, 혹은 그들을 비난할 때 언제나 자신을 포함시키고 말하는 것이었다. 참다운 전도자는 **너희**란 말을 함부로 쓰지 않고 언제나 **우리**라는 말을 사용한다. 높은 곳에서 밑을 향해 말하는 것이 아니라 사람들 사이에서 그들의 옆에 앉아서 그들과 같은 심정을 가진 인간으로서 말한다. 우리가 정말로 사람들을 도와주고 구원하고자 하면, 우리가 그들을 책망할 것이 아니라 그들에게 호소하는 태도를 취하여야 한다. 비판적인 태도가 아니라 동정적인 입장을 취하여야 한다. 고린도 교인들에게 "밖에 넘어가지 말라"고 바울이 주의하였지만 그것은 바울 자신의 말이 아니라 하나님의 말씀이시다. 그는 사람들 앞에 자신의 교훈을 전개하는 것이 아니라 하나님의 말씀이 모든 교만을 정죄한다는 것을 보여 주고 있다. 바울이 그들에게 호소하고 있는 것은 인간의 충고가 아니라 하나님의 명령이다.

다음으로 바울은 모든 물음 중에서도 가장 적절하며 근본적인 물음을 제출한다. "네게 있는 것 중에 받지 아니한 것이 무엇이냐"고 바울은 묻는다. 이 짧은 문장 속에서 어거스틴은 은총의 교리 전부를 깨달았다. 한때 어거스틴은 인간의 선행을 중심으로 생각했었는데 드디어 "이 문제를 해결하기 위해 인간의 의지의 자유를 기치로 하고 열심히 노력하였지만 드디어 하나님의 은총이 승리하였다"고 고백하기에 이르렀던 것이다.

하나님께서 자신을 계시하시지 않았으면 아무도 하나님을 알 수 없었을 것이다. 아무도 자신의 구원을 얻지 못했을 것이다. 인간은 자신을 구원하는 것이 아니라 구원 받는다. 우리는 우리가 한 일이나 우리가 할 수 있는 일을 생각해 보고, 한편 하나님께서 우리를 위해 행하신 것을 생각해 볼 때 교만한 마음은 사라지고 오직 겸비하고 감사한 마음만이 남는다. 고린도 교인들의 근본적인 잘못은 그들의 영혼이 하나님의 은혜를 힘입고 있음을 잊어버리고 있다는 것이다.

여기서 우리는 바울의 서신에서 흔히 볼 수 있는바, 날개 치는 정감(情感)을 다시 한 번 본다. 바울은 고린도 교인들에게 통렬한 풍자를 퍼붓는다. 바울은 저들의 고난, 독선, 우월감을 사도의 생활과 비교해 보여 준다. 그때 바울은 매우 생생한 비유를 사용한다. 로마의 장군이 큰 승리를 거두었을 때 그에게는 모든 전리품을 거느린 개선군을 가두 행진시킬 수 있는 특권을 허락해 준다. 그렇게 해서 그의 승리와 공적을 사람들에게 보일 수 있게 해 주는 것이다. 그 행진을 개선식이라 했다. 그리고 그 개선 행진의 맨 꼬리에는 죽음의 운명을 가진 한 떼의 포로들이 따르게 마련이었다. 그들은 행진이 끝나면 투기장에 끌려가 야수들과 싸우고 죽을 수밖에 없게 되어 있었다. 테 모리토리 사루타무스! 죽을 수밖에 없는 우리가 여러분에게 작별 인사를 보내노라!

고린도 교인들은 그 겁도 없는 교만으로 볼 때 용감성을 자랑하는 개선장군과 같았다. 이에 반해 사도들은 그 포로의 무리, 죽음의 운명에 처해진 사람들과 같았다. 고린도 사람들에게는 기독교 생활이란 자부심과 특권을 자랑하며 자신의 공적을 내세우는 생활이었다. 하지만 바울에게는 스스로 낮춰 사람들을 섬기고, 그리스도를 위해 기쁨으로 죽는 생활이었다.

바울이 사도들이 당하는 괴로움을 열거하는 것 중에 특히 흥미 있는 말이 두 개 있다.

I. 우리가… "매 맞으며(kolaphizesthai)"라고 바울은 말한다. 이 말은 노예를 매질하는 데 사용한 말이다. 플루탁은 어떤 사람이 한 노예의 소유자에 대해 자신은 누군가 그 노예를 때리는 것을 보았기 때문에 노예는 그 사람의 것이라고 증언하였다는 말을 했다. 그때 사용된 말이 바로 이 말이다. 바울은 그리스도를 위해서라면 즐거이 노예와 같이 취급되겠다는 것이다.

II. 바울은 "후욕을 당한즉 축복하고"라고 한다. 이교도들에 대해 이 말이 얼마나 놀라운 말이었는지 우리는 도저히 이해할 수 없을 것이다. 아리스토텔레스는 최고의 덕이란 **메갈로프수키아**, 즉 위대한 혼을 소유한 사람의 덕으로써 **마음이 관대한 것**이라고 했다. 그러고는 그는 이 덕을 정의하여 후욕을 용서치 않는 성질이라고 했다. 다시 말해 고대 세계에서는 기독교의 겸비란 전혀 새로운 덕이었던 것이다. 실제로 그것은 당시 사람들에게는 바보나 미친 사람들의 것으로만 보였을 것이다. 하지만 그 미련함이야말로 사실은 하나님의 지혜였던 것이다.

믿음의 아버지

고린도전서 4:14-21

[14]내가 너희를 부끄럽게 하려고 이것을 쓰는 것이 아니라 오직 너희를 내 사
랑하는 자녀같이 권하려 하는 것이라 [15]그리스도 안에서 일만 스승이 있으되
아버지는 많지 아니하니 그리스도 예수 안에서 내가 복음으로써 너희를 낳
았음이라 [16]그러므로 내가 너희에게 권하노니 너희는 나를 본받는 자가 되라
[17]이로 말미암아 내가 주 안에서 내 사랑하고 신실한 아들 디모데를 너희에
게 보내었으니 그가 너희로 하여금 그리스도 예수 안에서 나의 행사 곧 내가
각처 각 교회에서 가르치는 것을 생각나게 하리라 [18]어떤 이들은 내가 너희
에게 나아가지 아니할 것같이 스스로 교만하여졌으나 [19]주께서 허락하시면
내가 너희에게 속히 나아가서 교만한 자들의 말이 아니라 오직 그 능력을 알
아보겠으니 [20]하나님의 나라는 말에 있지 아니하고 오직 능력에 있음이라
[21]너희가 무엇을 원하느냐 내가 매를 가지고 너희에게 나아가랴 사랑과 온유
한 마음으로 나아가랴

이 편지에서 고린도 교회의 분열과 분쟁을 직접 문제 삼은 부분은 여기서 끝난다. 바울은 아버지의 입장에서 이 편지를 쓰고 있다. 그가 14절에서 사용한 **권한다**(nouthetein)는 말 자체가 아버지가 자녀들에게 주는 주의나 충고를 나타낼 때 흔히 사용하는 말이다(엡 6:4). 바울은 엄한 어조로 말했는지 모른다. 하지만 그것은 불순종하는 노예를 굴복시키는 엄격함이 아니라, 잘못된 길에 빠진 어리석은 아들을 제 길로 끌어들이기 위한 엄격함이다. 바울은 고린도 교회에 대해 자신이 특수한 입장에 있다고 생각하였다. 스승(paidagogos, 갈 3:24 참조)은 교사와는 다르다. 스승은 나이가 많고 믿을 수 있는 노예로서 자녀들을 매일 학교에 데리고 다니며, 자녀의 도덕적인 면을 훈련하며, 품성에 주의를 기울여 남자다운 남자로 만들어 내는 것을 사명으로 했다. 아이들에게는 많은 스승이 있을는지 몰라도 아버지는 한 분뿐이다. 이와 같이 고린도 교인들은 앞으로 많은 스승

이나 교사의 지도를 받을는지 몰라도 그들 중 아무도 고린도 교인들에 대해 바울이 한 것 같은 일을 할 수는 없는 것이다. 그들 중 누구도 고린도 교인들을 그리스도 예수에게 있는 생명으로 낳을 수는 없는 것이다.

여기서 바울은 매우 놀랄 만한 말을 했다. "내 자녀들아 아버지를 본받으라" 고 바울은 말한 것이다. 이런 말을 할 수 있는 아버지는 흔하지 않다. 대부분 아버지의 소원이나 기도는 자신이 이루지 못한 꿈을 자식이 실현해 주기를 바라는 것이다. 우리 교사들이라 할지라도 "내가 말하는 대로 하라" 고 말할 수는 있어도 "나를 본받으라" 고는 도저히 할 수 없다. 그런데 바울은 자부심에서가 아니라 순수한 마음에서 믿음의 자녀들에게 자신을 본받으라고 명령할 수 있었던 것이다.

그러고 나서 바울은 고린도 교인들에게 사려 깊은 경의를 표하였다. 바울은 그들이 있는 곳에 디모데를 보내어 자신의 생활 태도를 기억나게 하고자 한다고 말한다. 바울은 고린도인들의 잘못이나 틀린 생활은 사실 고의적인 반역에 의한 것이 아니라, 중요한 점을 잊어버린 데서 오는 것이라 한다. 이것이야말로 인간성의 진실을 이해하는 데서 오는 것이다. 우리도 때로는 그리스도께 고의적으로 반역하지는 않지만, 단지 그리스도를 잊어버릴 때가 많다. 우리가 짐짓 그리스도를 포기하는 것이 아니라 그는 어디든지 계시다는 사실을 잊어버릴 때가 많은 것이다. 우리에게 무엇보다 중요한 것은 예수 그리스도의 임재를 밝히 인식하면서 살도록 의식적으로 노력한다는 것이다. 예수 그리스도께서 "나를 기억하라" 고 하시는 말씀은 단지 성찬식 때뿐 아니라 매일 매 순간 하시는 말씀이다.

여기서 바울은 도전적인 태도로 나온다. 바울은 고린도 교인들에게 디모데를 보냈으니 바울 자신이 가지 않을 줄 생각하지 말라고 한다. 길만 열리면 바울 자신이 가겠다고 한다. 그때 고린도 교인들은 시험 받을 것을 각오하라고 한다. 그들은 말은 매우 잘하나 중요한 것은 말을 잘하는 것이 아니라 행동이라고 한다. 예수께서는 결코 "너희는 말로 그들을 알리라" 고 하지 않으셨다. "너희는 그 열매로 그들을 알리라" 고 말씀하셨다. 기독교에 대한 이야기라면 온 세상에 넘치도록 흔하다. 그러나 오직 하나의 행함은 천만 마디의 말보다도 낫다. 회의에 참석하여 말로 떠드는 것과 그리스도를 섬기며 현실적으로 행동하는 것은 전혀 다른 것이다.

그리고 바울은 마지막으로 그가 징계를 위하여 가는 것과 사랑의 사귐을 위해 가는 것 가운데서 그들은 도대체 어느 쪽을 원하는가고 묻는다. 그리스도 안에 있는 자녀들에 대한 바울의 사랑은 그가 쓴 어느 서신에도 넘치고 있지만 그 사랑은 맹목적이거나 감상적인 가벼운 사랑이 아니다. 그 사랑은 때로는 징계도 필요한 것을 아는 사랑, 징계를 가할 준비가 되어 있는 사랑이다. 다른 사람의 결점을 눈감아 줌으로 그 사람을 파멸케 하는 사랑도 있다. 그와 반대로 다른 사람을 그리스도의 눈으로 밝히 봄으로 그를 개선시키는 사랑도 있다. 바울의 사랑은 상대방을 개선하기 위해 때로는 상처를 줄 필요가 있다는 것을 알고 있는 사랑이었다.

지금까지 바울은 고리도 교회 내의 분쟁과 분열의 문제를 취급하였다. 이제부터 바울은 자신의 귀에 들려온 그 교회 내의 중대 사태와 매우 실제적인 문제에 대해 말하고자 한다. 그것은 5장과 6장에 실려 있다. 5장 1-8절은 근친상간의 문제, 5장 9-13절은 품행이 단정치 못한 자들에 대해 취할 엄한 태도, 6장 1-8절은 무엇이든지 재판에 회부하기를 좋아하는 고린도 교인들의 잘못된 버릇 등을 각각 취급하고 있다. 또 6장 9-20절은 순결이 필요하다는 것을 강조하고 있다.

The Letter to the Corinthians 05

죄와 자기 만족

고린도전서 5:1-8

1너희 중에 심지어 음행이 있다 함을 들으니 그런 음행은 이방인 중에서도
없는 것이라 누가 그 아버지의 아내를 취하였다 하는도다 2그리하고도 너희
가 오히려 교만하여져서 어찌하여 통한히 여기지 아니하고 그 일 행한 자를
너희 중에서 쫓아내지 아니하였느냐 3내가 실로 몸으로는 떠나 있으나 영으
로는 함께 있어서 거기 있는 것같이 이런 일 행한 자를 이미 판단하였노라
4주 예수의 이름으로 너희가 내 영과 함께 모여서 우리 주 예수의 능력으로
5이런 자를 사탄에게 내주었으니 이는 육신은 멸하고 영은 주 예수의 날에
구원을 받게 하려 함이라 6너희가 자랑하는 것이 옳지 아니하도다 적은 누룩
이 온 덩어리에 퍼지는 것을 알지 못하느냐 7너희는 누룩 없는 자인데 새 덩
어리가 되기 위하여 묵은 누룩을 내버리라 우리의 유월절 양 곧 그리스도께
서 희생되셨느니라 8이러므로 우리가 명절을 지키되 묵은 누룩으로도 말고
악하고 악의에 찬 누룩으로도 말고 누룩이 없이 오직 순전함과 진실함의 떡
으로 하자

여기에 있는 몇 구절에서 바울은 거듭거듭 일어나고 있다고 생각하는 문제를 취급하고 있다. 성적인 문제에서 이교도들은 순결의 의미를 알지 못하였다. 그들은 원하는 때, 원하는 곳에서 성적인 쾌락을 마음껏 탐닉하였다. 그리스도의 교회가 여기에 물들지 않으려고 해도 그것은 무척 어려운 일이었다. 기독교는 다시 말해 사면이 이교도라는 바다에 둘러싸인 작은 고도였다. 성도들도 기독교에 들어온 지 오래되지 않았다. 몇 세대씩이나 계속해서 내려왔기 때문에 이미 그들의 생활의 일부분이 된 성적인 방종을 갑자기 단절하기란 결코 쉬운 일이 아니었다. 하지만 교회가 그 순수성을 유지하려면 낡은 이교적인 생활에 대해 결정적으로 각별하지 않으면 안 되었다.

고린도 교회에 특히 충격적인 사건이 일어났다. 어떤 남자가 자신의 계모와 불의한 관계를 맺었다. 그것은 이교도들도 빈축하는 일이며, 유대의 율법에 의해 명백히 금지된 일이었다(레 18:8). 이것을 견책하는 말에서 추측해 보면 이 여자는 이미 남편과도 이혼했던 것 같다. 그리고 그 여자는 이방인이었던 것 같다. 바울은 그 여자에 대해서는 아무 말도 하지 않는데 그것은 그 여자가 교회의 지배권 밖에 있기 때문일 것이다.

이 죄 자체도 충격적인 것이었지만 바울에게 더욱 충격적인 것은 그 죄인에 대한 고린도 교회의 태도였다. 그들은 이 사태를 용납하고 아무런 대책도 취하지 않았던 것이다. 그들은 이 문제에 대해 비통한 태도를 마땅히 보여 주어야 했을 것이다. 그들이 보여 주어야 했던 비통을 나타내기 위해 바울이 사용한 말(**펜데인**)은 죽은 자를 애도할 때 쓰는 말이다. 죄에 대한 안일한 태도는 항상 위험한 것이다. 죄에 대한 유일한 안전책은 죄를 보고 충격을 받는 것이라고 한다. 칼라인은 인간은 성결의 무한한 아름다움과 죄의 무한한 추악함을 보지 않으면 안 된다고 했다. 죄에 대해 심각하게 생각하지 않을 때 우리는 이미 위험한 지경에 빠진 것이다. 죄란 단지 비판하고 비난하면 된다는 문제가 아니다. 몹시 놀라 스스로를 상처내 가면서 괴로워하여야 하는 것이다. 예수 그리스도를 십자가에 못 박은 것은 죄였다. 그리스도께서 죽으심은 사람들을 죄에서 해방하기 위한 것이었다. 기독교인이라면 누구나 죄를 안일하게 생각해서는 안 된다.

죄를 범한 그 남자를 처치하지 않으면 안 된다는 것이 바울의 판단이다. 바울은 분명한 표현을 사용하여 그 남자를 사탄에게 내주어야 한다고 말한다. 다시 말해 파문시켜야 한다는 말이다. 교회가 하나님 나라에 속한 것같이, 이 세상은 사탄의 나라에 속했다고 생각했다(요 12:31, 16:11; 행 26:18; 골 1:13). 이 남자를 그가 속한 사탄의 세계로 돌려보내라는 것이 바울의 판결이다. 그러나 이런 엄중한 처벌이라고 해도 그것은 보복적인 형벌은 아니었다는 점을 주의해야 한다. 그것은 마지막에 가서는 그의 영이 구원 받을 수 있도록 지금은 그를 창피하게 하며, 그의 욕정을 억눌러 주며 근절시켜 주고자 하는 의도에서 행하는 처벌이었다. 그것은 그가 제정신을 차리고 자신이 지은 죄의 극악함을 자각시키기 위한 것이었다. 그것은 처벌만을 위한 징계가 아니라, 오히려 양심의 눈을 뜨게 해 주는 징계였다. 또한 그것은 냉혹하며 사디스틱한 것이 아니라 오히려 죽은 자에 대한 비탄을 품고 집행하여야 할 판결이었다. 초대교회의 처벌이나 징계의 배후에는, 죄를 범한 인간을 파멸시키고자 하는 것이 아니라 오히려 그를 신생시키기 위해 행하는 것이어야 한다는 신념이 있었다.

여기서부터 바울은 매우 실제적인 권고로 화제를 옮긴다. 6-8절을 원문 그대로 옮기면 다음과 같다. "너희는 적은 누룩이 가루 덩어리 전부를 부풀게 하는 것을 알지 못하느냐. 새로운 가루 덩어리가 되기 위해 낡은 누룩을 제거하라. 너희는 사실 누룩이 없는 자이기 때문이다. 우리의 유월절 양, 즉 그리스도는 이미 희생되었다. 따라서 우리는 남은 누룩이나, 악의와 사악한 누룩을 쓰지 않고, 누룩이 없는 성실과 진실이라는 떡을 갖고 제사를 드리는 것이다." 여기에는 유대적인 이미지가 있다. 다소의 예외는 있지만 유대 문학에서 누룩은 나쁜 영향을 나타낸다. 누룩이란 앞서 떡을 구웠을 때부터 보관해 온, 따라서 이미 발효한 가루 반죽을 말한다. 유대인은 발효와 부패를 같은 것으로 보았다. 따라서 누룩은 사람을 부패시키고 타락시키는 영향력을 의미하는 것이었다.

그런데 유월절의 떡은 누룩이 없는 떡을 사용하였다(출 12:15 이하, 13:7). 더욱이 유대의 율법은 유월절 전날에 촛불을 켜 들고 의식을 차리고 집 안에 있는 누룩을 찾아내어 아무리 적은 누룩이라도 모두 내버리도록 규정하고 있다(스바냐 1장 12절의 찾아 나선 하나님의 이미지를 참조하라. 이 누룩을 찾는 날은 4월 14일로 이것이 춘계 대청소의 기원이 되었다).

유월절 전에 누룩은 마지막 한 조각에 이르기까지 제거되지 않으면 안 되었다. 바울은 그러한 이미지를 사용하고 있다. 우리의 희생제물, 즉 그리스도는 이미 희생이 되셨다고 바울은 말한다. 우리를 죄에서 구원해 주신 것은 그리스도의 희생이다. 또 하나님은 이스라엘 백성을 애굽에서 구출해 주셨다. 따라서 악의 마지막 한 조각도 우리의 생활에서 제거하지 않으면 안 된다고 바울은 계속해서 말한다. 악의 영향이 교회 안에 침입하는 것을 허락한다면, 마치 누룩이 가루 덩어리 전체를 부풀게 하는 것같이 교회 전체를 타락시키고 만다. 여기서도 우리는 위대한 실제적인 진리를 본다. 교회를 위해서는 때로는 징계도 행하지 않으면 안 된다. 악행에 대해 눈을 감는 것이 반드시 친절한 태도가 아니다. 오히려 위험을 더하여 주는 것이 될는지 모른다. 독은 퍼지기 전에 제거하지 않으면 안 된다. 잡초는 정원 전체에 퍼져 더럽히기 전에 뽑아 버려야 한다. 여기에 징계의 원리가 전부 들어 있다. 징계는 그것을 행하는 사람이 만족하기 위한 것이 아니라 언제나 죄를 범한 인간을 개선시키기 위하여, 또 교회를 위하여 행해져야 한다. 그것은 절대로 보복적인 것이 되어서는 안 된다. 언제나 치료적이며 예방적인 것이 되어야 한다.

교회와 세상

고린도전서 5:9-13

[9]내가 너희에게 쓴 편지에 음행하는 자들을 사귀지 말라 하였거니와 [10]이 말
은 이 세상의 음행하는 자들이나 탐하는 자들이나 속여 빼앗는 자들이나 우상 숭배하는 자들을 도무지 사귀지 말라 하는 것이 아니니 만일 그리하려면 너희가 세상 밖으로 나가야 할 것이라 [11]이제 내가 너희에게 쓴 것은 만일 어
떤 형제라 일컫는 자가 음행하거나 탐욕을 부리거나 우상 숭배를 하거나 모욕하거나 술 취하거나 속여 빼앗거든 사귀지도 말고 그런 자와는 함께 먹지도 말라 함이라 [12]밖에 있는 사람들을 판단하는 것이야 내게 무슨 상관이 있

으리요마는 교회 안에 있는 사람들이야 너희가 판단하지 아니하랴 [13]밖에 있는 사람들은 하나님이 심판하시려니와 이 악한 사람은 너희 중에서 내쫓으라

바울은 이 편지보다 먼저 고린도 교인들에게 한 편지를 보낸 가운데 악한 자들과 사귀지 말라고 말한 것 같다. 그런데 그것은 교회 안에 있는 사람들에 대한 것이다. 사악한 인간은 그 행동을 고칠 때까지 교회의 사귐에서 추방하는 징계 처분에 처해야 한다는 것이다. 그런데 고린도 교인들 가운데 어떤 이들은 이것을 절대적인 금지로 받아들였다. 하지만 그것은 말할 것도 없이 이 세상에서 나가기 전에는 그런 금지명령이 지켜질 수 없는 것이다. 고린도와 같은 곳에서는 교회가 전면적으로 사람들과 접촉하지 않고는 일상생활을 영위할 수 없었을 것이다.

하지만 바울은 그러한 것을 말하는 것이 아니다. 바울은 결코 세상에서 물러나는 것 같은 기독교를 장려하지는 않았을 것이다. 바울에게 기독교는 이 세상의 한가운데서 살아가야 하는 것이었다. "고독한 종교, 그런 것을 하나님은 알지 못하신다"라고 어떤 나이 많은 성도가 요한 웨슬리에게 말했다고 하지만, 바울도 똑같은 의견을 가졌을 것이 틀림없다.

바울이 이 세상에서 전형적인 죄라고 들고 있는 세 가지 죄는 매우 흥미 있는 것들이다. 바울은 세 종류의 인간에 대해 말하고 있다.

I. "품행이 단정치 못한 자", 즉 도덕적으로 건전치 못한 인간들이 있었다. 순결을 보장할 수 있는 것은 기독교뿐이다. 성적으로 부도덕한 근원은 잘못된 인간관 속에 있다. 잘못된 인간관은 인간을 궁극적으로는 짐승으로 본다. 그러한 인간관은 인간이나 짐승이 공유하고 있는 정열이나 본능은 만족시킬 것이지 결코 부끄러운 것이라고 생각해서는 안 된다고 말한다. 그것은 결국 다른 사람을 자기만족을 위한 수단으로밖에 보지 않는다.

이에 반해 기독교는 인간을 하나님의 자녀로 본다. 따라서 인간은 이 세상에서 살고는 있지만 이 세상을 초월한 것을 항상 쳐다보고 있는 피조물이라고 생

각한다. 인간은 순수하게 육체적인 필요나 욕망이나 기준에 의해 그 생을 규정할 것이 아니라, 육체와 동시에 영을 가진 인격이라고 생각한다. 사람들이 자기와 다른 사람을 하나님의 아들 또는 딸로 생각한다면 도덕적인 방종은 저절로 이 세상에서 없어질 것이다.

II. 이 세상의 부에 대해 "탐욕한 자, 약탈하는 자"들이 있었다. 이 경우에서도 기독교만이 그런 정신을 추방할 수 있다. 우리가 모든 것을 순전히 물질적인 기준에 의해 평가한다면 이해관계를 기준으로 해서 안 될 것이 없으며, 일생을 오직 재산의 획득에만 바쳐서 안 될 이유도 없다. 그러나 기독교는 안을 보지 않고 밖을 보게 하는 정신을 사람들의 생활 속에 넣어 준다. 기독교는 사랑을 인생의 최고 가치로 하고 따라서 봉사를 최대의 병예로 삼는다. 하나님의 사랑이 인간의 마음속에 있다면 받는 것이 아니라 주는 것에서 즐거움을 찾게 된다.

III. "우상을 숭배하는 자"들이 있었다. 옛날의 우상 숭배는 오늘날 미신과 닮았다. 오늘날처럼 인간이 호신패, 부적, 점술, 관상, 점성술에 관심을 가진 시대는 일찍이 없었다. 인간이란 무엇인가를 예배하지 않고는 못 견디는 것이 생의 근본적인 규정이기 때문이다. 참 하나님을 경배하지 않는다면 행운과 운명의 신들을 경배할 수밖에 없다. 종교가 약화된 곳에 반드시 미신의 세력이 뻗친다.

이상에서 말한 세 가지 근본적인 죄는 인간이 죄를 범하는 세 가지 방향을 보여 준다는 점에 주의하기 바란다.

1. 품행이 단정치 못한 죄는 **자기 자신에 대한 죄**다. 이 죄에 빠진 자는 자신을 동물의 위치까지 떨어뜨린다. 그는 내적인 빛에 대하여, 그가 아는 최고의 것에 대해 죄를 범한 것이다. 또 그는 자신의 낮은 정욕을 갖고 높은 정서를 이기게 함으로써 자신을 인간 이하의 것으로 만들어 버린다.

2. 탐욕적인 약탈적인 정신의 죄는 **우리의 이웃과 겨레에 대한 죄**다. 그것은 인간을 서로 도우며 사는 형제로 보게 하지 않고 어디까지나 이용해야 하는 상대로 보게 한다. 그것은 우리가 하나님을 사랑하는 유일한 증거가 자신을 사랑하듯 이웃을 사랑하는 것임을 잊어버린 죄다.

3. 우상 숭배 죄는 **하나님**에 대한 죄다. 그것은 물질을 갖고 하나님의 지위를 탈취케 하는 죄다. 하나님께 인생의 유일한 최고의 지위를 드리기를 거부할 때 이런 죄에 빠진다. 교회 밖에 있는 사람들을 판단하지 말라는 것이 바울의 태도다. "밖에 있는 사람들"이란 것은 선민 이외의 백성을 가리키는 유대인 특유의 표현이었다. 그런 사람들에 대해서는 하나님의 판단에 맡기지 않으면 안 된다. 하나님만이 사람의 마음을 아시기 때문이다. 하지만 교회 안에 있는 사람에겐 특권이 주어졌으며 따라서 특별한 책임을 갖고 있다. 그는 자신의 자유 의지에서 특정의 의무를 받았으며 따라서 그 책임을 지지 않으면 안 된다. 그는 그리스도께 맹세 했으니만큼 그 서약을 지키는지 않는지 조사 받아야 한다.

그러므로 바울은 최후로 결정적인 명령을 내린다. "이 악한 사람을 너희 중에서 내어 쫓으라"고 했다. 이 말씀은 신명기 17장 7절과 24장 7절에서 인용한 것이다. 암은 제거해야 할 때가 있다. 전염을 막기 위해 단호한 처치를 취하지 않으면 안 될 때가 있다. 바울을 움직이고 있는 것은 엄격한 규칙을 적용하는 기쁨도, 사람에게 상처를 주겠다는 욕망도, 자신의 실력을 과시하겠다는 소원도 아니다. 그것은 생긴 지 얼마 되지 않은 교회를 끊임없이 위협하는 이 세상의 오염에서 지키고자 하는 목자의 간절한 마음이다.

The Letter to the Corinthians 06

법에 소송하는 어리석음

고린도전서 6:1-8

[1]너희 중에 누가 다른 이와 더불어 다툼이 있는데 구태여 불의한 자들 앞에
서 고발하고 성도 앞에서 하지 아니하느냐 [2]성도가 세상을 판단할 것을 너희
가 알지 못하느냐 세상도 너희에게 판단을 받겠거든 지극히 작은 일 판단하
기를 감당하지 못하겠느냐 [3]우리가 천사를 판단할 것을 너희가 알지 못하느
냐 그러하거든 하물며 세상 일이랴 [4]그런즉 너희가 세상 사건이 있을 때에
교회에서 경히 여김을 받는 자들을 세우느냐 [5]내가 너희를 부끄럽게 하려 하
여 이 말을 하노니 너희 가운데 그 형제간의 일을 판단할 만한 지혜 있는 자
가 이같이 하나도 없느냐 [6]형제가 형제와 더불어 고발할 뿐더러 믿지 아니하
는 자들 앞에서 하느냐 [7]너희가 피차 고발함으로 너희 가운데 이미 뚜렷한
허물이 있나니 차라리 불의를 당하는 것이 낫지 아니하며 차라리 속는 것이
낫지 아니하냐 [8]너희는 불의를 행하고 속이는구나 그는 너희 형제로다

바울은 여기서 특별히 헬라인과 관련이 있는 문제를 취급한다. 유대인은 대부분 공공의 법정에 고소하는 일이 결코 없었다. 그들의 싸움은 동네나 교회의 장

로 앞에서 해결되었다. 그들에게 정의란 법의 정신에서보다 가족적인 정신에 의해 해결되어야 할 문제였다. 사실 유대의 율법은 유대인이 이방인의 법정에 고소하는 것을 명백히 금하고 있다. 그러한 일은 그들에게 주어진 하나님의 율법을 모독하는 것이라고 생각하였다.

하지만 헬라인은 정반대였다. 헬라인은 본래 성격상 소송을 좋아하는 민족이었다. 소송을 제기한다는 것은 헬라인의 생활에서 불가결한 요소였다. 우리는 아덴의 법률을 상세히 알고 있다. 그것을 잘 연구해 보면 법적이란 아덴의 시민생활에서 매우 중요한 역할을 했다는 것을 알 수 있다. 고린도의 상태도 아덴의 그것과 별반 차이가 없었을 것이다. 아덴에서 어떤 싸움이 일어나면 그것을 해결하기 위해 맨 처음 행하는 처지는 개인적인 중재인을 의뢰하는 것이었다. 그 경우 양쪽 당사자가 각각 한 사람의 중재인을 선정하고 양쪽 당사자의 합의하에 공평한 재판관으로서 세 번째 중재인을 선정한다. 그리하고도 문제가 해결되지 않을 경우 사십인회라는 것이 있어서 사십인회가 그 문제를 공정 중재인에게 보냈다. 공정 중재인은 60세 전 아덴 시민으로 구성되었다. 공정 중재인으로 선택받은 자는 좋든 싫든 간에 자기 의무를 감당하여야 했다. 만약 의무를 감당치 않으면 시민권이 박탈당했다. 거기서도 해결되지 않았을 경우에는 그 문제가 배심원들에게 송치되었다. 약 50파운드 이하 사건은 201명의 시민들이 배심원이 되고, 그 이상의 금액이 걸린 사건일 때는 401명이 배심원이 되었다. 1천 명에서 6천 명까지 이른 배심원이 차출되었던 큰 사건이 실제로도 있었다. 배심원은 30세 이상의 아덴 시민으로 구성되었다. 그들은 배심원이 되었을 때 하루에 30오볼의 보수를 받았다. 1오볼은 약 3패니 반 정도다.

배심원의 자격을 가진 시민들은 오전에 모여 어떤 사건을 취급하게 될 것인지를 추첨했다. 헬라의 도시에서는 누구나 다소간에 법률가가 되어야 했으며, 사건을 재판하거나 재판을 방청하는 데 많은 시간을 허비했던 것이 분명하다. 헬라인은 실제로 소송을 즐긴 것으로 유명하다. 아니 악명이 높았다고 말하는 것이 더 적당할는지 모른다. 따라서 어떤 헬라인이 그 소송을 좋아하는 습성을 그리스도의 교회에 끌어 들였다고 해서 이상할 것 없다. 하지만 바울에게 그것은 충격적인 것이었다. 그의 유대적인 배경에서 볼 때 가슴이 답답할 지경이었다.

더욱이 기독교 생활 태도에서 볼 때 이해할 수 없는 것이었다. 그래서 바울은 이렇게 묻지 않을 수 없었다. "바른 재판을 구해서 불의한 자에게 호소하는 모순된 행위가 도대체 어떻게 해서 있을 수 있단 말인가?"

그들이 하고 있는 처사가 바울에게 더욱 우스꽝스럽게 생각된 이유는 곧 올 황금시대, 메시아가 만물을 통치할 때 그가 모든 국민을 판단할 것이며 더욱이 성도가 메시아와 함께 그 판단에 참여하리라고 바울은 믿고 있었기 때문이다. **솔로몬의 잠언서**에 이런 말이 있다. "그들은 만국 백성을 판단할 것이며 만민을 다스릴 것이다"(3:8). 또 **에녹서**에도 이런 말이 있다. "나는 내가 사랑하는 자들에게 빛나는 옷을 입히고 각각 저들의 영광의 보좌에 앉게 하시리라"(108:12). 따라서 바울은 이렇게 물었다. "어느 날인가 너희가 세상을 판단할 것인데 더욱이 천사들도 너희의 판단에 복종할 터인데 어찌하여 인간들에게 더욱이 이교도들에게 판단 받기 위하여 고소할 수 있단 말인가?" "아무리 해도 판단 받지 않을 수 없겠거든 교회 가운데서 판단 받는 것이 좋겠다. 그리고 재판 같은 일은 너희가 가볍게 여기는 무리에게 시키는 것이 좋겠다. 세상을 판단할 너희가 하잘것없는 싸움에 말려들어서 되겠는가?"

거기서부터 갑자기 바울은 본직적인 대원리를 들고 나온다. 소송을 제기하는 것 더욱이 형제를 고소하는 일 따위는 기독교인의 생활 표준에서 멀리 떨어져 가는 것이다. 오래전에 플라톤은 말하기를 선인은 불법을 행하기보다는 불법한 일을 당하는 것을 좋게 여긴다고 했다. 기독교인이 그 마음속에 그리스도의 사랑이 조그마한 그림자라도 갖고 있다면 그는 다른 사람에게 창피나, 손실이나, 위해나, 손상을—그것이 형제인 경우에는 더욱이—끼치려는 것보다는 그것들을 다른 사람에게서 받기를 즐겨할 것이다. 복수 또는 복수하고 싶은 생각은 언제 어디서나 기독교인의 생각일 수 없다. 기독교인은 다른 사람과의 관계에서 보복하고자 하는 욕망이나 조잡한 정의감에 의해 규정되지 않는다. 그는 사랑의 정신에 의해 규정된다. 그리고 사랑의 정신은 그가 형제와 더불어 평화롭게 살도록 강요하며, 형제를 고소하는 따위 수치스러운 행위를 금하고 있다.

너희 가운데 이런 사람도 있었다

고린도전서 6:9-11

9불의한 자가 하나님의 나라를 유업으로 받지 못할 줄을 알지 못하느냐 미혹
을 받지 말라 음행하는 자나 우상 숭배하는 자나 간음하는 자나 탐색하는 자
나 남색하는 자나 10도적이나 탐욕을 부리는 자나 술 취하는 자나 모욕하는
자나 속여 빼앗는 자들은 하나님의 나라를 유업으로 받지 못하리라 11너희
중에 이와 같은 자들이 있더니 주 예수 그리스도의 이름과 우리 하나님의 성
령 안에서 씻음과 거룩함과 의롭다 하심을 받았느니라

바울은 여기서 여러 가지 무서운 죄명을 격한 어조로 나열한다. 그것은 고린도 교회가 그 속에서 성장해 오고 있는 퇴폐적인 문화에 대한 통렬한 비판이기도 하다. 이 세상에는 화제에 올리기조차 즐겁지 않은 일들이 많지만 초대교회가 처하였던 환경을 이해하고 또 인간성은 그때나 지금이나 그리 많이 변한 것이 아니란 것을 깨닫기 위해 이런 죄의 일람표를 우리가 주목해 볼 필요가 있다.

음란하고 간음하는 자가 있었다. 성적인 방종이 이교도 생활의 한 배경이었다는 것과 그들은 순결의 덕에 대해 알지 못했다는 점에 대해서 이미 말한 바 있다. **음란한 자**라고 번역된 말은 특히 불유쾌한 말이다. 그것은 남창(男娼)을 의미한다. 고린도와 같이 오염된 분위기 속에서 기독교인이 되기란 그리 쉬운 일이 아니었을 것이다.

우상 숭배자가 있었다. 고린도에 있었던 최대의 건물은 사랑의 여신 아프로디테의 신전이었는데 거기서는 우상 숭배와 음란이 겸하여 성행하였다. 우상 숭배란 종교를 용이한 것으로 만들고자 할 때 어떤 결과를 초래하는지를 보여 주는 무서운 실례다. 우상은 처음부터 신이라 생각된 것은 아니다. 처음엔 신의 상징에서 출발하는 것인데 그 기능은 신의 존재와 임재를 구상화하는 물체를 만들므로 신에 대한 경배를 용이하게 하는 것이다. 하지만 거의 모든 사람은 우상의 배우에 있는 신은 잊어버리고 우상 그 자체를 예배하게 된다. 사람들이 상징의 배

우에 있는 실재보다도 상징 그 자체를 늘 경배하고자 하는 위험은 인간 세상에 언제나 있을 수 있는 위험 가운데 하나다.

탐색하는 자가 있었다. 원어(malakos)는 문자 그대로 부드러운 여자와 같은 사람들을 의미한다. 따라서 쾌락을 위해 살아가는 무리다. 이 말은 남자가 쾌락에 대한 일체의 저항력을 잃고 사치에 빠진 채 아무것도 모르는 그런 상태를 말한다. 율리시즈와 부하 수부들이 킬케 섬에 도착했을 때 거기엔 로투스 꽃이 피어 있었다. 그 꽃을 먹은 사람들은 자신의 고향을 잊어버리고, 사랑하는 가족도 잊고 "언제나 오후만 있는" 그 땅에서 영원히 살기를 원했다. 그들은 "밀려오는 파도를 헤치며" 배를 저어 가는 곤란 중에 맛보는 기쁨은 잊어버리고 있었다. 탐색하는 자들은 언제나 오후만이 있는 세상을 탐하여 마지않는다.

도둑질하는 자가 있었다. 고대 세계에서는 이런 자들 때문에 몹시 괴로움을 당하였다. 당시 가옥 구조는 도둑이 들어오기 쉽게 되어 있었다. 도둑이 특히 노리는 곳은 공동 목욕탕과 공설 운동장 두 곳이었다. 목욕하는 이나 운동하는 이들의 옷을 훔치는 것이었다. 또 특별한 재능을 가진 노예를 유괴하는 일도 성행하였다. 당시 법률을 보면 도둑이 얼마나 심각한 문제였는가를 잘 알 수 있다. 사형에 해당하는 세 가지 도둑질이 있었다.

1. 50드라크마(약 2파운드) 이상의 금품을 훔친 자.
2. 욕탕, 운동장, 항구에서 10드라크마(약 8실링) 이상의 것을 훔친 자.
3. 무엇이든지 밤중에 훔친 자.

기독교인들은 소위 도둑 나라의 한가운데서 살았던 셈이다.

술 취하는 자가 있었다. 원어는 한없이 술을 마신다는 의미의 말(methos)에서 온 것이다. 고대 헬라에서는 작은 아이들에 이르기까지 포도주에 적신 빵을 먹었다. 그처럼 포도주를 널리 애용한 이유는 불충분한 상수도 시설에 있었다고는 하지만 헬라인은 언제나 취해 있었다고 보아야 한다. 그들이 마시는 것은 포도주 3에 물 2의 비율로 섞여 있는 것이 일반적이었다. 사치를 즐기는 고린도인들은 정말 밑 없는 항아리처럼 술을 마구 퍼 마시는 일이 많았다.

탐람하는 자와 토색하는 자가 있었다. 이 두 가지는 재미있는 말이다. **탐람**이라고 번역된 말의 원어는 **플레오넥테스**인데 헬라 사람들이 정의한 바에 의하면

"언제나 손을 뻗쳐 자신에게 소유권이 없는 것을 빼앗아 움키고자 하는 정신"을 나타내고 있다. 그것은 만족하지 못하는 욕심, 공격적이고 획득하고자 하는 욕망이다. 그것은 인색한 것이 아니다. 탐람하는 자는 더욱더 사치하며, 더욱더 쾌락에 빠지기 위해 다시 말해 소비하기 위해 획득하고자 하는 것이기 때문이다. 이런 탐욕은 무엇이든지 손에 넣기만 하면 상대방이 누구이든 상관하지 않았다.

토색하는 자라고 번역된 말의 원어는 **할팍스**인데 **움켜잡는다**는 의미다. 재미있는 것은 이 말이 어떤 종류의 이리를 의미하며 동시에 해전 때 적선에 옮겨 타기 위해 배를 끌어 잡아당기는 갈고리를 의미하였다. 그것은 자신의 소유가 아닌 것을 야만적인 힘을 이용하여 움켜쥐는 정신을 나타낸다.

우리는 가장 부자연스러운 죄를 끝까지 남겨 놓았다. **동성애**에 빠진 자들이 있었다. 이것은 암 덩어리처럼 헬라에 퍼지고, 헬라에서 로마에 침입한 죄다. 고대 사회가 이 죄로 고통 받았다는 것을 우리로서는 도저히 상상하지 못한다. 소크라테스와 같이 위대한 인물일지라도 이런 일을 행했다고 한다. 플라톤의 대화편인 **심포지엄**은 사랑에 대해서 세계적으로 가장 우수한 작품의 하나라고 곧잘 말하고 있지만 거기서 취급하는 주제는 자연스러운 사랑이 아니라 부자연스러운 사랑이다. 최초의 로마 황제 15명 가운데서 14명이 이런 부자연스러운 악덕에 빠졌었다고 한다. 바울이 이 편지를 쓸 때, 네로가 로마 황제였다. 그는 스포러스라는 소년을 총애하여 그 소년을 거세시키고 본격적인 결혼식을 올려 그 소년과 결혼하였다. 그 후 호화찬란한 행렬을 지어 궁전으로 돌아와 그 소년을 아내로 삼았던 것이다. 더욱이 믿을 수 없는 악덕을 행했는데, 피타고라스란 남자와 결혼하여 그 남자를 자기 남편이라고 불렀던 것이다. 네로가 추방되고 대신 오도가 황제 자리에 앉자 맨 처음에 한 일은 스포러스 소년을 자신의 것으로 삼는 일이었다. 그 후 훨씬 후대에 일어난 일이지만 하드리안 황제의 이름은 영원히 안티누스라는 비두니아 청년과 결합되어 있다. 그는 이 청년과 잠시도 떨어지지 않고 살았으며 그 청년이 죽자 신에게 제물로 드리고 온 나라에 그의 동상을 세웠으며, 그의 이름을 별 이름으로 붙이게 하였는데 그것은 곧 자신의 죄가 영원히 기억되게 하는 것이었다. 초대교회 당시 세계는 이런 동성애의 죄에 대해 무척 둔감하였다. 그때 세계가 타락하고 당시 문명이 결정적으로 붕괴한 주요 원인의 하나가 이 죄 때문이었다는 것은 거의 의심할 여지가 없는 사실이다.

하지만 자연스러운 죄와 부자연스러운 죄를 포함한 무서운 죄의 일람표를 나열한 후에 바울은 승리의 외침을 외치고 있다. "너희 중에 이와 같은 자가 전에는 있었다"고 한다. 기독교의 정당성을 증명해 주는 것은 그 현실적인 힘이다. 기독교는 세상의 찌꺼기와 같은 인간을, 인간다운 인간으로 변화시키는 능력을 가졌다. 수치를 모르던 인간을 붙잡아 하나님의 자녀로 만들 수가 있었다. 고린도에, 아니 전 세계에 예수 그리스도께서 만물을 재창조할 수 있는 절대적인 능력을 증거해 주는 산 증인들이 있다. 그리스도의 이러한 능력은 지금도 변함없다. 누구도 자기 자신을 변화시킬 수는 없다. 인간을 변화시킬 수 있는 능력은 그리스도에게만 있다.

당시 이교도 문서와 기독교 문서와의 사이에는 놀라운 대조가 있다. 바울과 같은 시대 사람인 세네카는 사람들이 요구하는 바는 "그들을 끌어올리기 위해 내밀어진 손"이라고 외쳤다. "사람들은 힘이 부족하여 핵심적인 일을 할 수 없다는 것을 통절히 의식하고 있다"고도 말했다. 또 그는 "사람들은 악덕을 사랑하며 동시에 미워한다"고 절망적인 말도 했다. 그는 스스로의 모습을 보고 자신을 **호모 논 토레라비리스**, 즉 용서할 수 없는 인간이라고 했다. 그러한 세계, 아무것으로도 막을 수 없는 인간이라고 했다. 그러한 세계, 아무것으로도 막을 수 없는 퇴폐적인 조류를 의식하고 있던 세계에 승리를 구가하며 만물을 새롭게 재창조하는 기독교의 빛나고도 강력한 능력이 침투해 들어간 것이다.

값으로 산 몸

고린도전서 6:12-20

12 모든 것이 내게 가하나 다 유익한 것이 아니요 모든 것이 내게 가하나 내가
무엇에든지 얽매이지 아니하리라 13 음식은 배를 위하여 있고 배는 음식을 위
하여 있으나 하나님은 이것 저것을 다 폐하시리라 몸은 음란을 위하여 있지

않고 오직 주를 위하여 있으며 주는 몸을 위하여 계시느니라 [14]하나님이 주
를 다시 살리셨고 또한 그의 권능으로 우리를 다시 살리시리라 [15]너희 몸이
그리스도의 지체인 줄을 알지 못하느냐 내가 그리스도의 지체를 가지고 창
녀의 지체를 만들겠느냐 결코 그럴 수 없느니라 [16]창녀와 합하는 자는 그와
한 몸인 줄을 알지 못하느냐 일렀으되 둘이 한 육체가 된다 하셨나니 [17]주와
합하는 자는 한 영이니라 [18]음행을 피하라 사람이 범하는 죄마다 몸 밖에 있
거니와 음행하는 자는 자기 몸에 죄를 범하느니라 [19]너희 몸은 너희가 하나
님께로부터 받은바 너희 가운데 계신 성령의 전인 줄을 알지 못하느냐 너희
는 너희 자신의 것이 아니라 [20]값으로 산 것이 되었으니 그런즉 너희 몸으로
하나님께 영광을 돌리라

바울은 이 구절에서 실로 많은 문제를 다루고 있다. 이 구절은 "하나님께 영광을 돌리라"는 외침으로 끝나고 있다. 그 말은 바울의 승리의 함성이다.

헬라인은 항상 육체를 천시하였다. "육체는 무덤이다"는 속담이 있다. 에픽테토스도 "나는 시체에 얽매인 불쌍한 영혼이다"고 말했다. 중요한 것은 인간의 혼과 영이요 육체 같은 것은 아무래도 좋았다. 이런 사상에서부터 두 가지 태도가 나온다. 하나는 육체의 욕망이나 본능을 억제하기 위해서는 어떤 일이든지 한다는 엄중한 금욕주의다. 또 하나는 육체란 어떻게 되든지 상관없다고 하니까 육체에 대해서만은 무엇을 해도 좋다는, 그 욕망을 마음껏 만족시켜 주어도 좋다는 태도인데—고린도에서 널리 번졌던 것은 이 두 번째 사고 양식이었다. 육체에는 아무런 중요성도 없고 혼만이 문제라면 육체를 어떻게 굴리든지 상관없다는 것이 그들의 논조였던 것이다.

이 문제를 한층 미묘하게 한 것은 바울이 설교한 그리스도의 자유에 대한 교리였다. 기독교인이 만인들 가운데 가장 자유로운 인간이라면 무엇을 하든지, 특히 전혀 무가치한 육체를 갖고 무엇을 하든지 자유로운 것이 아닌가는 생각을 갖고 고린도 교인들은 육체적으로는 좋을 대로 해도 된다는 결론을 얻고 이것을 가장 진보적인 의견이라고 우쭐대었던 것이다. 그런데 육체의 길이란 무엇인가? 배는 식물을 위해 있다고 고린도 교인들은 생각하였다. 식물과 배는 끊으래

야 끊을 수 없는 관계가 있다. 그렇다면 그와 마찬가지로 육체는 본능을 위해, 성행위를 위해 있으며, 성행위는 육체를 위해 있다는 식으로 그들은 생각하였다.

여기에 대한 바울의 대답은 분명한 것이었다. 배도 식물도 지나가 버리는 것이다. 머지않아 두 가지가 모두 없어질 날이 올 것이다. 하지만 육체, 인격, 전인간(全人間)은 지나가 버리지 않는다. 인간은 이 세상에서 그리고 저 세상에서는 더욱 긴밀하게 그리스도와 한 몸이 되기 위해 지음 받았다. 그리스도와 전인간은 필연적으로 연결되어 있다. 그렇다면 사람이 음행을 저지를 때 어떤 일이 일어나는가? 그는 창녀에게 자기 몸을 맡기는 것이 된다. 성경은 성교란 두 사람의 인간을 한 몸으로 만들어 준다고 했기 때문이다. 이것은 창세기 2장 24에서 인용한 것이다. 다시 말해 원칙적으로 그리스도의 것이어야 하는 육체가 문자 그대로 다른 것에 팔리는(賣春) 격이 된다.

여기서 주의하여야 할 점은 바울이 체계적인 논문을 쓰고 있지 않다는 것이다. 그는 단지 불타는 심정과 생각나는 대로의 논법을 사용하는 말씨를 갖고 호소하기도 하며 설복하기도 하는 것이다. 바울은 모든 죄 가운데서도 음행은 인간의 육체를 범하며 모욕하는 유일한 죄라고 하지만 엄밀히 말하면 그 말은 옳은 말이 아니다. 그렇게 본다면 술에 취한다는 것도 같은 죄다. 하지만 바울은 논리학의 시험관에게 제출하는 논문을 쓰고 있는 것이 아니다. 그는 고린도 교인들의 영과 육을 아울러 구하고자 호소하고 있는 것이다. 때문에 바울은 다른 죄는 몸 밖에 있으나 음행의 죄는 자기 몸에 대한 죄, 그리스도와 한 몸이 되어야 할 육체에 대한 죄라고 말한다.

끝으로 바울은 최후의 호소를 시도한다. 하나님의 성령이 우리 가운데 계시니 만큼 우리는 하나님의 성전이 되었다. 그렇다면 우리의 육체도 거룩하게 마련이다. 그뿐 아니라 그리스도는 한 인간의 한 부분을 구하기 위해서가 아니라 인간 전체를, 즉 영육을 아울러 구원하고자 돌아가신 것이다. 그리스도는 인간에게 구원 받은 영혼과 깨끗한 몸을 주기 위해 자신의 생명을 던지신 것이다. 따라서 인간의 몸은 자기 자신의 것이 아니다. 자기 마음대로 사용할 수 없는 것이다. 그것은 그리스도의 것이다. 따라서 인간은 자기 몸을 육욕의 만족을 위해서가 아니라 그리스도의 영광을 위해 사용하지 않으면 안 된다.

여기에는 두 가지 위대한 사상이 있다.

I. **바울은 자신이 무엇이든지 할 수 있는 자유가 있지만 무엇이든지 지배되지는 않는다고 주장한다.** 기독교 신앙 특유의 위대한 사실은 죄를 범하는 자유가 아니라 죄를 범하지 **않는** 자유를 주셨다는 것이다. 우리는 풍습이나 관습과 같은 본래의 생활양식에 의해 지배되기 쉽다. 그런데 기독교는 거꾸로 그것들을 지배하는 힘을 우리에게 준다. 인간이 기독교의 능력을 참으로 경험하였을 때 그는 육체나 본능의 노예가 되는 것이 아니라 오히려 그것들을 지배할 수 있게 된다. 인간은 곧잘 "나는 나 하고 싶은 대로 한다"고 말하지만 사실은 자신을 꽉 누르고 있는 습관이나 정열에 굴종하고 있는 것에 불과하다. 그리스도의 능력을 받았을 때만이 "나를 꽉 누르고 있는 것에 복종 한다"는 의미가 아니라 참다운 의미에서 "나는 나 하고 싶은 대로" 할 수 있다.

II. **바울은 우리가 자기 자신들의 것이 아니라고 주장한다.** 이 세계에서 자력으로 살고 있는 사람은 한 사람도 없다. 인간이 무엇인가 잘못을 저질렀을 경우 본인만이 고생하는 것으로 끝나지 않는다. 기독교인이란 자신의 권리를 생각하지 않고 자신의 의무를 생각하는 인간이다. 기독교인은 자기 마음대로 결코 할 수 없다. 그는 자기 자신의 것이 아니기 때문이다. 기독교인은 항상 그리스도께서 원하시는 대로 행하지 않으면 안 된다. 그리스도께서 그 자신의 생명을 값으로 주고 그를 샀기 때문이다.

The Letter to the Corinthians

07

이 편지의 7장 초두에서 15장 끝까지 이르는 부분에서 바울은 일련의 문제에 대답하면서 고린도 교회가 그에게 편지로 권고를 구한 몇 가지 문제를 취급하고 있다. 바울은 이 부분의 초두에서 "너희가 써 보낸 일에 대해 대답한다"는 말로 시작하고 있다. 현대적으로 말하면 "문의한 바에 대하여…"라고 할 수 있겠다. 그 각각의 문제에 대해서는 그때그때 취급하고자 한다.

7장은 **결혼**에 대한 여러 가지 문제를 취급하고 있다. 고린도 교회가 바울에게 상담해 온 문제들을 정리해 보면 다음과 같다.

1–2절, 기독교인들은 결혼해서는 안 된다고 생각하는 사람들에 대한 권고.

3–7절, 이미 결혼한 사람들이라 할지라도 서로의 성생활을 전혀 억제하여야 한다고 주장하는 사람들에 대한 권고.

8–9절, 미혼자와 미망인에 대한 권고.

10–11절, 기혼자들은 모두 이혼하여야 한다고 생각하는 사람들에 대한 권고.

12–17절, 부부 중 한쪽은 기독교인이며 다른 쪽이 이교도일 때 그 결혼은 해소되어야 한다고 생각하는 사람들에 대한 권고.

18–24절, 부르심을 받은 그 상태에서 그리스도의 생활을 영위하라는 교훈.

25절과 36-38절, 처녀에 대한 권고.

26-35절, 때가 임박하여 그리스도의 재림이 가까웠으니만큼 무엇에든지 얽매이지 말고 오직 주께만 봉사하도록 하라는 권고.

39-40절, 재혼하려는 사람들에 대한 권고.

7장 전체를 연구하는 데 우리는 두 가지 사실을 확실히 마음속에 유의하여야 한다.

I. 바울은 고린도에 있는 이들에게 편지를 쓰고 있으며 고린도는 세계에서 가장 부도덕한 도시였다. 그런 환경에서 살고 있는 사람들에 대해서는 지나치게 완만한 것보다는 지나치게 엄격한 것이 훨씬 바람직한 것이다.

II. 바울의 대답을 지배하고 규정하는 것은 그리스도의 재림이 임박했다는 확신이었다. 그 기대가 실현되지는 못했지만 바울은 자신의 대답이 전혀 일시적인 상황에 대한 권고에 불과하다고 생각하였다. 바울이 일시적인 상황이 아니라 영속적인 상황을 생각하였더라면 그의 대답이 별도의 형태를 취했을 것이다. 그러면 7장을 보다 자세하게 검토해 보자.

완전한 금욕주의

고린도전서 7:1-2

1너희가 쓴 문제에 대하여 말하면 남자가 여자를 가까이 아니함이 좋으나
2음행을 피하기 위하여 남자마다 자기 아내를 두고 여자마다 자기 남편을 두라

이미 말한 바와 같이 헬라 사상 가운데는 육체와 거기에 관련된 모든 것을 천시하는 강한 경향이 있었다. 이런 경향에서 다음과 같은 태도가 나왔다는 것도

이미 말한 바 있다. "육체는 전혀 무의미한 것이니만큼 이것을 어떻게 사용하든지 상관없고, 본능이나 육욕을 충분히 만족시켜도 결코 나쁜 것이 아니다."

하지만 이 같은 사상적인 경향에서 그것과 전혀 정반대의 견해가 생기기도 했다. "육체는 악하다. 때문에 우리는 육체를 억압하여야 한다. 아니 그것을 완전히 말살하여야 한다. 그게 불가능하다면 우리는 육체가 자연적으로 가진 본능과 욕망을 모조리 완전히 부정하여야 한다"라고도 말하는 것이다. 바울이 여기서 취급하고 있는 바는 이 두 번째 견해에 대한 것이다. 고린도 교인들 혹은 적어도 그 중 몇 사람은 완전한 기독교인이 되려면 육신의 욕정을 끊고 결혼 생활을 철저하게 거부하지 않으면 안 된다고 말하는 것이다.

이에 대한 바울의 대답은 매우 실제적인 것이었다. 바울은 다음과 같은 의미로 말하고 있다. "너희가 어디에 살고 있는지 생각해 보라. 너희는 거리에 나가기만 하면 반드시 유혹이 사방에서 엄습하는 고린도에 살고 있다. 너희 자신의 육체적인 구조와 자연적으로 주어진 건강한 본능이란 것을 생각해 보면 죄에 빠지는 것보다 결혼하는 것이 훨씬 좋은 일이다." 이것은 결혼을 경시한 태도라고 할 수 있을 것이다. 바울은 보다 지독한 운명을 피하기 위해 결혼하라고 말하는 것같이 보이지만 사실은 바울이 현실을 예리하게 있는 그대로 직시한 것에 불과하다. 바울은 보편타당한 법칙을 세우고 있다. 인간은 누구나 성격상 자신에게 부적당한 생활 태도를 취해서는 안 된다. 유혹에 빠질 수밖에 없는 것을 처음부터 알면서 그런 길을 걸을 필요는 없다. 바울은 모든 인간이 한 가지고 지음 받은 것이 아니란 것을 잘 알고 있었다. "자신을 돌아보아 기독교 생활을 가장 잘 영위할 수 있는 생활 태도를 취하라. 본래의 자신에게 불가능한, 아니 틀린 것이라고 말할 수 있는 부자연스러운 기준을 채용해서는 안 된다"고 바울은 말하고 있다.

결혼 생활에서 협력

고린도전서 7:3-7

3남편은 그 아내에 대한 의무를 다하고 아내도 그 남편에게 그렇게 할지라
4아내는 자기 몸을 주장하지 못하고 오직 그 남편이 하며 남편도 그와 같이
자기 몸을 주장하지 못하고 오직 그 아내가 하나니 5서로 분방하지 말라 다
만 기도할 틈을 얻기 위하여 합의상 얼마 동안은 하되 다시 합하라 이는 너
희가 절제 못함으로 말미암아 사탄이 너희를 시험하지 못하게 하려 함이라
6그러나 내가 이 말을 함은 허락이요 명령은 아니니라 7나는 모든 사람이 나
와 같기를 원하노라 그러나 각각 하나님께 받은 자기의 은사가 있으니 이 사
람은 이러하고 저 사람은 저러하니라

여기에 나오는 몇 개의 말씀은 부부가 참된 기독교인이 되고자 할 때 서로 성생활을 일체 끊어야 하지 않느냐고 고린도 교회의 생각에 대한 대답으로 쓴 것이다. 이것은 육체와 육체의 본능과 욕망을 모조리 본질적으로 악하다고 보는 사상의 또 하나의 표현에 불과하다. 여기서 바울은 매우 위대한 원리를 세우고 있다. 결혼은 하나의 협력관계다. 남편은 아내에 대해 독립적으로 행동할 수 없으며, 아내도 남편에 대해 독립적으로 행동할 수 없다. 부부는 언제나 같이 행동하여야 한다. 남편은 결코 아내를 자신의 욕망을 만족시키는 단순한 수단으로 보아서는 안 되며, 영육 양면을 포함한 결혼관계 전체를 부부가 다 같이 기쁨과 최고의 만족을 누리는 것으로 생각하지 않으면 안 된다. 특별히 신앙적인 수양을 행할 경우, 예를 들면 얼마 동안 기도에 전념할 경우 육체적인 일을 일절 피하는 것도 좋지만 그런 일은 부부의 합의하에 행할 것이며, 너무 장기간에 걸치는 것도 좋지 않다. 그렇지 않으면 유혹에 쉽사리 빠져들어갈 수 있는 상황을 만들어 놓는 것이 된다.

여기서도 바울은 결혼을 경시한 듯이 보인다. 이것은 이상적인 명령이 아니다. 바울이 볼 때는 모든 사람이 자기와 같아지는 것이 이상적인 것이다. 그러면

바울은 어떠했나? 이에 대해서는 단지 추측할 따름이다. 바울이 결혼했던 일이 있었다는 것은 거의 사실일 것이다. 그것은 일반적인 근거로 보아 거의 틀림없는 사실이다. 바울은 유대교의 랍비였다. 그리고 자신은 유대교의 율법이나 유대교에서 규정하는 의무를 하나도 빠짐없이 지켰다고 그 자신이 주장하였다. 정통적인 유대교는 결혼을 하나의 의무로 규정하였다. 결혼을 하지 않고 자녀가 없는 자는 "자손을 죽였다"든가 "이 세상에 있는 하나님의 형상을 감소시켰다"는 말을 들었다. 하늘에서 파문당하는 이유가 일곱 가지 있었는데, 첫째가 "아내를 갖지 않는 유대인 또는 아내가 있어도 자녀가 없는 유대인"이었다. 하나님은 "생육하고 번성하라"고 말씀하셨다. 따라서 결혼하지 않고 자녀가 없는 자는 하나님의 절대적인 명령을 어기는 죄를 범하는 것이다. 결혼 적령기는 18세라고 생각하였다. 따라서 그처럼 경건한 정통파 유대교인이었던 바울이 결혼을 하지 않은 채 있었을 리는 도저히 없다는 것이다.

특수한 근거로도 바울이 일찍이 결혼하였던 일이 있다는 증거가 나온다. 그는 산헤드린의 회원이었던 것으로 보인다. 그것은 그가 성도들을 죽이는 일에 가표를 던졌다고 한 것을 볼 수 있기 때문이다(행 26:10). 산헤드린의 회원은 기혼자라야만 한다는 규칙이 있었다. 가정을 가진 자는 자비심이 보다 많다고 생각했기 때문이다. 바울은 아내와 사별했는지 모른다. 아니 그가 기독교인이 되자 그의 아내가 그를 버리고 가정을 파괴했다고 생각하는 것이 더 사실일는지 모른다. 때문에 그가 그리스도를 위하여 모든 것을 바쳤다는 것이 글자 그대로 진실한 것이다. 그렇지만 바울은 결혼생활과는 전혀 담을 쌓고 재혼 같은 것은 생각하지도 않았다. 가정을 가졌더라면 그처럼 여행을 많이 하지 못했을 것이다.

할 수 있으면 모든 사람이 자기와 같이 되었으면 하는 바울의 소원은 그리스도의 재림이 가까웠다는 기대에서부터 생겨난 것이다. 때가 임박하였으니만큼 세상일이나 육체적인 것들은 아무래도 좋은 것이었으며 그것 때문에 신앙의 방해가 있어서는 안 되겠다고 생각되었던 것이다. 바울은 결코 결혼을 경시하지 않았다. 그리스도의 재림을 맞이하는 데 온 정신을 집중하라고만 말하고 있다.

끊어서는 안 될 결합

고린도전서 7:8-16

8내가 결혼하지 아니한 자들과 과부들에게 이르노니 나와 같이 그냥 지내는
것이 좋으니라 9만일 절제할 수 없거든 결혼하라 정욕이 불같이 타는 것보다
결혼하는 것이 나으니라 10결혼한 자들에게 내가 명하노니 (명하는 자는 내가
아니요 주시라) 여자는 남편에게서 갈라서지 말고 11(만일 갈라섰으면 그대
로 지내든지 다시 그 남편과 화합하든지 하라) 남편도 아내를 버리지 말라
12그 나머지 사람들에게 내가 말하노니 (이는 주의 명령이 아니라) 만일 어떤
형제에게 믿지 아니하는 아내가 있어 남편과 함께 살기를 좋아하거든 그를
버리지 말며 13어떤 여자에게 믿지 아니하는 남편이 있어 아내와 함께 살기
를 좋아하거든 그 남편을 버리지 말라 14믿지 아니하는 남편이 아내로 말미
암아 거룩하게 되고 믿지 아니하는 아내가 남편으로 말미암아 거룩하게 되
나니 그렇지 아니하면 너희 자녀도 깨끗하지 못하니라 그러나 이제 거룩하
니라 15혹 믿지 아니하는 자가 갈리거든 갈리게 하라 형제나 자매나 이런 일
에 구애될 것이 없느니라 그러나 하나님은 화평 중에서 너희를 부르셨느니
라 16아내 된 자여 네가 남편을 구원할는지 어찌 알 수 있으며 남편 된 자여
네가 네 아내를 구원할는지 어찌 알 수 있으리요

여기서는 세 종류 사람들이 취급되고 있다.

I. 미혼자와 과부들에 대한 문제를 취급한다. 이 세상의 끝날이 가까웠다고 바울은 생각하고 있었기 때문에 그는 미혼자나 과부들에게 지금과 같이 그대로 지내는 것이 좋겠다고 권하고 있다. 하지만 이 경우에도 유혹이 닥치지 않도록 주의시킨다. 본래적으로 정열적인 사람은 결혼하는 것이 좋다. 이처럼 바울은 모든 사람에게 해당되는 행동 양식을 정할 수 없다고 굳게 믿었다. 그것은 개인에 따라 다를 수밖에 없는 것이다.

II. 기혼자들에 대한 문제를 취급한다. 바울은 이혼을 금하고 있다. 그 근거는 예수께서 이혼을 금하셨기 때문이다(막 10:9; 눅 16:18). 또 부부가 이혼했을 경우 바울은 재혼을 금한다. 이것은 매우 엄격한 주장 같지만 방종하기로 유명한 고린도에서 문란한 생활이 교회에 침입하지 못하도록 도덕적인 수준을 높여 놓을 필요가 있었던 것이다.

III. 신자와 불신자 사이의 결혼에 대한 문제를 취급한다. 이 문제에 대해서는 예수께서 분명히 명령한 바 없기 때문에 바울은 스스로 판단할 수밖에 없었다. 당시 고린도 교인들 중에는 신자는 불신자와 같이 살아서는 안 된다. 부부간의 한쪽이 이교도인 경우는 즉시 이혼하여야 한다고 주장하는 사람들이 있었다. 이러한 배경에서 이 문제가 생겨났다. 기독교에 대한 이교도들의 큰 불만의 하나는 기독교가 가정을 파괴하고 사회를 혼란케 한다고 생각한 것이다. 가정 문제까지 간섭한다는 것이 사실 기독교가 받은 최초의 비난 가운데 하나였다(벧전 4:15).

사실 기독교인들은 매우 높은 표준을 취할 때가 있었다. 재판관이 안디옥의 루시안에게 "너의 양친은 누군가"라고 질문하였을 때 "나는 기독교인이다. 기독교인의 친족은 성도들 외에는 없다"라고 대답하였다고 한다. 신자와 불신자 간의 결혼은 여러 가지 문제를 일으킨 것이 확실하다. 터툴리아누스가 이런 문제에 대해 책을 썼는데 그 가운데서 어떤 남편이 신자인 아내에 대해 매우 화난 이야기를 말하고 있다. 즉, "같은 믿음의 형제들을 심방하기 위하여 그녀는 거리에서 거리로 싸다니며, 다른 남자들 특히 가난한 사람들의 오두막집에 드나들었기" 때문이다. "남편은 그녀가 저녁 집회나 유월절 축하를 위해 밤새 집을 비우는 일을 허락하지 않았다…. 또 그녀가 가끔 감옥에 가서 순교자들을 묶었던 줄에 입을 맞추거나 같은 믿음의 형제들과 입맞춤으로 인사하는 것도 허락하지 않았다."(초대교회의 교인들은 거룩한 평화의 입맞춤으로 인사를 대신하였다.) 우리는 이 이교도인 남편을 동정할 수밖에 없다.

그런데 바울은 이 문제를 매우 실제적인 지혜로 처리한다. 바울은 이 문제가 매우 어렵다는 것을 알기 때문에 이것을 심각하게 하거나 악화시키지 않았다.

부부가 같이 살기로 합의한다면 같이 사는 것이 좋다. 같이 살 수가 도저히 참을 수 없는 일이기에 갈라지자고 할 것 같으면 갈라지는 것이 좋다. 기독교인들은 노예가 아니기 때문이다. 이렇게 바울은 말하고 있다.

바울은 영원한 가치를 가진 두 가지 위대한 사상을 보여 주었다.

I. 불신자인 한쪽이 신자 때문에 거룩해진다는 아름다운 사상을 바울은 갖고 있다. 두 사람은 한 몸인 것이다. 이 경우 승리하는 쪽은 이교주의의 더러움이 아니라 기독교의 은총이다. 놀라운 일이다. 기독교는 접촉하는 모든 자에게 영향을 끼친다. 다시 말해 감염시키는 능력이 있다. 기독교인의 가정에 태어난 자녀들, 부부간 한쪽만이 기독교인인 가정에 태어난 자녀라 할지라도 그는 그리스도의 가족의 한 사람으로 태어난 것이다. 부부가 신자와 불신자로 구성되었을 경우 신자가 죄의 세계에 접촉하는 것이 아니라 불신자가 은총의 세계에 접하게 되는 것이다.

II. 이러한 부부의 공동생활이 불신자인 한쪽의 영혼을 구원하는 수단이 될 수 있다는 역시 아름다운 사상을 바울은 갖고 있다. 바울에게 복음 전도란 우선 가정에서 시작되어야 하는 것이다. 불신자는 불결한 것이기 때문에 피하거나 미워해서는 안 되고 하나님께 데려와야 하는 아들이나 딸이라고 생각하여야 한다. 다행히 인간의 사랑은 사람들을 간혹 하나님께 데려와야 하는 아들이나 딸이라고 생각하여야 한다. 다행히 인간의 사랑은 사람들을 간혹 하나님께로 끌어 올 수 있는 것이라고 바울은 알고 있었다.

부르심을 받은 그대로 하나님을 섬기라

고린도전서 7:17-24

[17]오직 주께서 각 사람에게 나눠 주신 대로 하나님이 각 사람을 부르신 그대

로 행하라 내가 모든 교회에서 이와 같이 명하노라 18할례자로서 부르심을
받은 자가 있느냐 무할례자가 되지 말며 무할례자로 부르심을 받은 자가 있
느냐 할례를 받지 말라 19할례 받는 것도 아무것도 아니요 할례 받지 아니하
는 것도 아무것도 아니로되 오직 하나님의 계명을 지킬 따름이니라 20각 사
람은 부르심을 받은 그 부르심 그대로 지내라 21네가 종으로 있을 때에 부르
심을 받았느냐 염려하지 말라 그러나 네가 자유롭게 될 수 있거든 그것을 이
용하라 22주 안에서 부르심을 받은 자는 종이라도 주께 속한 자유인이요 또
그와 같이 자유인으로 있을 때에 부르심을 받은 자는 그리스도의 종이니라
23너희는 값으로 사신 것이니 사람들의 종이 되지 말라 24형제들아 너희는 각
각 부르심을 받은 그대로 하나님과 함께 거하라

바울은 여기서 기독교의 가장 중요한 규칙 가운데 하나를 규정하고 있다. 그것은 곧 "지금 있는 그대로의 상태에서 기독교인이 되어라"는 것이다. 흔히 있는 일이지만 사람들은 기독교인이 되면 지금까지 하던 일을 그만두거나, 지금까지 상종하던 사람들과 손을 끊거나 하면 전혀 새로운 생활을 시작하고자 한다. 그러나 바울은 기독교의 기능이란 사람들에게 새로운 생활을 부여하는 것이 아니라 그의 옛 생활을 새롭게 하는 것이라고 주장한다. 따라서 유대인이면 유대인 채로, 이방인이면 이방인 채로 있어도 좋은 것이다. 종족이나 종족의 표시는 상관이 없고 단지 그 사람이 어떻게 사느냐가 중요한 것이다. 옛날 견유학파의 철학자들은, 진실한 인간이란 비록 신분상으로는 노예라 할지라도 그 본성은 결코 노예가 아니라고 주장하였다. 또 거짓된 인간은 진실한 의미로는 결코 자유인일 수 없고 항상 노예라고도 했다. 바울은 그가 노예인지 자유인인지를 묻지 않고 인간은 모두가 그리스도의 노예다. 그리스도께서 값을 주고 사셨기 때문이라고 말하고 있다.

이때 바울은 마음속에 어떤 하나의 그림을 간직하고 있었다. 고대 사회에서는 노예가 매우 노력하면 자신의 자유를 살 수가 있었다. 그것은 이렇게 하면 되는 것이었다. 약간의 틈이라도 이용하여 잡일을 해서라도 두세 푼의 동전을 번다. 그의 주인은 이런 하찮은 벌이에 대해서도 구전을 요구할 권리가 있다. 하지만

노예는 조금씩이라도 벌어 들인 돈을 어떤 신전에 맡겨 놓는다. 그리하여 여러 해가 지나면 자신을 살 만큼 돈이 저축된다. 그러면 노예는 자기 주인을 데리고 신전으로 간다. 제사장이 그 돈을 주인에게 준다. 그때 노예는 상징적으로는 신의 소유물이 되고 따라서 모든 인간에게 대해서는 자유롭게 된다. 바울은 이런 것을 생각하고 있었다. 기독교인은 그리스도께서 사신 것, 따라서 그리스도의 개인적인 소유물이다. 때문에 인간적인 신분이야 어떤 것이든지 그는 모든 인간에게서는 자유인 것이다. 이제 그는 예수 그리스도의 소유물이기 때문이다.

이것이 바로 바울이 여기서 말하고자 한 것이다. 기독교는 인간을 반역하게 하거나 주위의 현실에 대해 반감을 갖게 하지 않고 지금 있는 그 상태에서 그대로 그리스도의 노예로서 행동하도록 한다는 것이 바울의 주장이다. 아무리 비천한 일이라도 이제 벌써 인간을 위해 하는 것이 아니라 그리스도를 위해 일하는 것이다. 조지 허버트는 이러한 일을 다음과 같이 노래하고 있다.

당신에게 붙들리면
세상에 싫은 일이 없고,
"당신을 위해서" 일하면
모든 것이 맑게 빛나리라.

당신을 생각하는 종에게는
힘든 일도 하나님의 일,
당신의 율법을 위해 비를 들면
집안도 깨끗해지도다.

모든 것을 금으로 변화시키는
세상에 다시없는 귀한 바위여!
하나님의 손가락에 닿는 모든 것은
어쩌면 그렇게도 존귀해지는지!

어려운 문제에 대한 현명한 권고

고린도전서 7:25, 36-38

25처녀에 대하여는 내가 주께 받은 계명이 없으되 주의 자비하심을 받아서
충성스러운 자가 된 내가 의견을 말하노니
36그러므로 만일 누가 자기의 약혼녀에 대한 행동이 합당하지 못한 줄로 생
각할 때에 그 약혼녀의 혼기도 지나고 그같이 할 필요가 있거든 원하는 대로
하라 그것은 죄 짓는 것이 아니니 그들로 결혼하게 하라 37그러나 그가 마음
을 정하고 또 부득이한 일도 없고 자기 뜻대로 할 권리가 있어서 그 약혼녀
를 그대로 두기로 하여도 잘하는 것이니라 38그러므로 결혼하는 자도 잘하거
니와 결혼하지 아니하는 자는 더 잘하는 것이니라

25-38절은 하나의 구절을 이루고 있지만 사실은 두 부분으로 나눌 수 있기 때문에 그것들을 따로따로 검토하는 것이 편리하다. 25절과 36-38절은 처녀에 대한 문제를 취급하고 있다. 그리고 그 중간에 끼인 구절은 7장 전체에 걸쳐 있는 권고를 받아들여야 하는 이유를 전면적으로 설명하고 있다. 이 **처녀에 대한** 부분은 늘 문제가 되어 왔다. 이 문제에 대해 지금까지 시도된 설명에 세 가지가 있다.

I. 이것은 미혼의 딸을 가진 아버지에게 딸의 결혼 문제를 권고하는 것에 불과하다는 설명이다. 하지만 그렇게 읽기에는 무리한 점이 있다. **딸**에 대한 말이라면 바울이 왜 일부러 **처녀**라는 말을 사용했을까? 아버지에게 **자기 딸**에 대한 말을 하면서 **자기 처녀**라고 한 것은 아무래도 이상하다.

II. 이것은 후에 매우 심각한 문제로까지 발전한 사항, 다시 말해 몇 번씩 교회 회의에서 취급되고 금지된 사항에 대한 것이라는 주장이다. 분명히 남녀가 같은 집에 살며, 같은 잠자리에서 자면서도 육체관계를 전혀 갖지 않는 습관이 나중에 생

긴 것은 사실이다. 그것은 남녀가 육체관계를 갖지 않으면서 영적 생활을 친밀히 나눌 수 있도록까지 자신을 단련할 수 있다면 매우 칭찬할 만한 일이라는 생각에서 나온 것이다. 인간관계에서 모든 정욕과 세속성을 제거하고자 하는 이런 생각은 우리도 알 만한 것이다. 그러나 그런 생각이 얼마나 위험한 행위인가는 분명하며 때로는 엄청난 사태를 야기했다는 것은 상상하기 어렵지 않은 일이다. 그런 금욕적인 관계에 있는 여자를 후에 남자의 처녀라고 불렀다. 아마 이 관습이 고린도 교회에 있었을 것이다. 그렇다면 바울이 말하는 바는 대개 다음과 같은 것이다. "너희가 그런 어려운 남녀관계를 지속할 수 있다면, 그만큼 자기 단련과 자기 억제가 가중하다면 그렇게 할 수밖에 없으며 그렇게 하는 것이 좋겠다. 그러나 노력해 보아서 그것이 인간성에 대한 너무나 큰 억압이라고 느껴진다면 그런 일을 그만두고 결혼하는 것이 좋겠다. 그렇게 하는 것이 결코 불명예스러운 일은 아니다."

III. 이상에서 말한 바는 문제의 구절을 바르게 해석한 것으로 생각되는데 그것을 다소 수정한 의견도 있다. 이 주목할 만한 견해에 의하면 고린도에는 정식으로 결혼은 했지만 절대로 잠자리를 같이하지 않고 영적 생활에 완전히 헌신하기 위해 금욕생활을 지키는 남녀가 있었다. 그렇게 맹세하긴 했어도 그것이 너무나 큰 시련이란 것을 발견한 이들도 적지 않았을 것이다. 그런 경우를 두고 한 일이라고 본다면 바울의 말은 다음과 같이 해석할 수 있다. "너희가 그 맹세를 지킬 수 있다면 참으로 좋은 일이다. 하지만 지킬 수 없으면 그것을 솔직히 인정하고 정상적인 부부 생활로 들어가라."

우리는 이러한 부부관계가 위험하며, 비정상적이며, 잘못된 것이라고 생각한다. 사실 그렇기 때문에 모든 교회는 그것이 잘못된 것이라고 단정하였던 것이다. 그러나 상황에 따라서는 바울의 이런 권고는 지혜가 넘치는 것이라고 말해도 좋다. 사실 바울은 세 가지 것을 말하고 있다.

I. 자제와 금욕은 굉장한 것이다. 모든 정욕을 완전히 억압할 수 있도록까지 자제할 수 있는 수단이 있다면 그것은 굉장한 것이다. 그러나 인간이 갖고 있

는 자연적인 본능이나 정열을 제거하는 일이 기독교인의 의무가 아니란 것을 잊어서는 안 된다. 오히려 기독교인들은 그가 갖고 있는 모든 것을 하나님의 영광을 위해 사용해야 한다.

II. 바울은 "종교를 부자연스러운 것으로 만들지 말라"고 한다. 수도승, 은자, 수녀들의 잘못은 결국 그런 것에 있다. 그들은 매우 이상한 생활양식을 택해서 산다. 그리고 참으로 종교적이기 위해서는 인간의 자연적인 감적을 버려야 한다고 생각한다. 기독교는 결코 일상적이며 정상적인 생활을 버리라고 하지 않는다. 그것을 갖고 하나님을 영광되게 하라고 말한다. 우리는 그것을 잊어서는 안 된다.

III. 마지막으로 바울은 "종교를 고통을 주는 것으로 만들지 말라"고 한다. 콜리 녹스는 젊었을 때 종교를 때로 질곡(桎梏)이라고 생각했었는데 어느 날 모든 사람에게서 존경 받는 목사가 와서 그의 어깨에 손을 얹으며 "녹스군, 종교를 괴로운 것으로 만들지 말아요"라고 말했다고 한다. 번즈는 "종교에서 도움을 받기는커녕 종교에서 괴로움만 받았다"라고 말했다. 하나님께서 주신 육체, 하나님께서 육체 속에 넣어 주신 마음, 하나님의 창조에 의해 인간 속에 살게 된 본능이나 정열을 누구도 부끄러운 것으로 생각해서는 안 된다. 기독교는 그것들을 어떻게 하면 제거할 수 있는지를 가르치지 않고, 정열을 순화하며 인간애를 이 세상에서 가장 숭고한 것으로 만들기 위해서는 어떻게 할 것인지를 가르친다.

때가 멀지 않다

고린도전서 7:26-35

26내 생각에는 이것이 좋으니 곧 임박한 환난으로 말미암아 사람이 그냥 지

내는 것이 좋으니라 [27]네가 아내에게 매였느냐 놓이기를 구하지 말며 아내에
게서 놓였느냐 아내를 구하지 말라 [28]그러나 장가가도 죄 짓는 것이 아니요
처녀가 시집가도 죄 짓는 것이 아니로되 이런 이들은 육신에 고난이 있으리
니 나는 너희를 아끼노라 [29]형제들아 내가 이 말을 하노니 그때가 단축하여
진 고로 이후부터 아내 있는 자들은 없는 자같이 하며 [30]우는 자들은 울지 않
는 자같이 하며 기쁜 자들은 기쁘지 않은 자같이 하며 매매하는 자들은 없는
자같이 하며 [31]세상 물건을 쓰는 자들은 다 쓰지 못하는 자같이 하라 이 세상
의 외형은 지나감이니라 [32]너희가 염려 없기를 원하노라 장가가지 않은 자는
주의 일을 염려하여 어찌하여야 주를 기쁘시게 할까 하되 [33]장가간 자는 세
상 일을 염려하여 어찌하여야 아내를 기쁘게 할까 하여 [34]마음이 갈라지며
시집가지 않은 자와 처녀는 주의 일을 염려하여 몸과 영을 다 거룩하게 하려
하되 시집간 자는 세상 일을 염려하여 어찌하여야 남편을 기쁘게 할까 하느
니라 [35]내가 이것을 말함은 너희의 유익을 위함이요 너희에게 올무를 놓으려
함이 아니니 오직 너희로 하여금 이치에 합당하게 하여 흐트러짐이 없이 주
를 섬기게 하려 함이라

바울이 7장을 이 부분의 말씀을 갖고 시작하지 않은 것은 여러 가지 의미로 볼 때 매우 유감스러운 일이다. 7장에서 바울이 말한 핵심적인 주장이 여기에 있기 때문이다. 7장 전체를 두고 볼 때 우리는 바울이 결혼을 경시한 것같이 느꼈을 것이다. 바울은 결혼을 음행이나 간통을 피하기 위한 수단으로 양보하고 있는데 불과하며, 결혼은 아무리 좋게 보아도 차선의 방법에 지나지 않는 것으로 생각한 것 같은 느낌을 갖게 되었다.

유대인이 결혼을 찬미하며 거룩한 의무라고 생각한 데 대해서는 이미 말한 바 있다. 인간이 결혼을 하지 않아도 되는 유일하고도 유효한 이유는, 유대인의 전통에 의하면 율법을 구하기 위한 것뿐이다. 랍비 벤 아자이는 이렇게 물었다. "내가 왜 결혼해야 한단 말인가? 나는 율법을 사랑한다. 자손을 만드는 일은 다른 사람들에게 맡기자." 헬라 세계에서는 스토아학파의 철학자 에픽테토스도 일생 독신으로 지냈다. 그는 교사이기 때문에 "못생긴 얼굴을 가진 새끼" 두셋

을 만드는 일보다 훌륭한 일을 세상을 위해 하는 것이라고 말한 바 있다. "인류의 교사가 아기의 목욕물을 데울 그릇을 찾아다녀야 한다고 생각할 수 있겠는가"고 그는 물었다.

그러나 이것은 유대인의 생각도, 기독교인의 견해도 아니었다. 바울의 최종적인 견해도 아니었다. 몇 년 후에 에베소 교인들에게 편지를 썼을 때 바울은 지금과는 매우 다른 입장을 취했던 것이다. 거기서 바울은 부부관계를 그리스도와 교회와의 관계의 예표 또는 상징이라고 생각하였다(엡 5:22-26). 고린도 교인들에게 편지를 썼을 때 바울의 마음은 그리스도의 재림이 금방 실현된다는 기대에 꽉 차 있었던 것이다. 따라서 바울은 소위 긴급 명령을 내렸던 것이다. "때가 멀지 않다." 그리스도께서 곧 오시니만큼 다른 일은 모두 제쳐놓고 오직 그리스도를 맞이할 준비를 하지 않으면 안 된다는 것이 바울의 생각이었다. 이 집중적인 노력을 방해하거나 해이시킬 우려가 있는 것은 그것이 제아무리 중요한 인간적인 행위이건, 얼마나 다정한 인간관계이건 이것들을 버리지 않으면 안 된다. 그리스도께서 일어나 가라고 명하셨을 때 그를 붙잡는 그 어떤 것도 있어서는 안 된다. 그리스도 이외의 그 어떤 자도 기쁘게 하고자 생각해서는 안 된다.

바울이 자기도 그리고 다른 교인들도 영속적인 상황에 살아가는 것이라고 생각하였다면 결코 이런 식으로는 쓰지 않았을 것이다. 에베소서를 쓸 때까지는 바울도 인간적인 상황의 속정을 인식하고 결혼을 그 중에서 가장 귀중한 관계, 약간이나마 그리스도와 교회와의 관계에 가장 닮은 유일한 관계라고 보게 되었던 것이다.

가정은 우리에게 두 가지를 제공해 주는 장소다. 또 그런 장소가 되어야 한다. 그것은 우선 기독교 생활을 영위하는 데 가장 좋은 기회를 제공해 주는 장소다. 그런데 때로 우리는 가정을 싸움을 해도, 중상을 해도, 무례한 일을 해도 하등 상관이 없는 장소, 다른 사람에게는 절대로 하지 않을 일을 자신을 사랑해 주는 사람에게 해도 상관없는 장소로 만든다. 참으로 유감스러운 일이다. 다음으로 가정은 이 세상에서 살아가는 힘의 원천인 휴식과 사랑을 제공해 주는 장소다.

바울은 7장에서 결혼을 차선의 것으로밖에 보지 않았다. 그것은 우리가 알고 있는 이 세상의 생활에 대한 종말이 이제 곧 온다고 믿었기 때문이다. 하지만 마침내 결혼을 지상에서 가장 아름다운 관계라고 보기에 이르렀던 것이다.

재혼

고린도전서 7:39-40

[39]아내는 그 남편이 살아 있는 동안에 매여 있다가 남편이 죽으면 자유로워
자기 뜻대로 시집 갈 것이나 주 안에서만 할 것이니라 [40]그러나 내 뜻에는 그
냥 지내는 것이 더욱 복이 있으리로다 나도 또한 하나님의 영을 받은 줄로
생각하노라

여기서도 바울은 시종일관한 태도를 취하고 있다. 결혼은 죽음 이외엔 아무 것으로도 해소되지 않는 관계다. 재혼은 완전히 허락되어야 하는 것이지만 바울은 미망인이 미망인 그대로 지내는 것이 더 바람직하다고 생각한다. 그때 바울은 당시가 긴급 사태라는 인식을 갖고 그렇게 말했다는 것은 이미 살펴본바 그대로다.

여러 가지 의미로 볼 때 재혼은 살아남은 자가 죽은 자에게 바치는 최고의 경의를 표시하는 것이다. 그것은 그 사람 또는 그 여자 없이는 적적해서 살아갈 수 없다는 것을 의미하며, 그 사람 또는 그 여자와의 결혼이 너무나도 행복했기에 아무 두려움 없이 다시금 결혼 생활에 뛰어들 수 있다는 것을 의미하기 때문이다. 때문에 재혼은 죽은 이에 대한 불경이기는커녕 오히려 그에 대한 명예로운 일이다.

하지만 바울은 하나의 조건을 규정하고 있다. 그것은 주 안에서 하는 결혼이어야 한다는 것이다. 그것은 기독교인 동지끼리 결혼이어야 한다. 신자와 불신자 간의 결혼이 잘 유지되는 경우가 극히 드물다. 헬라의 나이 많은 현자 플루탁은 이렇게 말했다. "결혼은 부부가 같은 종교를 믿지 않으면 행복할 수 없다."

최고 사랑은 두 사람이 서로 사랑하며, 그 사랑이 그리스도를 사랑하는 공통적인 사랑에 의해 거룩해질 때 비로소 실현된다. 그때 두 사람은 단지 같이 생활할 뿐만 아니라 기도도 같이하기 때문이며 생활과 사랑이 결합되어 끊임없는 예배가 되기 때문이다.

The Letter to the Corinthians

08

8, 9, 10장은 우리와 관계없는 문제 같지만 고린도 교회의 성도에게는 매우 현실적인 문제를 취급하고 있다. 그들에게는 속히 해결되어야 할 문제들이었다. 그것은 우상에게 바쳤던 고기를 먹어도 좋으냐는 문제였다. 각 장을 구체적으로 검토하기 전에 문제의 성격과 그 문제가 일으켰던 여러 가지 경우에 대해 바울이 제출하였던 해결책을 대략 살펴보는 것도 좋다.

신들에게 제물을 드리는 것은 고대 생활에서 불가결한 생활의 일부였다. 제물은 사적인 것과 공적인 것 두 종류가 있었다고 생각된다. 어느 경우에서나 동물을 모조리 제단 위에서 태우는 일은 없었다. 희생제물이 되는 동물의 머리털을 몇 개 뽑아 그것만을 태우는 것으로 대신하는 경우도 가끔 있었다. 사적인 제물의 경우 동물은 세 부분으로 나누어진다. 우선 겨우 표식밖에 안 될 정도의 지극히 적은 부분이 제단에서 태워졌다. 다음으로 제사장이 당연한 권리로서 갈비와 다리와 머리의 왼편 반쪽을 차지하였다. 셋째로 제물을 바친 사람이 남은 고기를 가져갔다. 그리고 그는 고기를 갖고 잔치를 베풀었다. 특히 결혼 잔치를 베푸는 수가 많았다. 그러한 잔치는 제물을 바친 사람의 집에서 베푸는 수도 있지만 그 희생제물을 바친 신전에서 베푸는 수도 있다. 예를 들면 파피루스에 쓰인 이런 초대장이 있다. "프톨레마이오스의 아들 안토니오스는 귀하를 우리 주 세라피스의 식탁에서 베푸는 만찬회에 초대하나이다." 세라피스란 그가 제물을 바친 신의 이름이었다.

이때 기독교인이 당면한 문제는 이런 것이었다. "나는 이런 잔치에 가도 좋은가? 우상이나 이방신에게 바쳐진 고기를 먹어도 좋은가?" 안 된다면 그는 분명히 모든 사교적인 모임을 완전히 끊어야 하는 것이다.

공적인 제물은 국가가 바치는 것인데 이런 일도 자주 있었다. 그때 약간의 고기가 다만 상징적으로 태워지고, 제사장들이 그들의 몫들을 차지한 후에는 남은 고기를 관리나 그 밖의 사람들이 가져갔다. 그런데 그들은 남는 고기를 상점이나 시장에 내다 파는 것이었다. 때문에 정육점에서 고기를 사도 그 고기가 이미 우상이나 이방신에게 제물로 바쳐졌던 것인지 모른다. 이렇게 생각하면 지금 먹는 고기가 우상에게 바쳐졌던 제물의 일부인지 아닌지 결코 모른다는 것이 된다.

사태를 더욱 복잡하게 하는 또 하나의 사정이 있었다. 그것은 당시 사람들이 악귀나 악령의 존재를 참으로 믿고 무서워했다는 데 있다. 악귀나 악령이 인간의 주위에 꽉 차 있어 언제나 인간의 몸속으로 들어가려고 노리고 있다는 것이다. 그것을 피하는 한 가지 방법은 바로 사람이 그 고기를 먹기 전에 선한 신에게 바치는 것이었다. 그렇게 하면 선한 신이 그 고기에 붙어 악한 신을 막아 준다는 것이었다. 그런 까닭에 동물은 거의 도살되기 전에 그 어떤 신에게든지 제물로 바쳐진 것이다. 그렇지 않았다면 고기를 먹기 전에 예방책으로 어떤 신의 이름으로 축복하였다. 따라서 이방신과 전혀 관련이 없는 고기를 먹는다는 것은 거의 불가능한 일이었다. 기독교인은 그런 고기를 먹어도 좋은가 하는 것이 문제였다. 그것은 현재 우리에게는 매우 상관없는 얘기였지만 고린도나 기타 헬라 도시에 살던 기독교인에게는 모든 생활에 관련된 문제였으며, 어떻게든 해결되지 않으면 안 되는 문제임에 틀림없었다.

바울의 권고는 몇 가지 부분으로 나뉜다.

1. 8장에서 바울은 하나의 원리를 세우고 있다. 강한 신앙과 충분한 지식이

있는 기독교인은 이교도 우상의 감염에서 스스로 안전하다고 느끼고 있으며, 우상은 존재하지도 않는 것의 상징에 불과한 것이라고 믿는다고 해도 자신처럼 신앙이 강하지 못하고 지식도 충분치 못한 형제의 양심을 상하게 하거나 혼란스럽게 하는 일 따위는 일체 해서는 안 된다.

II. 9장에서 바울은 기독교인의 자유의 원리를 내세우는 사람들에 맞서고 있다. 자신은 많은 일을 할 수 있는 자유를 갖고 있지만 교회를 위해 그것들을 행사하지 않는다고 말한다. 바울은 기독교인의 자유를 잘 알고 있었지만 동시에 기독교인의 책임도 알고 있었다.

III. 10장 1-13절에서 바울은 기독교의 지식과 특권적인 입장 때문에 우리는 어떠한 감염에서도 자유롭다고 주장하는 사람들과 맞서고 있다. 바울은 하나님의 선민으로서 모든 특권을 가지면서도 죄에 떨어진 이스라엘의 예를 들고 있다.

IV. 10장 14-22절에서 바울은 주의 식탁에 앉았던 자는 이방신의 식탁에 앉을 수 없다. "가령 이방신 같은 것은 실재하지 않는다고 해도"라고 논하고 있다. 거짓된 신에게 바쳐졌던 고기를 그리스도의 살을 먹고, 그 피를 마신 입술에 가져가는 것은 잘못된 일이다.

V. 10장 23-26절에서 바울은 지나친 결백에 대해 경고하고 있다. 사람들이 상점에 있는 것을 사기만 하면 되는 것이지 그 물건에 대해 지나치게 따지지 말라고 한다.

VI. 10장 27-28절에서 바울은 개인적으로 가정에서는 어떻게 할 것인가 하는 문제를 취급하고 있다. 가정집에서는 기독교인은 앞에 놓인 것을 먹기만 하면 되는 것이지 그 식물에 대해 너무 따질 필요가 없다는 것이다. **그러나** 앞에 놓인 고기가 이교도의 제물이었던 것이 알려졌을 경우 그것은 기독교적인 입장에 대한 도전이기 때문에 먹기를 거부하여야 한다.

Ⅶ. 마지막으로 10장 29절부터 11장 1절까지 바울은 기독교인의 행동은 유대인에게나 이방인에게나 조금도 거치는 것이 되지 않도록 한 점의 비난도 있을 수 없는 것이어야 한다는 원칙을 세우고 있다. 기독교인의 권리가 사람들을 거치는 것이 될 바에는 차라리 그 권리를 포기하는 것이 더 좋다.

이상의 것을 전제로 하고 각 장을 세밀히 검토해 보자.

지식이 있는 자에게 주는 권고

고린도전서 8:1-13

1우상의 제물에 대하여는 우리가 다 지식이 있는 줄을 아나 지식은 교만하게
하며 사랑은 덕을 세우나니 2만일 누구든지 무엇을 아는 줄로 생각하면 아직
도 마땅히 알 것을 알지 못하는 것이요 3또 누구든지 하나님을 사랑하면 그
사람은 하나님도 알아주시느니라 4그러므로 우상의 제물을 먹는 일에 대하
여는 우리가 우상은 세상에 아무것도 아니며 또한 하나님은 한 분밖에 없는
줄 아노라 5비록 하늘에나 땅에나 신이라 불리는 자가 있어 많은 신과 많은
주가 있으나 6그러나 우리에게는 한 하나님 곧 아버지가 계시니 만물이 그에
게서 났고 우리도 그를 위하여 있고 또한 한 주 예수 그리스도께서 계시니
만물이 그로 말미암고 우리도 그로 말미암아 있느니라 7그러나 이 지식은 모
든 사람에게 있는 것은 아니므로 어떤 이들은 지금까지 우상에 대한 습관이
있어 우상의 제물로 알고 먹는 고로 그들의 양심이 약하여지고 더러워지느
니라 8음식은 우리를 하나님 앞에 내세우지 못하나니 우리가 먹지 않는다고
해서 더 못사는 것도 아니고 먹는다고 해서 더 잘사는 것도 아니니라 9그런
즉 너희의 자유가 믿음이 약한 자들에게 걸려 넘어지게 하는 것이 되지 않도
록 조심하라 10지식 있는 네가 우상의 집에 앉아 먹는 것을 누구든지 보면 그
믿음이 약한 자들의 양심이 담력을 얻어 우상의 제물을 먹게 되지 않겠느냐
11그러면 네 지식으로 그 믿음이 약한 자가 멸망하나니 그는 그리스도께서

위하여 죽으신 형제라 [12]이같이 너희가 형제에게 죄를 지어 그 약한 양심을
상하게 하는 것이 곧 그리스도에게 죄를 짓는 것이니라 [13]그러므로 만일 음
식이 내 형제를 실족하게 한다면 나는 영원히 고기를 먹지 아니하여 내 형제
를 실족하지 않게 하리라

헬라의 도시에서 살다 보면 우상이나 이방신의 제물로 바쳤던 고기를 먹어야 하느냐, 말아야 하느냐 하는 문제에 날마다 부딪치게 된다는 것은 이미 살펴본 바 그대로다. 그런데 고린도 교인들 가운데는 이런 것이 전혀 문제가 되지 않는 사람들이 있었다. 그들은 자신들의 훌륭한 지식에 의하면 이방신이란 것은 전혀 실재하지 않는 것이기 때문에 기독교인은 우상에게 바쳤던 고기라도 양심에 가책 없이 먹을 수 있다고 주장하는 것이었다.

이에 대해 바울은 사실은 두 개의 답을 준비하고 있다. 그 하나의 대답은 10장 20절에 가서야 나오는데 거기서 바울은 이방신이 실재하지 않는다는 점에서는 동감하지만 악령이나 악귀의 존재를 자신은 확신하고 있으며, 사실 이들 악령이나 악귀는 우상의 그늘에 숨어서 그것을 이용하여 사람들을 참된 하나님께 예배하지 못하도록 한다고 믿는 바라고 주장하고 있다.

하지만 8장에서 바울은 보다 단순하게 논의를 전개하였다. 그는 이렇게 말했다. 고린도에는 일생 동안 오늘에 이르기까지 우상이나 이방신을 참된 것으로 믿어 온 사람들이 있다. 그들은 소박한 정신을 갖고 있기 때문에 우상은 비록 거짓이라도 무엇인가 실재하는 것이거니 하는 습관적인 신념을 아직까지 벗어 던지지 못하고 있다. 그들은 우상에게 바쳤던 고기를 먹을 때마다 양심의 가책을 느끼지 않을 수 없다. 그것은 어쩔 수 없는 일이다. 그것은 나쁜 일이라고 본능적으로 느끼고 있기 때문이다.

바울은 계속해서 "그러기 때문에 당신들이 우상에 바쳤던 고기를 먹어도 상관없다고 할 때 당신들은 실제로 이런 소박한 사람들의 양심을 아프게 하고, 상하게 하고, 호란케 하는 것이다. 어떤 하나의 사실이 당신들에게는 무해한 것일지라도 다른 사람을 상하게 하는 것이라면 그것을 단념하여야 한다. 기독교인은 그의 형제를 걸리게 하는 일을 결코 해서는 안 되기 때문이다"라고 말했다. 이

것이 바울의 결론이다.

8장의 말씀은 우리와는 관계가 먼 문제를 취급하고 있지만 영원히 유효한 세 가지 큰 원리를 포함하고 있다.

I. 어떤 사람에게는 안전한 것이 다른 사람에게는 위험할 수가 있다. 하나님은 한 사람 한 사람의 인간의 마음에 통하는 비밀의 계단을 갖고 계신다는 말이 있다. 그것은 다행하게도 진실한 일이다. 하지만 악마도 한 사람 한 사람의 마음에 통하는 음흉한 비밀의 계단을 갖고 있는 것이다. 우리는 어떤 종류의 유혹에 대해 그것을 저항할 수 있는 힘을 갖고 있을지 모른다. 하지만 다른 사람은 그렇지 못한지도 모른다. 우리에게는 유혹도, 아무것도 아닌 것이 다른 사람에게는 강한 유혹일 수 있다. 그렇기 때문에 우리는 어떤 일을 행할까 말까 결정하기에 앞서 그 행위가 우리에게 미치는 영향뿐 아니라 다른 사람에게 주는 영향도 고려하여야 한다.

II. 아무것도 지식의 입장에서만 판단해서는 안 된다. 모든 것은 사랑의 입장에서 판단해야 한다. 지식이 있는 고린도 교인들은 자신들은 우상이 어떤 의미 있는 것이라고 생각할 정도로 바보가 아니다. 그들의 지식은 그런 문제를 이미 초월했다고 말한다. 지식에는 언제나 어떤 종류의 위험이 따르게 마련이다. 그것은 사람들을 교만에 빠지게 하기 쉽다. 자기만큼 지식이 많지 않은 사람들을 내려다보고 우월감을 갖기 쉽다. 무지하다고 생각되는 사람들에 대한 동정을 잃기 쉽다. 그런 지식은 참된 지식이 아니라고 말할 수 있다. 참된 지식이라 할지라도 지적 우월감이란 위험한 것이다. 우리의 행위는 자신의 지적 우월을 자랑하는 기분이 아니라 다른 사람을 생각하는 사랑에서 항상 우러나와야 한다. 말해도 좋고, 행해도 좋은 것이지만 다른 사람을 위해 그만두는 일이 있어야 한다.

III. 여기서부터 한층 위대한 진리가 나온다. 다시 말해 아무도 다른 사람을 멸망시키는 권리를 주장하거나 쾌락에 빠지거나 자유를 요구하거나 할 권리가 없다는 것이다. 자신에게는 그 쾌락을 일정한 틀 안에 가두어 둘 정신력과 의지력이 있을는지 모른다. 자신에게는 이 행동이 안전한 것일는지 모른다. 그러나 생각할 바는 자신의 일만이 아니다. 약한 형제의 일도 생각하여야 한다. 다른 사람을 멸망시키는 쾌락이나 방종은 쾌락이 아니라 죄악이다.

The Letter to the Corinthians 09

행사하지 않은 특권

고린도전서 9:1-14

1내가 자유인이 아니냐 사도가 아니냐 예수 우리 주를 보지 못하였느냐 주
안에서 행한 나의 일이 너희가 아니냐 2다른 사람들에게는 내가 사도가 아닐
지라도 너희에게는 사도이니 나의 사도 됨을 주 안에서 인친 것이 너희라
3나를 비판하는 자들에게 변명할 것이 이것이니 4우리가 먹고 마실 권리가
없겠느냐 5우리가 다른 사도들과 주의 형제들과 게바와 같이 믿음의 자매 된
아내를 데리고 다닐 권리가 없겠느냐 6어찌 나와 바나바만 일하지 아니할 권
리가 없겠느냐 7누가 자기 비용으로 군 복무를 하겠느냐 누가 포도를 심고
그 열매를 먹지 않겠느냐 누가 양 떼를 기르고 그 양 떼의 젖을 먹지 않겠느
냐 8내가 사람의 예대로 이것을 말하느냐 율법도 이것을 말하지 아니하느냐
9모세의 율법에 곡식을 밟아 떠는 소에게 망을 씌우지 말라 기록하였으니 하
나님께서 어찌 소들을 위하여 염려하심이냐 10오로지 우리를 위하여 말씀하
심이 아니냐 과연 우리를 위하여 기록된 것이니 밭 가는 자는 소망을 가지고
갈며 곡식 떠는 자는 함께 얻을 소망을 가지고 떠는 것이라 11우리가 너희에
게 신령한 것을 뿌렸은즉 너희의 육적인 것을 거두기로 과하다 하겠느냐

[12]다른 이들도 너희에게 이런 권리를 가졌거든 하물며 우리일까 보냐 그러나
우리가 이 권리를 쓰지 아니하고 범사에 참는 것은 그리스도의 복음에 아무
장애가 없게 하려 함이로다 [13]성전의 일을 하는 이들은 성전에서 나는 것을
먹으며 제단에서 섬기는 이들은 제단과 함께 나누는 것을 너희가 알지 못하
느냐 [14]이와 같이 주께서도 복음 전하는 자들이 복음으로 말미암아 살리라
명하셨느니라

얼핏 보면 9장은 앞에 나오는 부분과 전혀 관계가 없는 것 같으나 사실은 그렇지 않다. 9장의 요지는 이렇다. 스스로를 성숙하고, 진보한 기독교인이라고 생각한 고린도 교인들은 자신들은 특권적인 입장에 있기 때문에 우상에 바쳐졌던 고기를 먹고 싶으면 자유롭게 먹어도 좋다고 주장하고 있다. 기독교적인 자유와 특권에 의해 자신들에게는 단순하고 미숙한 무리에게는 허락되지 않는 것들을 해도 좋은 특별한 지위가 주어졌다고 그들은 생각하였던 것이다. 이런 주장에 대해 바울은 많은 특권을 들면서 자기 자신은 이런 것들을 할 수 있는 완전한 권리를 갖고 있지만 다른 사람들에게 거치는 것이 될까 봐, 복음의 방해가 될까 봐 그런 권리를 일부러 이용하지 않았다고 대답하고 있다.

바울은 우선 자신의 사도직을 주장한다. 그것은 그를 금방 매우 높은 특별한 지위에 올려놓는 하나의 신분이다. 그는 자신의 사도직이 진정한 것임을 증명하기 위해 두 가지 논증을 사용하고 있다.

1. **"그는 주를 보았다."** 사도행전은 거듭 사도로서 가장 중요한 자격은 그가 부활의 증인이라는 것을 밝히고 있다(행 1:22, 2:32, 3:15, 4:33). 이것은 매우 중요하다. 신약성경에서 신앙이란 신조에 대한 믿음이나 승낙을 의미하는 일이 결코 없고, 항상 인격에 대한 믿음을 의미하였다. 바울은 "내가 믿는 **것**을 내가 안다"고 하지 않고 "내가 믿는 이를 내가 안다"고 했다(딤후 1:12). 예수께서 제자를 부르셨을 때 "나는 어떤 철학을 갖고 있으니 그것을 와서 검토해 보라"든가, "나의 윤리체계를 고찰해 보라"든가, "신앙고백을 할 터이니 그것에 대해 논해 주기 바란다"고 그는 말하지 않았다. 그는 "나를 따르라"고 하셨다. 기독교는 모두

예수 그리스도와의 이런 인격적인 관계에서 시작한다. 기독교인이 된다는 것은 예수 그리스도를 인격적으로 안다는 것이다. 목사를 선택할 때 칼라일은 "이 교회가 필요한 목사는 그리스도를 직접적으로 알고 있는 사람이다"라고 말했다. 모든 것은 이런 인격적인 관계에서 시작한다.

II. 바울의 두 번째 주장은 "그의 활동이 열매를 맺었다"는 것이다. 고린도 교인들이 바로 그 증거였던 것이다. 바울은 그들을 자신의 **도장**(印)이라고 했다. 옛날엔 도장이 매우 중요한 것이었다. 예를 들면 곡물이나 대추야자 열매 같은 것을 배에 실려 보낼 때 마지막으로 하는 일은 자루나 상자에 봉인을 찍어 그 속에 든 것이 틀림없이 겉에 쓰인 그대로인 것을 표시하는 일이었다. 또 유서를 썼을 경우 거기엔 일곱 개 봉인이 찍혀야 했다. 봉인이 하나라도 훼손되었을 경우 법적 효력을 상실했던 것이다. 봉인은 진정성을 보증하는 것이었다. 고린도 교회의 존재 자체가 바울의 사도직을 보증하는 것이었다.

어떤 사람이 그리스도를 직접적으로 알고 있는지 궁극적인 증거는 그가 다른 사람들을 그리스도께 인도할 수 있는지에 있다. 병원에서 고생하던 젊은 군인이 따뜻한 간호의 손길을 펴 주는 플로렌스 나이팅게일에게 "당신은 나에게 대해 그리스도 이십니다"라고 말했다 한다. 어떤 한 사람이 믿는 기독교가 진짜인가 하는 것은 그가 다른 사람을 도와주어 기독교인으로 만들 수 있느냐에 달려 있다.

바울이 요구하려면 할 수 있었던 권리는 교회의 원조였다. 자기뿐 아니라 아내를 위해서도 그 권리를 주장할 수 있었던 것이다. 사실 다른 사도들은 권리를 주장했으며 그것들을 획득하였다. 헬라인들은 육체노동을 경시하였다. 자유인인 헬라 사람들은 누구나 손으로 일하려고 하지 않았다. 아리스토텔레스는 모든 인간은 두 계급으로 나누어진다고 했다. 하나는 교양이 있는 현인들과 또 하나는 나무를 베거나 물을 긷는 일 같은 다른 사람을 위해 천한 일을 하는 운명을 타고난 사람이라고 했다. 이런 무리를 교육해서 신분을 높여 주고자 하는 것은 잘못일 뿐 아니라 나쁜 일이었다. 소크라테스와 플라톤의 원수들이 그들을 비웃은 것은 그들이 제자들을 가르치고도 돈을 받지 않았고 더욱이 자신들의 가르침은 아무런 가치가 없기 때문에 돈을 받지 않는다고 말했기 때문이다. 유대교의 랍비는 돈을 받지 않고 가르쳐야 하며 생활을 위해서는 다른 일을 하게 마련이었다. 그런데 그 같은 랍비가 세상에서 랍비를 물질적으로 도와주는 것 이상 더 훌륭한 일은 없다고 교묘하게 가르치기도 했다. 천국의 가장 좋은 자리가 탐나거든 랍비의 경제적인 필요를 채워 주는 것이 그 희망을 실현시킬 수 있는 가장 확실한 방법이라는 식으로 가르쳤던 것이다. 무엇으로 보나 바울은 교회의 도움을 요구할 권리를 갖고 있었다.

바울은 여기서 몇 개 일상적인 비유를 사용한다. 자기 양식을 먹어 가면서 군대에 가담하는 사람은 없다. 그러면 왜 악과 싸우는 그리스도의 군사는 자기 스스로 비용을 내야 하는가? 포도밭을 만들고 그 열매를 먹지 않는 사람은 없다. 그러면 왜 교회라는 씨를 뿌리는 사람은 그 열매를 먹으면 안 되는가? 양을 치는 목사는 양 떼에게서 먹을 것을 얻는다. 왜 목사는 그렇게 할 수 없는가? 성경도 곡식을 떠는 소에게 망을 씌워서는 안 되며, 곡식을 먹도록 해 주어야 한다고 말한다(신 25:4). 다른 랍비와 같이 바울도 이 가르침을 우화로 해서 이것을 기독교의 교사에 해당시키고 있다.

성전에서 일하는 제사장들은 제물의 몫을 나누어 받아 갖고 생활한다. 그것은 사실이었다. 이미 말한 바와 같이 헬라에서는 제사장들이 제물로 바친 동물의 갈비와 뒷다리와 머리의 왼편 반쪽을 차지하였다. 예루살렘 성전의 제사장들에게 다음과 같은 소득이 있었다는 것을 알아 둘 필요가 있다.

중요한 제물은 다섯 종류가 있었다.

I. **"번제."** 이때만은 동물을 모조리 태운다. 하지만 밥집과 내장과 환도뼈의 큰 힘줄은 태우지 않았다(창 32:32 참조). 이 경우에서도 제사장들은 동물의 가죽을 차지하였다가 이것을 팔아 큰 소득을 올렸다.

II. **"속죄제."** 이 경우에는 기름만을 제단에서 태우고 고기는 전부 제사장들이 차지하였다.

III. **"속건제."** 이 경우에도 기름만을 태우고 고기는 전부 제사장들이 차지하였다.

IV. **"소제."** 가루와 포도주와 기름을 제물로 드렸는데 약간의 제물을 단지 그 표시 정도로 제단에 바치고 나머지 대부분은 제사장들이 차지하였다.

V. **"화목제."** 기름과 내장만을 제단에서 태우고 제사장이 가슴과 오른쪽 어깨를 차지하고 나머지를 제물에 바친 사람에게 돌려주었다.

그 밖에도 제사장들의 소득에는 다음과 같은 것들이 있었다.

I. 미르 보리, 포도, 무화과, 석류, 감람열매, 벌꿀 등 "일곱 가지 처음 익은 열매"는 제사장들의 것이었다.

II. **"테루마."** 이것은 가장 좋은 농작물의 열매를 드리는 제물이었다. 제사장들은 모든 수확물의 약 50분의 1을 취할 권리를 갖고 있었다.

III. **"십일조."** 십일조는 "땅에서 가꾸는 모든 음식물"에 적용되는데 십일조는 레위인의 것이었다. 그리고 제사장들은 레위인이 받는 십일조의 십일조를 받았다.

IV. **"칼라."** 이것은 떡 반죽의 제물이었다. 가루가 밀, 보리, 스펠타 밀, 연맥, 호밀일 때 개인은 그 가루의 24분의 1을, 떡집이라면 48분의 1을 각각 제사장에게 바쳐야 한다.

이러한 것이 배경이 되어 교회에서 원조를 받을 수 있는 데도 바울은 최소한의 원조도 받으려고 하지 않았다. 그가 원조를 거부한 데는 두 가지 이유가 있었다.

I. 제사장들은 언제나 웃음거리의 대상이었다. 보통의 유대인 가정에서는 고

기를 겨우 1주일에 한 번 정도밖에 먹지 못했는데 제사장들은 고기를 지나치게 많이 먹어 직업병에 걸려 고통당하였다. 제사장들의 권리, 특권, 사치, 강한 욕심은 악명이 높은 것이었다. 바울은 그것을 잘 알고 있었다. 바울은 제사장들이 신앙을 빙자하여 자기 살만 찌운 것을 잘 알고 있었다. 따라서 바울은 제사장들과는 정반대의 방향으로 극단적인 데까지 밀고 나가서 아무것도 교회에서 받지 않겠다고 결심했던 것이다. 제사장들의 악업과 악평 때문에 바울은 어떤 원조도 거부했던 것이다.

II. 두 번째 이유는 바울의 확고한 독립심 때문이었다. 이 점은 바울에게 좀 지나친 것이었던 것 같다. 모든 원조를 거절했기 때문에 바울은 고린도 교인들의 마음을 상하게 한 것 같기 때문이다. 하지만 바울은 누구의 신세를 지느니 차라리 굶어 죽는 것이 더 낫다고 생각하는 독립심의 소유자였다.

결국 한 가지 마음이 바울의 행동을 지배했던 것이다. 바울은 복음에 대해 명예롭지 못한 일이라든가, 복음전도에 방해가 되는 일은 결단코 하지 않기로 결심했던 것이다. 인간은 항상 어떤 교훈을 그것을 가르치는 사람의 실생활과 품성에 의해 평가한다. 바울은 어디까지나 결백하고자 결심했다. 그는 자신이 한 말과 모순된 행동은 할 수 없었다. 어떤 사람이 전도자에게 이렇게 말했다고 한다. "나는 당신이 어떤 사람인지를 듣고 있기 때문에 당신의 말은 들리지 않습니다." 바울에 대해서는 아무도 이런 말을 할 수 없었을 것이다.

특권과 사명

고린도전서 9:15-23

15그러나 내가 이것을 하나도 쓰지 아니하였고 또 이 말을 쓰는 것은 내게 이
같이 하여 달라는 것이 아니라 내가 차라리 죽을지언정 누구든지 내 자랑하
는 것을 헛된 데로 돌리지 못하게 하리라 16내가 복음을 전할지라도 자랑할

것이 없음은 내가 부득불 할 일임이라 만일 복음을 전하지 아니하면 내게 화
가 있을 것이로다 [17]내가 내 자의로 이것을 행하면 상을 얻으려니와 내가 자
의로 아니한다 할지라도 나는 사명을 받았노라 [18]그런즉 내 상이 무엇이냐
내가 복음을 전할 때에 값없이 전하고 복음으로 말미암아 내게 있는 권리를
다 쓰지 아니하는 이것이로다 [19]내가 모든 사람에게서 자유로우나 스스로 모
든 사람에게 종이 된 것은 더 많은 사람을 얻고자 함이라 [20]유대인에게 내가
유대인과 같이 된 것은 유대인을 얻고자 함이요 율법 아래에 있는 자들에게
는 내가 율법 아래에 있지 아니하나 율법 아래에 있는 자같이 된 것은 율법
아래에 있는 자들을 얻고자 함이요 [21]율법 없는 자에게는 내가 하나님께는
율법 없는 자가 아니요 도리어 그리스도의 율법 아래에 있는 자이나 율법 없
는 자와 같이 된 것은 율법 없는 자들을 얻고자 함이라 [22]약한 자들에게 내가
약한 자와 같이 된 것은 약한 자들을 얻고자 함이요 내가 여러 사람에게 여
러 모습이 된 것은 아무쪼록 몇 사람이라도 구원하고자 함이니 [23]내가 복음
을 위하여 모든 것을 행함은 복음에 참여하고자 함이라

여기서는 바울이 자신의 사명을 어떻게 생각하였는지 대략 기록되어 있다.

1. 바울은 그것을 "특권"으로 보았다. 그는 그리스도를 위해 일하는 것에 대해 보수를 받지 않았다. 어느 유명한 미국의 대학 교수가 은퇴하면서 자신이 해온 일에 대해 대학이 다년간 보수를 주었는데 사실은 자신이 그런 일을 할 수 있도록 해 준 대학에 대해 자신이 돈을 내야 했을 것이라고 했다고 한다. 그것은 사람이 언제나 무보수로 일을 해야 한다는 것을 말하는 것이 아니다. 사람에게는 해야 할 몇 가지 의무가 있는데 그 의무를 다하는 데 무보수로 일할 수는 없다. 단지 돈을 첫 번째로 생각하면서 일하지 말라는 것이다. 인간은 일을 돈벌이로만 생각하지 말고 봉사의 기회로 보아야 한다. 인간의 첫째 의무는 자신의 이익을 도모하는 일이 아니다. 하나님을 위해 다른 사람에게 봉사하는 이것이야말로 인간의 특권이 되어야 한다.

II. 바울은 자신의 사명을 "의무"로 보았다. 복음의 선교사가 되고자 스스로 택한 것이라면 그 일에 대해 보수를 요구할 권리가 당연히 있었을 것이다. 그러나 자신이 그 일을 선택한 것이 아니라 그 일이 자신을 선택한 것이니만큼 호흡을 그만둘 수 없는 것같이 이 일을 그만둘 수 없으며, 그만둘 수 없는 일을 했다고 해서 보수를 받는다는 것은 있을 수 없는 일이라는 것이 바울의 견해였다.

사바나의 위대한 성도이며 신비가인 라먼 럴은 어떻게 해서 그리스도의 선교사가 되었는지를 다음과 같이 말하고 있다. 그는 한때 사치와 쾌락을 좇는 생활을 하고 있었다. 그러던 어느 날 그가 혼자 있을 때 그리스도께서 십자가를 지신 채 그에게 와서 "나를 위해 이것을 지라"고 말씀하셨다. 그러나 그는 그리스도를 밀어제치고 그것을 거부하였다. 그가 고요한 큰 성당 속에 서 있었을 때 다시금 그리스도께서 오셔서 그에게 십자가를 져 줄 것을 요구했지만 그는 또다시 거절하였다. 드디어 그가 혼자 있을 때 세 번째 그리스도께서 오셔서 이번에는, "십자가를 쥐고 나의 얼굴을 보시고 그 십자가를 내 손 위에 놓으신 채 가 버리셨다. 나는 할 수 없이 그것을 들고 등에 지고 갈 수밖에 없었다"라고 라먼 럴이 말했다. 바울도 이렇게 말할 수밖에 없었을 것이다. "나로서는 사람들에게 그리스도의 좋은 소식을 전할 수밖에 없지 않는가?"

III. 이처럼 보수는 받지 않았지만 "큰 상급"을 날마다 받고 있다는 것을 바울은 알고 있었다. 그는 복음을 받아들이는 모든 사람에게 그것을 값없이 제공하는 일의 만족감을 보았던 것이다. 어떤 일이든지 거기에 대한 참된 보수는 돈이 아니라 하나의 일을 잘 이루었을 때의 만족감이라는 것은 언제나 변함없는 진실이다. 따라서 인생에서 가장 중대한 것은 최고 임금이나 봉급을 받을 수 있는 일을 선택하는 것이 아니라 최대 행복을 줄 수 있는 일을 선택하는 것이며, 그 행복은 우리가 자신의 일에서 찾아볼 수 있는 내적인 만족에 의존하고 있는 것이다. 슈바이처 박사는 어떤 때가 가장 행복한 순간인가에 대해 이렇게 말하였다. 매우 고통을 당하고 있는 환자가 병원에 실려 온다. 그러면 박사는 환자에게 "당신을 잠들게 하는 수술을 할 것입니다. 그러면 아픔이 없어집니다"라고 말해 그를 위로한다. 수술 후에 환자 곁에 앉아 의식을 회복하기를 기다린다. 드디어 환자가 눈을 뜨고 놀라워하면서 "이젠 전혀 아프지 않습니다"라고 속삭인다. 이것이 슈바이처 박사에게 가장 행복한 순간이라고 한다. 여기에는 경제적인, 물질적인 보수가 하나도 없다. 그러나 마음의 가장 깊은 곳에서 흘러나오는 만족감이 있는 것이다. 좌절된 생을 다시 세워 주거나, 방황하는 자를 바른 길로 되돌아오게 하거나, 절망한 마음을 고쳐 주거나, 한 사람의 영혼을 그리스도께 인도하는 것은 돈으로 갚을 수 있는 것이 아니다. 그 기쁨은 어떤 저울로도 달아 볼 수 없는 것이다.

IV. 마지막으로 바울은 "선교의 방법"에 대해 말하고 있다. 모든 사람에 대해 모든 사람과 같이 되는 것이 그의 방법이었다. 그것은 위선적인 이중인격자가 되어 두 가지 말을 하는 것이 아니다. 현대적으로 말하면 누구와도 통할 수 있다는 말이다. 자기 생각밖에 모르는, 관용이라든가 동정이라는 것을 전혀 모르고 다른 사람의 마음이나 생각을 이해하고자 하지 않는 인간은 목사나 전도자는커녕 친구도 될 수 없다. 보즈웰이 어디선가 "사람들과 사귀는 기술"에 대해 말하고 있다. 이것은 존슨 박사가 완전하게 갖춘 기술이었다. 존슨 박사는 매우 능숙한 담화가이었을 뿐 아니라 다른 사람의 말을 흥미 있게 들어주기도 하는 사람이어서 누구와도 잘 통하기 때문이다. 어떤 친구가 존슨 박사에 대해 "그는 그 사람을 가장 잘 알고 있으며 가장 좋아하는 화제에 대해 말하게 하는" 기술을 가졌다고 말한 바 있다. 어느 시골의 목사가 스레일 부인의 모친에게 교회에 오는 사람들이 매우 교양이 없는 점에 대해 말한 일이 있다. "하여간 송아지 이야기만 하더군요"라고 목사는 말했다. 그러자 노부인은 이렇게 대답했다고 한다. "하지만 목사님, 존슨 박사라면 송아지에 대해 열심히 알아보려고 했을 것입니다."

존슨 박사는 시골 사람에 대해서는 자신도 시골 사람이 되려고 했다. 로버트 린드는 존슨 박사가 시골 목사와는 개의 소화기에 대해 말하며, 댄스 교사와는 댄스에 대하여, 여러 사람과 농장의 경영에 대하여, 지붕을 씌우는 법, 맥주의 제조법, 화약의 제조법, 가죽을 만드는 기술에 대해 즐겨 이야기했다고 지적하고 있다. 또 린드는 존슨 박사를 가리켜 "사람들이 흥미를 갖고 있는 화제에 자신을 용해시킬 수 있었던 사람"이라고 말하고 있다. "그는 안경쟁이와는 안경의 제작법에 대해, 법률가와는 법률에 대해, 양돈가와는 돼지에 대해, 의사와는 병에 대해, 배를 만드는 목수와는 배에 대해 말하기를 즐기는 사람이었다. 회화를 나눌 때는 받는 것보다 주는 것이 훨씬 행복하다는 것을 그는 알고 있었다." 상대와 같은 말을 하며 상대와 같은 생각을 품을 수 없다면 전도도, 우정도 모두 불가능하다. 어떤 사람이 교사와 의사와 목사는 "세 가지 은혜를 베푸는 직업"이라고 말한 일이 있다. 우리가 사람들에게 은인인 체하는 태도를 취하거나, 그들을 이해하려고 하지 않거나, 그들과의 접촉을 피하거나 하는 한 아무런 성과도 거둘 수 없는 것이다. 누구보다도 많은 사람을 그리스도께 인도한 위대한 전도자 바울은 모든 사람과 같이 되는 것이 얼마나 중요한 것인지 잘 알고 있었다. 우리에게도 가장 필요한 것은 여러 사람들과 접촉하는 기술을 배우는 것이다. 우리는 대부분 그것을 시도하지 않는다. 그것이 문제다.

참된 싸움

고린도전서 9:24-27

24운동장에서 달음질하는 자들이 다 달릴지라도 오직 상을 받는 사람은 한
사람인 줄을 너희가 알지 못하느냐 너희도 상을 받도록 이와 같이 달음질하
라 25이기기를 다투는 자마다 모든 일에 절제하나니 그들은 썩을 승리자의
관을 얻고자 하되 우리는 썩지 아니할 것을 얻고자 하노라 26그러므로 나는
달음질하기를 향방 없는 것같이 아니하고 싸우기를 허공을 치는 것같이 아
니하며 27내가 내 몸을 쳐 복종하게 함은 내가 남에게 전파한 후에 자신이 도
리어 버림을 당할까 두려워함이로다

여기서 바울은 다른 시각으로 논술을 계속해 나간다. 바울은 안일한 길을 걸어가려고 하는 고린도 교인들에게 가장 엄격한 자기 훈련이 없이는 아무런 성과

도 거두지 못한다고 주장한다. 바울은 언제나 경기자의 모습에 매력을 느꼈다. 경기자가 경기에 이기려면 많은 연습을 하지 않으면 안 된다. 그런데 고린도 사람들은 경기가 얼마나 스릴이 있는지 잘 알고 있었다. 올림픽 다음 가는 큰 경기가 이 도시에서 열렸기 때문이다. 이 경기에 참가하는 선수들은 며칠이 되지 못해 시들어 버리는 월계관을 타고자 연단과 연습을 게을리하지 않는다. 하물며 영원한 생명의 면류관을 목표로 하는 기독교인은 더욱 자기 훈련이 필요하지 않겠는가?

여기서 바울은 자신의 인생철학을 간단히 전개하고 있다.

I. 인생은 싸움이다. 윌리엄 제임스도 말한 바와 같이 "인생이 참된 싸움—우리가 이 싸움에서 이겨야만 우주든 무엇이든 영원히 얻는 싸움—이 아니라면 인생은 아마추어의 연극에 불과한 것이며, 우리는 언제나 내가 하고 싶은 때 무대에서 퇴장할 수 있다. 그러나 인생은 싸움이라고 **실감**한다. 다시 말해 우주에는 무엇인가 완전히 황폐된 것이 있고, 그것을 회복하기 위해 인간은 이상과 성실이라는 무기를 갖고 싸울 수밖에 없다." 또 콜리지가 말한 바와 같이 "세계는 속치마를 입은 여신이 아니라 단단히 무장한 악마다". 약한 군인은 전투에서 이길 수 없고, 연습을 게을리하는 선수는 경기에서 이길 수 없다. 우리는 항상 자신을 경쟁하는 인간, 목표를 향해 전진하는 인간이라고 생각하여야 한다.

II. 싸움에 이기고, 경기에 우승하기 위해서는 훈련이 필요하다. 우리는 신체를 연단해야 한다. 영적인 침체의 원인은 대개 그 몸의 컨디션이 좋지 않은 데 있다는 것을 우리는 흔히 잊어버린다. 무엇을 하든지 최선을 다해 하려면 몸이 최고의 컨디션을 유지해야 한다. 신체의 건강을 무시하는 것은 위험한 일이다.

우리는 자신의 정신을 연단하지 않으면 안 된다. 생각하기를 거부하였기 때문에 마침내 생각할 수 없게 된 사람들이 있는데 그것은 생의 비극 가운데 하나다. 문제의 소재를 파악하지 않고 피하려 한다면 문제는 언제까지나 해결이 되지 않는다. 우리는 자신의 영혼을 연단하지 않으면 안 된다. 영혼의 연단은 생의 비애에 대해 고요한 인내로 직면하며, 생의 유혹에 대해 하나님께서 주신 힘을 갖고 상대하며, 생의 실망에 대해 용기를 갖고 맞설 때 비로소 가능하다. 인생에게는 하루라도 영혼의 연단을 위한 좋은 기회를 주지 않는 날이 없다.

III. 우리는 인생의 목적을 알아야 한다. 너무나 많은 사람이 목적이 없는 인생을 살아가는 것은 딱한 일이다. 그들은 어디를 향해 걸어가는 것이 아니라 단지 왔다 갔다 방향 없이 쏘다닐 뿐이다. 마르텐 마르텐스가 다음과 같은 예화를 말한 일이 있다. 어떤 사람이 있었다. 그는 풍자가이었다. 그의 독설에 화가 치민 친구들이 드디어 그를 죽이고 말았다. 사람들이 그의 시체 주위에 모여 성난 목소리로 말했다. "이 사람은 온 세상을 축구공으로 알았던 모양이지. 이리 차고 저리 차고만 다녔으니 말이야." 그렇게 말하자 죽은 사람이 한쪽 눈을 뜨고 말했다. "하지만 난 **언제나 꼴 문을 향해** 찼단 말이야."

어떤 사람이 화성 사람을 소재로 만화를 그렸다. 그들은 이리저리 분주하게 움직이고 있는 지구 사람들을 보고 있었다. 한 화성 사람이 말했다. "저 무리는 무엇을 할까?" 상대방이 대답했다. "걷고 있지." "하지만 어디를 향해서 걷고 있을까?"라고 첫 번째 사람이 다시 물었다. "그것은 어디론가 가는 것이 아니고 단지 걷고 있는 것이지"라고 둘째 사람이 설명했다. 단지 걷고 있는 것으로는 어디에도 도착할 수 없다.

IV. 인생의 목적의 가치를 아는 것이 중요하다. 예수께서 사람들에게 무엇인가 호소하는 경우 형벌을 갖고 그들을 위협하는 일이 전혀 없었다. 예수의 호소는 "너희가 내가 보여 주는 길을 걷지 않는다면 무엇을 잃는지를 잘 생각해 보라"는 요청에 입각한 것이었다. 인생의 목표는 **생명**이다. 생명이 다른 어느 것보다도 가치 있다는 것은 두말할 필요가 없다.

V. 인생에서 우리는 우선 자기 자신을 지배할 수 있어야 다른 사람들을 구원할 수 있다. 프로이드는 이렇게 말한 바 있다. "정신분석은 자신의 인격을 연구함으로 우선 자기 자신에 대해 아는 데서부터 시작한다." 헬라인은 인생의 첫 번째

법칙은 "너 자신을 알라"는 것에 있다고 언명하였다. 분명히 우리는 자기 자신을 지배할 수 없으면 다른 사람들을 섬길 수 없다. 우리가 모르는 바를 가르칠 수 없다. 우리 자신이 그리스도를 발견하고 그리스도께 발견되어야만 비로소 사람들을 그리스도 앞으로 인도할 수 있다.

The Letter to the Corinthians

10

지나친 위험

고린도전서 10:1-13

1형제들아 나는 너희가 알지 못하기를 원하지 아니하노니 우리 조상들이 다
구름 아래에 있고 바다 가운데로 지나며 2모세에게 속하여 다 구름과 바다에
서 세례를 받고 3다 같은 신령한 음식을 먹으며 4다 같은 신령한 음료를 마셨
으니 이는 그들을 따르는 신령한 반석으로부터 마셨으매 그 반석은 곧 그리
스도시라 5그러나 그들의 다수를 하나님이 기뻐하지 아니하셨으므로 그들이
광야에서 멸망을 받았느니라 6이러한 일은 우리의 본보기가 되어 우리로 하
여금 그들이 악을 즐겨 한 것같이 즐겨 하는 자가 되지 않게 하려 함이니 7그
들 가운데 어떤 사람들과 같이 너희는 우상 숭배하는 자가 되지 말라 기록된
바 백성이 앉아서 먹고 마시며 일어나서 뛰논다 함과 같으니라 8그들 중의
어떤 사람들이 음행하다가 하루에 이만 삼천 명이 죽었나니 우리는 그들과
같이 음행하지 말자 9그들 가운데 어떤 사람들이 주를 시험하다가 뱀에게 멸
망하였나니 우리는 그들과 같이 시험하지 말자 10그들 가운데 어떤 사람들이
원망하다가 멸망시키는 자에게 멸망하였나니 너희는 그들과 같이 원망하지
말라 11그들에게 일어난 이런 일은 본보기가 되고 또한 말세를 만난 우리를

깨우치기 위하여 기록되었느니라 [12]그런즉 선 줄로 생각하는 자는 넘어질까
조심하라 [13]사람이 감당할 시험밖에는 너희가 당한 것이 없나니 오직 하나님
은 미쁘사 너희가 감당하지 못할 시험당함을 허락하지 아니하시고 시험당할
즈음에 또한 피할 길을 내사 너희로 능히 감당하게 하시느니라

이 장에서도 바울은 또다시 우상에 바쳐졌던 고기를 먹는 문제에 대해 취급하고 있다. 이 구절의 배경에는 일부 고린도 교인들이 갖고 있었던 지나친 자신감이 있다. 그들의 생각은 이런 것이었다. "우리는 세례를 받고 그리스도와 한 몸이 되었다. 우리는 성찬에 참예하여 그리스도의 살을 먹고 그의 피를 마셨다. 우리는 그리스도 안에 있고 그리스도는 우리 속에 계신다. 그러기에 우리는 전혀 안전하다. 우상에게 바쳐졌던 고기를 먹어도 우리에게는 아무런 해가 되지 않으며 어떤 위험도 있을 수 없다."

그래서 바울은 여기서 그처럼 자신감을 갖고 말하는 사람들에게 지나친 자신감의 위험을 경고하고 있다. 오리버 크롬웰이 자기 아들 리처드의 교육에 대해 계획하면서 "역사를 좀 공부하게 하자"라고 했다. 바울도 역사를 인용하여 은혜를 받은 사람들도 결코 안전할 수 없다는 것을 보여 주려고 한다. 바울은 이스라엘 자손들의 광야 시대까지 거슬러 올라가서 말하고 있다. 그때 이스라엘 사람들에게는 매우 이상한 일들이 일어났다. 구름기둥이 그들을 인도하였으며, 위험에서 그들을 지켜준 일도 있었다(출 13:21, 14:19). 홍해 가운데로 통과한 일도 있었다(출 14:19-31). 이러한 경험이 그들이 최대의 지도자이며 입법자인 모세와 완전히 일심동체가 되게 했다. 마치 기독교인들이 그리스도와 함께 세례를 받는 것같이 그들은 모세와 함께 세례를 받았다고 해도 좋았을 정도였다.

그들은 광야에서 만나를 먹었다(출 16:11-15). 4절에서 바울은 그들이 그들을 따르는 신령한 반석에서 마셨다고 했는데 이 말은 구약성경의 인용이 아니라 랍비의 구전에서 인용한 것이다. 민수기 20장 1-11절에는 하나님께서 모세가 반석에서 물이 나오게 해서 목마른 백성에게 먹였다고 했는데 랍비의 구전에 의하면 그 후 그 반석이 계속해 백성의 뒤를 따르면서 물을 먹여 주었다고 한다. 이것은 유대인이라면 누구나 알고 있던 전설이다. 이와 같은 특권을 충분히 받았

으면서도 이스라엘 자손들은 철저하게 타락하였던 것이다. 그들이 겁에 질려 약속의 땅으로 들어가기를 겁내 여호수아와 갈렙을 제외한 나머지 모든 정탐꾼이 비판적이며, 절망적인 보고를 갖고 돌아왔을 때 그들에게 내린 하나님의 심판은 그들이 모두 시체가 되어 이 광야에서 넘어지리라는 것이었다(민 14:30-32). 모세가 시내 산에서 하나님으로부터 율법을 받고 있을 때 이스라엘 백성은 아론을 충동하여 금송아지를 만들게 하고 그것을 경배하였던 것이다(출 32:6). 그들은 또 광야에서 미디안이나 모압 여인들과 음행하여 수천 명씩이나 하나님의 심판을 받아 멸망하였다(민 25:1-9). 여기서 한마디 하고 싶은 이야기가 있다. 민수기 25장 9절에는 2만 4천 명이 죽었다고 했는데 바울은 2만 3천 명이 죽었다고 했다. 이 숫자의 차이는 바울이 기억하고 있는 그대로 말했기 때문에 생긴 것이다. 바울은 성경을 한 자 한 구절이라도 틀림없이 인용하지 못했다. 당시 누구도 그럴 수는 없었던 것이다. 필요한 곳을 간단히 찾아낼 수 있는 컨콜단스 같은 것이 없었으며, 성경도 책의 모양을 갖추고 있지 않았으며, 다루기 매우 불편한 두루마리에 쓰였던 것이다. 그러기 때문에 기억에 의해 성경을 인용하였으며, 그리 중요하지 않은 점에 대해서는 신경을 쓰지 않고 어떤 구절의 본질적인 의미만을 전하려 했다는 것은 매우 자연스러운 것이었다.

이스라엘 백성은 광야에서 불평하였기 때문에 뱀에 물려 죽기도 했다(민 21:4-6). 고라, 다단과 아비람이 불평불만을 가진 사람들의 선두에 서서 반역했을 때도 심판이 내려 많은 사람이 죽었다(민 16장). 이스라엘의 모든 역사가 하나님으로부터 안전할 수 없다는 것을 보여 준다. 유혹이 올 때 특별한 은혜도 안전의 보증이 될 수 없다는 것을 바울은 고린도 교인들에게 경고하고 있다.

여기서 바울이 들고 있는 유혹과 실패에 대해 잘 주의해 볼 필요가 있다.

1. 우상 숭배의 유혹이 있다. 오늘날 우리는 그렇게 떠들썩하게 우상을 숭배하지 않는다. 그러나 우상이란 것이 그것에 대해 인간이 시간과 생각과 정력의 모든 것을 바치는 것이라면 오늘날 인간도 하나님을 경배하기보다는 자신의 손으로 만든 것을 더 경배하고 있다.

II. 음행의 유혹이 있다. 인간이 인간인 한 자신의 열등한 자신에게서 유혹을 받는다. 음행에서 인간을 구원할 수 있는 것은 순결에 대한 열정적인 사랑뿐이다.

III. 하나님을 시험하고자 하는 유혹이 있다. 의식적으로 혹은 무의식적으로, 고의로 혹은 생각 없이 많은 사람은 하나님의 자비를 역용하려고 한다. 그것은 그 이면에 "이 정도의 일이라면 염려 없다. 틀림없이 하나님은 용서하실 것이다"라는 생각이 있기 때문이다. 하나님은 사랑이신 동시에 신성하신 분이란 것을 잊어버린다는 것은 위험한 일이다.

IV. 불평하는 유혹이 있다. 인생을 환호 소리 가운데 맞이하지 않고, 불평하면서 일생을 보내는 사람들이 오늘날에도 많다.

이런 까닭에 바울은 언제나 경계할 필요가 있다고 역설하고 있다. "선 줄로 생각하는 자는 넘어질까 조심하라." 난공불락(難攻不落)을 자랑하던 성이 함락된 예가 많다. 요한계시록 3장 3절에서 부활하신 그리스도는 사데 교회에 깨어 있으라고 경고하신다. 사데 도성은 툭 튀어 나온 절벽 위에 세워졌기 때문에 난공불락의 성이라고 생각했다. 고레스가 이 성을 포위했을 때 그 성으로 들어갈 수 있는 길을 찾아낸 자에게는 특별한 상금을 주겠다고 말했다. 어느 날 히에로에데스라는 병사가 보초를 서고 있을 때 사데 성을 지키던 수비대의 한 병사가 잘못하여 성벽에서 자기 투구를 떨어뜨리는 것을 보았다. 또 보니까 그 병사가 그 투구를 가지러 절벽을 내려왔다 가는 것을 보고 그 길을 기억해 두었다. 그날 밤 그는 자기 편 군대를 거느리고 그 길을 따라 절벽을 올라갔다. 꼭대기에 올라가 보니 거기에는 전혀 무방비 상태였다. 그리하여 그들은 성 안으로 들어가 더 할 수 없이 안전하다던 그 성을 함락시켰던 것이다. 인생에는 어떤 일이 일어날지 모른다. 언제나 눈을 뜨고 깨어 지키지 않으면 안 된다.

그리하여 바울은 유혹에 대해 세 가지 사실을 말하고 이 부분을 끝낸다.

I. 유혹은 반드시 온다고 바울은 굳게 믿고 있다. 유혹은 생의 본질에 속한

것이다. 하지만 우리가 유혹이라고 번역하고 있는 헬라어는 하나의 **시험** 이상의 것이다. 유혹이란 우리를 죄로 떨어지게 하기 위해서가 아니라, 우리가 그것을 통과함으로 보다 강한 인간이 되게 하기 위해 꾸며진 시련이다.

II. 우리가 당하는 시험은 보통 세상에 있을 수 있는 일들이다. 이것을 참은 자, 이것을 이긴 자들이 많이 있다. 내 친구는 어느 날 더럼의 위대한 라이트훗(Lightfoot) 주교를 마차에 태우고 노르웨이의 매우 좁은 산길을 달린 일이 있었다고 말했다. 길은 갈수록 좁아지고 마차 바퀴와 길가 절벽 낭떠러지와의 거리는 불과 몇 인치밖에 남지 않았다. 그때 친구는 라이트훗 주교에게 내려서 걷는 편이 안전할 것이라고 말했다. 그러자 라이트훗은 주위를 돌아보고 "다른 마차도 이 길을 지나갔을 터이니, 그대도 가시오"라고 말했다고 한다.

헬라의 한 시집 가운데 배가 파선하여 죽은 선원의 묘비명에서 취한 단시가 실려 있다. 그 시는 죽은 선원의 말로 되어 있다. "이 연안에서 파선한 선원으로서 나는 명하노라. 돛을 달고 나가라." 즉, 자신의 배는 침몰되었을지 모르지만 폭풍을 이긴 배들도 많다는 것이다. 우리가 어떤 곤란에 부딪쳤을 때 이 곤란을 다른 사람들은 하나님의 은혜 가운데 괴로워하면서도 참고 이겨냈다는 것을 기억하여야 한다.

III. 유혹에는 항상 피할 길이 준비되어 있다. 이 말은 매우 선명한 이미지를 가진 말(ekbasis)이다. 그것은 **애로, 좁은 산길에서 빠져 나오는 길**을 의미한다. 적에 포위된 군대가 갑자기 안전한 곳으로 피할 길을 발견하다는 의미를 함축하고 있는 말이다. 누구도 유혹에 넘어가서는 안 된다. 유혹과 함께 피할 길이 준비되어 있기 때문이다. 피할 길이라고 해서 그것은 굴복당하는 길, 퇴각하는 길이 아니다. 하나님의 은혜로 승리하는 길이다.

성찬의 의무

고린도전서 10:14-22

[14]그런즉 내 사랑하는 자들아 우상 숭배하는 일을 피하라 [15]나는 지혜 있는
자들에게 말함과 같이 하노니 너희는 내가 이르는 말을 스스로 판단하라
[16]우리가 축복하는 바 축복의 잔은 그리스도의 피에 참여함이 아니며 우리가
떼는 떡은 그리스도의 몸에 참여함이 아니냐 [17]떡이 하나요 많은 우리가 한
몸이니 이는 우리가 다 한 떡에 참여함이라 [18]육신을 따라 난 이스라엘을 보
라 제물을 먹는 자들이 제단에 참여하는 자들이 아니냐 [19]그런즉 내가 무엇
을 말하느냐 우상의 제물은 무엇이며 우상은 무엇이냐 [20]무릇 이방인이 제사
하는 것은 귀신에게 하는 것이요 하나님께 제사하는 것이 아니니 나는 너희
가 귀신과 교제하는 자가 되기를 원하지 아니하노라 [21]너희가 주의 잔과 귀
신의 잔을 겸하여 마시지 못하고 주의 식탁과 귀신의 식탁에 겸하여 참여하
지 못하리라 [22]그러면 우리가 주를 노여워하시게 하겠느냐 우리가 주보다 강
한 자냐

이 구절의 배후에는 세 가지 사상이 있다. 그 중에서 두 가지는 바울의 시대에만 특별히 있던 것이며 다른 하나는 영원히 진실하며 유효한 사상이다.

I. 이미 말한 바와 같이 제물로 바쳐졌던 고기는 그 일부가 제주에게 반환되어 그 사람은 그 고기로 잔치를 베풀었다. 그 잔치에 신 자신이 손님으로 임석한다고 당시 사람들은 믿었다. 더욱이 고기가 제물로 바쳐졌을 때 신이 그 고기 속에 들어가 잔치에서 이 고기를 먹는 사람들의 몸이나 영 속에 들어간다고 믿는 사람들도 많았다. 두 사람이 서로의 떡과 소금을 나누어 먹었을 때 두 사람 사이에는 풀 수 없는 관계가 맺어졌던 것같이 제물의 고기를 신과 예배를 드리는 자 사이의 참된 교제를 형성시킨다고 믿는 것이다. 제물을 바친 인간은 참된 의미에서 제단에 참예하는 자였다. 그와 신과의 신비적인 교제가 이루어졌던 것이다.

II. 당시 전 세계는 정령(精靈)의 존재를 믿고 있었다. 정령에는 선한 영과 악령이 있었는데 보통은 악령이라고 생각하였다. 그것은 신들과 인간과의 중간에 있는 영이었다. 헬라인은 모든 샘, 숲, 산, 나무, 강, 못, 바위와 모든 곳에 각각의 정령이 살고 있다고 믿었다. "모든 샘과 산정에 신들이 있다. 신들은 바람 속에서 숨을 쉬며, 번개 속에서 껌벅거리며, 햇빛과 별빛 속에 있으며, 지진과 폭풍우 속에서 움직인다." 이처럼 세계는 정령으로 충만해 있었다.

유대인의 경우에는 **쉐딤**(shedim)이라는 것이 존재하고 있었다. 그것은 빈 집에 살며 "세상에 흘린 떡 부스러기나, 기름 항아리 속에나, 우리가 마시는 물속, 우리가 걸리는 병, 공기, 방안, 밤에도 낮에도" 숨어 있는 악령이었다.

그런데 바울도 이러한 정령의 존재를 믿고 있었다. 바울은 이것을 "정사와 권세들"이라고 부르고 있다. 바울의 견해는 이런 것이었다. 우상은 무이며 아무런 의미도 갖지 못했다. 그러나 우상 숭배는 모든 악령이 시키는 짓이다. 우상 숭배로 악령은 인간을 하나님으로부터 떨어지게 하고 타락시키는 것이다. 사람들이 우상을 경배할 때 신들을 경배하는 것으로 여겼다. 하지만 사실은 이러한 악령에게 속은 것이다. 때문에 우상 숭배는 인간과 하나님과의 교제가 아니라, 악령과의 교제가 되는 것이다. 우상에게 바쳐진 고기는 아무런 의미도 없다. 그러나 악령들의 목적에 봉사한 사실은 남아 있다. 따라서 그것은 더러운 물건이다.

III. 이러한 몇 가지 고대 신앙에서 하나의 영원한 원리가 나온다. 예수 그리스도의 식탁에 참예한 자는 악령이 수단으로 쓰는 식탁에 참예해서는 안 된다는 것이다. 그리스도의 몸과 피에 접한 자는 이제 도저히 접해서는 안 될 것이 있다.

가장 우수한 그리스도 상(像) 가운데 하나는 돌월드센이 조각한 것이다. 그가 이것을 완성한 후에 루브르 미술 박물관을 위해 비너스의 조각을 의뢰받았다. 그때 그는 이렇게 대답하였다. "그리스도 상을 조각한 손이 이교도의 여신상을 조각할 수는 도저히 없다." 또 찰리 왕자가 목숨이 위태로워 도망 다녔을 때 그는 글렌모리스톤에 있는 여덟 명의 사람들에게 숨었던 일이 있다. 그 여덟 명의 사람들도 쫓기고 있던 범죄자들이었다. 그들은 돈이 한 푼도 없었으며 찰리 왕자의 목에는 3만 파운드라는 막대한 상금이 붙어 있었다. 그래도 그들은 몇 주일 동안이나 왕자를 무사히 숨겨 주었으며 누구 하나 배반하지 않았다. 세월이 흘러 반란 사건도 평정되고 왕자가 도망 다니던 일도 옛 추억으로 남게 되었다. 그때 여덟 사람 중 한 사람인 휴 치소룸이라는 사람이 에딘버그에 나오게 되었다. 사람들은 그가 말하는 찰리 왕자에 대한 이야기를 재미있게 들었다. 그는 수중에 무일푼이었기 때문에 사람들은 때로 그에게 돈을 주었다. 그런데 휴 치소룸은 언제나 왼손으로만 사람들과 악수를 나누었다. 찰리 왕자가 여덟 명의 사람들과 헤어질 때 모두에게 악수하였던 것이다. 그때 그 사람은 왕자와 악수한 손으로 결코 다른 사람과는 악수하지 않겠다고 맹세했다는 것이다. 그리스도의 성물에 손댄 자는 그 손을 비천하고 하잘것없는 것 때문에 더럽힐 수는 없다. 이것은 고린도에서 진실했던 것과 마찬가지로 오늘날 우리에게도 진실한 것이다.

기독교인의 자유의 한계

고린도전서 10:23-11:1

23모든 것이 가하나 모든 것이 유익한 것은 아니요 모든 것이 가하나 모든 것
이 덕을 세우는 것은 아니니 24누구든지 자기의 유익을 구하지 말고 남의 유
익을 구하라 25무릇 시장에서 파는 것은 양심을 위하여 묻지 말고 먹으라 26이
는 땅과 거기 충만한 것이 주의 것임이라 27불신자 중 누가 너희를 청할 때에
너희가 가고자 하거든 너희 앞에 차려 놓은 것은 무엇이든지 양심을 위하여
묻지 말고 먹으라 28누가 너희에게 이것이 제물이라 말하거든 알게 한 자와
그 양심을 위하여 먹지 말라 29내가 말한 양심은 너희의 것이 아니요 남의 것
이니 어찌하여 내 자유가 남의 양심으로 말미암아 판단을 받으리요 30만일 내
가 감사함으로 참여하면 어찌하여 내가 감사하는 것에 대하여 비방을 받으
리요 31그런즉 너희가 먹든지 마시든지 무엇을 하든지 다 하나님의 영광을 위
하여 하라 32유대인에게나 헬라인에게나 하나님의 교회에나 거치는 자가 되

지 말고 [33]나와 같이 모든 일에 모든 사람을 기쁘게 하여 자신의 유익을 구하
지 아니하고 많은 사람의 유익을 구하여 그들로 구원을 받게 하라
[1]내가 그리스도를 본받는 자가 된 것같이 너희는 나를 본받는 자가 되라

바울은 우상의 제물로 바쳐졌던 고기에 대한 기다란 논의를 끝맺으면서 매우 실제적인 권고를 몇 가지 하고 있다.

I. 기독교인은 상점에서 파는 물건은 아무것이라도 사도 좋으며 그것을 하나하나 문제 삼을 필요가 없다는 것이 바울의 권고다. 이미 본 바와 같이 상점에서 파는 고기가 제물의 일부가 아니면 악령이 그 속에 들어가지 못하도록 그 어떤 신의 이름으로든 예방을 한 동물의 고기란 것은 두말할 필요가 없다. 그러나 반대로 그럴 필요가 없는데도 함부로 소동을 벌이고 신경을 쓰고 문제를 일으킬 수도 있는 것이다. 즉, 땅과 거기 충만한 것은 모두 하나님의 것, 다시 말해 만물은 하나님의 것이다.

II. 기독교인이 이교도의 집에 식사 초대를 받았을 경우 자기 앞에 나온 것은 무엇이든지 하나하나 문제 삼지 말고 먹어도 좋다. 그러나 그 고기가 제물로 바쳐졌던 고기라고 분명히 들어 알게 되면 그 고기는 먹지 말아야 한다. 그런 고기는 먹으면 안 된다는 마음을 완전히 떨어 버리지 못한 형제들이 그런 말을 꺼냈다고 볼 수 있는데 그런 형제들을 고민하게 하거나 불안하게 할 바에는 차라리 먹지 않는 편이 훨씬 좋은 일이기 때문이다.

III. 다시금 먼 옛날의 상황에서 하나의 위대한 진리가 나온다. 자신만의 문제라면 아무 걱정 없이 할 수 있는 것이지만 그것이 다른 사람을 거치게 한다면 해서는 안 된다는 것이다. 기독교인의 자유처럼 현실적인 것이 또 없다. 그러나 이 자유는 다른 사람을 도와주기 위해 사용되어야지 다른 사람에게 충격을 주거나, 다른 사람을 상하게 하기 위해 사용되어서는 안 된다. 인간은 자기에 대한 의무도 갖지만 그보다도 더 큰 다른 사람에 대한 의무도 가진다.

그러한 의무가 어디까지인지 생각해 볼 필요가 있다.

I. 고린도의 기독교인은 "유대인"에 대해 좋은 모범이 되어야 한다고 바울은 역설하고 있다. 인간은 원수에 대해서까지라도 훌륭한 모범적인 행위를 보여 주어야 한다. 원수는 그를 증오할는지 모른다. 그렇다고 해서 그가 자신의 행위를 통하여 올바른 길을 그들에게 보여 주어야 할 의무에서 해방되는 것은 아니다.

II. 고린도의 기독교인은 "헬라인"에 대해서도 의무를 갖고 있다. 즉, 그들은 기독교에 대해 전혀 무관심한 사람들에 대해서도 모범을 보여 주어야 한다. 인간은 교회에 대해 전혀 관심을 갖지 않는 사람들에 대해서도 모범이 되어야 한다. 사실 이러한 모범 때문에 많은 사람의 발걸음이 교회를 향하게 되는 것이다. 한 목사가 있었다. 그 목사는 교회와는 아무런 관련이 없는 한 사람을 도와주기 위해 먼 길을 찾아갔다. 목사는 그 사람을 어려운 가운데서 구해 주었다. 그 사람은 교회에 다니기 시작하였다. 그런 가운데 처음엔 교회에 무관심하던 그가 놀랄 만한 일을 요구해 왔다. 그리스도께서 그의 종을 통해 자신을 위해 해 주신 일에 대해 감사를 표시하며 일생을 살고 싶으니 자신을 교회의 장로로 만들어 달라는 것이었다.

III. 고린도의 기독교인은 "같은 교인들"에 대한 의무를 갖고 있다. 누군가가 우리를 보고 있다는 것은 분명한 사실이다. 누군가가 우리를 보고 자기 행동을 본뜨고 있다는 것이다. 우리는 알지 못할지 모르지만 교회 내의 젊은이나 신앙이 미숙한 사람들이 때때로 우리에게 지도 받기를 원한다. 약한 자를 강하게 하며, 결단하지 못하는 자에게 확신을 주며, 유혹을 당하는 자에게 죄에 빠지지 않도록 지도하는 것이 우리의 의무다.

우리는 이웃에 대한 의무를 염두에 둘 때 비로소 모든 일을 하나님의 영광을 위해 할 수 있게 된다. 또 기독교인의 자유는 자신을 위해서가 아니라 다른 사람을 위해 주어진 것임을 알 때 비로소 이웃에 대한 의무를 생각할 수 있게 된다.

The Letter to the Corinthians

11

이 서신 가운데서 11-14장은 현대 서구인들에게는 가장 어려운 부분이다. 동시에 이 서신 가운데서 가장 흥미 있는 부분이기도 하다. 여기에는 공중 예배와 관련해서 고린도 교회에 일어난 여러 문제가 취급되었기 때문이다. 여기서 우리는 성립된 지 얼마 되지 않은 교회가 어떻게 하면 가장 하나님을 잘 예배할 수 있는가 하는 문제에 매달린 모습을 본다. 먼저 이 몇 개의 장을 그 구성 부분에 따라서 나누어 놓으면 이해가 쉬울 것이다.

I. 11장 2-16절은 여자가 머리에 쓰지 않고 예배에 참석해도 좋은가, 그렇지 않은가 하는 문제를 취급하고 있다.

II. 11장 17-23절은 "아가페", 즉 애찬과 관련하여 생긴 문제를 취급하고 있다. 이것은 교회가 한 주에 한 번씩 같이 모여서 나눈 식사였다.

III. 11장 24-34절은 성찬식에 참예하는 바른 태도에 대해 취급하고 있다.

IV. 12장은 여러 가지 다른 은사를 가진 사람들을 어떻게 하면 통일하고 조화시킬 수 있는지에 대해 논하고 있다. 교회를 그리스도의 몸이라고 하고, 각 사람은 그의 몸의 한 지체들이라고 하는 멋 있는 비유도 이 장에 있다.

V. 13장은 사람들에게 가장 좋은 길을 보여 주는 사랑의 대찬가다.

VI. 14장 1-23절은 방언의 문제를 취급하고 있다.

VII. 14장 24-33절은 공중 예배에서 필요한 질서를 설명하고, 신생한 교회가 가진 열광적인 태도를 적당하게 억제하려는 노력이 보인다.

VIII. 14장 34-36절은 고린도 교회의 예배에서 여자의 지위에 대하여 말하고 있다.

겸손의 필요

고린도전서 11:2-16

2너희가 모든 일에 나를 기억하고 또 내가 너희에게 전하여 준 대로 그 전통
을 너희가 지키므로 너희를 칭찬하노라 3그러나 나는 너희가 알기를 원하노
니 각 남자의 머리는 그리스도요 여자의 머리는 남자요 그리스도의 머리는
하나님이시라 4무릇 남자로서 머리에 무엇을 쓰고 기도나 예언을 하는 자는
그 머리를 욕되게 하는 것이요 5무릇 여자로서 머리에 쓴 것을 벗고 기도나
예언을 하는 자는 그 머리를 욕되게 하는 것이니 이는 머리를 민 것과 다름
이 없음이라 6만일 여자가 머리를 가리지 않거든 깎을 것이요 만일 깎거나
미는 것이 여자에게 부끄러움이 되거든 가릴지니라 7남자는 하나님의 형상
과 영광이니 그 머리를 마땅히 가리지 않거니와 여자는 남자의 영광이니라

8남자가 여자에게서 난 것이 아니요 여자가 남자에게서 났으며 9또 남자가
여자를 위하여 지음을 받지 아니하고 여자가 남자를 위하여 지음을 받은 것
이니 10그러므로 여자는 천사들로 말미암아 권세 아래에 있는 표를 그 머리
위에 둘지니라 11그러나 주 안에는 남자 없이 여자만 있지 않고 여자 없이 남
자만 있지 아니하니라 12이는 여자가 남자에게서 난 것같이 남자도 여자로
말미암아 났음이라 그리고 모든 것은 하나님에게서 났느니라 13너희는 스스
로 판단하라 여자가 머리를 가리지 않고 하나님께 기도하는 것이 마땅하냐
14만일 남자에게 긴 머리가 있으면 자기에게 부끄러움이 되는 것을 본성이
너희에게 가르치지 아니하느냐 15만일 여자가 긴 머리가 있으면 자기에게 영
광이 되나니 긴 머리는 가리는 것을 대신하여 주셨기 때문이니라 16논쟁하려
는 생각을 가진 자가 있을지라도 우리에게나 하나님의 모든 교회에는 이런
관례가 없느니라

이것은 지역적으로, 시대적으로 국한된 의미밖에 갖지 못한 구절이다. 얼핏 보면 골동품 수집가의 대상에 불과한 것처럼 생각된다. 여기에 취급된 상황은 이미 오래전 우리와는 관계가 없어진 상황이기 때문이다. 하지만 사실은 이런 곳은 매우 흥미 있는 내용을 간직하고 있다. 이 구절은 초대교회의 내부 사정이나 문제에 많은 빛을 비춰 주기 때문이다. 따라서 보는 이에 따라서는 매우 커다란 중요성이 있는 것이다. 그것은 바울이 이 문제들을 영원한 원리에 입각해서 해결하고 있기 때문이다.

문제는 그리스도의 교회에 여자들이 너울을 쓰지 않고 집회에 참석할 권리가 있느냐, 없느냐 하는 것이었다. 바울의 대답은 단적으로 다음과 같은 것이었다. 너울이란 항상 복종의 표시다. 아랫사람은 높은 사람 앞에 나갈 때 너울을 쓴다. 남자는 가장이란 의미에서 여자가 남자보다 낫다. 따라서 남자가 무엇을 쓰고 예배에 참석하는 것은 잘못이며, 여자가 너울을 쓰지 않고 나오는 것도 잘못이다. 모든 일에는 서열이라는 것이 있는데 가령 교회 안에서라도 지켜야 한다.

오늘날 우리에게는 이러한 여성관, 즉 여자를 남자보다 낮은 것, 남자에게 복종해야 하는 것으로 받아들일 수 없을 것이다. 그러나 우리는 이 장을 2세기의

눈이 아니라, 1세기의 눈을 갖고 읽어야 한다. 그리고 다음의 세 가지 사실을 기억해야 한다.

I. 동양인의 생활에서 너울이란 어떠한 지위를 차지하고 있었는가를 우선 알아야 한다. 오늘날에 이르기까지 동양의 부인들은 **야쉬막**을 쓰고 있다. 이것은 이마와 눈만 뚫려 있고 발까지 덮는 기다란 너울이다. 바울 시대의 동양의 너울은 더 철저한 것이었는데 뚫린 곳이란 눈이 있는 곳뿐이고, 나머지는 머리끝부터 발끝까지 모조리 덮는 것이었다. 점잖은 동양의 여자라면 너울을 쓰지 않고 사람들 앞에 나서리라고는 꿈에도 생각하지 않았을 것이다. 해스팅의 **성경 사전** 가운데서 T. W. 데이비스는 이렇게 썼다. "동양의 거리나 마을에서 상당한 지위에 있는 부인은 너울을 쓰지 않고는 결코 외출하지 않는다. 그렇게 한다면 창기로 오해받기 쉽다. 실제로 이집트에 있는 영미인 선교사들이 필자에게 말해 준 바에 의하면 그들은 아내나 딸이 외출할 때 너울을 쓰는 것이 가장 안전하다는 것을 알았다고 한다."

너울은 두 가지를 의미하였다.

1. 그것은 아랫사람의 표시다.

2. 동시에 그것은 강력한 보호 수단이기도 했다.

10절은 매우 번역하기 어려운 구절이다. 나는 우선 이렇게 번역해 보았다. "그러므로 여인은 자신이 누군가의 권위 밑에 있다는 것을 나타내는 표를 머리에 쓰고 있어야 한다." 그런데 헬라어는 글자 그대로 보면 여자는 "자기 머리에 자기 권위"를 써야 한다는 의미다. 윌리엄 람제이는 이것을 다음과 같이 설명하고 있다. "동양에선 너울은 부인의 힘과 명예와 존엄을 나타내는 것이다. 머리에 너울을 쓰고 있으면 여자는 어디에 가도 안전하며, 사람들에게서 깊은 존경을 받을 수 있다. 여자의 모습이 사람들에게는 보이지 않는다. 거리에서 너울을 쓴 여자를 쳐다보는 것은 매우 무례한 것이다. 그녀는 혼자다. 주위의 사람이 그녀에게는 존재하지 않으며, 그녀도 그 사람들에 대해서는 존재하지 않는다. 그녀는 군중 속에서도 지고의 존재다. …하지만 너울을 쓰지 않으면 여자는 아무것도 아닐 뿐 아니라 모욕을 당해도 할 말이 없다. …여자의 권위와 존엄은 전신을 덮는 너울을 벗을 때 함께 사라지는 것이다."

이렇게 보면 동양에서는 너울이 무엇보다도 중요하다. 그것은 여자의 낮은 지위를 나타낼 뿐 아니라 그녀의 정숙과 순결을 지켜 주는 강한 방패다.

II. 우리는 유대인의 눈으로 본 여자의 지위에 대해서도 알아야 한다. 유대의 율법에 의하면 여자는 남자보다 훨씬 낮은 존재였다. 여자는 아담의 갈빗대로 만들어졌으며(창 2:22-23), 남자를 돕는 배필로서 지음 받았다(창 2:18). 랍비의 주석에 다음과 같은 기묘한 해석이 있다. "하나님은 여자를 머리로 만들지 않으셨다. 그것은 그녀가 교만해져서는 안 되기 때문이다. 또 눈으로 만들지 않으셨다. 그녀가 정욕이 강해서는 안 되기 때문이다. 또 귀로 만들지 않으셨다. 호기심을 억제하기 위해서다. 또 입으로 만들지 않으셨다. 수다쟁이가 되지 않게 하기 위해서다. 또 심장으로 만들지 않으셨다. 질투하지 않게 하기 위해서다. 또 손으로 만들지 않으셨다. 욕심쟁이가 되지 않게 하기 위해서다. 또 발로 만들지 않으셨다. 이리저리 다니며 말참견해서는 안 되기 때문이다. 하나님은 여자를 갈빗대로 만드셨다. 갈빗대는 몸 안에 숨겨져서 밖에서는 보이지 않는다. 마찬가지로 정숙함이야말로 여자의 제일의 덕성이 되지 않으면 안 된다."

불행하게도 유대 율법에서는 여자가 단순한 물건에 불과하며 남편의 재산의 일부였다. 따라서 그 절대적인 처분권이 남편에게 있었다. 유대인의 회당에서는 여자들이 예배 때 함께 자리할 수 없었으며, 남자들과 완전히 떨어진 복도나 그 밖의 장소에 모였던 것이 사실이다. 유대인의 율법과 관습으로 볼 때 어떤 의미로도 여자가 남자와 동등권을 주장할 수 있다는 것은 생각조차 할 수 없었다.

10절에 이상한 말이 있다. "천사들을 인하여" 여자가 너울을 써야 한다고 했다. 이것이 무엇을 의미하는 것인지 분명하지 않다. 아마 창세기 6장 1-2절에 천사들이 사람의 딸들의 아름다움에 끌려 죄를 범했다는 이상한 옛이야기를 암시하는 것이 아닌가 한다. 너울을 쓰지 않은 여자는 천사들에게조차 유혹의 대상이 된다는 것이다. 옛날 랍비의 구전에 여자의 긴 머리카락의 아름다움이 천사들을 유혹했다는 말이 있다.

III. 이러한 상황이 모두 "고린도"에서 발생한 것임을 잊지 말아야 한다. 고린도는 아마 세계에서 가장 음란한 도시였을 것이다. 그러기에 바울의 견해는 이런 것이었다. 이러한 상황에서는 가령 잘못되었다 하더라도 엄격하며, 근엄한 편이 이교도들에게 기독교인이 방종한다는 비난을 들을 수 있는 기회를 주거나, 기독교인 자신들에게도 유혹의 원인이 되거나 하는 것보다 훨씬 좋은 일이다. 이 구절에 쓰인 사실이 보편타당하다고 생각하는 것은 잘못이다. 그것은 고린도 교회와는 깊은 관련을 가진 것이지만 오늘날 교회에서 여자들이 모자를 써야 하느냐 쓰지 말아야 하는 문제와는 아무런 관련이 없다.

이와 같이 여기서 취급된 문제는 장소상의 한계를 가진 것이지만 그런데도 세 가지 영원한 진리를 갖고 있다.

I. 가령 잘못을 범했을 경우에도 언제나 엄격한 편이 해이한 편보다 좋은 결과를 가져온다. 다른 사람에게 거리낌을 주는 것은 버리는 것이 주장하는 것보다 훨씬 좋다. 관습을 비난하는 것이 오늘날 유행이지만 인간은 관습을 무시하고 다른 사람에게 충격을 주기 전에 다시 한 번 생각해 보아야 한다. 물론 인간은 관습의 노예가 되어서는 안 된다. 그러나 관습은 결코 공연스레 생긴 것이 아니다.

II. 여자의 종속성을 역설한 뒤에 바울은 남녀의 본질적인 협동을 한층 강하게 역설한다. 남녀 어느 편이나 다른 한 편이 없이는 살아갈 수 없다. 종속이란 것이 있다면 그것은 종속을 위해 있는 것이 아니다. 협동심이 한층 풍성하게 열매 맺도록, 두 사람의 관계가 더욱 아름다워지도록 하기 위한 것이다.

III. 바울은 이 구절 전체를 끝맺으면서 변론을 위해 변론하는 자들을 책망하고 있다. 사람들 사이에 어떤 의견의 차이가 생기든지 교회에서는 더욱이 논쟁을 좋아하는 사람을 받아들일 장소가 없다. 자신의 주의주장을 내세울 때가 있다. 그러나 싸우고자 하는 태도로 변론할 때란 있을 수 없다. 사람들 사이에 의견이 다르면서도 평화롭게 지내야 한다.

잘못된 애찬

고린도전서 11:17-22

[17]내가 명하는 이 일에 너희를 칭찬하지 아니하나니 이는 너희의 모임이 유
익이 못 되고 도리어 해로움이라 [18]먼저 너희가 교회에 모일 때에 너희 중에
분쟁이 있다 함을 듣고 어느 정도 믿거니와 [19]너희 중에 파당이 있어야 너희
중에 옳다 인정함을 받은 자들이 나타나게 되리라 [20]그런즉 너희가 함께 모
여서 주의 만찬을 먹을 수 없으니 [21]이는 먹을 때에 각각 자기의 만찬을 먼저
갖다 먹으므로 어떤 사람은 시장하고 어떤 사람은 취함이라 [22]너희가 먹고
마실 집이 없느냐 너희가 하나님의 교회를 업신여기고 빈궁한 자들을 부끄
럽게 하느냐 내가 너희에게 무슨 말을 하랴 너희를 칭찬하랴 이것으로 칭찬
하지 않노라

고대 세계는 여러 가지로 볼 때 현대보다 훨씬 사교적이었다. 몇 사람이 모여서 함께 식사하는 일이 관습처럼 되어 있었다. 특히 **에라노스**라는 일종의 회식이 있었는데 참석자들이 각각 먹을 것들을 가져와 그것들을 전부 모아 놓고 다 함께 회식하였던 것이다. 초대교회에도 이러한 회식이 있었다. 그것을 **아가페**, 즉 애찬이라고 했다. 기독교인들은 모두 각자의 형편에 따라 먹을 것을 가져왔고 그것들을 전부 한데 모아 놓고 나누어 먹었다. 그것은 매우 아름다운 관습이었다. 이러한 관습이 없어졌다는 것은 우리에게 큰 손실이라고 할 수밖에 없다. 그것은 기독교인의 참된 교제를 낳게 하고 성장시켜 주는 데 큰 구실을 했다. 그런데 고린도 교회에서는 이러한 애찬이 잘못된 방향으로 흐르고 말았다. 교회에는 부한 자도 있고 가난한 자도 있었다. 음식을 잔뜩 가져올 수 있는 사람도 있었지만 거의 아무것도 가져올 수 없는 노예들도 있었다. 실제로 많은 노예들에게는 애찬만이 한 주간에 한 번 배부르게 먹을 수 있는 식사였을지 모른다.

그런데 고린도 교회에서는 똑같이 나누어 먹는다는 정신이 없어지고 말았다. 부자들은 음식을 나누어 주려고 하지 않았으며, 부자들끼리만 모여서 재빨리 먹

어치웠으며, 가난한 사람들은 거의 먹을 것도 없이 굶주림에 시달려야 하는 형편이었다. 그 결과 교인들간의 사회적인 격차를 없애려던 회식이 오히려 격차를 더 심각하게 했다. 교제를 가져야 할 사람들이 계급의식에 사로잡힌 무리로 전락되었다. 바울은 그러한 상태를 아무 주저 없이 책망하고 있다.

I. 교회 안에 몇 개 그룹이 생긴 것은 혹시 의견의 차이 때문이었는지 모른다. 어떤 위대한 학자가 말했다. "종교적인 열정을 가지면서도 당파를 짓지 않는다는 것은 그 종교심이 참다운 것임을 무엇보다도 더 잘 증명해 준다." 가령 우리가 다른 사람들과 다른 의견을 가졌다 하더라도 계속해 교제하고 여러 가지 이야기를 나눈다면 마침내 그 사람을 이해하게 되고 공명할 수도 있게 되지만, 그와의 상종을 끊고 자신들만의 별도의 작은 그룹을 만든다면 상호 이해는 영영 끊어지고 만다.

그는 나를 내쫓고 원을 그렸다.
반역자라, 이단자라 놀려 주었다.
하지만 사랑과 나는 보다 훌륭히
그도 포함하는 커다란 원을 그렸다.

II. 초대교회는 세계를 갈라놓았던 장벽을 타파한, 고대 세계에서 유일한 장소였다. 고대 세계에서는 사람과 사람 사이에 철저한 차별이 있었다. 자유인과 노예, 헬라인과 야만인—헬라어를 말하지 못하는 사람들—유대인과 이방인, 로마 시민과 법의 보호를 받지 못하는 소수 종족, 교양이 있는 자와 무지한 자 등등의 차별이었다. 교회는 모든 인간이 자유로웠던 유일한 장소였다. 어느 위대한 교회 사가는 초대교회의 회중에 대해 이렇게 쓴 바 있다. "그들은 한정된 범위 안에서지만 로마를 괴롭히고, 지금도 유럽을 괴롭히고 있는 사회문제를 이미 적당하게 해결하였다. 그들은 부인들을 정당한 지위까지 끌어 올렸고, 노동의 신성을 회복했고, 걸인을 없앴고, 노예 제도의 악을 뽑아 버렸다. 이 혁명의 비결은 종족과 계급의 이기주의가 주님의 성만찬상 앞에서 잊어버리게 되고, 새로운 사회의 기초가 그리스도께서 그들을 위해 죽으신 인류 안에 분명히 보이는 하나님의 형상에 대한 사랑 안에 발견되었다는 데 있다." 사회적인, 계급적인 차별이 존재하는 교회란 참된 교회가 아니다. 참된 교회란 그리스도께서 결합되었기 때문에 또한 서로 결합되어 있는 남녀의 일단이다. 성찬식을 의미하는 말도 이러한 사실을 암시해 준다. 우리는 성찬식을 주님의 **저녁**(the Lord's Supper)이라고 부른다. **저녁**이라고 할 때 그것은 오해하기 쉬운 말이다. 보통 우리에게는 저녁이 하루 식사 중 가장 중요한 것이 아니다. 그러나 여기서 사용되는 헬라어는 **테이프논**이다. 헬라인의 조반은 약간의 빵을 포도주에 적셔 먹는 정도의 가벼운 것이다. 점심은 어디서 먹어도 좋으며, 거리나 관장에서 먹는 때도 있었다. 하지만 **테이프논**(deipnon)은 단순한 **저녁**이 아니라 **정찬**(dinner)에 훨씬 가까운 것이다. 그러기 때문에 성만찬이란 말 자체가 기독교인의 식사는 사람들이 서로 사귐을 가지면서 천천히 나누는 것이어야 한다는 것을 보여 주고 있다.

III. 나누어 주기를 잊어버린 교회는 참다운 교회가 아니다. 물건을 혼자 독점하거나 자신들의 모임만을 갖고자 하는 사람들은 아직 기독교인들이 되고자 시작하지도 못한 사람들이다. 참다운 기독교인은 다른 사람이 빈곤에 처했을 때 자기만 소유한 사실에 견딜 수 없이 괴로워하는 사람이다. 그는 기독교인의 최대 특권을 단지 간수하는 데서가 아니라 오히려 나누어 주는 데서 발견한다.

주의 만찬

고린도전서 11:23-34

[23]내가 너희에게 전한 것은 주께 받은 것이니 곧 주 예수께서 잡히시던 밤에
떡을 가지사 [24]축사하시고 떼어 이르시되 이것은 너희를 위하는 내 몸이니
이것을 행하여 나를 기념하라 하시고 [25]식후에 또한 그와 같이 잔을 가지시
고 이르시되 이 잔은 내 피로 세운 새 언약이니 이것을 행하여 마실 때마다

나를 기념하라 하셨으니 26너희가 이 떡을 먹으며 이 잔을 마실 때마다 주의
죽으심을 그가 오실 때까지 전하는 것이니라 27그러므로 누구든지 주의 떡이
나 잔을 합당하지 않게 먹고 마시는 자는 주의 몸과 피에 대하여 죄를 짓는
것이니라 28사람이 자기를 살피고 그 후에야 이 떡을 먹고 이 잔을 마실지니
29주의 몸을 분별하지 못하고 먹고 마시는 자는 자기의 죄를 먹고 마시는 것
이니라 30그러므로 너희 중에 약한 자와 병든 자가 많고 잠자는 자도 적지 아
니하니 31우리가 우리를 살폈으면 판단을 받지 아니하려니와 32우리가 판단
을 받는 것은 주께 징계를 받는 것이니 이는 우리로 세상과 함께 정죄함을
받지 않게 하려 하심이라 33그런즉 내 형제들아 먹으러 모일 때에 서로 기다
리라 34만일 누구든지 시장하거든 집에서 먹을지니 이는 너희의 모임이 판단
받는 모임이 되지 않게 하려 함이라 그밖의 일들은 내가 언제든지 갈 때에
바로잡으리라

신약성경을 통해 이 구절처럼 흥미 있는 곳이 없다. 첫째로 이것은 교회에서 가장 신성한 예배 행위인 성찬식의 정당한 이유를 보여 준다. 둘째로 고린도전서는 복음서 가운데서 가장 먼저 쓴 마가복음보다도 더 먼저 썼기 때문에 우리가 아는 한 예수의 말씀의 기록으로서는 여기 나오는 것이 가장 오래 된 것이다.

성찬식의 의미는 그것을 받아들이는 사람에 따라 각각 다르다. 하지만 그 의미를 완전히 이해하지 않으면 아무 도움이 안 된다고 할 수도 없다. 누군가 말했듯이 "밥을 먹고 소화해 영양을 얻기 위해서는 밥의 화학적인 성분을 이해해야 할 필요가 없는 것"과 같다. 하지만 예수께서 떡과 포도주에 대해 그처럼 말씀하신 것이 어떤 뜻인지 다소나마 이해할 필요는 있다.

예수께서는 떡에 대해 "이것은 내 몸이다"라고 말씀하셨다. 거기에는 이 말씀을 안일하게 글자 그대로 취할 수 없게 하는 하나의 단순한 사실이 있다. 예수께서 이 말씀을 하셨을 때 예수께서는 아직 육체를 갖고 계셨다. 그 시점에서 그의 몸과 떡은 전혀 별개의 것이었다는 것은 분명하다. 또 예수는 단순히 "이것은 내 몸을 상징한다"는 의미로 말씀하신 것도 아니다. 어떤 의미에서는 그 의미가

옳다. 성찬식의 나누어진 떡은 그리스도의 몸을 상징한다. 그러나 그뿐 아니다. 믿음과 사랑과 하나님에 대한 따뜻한 존경심을 갖고 떡을 잡고 입에 넣는 자에게는 그것이 단지 예수 그리스도와의 기념이 아니라 예수 그리스도와의 산 교제를 위한 하나의 수단이 된다. 이방인, 불신자, 비방자에게는 아무런 의미가 없을 것이다. 그러나 그리스도를 사랑하는 자에게 그 만찬은 그리스도 앞으로 나가는 길이 된다.

"이 잔은 내 피로 세운 새 언약이다"고 보통 번역한다. 그러나 나는 약간 바꾸어서 "이 잔은 내 피로 값 주고 산 새 언약이다"고 번역한다. 헬라어의 전치사 **엔**은 **안에**(in)라는 의미로 사용되는 경우가 가장 많지만 경우에 따라서는 **~을 값 주고**(at the cost of)라는 의미가 될 수 있으며, 그런 뜻으로 사용되는 경우가 많다. 더욱이 그것이 히브리어의 전치사 **베**(be)의 헬라어 역인 경우는 특히 그렇다.

그런데 계약이란 두 사람이 가입하는 하나의 관계다. 하나님과 인간 사이에는 옛 계약, 옛 관계가 있었다. 이 옛 관계는 **율법**에 기초한 관계였다. 이 계약에 의해 하나님은 이스라엘 백성을 선택하였으며, 그들을 가까이 하고, 특별한 의미에서 그들의 하나님이 되셨다. 하지만 하나의 조건이 있었다. 그 조건이란 이러한 관계를 영속시키기 위해 이스라엘 백성이 하나님의 율법을 지켜야 한다는 것이었다(출 24:1-8 참조). 다시 말해 계약의 유효성은 율법을 지키는 것에 의존하였던 것이다. 그런데 예수에게서 새로운 관계가 인간에게 열려졌다. 그것은 율법에 의한 것이 아니라 사랑에 의존하는 관계다. 그것은 율법을 지키는 능력에 의한 것이 아니라—누구나 그런 일은 불가능하기 때문에—인간에게 주어진 하나님의 사랑의 자유로운 은총에 의한 것이다.

이것은 하나님과 인간과의 관계에 전면적인 변화를 가져다주었다. 옛 계약 아래서 인간은 하나님을 다만 무서워하기만 했다. 율법을 완전히 지킬 수는 도저히 없었기에 저들은 항상 계약 불이행이란 죄에 대해 문책 받았기 때문이다. 그러나 새로운 계약 아래서는 인간은 범죄자가 재판장 앞에 나오듯 하는 것이 아니라, 자식이 아버지께 가듯이 하나님 앞에 나갈 수가 있다. 그리고 어떻게 보든 **이 새로운 관계를 가능하게 하기 위해서는 예수의 생명을 대속물로 내놓아야 했던 것이다**. "피는 생명이다"라고 율법은 말한다(신 12:23). 그 관계를 가능하게 하기 위해 예수께서는 생명을—유대인은 예수의 피라고 하겠지만—희생하여야 했던 것이다. 그런 까닭에 성찬식의 붉은 포도주는 그리스도의 생명의 피를 상징한다. 이 피가 없고서는 새로운 계약, 인간과 하나님과의 새로운 관계가 절대로 실현될 수 없었던 것이다.

바울은 이어 합당치 않게 떡을 먹고 포도주를 마시는 것에 대해 말한다. 이것은 무엇을 의미하는 것일까? 합당치 않다는 것은 성찬에 참예하는 사람이 "주의 몸을 분별치 못함"을 말한다. 여기에는 두 가지 의미가 있다. 그 두 가지가 모두 진실하며 중요하기 때문에 아마 두 가지가 동시에 포함되어 있을 것이다.

I. 합당치 않게 떡을 먹고 잔을 마시는 자는 이 거룩한 상징이 무엇을 상징하며 의미하는지 모른다는 의미일 것이다. 그것은 자신이 지금 행하고 있는 일의 위대함을 깨닫지 못하고 그 일의 신성함을 올바르게 인정할 수 없는 인간을 의미한다. 성찬에 참예하면서도 외경심이 없고, 떡과 잔이 나타내 주는 사랑도, 그에게 주어진 의무도 깨닫지 못하는 인간을 의미한다.

II. 여기에는 또 하나의 의미가 가능하다. 그리스도의 몸이란 교회를 상징한다고 거듭거듭 사용되고 있다. 후에 다시 한 번 말하겠지만 12장에서도 그러한 의미로 사용되고 있다. 바울은 바로 앞서 교회를 분리시키는 분파와 차별의식을 엄히 책망하였다. 그렇다면 합당치 않게 떡을 먹고, 잔을 마시는 자란 교회 전체가 그리스도의 몸인 것을 인식하지 못하며, 형제와 싸우며, 그를 경멸하고, 그 이유야 어떻든 형제들과 마음이 하나 될 수 없는 인간을 의미한다고 볼 수 있다. 스코틀랜드 교회의 성찬식은 이웃을 "사랑하며, 불쌍히 여기는" 사람들을 주님의 식탁으로 초청하는 것으로 되어 있다. 형제에 대해 증오나, 원한이나, 경멸하는 마음을 가진 채 주님의 식탁에 임하는 자는 합당치 않게 떡을 먹으며 잔을 마시는 사람이다. 따라서 합당치 않게 성찬에 임한다는 것은 외경심이 없이, 자신이 하고 있는 일의 위대함을 깨닫지 못한 채, 또 그리스도가 우리를 위해 죽으신 것과 마찬가지로 위해 죽으신 형제들과 불화하면서 마시거나 먹는 것이다.

바울은 이어 고린도 교회에 닥친 불행은 그들이 내부 분열이 있으면서도 그대로 성찬에 참예하는 사실에 기인하는 것이 아닌지 말하고 있다. 하지만 이 불행은 그들을 멸망시키기 위한 것이 아니다. 그들을 훈계하여 바른 길로 되돌아오게 하기 위해 내린 것이다.

한 가지 분명히 해 두어야 할 사실이 있다. 합당치 않게 마시거나 먹지 말아야 한다는 말은 자신이 죄인인 것을 알고 있는 인간을 성찬에 참예시키지 않고자 하는 것이 아니다. 스코틀랜드 고지에 있는 나이 든 목사는 노 부인이 성찬 잔을 받는 것을 주저하는 것을 보고 그 잔을 그녀 앞으로 내밀며 이렇게 말했다고 한다. "부인이여, 이 잔을 받으시오. 이 잔은 죄인을 위한 것이며, 당신을 위한 것입니다." 그리스도의 식탁이 완전한 인간만을 위해 있다면 여기에 가까이 갈 수 있는 사람은 한 사람도 없다. 주님의 식탁은 죄를 회개하는 죄인에 대해 닫히지 않았다. 하나님을 사랑하며 사람을 사랑하는 자에게는 길이 언제나 열려 있으며 그 죄가 주홍같이 붉을지라도 눈과 같이 희게 하신다.

The Letter to the Corinthians 12

영의 고백

고린도전서 12:1-3

[1]형제들아 신령한 것에 대하여 나는 너희가 알지 못하기를 원하지 아니하노
니 [2]너희도 알거니와 너희가 이방인으로 있을 때에 말 못하는 우상에게로 끄
는 그대로 끌려 갔느니라 [3]그러므로 내가 너희에게 알리노니 하나님의 영으
로 말하는 자는 누구든지 예수를 저주할 자라 하지 아니하고 또 성령으로 아
니하고는 누구든지 예수를 주시라 할 수 없느니라

고린도 교회에서는 성령의 활동을 통하여 매우 놀라운 일이 일어나고 있었다. 그러나 도취와 멸망의 시대에는 참된 경험이 있는 동시에 히스테리컬한 흥분이나 자기 기만 같은 뜻밖의 일도 있을 수 있다. 그래서 이 장과 다음 두 장에서 바울은 참다운 성령의 은사에 대해 말하고 있다.

이 구절들은 두 개 함성을 보여 주므로 매우 흥미 있다.

1. **"예수께서는 저주할 자"라는 어구가 있다.** 이 무서운 말을 입에 올릴 수 있는 경우는 네 가지로 생각할 수 있다.

1. 유대인이 이 말을 입에 올렸을 것이다. 유대인이 회당에서 드리는 기도에는 반드시 모든 이단자, 배교자에 대한 저주가 포함되었는데, 예수도 그러한 대상 가운데 하나였을 것이다. 게다가 바울도 잘 알고 있었듯이(갈 3:13), 유대인의 율법은 "나무에 달린 자마다 저주 아래 있는 자"라고 규정하고 있었다. 예수께서는 십자가에 달린 자다. 기독교인들이 예배하는 이단자, 범죄자에 대해 유대인이 저주했다고 해서 이상한 일은 아니다.

2. 유대인이 기독교에 대해 관심을 갖고 있는 개종자들에게 저주의 말을 억지로 시키고, 말하지 않으면 유대인의 회당에서 파문하겠다고 협박했을 것은 능히 있을 수 있다. 바울은 예전에 자신이 기독교 교인들을 박해하고 있었을 때의 일을 아그립바에게 말하면서 이렇게 말한 바 있다. "모든 회당에서 여러 번 형벌하여 **강제로 모독하는 말을 하게 하고**"(행 26:11). 예수 그리스도를 저주하여야 하는 것이 때때로 유대인의 회당에 머물 수 있는 조건이었을 것이다.

3. 바울이 이 편지를 쓸 당시에는 어떠했든지 간에 그 후 시대가 흘러 박해가 심해진 때에는 기독교인들이 박해자에 의해 그리스도를 저주하든가, 죽음을 당하든가 두 가지 가운데 하나를 택하도록 강요당했다는 것은 의심할 여지가 없다. 트라얀 황제 때 비두니아 총독 플리니우스는 어떤 사람이 기독교라고 생각되면 그 사람에게 그리스도를 저주하도록 명령하는 것으로 판단의 기준을 삼았다. 또 서모나의 감독 폴리캅이 체포되어 지방총독 스타데우스 크와드라투스에게서 "무신론자는 물리치라고 말하라. 가이사를 신이라고 맹세하라. 그리스도를 모독하라"는 명령을 받았다. 하지만 이 노 감독의 답변은 참으로 훌륭하였다. "나는 86년간 그리스도를 섬겼지만 그리스도께서는 나를 한 번도 상심케 하지 않으셨다. 나를 구해 주신 왕을 내가 어찌 모독할 수 있는가?" 그리스도를 저주하든가 죽든가 하는 양자택일을 강요하는 시대가 있었다는 것은 사실이다.

4. 교회 안에서도 광신적인 신앙이 되어 날뛸 때 "예수께서는 저주할 자"라고 고함지르는 자가 있었을는지 모른다. 그러한 광란 상태에서는 어떠한 일이 일어나는지 모르며, 어떤 일이든지 모두 성령의 일로 몰아 버렸을는지도 모른다. 그리하여 바울은 누구라도 그리스도를 저주하면서 그것을 성령의 활동이라고 할 수 없다고 경계한 것이다.

II. 이 저주의 말에 대해 "예수께서는 주시라"는 기독교인의 함성이 있다. 초대 교회가 신조라는 것을 갖고 있었다면 이 간결한 말이야말로 그들의 신조였다(빌 2:11 참조). 주란 말은 **큐리오스**인데 굉장한 말이었다. 그것은 로마 황제의 정식 칭호였다. 박해자들은 언제나 "가이사는 주(kurios)시다고 말하라"라고 강요했다. 그것은 구약성경의 헬라어 역에서 여호와라는 거룩한 이름에 해당하는 헬라어이기도 했다. 사람이 "예수께서는 주시라"고 말할 때 그것은 그가 자신의 생애서 최고의 충성과 자기 마음의 최고의 외경심을 예수께 바친다는 것을 의미한다.

바울은 성령으로가 아니면 누구도 "예수께서는 주시라"고 말할 수 없다고 믿었다는 사실에 유의해야 한다. 즉, 예수께서 주시라는 것은 인간이 자신의 힘으로 발견한 것이 아니라 하나님께서 은총으로 인간에게 계시하신 것이다.

하나님의 여러 가지 은사

고린도전서 12:4-11

4은사는 여러 가지나 성령은 같고 5직분은 여러 가지나 주는 같으며 6또 사역
은 여러 가지나 모든 것을 모든 사람 가운데서 이루시는 하나님은 같으니
7각 사람에게 성령을 나타내심은 유익하게 하려 하심이라 8어떤 사람에게는
성령으로 말미암아 지혜의 말씀을, 어떤 사람에게는 같은 성령을 따라 지식
의 말씀을, 9다른 사람에게는 같은 성령으로 믿음을, 어떤 사람에게는 한 성
령으로 병 고치는 은사를, 10어떤 사람에게는 능력 행함을, 어떤 사람에게는
예언함을, 어떤 사람에게는 영들 분별함을, 다른 사람에게는 각종 방언 말
함을, 어떤 사람에게는 방언들 통역함을 주시나니 11이 모든 일은 같은 한 성
령이 행하사 그의 뜻대로 각 사람에게 나누어 주시는 것이니라

이 구절에서 바울의 목적은 교회의 본질적인 통일을 강조하는 데 있다. 교회

는 그리스도의 몸이며, 건강한 몸의 특징은 몸의 각 부분이 전체를 위해 각기 제 구실을 다하는 데 있다는 것이다. 하지만 통일이란 획일성을 의미하지는 않는다. 따라서 교회 안에는 여러 가지 은사와 직임이 있다. 그러나 그 모든 것이 한 성령에게서 받은 것이며 교인 각자의 개인적인 영광을 위해서가 아니라 전체의 이익을 위해 주어진 것이다. 바울은 우선 특별한 은사(charismata)는 모두 하나님께서 나온 것이라고 말한다. 인간이 갖고 있는 특별한 능력은 어떤 것이든 간에 하나님께서 나온 것이다. 따라서 하나님께 봉사하기 위하여 사용되어야 한다는 것이 바울의 신념이었다. 적어도 현대교회의 잘못은 이 특별한 은사를 너무 지나치게 좁게 해석하는 데 있다. 교회는 지나치게 교회가 필요로 하는 은사는 훌륭한 화술(話術), 기도, 가르치는 재능, 문필의 재능 같은 다소나마 지적이며 학문적인 재능에 국한한다는 전제하에 행동해 왔다고 본다. 손을 갖고 일하는 노동자나 공장(工匠)들의 기술도 마찬가지로 하나님이 주신 참된 특별한 은사임을 교회는 인식하여야 한다. 석공, 목공, 전공, 도장공(塗裝工), 기술자, 수도공과 같은 사람들도 모두 특별한 은사를 갖고 있다. 교회가 화술, 사고력, 문필의 재능을 가진 사람들에게 직임을 맡기는 것과 같이 그의 기술을 하나님께 바칠 결심을 가진 기술자들에게도 직임을 맡기면 그 교회는 매우 풍성한 교회가 될 것이다. 자신이 가진 기능을 교회를 위해 아낌없이 사용하고자 하는 기술자를 장로로 임명해서 안 될 이유는 없다. 모든 특별한 재능은 모두 하나님의 은사이며 하나님을 위해 사용할 수 있다.

바울이 열거하는 특별한 은사를 검토하는 일은 매우 흥미 있는 일이다. 우리는 초대교회의 성격과 활동에 대해 많은 것을 배울 수 있기 때문이다. 그러면 하나하나 검토해 보자.

바울은 우선 서로 매우 닮은 두 가지, 즉 **지혜의 말씀**과 **지식의 말씀**을 들고 있다. **지혜**라고 번역된 헬라어는 **소피아**다. 알렉산들아의 클레멘트는 이 말을 정의하며 "인간적인, 신적인 사물과 그 원인에 대한 지식"이라고 했다. 또 아리스토텔레스는 "최선의 목적을 추구하며, 최선의 수단을 사용하는 것"이라고 했다. 이 지혜는 최고의 지혜로서 하나님 자신에 대한 지식이다. 그것은 인간의 사고나 지성에서 나오는 것이 아니라, 하나님과의 사귐에서 생겨나는 것이다. 그것은 하나님을 아는 지혜다.

이에 반해 **지식**—헬라어의 gnosis—은 매우 실제적인 것이다. 그것은 주어진 상황에서 무엇을 할 것인지 아는 지식이다. 그것은 다시 말해 **소피아**가 인간 생활이나 인간적인 사건에 적용되는 것이다. 이 두 가지, 즉 하나님과의 사귐에서 그 심오한 곳을 아는 **지혜**와 세계와 교회에서 일상생활과 활동 가운데서 실천하는 **지식**은 모두 필요한 것이다.

다음은 **믿음**인데 바울은 흔히 말하는 신앙 이상의 것을 의미하고 있다. 그것은 **능력 있는 신앙** 혹은 **영적인 것을 현실화하는 능력**이라고 정의되어 온 것이다. 그것은 현실적으로 결과를 생성하는 신앙—옛 표현을 빌리면—참으로 산을 움직일 만한 신앙이다. 그것은 단지 어떤 사항이 진실하다는 것을 인정하는 지적 확신이 아니다. 그것은 어떤 사항에 대한 정열적인 신념, 즉 그것을 위해서는 자기와 자신의 소유 전부를 내던져도 후회가 없는 그러한 신념이다. 그것은 의지를 강철같이 굳게 하고 근육을 움직여서 행동하는 신앙이다.

오, 하나님이시여, 내 마음이 뜨겁고,
머리는 맑을 때,
나에게 행동하게 하소서,
당신의 목적이 현실화하도록,

그것은 환상을 행위로 변화시키는 신앙이다.

다음으로 바울은 **병 고치는 은사**에 대해 말하고 있다. 초대교회는 신유가 일상적인 경험이었던 세계에 살고 있었다. 유대인이 병에 걸리면 의사에게 가기보다는 랍비에게 가는 것이 보통이었으며 그렇게 해서 낫는 경우가 많았다. 헬라인의 경우 에스클라피어스가 치료의 신이었다. 사람들은 이 신의 신전에 가서 병 고침을 받기 위해 며칠 밤이든지 새웠으며 실제로 병 고침을 받기도 했다. 오늘날까지도 그러한 신전의 폐허에는 병 고침을 받은 기념으로 봉헌한 명판이나 비석이 발견된다. 아무 까닭 없이 일부러 돈을 들여 비석을 세우지는 않았을 것이다. 에피다우로스의 신전에는 하나의 비석이 서 있는데 거기에는 알케다스라는 사람이 "눈이 멀었는데 꿈에 환상을 보았다. 하나님께서 그에게 와서 손가락으로 그의 눈을 뜨게 해 주셨다. 그가 맨 처음 본 것은 신전에 서 있는 나무들이었다. 새벽에 그는 고침을 받고 돌아갔다"라고 기록되어 있다.

로마의 신전에 있는 비석에는 이렇게 비문이 쓰여 있다. "눈 먼 군인 바레리우스 아펠에게 신은 흰 수탉의 피에 꿀을 섞어 약을 만들어 사흘 동안 눈에 바르라고 명하셨다. 그는 시력을 회복해 신에게 감사를 드렸다."

그때는 병이 고침을 받는 시대였다. 초대교회에 병 고치는 은사가 존재하였다는 것은 의심할 여지가 없다. 그렇지 않았다면 바울은 병 고치는 은사에 대해 언급하지 않았을 것이다. 야고보서(5:14)에 보면 병든 자는 교회의 장로들을 청할 것이며, 장로들은 기름을 바르라고 지시하고 있다. 9세기에 이르기까지 성유식(聖油式)은 병의 치료를 위한 성례전이었다. 그러나 9세기에 이르러 그것이 종유식(終油式), 즉 죽음을 준비하도록 하는 성례전으로 변하였다는 것은 역사적으로도 분명하다. 교회가 병 고치는 은사를 완전히 잃어버린 때는 아직 한 번도 없었다. 그리고 오늘날 일어나고 있는 최대 사건은 교회가 이 은사를 재발견하고 있다는 것이다. 훌륭한 지혜를 가진 저작가, 프랑스인 몽테뉴는 아동교육에 대해 다음과 같이 말하고 있다. "나는 아동의 두뇌뿐 아니라 신체도 단련하여야 한다고 생각한다. 우리가 교육하는 것은 정신도 아니며 육체도 아니다. 전인간(全人間)이다. 인간을 두 가지로 나누어서는 안 된다." 너무 오랫동안 교회는 인간을 영혼과 육체로 나누어 생각했고, 육체를 무시하고 영혼에 대해서만 책임을 지었다. 이제 우리는 인간을 다시 한 번 하나의 전체로서 다루게 되었다. 이것은 현대에서 커다란 인간 부흥의 하나다. 머지않아 의사와 목사가 다시금 손을 맞잡고 같이 일하는 시대가 올 것이다.

다음으로 바울은 **능력을 행하는 은사**를 들고 있다. 이것은 틀림없이 **악령 추방**을 의미할 것이다. 당시엔 많은 병이, 때로는 모든 병이, 특히 정신병 계통의 것은 모두 악령 때문에 생긴 것이라고 생각하였다. 따라서 그러한 악령을 쫓아내는 일이 교회가 하는 일 가운데 하나였던 것이다. 그러한 악령이 실제로 존재했는가 아닌가는 일단 논외로 하고 여하튼 그런 병에 걸린 사람은 악령이 실재하는 것으로 확신했으며, 교회는 그러한 사람을 도울 수 있었으며, 사실 도와주기도 했다. 악령 추방은 오늘날에도 미개지 전도에서는 매우 현실적인 것이다. 하여간 마음에 병들어 고민하는 인간에게 봉사하는 일은 교회가 할 일이다.

다음으로 바울은 **예언의 은사**를 들고 있다. 이 말은 오히려 **설교의 은사**라고 번역하는 편이 그 의미가 더 분명해진다. 우리는 **예언**이란 말을 장차 일어날 일을 미리 말하는 것이라고 생각해 왔다. 그러나 어느 시대에서든지 **예언**은 **예고한다**(foretelling)기보다는 **앞장서 말한다**(forthtelling)는 편이 훨씬 사실에 가깝다. 예언자란 하나님과 가까이 살고 있기에 하나님의 생각, 마음, 의지, 의도를 알고 있으며, 따라서 이것을 사람들에게 말할 수 있는 인간을 일컫는다. 따라서 예언자의 활동에는 두 가지가 있다.

1. 예언자는 사람들에게 그들의 행동이 하나님의 마음에 합당치 못하다고 경고하며 견책한다.

2. 예언자는 사람들을 충고하고 지도하며 그들을 하나님께서 기뻐하시는 길로 인도한다.

다음으로 바울이 들고 있는 것은 **영을 분별하는 은사**다. 탁하도록 긴장된 공기에 싸여 있던 사회, 모든 종류의 이상한 언행이 정상적인 것이라고 생각되었던 사회에서는 진실한 것과 단지 발작적인 것을 구별하며, 진짜와 망상, 하나님에게서 나온 것과 악마에게서 나온 것을 분별하는 능력이 필요하였다. 오늘날에도 어떤 사건이 일상생활의 궤도에서 벗어난 이례적인 것일 경우 그것이 하나님에게서 나온 것인가 아닌가를 알아보기는 매우 어렵다. 그때 지켜야 할 원칙은 언제나 비난하기 전에 먼저 이해하도록 노력하여야 한다는 것이다.

마지막으로 바울은 **방언을 말하는 은사**와 **방언을 통역하는 은사**를 들고 있다. 이 **방언**문제는 후에 말하는 바와 같이 고린도 교회를 크게 괴롭힌 문제였다. 그것은 오늘날 우리나라에서도 볼 수 있는 현상이지만, 한마디로 말해 우리의 경험과는 인연이 먼 사항이다. 방언을 말한다는 것은 다음과 같은 것이었다. 교회의 예배가 한창 진행 중에 누군가가 황홀지경에 빠져 무슨 말인지 의미도 불분명한 말로 도도하게 말한다. 그것은 누구나 간절히 바라는 은사였다. 그것은 하나님의 성령이 직접적으로 영향을 끼치는 것이라고 생각하였기 때문이다. 회중에게는 그러한 말이 물론 전혀 이해하기 어려운 것이었다. 때로는 방언을 말한 사람이 자신이 말한 것을 통역할 때도 있었지만 대부분 방언을 통역하는 은사를 받은 다른 사람이 있어야 했다. 바울은 방언의 은사가 존재한다는 것을 의심하지는 않았다. 그러나 그것이 위험을 동반하고 있다는 것을 알고 있었다. 광신과 법열과 일종의 자기 최면과는 매우 구분이 어렵기 때문이다.

여기에 묘사되어 있는 바는 생생하게 활동하는 교회의 모습이다. 거기서는 여러 가지 일이, 아니 놀랄 만한 일들이 속속 일어났다. 교회 생활이 고조되고 강조되고 긴장되었다. 초대교회에서는 평탄한, 우둔한, 평범한 사건은 어느 것 하나 볼 수 없었다. 바울은 이러한 생생하고도 힘찬 활동은 모두 성령의 활동인 것을 알고 있었다. 성령은 각자에게 자신을 위해서가 아니라 다른 사람을 위해 사용하여야 할 각각의 은사를 나누어 주신다.

그리스도의 몸

고린도전서 12:12-31

12몸은 하나인데 많은 지체가 있고 몸의 지체가 많으나 한 몸임과 같이 그리
스도도 그러하니라 13우리가 유대인이나 헬라인이나 종이나 자유인이나 다
한 성령으로 세례를 받아 한 몸이 되었고 또 다 한 성령을 마시게 하셨느니
라 14몸은 한 지체뿐만 아니요 여럿이니 15만일 발이 이르되 나는 손이 아니니
몸에 붙지 아니하였다 할지라도 이로써 몸에 붙지 아니한 것이 아니요 16또
귀가 이르되 나는 눈이 아니니 몸에 붙지 아니하였다 할지라도 이로써 몸에
붙지 아니한 것이 아니니 17만일 온몸이 눈이면 듣는 곳은 어디며 온몸이 듣
는 곳이면 냄새 맡는 곳은 어디냐 18그러나 이제 하나님이 그 원하시는 대로
지체를 각각 몸에 두셨으니 19만일 다 한 지체뿐이면 몸은 어디냐 20이제 지체
는 많으나 몸은 하나라 21눈이 손더러 내가 너를 쓸 데가 없다 하거나 또한
머리가 발더러 내가 너를 쓸 데가 없다 하지 못하리라 22그뿐 아니라 더 약하
게 보이는 몸의 지체가 도리어 요긴하고 23우리가 몸의 덜 귀히 여기는 그것

> 들을 더욱 귀한 것들로 입혀 주며 우리의 아름답지 못한 지체는 더욱 아름다
> 운 것을 얻느니라 그런즉 24우리의 아름다운 지체는 그럴 필요가 없느니라
> 오직 하나님이 몸을 고르게 하여 부족한 지체에게 귀중함을 더하사 25몸 가
> 운데서 분쟁이 없고 오직 여러 지체가 서로 같이 돌보게 하셨느니라 26만일
> 한 지체가 고통을 받으면 모든 지체가 함께 고통을 받고 한 지체가 영광을
> 얻으면 모든 지체가 함께 즐거워하느니라 27너희는 그리스도의 몸이요 지체
> 의 각 부분이라 28하나님이 교회 중에 몇을 세우셨으니 첫째는 사도요 둘째
> 는 선지자요 셋째는 교사요 그 다음은 능력을 행하는 자요 그 다음은 병 고
> 치는 은사와 서로 돕는 것과 다스리는 것과 각종 방언을 말하는 것이라 29다
> 사도이겠느냐 다 선지자이겠느냐 다 교사이겠느냐 다 능력을 행하는 자이겠
> 느냐 30다 병 고치는 은사를 가진 자이겠느냐 다 방언을 말하는 자이겠느냐
> 다 통역하는 자이겠느냐 31너희는 더욱 큰 은사를 사모하라 내가 또한 가장
> 좋은 길을 너희에게 보이리라

여기에는 교회의 통일에 대해 지금까지 기록된 것 중에서 가장 유명한 비유가 있다. 인간은 항상 몸의 다른 부분들이 서로 협력하는 일에 대해 매력을 느꼈다. 오래전 플라톤은 유명한 비유를 사용하여 인간의 몸을 묘사하였는다. 즉, 머리는 산성, 목은 머리와 몸통을 잇는 지협, 심장은 몸의 샘, 털구멍은 몸의 소로, 혈관은 몸의 운하다. 여기서 바울은 교회를 하나의 몸이라고 했다.

몸은 여러 많은 부분으로 되어 있으나 거기에는 본질적인 통일성이 있다. 플라톤은 우리가 "내 손가락이 아프다"라고 하지 않고 "내가 아프다"라고 말한다고 했다. 하나의 나라는 인격이 있고 이것이 몸의 여러 다른 부분에 전체적인 통일성을 부여하고 있다. 나라는 인격과 몸과의 관계는 그리스도와 교회와의 관계와 같다. 다시 말해 그리스도 안에 모든 다른 여러 부분이 동일시된다.

나아가 바울은 이것을 다른 관점에서 보고 있다. "너희는 그리스도의 몸이다"라고 바울은 말한다. 여기에는 놀랄 만한 사상이 들어 있다. 예수 그리스도는 이제 이 세상에 육신의 형체를 갖고 존재하지 않는다. 때문에 이 세상에서 무슨 일이든지 하고 싶을 때는 자신을 위해 그 일을 대신해 줄 인간을 찾아야 한다. 아

동을 가르치고자 할 때는 그 아동을 교육하는 교사를 찾아야 한다. 병자를 고쳐 주고자 할 때는 그러한 자신의 일을 맡아 줄 의사를 찾아야 한다. 자신에 대해 말하고자 할 때 누군가가 그 말을 해 줄 인간을 찾아야 한다. 우리는 문자 그대로 그리스도의 몸이며, 그리스도의 일을 해야 할 손이며, 그리스도를 위하여 심부름하기 위해 뛰는 발이며, 그리스도를 위해 말하는 목소리다.

우리의 손 아니면, 지금
하나님의 일을 할 손이 없으며,
우리의 발 아니면, 주의 길로
사람들을 이끌 발이 없으며,
우리의 목소리 아니면
주님의 죽으심을 전파할 목소리 없으며,
우리가 도움이 되어 주지 않으면
사람을 주님께 이끌 도움이 없다.

여기야말로 기독교인의 최고 영광이 있다. 그는 지상에 있는 그리스도의 몸의 한 부분이다.

이와 같이 바울은 교회가 그 본래의 구실을 다하고자 하면 교회 안에 없어서 안 될 통일성을 비유적인 이미지를 통해 보여 주었다. 몸은 그 각 부분이 제각기의 구실을 완전히 다할 수 있을 때 건강하며 능률적이다. 몸의 각 부분은 서로 질투하거나 상대의 기능을 부러워하지 않는다. 각 부분은 자신에게 맡겨진 일만을 하며 그럴 때에만 몸은 건강하다. 이 바울의 비유에서 그리스도의 몸인 교회 안에 있어야 할 몇 가지 사항을 우리는 배워야 한다.

1. 우리는 "서로의 필요성"을 우선 알아야 한다. 교회에는 고립 같은 것이 있을 수 없다. 어떤 사람은 교회에서 자신이 하고 있는 일이 가장 중요하다고 제멋대로 생각하고 이 일에만 너무 열중한 나머지, 곧잘 다른 사람이 하고 있는 다른 일을 무시하거나 비판하는 일이 있는데, 교회가 하나의 건강체이기 위해서는

모든 사람이 그 능력에 따라 행하는 모든 일이 필요하다.

II. 우리는 "서로 존경해야" 한다. 몸의 어떤 부분이 다른 부분보다 중요하다는 것은 문제가 아니다. 어느 지체, 어느 기관이 기능을 정지해도 몸 전체의 균형이 깨진다. 교회도 마찬가지다. "어떤 봉사도 하나님 보시기엔 모두 한 가지다." 우리가 교회에서 자기 자신의 중요성만을 생각하기 시작할 때 참된 기독교인의 활동은 그 가능성을 잃어버린다.

III. 우리는 "서로 동정해야" 한다. 몸의 일부가 고장이 생겨도 다른 모든 부분에 영향을 미친다. 그리고 함께 고생한다. 그럴 수밖에 없다. 교회는 하나다. 자신이 속하고 있는 조직이나 교회, 좀더 심할 경우엔 자신의 가족이나 친구밖에 볼 수 없는 인간은 교회의 참된 통일성을 전혀 알지 못한다.

마지막 부분에서 바울은 교회에서 여러 가지 봉사의 형태에 대해 말하고 있다. 그 가운데 몇 가지는 그가 이미 언급한 것이지만 여기에 비로소 나오는 것도 있다.

I. 바울은 최상위에 "사도"를 놓고 있다. 사도는 의심할 여지없이 교회의 최대 인물이었다. 사도들의 권위는 한 곳에 한정된 것이 아니었다. 그들은 한 곳에 정착하고 목회하지 않았다. 그들이 쓴 편지는 모든 교회에 회람되었다. 어떻게 해서 그렇게 되었을까? 사도로서 자격은 예수께서 세상에 계셨을 때 그와 행동을 같이하였으며, 주님의 부활을 증거하였다는 것이었다(행 1:22). 사도는 예수께서 육신으로 계셨을 때와 부활하여 자신을 나타내시던 시대에 예수와 가장 친밀하게 지낸 사람들이었다. 예수께서는 종이 위에 말 한마디 쓰지 않으셨으며, 한 권의 책도 남기시지 않았다. 그러나 예수께서는 그의 가르침을 사람들의 마음에 써 놓으셨다. 그리고 그 사람들이 바로 사도들이었다.

인간이 행하는 어떤 의식도 인간에게 권위를 부여하지 못한다. 권위는 언제나 그리스도와 행동을 같이하였다는 사실에서 나와야 한다. 일찍이 누군가가 예배 후에 알렉산더 화이트에게 이렇게 말한 일이 있다. "화이트 박사, 당신은 오늘 주님의 곁에서 금방 돌아오신 것처럼 설교했습니다." 이 말에 화이트는 조용히 "그럴지도 모르지요"라고 대답했다고 한다. 주님의 면전에서 온 사람은 어느 종파에 속했든지 사도의 권위를 몸에 지니고 있다.

II. 예언자에 대해서는 이미 말했는데 바울은 여기에 새롭게 "교사"를 첨가하고 있다. 이들 교사들의 중요성은 아무리 강조해도 부족할 정도다. 교사란 전도자나 사도들의 선교를 받고 회심한 사람들을 신앙적으로 양성해 갈 책임을 가졌다. 그들은 기독교에 대해서는 문자 그대로 아무것도 모르는 남녀를 여러 가지로 가르쳐야 했다. 이들 교사를 가장 중요시했던 이유는 다음과 같았다. 최초 복음서인 마가복음이 기록된 것은 주후 60년경, 즉 예수께서 돌아가신 후 약 30년이 지난 후였다. 당시엔 인쇄술도 없었고, 책은 하나하나 손으로 쓰지 않으면 안 되었으며, 그 수도 매우 적어 신약성경 정도의 책을 사려면 40파운드 정도는 했을 것이니만큼 서민들은 도저히 책 같은 것은 손에 넣을 염두도 못 냈을 것이다. 그러한 상황에서는 예수의 생애나, 교훈은 구전으로 전달될 수밖에 없었다. 이러한 엄청난 일을 교사들이 책임지고 있었다. 또 우리는 다음과 같은 것을 기억해야 한다. 인간은 책에서 배우는 것보다 훨씬 많은 것을 훌륭한 교사에게서 배운다. 오늘날 책은 무수히 많지만 우리가 그리스도께 대해 참으로 알 수 있는 길은 여전히 사람들을 통해서라는 것은 변함없는 진리다.

III. 바울은 "돕는 자"에 대해 말하고 있다. 돕는 자란 가난한 고아, 과부, 나그네들을 도와주는 것을 의무로 하던 사람들이었다. 기독교는 맨 처음부터 매우 실천적이었다. 말을 잘하지 못해 남을 가르칠 수 없는 인간은 있을 수 있지만 사람을 돕는 일을 하지 못할 인간은 없다.

IV. 바울은 KJV이 "다스리는 자(kuberneseis)"라고 부르고 있는 것에 대해 말하고 있다. 이 헬라어는 매우 재미있다. 그것은 문자 그대로 해석하면, 암초나 물이 얕은 곳을 피해 배를 항구까지 무사히 끌어들이는 수로 안내인의 일을 의미한다. 여기서 바울이 말하는 바는 교회의 관리에 종사하고 있는 사람들에 대한 것이다. 그것은 매우 중요한 일이다. 전도자와 교사들은 전면에 나서서 사람들의 주목을 받으며 일한다. 하지만 그들의 배후에서 교회 관리라는 무미건조한 일을 감당해 주는 사람들이 없다면 그들은 결코 계속해서 일할 수 없다. 인간의 몸 안에는 겉에서 보이지 않지만 다른 어느 부분보다도 중요한 기능을 다하고 있는 부분이 있다. 마찬가지로 사람의 눈에는 띄지 않지만 훌륭하게 교회에 봉사하는 사람들, 그들의 봉사가 아니면 교회는 유지될 수 없는 그런 사람들이 있다.

마지막으로 바울은 다른 어떤 은사보다도 더욱 큰 은사에 대해 말하고자 한다. 서로 다른 은사를 가진 사람들은 서로 대립하고 그 때문에 모든 활동이 방해될 수 있는 위험이 있다. 교회를 완전하게 통일시킬 수 있는 것은 오직 하나, 그것은 사랑이다. 그리하여 바울은 사랑의 찬가를 노래하고자 했다.

13

사랑의 찬가

고린도전서 13:1-12

[1]내가 사람의 방언과 천사의 말을 할지라도 사랑이 없으면 소리 나는 구리와
울리는 꽹과리가 되고 [2]내가 예언하는 능력이 있어 모든 비밀과 모든 지식을
알고 또 산을 옮길 만한 모든 믿음이 있을지라도 사랑이 없으면 내가 아무것
도 아니요 [3]내가 내게 있는 모든 것으로 구제하고 또 내 몸을 불사르게 내줄
지라도 사랑이 없으면 내게 아무 유익이 없느니라 [4]사랑은 오래 참고 사랑은
온유하며 시기하지 아니하며 사랑은 자랑하지 아니하며 교만하지 아니하며
[5]무례히 행하지 아니하며 자기의 유익을 구하지 아니하며 성내지 아니하며
악한 것을 생각하지 아니하며 [6]불의를 기뻐하지 아니하며 진리와 함께 기뻐
하고 [7]모든 것을 참으며 모든 것을 믿으며 모든 것을 바라며 모든 것을 견디
느니라 [8]사랑은 언제까지나 떨어지지 아니하되 예언도 폐하고 방언도 그치
고 지식도 폐하리라 [9]우리는 부분적으로 알고 부분적으로 예언하니 [10]온전한
것이 올 때에는 부분적으로 하던 것이 폐하리라 [11]내가 어렸을 때에는 말하
는 것이 어린아이와 같고 깨닫는 것이 어린아이와 같고 생각하는 것이 어린
아이와 같다가 장성한 사람이 되어서는 어린아이의 일을 버렸노라 [12]우리가

지금은 거울로 보는 것같이 희미하나 그때에는 얼굴과 얼굴을 대하여 볼 것이요 지금은 내가 부분적으로 아나 그때에는 주께서 나를 아신 것같이 내가 온전히 알리라

많은 사람에게 13장은 신약성경 전체를 통해 가장 훌륭한 장이다. 우리도 충분히 시간을 내서 연구하도록 하자. 이 한 장에 함축된 의미는 일생 동안 연구해도 완전하게 파악할 수 없으리만큼 심오한 것이다.

바울은 우선 사람이 어떠한 영적인 은사를 갖고 있을지라도 거기에 사랑이 함께 하지 않으면 그 은사는 아무것도 아니라고 단언하고 있다.

I. 사람은 "방언"의 은사를 갖고 있을지도 모른다. 이교도의 예배, 특히 다이오니서스와 시빌라의 예배에서 볼 수 있는 특징은 꽹과리를 시끄럽게 치거나, 나팔을 요란하게 불어 대는 것이었다. 누구나가 간절히 바라는 방언의 은사라 할지라도 사랑이 없으면 이교도의 예배와 같이 떠드는 것과 구분이 안 된다고 말한다.

II. 사람은 "예언"의 은사를 갖고 있을지도 모른다. 예언은 곧 설교와 같은 것이라고 이미 말했다. 그런데 설교하는 이들에는 두 종류 사람들이 있다. 하나는 사람들의 영혼을 구하는 것을 유일한 목적으로 삼고 강한 사랑을 갖고 그들을 찾아 나서는 사람이다. 그 최고의 대표자는 다른 사람 아닌 바울 자신이다. 마이야즈는 자신의 시 〈성 바울〉에서 그리스도 없는 세계를 바라보고 있는 바울의 모습을 묘사하고 있다.

다함없는 간절한 소원이 있어
나팔 소리 울리듯 내 온몸을 흔든다.
오! 내 몸이 없어져 그들을 구할 수 있다면
저들의 생명을 위해 나는 죽어지도록 이 몸을 바치리.

또 한편은 청중을 지옥의 불꽃 위에 매달아 놓고 그들이 지옥에 떨어지는 것을 마치 구원 받은 것과 같이 기뻐하는 설교자들이다. 회교도들에게 많은 핍박을 받은 헬라 교회의 한 회원에게 조지 아담 스미스 경이 "왜 하나님은 그처럼 많은 회교도들을 지으셨을까"라고 물었더니, "지옥을 채우기 위해서"라고 대답이 나왔다고 한다. 사랑이 없고, 위협만이 있는 설교는 사람들을 무섭게 할 수는 있어도 구원하지는 못한다.

III. 사람은 "지식"의 은사를 갖고 있을지도 모른다. 탁월한 지식에 언제나 따르는 위험은 지적인 속물 근성이다. 학식이 있는 인간은 남을 멸시하기 쉽다. 냉철한 객관성이 사랑의 불로 뜨거워질 때 지식은 참으로 인간을 구원할 수 있다.

IV. 사람은 열렬하다고 할 수 있을 정도의 "믿음"을 갖고 있을지도 모른다. 그러나 믿음도 때로는 잔인할 수 있다. 어떤 사람이 의사에게서 심장이 피로했으니 안정해야 한다는 말을 들었다. 즉시 그는 훌륭한 교인이라고 알려진 사장에게 전화로 그 뜻을 전했다. 그런데 사장의 대답은 이러했다. "나는 내적인 힘을 갖고 있기 때문에 피곤 같은 것을 모른다"라는 것이었다. 그 사장이 한 말은 과연 신앙적인 말이었을는지 모른다. 그러나 사랑이 없는 신앙에서 나온 말이다. 때문에 다른 사람을 상하게 하고 그 가슴을 찌르는 결과가 되었다.

V. 사람은 남을 "구제"할 수도 있을 것이다. 재산은 아깝지만 가난한 자들에게 나누어 줄 수 있을지도 모른다. 그러나 그러한 사랑이 없는 구제처럼 사람들에게 모욕감을 주는 것이 이 세상엔 또 없다. 마음에도 없는 의무감 때문에 구제하거나, 상대방을 경멸하며 주거나, 우월감을 만족시키기 위해 정말 보잘것없는 것을 마치 개에게라도 주듯 던져 주거나, 자기 혼자 으스대는 식의 설교나, 상대방의 설 자리도 마련해 주지 않는 책망을 퍼부은 후에 동정하는 따위는 구제라기보다는 거만이다. 그리고 거만은 사랑을 모르기 때문에 언제나 잔인하다.

VI. 사람은 자기 몸을 불사르게 내어줄 수도 있을 것이다. 바울은 이때 사드락과 메삭과 아벳느고와 풀무 불에 대한 이야기를 생각하고 있었는지 모른다(단 3장). 그보다는 아덴에 있는 "인도인의 무덤"이라고 불리는 유명한 기념비를 머리에 떠올리고 있었을 것이다. 아덴에서 한 인도인이 여러 사람이 보는 앞에서 불길 속으로 뛰어 들어가면서 다음과 같이 거만한 말을 그의 비석에 새기도록 했다. "발고사 출신의 인도인 잘마도체가스는 인도의 오랜 관습에 따라 자신을 불사신으로 만들고 여기 잠자고 있다." 바울은 박해를 자청한 기독교인을 생각했을지 모른다. 그리스도를 위해 목숨을 내놓는 것은 좋지만 그 동기가 오만과 자신을 나타내고자 하는 것과 자기 예찬이라면 순교의 죽음도 무가치한 것이다. 희생적인 것처럼 보이는 행위도 사실은 거만의 산물이며 헌신이나 사랑의 결과가 아닌 경우가 적잖다. 이것은 결코 냉소가 아니다.

성경 가운데서 이 한 장만큼 선인들에게 자기 반성을 촉구하는 곳도 없다.

기독교적인 사랑의 성격

고린도전서 13:4-7

[4]사랑은 오래 참고 사랑은 온유하며 시기하지 아니하며 사랑은 자랑하지 아니하며 교만하지 아니하며 [5]무례히 행하지 아니하며 자기의 유익을 구하지 아니하며 성내지 아니하며 악한 것을 생각하지 아니하며 [6]불의를 기뻐하지 아니하며 진리와 함께 기뻐하고 [7]모든 것을 참으며 모든 것을 믿으며 모든 것을 바라며 모든 것을 견디느니라

4-7절에서 바울은 기독교적인 사랑이 갖고 있는 열다섯 가지 특징을 열거하고 있다.

사랑은 참는 것이다. 신약성경에서 사용된 이 헬라어(makrothumein)는 언제나 **사람들에 대한 인내**를 말하는 것이지, 주위의 상황에 대한 인내를 말하는 것이

아니다. 크리소스토무스에 의하면, 다른 사람에게서 부당한 취급을 받고 이에 대해 보복하려면 쉽게 할 수 있지만 그것을 참고 행하지 않는 그런 인간에게만 사용되는 말이다. 그것은 노하기를 더디 하는 자를 말한다. 또 그것은 인간에 대한 하나님의 관계를 두고 사용할 수 있는 것이다. 사람들과 대처할 경우 그들이 아무리 강포하고 냉정하고 화가 나는 인간들이지만 하나님께서 우리에게 참으신 것과 같이 그들에 대해 우리도 참아야 한다. 말할 것도 없이 이러한 인내는 약자의 표시가 아니다. 오히려 강자의 표시다. 패배주의가 아니라 승리하는 유일한 길이다.

스탠턴처럼 링컨을 모욕한 사람은 없다고 포스딕은 말했다. 스탠턴은 링컨을 "저급하고 교활한 어릿광대"라고 불렀다. 또 "고릴라의 원종"이란 별명을 붙여주고 "듀 샤일류는 바보다. 고릴라를 잡으려면 일리노이스주의 스프링필드에 가면 간단할 텐데, 멀리 아프리카까지 갈게 뭐란 말이야"라고 말하기까지 했다. 링컨은 아무 말도 하지 않고 스탠턴을 국방장관으로 임명하였다. 그 직임에는 스탠턴이 가장 적임자였기 때문이다. 링컨은 최대의 예절을 다해 스탠턴을 대우해 주었다. 그는 이제 말없이 누워 있는 링컨의 얼굴을 내려다보며 눈물을 흘리면서 "여기에 역사상 가장 훌륭한 통치자가 누워 있다"라고 말했다. 사랑에 의한 인내가 드디어 승리하였다.

사랑은 온유하다. 오리게네스에 의하면, 이 구절은 사랑은 "모든 사람에 대해 즐거운 것이다"는 의미다. 제롬은 사랑의 "인자함"에 대해 말했다. 선량하긴 해도 친절하지 못한 기독교가 너무 많다. 사바나의 필립 2세처럼 종교적인 인간은 또 없었는데, 필립 2세는 종교재판소를 개설하고 자신과 생각이 같지 않은 사람들을 학살하고 그것이 곧 하나님을 섬기는 것이라고 생각했다. 유명한 폴 추기경은 이단의 흉악함에 비하면 살인이나 간음 같은 것은 문제가 되지 않는다고 단언하였다. 이러한 박해 정신은 예외로 하고라도 많은 선량한 사람 가운데서도 남을 비판하는 태도를 볼 수 있다. 교회에 나가는 많은 선량한 사람들은 간음 중에 붙잡힌 여인을 앞에 놓았을 경우 예수의 편에 서기보다는 당시 지도자들 편에 동조할 것이다.

사랑은 투기하지 않는다. 세상에는 두 종류의 인간밖에 없다고 한다. "백만장

자와 백만장자가 되고 싶어 하는 인간들"이다. 질투에도 두 가지가 있다. 하나는 타인의 소유를 부러워하는 것인데 이것을 피하기는 매우 어렵다. 그것은 매우 인간적인 감정이기 때문이다. 또 한 가지는 매우 악질적인 것인데 자신에게 없는 것을 타인이 갖고 있다는 사실 자체를 원망하는 시기심이다. 물건 자체를 욕심내기보다는 타인이 그것을 갖지 못하기를 바라는 것이다. 인간의 비열함이 여기까지 이르면 더 이상 타락할 데가 없다.

사랑은 자랑하지 않는다. 사랑엔 자신을 잃어버리는 성질이 있다. 참된 사랑은 언제나 자신의 가치보다는 자신의 부족감을 강하게 인식한다. 바리가 쓴 이야기 중에서 "다정다감한 토미"는 학교에서 좋은 성적을 받아 가지고 집에 오면 언제나 "엄마! 나 훌륭하지 않아?"라고 말한다. 어떤 사람들은 은혜를 끼친다는 생각으로 남을 사랑한다. 그러나 참으로 사랑하는 사람은 자신이 사랑을 받고 있다는 굉장함을 결코 잊어버릴 수 없다. 사랑은 그 대상이 되는 인간에게 충분히 좋은 선물을 주지 못한다는 생각 때문에 언제나 겸손하다.

사랑은 교만하지 않는다. 나폴레옹은 언제나 가정의 신성함과 공중 예배의 의무에 대해 다른 사람들에게 설교하였다. 그런데 자기 자신에 대해서는 "나는 다른 사람과는 달라 도덕률은 나와는 상관없는 것이다"라고 말했다 참으로 위대한 인물은 자신이 중요한 인간이라고 결코 생각하지 않는다. 캐리는 세계적으로도 위대한 선교사이며 분명히 우수한 언어학자였다. 그는 성경의 전부 혹은 한 부분을 인도의 서른네 가지 방언으로 번역하였다. 그의 인생은 구두 수선공에게서 출발하였다. 인도에 그가 왔을 때 혐오와 경멸의 눈들이 그를 지켜보았다. 만찬회 석상에서 거드름을 피우는 한 사람이 캐리를 망신시키기 위해 여러 사람에게 들리게 큰 소리고 말하였다. "캐리씨, 당신은 옛날에 구두 만드는 사람이었다면서요." "아닙니다. 각하"라고 캐리는 대답하였다. "구두 만드는 사람이 아니었습니다. 구두 수선공이었습니다." 즉, 구두를 만들 수조차도 없었던 수선공이었다고 말했다. "스스로 높이는" 인간을 좋아할 사람은 한 사람도 없다. "작고도 짧은 권위라는 옷을 입은" 인간처럼 불쌍한 사람도 없다.

사랑은 무례히 행치 않는다. 헬라어로 **은혜**와 **매력**이 같은 말인 것은 매우 의의 있다. 무자비할 정도로 근엄한 태도를 취하는 것을 좋게 보는 기독교가 있기도 하지만, 그러한 기독교에는 힘이 있어도 사람을 끌어들이는 매력은 없다. 더럼 라이트훗은 그의 제자의 하나인 아더 F. 심에 대해 이렇게 말했다. "저 사람이라면 어디든지 가고 싶은 데로 가게 해도 좋다. 그의 얼굴이 바로 훌륭한 설교이니까." 기독교적인 사랑에는 일종의 우아함이 있기 때문에, 예의범절 같은 것이 큰 미덕이 아니더라도 아름다운 것이라고 존경하기를 잊지 않는다.

사랑은 자신의 이익을 구하지 않는다. 이 세상에는 결코 두 종류의 인간밖에 없다. 자신의 권리를 늘 생각하는 사람과 자신의 의무를 늘 생각하는 사람, 언제나 특권을 주장하는 사람과 언제나 책임을 실감하는 사람, 언제나 세상에 대해 빌릴 것만을 생각하는 사람과 세상에서 빌린 것을 결코 잊어버리지 않는 사람이다. 사람들이 자신의 권리를 좀 덜 생각하고 자신의 의무를 보다 적극적으로 생각한다면 오늘날 우리 주위에 산재한 여러 문제는 쉽게 해결될 것이다. "자신의 지위"에 대해 마음이 쏠리기 시작하면 우리는 기독교적인 사랑에서 떨어지고 만다.

사랑은 성내지 않는다. 이 말의 진의는 기독교적인 사랑은 사람들에 대해 결코 분노하지 않는다는 것이다. 분노는 언제나 패배의 표시다. 화를 내고 평정을 잃으면 우리는 모든 것을 잃고 만다. 키플링은 이렇게 말했다. 다른 사람들이 모두 도수가 지나치고 그것을 다른 사람 때문이라고 책임 전가할 때, 자신만은 자세를 흐트러뜨리지 않고 있을 수 있는지, 사람들이 자신을 미워하여도 자신은 다른 사람을 미워하지 않을 수 있는지에 따라서 인간의 가치는 계산된다. 자신의 마음을 억제할 수 있는 인간은 무엇이든지 지배할 수 있다.

사랑은 악한 것을 기억하지 않는다. **기억한다**(logizeshthai)고 번역된 말은 회계학에서 사용되는 말이다. 어떤 사항을 잊어버리지 않기 위하여 장부에 기록한다는 의미를 가진 말이다. 대다수의 사람들은 이렇게 잊어버리지 않고 모든 것을 기억하고 있다. 인생에게서 가장 훌륭한 기술 중 하나는 무엇을 잊어버려야 하는지를 아는 것이다. "포리네시아의 원주민들은 전쟁과 제사로 밤낮을 보내고 있는데 모두가 습관적으로 제각기 지난날 한때 증오를 기억나게 하는 물건들을 보관하고 있다. 그들이 살고 있는 오두막집의 지붕에는 여러 가지 것이 매달려 있는데 그것을 보고 옛날의 원한—현실의 혹은 상상적인 원한—을 생생하게 느끼고 있다"라고 작가는 말하고 있다. 이와 마찬가지로 많은 사람들이 옛날의 노여움을 언제까지나 품고 있다. 그들은 원한을 언제나 되새기고 마침내 영영 잊어버릴 수 없게 된다. 기독교적인 사랑은 망각이라는 위대한 공부를 배우는 것이다.

사랑은 불의를 기뻐하지 않는다. 이것은 사랑은 모든 사악한 것을 기뻐하지 않는다고 번역하는 편이 좋을 듯하다. 여기서 말하는 바는 악한 일을 행할 때의 기쁨보다도 오히려 누군가가 욕을 먹을 때 대부분 우리가 느끼게 되는 음흉한 쾌감이다. 대부분 우리는 다른 사람이 행복하게 되었다는 이야기보다도 불행에 빠졌다는 이야기를 듣기 좋아한다. 이것은 인간성의 묘한 특성 중 하나다. 우는 자와 함께 우는 것이 기뻐하는 자와 함께 기뻐하기보다 쉽다. 누군가를 욕하는 지저분한 이야기를 칭찬하는 이야기보다 재미있게 듣는다. 하지만 기독교적인 사랑은 다른 사람의 나쁜 소문을 기뻐하는 악의를 전혀 갖고 있지 않다.

사랑은 진리를 기뻐한다. 이것은 말과 같이 그렇게 쉽지 않다. 진리가 이기는 것을 바라지 않을 경우도 있으며, 진리의 소리를 들으려 하지 않을 때도 훨씬 많다. 이에 반해 기독교적인 사랑은 진리에 뚜껑을 덮은 것을 결코 바라지 않는다. 기독교적인 사랑은 진실에 직면할 만한 용기를 갖고 있다. 또 아무것도 숨길 필요가 없기 때문에 진리가 승리할 때 기뻐한다.

사랑은 모든 것을 참는다. 이것을 "사랑은 모든 것을 덮을 수 있다"는 의미로 해석할 수 있을 것 같다. 다시 말해 사랑은 다른 이의 결점이나 잘못을 결코 백일하에 드러내지 않는다는 의미다. 사랑은 그러한 것들을 여러 사람의 눈에 띄게 하거나 책망하지 않고 조용히 그것을 교정시켜 주고자 한다.

하지만 이 한 구절은 다음과 같이 해석하는 편이 좋을 듯하다. 다시 말해 사랑은 어떠한 모욕, 무례, 실망까지도 참을 수 있다는 의미다. 이것은 예수 자신의 마음 가운데 있었던 것과 같은 종류의 사랑을 나타내 준다.

> 당신의 원수는 미워하고, 저주하고, 욕하며,
> 당신의 친구는 배반하여도,
> 여전히 지치지 않고 용서하시는

당신은 한결같이 사랑하신다.

사랑은 모든 것을 믿는다. 사랑이 가진 이 특성에는 두 가지 면이 있다.

I. "하나님과의 관계에서" 그것은 다음과 같은 것을 의미한다. 다시 말해 사랑은 하나님을 말씀 그대로 받아들이고 그 약속을 절대적으로 믿는다. 따라서 "누구든지"라는 말로 시작하는 모든 약속을 "이것은 나를 두고 하신 말씀이다"고 받아들일 수 있다는 의미다. 그것은 "하나님께서 존재하신다는 것에 그 생명을 걸고 있는" 신앙에서 솟아나오는 사랑이다.

II. "다른 사람과의 관계에서" 그것은 다른 이의 장점만을 언제나 믿는 사랑을 의미한다. 우리는 사람들을 우리가 믿는 그대로의 사람으로 만들어 낸다. 이것은 언제나 변함없는 진리다. 우리가 어떤 사람을 신용하지 않고 그를 의심하는 눈치를 보여 주면 결국 그 사람은 신임 받지 못할 인간이 되어 버린다. 그와 반대로 우리가 어떤 사람을 절대로 신임하고 있다는 것을 행동으로 표시하면 그 사람은 명예심을 잃지 않는 한 신임할 수 있는 인간이 된다.

아놀드가 럭비 학교의 교장이 되었을 때 그는 전혀 새로운 교육법을 도입하였다. 그때까지 이 학교는 공포와 폭정이 지배하는 곳이었다. 아놀드는 학생들을 집합시키고 이제부터는 될 수 있는 한 자유를 주며, 채찍의 사용은 최소한으로 줄이겠다고 말했다. "너희는 자유다. 하지만 그만큼 책임을 져야 한다. 너희는 신사다. 나는 많은 일을 너희의 자유에 맡기고, 너희의 자존심에 기대하고자 한다. 감시만 받고 있으면 노예의 공포심 속에서 너희는 성장하고 정작 자유가 주어졌을 때 조만간 반드시 주어질 것인데, 그 자유를 어떻게 사용해야 할지를 몰라서는 곤란하기 때문이다." 하지만 학생들은 교장선생의 이러한 말을 쉽사리 믿을 수 없었다. 교장선생 앞에 불려 가면 전과 다름없이 핑계를 대거나 거짓말을 했다. "좋다. 너희가 그렇다면 틀림없이 그럴 것이다. 나는 네 말을 믿는다"라는 것이 아놀드 교장의 대답이었다. 드디어 럭비 학교의 학생들이 이렇게 말하게 되었다. "아놀드 선생님에게 거짓말하면 안 되겠다. 우리가 하는 말을 언제나 그대로 믿으시니까." 아놀드는 학생들을 믿고, 그들이 그가 믿는 그대로의 인간으로 만들었다. 사랑은 비천한 인간이라 할지라도 그의 장점을 믿어 주는 것으로써 그를 고상한 인간으로 만들 수가 있다.

사랑은 모든 것을 바란다. 도저히 가망이 없는 인간이란 한 사람도 없다는 것이 예수의 신념이었다. 아담 클라크는 우수한 신학자였는데 학생시대는 성적이 매우 나빴다. 어떤 날 저명한 인사가 학교를 방문했다. 교사는 아담 클라크를 가리키면서 "이애가 우리 학교에서 가장 머리가 나쁜 학생입니다"라고 말했다. 그 손님은 돌아가기 전에 아담 클라크에게 와서 부드러운 말씨로 이렇게 말했다. "염려 말아요. 너도 이 다음에 위대한 학자가 될 수 있거든. 낙심하지 말고 열심히 해 보게나. 계속해서 노력하란 말이야." 교사는 절망했지만 손님은 희망을 갖고 있었다. 아담 클라크가 후에 대학자가 된 원인이 그때 기대가 넘치는 말에 있었던 것이 아닐까? 충분히 그럴 수 있을 것이다.

사랑은 모든 것을 견딘다. 여기에 사용된 동사(hupomenein)는 위대한 헬라어의 하나다. 그것은 보통 **참는다**든가 **견디다**고 번역되지만 이 말이 나타내는 내용은 단지 앉아서 소극적으로 무엇을 참는 것이 아니라, 견디어 나가면서 그것을 극복하고 변화시키는 것이다. 그것은 "시련 아래서 남자답게 지조를 견지하는 것"이라고 정의되고 있다. 조지 매디슨은 실명한 후 실연의 타격을 받았는데도 그의 기도집에 "침묵의 체념이 아니라 거룩한 기쁨을 갖고, 단지 불평을 하지 않을 뿐 아니라 찬미의 노래를 부르며 하나님의 뜻을 받아들일 수 있도록"이라고 쓰고 있다. 사랑은 소극적인 체념하는 마음을 갖고서가 아니라 승리에 넘치는 불굴의 정신을 갖고 모든 것을 견딜 수 있다. 사랑은 하나님이 사랑이심을 알고 있으며 "아버지의 손은 쓸데없는 눈물을 자식이 흘리게 하지 않는다"는 것을 알고 있기 때문이다.

또 한 가지를 말하지 않으면 안 되겠다. 바울이 말한 여러 가지 형태의 사랑을 생각할 때 그것은 모두 예수 자신의 생애 가운데서 현실화되었으며 수육된 것임을 깨달을 수 있다는 것이다.

사랑의 극치

고린도전서 13:8-13

[8]사랑은 언제까지나 떨어지지 아니하되 예언도 폐하고 방언도 그치고 지식
도 폐하리라 [9]우리는 부분적으로 알고 부분적으로 예언하니 [10]온전한 것이
올 때에는 부분적으로 하던 것이 폐하리라 [11]내가 어렸을 때에는 말하는 것
이 어린아이와 같고 깨닫는 것이 어린아이와 같고 생각하는 것이 어린아이
와 같다가 장성한 사람이 되어서는 어린아이의 일을 버렸노라 [12]우리가 지금
은 거울로 보는 것같이 희미하나 그때에는 얼굴과 얼굴을 대하여 볼 것이요
지금은 내가 부분적으로 아나 그때에는 주께서 나를 아신 것같이 내가 온전
히 알리라 [13]그런즉 믿음, 소망, 사랑, 이 세 가지는 항상 있을 것인데 그 중
의 제일은 사랑이라

8-13절에서 바울은 이 기독교적인 사랑에 대해 세 가지 궁극적인 사실을 지적하고 있다.

I. 바울은 사랑의 "절대적인 영원성"을 강조하고 있다. 인간이 자랑할 만한 모든 것이 소멸되었을 때도 오직 사랑만은 존속한다. 성경 가운데 있는 가장 아름다운 서정시의 하나인 아가서(8:9)는 이렇게 노래하고 있다. "사랑은 많은 물이 끄지 못하겠고 홍수라도 엄몰하지 못한다." 정복할 수 없는 유일의 것, 그것은 사랑이다. 사랑은 영원한 목숨을 믿는 위대한 이유 중 하나다. 사랑이 뛰어들 때 시간도 죽음도 아무 맥을 못 추는 하나의 관계가 우리의 삶 속에 들어온다.

II. 바울은 사랑의 "절대적인 완전성"을 강조하고 있다. 모든 것은 거울을 통해 보는 것처럼 희미하게 보인다. 이 표현은 오늘날 우리보다 당시 고린도 교인들에게 더 잘 이해가 되는 표현이다. 고린도는 거울의 특산지로 유명하였다. 그런데 우리가 알고 있는 거울, 다시 말해 사물을 거의 완전하게 비칠 수 있는 거

울은 13세기 되어서야 비로소 만들어졌다. 고린도의 거울은 금속을 잘 닦아 만든 것이었는데 가장 좋은 것이라고 해도 사물을 뚜렷이 비치지는 못했다. 이 구절은 우리가 뿔〔角〕로 만든 창문을 통해 밖을 내다보는 것같이 희미하다는 의미로 해석된다. 당시 창문은 그렇게 만들어졌으며 창을 통해 보이는 것은 사물의 희미한 윤곽뿐이었다. 사실 랍비는 모세가 하나님을 본 것은 그러한 창문을 통한 것이었다는 구전을 갖고 있다. 이 세상에서 우리는 하나님의 반사된 모습밖에 볼 수 없으며, 많은 신비와 수수께끼에 싸였다고 바울은 느끼고 있었다. 우리는 그 반사된 모습을 하나님께서 지으신 세계 안에서 본다. 누군가의 손으로 만들어진 것은 그것을 만든 사람에 대해 무엇인가 말하기 때문이다. 우리는 그 반사된 모습을 복음 안에서, 예수 그리스도 안에서 본다. 가령 그리스도 안에 있는 완전한 계시를 우리가 갖고 있었다고 할지라도 우리의 구도심은 그것을 부분적으로밖에는 파악하지 못한다. 유한한 것은 결코 무한한 것을 파악할 수 없기 때문이다. 우리의 지식은 아직 어린아이의 지식에 불과하다. 그러나 사랑의 길은 드디어 우리를 너울이 벗겨진 얼굴과 얼굴을 마주 보게 해 주는 날, 우리가 완전히 알려진 것같이 완전히 알 수 있는 날로 인도할 것이다. 사랑이 없으면 아무도 그런 날에 도달할 수 없다. 하나님은 사랑이시며, 사랑하는 자만이 하나님을 볼 수 있기 때문이다.

III. 바울은 사랑의 "절대적인 최고성"을 강조하고 있다. 믿음도 소망도 큰 것이긴 해도 사랑은 더욱 큰 것이다. 사랑 없는 믿음은 냉랭하며, 사랑 없는 소망은 암담하다. 사랑은 믿음을 태우는 불이며, 소망을 현실로 변화시키는 빛이다.

The Letter to the Corinthians 14

거짓 예배와 참 예배

고린도전서 14:1-19

1사랑을 추구하며 신령한 것들을 사모하되 특별히 예언을 하려고 하라 2방언
을 말하는 자는 사람에게 하지 아니하고 하나님께 하나니 이는 알아듣는 자
가 없고 영으로 비밀을 말함이라 3그러나 예언하는 자는 사람에게 말하여 덕
을 세우며 권면하며 위로하는 것이요 4방언을 말하는 자는 자기의 덕을 세우
고 예언하는 자는 교회의 덕을 세우나니 5나는 너희가 다 방언 말하기를 원
하나 특별히 예언하기를 원하노라 만일 방언을 말하는 자가 통역하여 교회
의 덕을 세우지 아니하면 예언하는 자만 못하니라 6그런즉 형제들아 내가 너
희에게 나아가서 방언으로 말하고 계시나 지식이나 예언이나 가르치는 것으
로 말하지 아니하면 너희에게 무엇이 유익하리요 7혹 피리나 거문고와 같이
생명 없는 것이 소리를 낼 때에 그 음의 분별을 나타내지 아니하면 피리 부
는 것인지 거문고 타는 것인지 어찌 알게 되리요 8만일 나팔이 분명하지 못
한 소리를 내면 누가 전투를 준비하리요 9이와 같이 너희도 혀로써 알아듣기
쉬운 말을 하지 아니하면 그 말하는 것을 어찌 알리요 이는 허공에다 말하는
것이라 10이같이 세상에 소리의 종류가 많으나 뜻 없는 소리는 없나니 11그러

므로 내가 그 소리의 뜻을 알지 못하면 내가 말하는 자에게 외국인이 되고
말하는 자도 내게 외국인이 되리니 [12]그러므로 너희도 영적인 것을 사모하는
자인즉 교회의 덕을 세우기 위하여 그것이 풍성하기를 구하라 [13]그러므로 방
언을 말하는 자는 통역하기를 기도할지니 [14]내가 만일 방언으로 기도하면 나
의 영이 기도하거니와 나의 마음은 열매를 맺지 못하리라 [15]그러면 어떻게
할까 내가 영으로 기도하고 또 마음으로 기도하며 내가 영으로 찬송하고 또
마음으로 찬송하리라 [16]그렇지 아니하면 네가 영으로 축복할 때에 알지 못하
는 처지에 있는 자가 네가 무슨 말을 하는지 알지 못하고 네 감사에 어찌 아
멘 하리요 또는 은사를 받지 못한 자가 [17]너는 감사를 잘하였으나 그러나 다
른 사람은 덕 세움을 받지 못하리라 [18]내가 너희 모든 사람보다 방언을 더 말
하므로 하나님께 감사하노라 [19]그러나 교회에서 네가 남을 가르치기 위하여
깨달은 마음으로 다섯 마디 말을 하는 것이 일만 마디 방언으로 말하는 것보
다 나으니라

14장은 전체적으로 이해하기 어렵다. 여기서 취급하고 있는 현상이 대부분의 우리와는 인연이 먼 경험이기 때문이다. 14장 전체를 통해 바울은 두 가지 성령의 은사를 서로 비교하고 있다.

첫째는 **방언 말함**에 대한 것이다. 이 현상은 초대교회에서는 극히 흔한 것이었다. 그 경우 사람들은 황홀, 열광의 상태에 빠지며 아무도 알아듣지 못하는 말로 쉬지 않고 떠들어 대었다. 이 떠들어 대는 소리는 해석이나 통역하지 않는 한 무슨 말인지 아무도 몰랐다. 이상한 일인지 모르지만 초대교회에서는 누구나 이 은사를 간절히 사모하였다. 하지만 그것은 매우 위험한 은사이기도 했다. 우선 그것은 이상한 것이며 모든 사람이 부러워하는 은사였기 때문에 그런 능력을 가진 사람은 일종의 영적인 오만에 빠지기 쉬웠다. 다음으로 그 은사를 너무 간절하게 사모한 나머지, 적어도 몇 사람은 일종의 자기 최면, 일종의 의식적인 흥분 상태를 조작하여 그 결과로 전혀 엉터리로 지어낸 방언을 말하였던 것이다.

이 방언의 은사에 대해 바울은 **예언**의 은사를 대치시키고 있다. 나의 번역에서는 **예언**이란 말을 사용하지 않았다. 이 말을 사용하면 복잡한 상황을 더욱 복

잡하게 만들기 때문이다. 지금의 경우나, 대부분 이 말은 장래의 일을 미리 말한다는 의미와는 전혀 관계가 없고, 하나님의 뜻과 교훈을 앞장서 말한다는 의미로 사용되고 있다. **설교**라는 말이 그 참된 뜻과 거의 같은 말이라고 이미 말한 바 있지만 여기서는 문자 그대로의 의미를 보존하기 위해 나는 **앞장서 말한다**(forthtelling)고 번역하였다. 이 부분 전체에 걸쳐 바울은 방언의 은사가 갖고 있는 위험을 말하고 모든 사람이 알 수 있도록 진리를 앞장서 말하는 은사의 탁월성을 설파하고 있다.

바울의 사상적인 흐름에 따라가기 위해서는 이 부분 전체를 분석해 보는 것이 가장 좋은 방법이다. 바울은 우선 방언은 하나님을 향하여 말하는 것으로서 인간을 향한 것이 아니라는 말로 시작한다. 인간에겐 알 수 없는 것이기 때문이다. 이 방언의 은사를 사용하면 그 사람은 자신의 영적인 경험을 풍성하게 할 수 있다. 그러나 교회에서 다른 사람들의 영혼을 풍성하게 할 수는 없다. 방언은 누구나 모르는 것이기 때문이다. 이와는 반대로 진리를 앞장서 말하는 은사는 모든 사람이 알고, 모든 사람의 영혼에 도움이 되는 것을 만들어 준다.

다음으로 바울은 몇 가지 실례와 비유를 사용하며 설명하고 있다. 그가 그들에게 가고자 하는데 그가 방언을 사용한다면 무슨 도움이 되겠는가? 그가 무엇을 말하는지 하나도 모를 것이다. 악기의 경우를 생각해 보는 것이 좋겠다. 악기가 제대로 화음법칙에 따라 소리를 내면 누구나 알아들을 수 있는 멜로디를 만들어 낼 수 있지만, 그렇지 않으면 단지 잡음만을 낸다. 나팔의 경우도 마찬가지다. 바른 소리로 불면 사람들이 전진하기도, 후퇴하기도, 취침하기도, 기상하기도 한다. 하지만 의미가 없는 소리를 되는 대로 불면 사람들은 어찌할 바를 모른다. 세상에는 여러 가지 언어가 있다. 그런데 서로 말이 통하지 않는 두 사람이 만나서 말한다면 서로가 상대방의 말이 떠들썩한 소리에 불과하지 그 만남에서 어떤 무엇이 생기지 못한다.

바울은 방언의 은사를 부정하는 것이 아니다. 그 경우 자신이 싫어 허세로 하는 말이 아니다. 바울은 다른 누구보다도 이 방언의 은사를 많이 받았기 때문이다. 단지 그는 어떤 은사든 그것이 가치 있는 것이 되려면, 교회 전체에 도움이 되지 않으면 안 된다. 따라서 방언의 은사를 사용해 해석하지 못하면 아무 도움이 되지 못한다고 주장하고 있다. 말을 하든, 기도를 하든, 노래를 하든 인간은 영적으로만 아니라 **지성적**으로도 해야 한다. 자신이 하는 것을 자신이 알 뿐 아니라, 또 다른 사람도 이해할 수 있어야 한다. 따라서 바울은 교회에선 뜻을 모르는 방언을 홍수처럼 쏟아 내기보다는, 의미가 있는 문장 두세 마디를 말하는 것이 더 좋다는 결론에 도달한 것이다.

그런데 이처럼 이해하기 어렵고, 우리와는 인연이 멀다고 생각하는 구절에서 몇 가지 매우 중요한 진리가 나온다.

3절은 모든 설교나 교육의 목적을 간결하게 규정하고 있다. 거기에는 세 가지가 있다.

I. 그것은 "덕을 세우는 것"을 목적으로 해야 한다. 사람들에게 기독교적인 진리에 대한 지식과 기독교적인 생활을 살아가는 힘을 높여 주는 것을 목적으로 해야 한다. 그것은 사람들의 지성을 더욱더 계발해 주고 그들의 생활을 보다 훌륭하게 마련하게 해 주어야 한다. 그것의 목적은 사람들에게 기독교인의 길을 걸어갈 수 있는 힘을 주는 것이다.

II. 그것은 "격려하기"를 목적으로 해야 한다. 어떤 무리의 사람들 가운데도 반드시 맥 빠진, 낙심한 가운데 있는 삶이 있게 마련이다. 꿈은 깨어지고, 노력도 허사로 돌아가고, 자신을 돌아보면 오직 실패하고 부족한 것만을 깨닫게 되는 사람들이 있게 마련이다. 기독교인의 사귐에는 사람들의 마음에 용기를 주며, 팔에 힘을 넣어 주며, 머리를 쳐들게 하는 무엇이 있어야 한다. 어떤 설교가는 아일랜드를 덮고 있는 의기소침이란 검은 구름을 헤쳐 버리기 위해 복음을 설교하였다고 한다. 사람들에게 자신의 죄를 깨닫게 하고, 교만한 마음을 버리게 하는 데서 예배가 시작되는 것도 좋다. 하지만 마지막에 죄에 승리할 수 있도록 하나님의 은총을 보여 주지 않으면 그 예배는 실패한 예배다.

III. 그것은 "위로"를 목적으로 해야 한다. "아침이 변하여 밤이 되는 사이에 누군가가 반드시 비탄에 빠진다." 버질이 말하는바 "만물의 비탄"이라는 것이 있다. 사람들이 많이 모이면 그 가운데는 반드시 인생에 상처 받고, 봄을 잃은 사람들이 있게 마련이다. 기독교인의 사귐은 그러한 사람들의 생의 잿더미 대신에 아름다움을, 슬픔을 대신하는 기쁨의 기름을, 소침을 대신하는 찬미의 의상을 발견하게 하는 사귐이 되지 않으면 안 된다.

5절은 바울이 모든 설교와 교육의 배경, 본질적이라고 생각한 것을 보여 주고 있다.

I. 그것은 "하나님께로부터 온 직접적인 계시"에서 유래한다. 먼저 하나님께서 그에게 말씀해 주시지 않았으면, 누구도 다른 사람에게 말할 수 없다. 어떤 위대한 설교가는 가끔씩 말을 중지하고 무슨 소리를 듣는 것 같다고 말했다. 우리는 사람들에게나 학자들에게 우리가 만들어 낸 진리뿐만 아니라 우리가 발견한 진리까지도 가르칠 수 없다. 우리는 단지 우리에게 주어진 진리를 전할 따름이다.

II. 그것은 "무엇인가 특별한 지식"을 주는 것이다. 인간은 만사를 통달할 수는 없지만, 어떤 한 가지 일에 대해서는 특별한 지식을 가질 수 있다. 일신상에 일어난 일을 그대로 기록한다면 누구나 재미있는 책을 쓸 수 있다는 말이 있다. 인생의 경험은 우리 한 사람 한 사람에게 무엇인가 특별한 것을 가르쳐 준다. 가장 효과 있는 설교나 교육은 우리의 경험에 의해 진실하다고 믿는 바를 단순히 증명하는 것이다.

III. 그것은 "진리를 앞장서 말하는 것"이다. 초대교회에서는 어떤 회중에 대해서든지 최초에 행해진 설교는 복음의 사실을 단순하고도 솔직하게 선언하는 것이었다. 이 세상에는 논의의 여지가 없는 사항이 있게 마련이다. "확실한 것만을 말하게. 의심스러운 것은 내가 가진 것만으로도 충분하네"라고 괴테는 말하였다. 마지막으로는 무엇을 이야기하든지 처음에는 그리스도와 기독교의 사실에서 말을 시작하여야 한다.

IV. 그 후엔 "교육"으로 넘어갈 수 있게 된다. 사람들은 드디어 "이러한 사실의 의미가 무엇입니까? 어떠한 의의가 있습니까?"라고 묻게 되기 때문이다. 우리는 생각하는 동물이기에 종교는 신학을 함축할 수밖에 없게 된다. 많은 사람의 신앙이 무너지고, 열심 있던 충성심이 식어 버리는 것은 그들이 사물을 철저하게 생각하지 않게 되는 데서 비롯한다.

이 구절들 전체에서 기독교의 예배에 대한 두 가지 보편적인 진리가 나온다.

I. "예배는 절대로 이기적인 것이 되어서는 안 된다." 예배에서 행해지는 것은 모든 사람을 위해 행해지는 것이어야 한다. 예배의 사회자도 일반 참석자도 그 예배를 자신이 좋아하는 방향으로 끌고 갈 권리가 없다. 그는 모든 예배를 드리는 자의 이익을 구하지 않으면 안 된다. 이 예배는 "**모든 사람**에게 도움이 되는가"라는 것이 모든 예배순서의 기준이 되어야 한다. "이것은 나의 특별한 재능을 나타내 주는가"라는 것이 기준이 될 수 없다. 또 이 예배에 의해 "모든 사람이 서로 또는 하나님과 가까워질 수 있는가"라는 것이 기준이 되어야 한다.

II. "예배는 모든 사람에게 이해되는 것이어야 한다." 위대한 사건은 본질적으로는 단순한 것이며, 숭고한 말씀도 본질적으로는 단순한 것이다. 결국 나의 지성을 만족하게 하는 것만이 나의 마음을 위로할 수 있는 것이며, 내가 지성으로 파악할 수 있는 것만이 나의 삶에 힘을 부여할 수 있는 것이다.

거짓 예배와 참 예배의 결과

고린도전서 14:20-25

[20]형제들아 지혜에는 아이가 되지 말고 악에는 어린아이가 되라 지혜에는 장
성한 사람이 되라 [21]율법에 기록된바 주께서 이르시되 내가 다른 방언을 말
하는 자와 다른 입술로 이 백성에게 말할지라도 그들이 여전히 듣지 아니하
리라 하였으니 [22]그러므로 방언은 믿는 자들을 위하지 아니하고 믿지 아니하

는 자들을 위하는 표적이나 예언은 믿지 아니하는 자들을 위하지 않고 믿는
자들을 위함이니라 [23]그러므로 온 교회가 함께 모여 다 방언으로 말하면 알
지 못하는 자들이나 믿지 아니하는 자들이 들어와서 너희를 미쳤다 하지 아
니하겠느냐 [24]그러나 다 예언을 하면 믿지 아니하는 자들이나 알지 못하는
자들이 들어와서 모든 사람에게 책망을 들으며 모든 사람에게 판단을 받고
[25]그 마음의 숨은 일들이 드러나게 되므로 엎드리어 하나님께 경배하며 하나
님이 참으로 너희 가운데 계신다 전파하리라

여기서도 바울은 방언 문제를 취급하고 있다. 그는 우선 고린도 교인들에게 어린애가 되지 말라고 호소한다. 방언에 대한 이러한 정열과 과대평가는 분명히 어린애들 같은 일종의 자랑하고 싶고, 뽐내고 싶은 마음에서 나온 것이었다.

다음으로 바울은 구약성경에서 논증을 끌어내고 있다. 이미 몇 번씩이나 말했듯이 율법학자들의 성경 해석은 구약성경 안에 원래는 존재하지 않은 숨은 의미를 찾아내는 것을 자랑으로 여겼다. 그런데 바울은 고도의 교육을 받은 율법학자였다. 그는 이사야서 28장 9-12절을 돌아보고 있다. 거기에는 하나님께서 예언자를 통하여 이스라엘 백성을 경계하고 있다. 이사야는 백성에게 그들의 국어인 히브리어로 설교하였는데 그들은 귀를 기울이지 않고 또 이해하지도 않았다. 그들의 불순종 때문에 드디어 앗수르 군대가 공격하여 와서 그들을 정복하고 그들의 거리를 점령하게 되는데 그렇게 되면 그들은 자신들이 이해하지 못하는 이국의 말에 귀를 기울여야 한다. 그들은 정복자의 뜻 모르는 이국의 혀에 귀를 기울여야 한다. 하지만 이런 무서운 경험까지도 믿지 않는 백성을 하나님께 돌아가게 하지는 못할 것이다. 따라서 바울은 방언은 마음이 굳은 불신의 백성을 위한 것이니만큼 결국 효과가 없는 것이라며 논의를 계속하고 있다.

그러고 나서 바울은 매우 구체적인 논증을 인용하고 있다. 기독교인의 모임에서 모두가 방언을 말하며 뜻을 모르는 말을 떠들어 대는 곳에 불신자든가 초신자가 들어왔다면 그는 정신병원에 온 것이 아닌가 하고 생각할 것이다. 이에 반해 하나님의 진리가 냉정하게 모든 사람이 알아들을 수 있는 말씀으로 설교된다면 그 결과는 매우 다른 것이 될 것이다. 그때 그 사람은 자기 자신과 대결하며

하나님과 대결하지 않을 수 없게 된다.

24절과 25절은 기독교의 설교가 가져오는 결과를 생생하고도 간결하게 보여 주고 있다. 그리고 하나님의 진리가 모두에게 잘 알려진 언어로 설교될 때 어떤 일이 일어나는지를 간단명료하게 가르쳐 준다.

Ⅰ. **"사람들에게 자신의 죄를 깨닫게 한다."** 사람은 난생 처음으로 자신이 무엇인지를 알게 되고 이에 놀란다. 아덴의 난봉꾼 알씨비아데스는 소크라테스의 친구였는데 소크라테스에게 곧잘 이렇게 말하곤 했다. "나는 너를 미워한다. 내가 너를 만날 때마다 너는 나 자신의 정체를 보게 하기 때문이다." 또 사마리아 여인은 부끄러움과 놀라움 때문에 정신을 잃고 이렇게 말했다. "내가 행한 모든 일을 내게 말한 사람을 와서 보라"(요 4:29). 하나님의 말씀이 맨 처음 하는 일은 사람에게 자기 자신이 죄인임을 깨닫게 해 주는 것이다.

Ⅱ. **"그것은 사람들을 심판의 자리로 이끌어 낸다."** 인간은 난생 처음으로 자신이 한 일에 대해 책임을 져야 한다는 것을 배우게 된다. 지금까지는 인생의 끝날을 생각하지 않고 살아왔는지 모른다. 지금까지는 백주에 살고, 백주의 충동에 따랐으며, 백주의 쾌락을 따랐는지도 모른다. 그러나 이제 그는 곧 밤이 온다는 것과 거기에는 하나님께서 서 계신다는 것을 알게 된다.

Ⅲ. **"그것은 사람들에게 자기 마음의 비밀을 보여 준다."** 보통 사람들이 결코 보려고 하지 않는 것이 하나 있다. 그것은 자기 자신이다. 우리가 직면하기를 가장 싫어하는 것은 나 자신의 마음이다. 속담에도 있는 바와 같이 "보려고 하지 않는 사람이 가장 눈먼 장님이다". 기독교의 복음은 사람에게 일체의 자존심을 버리고 성실하게 자기 자신과 대면하게 한다.

Ⅳ. **"그것은 사람들을 하나님 앞에 엎드리게 한다."** 모든 기독교는 인간이 하나님 앞에 엎드리는 곳에서부터 시작한다. 하나님 앞에 나가는 문은 대단히 낮다. 무릎을 꿇지 않고는 아무도 그 문을 통과할 수 없다. 인간이 하나님이나

자기 자신과 대면하였을 때 그가 해야 할 일은 오직 한 가지 엎드려 "하나님이시여, 죄인인 나를 불쌍히 여기소서"라고 기도하는 것뿐이다.

그때 그는 자신이 분명히 하나님 앞에 있었다는 확신을 갖고 물러갈 수 있다. 올바른 예배인지를 결정하는 것은, "그것이 우리에게 하나님의 임재를 깨닫게 해 주는가"라는 것에 달렸다. 조셉 트위첼은 이미 연로한 호레이스 부쉬넬과 산책을 나가 언덕으로 올라갔다. 어둠 속을 걷고 있다가 갑자기 부쉬넬이 "무릎을 꿇고 기도하자"라고 말해 같이 기도하였다. 그때 일을 트위첼은 이렇게 말하고 있다. "나는 어둠 속에서 손을 내밀기가 주저되었다. 내 손이 하나님께 닿을까 봐 무서워했기 때문이다." 이 정도까지 하나님께 가까이 왔다는 것을 깨달을 때 우리는 참으로 예배에 참예하였다고 말할 수 있다.

실제적인 권고

고린도전서 14:26-33

[26]그런즉 형제들아 어찌할까 너희가 모일 때에 각각 찬송시도 있으며 가르
치는 말씀도 있으며 계시도 있으며 방언도 있으며 통역함도 있나니 모든 것
을 덕을 세우기 위하여 하라 [27]만일 누가 방언으로 말하거든 두 사람이나 많
아야 세 사람이 차례를 따라 하고 한 사람이 통역할 것이요 [28]만일 통역하는
자가 없으면 교회에서는 잠잠하고 자기와 하나님께 말할 것이요 [29]예언하는
자는 둘이나 셋이나 말하고 다른 이들은 분별할 것이요 [30]만일 곁에 앉아 있
는 다른 이에게 계시가 있으면 먼저 하던 자는 잠잠할지니라 [31]너희는 다 모
든 사람으로 배우게 하고 모든 사람으로 권면을 받게 하기 위하여 하나씩하
나씩 예언할 수 있느니라 [32]예언하는 자들의 영은 예언하는 자들에게 제재
를 받나니 [33]하나님은 무질서의 하나님이 아니시요 오직 화평의 하나님이시
니라

14장의 마지막에 가까이 와서 바울은 매우 실제적인 권고를 주고 있다. 그는 은사를 받은 자는 누구나 그것을 사용할 기회가 주어져야 한다고 확신하고 있었다. 그러나 동시에 그것을 사용할 교회의 예배가 그것 때문에 무질서한 경쟁 상태에 빠져 들어가서도 안 된다고 생각하고 있었다. 많아야 두세 사람이 방언의 은사를 행사하여야 하며 그것도 그 방언을 누군가가 해석하는 사람이 있을 경우에 한한다는 것이 바울의 생각이었다.

진리를 앞장서 말하는 은사는 모두 가진 것이지만 그 경우도 두세 사람이 이것을 행사하여야 하며 회중 누구나가 특별한 계시를 받았다고 확신할 때는 지금까지 말하던 이가 그에게 자리를 양보하고 그 계시를 공개할 기회를 주어야 한다. 그때 처음 말하던 이가 쉽사리 침묵할 수 있어야 한다. 나는 지금 영감에 따라 말하기 때문에 그만둘 수 없다고 해서는 안 된다. 설교자는 자신의 영을 억제할 수 있기 때문이다. 자유가 없어서는 안 되지만 무질서가 되어서는 안 된다. 평화의 하나님은 평화 가운데서 예배되어야 한다.

고린도전·후서를 통해 14장처럼 재미있는 것이 없다고 해도 잘못이 아니다. 초대교회의 예배가 어떤 것이었는지 여기에 잘 그려져 있기 때문이다. 당시 예배는 오늘날 우리가 이상하게 생각하리만큼 형식이 없는 자유로운 것이었던 것 같다. 여기 몇 구절에서 두 가지 커다란 의문이 제기된다.

1. 분명히 초대교회에는 전문적인 목사가 없었다. 사실 사도들이 특별한 권위를 갖고 우뚝 서 있었다. 그러나 그러한 단계에서는 하나의 교회에 전속하는 목사라는 것이 존재하지 않았다. 은사를 가진 자는 누구나 그것을 행사할 수 있었다. 그 후 교회가 전문 목사직을 제도화한 것이 과연 잘한 일일까, 잘못된 일일까? 확실히 오늘날과 같이 인간들의 물질적인 생활에 마음을 빼앗기고 있는 다망한 시대에서는 한 사람이 특별히 하나님과 가까이 살면서 하나님으로부터 주어진 진리와 인도와 위로를 다른 사람들에게 나누어 준다는 것은 본질적으로 의의 있는 일이라고 말할 수 있다. 그 반면에 어떤 사람이 전문적인 목사가 되었을 경우 정말로는 아무것도 말할 것이 없는데도, 무엇인가 말하지 않으면 안 된다는 괴로운 입장에 가끔 서는 위험이 있다는 것도 분명하다. 하지만 그런 문제

에서 확인해 두어야 할 일은, 누군가가 사람들에게 전하여야 할 계시를 갖고 있을 경우 교회의 어떠한 법칙, 법규도 그의 발언을 봉쇄해서는 안 된다는 것이다. 전문적인 목사만이 하나님의 진리를 사람들에게 전할 수 있다는 생각은 큰 잘못이다.

II. 초대교회의 예배순서에는 오늘날에는 전혀 볼 수 없는 융통성이 있었던 것 같다. 고정된 순서가 없었던 것은 우선 분명하다. 모든 일이 형식이 없이 계시를 받았다고 생각하는 사람은 누구나 그것을 말하도록 허락 받았던 것이다. 우리는 오늘날 위엄이라든가 순서라든가 하는 것들을 너무 지나치게 존중하고 있는 것 같다. 우리는 예배 순서의 노예가 되었는지 모른다. 초대교회의 예배에서 특히 주목할 바는, 참으로 모든 사람이 자신은 예배에 무엇인지 기여할 권리와 의무를 갖고 있다는 마음으로 교회에 출석하였을 것이다. 당시 사람들은 단지 말씀을 수동적으로 듣기만을 위해 교회에 오는 것이 아니었다. 단지 받기만을 위한 것이 아니라 주기 위해서도 교회에 왔다. 거기에도 그것대로의 위험이 있었던 것은 분명하다. 고린도 교회에는 자기 말만 하기를 매우 좋아한 사람들이 있었기 때문이다. 그렇다고 해도 당시 교회는 현대 교회와 비교할 때, "이것은 나의 교회다"는 평신도의 소속감이 훨씬 강했을 것이 틀림없다. 교회가 많은 것을 목사에게 맡기고, 성도들이 해야 할 일을 최소한으로 줄였기 때문에 무엇인가를 잃어버렸을 것이다. 그리고 그 죄는 그러한 권리를 병합한 목사들에게 있는 것이 아니고, 그것을 포기한 평신도에게 있다고 말할 수 있을 것이다. 교회의 성도들 중에는, 자신은 교회를 위해 무엇을 할 수 있는지를 생각하기보다는 교회가 자신을 위해 무엇을 해 줄 것인지 먼저 생각하고, 교회에 대해 비판을 잘하면서도 자신은 아무것도 실천하지 않는 사람들이 많다는 것은 부정할 수 없는 사실이기 때문이다.

금지된 혁신

고린도전서 14:34-40

[34]여자는 교회에서 잠잠하라 그들에게는 말하는 것을 허락함이 없나니 율법
에 이른 것같이 오직 복종할 것이요 [35]만일 무엇을 배우려거든 집에서 자기
남편에게 물을지니 여자가 교회에서 말하는 것은 부끄러운 것이라 [36]하나님
의 말씀이 너희로부터 난 것이냐 또는 너희에게만 임한 것이냐 [37]만일 누구
든지 자기를 선지자나 혹은 신령한 자로 생각하거든 내가 너희에게 편지하
는 이 글이 주의 명령인 줄 알라 [38]만일 누구든지 알지 못하면 그는 알지 못
한 자니라 [39]그런즉 내 형제들아 예언하기를 사모하며 방언 말하기를 금하지
말라 [40]모든 것을 품위 있게 하고 질서 있게 하라

여러 가지 혁신이 고린도 교회 내부에서 일어나고 있었는데 바울은 그것을 그리 좋아하지 않았다. 그가 말하고자 한 것은, 다시 말해 너희는 무슨 권리를 갖고 그러한 일들을 하는가고 묻는 것이다. 너희가 그리스도의 교회의 창설자인가? 복음의 이야기와 진리를 독점하고 있는가? 너희는 구전된 이야기를 전해 받은 것이니만큼 그 구전에 순종하여야 할 뿐이라고 말한다.

어떤 사람이라 할지라도, 자신이 태어나고 성장한 사회나 시대의 사상적인 배경을 완전히 초월할 수는 없다. 바울도 교회에서 여성의 지위라는 문제에서는 일생을 통해 그가 친숙해 온 당시 사상을 초월할 수가 없었다. 고대 세계에서 여성의 지위가 매우 낮았다는 것은 이미 말한 그대로다. 헬라의 세계에서 소포클레스는 다음과 같이 말한 일이 있다. "침묵이야말로 여자를 아름답게 해 준다." 헬라에서는 상당히 가난하든가, 부정한 여자가 아니면 여자는 유폐된 생활을 하고 있었다. 유대인이라면 헬라인들보다 더 여자를 낮은 존재로 보았다. 랍비의 이야기에는 여자의 지위를 얕잡아 본 것이 많다. "여자에게 율법을 가르치려면 차라리 불신앙을 가르치는 것이 낫다." 여자에게 율법을 가르치는 것은 "돼지에게 진주를 던지는 것이다". 《탈무드》를 보면 세상의 재앙을 열거하고 있는데 그

가운데는 "말이 많고 끈덕진 과부와 기도를 위해 시간을 낭비하는 처녀"가 있다. 거리에서는 여자가 말하는 것조차 금지되어 있었다. "여자에게 봉사를 요구해서는 안 된다. 여자에게 인사해도 안 된다" 바울이 이 서신을 쓴 것은 그러한 사회에서였다. 바울이 첫째로 생각한 것은 고린도의 부도덕한 상황이었으며, 신생 교회에 조금이라도 근신치 못하다는 비난이 있어서는 절대로 안 된다는 생각이었을 것이다. 때문에 바울의 이러한 말을 당시 상황에서 뚝 떼어놓고 그것을 교회의 보편적인 법칙으로 삼는다면 커다란 잘못이라 할 수 있다.

바울은 더욱 엄격한 태도로 계속 말한다. 어떤 사람이 무슨 영적인 은사를 갖고 있다 하더라도 그것 때문에 권위에 반항할 권리를 가진 것이 아니라고 바울은 굳게 믿고 있다. 자신이 준 권고와 자신이 정한 법칙은 예수 그리스도와 그의 성령에서 나온 것인데, 그것을 이해하고자 하지 않는 사람들은 고의적으로 무지 속에 내버려 둘 수밖에 없다는 것이 바울의 생각이다.

이리하여 바울은 14장의 마지막에 이르렀다. 그는 사람들이 갖고 있는 은사를 억제하고자 하는 생각은 조금도 없다는 것을 여기서 분명히 말하고 있다. 그가 목적하는 바는 오직 하나, 교회의 올바른 질서라는 것이다. 그가 세운 대법칙은, 요컨대 사람이 받은 은사는 자신을 위한, 자신의 영광을 위한 것이 아니고, 교회를 위한, 하나님의 보다 크신 영광을 위한 것이라고 하는 것이다. "하나님께 영광이 있으라"고 말할 수 있을 때만이 사람은 자신이 갖고 있는 은사를 교회 안에서나 밖에서 올바르게 행사할 수 있다.

The Letter to the Corinthians 15

예수의 부활과 우리의 부활

I. 고린도 교인들은 예수 그리스도의 부활을 부정한 것이 아니라는 것을 우선 머리에 넣어 둘 필요가 있다. 그들이 부정한 것은 몸이 다시 사는 것이다. 따라서 바울은 다음과 같이 집요하게 주장하였다. 즉, 사람이 몸으로 다시 살 수 있다는 가능성을 부정하면 예수 그리스도의 부활의 가능성을 부정하는 것이며 결국 기독교의 계시에서 진리를, 기독교 생활에서 현실성을 제거하는 것이라고 주장한다.

II. 초대교회는 틀림없이 두 가지 배경을 가졌을 것이다. 어느 교회에도 유대인과 헬라인이 있었기 때문이다. 그러면 이 두 가지 배경이 어떤 것이었는지 살펴보자. 첫째로, 유대인의 배경이 있었다. 사두개인은 철두철미하게 사후의 생이란 것을 일체 부정하였다. 따라서 영혼의 영생과 신체의 부활을 둘 다 완전히 부정하는 유대 사상의 한 계보가 있었다(행 23:8). 구약성경에도 사후의 생명이란 것에 대한 희망은 거의 없다. 구약성경이 보여 주는 일반적인 신념은 모든 인간은 사후에 예외 없이 스올에 간다는 것이었다. 스올은 흔히 지옥이라고 번역되는데 그것은 잘못이다. 스올은 모든 죽은 자들이 힘도 없고, 빛도 없이 하나님으로부터 그리고 인간에게서 떨어져 그림자와 같은, 유령과 같은 생활을 영위하고 있다. 구약성경은 사후 문제에 대해서는 이처럼 섭섭하게도 매우 비관적인 태도를 보여 줄 뿐이다.

> "사망 중에서는 주를 기억하는 일이 없사오니 스올에서 주께 감사할 자 누구리이까" (시 6:5).

> "내가 무덤에 내려갈 때에 나의 피가 무슨 유익이 있으리요 진토가 어떻게 주를 찬송하며 주의 진리를 선포하리이까" (시 30:9).

> "주께서 죽은 자에게 기이한 일을 보이시겠나이까 유령들이 일어나 주를 찬송하리이까 (셀라) 주의 인자하심을 무덤에서, 주의 성실하심을 멸망 중에서 선포할 수 있으리이까 흑암 중에서 주의 기적과 잊음의 땅에서 주의 공의를 알 수 있으리이까" (시 88:10-12).

스올은 어둠의 땅, 잊어버린 죽은 자들의 땅이었다.

> "죽은 자들은 여호와를 찬양하지 못하나니 적막한 데로 내려가는 자들은 아무도 찬양하지 못하리로다" (시 115:17).

> "스올이 주께 감사하지 못하며 사망이 주를 찬양하지 못하며 구덩이에 들어간 자가 주의 신실을 바라지 못하되" (사 38:18).

> "주는 나를 용서하사 내가 떠나 없어지기 전에 나의 건강을 회복시키소서" (시 39:13).

> "모든 산 자들 중에 들어 있는 자에게는 누구나 소망이 있음은 산 개가 죽은 사자보다 낫기 때문이니라 산 자들은 죽을 줄을 알되 죽은 자들은 아무것도 모르

며 그들이 다시는 상을 받지 못하는 것은 그들의 이름이 잊어버린바 됨이니라… 네 손이 일을 얻는 대로 힘을 다하여 할지어다 네가 장차 들어갈 스올에는 일도 없고 계획도 없고 지식도 없고 지혜도 없음이니라"(전 9:4-5, 10).

"누가 무덤 가운데서 높으신 자를 찬미할 수 있으리오"(벤시락의 잠언서 17:27).

"그 숨이 몸에서 제거된, 무덤에 있는 죽은 자는 주께 영광도 의도 바칠 수가 없노라"(바룩서 2:17).

탁월한 구약 학자인 맥패딘(J. E. McFadyen)은 구약성경에서 영생 사상의 결핍은 "그 사람들이 이 세상에서 하나님을 파악하는 힘이 컸기 때문"이라고 말하고 있다. 그는 계속해서 "종교의 오랜 역사에서 이처럼 몇 세기 동안이나 사람들이 사후의 보수에 대한 기대가 없이도 슬픔을 참아 가며 그 의무를 다하며 고상하게 살아왔다는 것 이상으로 놀라운 일이 또 없다. 그것은 그들이 하나님을 굳게 믿고 있었기 때문이다"라고 말했다.

구약성경에는 사후의 생명에 대한 암시가 극히 약간이나마 보이는 것도 확실하다. 하나님께서 하나님인 이상 이 세상의 이해하기 어려운 운명의 선고를 뒤집어놓을 수 있는 그 어떤 조처가 있게 마련이라고 사람들이 생각했던 때도 있다. 그러기에 욥은 이렇게 외쳤던 것이다.

"하지만 나는 훗날에 한 옹호자가 나를 위해 이 땅에 서실 것을 안다. 이 몸은 비록 해체되어 없어질지라도 나의 생명은 하나님을 바라볼 것이다"(욥 19:25-26, 모펫 옮김).

이 세상의 생활 가운데서도 인간과 하나님은 매우 가깝고도 친하며 존귀한 교제를 가질 수 있기 때문에 죽음이라 할지라도 이 교제를 끊어 버릴 수 없다는 것이 이런 성도들의 참다운 마음이었다.

"이러므로 나의 마음이 기쁘고 나의 영도 즐거워하며 내 육체도 안전히 살리니 이는 주께서 내 영혼을 스올에 버리지 아니하시며 주의 거룩한 자를 멸망시키지 않으실 것임이니이다 주께서 생명의 길을 내게 보이시리니 주의 앞에는 충만한 기쁨이 있고 주의 오른쪽에는 영원한 즐거움이 있나이다"(시 16:9-11).

"주의 교훈으로 나를 인도하시고 후에는 영광으로 나를 영접하시리니"(시 73:24).

이스라엘에서 불사의 희망이 성장해 간 것이 사실이다. 그 성장을 도운 것이 두 가지 있다.

1. 이스라엘은 하나님의 택하신 백성이었다. 그런데도 그 역사는 재해의 연속이었다. 그 불균형을 바로잡기 위해서는 이 세상과는 다른 세상이 필요하다고 사람들은 느끼기 시작하였다.

2. 몇 세기 동안 개인은 전혀 존재하지 않았다고 말해도 좋다. 하나님은 이스라엘 민족의 신이었지만 그것을 구성하는 개인은 무가치한 한 단위에 불과하였다. 그런데 몇 세기가 흘러가는 동안 종교는 점점 개인적인 것으로 변했다. 하나님은 민족의 신이 아니라 개개인의 친구인 하나님이 되었다. 그리하여 사람들은 한 번 인간이 하나님을 알고, 하나님께 알려진 이상 죽음도 깨뜨릴 수 없는 사귐이 성립된다고 확신을 갖지 못했을지 몰라도 희미하게나마 본능적으로 느끼기 시작하였다.

III. 이번에는 헬라 세계로 눈을 돌려 보자. 이때 우리는 이 장 전체의 배경이 되는 하나의 사실을 확실히 붙잡아 두지 않으면 안 된다. 헬라인은 영혼의 불멸을 믿었다. 그러나 몸의 부활에 대해서는 꿈에도 생각할 수 없었다. 헬라인이 죽음을 본능적으로 무서워했던 것은 사실이다. 유리피데스는 이렇게 쓰고 있다. "그러나 목숨이 붙어 있는 한 인간은 수많은 괴로움을 감당하면서도 여전히 이 세상의 생을 사랑한다. 그들은 미지의 죽음을 대하기보다 이미 알고 있는 무거운 짐 지기를 즐겨하며 내일에 희망을 걸고 있다"(단편 813). 헬라인과 헬라 사상의 영향을 받은 지방의 사람들은 영혼의 불멸성을 믿고 있었다. 그러나—여기에 차이가 있는데—헬라인에게 영혼의 불멸성이란 것은 몸의 완전한 죽음, 소멸, 그 완전한 해체를 동반하는 것이었다. 헬라의 속담에 "신체는 무덤이다"라는 것이 있다. "나는 시체에 얽매인 불쌍한 영혼이다"라고 말한 사람도 있다. 세네카는 "영혼의 영원성을 탐구하는 것—아니 그것을 믿는 것은 나의 기쁨이었다. 나는 그 큰 희망에 나의 모든 것을 바쳤다"라고 말하면서 "이 나라는 혼합물이 신적인 것과 인간적인 것으로 분해되는 날이 올 때, 나는 나의 신체를 내가 그것을 발견한 이 지상에 남기고 나 자신을 신들에게 돌려줄 터이다"라고 말했다. 에필테터스도 이렇게 쓰고 있다. "하나님께서 필요한 것을 공급해 주시지 않을 때는 후퇴의 신호를 울리고 있는 것이다. 하나님은 문을 열고 너를 '오라'고 하신다. 하지만 어디로? 별로 무서운 곳은 아니다. 네가 거기서부터 온 곳, 너와 매우 친밀한 곳, 즉 원소들로 돌아가는 것뿐이다. 네 안에 있는 불은 불로, 흙은 흙으로, 물은 물로 돌아가는 것이다." 세네카도 모든 생물은 죽음에 의해 "원래의 원소로 분해된다"라고 말하고 있다. 플라톤에게 "육체는 영혼의 대조물이다. 영혼은 독립과 선을 실현시킬 수 있는 데 반해, 육체는 모든 약함의 근원에 불과하다."

우리는 이러한 신념의 가장 좋은 예를 스토아학파의 철학에서 볼 수가 있다. 스토아학파의 철인들에게 신은 지상의 어떤 것보다도 순수한 불의 영이었다. 그리고 이 신의 불에서 나온 불꽃이 인간의 육체 속에 들어갔을 때 인간은 생명을 얻게 되었다. 인간이 죽으면 그 육체는 그 소재였던 원소들로 간단히 분해되지만 신의 불꽃은 신에게 돌아가고 원래의 신성 속으로 흡수되었다. 따라서 헬라인에게 영생이란 바로 육체를 버리는 것이었다. 헬라인에게는 몸의 부활이란 도저히 생각할 수 없다. 또 개인의 불사영생은 존재할 수 없었다. 인간에게 주어진 생명은 모든 생명의 근원인 신에게 다시 흡수된다고 생각되었기 때문이다.

IV. 바울의 견해는 위의 견해들과는 전혀 달랐다. 한 가지 사실이 분명하면 다른 것도 분명해진다. 기독교 신앙에서는 사후에도 개인성은 존속하며 너는 여전히 너고, 나는 여전히 나라고 생각한다. 이것과 함께 생각하지 않으면 안 되는 또 하나의 분명한 사실이 있다. 그것은 헬라인들이 육체는 거룩해질 수 없다고 생각한 것이다. 육체는 물질이며, 모든 악의 근원이며, 영혼을 속박하며, 방해하고, 감금하는 감옥이었다. 이에 반해 기독교인에게는 육체는 악이 아니었다. 그리스도께서 육체를 입으신 이상 육체는 악일 수 없었다. 하나님의 아들이신 그리스도께서 인간의 육체의 형상을 취하신 이상 육체는 비천한 것, 더러운 것일 수 없었다. 그 속에 하나님께서 살아 계시기 때문이다. 따라서 기독교인에게 사후의 생명은 육체와 영혼이 합쳐진 온전한 전인적인 생명이다.

그런데 몸의 부활의 교리를 오해하고 이것을 장난거리로 삼기는 쉬운 일이다. 주후 220년경에 살았던 사람으로 재빨리 기독교를 공격한 사람들 중 하나인 셀서스란 사람이 이미 오래전에 그렇게 했다. 죽은 인간이 어떻게 해서 생전 그대로의 육체를 갖고 다시 살 수 있는지 그는 묻는다. "그것은 벌레의 소원이다. 도대체 어떤 인간의 영혼이 썩어빠진 육체 같은 것을 바란단 말인가?" 또 사고로 신체가 갈가리 찢긴 사람, 암으로 죽은 사람, 불구자, 폐인, 추악한 용모를 가졌던 사람들의 경우를 내세우기도 한다. 그러나 바울은 죽을 당시 육체 그대로 다시 산다고는 결코 말하지 않았다. 바울은 우리가 신령한 몸으로 부활한다고 주장하였다. 바울이 말하고자 하는 것은 인간의 **개인성**이 존속한다는 것이었다. 신체를 빼놓고 인간의 개인성을 생각하기는 우선 불가능하다. 개인성은 신체를 매개로 하고 자신을 표현하며 지각되는 것이기 때문이다. 여기서 바울이 강하게 주장하는 것은 사람이 죽은 후 무엇인가 희미한 신성 같은 것에 흡수되는 것이 아니며, 자기도 개별성도 없어지는 것이 아니고 개인은 존속하는 것이라고 주장하는 것이다. 바울은 헬라인의 육체를 멸시하는 사상을 받아들이지 않았다. 그는 전인(全人)의 부활을 믿었다. 그 부활의 생명이 어떤 것인지는 누구도 말할 수 없다. 그러나 한 인간의 일부가 아니라, 전부가 부활한다는 것이 기독교의 신앙이다. 인간은 여전히 자기 자신이며, 개인으로서 존속한다. 이것이 몸의 부활이란 말로 바울이 의미하고 있는 사항이다. 인간을 하나의 개성으로 형성하는 데 필요한 신체와 영혼의 모든 것이 존속할 것이다. 그러나 동시에 모든 것은 새로워지고, 영육이 모두 지상의 것과는 전혀 다른 것이 될 것이다. 영육이 모두 신성을 갖게 되기 때문이다.

부활하신 주

고린도전서 15:1-11

1형제들아 내가 너희에게 전한 복음을 너희에게 알게 하노니 이는 너희가 받
은 것이요 또 그 가운데 선 것이라 2너희가 만일 내가 전한 그 말을 굳게 지
키고 헛되이 믿지 아니하였으면 그로 말미암아 구원을 받으리라 3내가 받은
것을 먼저 너희에게 전하였노니 이는 성경대로 그리스도께서 우리 죄를 위
하여 죽으시고 4장사 지낸바 되셨다가 성경대로 사흘 만에 다시 살아나사
5게바에게 보이시고 후에 열두 제자에게와 6그 후에 오백여 형제에게 일시에
보이셨나니 그 중에 지금까지 대다수는 살아 있고 어떤 사람은 잠들었으며
7그 후에 야고보에게 보이셨으며 그 후에 모든 사도에게와 8맨 나중에 만삭
되지 못하여 난 자 같은 내게도 보이셨느니라 9나는 사도 중에 가장 작은 자
라 나는 하나님의 교회를 박해하였으므로 사도라 칭함 받기를 감당하지 못
할 자니라 10그러나 내가 나 된 것은 하나님의 은혜로 된 것이니 내게 주신
그의 은혜가 헛되지 아니하여 내가 모든 사도보다 더 많이 수고하였으나 내
가 한 것이 아니요 오직 나와 함께 하신 하나님의 은혜로라 11그러므로 나나
그들이나 이같이 전파하매 너희도 이같이 믿었느니라

여기서 바울은 그가 처음에 고린도 교인들에게 전한 복음을 간결하게 요약하고 있다. 그것은 자신이 만들어 낸 복음이 아니었다. 그것은 처음에 그가 받은 복음이며, 부활하신 주님에 대한 복음이었다.

1-2절에서 바울은 복음에 대해 매우 흥미 있는 말을 하고 있다.

1. 복음은 고린도 교인들이 "받은" 것이다. 복음은 언제나 이미 그것을 갖고 있는 이들에게서 우리에게 전해지는 것이다. 복음을 자신이 만든 사람은 한 사람도 없다. 어떤 의미에서 복음을 스스로 발견한 사람도 없다. 복음은 다른 사람에게서 전해 받은 것이다. 교회의 사명은 바로 여기에 있다. 교회는 복음의

창고요 전달자다. 옛날의 한 교부가 말한 것과 같이 "교회를 어머니로 하지 않고는 누구도 하나님을 아버지로 할 수 없다". 복음이란 사람이 사귐 속에서 받는 것이다.

II. 복음은 고린도 교인들이 그 가운데 "선" 것이다. 복음의 첫째 구실은 인간에게 안정을 주는 것이었다. 위험하고 미끄러지기 쉬운 세계에서 복음은 인간을 굳게 서게 했다. 유혹이 많은 세계에서 복음은 인간에게 저항력을 주었다. 인간에게 상처를 주는 세계에서 복음은 인간에게 실망을 견디고, 육체의 고통을 참고, 굴복당하지 않는 힘을 주었다. 모펫은 욥기 4장 4절을 다음과 같이 훌륭하게 번역하고 있다. "당신의 말씀은 사람들이 자기 발로 일어서게 하였나이다." 이것이야말로 복음의 말씀이 하는 일이다.

III. 복음은 이로써 고린도 교인들이 "구원을 얻는다"는 것이다. 헬라어로는 이 말이 과거형이 아니고 현재형으로 된 것이 재미있다. 엄밀하게 말하면 "이 복음으로 말미암아 구원 받았다"는 것은 바른 번역이 아니고 "이 복음으로 말미암아 구원 받고 있다"고 번역해야 한다. 구원의 영광은 영광에서 영광으로 나가는 데 있기 때문이다. 구원은 이 세상에서 완성되는 것이 아니다. 구원의 보화를 모조리 인간에게 나타내 주기 위해서는 이 세상만으로는 부족하다. 기독교 생활의 최대 특징 중 하나는 그 무한성에 있다. 이 세상에는 사용하면 없어지는 물건이 많지만 구원의 의미만은 전혀 고갈되지 않는다.

IV. 복음은 사람이 "굳게 지켜야 하는" 것이다. 이 세상은 우리의 신앙을 빼앗으려고 여러 가지로 유혹한다. 우리가 이해하지 못할 일들이 다른 사람에게도, 내게도 엄습해 온다. 인생에는 해결할 수 없는 여러 문제가 있으며 방향을 분간하지 못하게 하는 흑암이 있다. 그러나 신앙은 언제나 **승리**, 다시 말해 하나님을 굳게 붙잡고 있는 영혼의 승리다.

V. 복음은 "되는 대로 믿어서는 안 되는" 것이다. 간단히 버릴 수 있는 신앙

은 충분히 생각하고 믿는 신앙이 아니다. 우리가 갖고 있는 신앙이나 신념은 대부분 너무나 피상적이다. 우리는 다른 사람의 이야기를 너무나 생각 없이 받아들이기 쉽다. 우리가 괴롭도록 심사숙고할 때는 많은 것을 버려야 한다. 그러나 그렇게 하고도 마지막까지 남는 것은 절대로 버릴 수 없는, 참으로 나 자신의 것이며 아무도 그것을 우리에게서 빼앗아 갈 수 없다.

다음으로 부활하신 주께서 몇 번 나타나셨는지를 보여 주는데 그 가운데서 두 가지가 매우 흥미 있다.

I. "베드로"에게 나타나신 일이었다. 가장 오래된 부활 이야기에 의하면 빈 무덤 속에 있던 하나님의 사자가 한 말은 "가서 그의 제자들과 **베드로**에게 말하라"는 것이었다(막 16:7). 누가복음 24장 34절에서는 제자들이 "주께서 과연 살아나시고 **시몬**에게 나타나셨다"고 말하고 있다. 부활하신 주님께서 최초로 나타나신 일이 주를 부정한 제자에게 나타나셨다는 사실은 매우 놀라운 일이다. 이것이 바로 예수 그리스도의 사랑과 은혜의 놀라운 사실이다. 다른 사람이었다면 베드로를 영원히 증오하였을 것이다. 하지만 예수의 유일한 소원은 이 연약한 제자를 굳건히 일어서게 하고자 하는 것이었다. 베드로는 예수를 배반하였으며, 그것을 후회하여 심장이 터지도록 울었다. 이 놀랄 만한 예수의 유일한 소원은 배반의 괴로움 속에 있는 베드로를 위로하는 것이었다. 자신이 받은 마음의 상처보다 자신에게 상처를 준 인간의 마음이 아픈 것을 생각하는 사랑보다 더 큰 사랑은 없다.

II. "야고보"에게 나타나신 일이었다. 여기서 말하는 야고보는 틀림없이 주의 동생인 야고보다. 예수 자신의 가족들이 예수를 이해하지 못하고 그에게 적극적인 적대심까지도 갖고 있었다는 것은 복음서의 이야기에서 충분히 알 수 있는 사실이다. 마가복음 3장 21절을 보면 친척들은 예수를 미쳤다며 붙들려고 했다. 요한복음 7장 5절을 보면 예수의 형제들도 예수를 믿지 않았다.

신약성경에 수록되지 못한 가장 오래된 복음서 중 하나인 《히브리인 복음》이 있다. 지금 몇 개 단편밖에 남지 않았지만 제롬의 손에 의해 보존된 단편 가운데 다음과 같이 기록된 것이 있다. "주는 아마포를 제사장의 종에게 건네주고 야고보가 있는 곳에서 그의 앞에 나타나셨다." (왜냐하면 야고보는 주의 잔을 마셨을 때부터 주가 잠자는 자 중에서 다시 사신 것을 볼 때까지는 떡을 입에 대지 않겠다고 맹세했기 때문이다.) 이야기는 더 계속되었다. "예수께서는 야고보에게 가시사 '상과 떡을 가져오라' 고 하셨다. 그리고 예수께서는 떡을 가지사 축사하시고 이것을 떼어 의인 야고보에게 주면서 이렇게 말씀하셨다. '형제여 내 떡을 먹으라. 인자는 잠자는 자 가운데서 일어났노라.'"

이 이야기의 배후에 대해서는 추측할 수밖에 없다. 예수의 생애가 마지막에 가까워지자 야고보의 예수에 대한 경멸은 외경과 칭찬으로 변하고 예수의 최후가 왔을 때 야고보는 자신의 형제를 학대한 일에 대해 가슴이 찢어지듯 후회하였을 것이며, 예수께서 다시 와서 자신을 용서하기까지는 아무것도 먹지 않겠다고 맹세했을 것이다. 여기서도 우리는 그리스도의 놀라운 은혜와 사랑의 표시를 본다. 그는 일찍이 자신을 미쳤다고 하며 적대하던 인간의 고뇌하는 영혼에 평화를 주기 위하여 다시 오셨다.

예수께서 무덤에서 일어나 최초로 나타나신 일 가운데 두 번이 한때는 그를 참혹하게 상처 주고 그것을 후회한 사람들에 대한 것이었음은 예수에 대한 이야기 중에서 가장 감동적인 사건이다. 예수께서는 죄를 뉘우치고 회개하는 자에게 아무리 멀어도 찾아가신다.

마지막으로 우리는 여기서 바울 자신의 성격이 생생하게 묘사되어 있는 것을 본다. 바울에게는 예수께서 자기와 같은 자에게도 나타나 주셨다는 것이 다시없이 가장 귀한 것이었다. 그것은 그의 생애의 전환점이었던 동시에 생동적인 순간이었다. 그리하여 9-11절에서 바울은 자신에 대해 많은 것을 우리에게 말하고 있다.

I. 우선 그의 전적인 "겸손"을 말한다. 그는 사도들 중에서도 지극히 작은 자이며, 가치가 없는 자인데도 사도의 영광을 받았다고 생각하고 있다. 그는 결코 자신이 자력으로 모든 것을 이룩하였다고 주장하지 않았다. 자신이 지금의 자신이 된 것은 전적으로 하나님의 은혜 때문이라고 바울은 생각하였다. 그는

여기서 그를 조롱하던 말까지 그대로 옮겨놓고 있다. 바울은 보기 흉한 추남이었던 것 같다(고후 10:10). 그가 기독교로 개종한 후 유대인은 그를 가리켜 "만삭되지 못하여 난 자"라고 부르며 경멸했는지 모른다. 혹은 새로 기독교로 들어온 사람들에게 유대인의 율법과 할례를 억지로 지키게 하려고 했던 유대 기독교인들이 바울이 주장하는 자유로운 은총의 교리를 미워하며, 바울을 보고 바울은 다시 태어났다고 말하지만 달도 채우지 못하고 나온 자식이라고 말했을는지 모른다. 바울은 자신이 아무런 가치 없는 자임을 자각하고 있었기 때문에, 자기에 대한 어떤 욕설도 탓하지 않았다. 찰스 고아가 일찍이 이렇게 말하였다. "자기의 생애를 잘 돌아보면 죄가 없는데도 부당한 대우를 받았다고는 말할 수 없을 것이다." 바울이야말로 참으로 그러한 생각을 가졌던 사람이다. 그는 다른 사람들의 비판과 멸시를 원망하는 교만을 갖지 않았으며 그러한 것들을 당연한 것이라고 생각하는 겸손을 갖고 있던 사람이다.

II. 동시에 "자신의 가치에 대한 자각"을 말한다. 그는 자신이 다른 누구보다도 일을 많이 하였다는 것을 잘 알고 있었다. 바울의 겸손은 거짓된 겸손이 아니었다. 하지만 이 경우에서도 그는 언제나 자신이 한 일에 대해서가 아니라 하나님께서 자신에게 시켜 주신 일에 대해 말하였다.

III. "바울의 교제의 정신"에 대해 말한다. 그는 자신을 특별한 복음을 가진 고립된 인간이라고 보지 않았다. 그도 다른 사도들과 같은 복음을 선교하였다. 그의 위대함은 그와 다른 기독교인들과의 사귐을 더욱 깊게 하는 것이었다. 한 인간을 동료들에게서 떨어지게 하는 위대함에는 언제나 무엇인가 결핍되어 있다고 할 수 있다.

그리스도께서 부활하지 못했으면

고린도전서 15:12-19

[12]그리스도께서 죽은 자 가운데서 다시 살아나셨다 전파되었거늘 너희 중에
서 어떤 사람들은 어찌하여 죽은 자 가운데서 부활이 없다 하느냐 [13]만일 죽
은 자의 부활이 없으면 그리스도도 다시 살아나지 못하셨으리라 [14]그리스도
께서 만일 다시 살아나지 못하셨으면 우리가 전파하는 것도 헛것이요 또 너
희 믿음도 헛것이며 [15]또 우리가 하나님의 거짓 증인으로 발견되리니 우리가
하나님이 그리스도를 다시 살리셨다고 증언하였음이라 만일 죽은 자가 다시
살아나는 일이 없으면 하나님이 그리스도를 다시 살리지 아니하셨으리라
[16]만일 죽은 자가 다시 살아나는 일이 없으면 그리스도도 다시 살아나신 일
이 없었을 터이요 [17]그리스도께서 다시 살아나신 일이 없으면 너희의 믿음도
헛되고 너희가 여전히 죄 가운데 있을 것이요 [18]또한 그리스도 안에서 잠자
는 자도 망하였으리니 [19]만일 그리스도 안에서 우리가 바라는 것이 다만 이
세상의 삶뿐이면 모든 사람 가운데 우리가 더욱 불쌍한 자이리라

여기서 바울은 고린도에 있는 그의 적대자들이 생각하는 문제의 핵심을 공격하고 있다. 그들은 단적으로 "죽은 자의 부활이 없다"라고 말했다. 이에 대한 바울의 대답은 이러했다. "너희가 그러한 입장에 선다면 예수 그리스도는 부활하지 못한 것이 된다. 그렇다면 기독교 신앙의 전체가 붕괴하게 된다."

바울이 예수의 부활에 대한 신앙을 이처럼 절대 불가결한 것이라고 생각한 것은 어떠한 이유에 기초할까? 부활신앙을 지탱해 주는 가치와 진리는 어떤 것이었을까? 예수의 부활은 네 가지 큰 사실을 증명해 주는바 그것이 사실로 증명된다면 현세와 내세에 대한 인간의 생각을 완전히 변화시키기에 충분하다.

1. **부활은 "진리가 허위보다 강하다"는 것을 증명한다.** 제4복음서에 의하면 예수께서는 그의 원수들에게 이렇게 말씀하셨다. "지금 하나님께 들은 진리를

너희에게 말한 사람인 나를 죽이려 하는도다"(요 8:40). 예수께서는 하나님과 선에 대한 바른 관념을 갖고 세상에 오셨다. 하지만 그의 원수들은 예수를 죽이려고 했다. 그것은 그들이 하나님과 선에 대한 그들의 잘못된 견해가 붕괴되지 않기를 원했기 때문이다. 결국 예수의 원수들이 궁극적으로 예수를 말살하는 데 성공했더라면, 허위가 진리보다 강하다는 것이 증명되었을 것이다.

스코틀랜드의 섭정인 모튼 백작이 종교개혁의 위대한 지도자 앤드류 멜빌을 불러서 이렇게 말하였다. "너희 대여섯 놈을 교수형에 처하거나 추방하지 않는 한 이 나라에는 결코 평화가 없을 것이다." 이에 대해 멜빌은 이렇게 대답하였다. "천만에요! 각하, 그러한 협박은 각하의 부하들에게나 하십시오. 나에게는 공중에 매달리나 땅 속에 묻히나 매한가지입니다. …그러나 하나님께는 영광이 됩니다. 하나님의 진리를 교수형에 처하거나 추방하는 일은 당신의 힘으로는 도저히 할 수 없을 것입니다." 부활이야말로 진리의 불변성을 궁극적으로 보증하는 것이다.

II. 부활은 "선이 악보다도 강하다"는 것을 증명한다. 또다시 제4복음서를 인용하면 예수께서는 거기서 원수들에게 이렇게 말씀하셨다. "너희는 너희 아비 마귀에게서 났으니"(요 8:44). 예수를 십자가에 못 박은 힘은 악의 세력이었다. 그러기 때문에 부활이 없었다면 악이 승리했을 것이다. 위대한 역사가 J. A. 프라우드는 다음과 같이 썼다. "역사는 하나의 교훈을, 분명히 오직 하나의 교훈을 명확하게 반복한다고 말할 수 있다. 그것은 세계는 어쨌든 도덕적인 기초 위에 세워졌으며, 궁극적으로 선은 승리하며, 궁극적으로 악은 멸망한다는 것이다." 하지만 부활이 없었다면 우주의 도덕적 질서라는 대원리는 위태롭고, 우리는 선이 악보다 강하다는 사실에 확신을 가질 수 없었을 것이다.

III. 부활은 "사랑이 미움보다 강하다"는 것을 증명한다. 예수께서는 하나님의 사랑의 화신이었다.

사랑은 크리스마스에 내렸네.

오, 아름다운 사랑, 하나님의 사랑

이에 반해 예수를 십자가에 못 박고자 한 자들은 독기를 품은 미움으로 굳어져 있었다. 그들의 증오심은 극악하기 이를 데 없는 것이었기에, 마침내 예수의 탄성이 그처럼 우아하고 거룩한 것인데도 그것을 악마에게서 나온 것이라고 말하기까지 했다. 부활이 없었다면 인간의 미움이 드디어 하나님의 사랑을 정복했을 것이다. 하지만 부활은 미움이 하는 일을 모조리 타파하는 사랑의 승리를 나타내 주는 것이다. 이와 같은 사실은 다음의 매우 아름다운 시 속에 잘 요약되었다.

쓸쓸하고, 어둡고 고요하고,
음산한 갈보리 언덕에서
두 군인이 내려오며
하는 말을 나는 들었다.
하나가 말했다. "밤이 늦었는데,
강도들의 목숨은 끈질기기도 하이."
또 하나가 말했다. "나는 무서워
왜 그런지는 몰라도."

같은 언덕에서 두 여자가
울며 내려오는 것을 나는 보았다.
하나는 꺾어진 장미꽃,
또 하나는 불꽃같았다.
하나가 말했다. "그 일을 한
그 사람들은 반드시 후회할 거예요."
또 하나는 눈물을 흘리며 말했다.
"내 아들아! 내 아들아! 내 아들아!"

새벽 동틀 무렵에
두 천사가 노래하는 것을 나는 들었다.
광채 나는 옷을 입고
빛나는 면류관을 쓰고 있었다.
하나가 노래했다. "죽음은 정복되었다."
황금의 목소리로 또 하나가
노래하였다. "사랑이 모든 것을 정복하였다.
하늘이여, 땅이여, 기뻐하라!"

부활은 사랑이 미움보다 강하다는 결정적인 증거다.

IV. 부활은 "생명이 죽음보다 강하다"는 것을 증명한다. 예수께서 죽고 부활이 없었다면 이 세상에 살았던 가장 선하고 아름다운 삶이 죽음에 의해 약탈되어 결국 파멸되고 말았을 것이다.

전쟁 중에 있었던 일이다. 런던 시내에 있는 교회가 곡식을 거두고 감사예배를 드릴 준비를 하고 있었다. 많은 감사의 예물 가운데는 한 묶음의 곡식단이 있었다. 그러나 감사예배는 종래 드릴 수 없었다. 토요일 밤에 야만적인 공습이 있어 교회가 폐허로 변해 버렸기 때문이다. 그 후 몇 달이 지나고 봄이 돌아왔다. 그때 바로 그 교회가 서 있던 자리에, 폭탄이 떨어졌던 자리에 푸른 새싹이 머리를 들고 있는 것을 누군가 발견하였다. 여름이 오고, 싹은 무럭무럭 자랐다. 가을에는 깨진 기왓장 사이에 잘 익은 작은 곡식밭이 하나 생겼던 것이다. 폭탄의 파괴력도 그 종자의 생명력을 죽일 수 없었다. 생명은 죽음보다도 강하다. 부활은 생명이 죽음보다도 강하다는 결정적인 증거다.

바울은 예수의 부활이 사실이 아니라면 기독교의 복음은 모두 허위 위에 세워진 것이 되며, 이것을 믿고 죽은 사람은 환상을 품고 죽은 것이 되며, 부활이 없이는 인생의 최대 가치도 전혀 보증이 없는 것이 된다고 주장하고 있다. "부활을 제거한다면 기독교 신앙의 토대도 건물도 다 함께 무너지고 만다"라고 바울은 말했다.

잠자는 자들의 첫 열매

고린도전서 15:20-28

[20]그러나 이제 그리스도께서 죽은 자 가운데서 다시 살아나사 잠자는 자들의
첫 열매가 되셨도다 [21]사망이 한 사람으로 말미암았으니 죽은 자의 부활도
한 사람으로 말미암는도다 [22]아담 안에서 모든 사람이 죽은 것같이 그리스도
안에서 모든 사람이 삶을 얻으리라 [23]그러나 각각 자기 차례대로 되리니 먼
저는 첫 열매인 그리스도요 다음에는 그가 강림하실 때에 그리스도에게 속
한 자요 [24]그 후에는 마지막이니 그가 모든 통치와 모든 권세와 능력을 멸하
시고 나라를 아버지 하나님께 바칠 때라 [25]그가 모든 원수를 그 발아래에 둘
때까지 반드시 왕 노릇 하시리니 [26]맨 나중에 멸망 받을 원수는 사망이니라
[27]만물을 그의 발아래에 두셨다 하셨으니 만물을 아래에 둔다 말씀하실 때에
만물을 그의 아래에 두신 이가 그 중에 들지 아니한 것이 분명하도다 [28]만물
을 그에게 복종하게 하실 때에는 아들 자신도 그때에 만물을 자기에게 복종
하게 하신 이에게 복종하게 되리니 이는 하나님이 만유의 주로서 만유 안에
계시려 하심이라

이 부분은 우리에게는 매우 어렵다. 여기서 취급하는 사상이나 관념은 우리와는 낯선 것이기 때문이다.

그리스도를 "잠자는 자들의 첫 열매"라고 말하고 있다. 여기서 바울은 유대인이면 누구나 알고 있으며 이해하고 있는 바를 생각하고 있다. 유월절 제사는 여러 가지 의미를 갖고 있다. 알다시피 그것은 이스라엘 자손들이 애굽에서 해방된 것을 기념하는 것이었다. 그러나 그것은 동시에 추수를 기념하는 큰 축제이기도 했다. 그 절기가 마침 보리를 거두어들이는 추수 시기와 맞물렸다. 율법은 이렇게 규정하였다. "너희는 내가 너희에게 주는 땅에 들어가서 너희의 곡물의 첫 이삭 한 단을 제사장에게로 가져갈 것이요 제사장은 너희를 위하여 그 단을 여호와 앞에 기쁘게 받으심이 되도록 흔들되 안식일 이튿날에 흔들 것이며"(레

23:10-11). 율법은 그 보리가 보통의 밭에서 거두어들인 것이어야 한다고 규정하였다. 그것은 정원이나, 과수원이나, 특별히 마련된 토지에서 거두어들인 것이어서는 안 되었다. 보통의 밭에서 거둔 것이어야 했다. 거둔 보리는 성전으로 가져갔다. 거기서 보리알이 상하지 않도록 연한 방망이로 떨어냈다. 그러고는 모든 곡식알에 불이 닿을 수 있도록 구멍이 뚫린 냄비에 넣고 볶았다. 그 다음 껍질은 바람에 날려 보냈다. 그러고는 보리방아에 찧어 그 가루를 하나님께 바쳤다. 그것이 바로 첫 열매였다.

그런데 첫 열매를 하나님께 바치기 전에는 햇보리를 상점에서 사고팔지 못했으며, 햇보리에서 나온 가루로 떡도 만들지 못했다는 것은 매우 의미 있는 일이다. 첫 열매는 앞으로 거두어들일 추수의 표시였다. 그리고 예수의 부활은 앞으로 있을 모든 성도의 부활의 표시였다. 첫 열매를 정식으로 하나님께 바치기 전에는 햇보리를 먹을 수 없었던 것과 마찬가지로 생명의 새 추수는 예수께서 죽은 자 가운데서 다시 살아난 후에야 가능하다.

이제 바울은 또 다른 유대인의 관념을 이용한다. 창세기 3장 1-9절에 있는 말씀에 의하면 죽음이 이 세상에 들어오게 된 것은 아담의 죄 때문이었다. 죽음은 아담의 죄에 대한 직접적인 결과이며 형벌이었다. 모든 인간은 글자 그대로 아담과 함께 죄를 범했다고 유대인은 믿었다. 아담의 죄가 그 자손들에게 죄의 경향을 전했다면 우리도 믿기 어렵지 않다. 이스키러스가 말한 바와 같이 "불경건한 행동은 그 후에 부모를 닮은 많은 자손들을 남겨 놓는다". 조지 엘리엇이 쓴 것과 같이 "우리의 행위는 우리가 낳은 자식들과 같다. 그들은 우리의 뜻과는 상관없이 살며 행동한다. 아니, 자식들이라면 목이라도 졸라 죽일 수 있지만 행위는 그럴 수도 없다. 그들은 우리의 의식의 안과 밖에서 불멸의 생명을 계속해 나간다". 죄의 경향은 자식에게 유전된다는 것과 아버지의 죄는 글자 그대로 자식에게 돌아간다는 것은 아무도 부정할 수 없다. 자식은 아버지의 죄의 결과를 유산으로 받을 수 있다는 것을 아무도 부정하지 못할 것이다. 부도덕한 생활의 결과로 오는 육체적인 조건은 그대로 자식에게 유전된다는 것은 너무나 잘 알려진 사실이기 때문이다.

그러나 유대인이 의미하는 바는 그 이상의 것이었다. 유대인은 매우 강한 연대의식을 갖고 있었다. 아무도 다른 사람에게 영향을 끼치지 않는 일을 할 수 없다고 그들은 믿었다. 그들은 한 생명의 꾸러미 속에 모두 함께 꾸려져 있었다. 그리하여 모든 인간은 아담과 함께 죄를 범했다고 유대인은 믿었다. 유대인에게 아담은 인류의 조상이었다. 다시 말해 온 세계의 인간은 아담 안에 있었다. 그러기에 아담이 죄를 범했을 때 온 인류가 죄를 범했다.

그러한 사상이 우리에게는 매우 이상할는지 모른다. 어쩌면 부당한 것이라고 생각될는지 모른다. 그러나 유대인은 그렇게 확신했다. 모든 사람이 아담 안에서 죄를 범했다. 따라서 모든 사람은 죽음의 형벌을 받아야 했다. 모든 사람이 죄인이기 때문에 모든 사람은 죽어야 한다는 상황이다.

그런데 그리스도가 오심으로써 그러한 사슬은 끊어졌다. 무엇인가 새로운 것이 위에서 말한 상황에 개입하였다. 그리스도는 죄가 없으셨다. 그리스도는 죽음을 정복하셨다. 그리고 모든 사람이 아담 안에서 죄를 범했던 것과 같이 이제는 그리스도 안에서 죄에서 해방되었다. 그리고 모든 사람이 아담 안에서 죽었던 것과 같이 이제는 그리스도 안에서 죽음을 정복하였다. 그리스도와 우리와의 동일성은 아담과 우리와의 동일성과 마찬가지로 현실적이다. 그리고 이러한 그리스도와의 동일성은 아담의 악영향을 분쇄하여 준다. 따라서 두 가지 대립하는 사실을 갖게 된다. 첫째는 아담—죄—죽음이다. 둘째는 그리스도—선—생명이다. 그리고 우리가 모두 처음에 창조된 인간의 죄에 함께 휩쓸렸던 것과 같이 이제는 재창조된 인간의 승리에 참여하게 되었다. 그러한 생각이 오늘 우리에게는 어떻게 생각되든지 간에 그것을 처음 듣던 이들은 그것을 틀림없는 것이라고 확신하였다. 또 아무리 의심나는 구석이 있다 할지라도, 예수 그리스도와 함께 모든 인간을 감싸고 있던 죄와 죽음의 상황에서 인간을 해방하는 새로운 능력이 이 세계에 들어왔다는 것은 사실이다.

24-28절은 우리에게 매우 기묘한 것이다. 우리는 아버지와 아들을 평등하게 생각하는 방법에 익숙하다. 그런데 여기서 바울은 분명히 그리고 고의적으로 아들을 아버지에게 종속시키고 있다. 바울의 생각은 이렇다. 우리는 단지 인간적인 용어와 비유를 사용할 수 있을 뿐이다. 하나님께서는 예수에게 한 가지 사명을 부여하셨다. 그 사명은 죄를 쳐부수고, 죽음을 정복하고, 인간을 해방하는 것

이다. 그 사명이 완전히 그리고 결정적으로 성취될 날이 올 것이다. 그때 그 사실을 회화적인 수법으로 묘사하면, 아들이 아버지께 승리자가 개선하듯 돌아갈 것이며, 하나님의 승리는 완성될 것이다. 이때 아들과 아버지의 경우는 노예나 하인이 주인께 예속된 것과 같은 종속관계가 아니다. 그것은 그에게 맡겨진 사명을 완수하고, 완전한 복종을 통해 얻은 영광의 면류관을 쓰고 돌아오는 경우와 같은 것이다. 하나님께서 세상을 구원하시기 위해 자기 아들을 보내신 것과 같이 세상 끝날에는 하나님께 구원 받은 세상을 받아들이실 것이다. 그리고 그때 하늘이나 땅에는 하나님의 사랑과 능력이 미치지 못하는 것이 하나도 없게 될 것이다.

부활이 없다면

고린도전서 15:29-34

29만일 죽은 자들이 도무지 다시 살아나지 못하면 죽은 자들을 위하여 세례
를 받는 자들이 무엇을 하겠느냐 어찌하여 그들을 위하여 세례를 받느냐
30또 어찌하여 우리가 언제나 위험을 무릅쓰리요 31형제들아 내가 그리스도
예수 우리 주 안에서 가진 바 너희에 대한 나의 자랑을 두고 단언하노니 나
는 날마다 죽노라 32내가 사람의 방법으로 에베소에서 맹수와 더불어 싸웠다
면 내게 무슨 유익이 있으리요 죽은 자가 다시 살아나지 못한다면 내일 죽을
터이니 먹고 마시자 하리라 33속지 말라 악한 동무들은 선한 행실을 더럽히
나니 34깨어 의를 행하고 죄를 짓지 말라 하나님을 알지 못하는 자가 있기로
내가 너희를 부끄럽게 하기 위하여 말하노라

또다시 이 부분은 매우 어려운 말로 시작되었다. **죽은 자들을 위하여 세례 받는다**는 것이 무엇을 의미하는지 몰라 많은 사람이 골머리를 앓았다. 아직까지도 이 문제에 대한 결론은 나지 않았다. "죽은 자들을 위하여"라는 말의 **위하여**라

는 전치사는 헬라어로는 **후페르**(huper)다. 보통의 경우 이 단어는 두 가지 중요한 의미를 갖고 있다. 장소와 관련되어 사용될 때는 ~**의 위에** 또는 ~**을 넘어서**라는 뜻을 가진다. 좀더 일반적인 용법으로 사람이나 사물과 관련되어 사용될 때는 ~**의 대신** 또는 ~**을 위하여**라는 의미로 사용된다. 이러한 두 가지 의미를 염두에 두고 이 구절의 뜻을 지금까지 어떻게 해석했나 살펴보자.

I. 어떤 학자들은 그 뜻을 "~을 넘어서" 또는 "~의 위에"라고 생각하면서 이 구절은 "순교자의 묘 위에서 세례를 받는 사람"을 의미한다고 해석하였다. 다시 말해 거룩한 장소에서, 보이지 않는 증인들에 의해 구름같이 둘러싸인 채 세례를 받는다면 특별히 감동적일 것이라는 생각에서 나온 것이다. 그것은 매우 매력적이며 아름답다고 할 수 있다. 그러나 바울이 고린도 교회에 편지를 쓸 당시에는 그처럼 대규모 박해가 아직 시작되지도 않았다. 기독교인들은 사회적으로 배척받는 정도의 핍박은 받았을 것이지만 아직 순교자의 시대는 오지 않았던 것이다.

II. "후페르"를 "~의 대신" 또는 "~을 위하여"라는 의미로 보는 것이 어떤 경우에서든지 훨씬 자연스럽다. 그렇게 생각한다면 세 가지 가능성이 있다. 이 말은 죽은 자가 남겨 놓은 교회의 빈자리를 채우기 위해 세례를 받은 사람들을 가리킨다는 주장이 있다. 이것도 위대한 생각이다. 새로운 성도, 젊은 기독교인이 신병이 많은 전투에 참가하고 제대하는 노병의 뒤를 잇는 것같이 교회에 들어온다는 것이다. 거기에는 귀중한 사상이 있다. 교회도 항상 보충병이나 교체병과 같은 성도들이 필요하다. 그리고 교회의 새 신자야말로 부족한 병력을 채워 주는 지원병과 같다.

III. 그 구절은 "죽은 이에 대한 존경과 애정을 갖고 세례를 받은 사람들"을 의미한다는 주장이 있다. 이것도 귀중한 진리다. 우리 가운데도 많은 사람이, 우리가 사랑하였으며, 사랑을 받은 사람들이 우리를 위해 간절히 소원하며 기도하면서 죽은 것을 알았으며, 기억하였기 때문에 교회에 나오게 된 것이 사실이다. 이미 이 세상을 하직한 이의 보이지 않는 영향력 때문에 드디어 자신의 생애를 그리스도께 바친 사람들이 많다.

IV. 지금까지 말한 것들이 모두 아름다운 생각이긴 하지만 결국 이 구절은 단지 초대교회에 있던 한 관습을 나타내는 것이다. 그 관습은 그 후 교회의 당연한 처치로 없어졌다. 초대교회에는 세례를 대신 받는 관습이 있었다. 교회의 회원이 되고자 했으며, 교리에 대한 공부를 했으며, 세례를 받고자 하였던 사람이 죽었을 경우에는 때로 그가 죽은 뒤에 그 사람을 대신하여 다른 사람이 세례를 받았던 것이다. 그것은 일종의 대리 세례였다. 그 관습이 사실은 세례를 받지 못하면 성도의 축복에서 제외되고 천국에도 들어가지 못한다는 세례에 대한 미신적이며 주술적인 견해 때문에 생겨났던 것이다. 그리하여 죽은 이들이 그러한 축복에서 제외되지 않도록 때론 문자 그대로 죽은 이들을 위하여 세례 받기를 지원하였던 것이다. 바울은 여기서 그러한 관습에 대해 찬성도 반대도 하지 않는다. 그는 단지 부활이 없으며, 죽은 자들이 다시 살지 못한다면 그러한 관습이 어떤 의의를 가질 수 있느냐고 물을 따름이다.

거기서 더욱 나아가 바울은 기독교 생활의 위대한 동기에 대해 말하기 시작하였다. 그는 이렇게 묻는다. "모든 것이 허무로 돌아간다면 기독교인들은 무엇 때문에 기독교 생활을 위해 싸우며, 위험을 겪으며, 고통을 당하는가?" 바울은 자신의 실제 경험을 예를 들어 말한다. 그의 생명은 언제나 위험 속에 놓여 있다. 신약성경에도 기록되지 않은 일이 바울에게는 에베소에서 일어났던 것이다. 그는 고린도후서 1장 8-10절에서도 다시금 그러한 뜻을 밝히고 있다. 그는 아시아 곧 에베소에서 극도의 위험에 처하여 살 소망을 잃고, 사형선고를 받았던 일이 있다고 말한다.

에베소에는 오늘날까지도 바울의 감옥으로 알려진 건물이 있다. 여기서 바울은 그러한 사실을 **맹수로 더불어 싸웠다**고 표현한다. 여기서 그가 사용한 말은 투기장에서 사자와 싸워야 했던 검투사를 일컫는 말이다. 후대의 전설에 의하면 바울은 실제로 그렇게 싸웠는데 야수들이 바울에게 대들지 않음으로써 그는 기적적으로 살아났다고 한다. 그런데 바울은 로마의 시민이었다. 로마의 시민을 강제로 투기장에서 싸우게 하는 일은 없었다. 때문에 이 구절은 바울이 그의 생명을 노리는 야수와 같은 야만적인 무리에게 위협과 학대를 받았다는 것을 선명하게 묘사하기 위해 한 말이라고 생각된다. 하여간 바울은 "우리의 생이 금생뿐이라면 무엇 때문에 모든 고통과 고난과 상처를 받는가" 라고 묻는다.

현재 생명이 전부이며, 내세가 없다고 생각하는 사람은 아마 "내일은 죽을 터이니 오늘은 먹고 마시고 즐겁게 놀자" 라고 말할 것이다. 성경에도 그러한 사람들의 말이 실려 있다. 이사야는 "오라 내가 포도주를 가져오리라 우리가 독주를 잔뜩 마시자 내일도 오늘같이 크게 넘치리라 하느니라" (사 56:12)고 하는 이들에 대해 말한다. 죽음은 곧 종말이라고 생각한 전도자는 다음과 같이 썼다. "사람이 먹고 마시며 수고하는 것보다 그의 마음을 더 기쁘게 하는 것은 없나니" (전 2:24, 참조 3:12, 5:18, 8:15, 9:7). 예수 자신도 영원한 생명을 잊어버리고 "먹고 마시고 즐기자" 는 것을 생의 좌우명으로 삼은 어리석은 부자에 대해 말씀하셨다(눅 12:19).

고전문학은 이러한 정신으로 가득 차 있다. 헬라의 역사가 헤로도토스는 애굽의 관습을 다음과 같이 말하고 있다. "부자들간의 사교적인 모임에서 잔치가 끝나면 한 사환이 관을 들고 손님들 주위로 돌아다닌다. 그 관 속에는 길이가 한 규빗이나 두 규빗의 진짜와 가짜같이 조각하고 색칠한 나무인형의 시체가 들어 있다. 그것을 손님들에게 보이면서 사환이 말하기를 '이걸 보시오. 그리고 마시고 즐기십시오. 당신들도 죽으면 이렇게 됩니다' 라고 한다." 유리피데스는 《**알세스티스**(*Alcestis*)》 가운데서 이렇게 쓰고 있다(A. S. 웨이 옮김, 781-789행).

죽음의 빚을 진 인간일진대,
누가 알 수 있으랴?
내일에도 생명이 계속된다고.
운명의 걸음엔 자취도 없으니,
어찌 알 수 있으며, 이길 수 있으랴.
자, 내 말을 듣고 내게 배우라.
즐기라, 마셔라. 오늘만이 너의 것,
내일의 생은 운명의 것이라.

투시디디즈(2:53)에 의하면 무서운 전염병이 아덴을 엄습했을 때, 사람들은 모든 수치스러운 죄를 범했으며, 모든 육체의 쾌락을 탐닉하였다. 그들은 죽을 날이 가깝고 그러한 것에 대해 보응 받는 날이 없다고 믿었기 때문이다. 호레스는 (시 2:13) 자신의 철학을 이렇게 표현한다. "사정과 나이와 (운명의) 세 자매의 검은 줄이 허락해 주는 동안 술과 향기와 잠깐 피고 쓰러질 장미꽃을 가져오도록 하라." 세계적으로 유명한 시 가운데는 라틴 시인 캐튤러스의 시가 있는데 그 가운데 이런 시구가 있다. "나의 레스비아여! 굳어 버린 노인의 설교에 귀 기울이지 말고, 서로 사랑하며 생을 즐기자! 해는 지나 또다시 뜬다. 하지만 우리의 짧은 날은 한 번 지면 그만이리라. 그 후엔 영원히 잠드는 밤이 있을 따름이다." 내세의 생각을 버리면 현세의 가치도 없어진다. 현세의 삶은 보다 위대한 내세의 생명을 위한 훈련이요, 준비라는 생각을 버린다면 지조도 도의심도 해이해진다. 인간은 보수를 바라고 선을 행하거나 지조를 지키는 것이 아니기 때문에 그렇지 않다고 말해도 소용없다. 현세의 존재만을 믿는 사람은 현세에만 관심을 두고 산다는 사실은 변함이 없다.

그래서 바울은 고린도 교인들에게 부활이 없다는 사람들과 상종하지 말라고 한다. 그러한 사람들과 상종하면 어쩔 수 없이 생명을 더럽히는 악한 영향에 물들게 마련이다. 부활을 부인하는 것은 우수한 지식의 표시가 아니다. 오히려 하나님에 대한 무지의 표시에 불과하다. 바울은 그들을 부끄럽게 함으로 방황하는 이들을 바른 길로 들어서게 하기 위해 채찍을 휘두르고 있다.

육의 몸과 신령한 몸

고린도전서 15:35-49

35누가 묻기를 죽은 자들이 어떻게 다시 살아나며 어떠한 몸으로 오느냐 하
리니 36어리석은 자여 네가 뿌리는 씨가 죽지 않으면 살아나지 못하겠고 37또
네가 뿌리는 것은 장래의 형체를 뿌리는 것이 아니요 다만 밀이나 다른 것의
알맹이뿐이로되 38하나님이 그 뜻대로 그에게 형체를 주시되 각 종자에게 그

형체를 주시느니라 [39]육체는 다 같은 육체가 아니니 하나는 사람의 육체요
하나는 짐승의 육체요 하나는 새의 육체요 하나는 물고기의 육체라 [40]하늘에
속한 형체도 있고 땅에 속한 형체도 있으나 하늘에 속한 것의 영광이 따로
있고 땅에 속한 것의 영광이 따로 있으니 [41]해의 영광이 다르고 달의 영광이
다르며 별의 영광도 다른데 별과 별의 영광이 다르도다 [42]죽은 자의 부활도
그와 같으니 썩을 것으로 심고 썩지 아니할 것으로 다시 살아나며 [43]욕된 것
으로 심고 영광스러운 것으로 다시 살아나며 약한 것으로 심고 강한 것으로
다시 살아나며 [44]육의 몸으로 심고 신령한 몸으로 다시 살아나나니 육의 몸
이 있은즉 또 영의 몸도 있느니라 [45]기록된바 첫 사람 아담은 생령이 되었다
함과 같이 마지막 아담은 살려 주는 영이 되었나니 [46]그러나 먼저는 신령한
사람이 아니요 육의 사람이요 그 다음에 신령한 사람이니라 [47]첫 사람은 땅
에서 났으니 흙에 속한 자이거니와 둘째 사람은 하늘에서 나셨느니라 [48]무릇
흙에 속한 자들은 저 흙에 속한 자와 같고 무릇 하늘에 속한 자들은 저 하늘
에 속한 이와 같으니 [49]우리가 흙에 속한 자의 형상을 입은 것같이 또한 하늘
에 속한 이의 형상을 입으리라

이 부분을 해석하고 이해하고자 하기 전에 한 가지 사실을 잘 기억하여야 한다. 그것은 바울이 아무도 모르는 사실에 대해 말하고 있다는 것이다. 그는 실증할 수 있는 사실에 대해 말하는 것이 아니라 신앙에 대해 말하고 있다. 그는 표현할 수 없는 것을 표현하며 묘사할 수 없는 것을 묘사하기 위하여 그가 가진 유일한 도구인 인간적인 관념이나 인간의 용어를 갖고 최선을 다하고 있다. 이러한 사실을 기억한다면 우리는 잘못된 문자적인 해석에 빠지지 않고 바울의 심중에 있는 원리를 파악할 수 있을 것이다. 이 부분에서 바울은 "몸의 부활이 있다는 사실을 일단 승낙은 하지만 사람들이 도대체 어떠한 종류의 몸으로 다시 사는가"라고 묻는 이들에 대해 답변하고 있다. 바울의 대답에는 세 가지 기본 원리가 있다.

1. **바울은 씨의 비유를 사용한다.** 씨는 땅에 뿌려지면 죽는다. 그러나 시간

이 지나면 다시 살아난다. 그런데 뿌려질 때와는 전혀 다른 형체를 갖고 살아난다. 바울은 거기에는 사멸이 있고 차이가 있는 동시에 연속성도 있다는 것을 보여 준다. 씨는 죽어 없어진다. 그러나 다시 살아날 때는 하나님께서 주신 전혀 다른 몸을 가진다. 그리고 비록 사멸과 차이가 있었을망정 역시 같은 생명이며 같은 씨다. 그러한 논의는 다음과 같은 것을 증명해 준다. 즉, 우리의 지상의 몸은 땅에 묻혀 썩어 없어진다. 하지만 전혀 다른 형체를 갖고 부활할 것이다. 그러나 비록 부활한 몸의 형체는 다를지언정 전과 같은 사람의 부활임은 틀림없다. 우리는 죽음으로 해체될 것이며, 부활로 변화될 것이다. 그러나 존재하는 것은 똑같은 우리 자신들이다.

II. 바울이 말하는 두 번째 기본 원리는, 우리가 잘 알고 있는 이 세계에서조차도 몸의 종류는 한 가지가 아니라는 것이다. 지음 받은 여러 부분은 각기 독특한 몸을 갖고 있다. 이러한 논의는 하나님께서 모든 생물과 피조물에게 창조된 목적에 부합하는 적합한 몸을 주셨다는 것을 증명한다. 그렇다면 하나님께서 부활한 생명에 적합한 몸을 주실 것으로 기대하는 것이야말로 이치에 맞는 것이다.

III. 세 번째 기본 원리는, 생명에는 발전이 있다는 것이다. 최초의 인간 아담은 흙으로 지음 받았다(창 2:7). 그러나 예수께서는 흙으로 지음 받은 인간을 훨씬 초월한 존재일 뿐 아니라 하나님 자신의 성령이 육신을 입은 존재다. 옛 생활 아래 있을 때 우리는 아담과 하나가 되어 그의 죄를 분담하며, 그의 죽음을 상속받고, 그의 육체를 갖고 있었다. 그러나 새 생활 아래서 우리는 그리스도와 하나가 되고, 따라서 그의 생명과 그의 존재를 나누어 갖게 된다. 이 논의는 우리가 비록 육의 몸으로 시작한 것은 사실이나, 언젠가는 신령한 몸을 갖게 되는 것도 사실임을 증명해 준다.

이 모든 부분을 통해 바울은 현명하게도 그러한 몸이 어떤 것인지에 대해 침묵을 지키고 있다. 그것은 신령한 몸이 될 것이며, 하나님께서 우리의 필요를 알아서 해 주시는 모양일 것이며, 그리스도를 닮을 것이다. 그러나 42-44절에서 바울은 우리의 장래의 상태를 시사해 주는 네 가지 비교를 보여 준다.

I. 현재의 몸은 썩을 것이고, 장래의 몸은 썩지 않을 것이다. 이 세상에서는 모든 것이 변하고 쇠퇴한다. "청춘의 아름다움은 사라지고, 장년의 영광도 시든다"라고 헬라의 시인 소포클레스는 노래하였다. 그러나 오는 세상에서는 사랑스러운 것은 영원히 사랑스러움을 잃지 않을 것이며, 아름다운 것도 영원히 그 광채를 잃지 않을 것이다.

II. 현재의 몸은 욕된 것이나, 장래의 몸은 영광스러울 것이다. 바울의 이 말은 무슨 의미일까? 아마 다음과 같은 의미일 것이다. 즉, 이 세상에서 우리 삶은 육체적인 감정이나 정열이나 본능 때문에 자칫하면 욕된 것이 되기 쉬우나, 장래의 세상에서 우리 몸은 더 이상 정열이나 충동의 노예가 아니라 하나님을 위한 순수한 봉사의 도구가 될 것이다. 그것은 참으로 무쌍한 영광이다.

III. 현재의 몸은 약하나, 장래의 몸은 강할 것이다. 현대는 인간의 힘을 자랑하는 것이 유행이다. 그러나 사실은 약한 것이 인간의 특징이다. 한 점의 바람, 한 방울의 물이 인간을 능히 죽일 수 있다. 육체가 가진 한계성 때문에 우리는 이 세상에서 제한된 생활을 할 수밖에 없다. 우리 몸의 조건은 언제나 우리의 꿈과 계획에 대해 "여기까지는, 그러나 이제 됐어!"라고 경고한다. 우리는 인간인 이상 이 세상에서 자주 좌절을 경험한다. 그러나 오는 세상에서는 그러한 제한이 없어질 것이다. 여기서는 우리가 약한 것으로 둘러싸여 있다. 그러나 저 세상에서는 능력을 옷 입게 될 것이다.

우리가 바라고, 원하고, 꿈꾼 모든 선은 필연코 존재한다.
우리의 손이 미치지 못하는 높은 이상도 모두 성취되리라.

이 세상에서 우리는 "반원"밖에는 보지 못하지만 저 세상에서는 "완전히 둥근 원"을 보게 될 것이다.

IV. 현재의 몸은 육의 몸이지만 장래의 몸은 신령한 몸이 될 것이다. 이 말은 바울에게 다음과 같은 의미일 것이다. 현재 우리의 상태는 성령을 위해서는 불완전한 그릇이며, 불완전한 도구에 불과하지만, 내세에서는 지금은 도저히 있을 수 없는 상태로, 즉 성령으로 충만하게 채워질 것이며, 지금은 도저히 가능하지 않는 일이지만 내세에서는 성령이 우리를 참으로 이용할 수 있게 될 것이다. 오는 세상에서는 우리가 이 세상에서는 환상과 꿈으로밖에 존재하지 않는 완전한 예배, 완전한 봉사, 완전한 사랑이 가능하게 될 것이다.

죽음의 정복

고린도전서 15:50-58

50형제들아 내가 이것을 말하노니 혈과 육은 하나님 나라를 이어 받을 수 없
고 또한 썩는 것은 썩지 아니하는 것을 유업으로 받지 못하느니라 51보라 내
가 너희에게 비밀을 말하노니 우리가 다 잠 잘 것이 아니요 마지막 나팔에
순식간에 홀연히 다 변화되리니 52나팔 소리가 나매 죽은 자들이 썩지 아니
할 것으로 다시 살아나고 우리도 변화되리라 53이 썩을 것이 반드시 썩지 아
니할 것을 입겠고 이 죽을 것이 죽지 아니함을 입으리로다 54이 썩을 것이 썩
지 아니함을 입고 이 죽을 것이 죽지 아니함을 입을 때에는 사망을 삼키고
이기리라고 기록된 말씀이 이루어지리라 55사망아 너의 승리가 어디 있느냐
사망아 네가 쏘는 것이 어디 있느냐 56사망이 쏘는 것은 죄요 죄의 권능은 율
법이라 57우리 주 예수 그리스도로 말미암아 우리에게 승리를 주시는 하나님
께 감사하노니 58그러므로 내 사랑하는 형제들아 견실하며 흔들리지 말고 항
상 주의 일에 더욱 힘쓰는 자들이 되라 이는 너희 수고가 주 안에서 헛되지
않은 줄 앎이라

바울은 여기서도 또다시 말이나 표현으로 나타낼 수 없는 사항에 대해 취급하고 있다는 것을 우선 기억하여야 한다. 우리는 이 부분을 과학적인 논문을 조사

하는 듯한 마음으로가 아니라, 위대한 시를 읽는 마음으로 읽어야 한다. 전체의 논의는 일련의 단계를 거쳐 클라이맥스에 도달한다.

I. 바울은 현재의 우리는 하나님 나라를 상속 받을 자격이 없다고 주장한다. 이 세상의 삶을 계속해 나가는 데는 충분할는지 몰라도, 오는 세상의 삶을 위해서는 적합하지 않을 것이다. 아침 통근 열차에 탈 수 있도록 뛸 수 있는 사람이라고 해서, 그가 올림픽 경기에 출전할 수 있는 사람이라고는 할 수 없다. 친구들을 즐겁게 하는 글을 쓸 수 있다고 해서 그 사람이 곧 불후의 명작을 쓸 수 있는 사람은 아니다. 작은 자기 클럽에서 말을 잘한다고 해서 그 사람이 곧 정말 학자들이나 전문가들이 모인 자리에서도 그의 주장을 관철시킬 수 있는 것은 아니다. 인생의 보다 높은 단계로 올라가고자 할 때는 항상 어떤 변화가 있어야 한다. 바울은 우선 우리가 하나님 나라에 들어가기 전에 변화가 있어야 한다고 주장한다.

II. 나아가 바울은 일대 변혁이 자신의 생전에 있을 것이라고 주장한다. 이 점에서는 바울이 잘못 생각하였다. 그러나 바울은 그러한 변화가 예수 그리스도가 재림할 때에 있으리라고 기대하였다.

III. 바울은 아무도 그러한 변화를 두려워할 필요가 없다고 의기양양하게 선언한다. 죽음의 공포는 항상 인간을 괴롭혔다. 가장 위대한 인물 가운데 한 사람인 존슨 박사도 이러한 공포 때문에 괴로워했다. 어느 날 보즈웰이 그에게 죽음이 무섭지 않은 때가 있었느냐고 물었다. 그때 그는 "죽음이 무섭지 않았던 때가 한 번도 없었다"라고 대답했다. 한 번은 노울즈 부인이, 죽음은 생명으로 들어가는 문이니 두려워해서는 안 된다고 말했을 때 존슨 박사는 "이성적인 인간이라면 불안을 느끼지 않고는 죽을 수 없다"고 대답하였다. 존슨 박사는 죽음의 공포는 인간에게 당연한 것이며 모든 인생이란 죽음을 생각하지 않으려는 오랜 노력에 불과하다고 공언하였다. 그런데 죽음의 공포는 어디서 오는가? 그 중 하나는 무지에 대한 공포에서 온다. 하지만 그 이상으로 그것은 죄의식에서 온다.

아무 거리낌 없이 하나님 앞에 나갈 수 있는 사람은 피터 팬이 말한 바와 같이 위대한 모험에 불과할 것이다. 그러면 죄의식은 어디서 오는가? 그것은 율법 아래 있는 존재라는 의식에서 온다. 인간이 하나님 안에서 공의의 율법만을 보게 되는 한 그는 영원히 하나님의 심판대 앞에 서는 범죄자가 될 수밖에 없으며, 무죄 석방될 가망은 없고, 오직 유죄 판결을 받을 확실성만 남게 된다. 그러나 그러한 생각을 없애 주기 위해 예수께서 오셨다는 것은 분명하다. 하나님은 율법이 아니라 사랑이시며, 하나님의 중심은 율법주의가 아니라 은혜이며, 우리가 나가는 것은 심판을 받기 위해서가 아니라 자녀가 집에 돌아오기를 기다리는 아버지께 가는 것임을 가르쳐 주기 위해 예수는 오신 것이다. 바로 그런 까닭으로 예수 그리스도는 우리에게 죽음에 대한 승리를 주셨으며 죽음에 대한 공포는 하나님의 사랑에 대한 경탄 속에서 스러진다.

IV. 끝으로 15장 마지막 부분에서 바울은 언제나 하던 대로 다시 하고 있다. 갑자기 신학은 도전으로 변하고, 사색은 열렬한 실천으로 변하고, 이론 전개는 행동의 요구로 변한다. 그리하여 바울은 마지막으로 이렇게 말한다. "너희가 바라보는 그러한 영광을 얻으려거든 하나님을 믿고 섬기는 일에 흔들리지 말라. 그리하면 너희의 모든 노력과 수고는 결코 헛되지 않을 것이기 때문이다." 기독교 생활은 매우 어려울지 모른다. 그러나 그 목표는 어떠한 고난을 바치고도 얻을 만한 무한한 가치가 있다.

그처럼 위대하고 신성한 희망이라면
어떠한 시련도 참을 수 있으며,
육의 생각과 죄에서 영혼을 깨끗이 하여
그리스도처럼 청결케 되리라.

The Letter to the Corinthians

16

실제적인 계획

고린도전서 16:1-12

1성도를 위하는 연보에 관하여는 내가 갈라디아 교회들에게 명한 것같이 너
희도 그렇게 하라 2매주 첫날에 너희 각 사람이 수입에 따라 모아 두어서 내
가 갈 때에 연보를 하지 않게 하라 3내가 이를 때에 너희가 인정한 사람에게
편지를 주어 너희의 은혜를 예루살렘으로 가지고 가게 하리니 4만일 나도 가
는 것이 합당하면 그들이 나와 함께 가리라 5내가 마게도냐를 지날 터이니
마게도냐를 지난 후에 너희에게 가서 6혹 너희와 함께 머물며 겨울을 지낼
듯도 하니 이는 너희가 나를 내가 갈 곳으로 보내어 주게 하려 함이라 7이제
는 지나는 길에 너희 보기를 원하지 아니하노니 이는 만일 주께서 허락하시
면 얼마 동안 너희와 함께 머물기를 바람이라 8내가 오순절까지 에베소에 머
물려 함은 9내게 광대하고 유효한 문이 열렸으나 대적하는 자가 많음이라
10디모데가 이르거든 너희는 조심하여 그로 두려움이 없이 너희 가운데 있게
하라 이는 그도 나와 같이 주의 일을 힘쓰는 자임이라 11그러므로 누구든지
그를 멸시하지 말고 평안히 보내어 내게로 오게 하라 나는 그가 형제들과 함
께 오기를 기다리노라 12형제 아볼로에 대하여는 그에게 형제들과 함께 너희

에게 가라고 내가 많이 권하였으되 지금은 갈 뜻이 전혀 없으나 기회가 있으면 가리라

15장과 16장 사이의 갑작스러운 변화는 바울의 특징을 잘 나타내 준다.

15장은 매우 높은 경지에서 사상과 신학을 논하였으며 앞으로 올 세계에서 생에 대해 논하였던 것이다. 그런데 16장에서는 가장 실제적인 문제를 가장 실제적인 방법으로 취급하며, 이 세상에서 일상생활과 교회 관리 문제를 취급하고 있다. 바울에게는 너무 고상하여 올라가지 못할 사상도 없으며, 너무나 미미하여 잊어버리게 되는 관리상의 실제 문제도 없다. 바울은 신학적인 사색은 잘하나 실제적인 문제에 대해서는 손을 못 대는 몽상가가 아니다. 그의 머리가 때로는 구름 속이나 구름을 뚫고 훨씬 높이 올라갈 때가 자주 있었다. 그러나 그의 발은 언제나 굳은 대지를 굳게 디디고 있었다.

바울은 예루살렘에 있는 가난한 성도들을 위한 헌금에 대한 문제부터 말을 시작한다. 그것은 바울에게 매우 관심이 큰 문제였다(갈 2:10; 고후 8, 9장; 롬 15:25; 행 24:17 참조). 고대 세계에서는 형제애라는 모임이 있었다. 헬라 세계에서는 **엘라노이**라는 모임이 있었다. 어떤 사람이 불행에 빠지거나 갑자기 돈이 필요하게 되었을 때 친구들이 모여 그를 도와주기 위해 돈을 각출하여 무이자로 융자해 주었다. 유대인의 회당에는 있는 자에게서 돈을 거두어 가난한 자에게 나누어 주는 책임을 가진 직분이 있었다. 외국에 나가 성공한 유대인은 심부름꾼을 보내 예루살렘의 성전을 위한 헌금과 가난한 자를 위한 구제금을 전해 주는 일이 자주 있었다. 바울은 그리스도의 교회가 관대함에서 유대인이나 이교도에 뒤지기를 원치 않았다. 그러나 바울에게 예루살렘의 가난한 성도를 위한 헌금에는 그 이상의 이유가 있었다.

I. 그것은 교회의 일치를 보여 주는 한 방법이었다. 그것은 널리 흩어져 있는 기독교인에게 그들은 한 회당의 회원일 뿐 아니라 전 교회의 회원인 것과 교회의 여러 부분은 서로 다른 부분에 대해 책임을 져야 할 의무가 있다는 것을 가르치기 위한 하나의 방법이었다. 바울의 교회관은 편협한 개교회주의가 아니었다.

II. 그것은 기독교의 실제적인 교훈을 실천하는 한 방법이었다. 이 헌금을 전하는 것으로 바울은 새 신자들에게 기독교적인 사랑에 대한 그리스도의 가르침을 실천하는 기회를 주었다.

이미 지적한 바대로 바울은 여러 다른 서신과 이야기 속에서 이 헌금을 나타내는 말을 아홉 가지나 사용하였다.

I. 여기서 바울은 헌금을 "로기아"라고 부른다. 그 말은 **특별헌금**을 의미한다. **로기아**란 사람들이 의무적으로 부담해야 하는 세금과는 정반대의 것이었다. 그것은 가외로 내는 것이었다. 법에 의해 규정된 의무를 이행했다고 해서 기독교인의 책임을 완수했다고는 말할 수 없다. "남보다 더 하는 것이 무엇이냐" 라고 예수께서 물으신 일이 있다(마 5:47).

II. 때로 바울은 헌금을 "카리스"라고 부른다(고전 16:3; 고후 8:4). 이미 본 바와 같이 **카리스**의 특징은 자유롭게 주는 자유로운 선물을 가리킨다. 참으로 아름다운 것은 비록 아무리 큰 것이라 해도 사람에게서 억지로 나오게 한 것이 아니고, 비록 아무리 작은 것이라 해도 사람의 마음에서 우러나오는 사랑으로 준 것이다. 바울은 고린도 교회의 성도들에게 각자가 내야 할 헌금 액수를 정해 주지 않은 것에 주의해야 한다. 바울은 각자의 경제적인 형편에 따라 내야 한다고 말한다. 부자에게는 아무것도 아닌 금액이 가난한 사람에게는 큰 희생이 될 수 있다. 각자의 마음에 따라 내야 한다는 것이다.

III. 때로 바울은 이 헌금을 "코이노니아"라는 말로 표현한다(고후 8:4, 9:13; 롬 15:6). **코이노니아**는 **교제**를 의미한다. 그리고 교제의 본질은 **나누어 갖는 것**이다. 기독교인의 교제는 자신이 갖고 있는 것을 자기 혼자 독점할 수 없고, 그것을 다른 사람들과 나누어 가져야 한다고 생각하는 정신에 기초한다. 중요한 것은 "내가 무엇을 소유할 수 있을까" 라는 것이 아니라 "내가 무엇을 줄 수 있을까" 라는 질문이다.

Ⅳ. 때로 바울은 "디아코니아"란 말을 사용한다(고후 8:4, 9:1, 12-13). 디아코니아는 실제적인 기독교인의 봉사를 의미한다. 영어의 **디콘**(집사)이란 말은 디아코니아의 유사어인 **디아코노스**에서 온 것이다. 때론 생이 가진 한계성 때문에 우리 자신이 몸으로 봉사하지 못할 때가 있다. 그리고 우리 자신이 가지 못할 때 우리의 돈이 대신 갈 수도 있다.

Ⅴ. 때로 바울은 "하드로테스"란 말을 사용한다. 그 의미는 **풍부함**이다(고후 8:20). 거기서 바울은 자신에게 맡겨진 풍부함(거액의 헌금)을 그가 부정하게 사용하지 못하도록 감독하기 위해 그와 동행하고 있는 교회의 사자(使者)들에 대해 말하고 있다. 바울은 결코 자기 자신을 위해서는 풍부한 것을 요구하지 않았을 것이다. 그는 손의 수고와 이마의 땀으로 얻은 것으로 만족하였다. 그러나 다른 사람들에게 나누어 주기 위해서는 풍부한 것을 충심에서 기뻐하였다. 백만장자가 된다면 무엇을 할 것인가 하고 꿈꿀 때, 사람들은 언제나 먼저 자기 자신이 원하는 것을 사고 결코 다른 사람들에게 나누어 주고자 하지 않는데, 이는 인간의 본성을 신랄하게 폭로하는 것이다.

Ⅵ. 때로 바울은 "율로기아"란 말을 사용한다. 이 경우에서는 **박애**라는 의미다(고후 9:5). 박애정신으로 기부하지 않는 경우가 있다. 그것은 쌀쌀맞게 책임상 어쩔 수 없이 기부하는 것이다. 그것은 인색한 마음으로 아무 기쁨이 없이 기부하는 것이다. 참다운 기부에는 큰 기쁨이 넘치는 박애정신이 있게 마련이다.

Ⅶ. 때로 바울은 "레이툴기아"란 말을 사용한다(고후 9:12). 고대 헬라어에서는 그 말이 매우 고상한 유래를 가졌다. 아덴이 한창 왕성하던 때, 그 도시가 착수한 사업을 위한 비용을 자발적으로 사비에서 부담한 관대한 시민들이 있었다. 그것은 새로운 연극을 위한 합창단이나, 도시의 명예를 위해 경기에 출전하는 팀의 훈련을 위한 비용에 충당되거나, 도시가 위난에 봉착했을 때 갤리선이나 군함의 장비나 인원 배치에 소용되는 비용에 충당되었던 것이다. **레이툴기아**는 원래 국가를 위한 자발적인 봉사를 의미하였다. 기독교인의 헌금도 타인에 의해

억지로 해서는 안 되고, 자발적으로 해야 한다. 그것은 하나님의 집을 어떤 모양으로든지 도울 수 있다는 특권으로 받아들여져야 한다.

Ⅷ. 때로 바울은 헌금을 "엘레모스네"라고 했다(행 24:17). 그것은 **구제**라는 의미의 헬라어다. 유대인의 종교관에서는 구제가 중심이었다. 때문에 유대인은 **구제**와 **정의**를 같은 말로 사용하였다.

아버지께 베푼 구제는 소멸되지 않고,
죄의 보상으로 굳게 서리라.
환난 날에 그것은 기억되어
열기가 흰 서리를 녹이듯, 너의 죄를 도말하리라(벤 시락, 지혜서 14:15).

"사람은 그가 선인임을 관대한 태도를 갖고 보이지 않고도 달리 나타낼 수 있을까?" 이것은 유대인의 생각이었다.

Ⅸ. 마지막으로 때로 바울은 헌금을 "프로스포라"라고 했다(행 24:17). 재미있게도 **프로스포라**라는 말은 **제물**과 **희생**을 의미한다. 참된 의미에서 곤궁에 처한 사람을 도와주는 것이 곧 하나님께 제물을 드리는 것이다. 하나님께 바치는 최고의 제물은 회개하는 심령을 바치는 것 다음으로는 환난과 곤궁에 처한 하나님의 자녀들에게 친절을 베푸는 것이다.

이 부분의 끝에 가서 바울은 그의 협력자 두 사람을 추천한다.

첫째는 **디모데**를 추천하였다. 고린도 교회의 상황은 노련한 바울조차 다루기 어려운 형편이었던 만큼 젊은 디모데에게는 여간 불리한 것이 아니었다. 디모데에게는 매우 곤란했을 것이다. 그러기에 바울은 고린도 교인들에게 디모데를, 그 인간을 보지 말고 그가 하는 일을 보고 존경하라고 추천한다. 인간이 그가 하고 있는 직무를 영광스럽게 하는 것이 아니라, 직무가 그 인간을 영광스럽게 하는 것이다. 위대한 직무가 가진 위엄처럼 위대한 위엄은 없다.

둘째는 **아볼로**를 추천하였다. 이 부분에 의하면 아볼로는 위대한 지혜의 소유

자임을 알 수 있다. 이 편지의 서두 부분에서 우리는 고린도 교회에 한 분파가 있어서 아볼로의 허락도 없이 자기 마음대로 그의 이름 밑에 자신들을 소속시켰던 사실을 보았다. 아볼로는 그것을 알았기 때문에 고린도와는 떨어져 있기를 원했던 것이 분명하다. 그가 고린도에 가면 그 파에 속했던 이들이 그를 다시금 끌어들이려고 할 것이 분명했기에 그렇게 하지 못하게 하기 위한 것이었다고 본다. 교회가 당파로 분리되었을 때는 멀리 떨어져 있는 것이 훨씬 지혜롭고 멀리 앞을 내다볼 수 있는 처사다. 아볼로는 능히 그러한 사실을 알고 있었던 지혜로운 사람이었다.

맺는말과 인사

고린도전서 16:13-24

13깨어 믿음에 굳게 서서 남자답게 강건하라 14너희 모든 일을 사랑으로 행하
라 15형제들아 스데바나의 집은 곧 아가야의 첫 열매요 또 성도 섬기기로 작
정한 줄을 너희가 아는지라 내가 너희를 권하노니 16이 같은 사람들과 또 함
께 일하며 수고하는 모든 사람에게 순종하라 17내가 스데바나와 브드나도와
아가이고가 온 것을 기뻐하노니 그들이 너희의 부족한 것을 채웠음이라 18그
들이 나와 너희 마음을 시원하게 하였으니 그러므로 너희는 이런 사람들을
알아주라 19아시아의 교회들이 너희에게 문안하고 아굴라와 브리스가와 그
집에 있는 교회가 주 안에서 너희에게 간절히 문안하고 20모든 형제도 너희
에게 문안하니 너희는 거룩하게 입맞춤으로 서로 문안하라 21나 바울은 친필
로 너희에게 문안하노니 22만일 누구든지 주를 사랑하지 아니하면 저주를 받
을지어다 우리 주여 오시옵소서 23주 예수 그리스도의 은혜가 너희와 함께
하고 24나의 사랑이 그리스도 예수 안에서 너희 무리와 함께 할지어다

여기에 나오는 구절들은 매우 재미있다. 매우 평범하고도 실제적인 내용이 초

대교회의 일상생활을 생생한 모습으로 보여 주기 때문이다.

13절과 14절에서 바울은 다섯 마디의 명령형을 구사한다. 그 중 처음 네 마디는 군사적인 배경을 가진 것으로 볼 수 있는데 사령관이 부하 장병들에게 주는 명령과 같다. "보초와 같이 항상 깨어 있으라. 공격을 받으면, 믿음 안에 굳게 서라. 그리고 한 치도 물러서지 말라. 전쟁 때에는 남자답게 싸우라. 좋은 장비를 갖추고 잘 훈련된 군인과 같이 왕을 위해 강건하게 싸우라." 그러고 나서는 비유가 달라진다. 그리스도의 병사들은 기독교의 신앙을 밖에서 위협하는 자들에 대해서는 어떠한 태도를 취하든지 간에, 교회 안에 있는 이들에 대해서는 동지가 되고 사랑하는 사람이 되어야 한다. 기독교 생활에는 결코 뒤로 물러서지 않는 용기와 결코 부족함이 없는 사랑이 있어야 한다.

에베소에 있는 바울에게 스데바나와 브드나도와 아가이고가 찾아왔다. 그들은 고린도 교회에서 일어나고 있는 문제에 대한 바울의 부족한 지식을 채워 주는 생생한 정보를 갖고 왔다. 스데바나에 대한 바울의 칭찬은 대단히 재미있다. 스데바나는 교회에 봉사하기 위해 자신을 바친 사람이기에 그러한 존경을 받아 마땅한 사람이다. 초대교회에서는 솔선하여 자발적으로 하는 봉사가 교회 직분의 시작이 되었다. 어떤 사람이 교회의 지도자가 된 것은 사람들이 그를 지명해서라기보다는 그의 생활이나 활동이 모든 사람의 존경을 받게 된 데에서 비롯된 것이다. 복음을 위해 활동과 수고를 한 사람들은 모두 사람들에게서 존경을 받았는데, 그것은 그들이 사람들에게서 지도자로 추대되었기 때문이 아니라 그리스도의 일을 감당하였기 때문이다. T. C. 에드워즈는 **일하는 자**와 **수고하는 자**에 대해 다음과 같이 간단히 평가한 일이 있다. 그는 교회에는 "많은 사람이 **일하나 수고하는** 이는 적다"라고 했다.

19절과 20절에는 여러 마디의 인사가 있다. 그것들은 아굴라와 브리스길라가 보낸 인사였다. 이 두 사람은 부부인데 바울 서신과 사도행전에 자주 나타난다. 그들은 유대인이며 바울과 마찬가지로 천막을 만드는 사람들이었다. 그들은 원래 로마에 살았다. 그런데 주후 49년 아니면 50년에 로마 황제 글라우디오가 로마에서 모든 유대인을 추방하는 명령을 내렸기 때문에 그들은 고린도로 이주하였다. 고린도에서 바울은 그들을 처음 만났으며 같이 거주하였다(행 18:2). 그리고 그 후 고린도에서 에베소로 옮겼고 그리하여 지금은 거기서부터 바울이 그들의 인사를 고린도에 있는 옛 친구들에게 전해 주는 것이다. 로마서 16장 3-5절을 보면 그들은 그 후 다시 로마로 가서 거기서 살았다는 것을 알 수 있다.

아굴라와 브리스길라가 우리에게 보여 주는 것 가운데 흥미 있는 것은 당시에도 여행이 얼마나 용이하고 자연스러운 것이었던가 하는 점이다. 그들은 사업상 팔레스타인에서 로마로, 로마에서 고린도로, 고린도에서 에베소로, 에베소에서 로마로 돌아갔다.

그러나 그 두 사람에게는 위대한 점 하나가 있다. 그처럼 초기 시대에는 교회가 교회 건물을 갖고 있지 못했다. 사실 교회가 건물을 갖게 된 것은 3세기 이르러서야 가능했다. 적은 수의 회중은 개인의 집에서 모였다. 어떤 집에 큰 방이 있으면 거기서 기독교인들이 모여 교제를 가졌다. 그런데 아굴라와 브리스길라는 어디에 가든지 자신들의 집이 교회가 되었다. 그들이 로마에 있을 때 바울은 그들에게 와 그들의 집에 있는 교회에 문안을 보냈다(롬 16:3-5). 에베소에서 이 편지를 쓰면서도 바울은 그들과 그들의 집에 있는 교회에서 인사하고 있다.

아굴라와 브리스길라는 자신들의 집을 기독교인의 빛과 사랑의 중심지로 만들었고 그리스도께서 언제나 보이지 않는 영원한 손님으로 계시기에 다른 많은 나그네도 환영하였고, 그들의 집을 고독하고, 유혹 가운데 있고, 슬픔과 실망에 빠진 사람들을 위한 안식과 평화와 우정의 항구로 제공한 훌륭한 사람들이다. 호머는 그의 작중 인물 중 한 사람에게 이렇게 칭찬하였다. "그는 길가에 있는 집에 살았으며, 나그네의 친구였다." 기독교인 나그네들에게는 아굴라와 브리스길라의 집이 언제나 평화로운 숙소였다. 하나님이시여, 우리의 집도 그러한 집으로 만들 수 있도록 도와주시옵소서!

"너희는 거룩하게 입맞춤으로 서로 문안하라"고 바울은 말하였다. 평화의 입맞춤은 초대교회의 아름다운 관습이었다. 초대교회는 유대인의 관습에서 이를 취했을 것이다. 이 입맞춤은 기도를 끝내고 회중이 성찬을 받기 바로 전에 행한 것 같다. 그것은 그들이 완전한 사랑으로 하나가 되어 사랑의 식탁에 앉는다는 표시의 상징이었다. 예루살렘의 시릴은 이렇게 쓴 일이 있다. "이 입맞춤을 시장에서 친구간에 하는 입맞춤과 같은 것이라고 생각하지 말라." 그것은 난잡하게 주고받은 일이 없다. 후에는 분명히 남녀간에 입 맞춘 일이 없었으며 남자끼리, 여자끼리 주고받았다. 때로는 입술이 아니라 손에다 입 맞추었다. 입 맞추지 않고 단지 "평화"라고 말하게도 되었다. 그처럼 불화와 분쟁에 휘말렸던 고린도 교회야말로 참으로 그와 같이 아름다운 관습을 기억할 필요가 있었다.

그와 같이 아름다운 관습이 왜 교회 생활에서 자취를 감추었을까? 첫째, 그것이 비록 아름답긴 해도 분명히 남용될 수 있으며, 더욱이 이교도의 중상모략 때문에 오해 받을 가능성이 있었기 때문이다. 둘째로 그것은 교회가 점차로 교제를 잃어버렸기 때문이다. 작은 집에서 모이는 교회에서, 친구끼리 만나고 모두가 가깝게 지내던 때는 그러한 입맞춤이 매우 자연스러운 것이었다. 그러나 가정적인 교제가 대중적인 모임이 되고, 작던 방이 큰 교회가 되었을 때 교인간의 친밀감은 사라짐으로써 평화의 입맞춤도 함께 사라졌던 것이다. 회중이 많이 모임에 따라 우리는 무엇인가를 잃어버렸을지 모른다. 회중이 많아지고 복잡해지면 질수록 사람들이 서로를 진정으로 알며, 진정으로 사랑할 수 있는 참다운 교제는 더욱더 어려워지기 때문이다. 그런데 교회가 낯선 사람끼리 모임이거나 잘해야 이미 알고 있는 사람끼리 모임이 되어서는 깊은 의미에서 참된 교회라 할 수 없다.

그리하여 이제는 마지막에 이르렀다. 바울은 편지의 마지막 장에 인사를 친필로 써 보낸다. 지금까지는 어떤 비서가 대서하였던 것이다. 바울은 그리스도를 사랑하지 않는 자가 누구든지 그에게 경고한다. 그러고는 아람어로 "마라나타"라는 말을 쓴다. 그 말은 "주께서 가까우시다"는 의미일 것이다. 헬라에 있는 교회에 보낸 헬라어의 편지 가운데서 아람어의 어구를 볼 수 있다는 것은 기묘한 일이다. 그러나 그것은 그 어구가 일종의 암호가 되었다고 생각할 수 있다. 이 말은 초대교회의 생동적인 희망을 요약한 말이었으며, 초대 교인들은 서로를 확인하기 위해 이교도들은 알지 못하는 이 말을 귓속말로 주고받았던 것이다.

고린도 교인들에게 바울은 마지막으로 두 가지, 즉 그리스도의 은혜와 자기 자신의 사랑을 보낸다. 바울은 경고하거나, 책망하거나, 의분을 갖고 말한 경우도 있었겠지만 일반적으로 말을 다하고 가장 마지막으로 하는 말은 사랑이다.

바클레이 성경 주석

고린도후서

The Letter to the Corinthians

01

위로하기 위해 받은 위로

고린도후서 1:1-7

[1]하나님의 뜻으로 말미암아 그리스도 예수의 사도 된 바울과 형제 디모데는
고린도에 있는 하나님의 교회와 또 온 아가야에 있는 모든 성도에게 [2]하나님
우리 아버지와 주 예수 그리스도로부터 은혜와 평강이 있기를 원하노라 [3]찬
송하리로다 그는 우리 주 예수 그리스도의 하나님이시요 자비의 아버지시요
모든 위로의 하나님이시며 [4]우리의 모든 환난 중에서 우리를 위로하사 우리
로 하여금 하나님께 받는 위로로써 모든 환난 중에 있는 자들을 능히 위로하
게 하시는 이시로다 [5]그리스도의 고난이 우리에게 넘친 것같이 우리가 받는
위로도 그리스도로 말미암아 넘치는도다 [6]우리가 환난당하는 것도 너희가
위로와 구원을 받게 하려는 것이요 우리가 위로를 받는 것도 너희가 위로를
받게 하려는 것이니 이 위로가 너희 속에 역사하여 우리가 받는 것 같은 고
난을 너희도 견디게 하느니라 [7]너희를 위한 우리의 소망이 견고함은 너희가
고난에 참여하는 자가 된 것같이 위로에도 그러할 줄을 앎이라

이 부분의 배후에는 기독교 생활의 개요가 있다.

I. **바울은 환난을 알고 있는 사람이 환난 가운데 있는 사람들에게 하듯 고린도에 있는 친구들에게 편지를 쓰고 있다.** 환난이란 의미로 바울이 사용하고 있는 말은 **들립시스**(Thlipsis)다. 일반적으로 헬라어 용법에 의하면 이 말은 언제나 인간에게 가해지는 실제적인 육체상의 압박을 나타낸다. 트렌취는 다음과 같이 쓰고 있다. "영국의 고대법에 의하면 고의로 자백하지 않는 자들이 있을 때 그들의 가슴 위에 무거운 것을 올려놓아 으스러뜨려 죽게 했는데 그것이 곧 글자 그대로 **들립시스**였다."

때로 이 불가해한 세계의 무거운 짐과 신비가 인간의 정신 위에 내려 덮을 때가 있다. 기독교가 시작된 지 얼마 되지 않았을 때는 기독교인이 되고자 선택한 사람은 곧 환난을 선택한 사람과 같았다. 그는 가족들에게서 버림을 받아야 했으며, 이웃에 있는 이교도들에게서 적대시당했으며, 관헌의 핍박도 받아야 했다. 사무엘 루더포드는 친구에게 다음과 같이 써 주었다. "하나님은 너를 그리스도의 옆으로 부르셨다. 그런데 이 나라에서는 지금 그리스도의 얼굴에 몹시 센 바람이 몰아치고 있다. 네가 그리스도와 함께 있는 이상 너는 바람이 없는 곳이나, 양지바른 언덕을 기대할 수 없다." 참다운 기독교인이 된다는 것은 언제나 희생이 따른다. 십자가가 없는 기독교란 있을 수 없기 때문이다.

II. **환난에 대한 대답은 인내 속에서 찾을 수 있다.** 인내를 나타내는 헬라어는 휴포모네(hupomone)다. **휴포모네**의 중심사상은 환난이나 시련을 어쩔 수 없어 얼굴을 찡그리며 받아들이는 것이 아니다. 그것은 정복하는 것이며 승리하는 것이 아니다. 그것은 고난을 단순히 받아들이지 않고 정복하는 정신이다. 어떤 사람이 고난당하는 사람을 향하여 "고난은 인생을 아름답게 물들여 주지. 안 그래?"라고 말했다. 그때 고난당하는 이가 대답하기를 "그래요. 하지만 그 색깔은 내가 택하겠어요"라고 했다. 은은 불 속에서 순수하게 되듯이 기독교인은 환난 속에서 훌륭하고 강하게 된다. 기독교인은 하나님의 운동선수다. 그의 영적인 근육은 환난이라는 훈련을 통해 강하게 단련된다.

III. **우리는 이 시련을 혼자서 감당하며 인내하여야 하는 것이 아니다.** 하나님의 위로가 우리와 함께하신다. 3절로 7절 사이에는 **위로**라는 명사나 **위로한다**는 동사가 아홉 번 이상이나 나온다. 신약성경에 나오는 **위로**라는 말은 언제나 그 어원에 충실하다. 그런데 그 말의 어원은 라틴어의 퍼티스(fortis)이며, **퍼티스**는 용감하다는 뜻을 가졌다. 기독교의 위로는 용기를 가져다주는 위로며, 사람에게 인생의 모든 문제에 대처할 수 있게 하는 위로다. 하나님께서 어떤 인간에게 비전을 주실 때는 그것을 성취할 능력도 함께 주신다는 것이 바울의 확신이었다.

그러한 것은 별도로 하고라도 사람이 기독교를 믿기 때문에 고난당하거나 애쓸 경우 반드시 일종의 영감이 주어진다. 바울이 말한 대로 그러한 고난은 그리스도의 고난이 넘쳐흘러 우리에게까지 온 것이기 때문이다. 그것은 그리스도의 고난에 동참하는 것이다. 기사도가 성행하던 시대에는 기사들이 사랑하는 귀부인에 대한 저들의 헌신을 나타내기 위해 특별히 위험한 모험에 자원하는 일이 많았다. 그리스도를 위해 고난 받는 것은 하나의 특권이다. 어려운 일에 봉착하였을 때 기독교인은 서머나 노 주교 폴리캅이 화형을 당하면서 말한 것같이 "주여, 내가 이 고난을 당할 자격이 있다고 판단해 주신 것을 감사하나이다"라고 말할 수 있다.

IV. 우리가 환난 중에서 얻을 수 있는 놀라운 결과는 환난 중에 있는 다른 사람을 위로할 수 있는 능력을 우리가 얻는다는 것이다. 자기 자신에게 일어났던 일이나 자신이 받은 위로가 곧 다른 사람을 위로할 수 있는 원천이 되었다고 바울은 주장한다. 바리는 사랑하는 아들을 잃은 자기 어머니의 경우를 말하고 나서 "그 후로 어머니는 부드러운 눈을 갖게 되었으며 자녀를 잃은 어머니들이 찾아왔던 것이다"라고 했다. 예수 자신에 대해서도 "그가 시험을 받아 고난을 당하였은즉 시험 받는 자들을 능히 도우실 수 있느니라"(히 2:18)는 말씀이 있다. 고난과 슬픔의 경험이 인생의 파도와 싸우는 사람들을 도와줄 수 있는 사람으로 우리를 만들어 준다면 그러한 경험은 매우 가치 있는 것이다.

하나님만을 의뢰하도록

고린도후서 1:8-11

8형제들아 우리가 아시아에서 당한 환난을 너희가 모르기를 원하지 아니하
노니 힘에 겹도록 심한 고난을 당하여 살 소망까지 끊어지고 9우리는 우리
자신이 사형 선고를 받은 줄 알았으니 이는 우리로 자기를 의지하지 말고 오
직 죽은 자를 다시 살리시는 하나님만 의지하게 하심이라 10그가 이같이 큰
사망에서 우리를 건지셨고 또 건지실 것이며 이후에도 건지시기를 그에게
바라노라 11너희도 우리를 위하여 간구함으로 도우라 이는 우리가 많은 사람
의 기도로 얻은 은사로 말미암아 많은 사람이 우리를 위하여 감사하게 하려
함이라

여기에 나오는 부분에서 이상한 점은 바울이 에베소에서 당한 무서운 경험에 대해 우리가 아무것도 알지 못하고 있다는 것이다. 거의 참을 수 없을 정도로 어려웠던 일이 일어났었다는 것은 사실일 것이다. 그는 사형선고를 받고 도저히 피할 길이 없다고 믿었을 정도의 위험에 직면했을 터인데 여기서도 그리고 다른 편지에서도 일체 어떤 일이 실제로 일어났었는지 설명하지 않고 있다.

인간에겐 흔히 자신이 겪은 일을 가장 중요한 것처럼 말하고자 하는 경향이 있다. 매우 간단한 수술을 받은 사람이라도 그것을 두고두고 대화의 화제로 삼으려고 하는 일이 보통이다. H. L. 지이는 전쟁 중에 어떤 업무를 위해 만났던 두 사람에 대해 다음과 같이 말하고 있다. 한 사람이 자신이 타고 온 열차가 폭격 받은 일에 대해서만 말을 했다. 그때 흥분과 위험과 어떻게 해서 간신히 위험을 모면했는지에 대해 말을 계속하며 그칠 줄을 몰랐다. 상대방은 전혀 아무 말도 하지 않고 듣기만 하다가 조용히 말했다. "자, 이젠 일을 시작합시다. 나는 오늘 좀 빨리 집에 돌아가야 합니다. 어젯밤 우리 집은 폭격에 의해 다 무너졌습니다." 참으로 심한 고난을 당한 사람은 흔히 아무 말도 하지 않는다. 영국 왕 조지 5세는 다음과 같은 것을 자신의 인생의 교훈으로 삼았다. "내가 당연히 고난을

받아야 한다면 나는 잘 사육된 짐승과 같이 조용히 혼자서 당하리라." 바울은 자신이 당한 고난을 자랑하지 않았다. 그의 고난에 비해 아무것도 아닌 고난을 당하는 우리는 바울의 모범을 본받아야 한다.

그런데 바울은 그러한 무서운 경험이 매우 놀랄 만한 가치가 있다고 믿었다. 그것은 **그 고난이 그가 하나님을 의뢰하도록 하였다**는 것이다. 그 경험이 그에게 반드시 하나님만을 의지하도록 가르쳐 주었던 것이다. 아랍인의 속담에 "갠 날만 계속되면 모든 것이 사막이 된다"라는 말이 있다. 번영이 가진 위험은 잘못된 독립심을 조장해 주는 것이다. 즉, 그것은 우리가 인생을 혼자의 힘으로 영위해 나갈 수 있다고 잘못 생각하게 만든다. 평화로운 때 하나님께 드린 한 번의 기도가 역경 중에 하나님께 드린 만 번의 기도와 맞먹는다. 링컨이 말했듯이 "나는 때때로 달리 갈 데가 없어 단지 무릎을 꿇고 기도하였다". 인간은 불행에 처해서 참된 친구를 찾는 경우가 많으며, 하나님이 우리에게 얼마나 필요하신 분인지 알기 위해서는 때로 역경이 필요하다.

그러한 환난의 결과 바울은 하나님을 굳게 신뢰하기에 이르렀다. 그는 모든 이론을 초월해서 하나님께서 자신을 위해 어떤 일을 해 주실 수 있는지를 알았다. 하나님께서 건져내실 것이다. 시편 기자도 이렇게 기뻐 노래하였다. "주께서 내 영혼을 사망에서, 내 눈을 눈물에서, 내 발을 넘어짐에서 건지셨나이다"(시 116:8). 존 번연이 진정으로 회심하게 된 것은 몇 사람의 노부인들이 햇볕을 쪼이면서 "하나님께서 그들의 영혼을 위해 어떤 일을 해 주셨는지에 대해 말하는 것"을 들었을 때였다. 하나님에 대한 기독교인의 신뢰는 이론이나 사색의 결과가 아니다. 그것은 사실과 경험에 기인한다. 기독교인은 하나님께 그를 위해 어떤 일을 해 주셨는지를 알기 때문에 두려워하지 않는다.

끝으로 바울은 고린도 교인들에게 기도해 줄 것을 요청한다. 이미 말했듯이 가장 위대한 성도는 가장 낮은 형제들의 기도를 요청하는 것을 부끄러워하지 않는다. 우리는 친구들에게 줄 아무것도 갖고 있지 않을 수 있다. 우리는 사랑하는 이들에게 많은 것을 주지 못해 한스럽게 생각할 수도 있다. 비록 우리가 이 세상의 물질을 많이 가지 못해도 우리는 한없이 귀한 기도라는 보배를 그들에게 줄 수 있다.

우리의 유일한 자랑

고린도후서 1:12-14

[12]우리가 세상에서 특별히 너희에 대하여 하나님의 거룩함과 진실함으로 행
하되 육체의 지혜로 하지 아니하고 하나님의 은혜로 행함은 우리 양심이 증
언하는 바니 이것이 우리의 자랑이라 [13]오직 너희가 읽고 아는 것 외에 우리
가 다른 것을 쓰지 아니하노니 너희가 완전히 알기를 내가 바라는 것은 [14]너
희가 우리를 부분적으로 알았으나 우리 주 예수의 날에는 너희가 우리의 자
랑이 되고 우리가 너희의 자랑이 되는 그것이라

여기서 비로소 우리는 고린도 교인들이 바울에게 퍼부었던 비난과 바울에게 씌우려고 했던 오명이 어떤 것인지 깨달을 수 있다.

I. 바울의 행동에는 그들이 본 것 이상이 있을 것이라고 그들은 말했을 것이다. 이에 대한 바울의 대답은 자신은 하나님의 거룩함과 진실함으로 살아왔다는 것이다. **바울의 생활에는 숨은 행동이란 없었다**. 우리는 산상수훈의 팔복의 말씀에 한 가지 축복을 더 첨가하는 것이 좋겠다. "숨길 것이 없는 사람은 복이 있나니…"

예부터 전해 오는 익살스러운 이야기가 있다. 어떤 사람이 집마다 돌아다니면서 "도망가라! 발각됐다"라고 문밖에서 소리 지르자 전혀 뜻밖의 사람이 도망가더라는 것이다. 한 건축가가 헬라의 철학자에게 밖에서는 절대 안을 들여다볼 수 없는 집을 지어 주겠다고 말했다. 그 말을 들은 철학자는 "어느 방도 밖에서 누구나 볼 수 있는 그런 집을 지어 준다면 두 배의 돈을 지불해 주지요"라고 대답했다. **진실**(eilikineiao〈**에엘리클리네이아**〉)이란 뜻으로 바울이 사용하는 말은 매우 흥미 있다. 그것은 햇빛에 비추어 보아도 흠잡을 데가 없다는 것을 의미한다. 그 행동이 백주에 드러내 놓아도 부끄럼이 없으며 바울과 같이 자신의 생활에는 숨길 것이 없다고 주장할 수 있는 사람은 행복한 사람이다.

II. 바울의 행동에는 숨은 동기가 있을 것이라고 말하는 이들이 있었다. 이에 대해 바울은 자신의 모든 행동은 계산에만 빠른 인간적인 것에 의해서가 아니라 하나님의 은혜에 의해 지배 받는다고 대답했다. **바울의 생활에는 숨은 동기 같은 것이 없었다.** 번즈는 다른 문제와 관련해 "그들이 왜 그런 일을 했는지 그 동기를" 발견하기란 매우 어려운 일임을 지적했다. 우리가 정말로 정직하다면 한 가지 동기에 의해서만 행동하는 일이 별로 없다는 것에 수긍할 것이다. 우리가 어떤 훌륭한 일을 할 경우에도 여러 가지 동기 곧 신중이라든가, 위신이라든가, 자기 과시라든가, 공포라든가, 보상을 바라는 동기 같은 것들이 뒤섞일 수 있다. 사람들은 이러한 동기들을 깨닫지 못할는지 모른다. 그러나 토마스 아퀴나스가 말한 바와 같이 "인간은 행동을 보지만 하나님은 의도를 보신다." 순결한 행동도 어렵지만 순결한 동기는 더욱 어렵다. 이러한 순결은 옛 자아가 죽고, 그리스도께서 내 안에 살아 계신다고 말할 수 있을 때만이 비로소 우리에게 있을 수 있다.

III. 바울이 편지에 쓴 것은 진실로 말한 것이 아니라고 주장하는 이들이 있었다. 이에 대한 바울의 대답은 **자신의 말에는 숨은 뜻이 없었다**는 것이다. 말이란 이상한 것이다. 인간은 생각을 나타내고자 말을 사용하기도 하지만 동시에 생각을 숨기기 위해서도 말을 사용한다. 솔직히 말해 생각을 언제나 그대로 말한다고 자신할 사람은 별로 없을 것이다. 그것이 정당하기 때문에 말하는 경우도 있을 것이다. 또 동의할 만한 것이기에 그렇게 말하는 경우도 있을 것이다. 그러나 동시에 곤란한 입장을 피하기 위해 그렇게 말하는 경우도 있을 수 있다. 야고보는 말이 갖고 있는 위험을 누구보다도 밝히 보았기에 다음과 같이 말했다. "만일 말에 실수가 없는 자라면 온전한 사람이라" (약 3:2). 그가 말한 바는 모두 진심이라고 할 수 있는 사람은 참으로 훌륭한 사람이다.

바울의 생활에는 숨은 행동이라든가, 숨은 동기라든가, 숨은 뜻이 없었다. 그것은 우리가 본받을 점이다.

예수 그리스도 안에서 하나님의 예

고린도후서 1:15-22

15 내가 이 확신을 가지고 너희로 두 번 은혜를 얻게 하기 위하여 먼저 너희에
게 이르렀다가 16 너희를 지나 마게도냐로 갔다가 다시 마게도냐에서 너희에
게 가서 너희의 도움으로 유대로 가기를 계획하였으니 17 이렇게 계획할 때에
어찌 경솔히 하였으리요 혹 계획하기를 육체를 따라 계획하여 예 예 하면서
아니라 아니라 하는 일이 내게 있겠느냐 18 하나님은 미쁘시니라 우리가 너희
에게 한 말은 예 하고 아니라 함이 없노라 19 우리 곧 나와 실루아노와 디모데
로 말미암아 너희 가운데 전파된 하나님의 아들 예수 그리스도는 예 하고 아
니라 함이 되지 아니하셨으니 그에게는 예만 되었느니라 20 하나님의 약속은
얼마든지 그리스도 안에서 예가 되니 그런즉 그로 말미암아 우리가 아멘 하
여 하나님께 영광을 돌리게 되느니라 21 우리를 너희와 함께 그리스도 안에서
굳건하게 하시고 우리에게 기름을 부으신 이는 하나님이시니 22 그가 또한 우
리에게 인치시고 보증으로 우리 마음에 성령을 주셨느니라

언뜻 보아 이 부분은 매우 이해하기 어려운 것 같다. 이 부분의 배후에는 바울에 대한 또 다른 비난과 중상이 있다. 바울은 전에 자신이 고린도를 방문하고자 한다고 말한 일이 있다. 그런데 형편이 나빠져 그들에게 고통을 주지 않기 위해 방문을 연기하였다(23절).

그런데 그의 원수들은 재빨리 바울이란 한 입으로 "예"와 "아니요"를 동시에 할 수 있는 그러한 인간이라고 비난하였다. 그들은 바울이 일시적인 충동으로 경솔하게 약속하였으며 그의 말이 "예"인지 "아니요"인지 분간하기 어려운 노릇이라고 말했다. 그것만으로도 곤란한데 그들의 비난은 한층 지독하였다. 그들은 "바울의 일상적인 약속도 우리가 믿을 수 없거든, 또 그가 하겠다고 한 일도 과연 그가 할는지 우리가 기대하기 어렵거든, 하물며 그가 하나님에 대해 한 말을 우리가 어떻게 믿으며, 하나님의 약속은 결정적으로 또 궁극적으로 진리라

고 그가 전한 복음도 우리가 어떻게 믿을 수 있겠느냐?"라고 말했다. 이에 대해 바울은 하나님은 우리가 믿을 수 있는 분이시며, 예수에게는 예와 아니요 사이에 동요가 없다고 대답했다. 그러고 나서 바울은 매우 분명하게 "예수께서는 하나님의 모든 약속에 대한 예가 된다"라고 말한다. 그가 하는 말의 의미는 이런 것이다. 예수께서 오시지 않았다면 우리는 놀랍도록 귀중한 하나님의 약속을 모조리 의심할 수밖에 없을 것이다. 너무나 좋으니만큼 진리 같지 않다고 말할는지 모른다. 그러나 그의 외아들을 주시기까지 우리를 사랑하시는 하나님은 반드시 그가 하신 약속을 성취하시는 분이다. 예수의 오심, 예수의 사실, 예수 자신이 하나님의 모든 약소에 대해 "그렇다. 그것은 진실이다"라고 보증한다. 예수께서는 크거나 작거나 간에 하나님의 모든 약속에 대해 그것이 모두 틀림없이 진실하다는 것을 보증하는 하나님의 증인이다. 그러한 사랑에 대해서는 어떤 사람도 전적으로 아무 의심 없이 절대적으로 믿고 의뢰할 수 있다.

비록 고린도 교인들이 바울을 중상 모략했지만 거기에도 다음과 같은 유익한 진리가 있다. 말씀을 전하는 자의 신뢰성이 곧 말씀 자체의 신뢰성에 영향을 끼친다는 것이다. 설교는 항상 "인격을 통한 진리"다. 설교자를 믿지 못하면 그 설교자가 전한 말씀도 믿지 못한다. 교사의 행동과 품성에 대한 유대교의 규범에는, 교사는 자신이 하지 못하거나 하고 싶지 않은 일은 결코 학생들에게 약속해서는 안 된다는 규정이 있다. 그렇게 한다면 그것은 학생들에게 거짓말하는 관습을 길러 주게 된다. 그것은 곧 약속은 쉽게 할 것이 아니란 경고다. 가벼운 약속은 가볍게 깨지게 마련이다. 인간은 약속하기에 앞서 그 약속을 지키기에 필요한 희생을 염두에 두어야 하며, 그 희생을 치를 능력과 의지가 있는지를 확인해야 한다.

바울은 계속해 두 가지 큰 사실에 대해 말한다.

1. 우리는 예수를 통해 하나님의 약속에 대해 "아멘"이라고 한다. 우리는 기도를 끝맺을 때 "예수 그리스도의 이름으로 비옵나이다. 아멘"이라고 말한다. 성경의 말씀을 읽고 났을 때도 우리는 "아멘"이란 말로 끝날 때가 많다. **아멘**이란 "**그렇게 되리라**"는 뜻이다. **아멘**이 단순한 형식이 아니며, 의식서의 한 단편도

아니라는 것은 매우 큰 진리다. 그것은 예수께서 오셨기에 하나님에 대한 확신을 갖고 내 것으로 할 수 있으며, 예수께서 하나님의 보증, 하나님의 깨어지지 않을 예이기 때문에 우리의 기도는 반드시 이루어지며, 모든 위대한 약속은 참되다는 것을 믿는 우리의 확신을 표시하는 말이다.

II. 끝으로 바울은 KJV이 성령의 "보증(earnest)"이라고 번역한 것에 대해 말한다. 그 말은 헬라어로 아라본(arrabon)이다. **아라본**은 분납 불입금의 제1회분을 불입금으로서 나머지도 틀림없이 불입하겠다고 하는 보증금이다. 그 말은 헬라의 법률관계의 문서에 자주 나오는 말이다. 예를 들면 암소를 파는 여자가 나머지 돈은 후에 받기로 하고 1천 드라크마를 **아라본**으로 받는다. 또 춤추는 무희들이 동네 축제에 고용되었을 때 먼저 얼마간의 **아라본**을 받는데 그것은 사례금 전체의 일부이면서 동시에 그 계약이 존중되어 잔금이 반드시 지불될 것을 확실히 보증하는 것이다. 또 어떤 사람이 주인에게 쓴 편지가 있는데 자신은 쥐 잡는 사람 람폰에게 8드라크마를 **아라본**으로 지불했으니 그 사람은 아직 쥐들이 새끼를 품고 있는 동안에 일을 시작해서 쥐를 잡아 줄 것이라는 내용이다. 그것은 제1회 지불이며 잔금도 반드시 지불될 것이라는 보증이다. 이것은 누구나 알고 있던 말이다. 그것은 스코틀랜드어의 arles(**계약금**)와 같은 의미를 가진 말인데 어떤 사람을 고용하거나 집을 매매할 때 먼저 일부를 주는 계약금이며, 그 계약이 틀림없이 이행되리라는 보증이다.

그리하여 바울이 성령에 대해 말할 때 성령을 하나님께서 우리에게 주신 **보증** 또는 **아라본**이라고 했는데 그 뜻은 성령 안에서 성령의 도우심으로 살고 있는 우리의 현재 삶은 천국에서 삶의 제1회 지불금이며 장차 우리 앞에 전개될 삶을 완성시켜 줄 보증이라는 것이다. 성령의 은사는 앞으로 있을 보다 큰 은사에 대한 하나님의 증표이며 보증이다.

성자의 책망

고린도후서 1:23-2:4

23내가 내 목숨을 걸고 하나님을 불러 증언하시게 하노니 내가 다시 고린도
에 가지 아니한 것은 너희를 아끼려 함이라 24우리가 너희 믿음을 주관하려
는 것이 아니요 오직 너희 기쁨을 돕는 자가 되려 함이니 이는 너희가 믿음
에 섰음이라
1내가 다시는 너희에게 근심 중에 나아가지 아니하기로 스스로 결심하였노
니 2내가 너희를 근심하게 한다면 내가 근심하게 한 자밖에 나를 기쁘게 할
자가 누구냐 3내가 이같이 쓴 것은 내가 갈 때에 마땅히 나를 기쁘게 할 자로
부터 도리어 근심을 얻을까 염려함이요 또 너희 모두에 대한 나의 기쁨이 너
희 모두의 기쁨인 줄 확신함이로라 4내가 마음에 큰 눌림과 걱정이 있어 많
은 눈물로 너희에게 썼노니 이는 너희로 근심하게 하려 한 것이 아니요 오직
내가 너희를 향하여 넘치는 사랑이 있음을 너희로 알게 하려 함이라

여기에도 불행한 사건의 메아리가 있다. 서론에서 본 바와 같이 다음과 같은 일이 계속해서 일어난 것 같다. 고린도 교회의 상태는 더욱 악화되었다. 교회는 당파로 분열되었으며 바울의 권위를 부인하는 자들도 생겼다. 이러한 사태를 개선하고자 바울은 고린도를 잠시 동안 방문한 일이 있다. 그러나 사태가 개선되기는커녕 더욱 악화되어 바울은 크게 낙심하였다. 그 결과 바울은 매우 엄한 책망의 편지를 마음 아파하며 눈물을 흘리며 써 보냈던 것이다. 바울이 고린도를 재차 방문하겠다고 했던 약속을 이행하지 않은 까닭이 바로 그런 데 있었다. 그러한 상태에서는 바울의 방문이 바울 자신이나 고린도 교인들에게 상처를 줄 뿐인 것을 알았기 때문이다.

이 부분의 배후에는 사랑하는 이들을 엄중히 책망하여야 하는 바울의 모든 심정이 있다. 그리고 우리는 여기서 한 성자가 책망하여야 할 때는 어떻게 책망하는지를 생생하게 볼 수 있다.

I. 바울의 엄한 태도나 책망은 만부득이한 것이었다. 바울이 그러한 태도를 취한 것은 달리 방법이 없고 그렇게 할 수밖에 없게 된 어쩔 수 없는 상황에 처했을 때뿐이다. 어떤 사람들은 항상 남의 허물을 찾으며, 그들의 혀는 항상 남을 비판하기에 바쁘고, 그들의 말에는 독기와 칼날이 들어 있다. 그러나 바울은 그러한 사람이 아니었다. 그 점에서 바울은 지혜로운 사람이었다. 우리가 언제나 비판적이며 남의 허물만 찾는다면, 또 우리가 언제나 습관적으로 화를 잘 내며 쌀쌀하게 대해 준다면, 또 칭찬은 전혀 하지 않고 책망만 한다면, 모처럼 엄격함이 효과 없이 된다는 것은 명백하다. 언제나 엄하기만 하면 그 가치는 떨어지고 만다. 책망을 자주 하지 않고 꼭 필요한 때 한 번 하면 그 책망은 매우 효과적이다. 그리고 어떤 경우든지 참된 기독교인의 눈은 칭찬할 것을 찾되 비판할 것은 찾지 않는다.

II. 바울은 사랑으로 책망하였다. 그는 일생을 통해 한 번이라도 단지 남을 상처 주기 위해 말한 때가 없다. 가혹하고도 잔인한 말을 듣고 마음이 아파하는 사람을 보고 사디스트적인 쾌락을 느끼는 사람이 있다. 그러나 바울은 그러한 사람이 아니었다. 그는 그 사람에게 고통을 주기 위해 책망하지 않았다. 그는 언제나 기쁨을 되찾아 주기 위해 책망하였다. 존 녹스는 죽음의 자리에서 다음과 같이 말했다. "내가 매우 엄한 말로 정죄한 사람에 대해서도 나는 그들의 인격은 언제나 증오하지 않았다는 것을 하나님은 아신다." 죄는 미워하되 죄인은 사랑할 수 있다. 유일한 교화적인 책망은 그 사람을 사랑의 팔로 감싸는 것이다. 노여움의 불꽃이 일고 있는 책망은 그 사람에게 상처 주며 무서워하게 만들 것이다. 그러나 상처 받고 슬퍼하는 사람의 책망만이 그 사람의 마음을 열어 놓을 수 있다.

III. 바울은 지배욕을 갖고 책망한 것이 아니다. 현대소설 가운데 아버지가 아들에게 다음과 같이 말하는 장면이 있다. "나는 사랑의 하나님을 무서워하는 마음을 네 속에 집어넣어 주려고 한다." 설교하는 사람과 교사들이 초래하기 쉬운 커다란 위험은 사람들을 설득하고 억지로라도 자신들과 같은 생각을 가지도록 하려는 것과 그들의 주장과 견해가 다를 때는 무조건 잘못이라고 주장하는 것이 자신들의 의무라고 생각하게 되는 것이다. 교사의 책임은 사람들에게 어떤 신념을 집어넣어 주는 것이 아니라 그들이 자신의 신념에 스스로 생각해 낼 수 있도록 그들에게 용기를 불어넣어 주는 것이다. 그들의 목적은 개개인의 인격을 소멸시키는 것이 아니라 발전시켜 주는 것이며, 교사의 희미한 복사판을 만들어 내는 것이 아니라 독립된 인간을 만들어 내는 것이다. 위대한 교사 브루스(A. B. Bruce)의 가르침을 받은 사람이 다음과 같이 말했다. "그분은 닻줄을 끊고 우리에게 푸른 바다를 보게 해 주셨다." 바울은 교사로서 때로는 훈계하고 지도해야 하면서도 결코 지배자가 되어서는 안 된다는 것을 알았다.

IV. 끝으로 바울은 비록 마지못해 책망하고, 다른 사람의 장점만을 보려고 하며, 그의 마음속에 사랑이 있는데도 책망이 필요할 때는 책망했다. 바울은 책망하기를 원하지 않는다. 그러나 책망이 절대적으로 필요할 때는 책망하기를 피하지 않았다. 존 녹스가 돈 칼로스와 결혼하고자 하는 메리 여왕을 책망했을 때, 여왕은 처음엔 노여워하기도 하고 불경을 야단치기도 했으나 후에는 눈물을 많이 흘리며 애원하기도 했다. 하지만 녹스는 이렇게 대답했다. "나는 하나님의 피조물이 우는 것을 보기 싫어합니다. 나는 내 손으로 때린 내 자식의 눈물도 차마 보지 못합니다. 하물며 폐하의 눈물은 더욱 기뻐할 수 없습니다. 그러나 내가 침묵을 지킴으로써 나의 양심이 상처를 입고, 국가를 배반하기보다는 비록 원하지 않지만 폐하의 눈물을 참고 볼 수밖에 없습니다."

우리는 잘못된 친절 때문에, 또는 말썽을 피하고자 책망을 주저할 때가 적지 않다. 그러나 말썽을 피하면 더 큰 말썽이 쌓이며 게으르고 비겁하고 평화를 구하면 더 큰 위험을 초래할 때가 있다. 우리가 사랑과 이해로 나의 자랑을 위해서가 아니라 다른 사람들의 궁극적인 이익을 위한다면, 우리는 말하여야 할 때와 침묵하여야 할 때를 알게 된다.

한 죄인의 용서를 위한 호소

고린도후서 2:5-11

5근심하게 한 자가 있었을지라도 나를 근심하게 한 것이 아니요 어느 정도
너희 모두를 근심하게 한 것이니 어느 정도라 함은 내가 너무 지나치게 말하
지 아니하려 함이라 6이러한 사람은 많은 사람에게서 벌 받는 것이 마땅하도
다 7그런즉 너희는 차라리 그를 용서하고 위로할 것이니 그가 너무 많은 근
심에 잠길까 두려워하노라 헬, 삼키울까 8그러므로 너희를 권하노니 사랑을
그들에게 나타내라 9너희가 범사에 순종하는지 그 증거를 알고자 하여 내가
이것을 너희에게 썼노라 10너희가 무슨 일에든지 누구를 용서하면 나도 그리
하고 내가 만일 용서한 일이 있으면 용서한 그것은 너희를 위하여 그리스도
앞에서 한 것이니 11이는 우리로 사탄에게 속지 않게 하려 함이라 우리는 그
계책을 알지 못하는 바가 아니로라

여기에도 말씽과 불행한 사건의 메아리가 있다. 바울이 전에 고린도를 방문하였을 때 거기에서 반대파의 주모자가 있었다. 그의 잠시 동안 불행한 방문은 한 사람의 책동 때문에 끝나고 말았다. 이 사람 자신이 분명히 바울을 욕했다. 바울

은 이 사람을 경계해야 한다고 주장했다. 대다수의 고린도 교인들은 이 사람의 행동이 단지 바울의 마음을 아프게 했을 뿐 아니라 모든 고린도 교회의 명예와 명성을 훼손시켰다고 보게 되었다. 그리하여 그를 징계하게 되었다. 그러나 그에게 준 징계가 너무 약하다고 생각하는 사람들이, 또 보다 가혹한 형벌을 주라고 요구하는 사람들이 있었다. 이때 바울의 위대함이 나타난다. 바울은 다음과 같이 호소한다. 징계는 그 정도로 충분하다. 그러한 징계로 고린도 교인들은 자신들의 순종을 나타냈다. 그 사람은 지금 회개하고 있다. 그 이상의 징계는 해가 될지언정 도움은 되지 못한다. 더 이상의 징계는 그 사람을 오로지 절망으로 몰아넣을 것이기 때문이다. 그리고 그것은 그리스도와 교회에 봉사하는 일이 되지 못하고 도리어 사탄이 그 사람을 유혹하여 붙잡게 하는 것이 된다.

바울이 단지 인간적인 동기에 의해서만 그 사람에게 징계를 가하게 했다면 바울은 한때 그의 원수였던 그 사람의 비참한 운명을 보고 만족했을 것이다. 형벌 위에 형벌을 가하면서 기뻐하는 것은 너무나 인간적인 태도라고 말할 수 있다. 이 경우처럼 존귀한 바울의 성품이 드러난 곳이 또 없다. 우아한 마음을 갖고 바울은 한때 그의 원수였던 사람에게 자비를 베풀어 줄 것을 호소한다. 바울은 여기서 우리가 다른 사람에게서 상처 받고 모욕당했을 때 기독교인으로서 어떻게 처신할 것인지에 대한 가장 좋은 모범을 보여 준다.

I. 바울은 그 문제를 전혀 개인적인 문제로 다루지 않았다. 자신의 개인적인 감정이 상처를 받았다는 것은 중요하지 않았다. 바울이 근심한 것은 교회의 올바른 규율과 평화였다. 모든 것을 개인적인 문제로 받아들이는 사람들이 있다. 그런 사람들은 다른 사람이 친절하게 말해 준 비판을 모두 자신에 대한 모욕으로 받아들인다. 그런 사람들은 어떤 종류의 사람들보다 모든 모임의 평화를 교란하는 사람들이다. 비판이나 충고는 대부분 우리를 상처 주기 위해서가 아니라 도와주기 위해, 공동체나 교회를 위한 우리의 봉사를 중지시키기 위해서가 아니라 보다 좋은 봉사가 되게 하기 위한 것임을 기억해야 한다.

II. 바울이 행한 징계의 모든 동기는 복수가 아니라 교정이었다. 그의 목적은 그 사람을 쓰러뜨리는 것이 아니라 오히려 일으켜 주기 위한 것이었다. 바울의 목적은 인간을 추상적인 정의의 표준으로가 아니라 기독교인의 사랑으로 판단하고자 하는 것이었다. 바울의 목적은 악인을 벌 주고자 하는 것이 아니라 그를 변화시키고자 하는 것이었다.

죄라는 선한 자질이 사실 잘못된 방향으로 흘러간 경우가 많다. 성공적인 강도 계획을 세울 수 있는 사람은 적어도 독창력과 조직력이 있는 사람이다. 자만은 결국 일종의 강화된 독립정신이다. 인색은 검약이 지나친 것이다. 능숙한 금고 절도나 그와 같은 사람들이 전시에는 특공대에서 훌륭한 일을 했다는 기록이 있다. 바울이 행한 징계의 목적은 그러한 사람들에게 있는 자질을 말살시키려는 것이 아니라 보다 고상한 목적을 위해 집중하게 하며, 동력화하며, 좋은 곳에 이용될 수 있게 하려는 것이었다. 기독교인의 의무는 죄인을 야단쳐서 굴복시키고 무해한 인간으로 만드는 것이 아니라 선한 일을 하도록 고취하여 그를 성자로 만드는 것이다.

III. 바울의 주장은 형벌이 결코 절망으로 몰아넣거나, 그 사람을 낙심시켜서는 안 된다는 것이었다. 사람을 잘못 다루면 때로 사탄의 팔에 안겨 주는 결과가 된다. 지나친 엄격은 인간을 교회와 그 교제에서 몰아내는 반면에 동정어린 교제는 교회로 불러들일 수 있다. 정신이상에 걸렸던 마리아 램프는 어머니에게서 가혹한 취급을 당했는데 그때마다 한숨지으면서 "나는 어째서 어머니를 기쁘게 하지 못할까"라고 말했다고 한다. 루터는 주기도문을 외우는 것이 몹시 꺼림칙했다고 한다. 그의 아버지는 너무나 엄격했기에 아버지란 말이 그에게는 무서운 공포의 그림자를 던져 주었기 때문이다. 그래서 루터는 항상 "채찍을 버리면 자식도 버린다. 그렇다! 하지만 채찍 옆에 사과를 놓아두라. 그리고 그가 잘했을 때는 그 사과를 주라"고 했다.

형벌은 사람을 격려하는 것이 되어야 하며 낙담하게 해서는 안 된다. 그것의 목적은 선을 위한 싸움을 포기하는 절망이 아니라 보다 위대하고도 성공적인 싸움을 싸우도록 하는 새로운 인생관을 갖게 하는 것이어야 한다. 마지막으로 볼 때 그러한 일은 우리가 한 인간을 벌하면서도 그 사람을 여전히 믿는다는 것이 명백할 때만 가능한 것이다.

그리스도의 개선에서

고린도후서 2:12-17

[12]내가 그리스도의 복음을 위하여 드로아에 이르매 주 안에서 문이 내게 열
렸으되 [13]내가 내 형제 디도를 만나지 못하므로 내 심령이 편하지 못하여 그
들을 작별하고 마게도냐로 갔노라 [14]항상 우리를 그리스도 안에서 이기게 하
시고 우리로 말미암아 각처에서 그리스도를 아는 냄새를 나타내시는 하나님
께 감사하노라 [15]우리는 구원 받는 자들에게나 망하는 자들에게나 하나님 앞
에서 그리스도의 향기니 [16]이 사람에게는 사망으로부터 사망에 이르는 냄새
요 저 사람에게는 생명으로부터 생명에 이르는 냄새라 누가 이 일을 감당하
리요 [17]우리는 수많은 사람들처럼 하나님의 말씀을 혼잡하게 하지 아니하고
곧 순전함으로 하나님께 받은 것같이 하나님 앞에서와 그리스도 안에서 말
하노라

바울은 고린도에서 어떤 일이 일어나고 있는지 걱정이 되어 할 일이 많은 드로아지만 거기서 그대로 기다리지 못하고 아직 오지 않은 디도를 만나기 위해 마중 나간 사실부터 말하기 시작한다. 그러고 나서 그는 모든 것을 결국에는 잘 해결해 주신 하나님께 승리의 함성을 외치고 있다.

14-16절은 그것 자체만 갖고는 이해하기 곤란하다. 그러나 바울의 사상적인 배경에 비추어서 읽으면 그 생생한 모습이 떠오른다. 바울은 그리스도의 개선에 참예하는 일과 어떤 사람에게는 죽음의 향기가 되고 어떤 사람에게는 생명의 향기가 되는 그리스도의 향기가 되는 일에 대해 말한다.

바울의 마음속에는 로마의 **개선식**과 세계 정복자로서 그리스도의 모습이 그려져 있었다. 전쟁에 승리한 로마의 장군에게 주어지는 최고의 영예는 개선식을

베풀어 주는 것이었다. 이러한 영예를 얻기까지는 몇 가지 조건이 채워져야 했다. 그는 전쟁터에서 실제로 최고 사령관이어야 했다. 전투가 완전히 끝나고 그 지역이 평정되고 승리한 군인들은 귀국해야 했다. 한 번의 전투에서 적어도 5천 명 이상의 적을 무찔러야 했다. 영토를 확실히 확장시켜야 했다. 단순히 재난을 평정하거나 적의 공격을 격퇴한 것이어서는 안 되었다. 그리고 그것은 외적에 대한 승리이어야지 내란에서 승리한 것이 되어서는 안 되었다.

개선식에서 개선장군의 행렬은 다음과 같은 순서로 로마의 거리를 지나 주피터의 신전까지 행진하였다. 첫째는 정부요인들과 원로원 의원들이 섰다. 그 다음엔 나팔수, 그 다음은 점령지에서 가져온 전리품들이 운반되었다. 예를 들면 타이터스가 예루살렘을 정복했을 때는 일곱 가지 촛대, 떡을 올려놓는 황금의 제상, 황금나팔 등이 로마 거리로 운반되었다. 그 다음엔 점령지의 그림이나 정복한 요새나 선박의 모형이 운반되었다. 그 다음엔 제물로 드릴 흰 황소가 뒤따랐다. 그 뒤로 잠깐 동안 옥에 넣었다가 곧 처형하게 될 적국의 왕족, 지도자, 장군과 같은 불쌍한 포로들이 사슬에 매인 채 걸어갔다. 그 뒤로는 회초리를 든 병정들, 또 그들을 뒤따라서 향을 태우는 향로를 흔들며 제사장들이 행진했다. 그러고 나서 장군 자신이 행진하였다. 장군은 네 마리의 말이 이끄는 전차 위에 서서 행진했다. 그는 금실로 종려나무 잎을 수놓은 자줏빛 군복을 입고 그 위에 황금별이 달린 겉옷을 걸쳤다. 그 손끝에는 로마의 독수리가 달린 상아의 홀이 들려졌으며, 그의 머리 위에는 한 노예가 주피터의 관을 받들고 있다. 그의 뒤에는 가족이 말을 타고 뒤따랐으며 맨 마지막으로, 있는 대로 성장한 군인들이 승리의 함성인 **이오 트리움페**라고 외치며 행진하였다. 성장하고 꽃으로 둘러싸인 채 환호하는 군중 사이로 거리를 행진하였는데 그것은 일생에 한 번 볼까 말까 한 굉장한 날이었다.

그것이 바울의 마음속에 있는 그림이다. 그는 정복자 그리스도가 전 세계를 향해 개선행진을 벌이며, 자기 자신도 그 행진에 참여하고 있음을 본다. 이 개선은 아무도 막을 수 없다고 바울은 확신하고 있다. 우리는 로마의 개선행렬 가운데는 향이 타는 향로를 흔들며 따라가는 제사장들이 있는 것을 보았다. 이제 장군에게나 개선군에게는 향로에서 나오는 향기가 기쁨과 승리와 생명의 향기가 될 것이지만, 그들보다 약간 앞서 걸어가는 불쌍한 포로들에게는 죽음의 냄새였다. 그것은 과거의 패배와 앞으로 올 처형을 의미하는 것이었기 때문이다. 그리하여 바울은 승리자 그리스도의 복음을 전파하는 자기 자신과 동료 사도들을 생각한다. 복음을 받아들이는 자에게는 개선군에게 그러했던 것처럼 그것은 생명의 향기가 된다. 그러나 거부하는 자에게는 패배자들에게 그러했던 것처럼 그것은 죽음의 냄새가 된다. 한 가지 사실을 바울은 확신하고 있었다. 그것은 전 세계라도 그리스도를 이길 수 없다는 것이었다. 그는 비관적인 공포가 아니라 그리스도의 불패의 위엄을 아는 영광스러운 낙관을 갖고 살았다.

그런데 또다시 마지막 구절에서 불행한 메아리가 들려온다. 바울은 그리스도를 전하기에 부적당한 사람이라고 말하는 이들이 있었다. 그보다도 더 나쁘게 말해 바울은 복음을 이용해서 돈벌이를 하며 자기 배만 불리는 자라고 말하는 사람들이 있었다. 또다시 바울은 **에일크리네이아**(eilikrineia)라는 말은 **순전함**(purity)이란 의미로 사용한다. 그의 동기는 빛나는 햇빛의 투시 속에서도 흠 잡힐 데가 없을 것이다. 그의 메시지는 하나님으로부터 온 것이다. 그것은 그리스도 자신의 조사를 받아도 능히 견딜 수 있을 것이다. 바울은 다른 사람들이 무엇이라고 하든지 겁내지 않았다. 그가 하나님의 허락을 받았으며, 그리스도로부터 "잘하였다"는 칭찬을 들었다고 그의 양심이 증명해 주었기 때문이다.

The Letter to the Corinthians 03

각자가 그리스도의 편지

고린도후서 3:1-3

[1]우리가 다시 자천하기를 시작하겠느냐 우리가 어찌 어떤 사람처럼 추천서
를 너희에게 부치거나 혹은 너희에게 받거나 할 필요가 있느냐 [2]너희는 우리
의 편지라 우리 마음에 썼고 뭇 사람이 알고 읽는 바라 [3]너희는 우리로 말미
암아 나타난 그리스도의 편지니 이는 먹으로 쓴 것이 아니요 오직 살아 계신
하나님의 영으로 쓴 것이며 또 돌판에 쓴 것이 아니요 오직 육의 마음판에
쓴 것이라

이 부분의 배후에는 고대 세계에 널리 행해지던 관습과 관련되어 있다. 그것은 사람을 보낼 때 추천서를 함께 보낸다는 관습이었다. 어떤 사람이 낯선 곳에 갈 때는 그곳에 있는 이를 알고 있는 그의 친구가 그를 소개하며 그의 성품을 입증하는 추천서를 써 주었다. 그것은 우리가 알고 있는 **신원증명서**나 **자격증서**와 매우 비슷한 것이었다. 여기에 그러한 편지가 하나 있다. 그것은 파피루스 가운데서 발견된 것인데 한 **봉신**(封臣), 즉 모든 봉사에서 특별히 면제되는 특권을 가진 병사인 아우레리우스 알케라우스라는 사람이 쥬리우스 도미티우스라는 그

의 군단 사령관에게 써 보낸 편지다. 그 편지는 데온이란 사람을 소개하며 추천하는 것이다.

"군단 사령관 쥬리우스 도미티우스 각하에게, 각하의 봉신 아우레리우스 알케라우스가 문안드리옵나이다. 전에도 나의 친구 데온을 각하께 추천한 일이 있사옵니다만 이번에 다시금 각하께서 과거에 저를 대하시듯 그 친구를 대해 주시기를 감히 청하옵나이다. 그는 각하의 귀여움을 받을 수 있는 사람입니다. 그는 그의 가족과 재산과 사업도 버리고 저를 따라 나섰던 것이며 모든 재난 가운데서 저를 안전하게 보호해 주었습니다. 따라서 저는 그가 즉시 각하를 뵈올 수 있도록 허락해 주시기를 바라나이다. 그가 우리의 일에 대해 모든 것을 각하께 말씀드릴 수 있사옵니다. …저는 그를 귀여워했습니다. …각하와 각하의 가족에게 행운과 건강과 장수의 축복이 같이하시기를 기원하나이다. 이 편지를 각하의 눈이 닿는 곳에 놓아두고 보시면서 제가 각하의 이야기를 늘 하고 있다는 것을 생각해 주시기 바라나이다. 안녕히 계시옵소서."

바울이 생각하고 있었던 것은 그러한 종류의 추천서나 신원증명서였다. 신약성경 가운데도 그러한 편지가 하나 있다. 로마서 16장은 겐그레아 교회의 회원인 뵈뵈를 로마에 있는 교회에 소개하기 위해 쓴 바울의 추천서다. 예전이나 지금이나 때로는 종이 위에 쓴 자격증서 같은 것을 대수롭지 않게 여길 때가 있다. 어떤 사람이 견유학파의 철학자 디오게네스에게 그러한 편지를 써 주기를 간청했다. 그때 디오게네스는 이렇게 대답하였다. "네가 사람이란 것은 그가 한 번만 보아도 알 것이다. 그러나 네가 좋은 사람인가 나쁜 사람인가 하는 것은 그가 선악을 분별할 수 있는 능력을 가졌다면 알 수 있을 것이다. 그러나 그에게 그러한 능력이 없다면 내가 비록 수천 번 편지를 써 준대도 역시 너에 대한 진실을 모를 것이다." 그러나 그리스도의 교회에서는 그러한 추천서가 필요하였다. 이교도의 풍자가인 루시안도 기독교인들은 너무나 단순한 마음을 가졌기에 어떤 야바위꾼도 한 재산을 모을 수 있다고 했을 정도로 속이기 쉬웠기 때문이다.

바울 서신의 앞서 나오는 문장들은 바울이 자신을 추천하는 글처럼 읽기 쉽다. 그런데 바울은 그러한 추천서가 자신에게는 필요 없다고 언명한다. 그리고 고린도에서 문제를 일으키고 있는 무리를 곁눈질한다. 그는 "추천서를 갖고 너희에게 왔으며 너희에게서 추천서를 받아 가진 사람들이 다소 있을 것이다"라고 말한다. 그들은 바울의 사업을 방해하기 위해 산헤드린의 신임장을 갖고 온 유대인 밀사들이었을 것이다. 예전엔 바울도 교회를 말살하기 위하여 다메섹으로 갈 때 그러한 편지를 갖고 갔던 일이 있다(행 9:2). 바울은 자신의 유일한 신임장은 고린도 교인 자신들이라고 한다. 그들의 성격과 생활의 변화야말로 바울이 필요로 하는 유일한 추천서다.

그러고 나서 바울은 커다란 주장을 펴고자 한다. 그들 각자가 그리스도의 편지다. 플라톤은 훌륭한 선생은 자신의 교훈을 희미해질 잉크로 쓰거나 말하지 못하는 글자로 쓰지 않는다고 말했다. 그는 제자를 찾아 교훈의 씨를 그것을 이해하는 마음에 심는다. 그는 자신의 교훈을 인간 위에다 쓴다. 그것이 바로 예수께서 쓰신 방법이다. 예수께서는 자신의 교훈을 고린도인들에게 줄 때 자신의 종 바울을 통해 희미해질 잉크가 아니라 성령으로, 율법이 최고로 쓰인 것처럼 돌판 위에게 아니라 사람들의 마음에 쓰셨던 것이다.

여기에는 위대한 진리, 곧 영감과 무서운 경고를 아울러 지닌 진리가 있다. 즉, 모든 사람은 예수 그리스도의 공개장이라는 것이다. 모든 기독교인은 원하든 원치 않든 그리스도와 기독교를 위한 하나의 광고판이다. 교회의 명예, 그리스도의 명예는 성도의 손에 달려 있다. 우리는 팔고 있는 상품을 보고 그 주인을 판단하며, 만든 물건을 보고 그것을 만든 사람을 판단하며, 교회가 길러 낸 사람을 보고 그 교회를 판단한다. 따라서 사람들은 성도를 보고 그리스도를 판단한다. 여러 해 동안 믿지 않는 자들을 상대로 옥외 집회를 가진 바 있는 딕크 쉐파드는 다음과 같은 사실을 발견했다. "교회가 가진 가장 불리한 조건은 교인들의 만족스럽지 못한 생활이다." 세상에 나갈 때 우리는 그리스도와 교회를 위한 공개장이며, 광고판이 된다는 엄숙한 책임을 가진다.

더 큰 영광

고린도후서 3:4-11

4우리가 그리스도로 말미암아 하나님을 향하여 이 같은 확신이 있으니 5우리
가 무슨 일이든지 우리에게서 난 것같이 스스로 만족할 것이 아니니 우리의
만족은 오직 하나님으로부터 나느니라 6그가 또한 우리를 새 언약의 일꾼 되
기에 만족하게 하셨으니 율법 조문으로 하지 아니하고 오직 영으로 함이니
율법 조문은 죽이는 것이요 영은 살리는 것이니라 7돌에 써서 새긴 죽게 하
는 율법 조문의 직분도 영광이 있어 이스라엘 자손들은 모세의 얼굴의 없어
질 영광 때문에도 그 얼굴을 주목하지 못하였거든 8하물며 영의 직분은 더욱
영광이 있지 아니하겠느냐 9정죄의 직분도 영광이 있은즉 의의 직분은 영광
이 더욱 넘치리라 10영광되었던 것이 더 큰 영광으로 말미암아 이에 영광될
것이 없으나 11없어질 것도 영광으로 말미암았은즉 길이 있을 것은 더욱 영
광 가운데 있느니라

이 부분은 두 개로 나누인다. 처음 부분에서 바울은 고린도 교인들이 자신이 목회하면서 이룩한 살아 있는 그리스도의 편지라고 한 주장이 자화자찬처럼 생각된다고 느끼고 있다. 그래서 그는 급히 서둘러 자신이 한 모든 일을 자신의 힘으로 한 일이 아니라 하나님께서 하신 일이라고 강조한다. 그에게 맡겨진 사명을 하나님께서 감당할 수 있게 하셨다는 것이다. 바울은 유대인이 때로 하나님을 일컬은 위대한 칭호 가운데 하나가 가진 기발한 의미를 생각하고 있었는지 모른다. 그들은 하나님을 **엘 샤다이**(el shaddai), 즉 **전능하신 이**라 일컬었는데, 때로 유대인은 엘 샤다이를 **넉넉하신 이**를 뜻한다고 설명했다. 바울이 자신의 직분에 넉넉하게 하신 이는 모든 일에 넉넉하신 하나님이다.

해리어드 비처 스토 여사가 소설 《톰 아저씨의 오두막집》을 출판했을 때 미국에서 일 년에 30만 권이 팔렸다. 그리고 20여 개 외국어로 번역되었다. 팔마스톤 경은 30년 동안이나 소설 한 권 읽은 일이 없는 사람인데도 "그 소설만은 이야기

로서도 훌륭할 뿐 아니라 정치도를 보여 주는 데서도 훌륭한 책이다"라고 칭찬하였다. 추밀원 고문관인 콕번 경은 이 책이 다른 어느 소설보다도 인간을 위한 공언이 크다고 언명하였다. 톨스토이는 이 책을 인간 정신이 이룩한 위대한 성취의 하나로 여겼다. 분명히 이 책은 다른 어느 것보다도 노예 해방에 공헌한 바가 크다. 그런데도 해리어드 비처 스토 여사는 이 책의 작가로서 영예를 거부하였다. 그녀는 "내가 《톰 아저씨의 오두막집》의 작가라고요? 아닙니다. 절대로 아닙니다. 나는 이야기를 억제할 수 없었습니다. 이야기는 저절로 써진 것입니다. 주님께서 쓰셨습니다. 그리고 나는 주님의 손에 들려진 비천한 도구에 불과했습니다. 모든 것이 차례차례 환상으로 보였고, 나는 단지 그것을 글로 옮겨 놓은 것뿐입니다. 찬송은 주님께만 돌려야 합니다"라고 말했다. 그녀의 재능은 하나님의 것이었다.

바울의 경우도 마찬가지였다. 바울은 결코 "내가 한 일을 보라"고 말하지 않았다. 바울은 언제나 "하나님께 영광을 돌리라"고 했다. 그는 어떤 일에 대해서든지 그 일을 성취할 능력이 자신에게 있다고 하지 않았다. 하나님께서 그 능력을 주신다고 했다. 따라서 바울은 자신의 연약함과 부족함을 알면서도 자신에게 맡겨진 사명을 거절할 수 없었던 것이다. 그는 결코 사명을 자기 혼자 하지 않았다. 하나님과 함께 일하였다.

둘째 부분은 옛 언약과 새 언약과의 대조에 대해 말하고 있다. 계약이란 두 사람이 동의하여 하나의 특정한 관계에 돌입하는 것이다. 성경적으로 볼 때 계약이란 보통의 합의와는 다르다. 보통의 합의는 계약하는 양자가 평등하고 동등한 입장에 서는 것이기 때문이다. 그러나 성경적인 의미에서 계약은 하나님께서 기선을 잡고, 하나님께서 주도권을 잡으시고, 하나님께서 인간에게 접근하여 어떤 조건 위에 세워진 하나의 관계를 제안하는 것이기 때문에 인간은 계약을 제시하거나 변명할 수 없으며, 단지 그것을 받아들이거나 거절할 수 있을 뿐이다. 바울이 새 언약이라고 말할 때 사용한 **새롭다**는 말은 예수께서 사용하신 것과 같은 말이며 매우 의미심장한 것이다.

헬라어에는 새롭다는 의미의 말이 두 개 있다. 첫째는 네오스(neos)인데, **네오스**는 **시간적으로만 새롭다**는 의미다. 젊은이는 **네오스**다. 그는 이 세상에 새로

온 사람이기 때문이다. 둘째는 카이노스(kainos)인데, **카이노스**는 시간적으로만 아니라 **질적으로도 새롭다**는 의미다. 어떤 사물이 **카이노스**하다면 그것은 어떤 상황에다가 새롭고, 신선하고, 지금까지와는 다른 요소를 가져온 것을 말한다. 예수나 바울이 다 같이 사용한 새 언약이라는 말은 모두 **카이노스**다. 그리고 그것은 새 언약이 옛 언약과는 시간적으로 새로울 뿐 아니라 종류와 질적인 면에서도 완전히 다르다는 면에서 의미심장한 것이다. 새 언약은 인간과 하나님 사이에 새로울 뿐 아니라 전적으로 다른 종류의 관계를 형성하여 준다.

그러면 그 차이는 어떤 것인가?

I. 옛 언약은 문서에 기초하였다. 우리는 그 이야기의 시작을 출애굽기 24장 1-8절에서 볼 수 있다. 모세가 언약서를 취하여 그것을 백성에게 낭독하였으며 백성은 거기에 동의하였다. 이에 반해 새 언약은 생명을 주는 성령의 능력에 기초하고 있다. 문서, 책, 법전과 같은 것은 언제나 외면적인 것이다. 따라서 그것은 그것에 동의하는 이에게 외부에서 부과된 것이다. 그러나 성령의 활동은 바로 인간의 마음을 변화시킨다. 인간은 법전에 대해 내심으로는 거절하기를 바라면서도 겉으로는 복종할 수 있다. 그러나 성령이 그의 마음에 임하고 그의 마음을 주장하면, 그는 변화 받은 사람이 되기 때문에 법을 어기지 않을 뿐 아니라 어기려고도 하지 않게 된다. 법은 율법만을 변화시킬 수 있고 오직 성령만이 인간의 본성을 변화시킬 수 있다.

II. 옛 언약은 치명적인 것이었다. 왜 그랬을까? 그것은 하나님과 인간 사이에 법적인 관계를 맺어 주었기 때문에 그렇다. 사실 옛 언약은 이렇게 말했다. "네가 하나님과의 관례를 유지하려면 이러한 율법들을 지켜라. 그것을 어기면 그 관계는 소멸된다." 그리하여 옛 언약은 하나님은 본질적으로 심판자, 인간은 본질적으로 하나님의 심판대 앞에 선 계약 불이행의 죄를 범한 죄인이라는 상황을 만들어 놓았다. 옛 언약은 다음과 같은 것들을 죽였기 때문에 치명적이라고 할 수 있다.

1. 그것은 **희망**을 죽였다. 옛 언약 아래서는 그것을 지킬 수 있는 희망을 아무

도 가질 수 없었다. 인간의 본성은 사실 그것을 지킬 수 없었으며, 지금도 없다. 따라서 옛 언약은 절망적인 좌절만을 가져다주었다.

2. 그것은 **생명**을 죽였다. 옛 언약 밑에서 인간은 정죄밖에 받은 것이 없다. 인간은 계약 불이행 때문에 정죄 받았으며 정죄는 곧 죽음을 의미하였다.

3. 그것은 **힘**을 죽였다. 인간에게 무엇을 할 것인가 말하는 것은 완벽하게 가능했지만, 인간이 그 일을 성취할 수 있도록 도와주지는 못했다. 병은 진단할 수 있었지만 치료할 수는 없었다.

그러나 새 언약은 전혀 달랐다.

1. 그것은 **사랑**의 관계였다. 그것은 하나님께서 세상을 그처럼 사랑하셨기 때문에 생긴 것이다.

2. 그것은 **아버지와 자녀들** 사이의 관계다. 인간은 계약을 불이행한 죄인일 수 없었다. 비록 불순종하긴 했어도 여전히 하나님의 자녀였다.

3. 그것은 인간의 생활을 변화시켰다. 그것은 인간에게 새로운 율법을 부과했기 때문이 아니라 **그의 마음을 변화시켰으며**, 그를 새로운 인간으로 만들어 주었기 때문이다.

4. 따라서 그것은 인간에게 무엇을 할 것인지 말했을 뿐 아니라 그 일을 성취할 수 있는 힘도 주었다. 계명과 함께 **힘도 주었다**.

그리하여 바울은 그 두 가지 관계, 두 가지 언약을 비교하기 시작한다. 옛 언약은 영광 가운데서 생겨났다. 모세가 옛 언약인 율법의 십계명을 갖고 산에서 내려왔을 때, 그의 얼굴은 아무도 감히 쳐다볼 수 없을 만큼 강한 광채로 빛났다 (출 34:30). 그것은 일시적인, 덧없는 광채였던 것이 분명하다. 그것은 영속하지도 못했으며, 할 수도 없었다. 그것은 없어질 것으로 생겨난 것이었다. 그러나 새로운 언약, 예수 그리스도가 하나님과 인간 사이에 가능케 한 새로운 관계는 보다 더 큰 광채를 갖고 있다. 그것은 정죄가 아니라 용서를, 죽음이 아니라 생명을, 빛나기 시작하자 곧 시들어 버리기 시작하는 광택이 아니라 영원히 없어지지 않을 영광을 가져왔기 때문이다.

그런데 여기에 하나의 경고가 있다. 유대인은 옛 언약, 율법을 택하였다. 그리고 새 언약, 그리스도 안에 있는 새로운 관계는 거절하였다. 옛 언약이 나쁜 것이었다는 말은 아니다. 단지 그것은 차선의 것이며, 위층으로 올라가는 계단에 불과했다. 한 훌륭한 주석가가 말했듯이 "해가 뜨면 등불은 쓸데없는 것이다". 또 누군가 말했듯이 "차선은 최선에게는 가장 큰 원수다". 일반적으로 인간은 보다 훌륭한 것이 제공되었을 때에도 여전히 옛 것에 대해 집착하곤 한다. 클로로포름 마취제가 처음 발명되었을 때 오랫동안 사람들은 소위 종교적인 이유 때문에 그것을 사용하기 거절하였다. 워즈워드와 그 밖의 낭만주의 시인들이 출현하였을 때 비평가들은 "낭만주의는 크게 성황을 이루지 못할 것이다"라고 말한 일이 있다. 와그너가 작곡을 시작하였을 때 사람들은 그것이 새롭다는 이유로 잘 받아들이지 않았다. 온 세계에 있는 교회는 옛 것에 집착하여 새 것을 거절한다. 언제나 이미 행하여진 것은 옳은 것이고, 아직 한 번도 행해진 일이 없는 것은 나쁜 것이라고 생각하는 것 같다. 우리는 인생에서 목적보다는 그 과정을 숭상하거나 최선을 무시하고 차선에 집착하는 일이 없도록, 하나님께서 우리에게 열어 주신 새로운 영광을 거절하는 일 따위는 없도록 조심하지 않으면 안 된다.

진리를 가리는 수건

고린도후서 3:12-18

12우리가 이 같은 소망이 있으므로 담대히 말하노니 13우리는 모세가 이스라
엘 자손들에게 장차 없어질 것의 결국을 주목하지 못하게 하려고 수건을 그
얼굴에 쓴 것같이 아니하노라 14그러나 그들의 마음이 완고하여 오늘까지도
구약을 읽을 때에 그 수건이 벗겨지지 아니하고 있으니 그 수건은 그리스도
안에서 없어질 것이라 15오늘까지 모세의 글을 읽을 때에 수건이 그 마음을
덮었도다 16그러나 언제든지 주께로 돌아가면 그 수건이 벗겨지리라 17주는
영이시니 주의 영이 계신 곳에는 자유가 있느니라 18우리가 다 수건을 벗은
얼굴로 거울을 보는 것같이 주의 영광을 보매 그와 같은 형상으로 변화하여
영광에서 영광에 이르니 곧 주의 영으로 말미암음이니라

여기서 나오는 모든 그림은 바로 앞의 부문에서 시작된 것이다. 바울은 모세가 산에서 내려왔을 때 그의 얼굴이 영광으로 빛났기 때문에 아무도 그를 한참 동안 쳐다볼 수 없었던 것에서부터 말을 시작한다.

I. 바울은 출애굽기 34장 33절을 회상한다. KJV은 이 절을 모세가 말을 마칠 때**까지** 그의 얼굴을 수건으로 가렸다고 번역하고 있다. 그런데 바울이 알고 있던 히브리 원전의 올바른 번역은 모세가 말을 마쳤을 **때** 그의 얼굴을 수건으로 가린 것이다. 옛이야기에는 나타나 있지 않지만 모세가 수건으로 자기 얼굴을 가린 것은 빛나던 영광이 점차 사라지는 것을 백성이 보지 못하도록 하기 위한 것이었다고 바울은 이해하고 있다. 따라서 바울이 첫째로 생각한 것은 옛 언약, 하나님과 인간과의 옛 관계가 갖고 있는 영광은 본질적으로 사라질 수밖에 없는 영광이라는 것이다. 그것은 물러갈 수밖에 없는 운명에 놓여 있다. 다만 악한 것이 바른 것 앞에서 물러가는 물러감이 아니라 불완전한 것이 완전한 것 앞에서, 과정이 최후의 목적 앞에서 물러가는 그러한 물러감이다. 모세를 통해 주어진 계시는 참되고 위대한 것이었다. 그러나 그것은 부분적인 것에 불과하였다. 예수 그리스도 안에서 주어진 계시는 충분하며 최종적이며 완전한 것이다. 옛날에 이미 어거스틴이 지혜롭게 말한 것같이 "구약성경이 신약성경과 같은 의롭고 선하신 하나님에게서 나온 것임을 부정하는 것은 구약성경에 대해 잘못을 저지르는 것이요, 한편 구약성경과 신약성경을 같은 수준에 놓으면 신약성경에 대해 잘못을 저지르는 것이다." 구약은 영광을 위한 한 단계며 신약은 영광의 절정이다.

II. 바울의 마음은 수건에 대한 생각에 사로잡혀 그것을 여러 가지로 논한다. 유대인은 안식일마다 회당에서 하는 것같이 구약성경의 말씀을 들을 경우 그들의 눈에 수건이 씌워져 있어 그 진실한 의미를 파악하지 못하게 한다고 바울은 말한다. 그들이 그 말씀을 들을 때 그 말씀은 그들에게 예수 그리스도를 가리키는 것인데도, 수건이 그것을 보지 못하게 한다. 마찬가지로 우리도 눈이 수건으로 가려 성경의 참된 의미를 보지 못한다.

1. 편견이라는 수건으로 가려질 수 있다. 우리는 너무나 자주 성경이 우리에

게 가르치는 바가 무엇인지 겸손히 배우려 하지 않고 나의 학설을 지지해 줄 귀를 찾기 위해 성경을 읽는다. 우리는 너무나 자주 성경에서 하나님의 진리를 발견하기 위해서가 아니라 나 자신의 견해를 지지해 주는 말씀을 찾기 위해 성경을 대한다.

2. **기대**라는 수건으로 가려질 수 있다. 우리는 너무나 자주 성경 안에 있는 그 자체를 발견하기보다는 거기에 있기를 기대하는 것을 찾으려 한다. 예를 들면 우리는 하나님의 사랑과 자비에 대한 구절들을 잘 읽지만 하나님의 진노와 심판에 대한 구절들은 일부러 읽으려 하지 않는다. 우리는 찾기를 기대하는 것은 찾으며, 보기를 원치 않는 것은 무시한다.

3. **단편적인 사고**라는 수건으로 가려질 수 있다. 우리는 언제나 성경을 전체적으로 보아야 한다. 우리는 개개의 구절을 따로 떼어 내어 생각하고 그것을 비평하기 쉽다. 구약성경의 어떤 부분을 기독교 이하라고 증명하기는 매우 쉽다. 성경에서 어떤 성경구절은 취하고 어떤 구절은 버림으로써 자신의 의견을 지지하도록 하기는 쉽다. 그러나 우리는 성경의 전체적인 교훈을 찾아야 한다. 그 말은 곧 성경을 그리스도의 빛에 비쳐 가면서 읽어야 한다는 말이다.

III. 유대인이 성경의 바른 의미를 볼 수 없게 하는 수건뿐 아니라 그들과 하나님과의 사이를 가리는 수건도 있다.

1. 때로 그것은 **불순종**이라는 수건이다. 대부분의 경우 우리가 하나님을 보지 못하게 하는 것은 지적인 맹목이 아니라 도덕적인 맹목이다. 우리가 불순종하면 할수록 그만큼 점점 더 하나님을 볼 수 없게 된다. 마음이 깨끗한 자만이 하나님의 환상을 볼 수 있다.

2. 때로 그것은 **배우려고 하지 않는 정신**이라는 수건이다. 스코틀랜드의 속담에도 있듯이 "보지 않으려는 자가 가장 심한 맹인이다." 이 세상에서 가장 훌륭한 교사라도 이미 모든 것을 알고 있기 때문에 배우려고 하지 않는 사람은 가르칠 수 없다. 하나님께서는 우리에게 자유의지를 주셨다. 그래서 자신의 생각을 고집하면 우리는 하나님의 뜻을 배울 수 없다.

IV. 바울은 계속해서 우리가 얼굴에 수건을 쓰지 않은 채 주의 영광을 보며, 따라서 우리도 영광에서 영광으로 변화한다고 말한다. 아마 바울은 우리가 그리스도를 주목하면 마침내 우리가 그의 영광을 반영한다는 것을 의미할 것이다. 주의 영광이 우리의 생활에 나타난다는 것이다. 주목하는 인물을 닮는다는 것은 인생의 법칙이다. 사람들은 영화배우를 보고 그 옷 모양이나 몸짓을 본 대로 흉내 내기 시작한다. 사람들은 영웅을 숭배하고 그 사람의 생활 태도를 반영하기 시작한다. 우리가 하나님을 응시하고, 예수 그리스도를 바라보고 걸어가고, 우리의 눈을 그분에게 고정시키면 마침내 우리가 그분을 반영하게 되며, 그것이 곧 영광스러운 기독교 생활이다.

이 구절에서 바울은 많은 사람에게 신학적으로 문제되는 바를 제시하고 있다. 그는 "주는 영이시라" 고 한다. 바울은 부활하신 주와 성령을 동일시하는 것 같다. 바울은 신학을 논술하는 것이 아니라 경험을 진술하고 있다는 것을 우리는 기억하여야 한다. 그리고 성령의 활동과 부활하신 주님의 활동은 하나며 같다는 것이 기독교 생활에서 얻는 경험이다. 우리가 받는 능력과 광명과 인도하심은 성령과 부활하신 주님으로부터 한 가지로 받는다. 그것이 우리의 경험인 이상 어떻게 표현하든지 상관없다.

성령이 계신 곳에는 자유함이 있다고 바울은 말한다. 하나님에 대한 인간의 순종이 율법의 문서나 법전에 대한 순종에 의해 지배되고 규정되는 한 인간은 원치 않는 종이나 노예의 입장에 있는 것임을 바울은 의미하고 있다. 그러나 순종이 인간의 마음에 역사하시는 성령의 활동에서 올 때는 그의 존재의 중심은 오직 하나님을 섬기고 그에게 순종하고자 하는 생각만이 있게 된다. 그때 그를 속박하는 것은 율법이 아니라 사랑이기 때문이다. 우리가 모르는 사람에게서 종과 같이 일하도록 강요당하였다면 우리는 그것을 매우 원망할 때가 많을 것이다. 그러나 우리가 사랑하는 이를 위하여 일한다면 그것은 하나의 특권이 된다. 사랑은 아무리 낮고 비천한 직무라도 영광으로 옷 입힌다. "우리의 완전한 자유는 하나님에 대한 봉사 안에서 찾을 수 있다."

The Letter to the Corinthians 04

가려진 눈

고린도후서 4:1-6

[1]그러므로 우리가 이 직분을 받아 긍휼하심을 입은 대로 낙심하지 아니하고
[2]이에 숨은 부끄러움의 일을 버리고 속임으로 행하지 아니하며 하나님의 말
씀을 혼잡하게 하지 아니하고 오직 진리를 나타냄으로 하나님 앞에서 각 사
람의 양심에 대하여 스스로 추천하노라 [3]만일 우리의 복음이 가리었으면 망
하는 자들에게 가리어진 것이라 [4]그 중에 이 세상의 신이 믿지 아니하는 자
들의 마음을 혼미하게 하여 그리스도의 영광의 복음의 광채가 비치지 못하
게 함이니 그리스도는 하나님의 형상이니라 [5]우리는 우리를 전파하는 것이
아니라 오직 그리스도 예수의 주 되신 것과 또 예수를 위하여 우리가 너희의
종 된 것을 전파함이라 [6]어두운 데에 빛이 비치라 말씀하셨던 그 하나님께서
예수 그리스도의 얼굴에 있는 하나님의 영광을 아는 빛을 우리 마음에 비추
셨느니라

여기서 바울은 직접적으로 혹은 함축적으로 네 가지 인간에 대해 말하고 있다.

I. 바울은 우선 자기 자신에 대해 말한다. 그는 자신에게 주어진 위대한 직무를 수행하는 데 결코 낙심하지 않았고 그 이유를 함축적으로 말한다. 그가 일을 계속하게 하는 것은 두 가지 있다.

1. 위대한 직무라는 의식이 있다. 위대한 직무임을 자각하는 사람은 놀랄 만한 일을 할 수 있다. 음악의 천재가 만든 위대한 작품 가운데 헨델의 〈메시아〉가 있다. 그 전곡이 **22일** 동안에 작곡되었으며, 그동안 헨델은 내내 거의 식사나 수면을 취하지 않았다고 한다. 위대한 활동이 가진 이상한 점은 그것을 수행하는 데 필요한 힘이 동시에 주어진다는 것이다.

2. 긍휼하심을 입은 기억이 있다. 자신을 구해 준 사람을 위해 자신의 전 생애와 모든 노력을 다해 무엇인지 해 보고자 한 것이 바울의 목적이었다.

II. 다음으로 바울은 그에게 반대하는 자, 그를 모략하는 자들에 대해 함축적으로 말하고 있다. 여기에는 또다시 불행한 사건의 메아리가 있다. 이 구절의 배후에서 우리는 바울의 적대자들이 그에게 퍼부은 세 가지 비난을 찾아볼 수 있다. 즉, 그들은 바울이 음흉한 방법을 사용하였으며, 제 뜻대로 하기 위해 교활한 수단을 사용하였으며, 복음의 메시지를 변경했다고 했다. 우리의 동기가 오해를 받고 우리가 취한 행동이 곡해를 받으며 우리의 말이 본래 의미에서 왜곡될 때 바울과 같이 훌륭한 사람에게도 그러한 일이 있었다는 것을 기억하면 큰 위로가 될 것이다.

III. 다음으로 바울은 복음을 받아들이기를 거절하는 사람들에 대해 말한다. 바울은 적어도 양심이 있는 사람이면 누구든지 복음의 주장과 호소를 받아들일 수 있을 정도로 자신은 전파했다고 강조한다. 그런데도 복음의 호소에 귀를 막으며 그 영광을 보지 않는 자들이 있다. 무엇 때문인가? 바울은 매우 어려운 말을 하고 있다. 이 세계의 신이 그들의 마음을 혼미케 했기 때문에 그들이 믿을 수 없다고 바울은 말한다.

성경 전체를 볼 때 그것을 쓴 사람들은 이 세상에 악의 세력이 존재한다는 것을 인식하고 있다. 때로 그 세력은 사탄이라고 불리며, 때로는 악마라고 불린다.

요한에 의하면 예수께서는 세 번씩이나 **이 세상의 임금**과 그의 패배에 대해 말씀하셨다(요 12:31, 14:30, 16:11). 에베소 2장 2절에서 바울은 **공중의 권세 잡은 자**에 대해 말하고 있으며, 여기서는 **이 세상의 신**에 대해 말한다. 주기도문에도 악한 세력에 대한 언급이 있는데, 그것은 마태복음 6장 13절을 "우리를 **악한 자**에게서 구하옵소서"라고 번역하는 것이 옳다고 생각되기 때문이다. 신약성경에 나타난 이러한 사상의 배후에는 확실한 영향과 출처가 있다.

1. 조로아스터교라고 일컬어지는 바사의 신앙은 전 우주를 광명의 신과 암흑의 신, 오르무즈드와 아리만 사이의 싸움터로 보고 있다. 인간의 운명은 이 우주적인 싸움에서 어느 편을 선택하느냐에 달려 있다. 유대인이 바사의 지배를 받았을 때 그러한 사상과 접촉하였으며 그들의 사상에 영향을 받았다는 것은 의심할 여지가 없다.

2. 유대인의 신앙의 기초에는 두 시대, 현재와 장차 올 시대라는 사상이 있다. 기독교가 시작될 무렵 유대인은 현시대는 완전히 악한 권세 아래서 손댈 수 없으리만큼 악하며, 장차 올 시대가 동트자마자 완전히 멸망될 운명이라고 믿게 되었다. 따라서 현시대는 틀림없이 이 세상의 신의 권세 아래서 참된 신에 대해 절대적이라고 생각하였다.

3. 하지만 악이라든가 적대하는 세력에 대한 사상은 신학적인 사상이 아니라 경험에서 나온 사실임을 기억해야 한다. 우리가 그것을 신학적으로 생각하면 큰 어려움에 봉착하게 된다. 하나님께서 창조하신 세계의 어디에서 그런 악한 세력이 나올 수 있는가? 그 궁극적인 결과는 무엇인가? 그러나 그것을 경험상 문제로 생각하면 이 세상의 악은 현실적으로 존재한다는 것을 모두가 알고 있다. 로버트 루이스 스티븐슨은 어디선가 이렇게 말하고 있다. "에딘버그에 있는 카레도니아 기차 정거장을 너는 알지? 차가운 동풍이 부는 날 아침 나는 거기서 사탄을 만났다." 스티븐슨이 말하는 경험은 누구나 알고 있다. 악한 세력에 대한 사상이 신학적으로나 철학적으로는 아무리 어려운 것이라 해도, 경험적으로는 쉽게 이해가 되는 사상이다. 그리스도의 좋은 소식을 믿고 받아들일 수 없는 사람은 이 세상의 악에게 자신을 맡겼기 때문에 하나님이 초대하시는 말씀을 들을 수 없는 사람이다. 하나님께서 그들을 막거나 버리시는 것이 아니다. 그들 자신

이 행동으로 자신들을 하나님께로부터 막아 버리는 것이다.

IV. 바울은 예수에 대해 말하고 있다. 예수 그리스도 안에서 우리는 하나님을 본다는 위대한 사상을 바울은 여기서 우리에게 간절히 호소하고 있다. 그리스도 안에서 우리는 하나님이 어떤 분이신지를 알 수 있다. "나를 본 자는 아버지를 보았거늘"(요 14:9)이라고 예수께서는 말씀하셨다. 바울은 설교할 때 "나를 보라"고 하지 않았다. "예수 그리스도를 보라! 너희는 그분에게서 사람이 보고 알 수 있는 형상으로 이 세상에 오신 하나님의 영광을 볼 수 있다"고 바울은 말했다.

환난과 승리

고린도후서 4:7-15

7우리가 이 보배를 질그릇에 가졌으니 이는 심히 큰 능력은 하나님께 있고
우리에게 있지 아니함을 알게 하려 함이라 8우리가 사방으로 욱여쌈을 당하
여도 싸이지 아니하며 답답한 일을 당하여도 낙심하지 아니하며 9박해를 받
아도 버린바 되지 아니하며 거꾸러뜨림을 당하여도 망하지 아니하고 10우리
가 항상 예수의 죽음을 몸에 짊어짐은 예수의 생명이 또한 우리 몸에 나타나
게 하려 함이라 11우리 살아 있는 자가 항상 예수를 위하여 죽음에 넘겨짐은
예수의 생명이 또한 우리 죽을 육체에 나타나게 하려 함이라 12그런즉 사망
은 우리 안에서 역사하고 생명은 너희 안에서 역사하느니라 13기록된바 내가
믿었으므로 말하였다 한 것같이 우리가 같은 믿음의 마음을 가졌으니 우리
도 믿었으므로 또한 말하노라 14주 예수를 다시 살리신 이가 예수와 함께 우
리도 다시 살리사 너희와 함께 그 앞에 서게 하실 줄을 아노라 15이는 모든
것이 너희를 위함이니 많은 사람의 감사로 말미암아 은혜가 더하여 넘쳐서
하나님께 영광을 돌리게 하려 함이라

바울은 기독교인이 누리는 특권과 영광이 스스로를 교만하게 할 수 있는 가능성이 있다는 생각에서부터 이 부분을 시작한다. 그러나 인생은 그 자체가 인간이 교만하지 못하게끔 창조되었다. 기독교인으로서 특권과 영광이 아무리 크다고 해도 여전히 죽을 수밖에 없는 인간이며, 여전히 환경의 제물이며, 여전히 그가 어쩔 수 없는 인간적인 상황에 휩쓸린 몸이며, 여전히 인간 생활의 우연과 변화의 지배를 받는 몸이며, 여전히 육신의 약함과 고통을 가진 죽을 수밖에 없는 몸이다. 그는 귀한 보배를 가진 사람과 같다. 그러나 그 보배는 약하고, 가치가 없는 질그릇에 담겨 있다. 우리는 곧잘 인간의 능력과 오늘날 인간이 지배하는 거대한 힘에 대해 말한다. 하지만 인간의 참다운 특성은 자신의 힘이 아니라 자신의 약함에 있다. 파스칼이 말한 것과 같이 "한 방울의 물, 한 점의 바람이 인간을 죽일 수 있다."

우리는 이미 로마의 장군에게 개선식이란 얼마나 자랑스럽고 영광스러운 것이었는지를 보았다. 그러나 거기에는 장군이 교만하지 못하게 하기 위하여 두 가지 일을 함께 꾸민 것이 있다. 첫째로, 장군이 머리에 관을 쓰고 전차에 탄 채 행진할 때 군중은 큰 소리로 칭찬의 말도 보냈지만 때때로 여러 번 "뒤를 돌아보라. 너도 죽는다는 것을 기억하라"고 소리 질렀다. 둘째로, 행렬의 끝 부분에서 개선장군의 부하 병사들이 행진하며 두 가지 일을 했다. 그들은 장군을 찬미하는 노래를 부르기도 했지만 장군이 너무 교만하지 않도록 더러운 농담과 욕설을 퍼부었다. 그리스도는 우리를 영광으로 감싸 주시지만, 생은 우리를 연약함으로 둘러싸고 있다. 따라서 그것은 우리가 연약함은 우리의 것이며, 영광은 하나님의 것임을 언제나 기억하게 하며, 하나님께 의지하여야 한다는 것을 깨닫게 해준다.

다음으로 바울은 우리의 연약함과 하나님의 영광이 뒤섞여 있는 기독교 생활을 일련의 역설적인 표현으로 설명한다.

1. 우리를 사방으로 욱여싸도 싸이지 않는다. 우리에게는 모든 종류의 압박이 가해지지만, 피할 길이 전혀 없는 궁지에 빠지는 일은 없다. 기독교 생활에는 항상 여유가 있는 것이 특징이다. 그가 처한 상황이 아무리 좁다 할지라도 결코

갇혔거나 포위되었다거나 유폐되었다고 생각할 필요는 없다. 육신은 비록 어려운 처지나 좁은 환경에 갇혔다고 해도 그의 영을 위해서는 언제나 하나님의 넓은 품으로 피해 갈 길이 마련되어 있다. 매티우 아놀드는 런던의 빈민가에서 일하고 있는 목사를 만났던 일을 이렇게 기록하고 있다.

때는 8월 머리 위의 뜨거운 태양이
베드날 그린의 누추한 빈민가를 내리쬐고 있었는데
창문 안으로 보이는 스피탈필드의 창백한 직공은 소침해 보였다.

거기서 아는 목사를 만나 나는 물었다.
"병과 과로가 많은데 이곳서 지나시기가 어떠시오."
"괜찮아요." 그는 대답하였다.
"최근에도 생명의 떡 그리스도를 생각할 때 많은 용기를 얻었습니다."

II. 사람들에게서는 핍박을 받아도 하나님으로부터는 버림 받지 않는다. 순교자들에게서 가장 주목할 점은 그들이 비록 가장 극심한 고통 속에서도 그리스도와 함께 즐거운 시간을 가질 수 있었다는 것이다. 잔 다르크가 동지들에게서 버림을 받았을 때 "홀로 하나님과 함께하는 것만이 좋은 일이다. 하나님의 우정, 하나님의 도움, 하나님의 사랑은 나를 배반하지 않았다. 그의 힘 안에서 나는 죽기까지 용감하고 용감하고 용감하리라" 고 말했다. 시편 기자가 말했듯이 "내 부모는 나를 버렸으나 여호와는 나를 영접하시리이다"(시 27:10). 그 어떤 것이라도 하나님의 성실을 변화시킬 수 없다.

III. 답답한 일을 당하여도 낙심하지 않는다. 기독교인들에게도 어찌할 바를 모를 때가 있다. 그러한 때에도 기독교인은 어떻게라도 할 수 있는 길이 열린다는 것을 믿어 의심하지 않는다. 기독교인에게도 자신의 인생이 어디로 가는지 때론 알지 못할 때가 온다. 그러나 어디론가 향해 가고 있다는 것은 의심하지 않는다. 그가 비록 "어둡고 무서운 구름의 바다로 빠질 수"밖에 없다 해도 거기서 나올 것을 믿는다. "언제일는지, 어떤 길을 밟아 갈는지는 모르나" 하나님께서 보시기에 좋은 그 시간에는 틀림없이 하나님 앞에 이른다는 것을 믿는다. 기독교인에게는 예수 자신도 겟세마네 동산에서 배운 바 있는 가장 어려운 문제를 배워야 할 때가 있다. 그는 이해할 수 없는 것을 받아들이는 방법을 배워야 한다. 자신에게는 이해되지 않는 일이 일어날 때가 있다. 그러나 그때에도 여전히 기독교인은 "하나님이시여, 당신은 사랑이십니다. 나는 나의 믿음을 그 위에 세웁니다"라고 말할 수 있다. 프란시스 톰슨(Francis Thompson)은 암흑의 날에 경험한 그리스도의 임재를 다음과 같이 기록하였다.

> 그러나 (극도로 슬플 때는)
> 울어라—그러면 사랑하는 이를 잃은 아픔 위에
> 채링 크로스와 하늘을 잇는
> 야곱의 사다리가 빛날 것이다.
>
> 그렇다. 한밤중에, 나의 영혼, 나의 딸이여,
> 울어라—하늘의 옷단을 부여잡고서.
> 그리고 보라, 게네사렛 호수 아닌 템스 강의
> 물 위로 걸으시는 그리스도를.

인간은 그리스도와 함께 있는 한 답답한 일을 당하여도 낙심하지 않을 수 있다.

IV. 거꾸러뜨림을 당하여도 망하지 않는다. 기독교인의 가장 큰 특징은 넘어가지 않는 것이 아니라, 넘어질 때마다 다시 일어나는 것이다. 한 번도 매를 맞지 않는 것이 아니라 매를 맞아도 결코 패배하지 않는 것이다. 전투에는 질는지 몰라도 마침내 패배하지 않는다는 것을 알고 있다. 브라우닝은 〈에필로그〉에서 용감한 사람을 다음과 같이 노래하고 있다.

등을 돌리지 않고 언제나 가슴 펴고 전진하는 사람은,
구름이 걷힐 것을 의심치 않고,
정의가 곤경에 처해도 악의 승리는 꿈에도 생각하지 않고,
넘어지면 일어서고, 패하여도 다시 잘 싸우고,
깨어나기 위해 잠든다.

기독교 생활에서 볼 수 있는 위대한 역설에 대해 말하고 나서 바울은 이어 생활의 비밀, 다시 말해 어떻게 해서 자신이 그처럼 일할 수 있었으며, 참을 수 있었으며, 감당할 수 있었는지를 말한다.

I. 인간이 그리스도의 생명에 동참하려면 그리스도의 고난에도 동참해야 하며, 그리스도와 함께 살려면 그리스도와 함께 죽을 준비가 되어 있어야 한다는 것을 바울은 잘 알고 있었다. 바울은 기독교 생활의 철칙인 "십자가 없인 면류관도 없다"라는 것을 알고 받아들였다.

II. 바울은 예수 그리스도를 죽은 자 가운데서 다시 살리신 하나님의 능력을 기억하면서 모든 일에 직면하였다. 바울이 그처럼 용감하게, 그처럼 개인적인 안전을 무시한 채 이야기할 수 있었던 것은 죽음이 그의 생명을 빼앗아 버린다 해도 예수 그리스도를 살리신 하나님께서 자신을 다시 살리실 수 있으며, 살리시리라는 것을 믿었기 때문이다. 바울은 죽음보다도 강하며, 삶을 살아가기에 넉넉한 능력에 자신은 의지할 수 있다고 확신하였다.

III. 바울은 자신이 고난과 시련을 당함으로써 다른 사람들을 하나님의 광명과 사랑으로 이끌 수 있다고 확신하면서 모든 것을 참았다. 미국의 후버 댐 대건설 계획은 전에는 사막이었던 넓은 지역을 중요한 지역으로 변화시켰다. 그 댐을 건설할 때 불가피한 사고나 재난으로 생명을 잃은 사람들이 있다. 그 계획이 완공했을 때 그 댐의 벽에는 공사 중에 죽은 이들의 이름을 새긴 명판을 붙였는데 그 이름 밑에는 이런 말이 새겨졌다. "이 사람들은 사막이 기뻐 뛰고, 장미와 같이

꽃을 피우게 하기 위하여 생명을 바쳤노라." 바울이 그와 같은 모든 일을 감당할 수 있었던 것은 그 일이 헛된 것이 아니며, 다른 사람을 그리스도 앞으로 인도하는 것임을 알고 있었기 때문이다. 자신에게 일어나는 모든 것이 글자 그대로 그리스도를 위해 일어나는 것임을 전적으로 확신한다면 그 사람은 어떤 일에 직면하여도 참을 수 있다.

인내하는 비결

고린도후서 4:16-18

[16]그러므로 우리가 낙심하지 아니하노니 우리의 겉사람은 낡아지나 우리의
속사람은 날로 새로워지도다 [17]우리가 잠시 받는 환난의 경한 것이 지극히
크고 영원한 영광의 중한 것을 우리에게 이루게 함이니 [18]우리가 주목하는
것은 보이는 것이 아니요 보이지 않는 것이니 보이는 것은 잠깐이요 보이지
않는 것은 영원함이라

여기서 바울은 우리를 위하여 인내하는 비결을 말한다.

1. 일생을 통해 사람의 육신적인 힘은 점점 쇠약해지나 그 영혼은 계속해서 성장하게 마련이다. 인간의 육체를 약하게 하는 고난이 그 사람의 영혼의 근육을 튼튼하게 할 수도 있다. "늙어 갈수록 더욱 사랑스러워지게 하소서"라는 것이 시인의 기도였다. 육체의 아름다움을 빼앗아 가는 세월은 영적인 아름다움을 더해 주는 세월이 되어야 한다. 육체적으로 보면 삶은 죽음에 이르고, 무덤을 목적하는 언덕길을 천천히 그리고 필연적으로 미끄러져 가는 것이 될 것이다. 그러나 영적으로 보면 하나님의 임재라는 정상으로 인도하는 언덕을 오르는 것이다. 우리는 세월을 무서워할 필요가 없다. 세월은 죽음이 아니라 하나님께 우리를 가까이 이끄는 것이기 때문이다.

II. 바울은 이 세상에서 받는 어떠한 환난도 다음 세상에서 기쁘게 누릴 영광에 비하면 아무것도 아니라는 확신을 갖고 있었다. 하나님은 아무에게도 빚을 남기지 않으리라는 것을 확신하신다. 알리스태어 맥크린은 맑은 공기와 푸른 물과 자줏빛 언덕을 떠나 대도시의 빈민가에서 살고 있는 스코틀랜드 고지 출신의 한 노부인에 대해 말하고 있다. 그 부인은 있는 힘껏 환경 개선을 위해 힘썼으며 하나님과 가까이 살고 있었다. 그러나 어느 날 "하나님께서는 나의 이 수고를 갚아 주심으로써 나는 꽃들을 다시 볼 수 있을 것이다"라고 말했다. 브라우닝은 〈크리스마스이브〉에서 "머리 위에 있는 조잡한 팻말에" 쓰인 순교자에 대해 노래하고 있다.

나는 병들고, 가난하고, 비천한
노예로 태어났다. 아무리 비참해도
값비싼 진주의 소유자를
시저의 질투에서 숨길 수 없었다.
두 번이나 나는 맹수와 싸웠으며,
세 번이나 나의 자녀들이 시저의 법 아래
고난당하는 것을 나는 보았다.
드디어 나는 해방을 얻었다.
나는 화형에 처하게 되었다.
그런데 가까이에 하나님의 손이
머리 위에 펄럭이는 불꽃을 헤치고 나타나
나의 영혼을 그리스도께 이끌어 가신다.
나는 이제 그를 본다.
나의 형제 서기오가 나를 위하여
이 증언을 벽 위에 써 준다.
나 자신은 모든 것을 잊어버렸다.

이 세상에서 받는 고난은 하늘에서 누릴 영광 속에서 잊어버린다. 모든 복음서 이야기를 보면 예수께서는 한 번도 자신의 부활을 전제하지 않고는 죽음을 예언하지 않으셨는데 그것은 주목할 만한 사실이다. 그리스도를 위해 고난을 당하는 사람은 그리스도의 영광에 동참하게 될 것이다. 하나님 자신의 명예가 그것을 보증하신다.

III. 바로 그러기 때문에 인간의 눈은 보이는 것이 아니라, 보이지 않는 것을 꾸준히 바라보아야 한다. 보이는 것, 즉 이 세상의 것은 한때뿐이며 사라질 것이다. 그러나 보이지 않는 것, 즉 하늘의 것은 영원한 것이다. 인생을 바라보는 태도에는 두 가지가 있다. 우리는 인생을 필연적인 타락의 완만한 과정, 또는 하나님으로부터 떨어져 나가는 완만하고 냉혹한 여행이라고 볼 수 있다. 워즈워드는 〈영혼 불멸을 위한 송가〉에서 어린아이가 이 세상에 처음 왔을 때는 하늘의 기억을 약간 갖고 있으나 세월이 점차 그 기억을 빼앗아 가 버린다는 생각을 노래하였다.

"영광의 구름을 꼬리에 달고 우리는 온다."
그러나
"감옥의 그림자가 자라나는 아이를
둘러싸기 시작한다."

그리하여 결국 인간은 지상에 매이며 하늘의 것은 잊어버리게 된다. 토마스 후드(Thomas Hood)는 다음과 같이 하나의 그리움을 비장하게 노래하였다.

나는 기억한다, 나는 기억한다.
거무스름하고 높은 전나무를.
그 뾰족한 꼭대기가 하늘에 닿았다고
나는 생각했었지.
그것은 어린아이의 무지라 하지만
나는 조금도 기쁘지 않다.

내 어렸을 때보다 훨씬
하늘에서 멀리 떨어진 자신을 아는 지금.

그것은 인생을 바라보는 하나의 방법이다. 보이는 것만을 생각하면 우리는 인생을 그렇게밖에 볼 수 없다. 그러나 또 다른 방법이 있다. 히브리서의 기자는 모세에 대해 이렇게 말했다. "보이지 아니하는 자를 보는 것같이 하여 참았으며"(히 11:27). 스티븐슨은 외양간지기 노인에 대해 말하고 있다. 어떤 사람이 그가 날마다 외양간의 오물 속에서 일하는 것을 동정하여 어떻게 그런 일을 날마다 할 수 있느냐고 물었다. 그때 노인은 이렇게 훌륭하게 대답하였다. "세상 너머의 것을 가진 사람은 조금도 피곤치 않아요." 빛을 바라보고 그것을 향해 곧바로 나가는 사람은 보이지 않는 것도 바라보고 참을 수 있다.

The Letter to the Corinthians 05

앞으로 올 기쁨과 심판

고린도후서 5:1-10

1만일 땅에 있는 우리의 장막 집이 무너지면 하나님께서 지으신 집 곧 손으
로 지은 것이 아니요 하늘에 있는 영원한 집이 우리에게 있는 줄 아느니라
2참으로 우리가 여기 있어 탄식하며 하늘로부터 오는 우리 처소로 덧입기를
간절히 사모하노라 3이렇게 입음은 우리가 벗은 자들로 발견되지 않으려 함
이라 4참으로 이 장막에 있는 우리가 짐진 것같이 탄식하는 것은 벗고자 함
이 아니요 오히려 덧입고자 함이니 죽을 것이 생명에 삼킨바 되게 하려 함이
라 5곧 이것을 우리에게 이루게 하시고 보증으로 성령을 우리에게 주신 이는
하나님이시니라 6그러므로 우리가 항상 담대하여 몸으로 있을 때에는 주와
따로 있는 줄을 아노니 7이는 우리가 믿음으로 행하고 보는 것으로 행하지
아니함이로라 8우리가 담대하여 원하는 바는 차라리 몸을 떠나 주와 함께 있
는 그것이라 9그런즉 우리는 몸으로 있든지 떠나든지 주를 기쁘시게 하는 자
가 되기를 힘쓰노라 10이는 우리가 다 반드시 그리스도의 심판대 앞에 나타
나게 되어 각각 선악간에 그 몸으로 행한 것을 따라 받으려 함이라

여기에는 바울 사상의 정수를 우리에게 보여 주는, 매우 의의 깊은 사상적인 발전이 있다.

1. 바울에게는 이 육신을 벗는 날이 기쁨의 날이 될 것이다. 바울은 육체를 장막, 다시 말해 그것이 무너지면 우리 영혼의 영원한 거처로 옮겨갈 때까지 임시 거처로 보고 있다. 헬라와 로마의 사상가들이 얼마나 육체를 멸시하였는지에 대해서는 이미 살펴본 바 있다. "육체는 무덤이다"라고 그들은 말했다. 플로티너스는 자신에 대해 말하기를 "너는 주검을 짊어진 가엾은 영혼이다"라고 했다. 세네카도 이렇게 썼다. "나는 내 자유를 속박하는 것으로밖에 보이지 않는 육체의 노예가 아니라 고상한 목적을 가진 고상한 존재다. …그처럼 보기 싫은 집에 자유로운 영혼이 갇혀 있다."

유대인도 때로는 그와 같은 생각을 가질 때가 있었다. "썩을 수밖에 없는 육신은 영혼을 괴롭히고, 땅의 장막은 생각이 많은 마음을 짓누른다"(솔로몬의 지혜서 9:15). 하지만 바울의 생각은 다르다. 바울은 만물의 소멸을 말하는 열반을 기대하지 않는다. 또한 육신을 떠난 영의 자유를 기대하지 않는다. 바울은 하나님께서 그에게 새로운 몸을 주실 날을 기대한다. 그 몸은 신령한 몸인데 그 몸을 입은 채 하늘에서도 하나님을 섬기고 그를 경배할 수 있다. 키플링은 앞으로 올 세계에서 인간이 행할 수 있는 모든 위대한 일을 생각하면서 그것을 하나의 시로 나타냈다.

이 세상의 마지막 그림이 그려지고,
물감 채색도 메말라 버렸을 때,
오랜 색깔을 희미해지고,
젊은 비평가는 사라졌을 때,
모든 선한 일꾼들의 주인이신 하나님께서
우리에게 새 일을 맡기실 때까지,
한 겹이든 두 겹이든 우리는 누워
안식을 누려야 하리, 믿음이 필요하리,

그때 선인들은 행복하리니,
그들은 황금 보좌에 앉아
혜성의 머리털을 붓으로 삼고
백리 길이의 긴 그림을 그리리라.
그들의 모델은 참된 성자들
곧 막달라, 베드로, 바울이니,
한 번 앉으면 한 세대 동안이나 일을 하지만
조금도 피곤을 느끼지 않으리라.

거기선 칭찬도 주님만이,
창피를 주어도 주님만이 주리니,
돈을 위해 일하는 이 없고,
명성을 위해 일하는 이 또한 없으리라.
오직 일하는 즐거움만을 위해,
각각 자신의 별에 살면서,
만물을 지으신 하나님을 위해
눈에 보이는 그대로만 그리리라.

바울은 바로 이러한 생각을 했을 것이다. 그는 영원을 무로의 도피거나 영겁의 무위를 위한 해방이라고 보지 않고 생명으로 들어가는 것, 완전한 봉사를 가능하게 하는 몸을 입는 것이라고 보았다.

II. 앞으로 올 생명에 대한 강한 기대와 동경에도 바울은 결코 이 세상의 생명을 경멸하지 않는다. 그는 자신이 말한 그대로 언제나 담대하다. 지금 여기서도 우리는 하나님의 성령을 소유하며, 성령은 **아라본**(1:22 참조), 즉 앞으로 올 생명의 보증이 되기 때문이다. 지금 여기서도 기독교인은 두 세계의 시민이 되도록 허락을 받았다. 그의 한 발은 시간의 세계를, 다른 한 발은 영원한 세계를 동시에 밟는다. 그의 몸은 지상에 있지만 동시에 그의 마음은 하늘에 있다. 그 결과 그는 세상을 멸시하는 것이 아니라 이 세상이라도 앞으로 올 위대한 영광을 반사하는 영광의 광채로 감싸졌다고 믿는다.

III. 그러고 나서 바울의 어조는 엄격해진다. 바울은 비록 앞으로 올 생명을 생각하고 기대하고 있었다 하더라도 결코 우리가 단지 영광을 받도록 되어 있지 않고 심판도 받아야 한다는 것을 잊지 않았다. "우리는 모두 반드시 그리스도의 심판대 앞에 드러나야 한다." 심판대라고 번역된 말은 **베마**다. 바울은 자기 자신도 그 앞에 섰던 경험이 있는 로마 집정관의 재판석을 단순히 생각했을지 모른다. 또는 헬라의 재판 법을 생각했을지 모른다. 모든 헬라 시민은 재판관 또는 오늘날로 보면 배심원이 되어야 할 의무가 있었다. 에덴 시민이 재판석에 앉게 되는 경우 그에게는 두 개 청동으로 만든 원반이 주어진다. 그 원반에는 각각 원통형의 축이 꽂혀 있다. 한 축은 속이 비었는데 그것은 유죄 판결을 위한 것이다. 또 하나는 속이 꽉 차 있는데 그것은 무죄 판결을 위한 것이다. **베마** 위에는 두 개 단지가 놓여 있다. 그 하나는 청동으로 된 것이며 "결정의 단지"라고 일컬어진다. 그 속에 재판관이 판결을 나타내는 원반을 넣었기 때문이다. 또 하나의 단지는 나무로 만든 것인데 "무효의 단지"라고 일컬어졌다. 그 단지 속에는 재판관이 소용없는 원반을 넣었기 때문이다. 그리하여 마지막에는 배심원이 무죄를 나타내는 원반이든지, 유죄를 나타내는 원반이든지를 청동의 단지 속에 넣었던 것이다. 그것을 지켜보는 사람들에게는 그 원반이 모두 겉모양이 같기 때문에 아무도 그 재판관이 어떤 판결을 내렸는지 알지 못했다. 그리고 마지막으로 그 원반을 계산하여 판결을 내렸다.

그와 마찬가지로 우리도 언젠가는 하나님의 판결을 기다려야 한다. 그것을 생각할 때 인생은 매우 무거우며 전율적이다. 이 세상에서 우리는 영광의 면류관을 얻느냐 잃느냐 하는 그 운명을 결정하기 때문이다. 다시 말해 시간의 세계가 영원한 세계를 위한 시험의 장소가 되었기 때문이다.

새로운 피조물

고린도후서 5:11-19

[11]우리는 주의 두려우심을 알므로 사람들을 권면하거니와 우리가 하나님 앞
에 알리어졌으니 또 너희의 양심에도 알리어지기를 바라노라 [12]우리가 다시
너희에게 자천하는 것이 아니요 오직 우리로 말미암아 자랑할 기회를 너희
에게 주어 마음으로 하지 않고 외모로 자랑하는 자들에게 대답하게 하려 하
는 것이라 [13]우리가 만일 미쳤어도 하나님을 위한 것이요 정신이 온전하여도
너희를 위한 것이니 [14]그리스도의 사랑이 우리를 강권하시는도다 우리가 생
각하건대 한 사람이 모든 사람을 대신하여 죽었은즉 모든 사람이 죽은 것이
라 [15]그가 모든 사람을 대신하여 죽으심은 살아 있는 자들로 하여금 다시는
그들 자신을 위하여 살지 않고 오직 그들을 대신하여 죽었다가 다시 살아나
신 이를 위하여 살게 하려 함이라 [16]그러므로 우리가 이제부터는 어떤 사람
도 육신을 따라 알지 아니하노라 비록 우리가 그리스도도 육신을 따라 알았
으나 이제부터는 그같이 알지 아니하노라 [17]그런즉 누구든지 그리스도 안에
있으면 새로운 피조물이라 이전 것은 지나갔으니 보라 새 것이 되었도다
[18]모든 것이 하나님께로서 났으며 그가 그리스도로 말미암아 우리를 자기와
화목하게 하시고 또 우리에게 화목하게 하는 직분을 주셨으니 [19]곧 하나님께
서 그리스도 안에 계시사 세상을 자기와 화목하게 하시며 그들의 죄를 그들
에게 돌리지 아니하시고 화목하게 하는 말씀을 우리에게 부탁하셨느니라

이 부분은 바로 앞부분과 직접 연결되어 있다. 바울은 바로 전에 그리스도의 심판대 앞에 서게 되는 일에 대해 말했다. 그는 우리의 생의 끝에는 그러한 일이 있다는 것을 늘 생각하며 일생을 살았다. 바울이 여기서 말하고자 하는 것은 그리스도에 대한 공포가 아니라 외경, 숭배와 경건한 두려움이다. 구약성경에는 깨끗하게 하는 두려움이라고 할 수 있는 두려움에 대한 생각이 편만해 있다. 욥은 "주를 경외함이 지혜요"라고 말하고 있다(욥 28:28). "네 하나님께서 네게 요

구하시는 것이 무엇이냐고"라고 신명기 기자는 묻고, 거기에 대해 첫째의 대답으로, "네 하나님 여호와를 경외하여"라고 했다(신 10:12). 잠언은 "여호와를 경외하는 것이 지식의 근본이거늘"이라고 하였으며(잠 1:7, 참조 9:10), 또 "여호와를 경외함으로 말미암아 악에서 떠나게 되느니라"라고 했다(잠 16:6). 이것은 채찍 맞을 것을 기다리는 개의 두려움이나, 위협당하고 두들겨 맞은 어린아이의 공포가 아니다. 그것은 아무리 생각 없는 사람이라도 성소를 더럽혀서는 안 되겠다고 생각하게 하는 외경심이다. 그것은 사람이 자신이 사랑하는 이의 마음을 아프게 하는 일은 하지 않아야겠다고 생각하게 하는 두려움이다. "여호와를 경외하는 도는 정결하다"라고 시편 기자는 말하였다. 깨끗하게 하는 두려움이 없이는 인간은 바른 삶을 살아갈 수 없다.

여기서 바울이 사람들에게 밝히고자 하는 것은 자신의 성실함이다. 그는 하나님이 보셔도 손이 깨끗하며, 자신의 동기가 순수하다는 것을 의심하지 않았다. 그러나 그를 대적하는 자들은 의혹의 눈을 갖고 보기 때문에 그는 고린도에 있는 친구들에게 자신의 성실을 보여 주기 원했다. 하지만 그것은 자신을 변호하고자 하는 것이 아니다. 그것은 그의 성실성이 문제가 되면 자신이 전한 복음의 메시지가 악영향을 받기 때문이다. 어떤 한 사람이 전한 메시지는 언제나 그 사람의 인격의 영향을 받는다. 그러기 때문에 설교자와 교사는 언제나 의혹을 받아서는 안 된다. 우리는 악뿐 아니라 악의 모양까지도 피해야 한다. 그것은 다른 사람들이 우리가 아니라 우리가 전하는 복음을 경시하지 못하게 하기 위해서다.

13절에서 바울은 자신의 모든 행동의 배후에는 유일한 동기, 즉 하나님께 봉사하고, 고린도 교인들을 도와주고자 하는 것이 있을 따름이라고 주장한다. 바울은 여러 번 미쳤다는 말을 들었다(행 26:24). 그는 단지 예수께서 당하신 것과 마찬가지로 오해를 받은 것에 불과하다(막 3:21). 참으로 열심히 일하는 사람들은 언제나 미적지근한 사람들에게서 미쳤다는 말을 듣게 마련이다. 키플링은 세계 일주 여행 도중 항구에서 푸스 대장이 승선하는 것을 목도한 이야기를 다음과 같이 말하고 있다. 그는 탬버린을 치는 한 떼거리의 구세군인들의 전송을 받고 있었다. 이것이 까다로운 성품을 가진 키플링에게는 메스껍게 생각되었다. 후에 푸스 대장과 친해졌을 때 키플링은 그에게 그때 그 일이 얼마나 마땅치 않았는지를 말했다. 그때 푸스 대장은 "젊은이여! 내가 물구나무 서서 내 발로 탬버린을 쳐서 한 영혼이라도 그리스도 앞으로 인도할 수 있다면 나는 그런 재주를 배우겠네"라고 말했다고 한다. 어떤 사람이 참으로 열심히 일하며 관용과 용서와 전적인 충성을 다하는 기독교인의 삶을 살아가면, 언제나 그를 미쳤다고 생각하는 세상적으로 영리한 사람들이 있게 마련이다. 바울은 조용하고 분별 있는 행동을 취할 때도 있지만, 세상이 그를 미쳤다고 할 정도로 일하여야 할 때도 있다는 것을 알았다. 그는 그리스도를 위해 또 인간들을 위해 무슨 일이든지 할 용의가 있었다.

그러고 나서 바울은 모든 기독교 생활의 원동력에 대해 계속 말을 이었다. 그리스도께서는 만민을 위해 죽으셨다. 이제 바울에게 기독교인은, 그가 즐겨 사용하는 어법대로 그리스도 안에 있다. 따라서 기독교인의 옛 자아는 그리스도의 죽음과 함께 죽고, 하나님의 손에 의해 새롭게 창조된 것과 같은 정도의 새로운 인간으로서 거듭났다. 이러한 새로운 삶에서 기독교인은 새로운 행동의 표준을 부여받았다. 그는 이제 세상의 기준에 의해 사물을 판단하지 않는다. 그는 이제 세상의 기준에 의해 사물의 가치를 보지 않는다. 한때 바울은 인간적인 기준으로 예수 그리스도를 판단했던 때가 있었다. 그때 그는 그리스도의 이름을 이 세계에서 추방하려고 했으며, 그의 추종자들을 말살하며, 기독교의 신앙을 이 세상에서 인멸시키려고 했다. 이제는 그의 표준이 달라졌다. 모든 사람의 기억에서도 말살시키고자 했던 그 사람이 이제는 그에게 이 세상에서 가장 훌륭한 사람이 되었다. 그것은 바울이 전 생애를 통해 찾아 헤매던 하나님과의 화해를 그리스도께서 찾도록 해 주셨기 때문이다. 그것은 그가 전 생애에 찾아 헤매던 것을 그리스도 안에서 비로소 찾게 된 것이다.

그리스도의 사신

고린도후서 5:20-6:2

[20]그러므로 우리가 그리스도를 대신하여 사신이 되어 하나님이 우리를 통하
여 너희를 권면하시는 것같이 그리스도를 대신하여 간청하노니 너희는 하나
님과 화목하라 [21]하나님이 죄를 알지도 못하신 이를 우리를 대신하여 죄로
삼으신 것은 우리로 하여금 그 안에서 하나님의 의가 되게 하려 하심이라
[1]우리가 하나님과 함께 일하는 자로서 너희를 권하노니 하나님의 은혜를 헛
되이 받지 말라 [2]이르시되 내가 은혜 베풀 때에 너에게 듣고 구원의 날에 너
를 도왔다 하셨으니 보라 지금은 은혜 받을 만한 때요 보라 지금은 구원의
날이로다

바울이 유일한 영광이며 사명이라고 생각하는 직위는 그리스도의 사신이라는 자리다. 여기서 그가 사용하는 헬라어 presbeuein은 위대한 단어다. 이 단어의 헬라어상의 용법은 그 어원인 라틴어 **레가터스**(legatus)의 율법과 같이 두 가지다.

1. **로마의 영토는 두 종류로 구분되었다.** 한 종류는 원로원의 직접적인 관할에 있었다. 또 한 종류는 황제의 직접적인 관할에 있었다. 그 구별은 다음과 같은 기준에 의한 것이었다. 즉, 주둔군이 필요 없는 평화로운 곳은 원로원이 관할하는 영지였으며, 위험하며 주둔군이 주재하고 있는 곳은 황제가 관할하는 영지였다. 황제 관할 영지에서 황제의 직접적인 대표자, 즉 황제를 대리해서 그 영지를 관리하는 사람을 **레가터스**, 헬라어로는 **프레스뷰테스**라고 했다. 따라서 이 말은 우선 황제에게서 직접적인 임명을 받은 사람을 말한다. 바울은 자기 자신을 그리스도로부터 교회 사업을 위해 직접적인 위임을 받은 사람이라고 생각하였다.

II. "그레스뷰테스"나 "레가터스"에는 그보다 훨씬 흥미 있는 의미가 있다. 로마의 원로원이 한 나라를 자신의 나라 영지로 할 것을 결정했을 때 원로원은 원로원 회원으로서 10명의 **레가티** 또는 **프레스뷰타이**, 즉 사신들을 파송하였다. 사신들은 그 나라를 정복한 장군들과 함께 그곳에 가서 피정복 국민들과 평화협정을 체결하고, 새 영지의 경계를 정하며, 그곳의 새로운 통치를 위해 법을 정하고 돌아와서 원로원에 보고하고 인준을 받았다. 그들은 타국인들을 로마 제국의 가족의 일원으로 끌어들일 책임을 가진 사람들이었다. 따라서 바울은 자기 자신을 사람들에게 그들을 하나님의 제국의 시민이 되게 하며, 그의 가족의 한 식구가 되게 하는 하나님의 제의와 조건을 전해 주는 사람으로 생각한다.

사신보다 더 책임 있는 자리는 없다.

I. 영국 대사는 외국에 있는 영국인의 대표다. 그는 대부분 틀린 언어를 사용하며, 다른 전통과 생활양식을 가진 사람들 사이에서 산다. 기독교인도 그와 같다. 그는 이 세상에서 살며 세상의 모든 생활과 활동에 참여한다. 그러나 그는 천국의 시민이다. 어떤 의미에서 그는 이방인이다. 기독교인은 언제나 이방의 세계에 살고 있는 기독교인이다. 세상 사람들과는 다른 사람이 되고자 하지 않는 사람은 기독교인이 될 수 없다.

II. 대사는 자신의 국가를 위해 대언한다. 영국 대사의 발언은 곧 영국의 발언이다. 그가 전달하는 바가 곧 영국의 메시지이며 결정이며 정책이다. 기독교인도 그리스도를 위해 대언하여야 할 때가 있다. 이 세상의 결정이나 협정에서 그의 음성은 인간의 정황에 대한 그리스도의 메시지와 말씀을 전달하는 것이 되어야 한다.

III. 한 국가의 명예는 그 나라의 대사의 손에 달렸다. 즉, 한 국가는 그에 의해 판단되었다. 사람들은 그의 말을 듣고 그의 행동을 보고 "영국인은 저렇게 말하고, 저렇게 행동하는구나"라고 말한다. 사람들은 그를 보고 그의 나라를 판단한다. 다람의 위대한 주교 라이트훗은 성지 안수식에서 다음과 같이 연설하였다. "대사의 행동은 단순한 외교관으로서의 행동만이 아니라 그 나라의 통치자를 대신해서 행동하는 것이다. …대사의 의무는 결정적인 메시지를 전달하며, 확고한 정책을 수행하는 것만이 아니다. 그는 언제나 기회를 포착하며 사람들의 성격을 연구하며 가장 좋은 방법을 찾아내어 그 말을 전하고자 하는 사람들에게 가장 매력적인 형태로 만들어 낼 의무가 있다." 대사는 자신이 가 있는 나라의 국민에게 자기 나라를 좋게 보이게 할 큰 책임을 갖고 있다. 여기에 기독교인의 자랑할 만한 특권과 무섭도록 중한 책임이 있다. 그리스도와 교회의 명예는 그의 손에 달려 있다. 그의 모든 말과 행동으로 사람들은 그가 속해 있는 교회와 그가 섬기고 있는 주님을 좋게 또는 나쁘게 평가한다.

우리는 바울의 메시지에 주목할 필요가 있다. "너희는 하나님과 화목하라." 신약성경은 결코 하나님이 인간의 화해를 받아들인다고 말하지 않고 언제나 인간이 하나님의 화해를 받아들인다고 말한다. 노여워하시는 하나님을 달랠 길이 인간에게는 없다. 구원의 모든 과정은 언제나 하나님께로부터 시작한다. 하나님께서 그의 아들을 세상에 보내신 것은 세상을 **이처럼 사랑하시기** 때문이다. 하나님께서 인간을 멀리하셨던 것이 아니라 인간이 하나님을 멀리했던 것이다. 그 사이에 장벽을 세운 것은 하나님이 아니라 인간이다. 그러나 하나님의 메시지, 바울이 전한 메시지는 사랑하는 아버지에게서 잘못하고, 방황하며, 멀리 떨어져 있는 자녀들에게 그들을 사랑하고자 기다리고 있는 집으로 들어오라고 호소하는 것이다.

또 바울은 그들에게 하나님의 은혜를 헛되이 받지 말라고 간청한다. 은혜의 좌절이라고 할 수 있는 것이 있는데 그것은 영원한 비극이다. 그것을 인간적인 관점에서 생각해 보자. 아버지가 자식의 성공을 위해 희생하고 수고를 다한다고 가정하자. 아버지가 자식을 사랑으로 감싸고, 그의 장래를 위해 주의 깊게 계획하고, 자신이 할 수 있는 모든 것을 갖추어 주었다. 그 자식은 그것을 조금도 감사하게 생각하지 않는다. 그 자식이 조금도 그러한 일에 보답하고자 하지 않았다. 그 자식이 능력이 없어서가 아니라 노력하지 않고, 자신에게 베푼 아버지의 사랑을 잊어버리고, 제 마음대로 무책임한 삶을 살았기 때문에 인생에 실패한 것이다. 그것이 바로 아버지의 마음을 찢어 놓는 것이며, 가장 큰 비극이라 할 수 있다.

하나님께서 인간들에게 모든 은혜를 주시지만 사람들이 스스로 거듭나게 할 수 있는 그 은혜를 거절하고 어리석은 길을 걸을 때, 그리스도는 다시 십자가에 못 박히며 하나님의 마음은 찢어지듯 아픔을 느낀다.

The Letter to the Corinthians 06

고난의 눈보라

고린도후서 6:3-10

[3]우리가 이 직분이 비방을 받지 않게 하려고 무엇에든지 아무에게도 거리끼
지 않게 하고 [4]오직 모든 일에 하나님의 일꾼으로 자천하여 많이 견디는 것
과 환난과 궁핍과 고난과 [5]매 맞음과 갇힘과 난동과 수고로움과 자지 못함과
먹지 못함 가운데서도 [6]깨끗함과 지식과 오래 참음과 자비함과 성령의 감화
와 거짓이 없는 사랑과 [7]진리의 말씀과 하나님의 능력으로 의의 무기를 좌우
에 가지고 [8]영광과 욕됨으로 그러했으며 악한 이름과 아름다운 이름으로 그
러했느니라 우리는 속이는 자 같으나 참되고 [9]무명한 자 같으나 유명한 자요
죽은 자 같으나 보라 우리가 살아 있고 징계를 받는 자 같으나 죽임을 당하
지 아니하고 [10]근심하는 자 같으나 항상 기뻐하고 가난한 자 같으나 많은 사
람을 부요하게 하고 아무것도 없는 자 같으나 모든 것을 가진 자로다

파란중첩한 일생을 통해 바울이 갖고 있던 유일한 관심은 자신이 늘 예수 그리스도의 충실하고 유용한 일꾼에 되고자 하는 것이었다. 이러한 것을 주장하면서도 그의 마음은 언제나 크리소스토무스가 말한바 "고난의 눈보라"에 쏠려 있

었다. 그것은 그가 지난날 극복해 온 것이며, 현재도 극복하고 있는 것이다. 여기에 나오는 놀랄 만한 고난들, 어떤 이는 그것을 "구원의 선지자의 노래"라고 하는데 하나하나 바울의 모험적인 일생에서 그 배경을 찾을 수 있다.

바울은 기독교 생활에서 승리를 나타내는 말, 즉 **견디는 것**(hupomone)에서 시작한다. 이 말은 거의 번역할 수 없는 말이다. 그것은 팔짱을 끼고 머리를 숙이고 앉은 채, 고난의 화살이 머리 위로 지나가게 하는, 다시 말해 피동적인 자세를 취하는 마음가짐이 아니다. 그것은 고난을 변화시키며 변모시킬 수도 있도록 참고 견딜 수 있는 능력을 말한다. 크리스톰은 승리할 수 있는 기독교인의 인내인, 이 **휴포모네**에 대한 위대한 찬사를 보내고 있다. 이는 인내를 "모든 선의 근원, 경건의 어머니, 결코 시들지 않는 과실, 난공불락의 성채, 폭풍우를 모르는 항구"라고 했다. 또 그는 "모든 덕의 여왕, 올바른 행동의 기초, 전쟁 중 평화, 폭풍우 중 고요함, 음모에 대한 안전"이라고도 했다. 그것은 인간이 한계점을 넘어서도 부서지지 않고 보이지 않는 것을 언제나 기쁨으로 맞아들일 수 있도록 하는 용기와 승리가 넘치는 가능성이다. 그것은 고난을 힘과 영광으로 변화시키는 연금술이다.

다음으로 바울은 이 승리의 인내가 실천되는 고난을 세 가지 이름으로 나누고 그 각각에 세 항목을 붙여 말하고 있다.

I. 기독교 생활의 내적 투쟁이다.

1. **우리를 강하게 억누르는 것**(환난). 바울이 사용한 말은 **들립시스**인데 이 말은 우리가 이미 살펴본 대로 그것은 원래 인간에게 순전히 육체적인 압박을 가하는 것에서 온 말이다. 인간의 심령에 중압을 가하는 것들이 있다. 예를 들면 그의 마음에 무거운 짐이 되는 비탄, 생명을 그에게서 빼앗아 밟아 버릴 것만 같은 실망, 그를 압박하는 여러 생의 요구 등이다. 하지만 승리의 인내는 그 모든 것과 대항하여 이길 수 있다.

2. **피할 수 없는 생의 고통**(궁핍). 헬라어(anagke)는 문자 그대로 **인생의 필요**를 의미한다. 인생에는 피할 수 있는 무거운 짐도 있으나 절대로 피할 수 없는 무거운 짐도 있다. 인간의 정황에 처해 있는 인간으로서는 불가불 감당할 수 없는 것

들이 있다. 그 중에서 최대의 것은 슬픔이다. 사랑을 모르는 자만이 슬픔을 모르기 때문이다. 인간이 피할 수 없는 것으로는 죽음이 있다. 승리할 수 있는 인내는 인간이 인간이기에 당해야 하는 모든 것에 당당히 맞설 수 있게 해 준다.

3. **생의 불안**(곤란). 바울이 사용한 말(**스테노코리아**)은 글자 그대로 지나치게 좁은 장소를 의미한다. 그것은 군대가 좁고, 암석투성이인 애로에 들어가 전진도 후퇴도 할 수 없는 처지를 두고 하는 말이다. 또 그것은 배가 항해 중에 폭풍을 만나 그 폭풍을 탈 수도, 폭풍에 앞서 달아날 수도 없는 지경에 놓일 때도 사용하는 말이다. 인생을 살아가노라면 폐쇄감이라든가, 질식감이라든가, 정신적인 폐소공포증이라든가, 생의 벽이 사면을 욱여싼 것같이 느낄 때가 있다. 그러한 정황에서도 승리의 인내는 그가 광활한 하늘에서 숨 쉴 수 있게 해 준다.

II. 생의 외적인 환난이 있다.

1. **매 맞음이 있었다**. 바울에게는 기독교인의 삶이란 영적인 고난만이 아니라 육체적인 고난도 아울러 의미하는 것이었다. 불꽃과 야수의 고민과 고문을 참을 각오를 갖고 실제로 참은 사람들이 없었다면 우리는 분명히 오늘날 기독교인이 될 수 없었을 것이다. 오늘날에도 기독교인이 된다는 것이 곧 육체적인 고통을 의미하는 나라들이 아직 남아 있다. "순교자의 피는 교회의 씨앗이다"라는 말은 언제나 변함없는 진리다.

2. **갇힘이 있었다**. 로마의 클레멘트에 의하면 바울은 일곱 번 이상 감옥에 갇힌 일이 있었다고 한다. 사도행전에 보면 바울은 고린도서를 쓰기 전에 빌립보에서 감옥에 갇혔던 일이 있으며, 고린도서를 쓰고 나서는 예루살렘, 가이사랴, 로마에서 감옥에 갇혔던 일이 있다. 투옥된 기독교인들의 행렬은 1세기에서 20세기에 이르기까지 계속 연결되었다. 신앙을 포기하기보다는 자유를 재빨리 포기한 사람들이 언제나 많이 있었다.

3. **요란한 것이 있었다**. 기독교인이 법의 엄격함이 아니라, 폭도의 폭력에 의해 괴로움을 당하는 것을 많이 보게 된다. 요한 웨슬리는 즈버리 폭도가 홍수처럼 밀려왔을 때의 일을 말하고 있다. "말을 하려고 해도 소용이 없었다. 사방에서 들려오는 소음은 바다가 포효하는 소리 같았기 때문이다. 그들은 나를 끌고

거리까지 나갔다. 그때 나는 어떤 큰 집의 대문이 열린 것을 보고 그 집 안으로 들어가려고 했다. 그러나 한 사나이가 나의 머리카락을 붙잡고 나를 다시 폭도 한가운데로 끌어냈다. 그리고 쉬지도 않고 나를 끌고 큰 거리를 이끌어서 저 끝까지 갔다." 조지 폭스도 턱크일에서 자기 신변에 일어났던 일을 다음과 같이 말한다. "나는 사제와 교회의 중역들이 제단 옆에 모여 있는 것을 보았다. 나는 그들에게 가까이 가면서 말하기 시작하였다. 그러자 곧 그들이 나에게 덮쳐 왔다. 내가 말하고 있을 때 서기가 성경책을 들어 나의 얼굴을 내리쳤다. 그러자 내 얼굴에선 피가 흘렀다. 나는 교회 안에서 피를 낭자하게 흘렸다. 그러나 그 사람들은 '저놈을 교회 밖으로 끌어내라' 고 소리쳤다. 그리고 내가 밖으로 끌려 나오자 매우 심하게 구타하였다. 그리고 쓰러뜨리고 담 밖으로 내던졌다. 그리고 얼마 후에 그들은 거리로 나를 끌어냈다. 끌어내는 동안에도 그들은 나를 돌로 치기도 하고 때리기도 했다. 그래서 나는 온몸이 피와 먼지투성이로 더럽혀졌다. …하지만 내 발로 일어서 그들에게 생명의 말씀을 전했으며, 그들의 교사들의 열매가 어떤 것이며, 그들이 얼마나 더럽혔는지를 보여 주었다." 폭도는 가끔 기독교의 원수가 되었다. 오늘날 기독교인이 확고하게 서서 대항하여야 할 것은 군중의 폭력이 아니라 그들의 조롱과 멸시다.

III. 기독교 생활과 노력이 있었다.

1. **수고로움**이 있었다. 바울이 사용한 말(명사로는 kopos, 동사로는 kopian)은 신약성경에서 기독교 생활을 나타내는 전문적인 용어다. 그것은 인간이 가진 모든 것, 즉 육체도 정신도 영혼도 극도로 피곤하기까지 수고하는 것이다. 기독교인은 하나님의 일꾼이다.

2. **자지 못함**이 있었다. 바울에게는 때론 기도하기 위해, 때론 위험과 불쾌한 상황 때문에 잠을 한숨도 못 자는 밤이 많았다. 바울은 언제나 그리스도의 불침번이 될 용의가 있었다.

3. **먹지 못함**이 있었다. 여기서 바울이 의미하는 것은 자기 의지에 의해 일부러 금식하는 것이 아니라 일을 하기 위해 굶게 되는 경우를 말하는 것이 분명하다. 바울의 이러한 정신과 하나님의 집에서 드리는 예배에 참석하기 위해 밥 한

끼 정도 굶을 줄 모르는 사람의 정신과는 좋은 대조가 된다.

여기서 바울은 인내에 의해 극복할 수 있었던 시련과 고난에서 하나님께서 기독교 생활을 위해 그에게 주신 장비로 눈을 돌린다. 다시금 바울은 여기서는 전과 같이 세 그룹에 각각 세 항목을 붙여 말한다.

I. 하나님께서 주신 정신적인 자질이 있다.

1. **깨끗함**이 있었다. 바울이 사용하고 있는 말(hagnotes)은 헬라인들에 의해 "신들에 대한 모든 죄를 조심스럽게 피하는 것, 자연이 요구하는 대로 하나님의 명예를 위해 봉사하는 것"이라고 정의된 것이다. 이러한 **깨끗함**은 "최고로 긴장된 신중성"이라고 정의된다. 또 그것은 "모든 영과 육의 오점에서 자유"라고 정의되기도 한다. 사실 그것은 인간이 하나님 앞에 바로 나가게 할 수 있는 자질이다. 깨끗한 생활만이 위대한 메시지를 말하게 한다. 성자로 알려진 사람의 소박한 눌변이 속되게 보이는 사람의 우아한 달변보다 훨씬 무게가 있다.

2. **지식**이 있었다. 이러한 종류의 지식은 "반드시 해야 할 일을 아는 지식"이라고 정의되고 있다. 그것은 신학자의 치밀한 이론에서가 아니라 기독교인의 개개인의 행동에서 나오는 지식이다.

3. **오래 참음**이 있었다. 신약성경에서는 보통 이 말(**마크로더미아**)은 **인간에 대한 인내**, 즉 사람들이 그릇된 길에 빠져 잘못되었더라도, 그들이 잔인하고 모욕적이더라도 그것을 참을 수 있는 능력을 말한다. 그것은 매우 위대한 말이다. 마카비1서에 보면(8:4) 로마인은 "그들의 정책과 **인내**로" 세계를 정복했다는 말이 있다. 그런데 여기서 그 말은 로마인들이 결코 패배한 채로는 평화를 승복하지 않는다는 불패의 정신을 보여 준다. **오래 참음**은 개개인의 전투에는 져도 모든 전쟁에서는 결코 패배를 인정하지 않는 사람의 자질이다.

II. 하나님께서 주신 마음의 자질이 있다.

1. **자비함**이 있었다. **자비함**(chrestotes)은 신약성경이 갖고 있는 위대한 낱말 중 하나다. 그것은 엄격함의 정반대어다. 어떤 위대한 주석가는 그 말을 "다른 사람을 안심시키며 고통을 주지 않는 동정적인 친절 혹은 부드러운 마음씨"라

고 설명하고 있다. 그 가장 좋은 예는 창세기 26장 17-22절에 나오는 이삭의 처신이다. 거기에는 이삭이 싸우거나 다투지 않았다고 기록하고 있다. 그것은 자기보다도 우선 다른 사람을 훨씬 생각하는 자질이다.

2. **성령**이 있었다. 성령의 도움 없이는 아무도 좋은 말을 말하거나 좋은 일을 행할 수 없다는 것을 바울은 잘 알고 있었다. 그런데 이 구절에서는 성령 그 자체를 의미하는 것이 아니라 **하나님의 거룩한 정신**을 의미한다고 보인다. 다시 말해 그것은 바울의 영, 바울의 가장 내면적인 존재, 바울이 취한 행동의 지배적인 동기는 거룩한 동기였으며 오직 하나님께 영광 돌리고 그를 봉사하고자 하는 데만 직결되었다는 의미일 것이다.

3. **거짓이 없는 사랑**이 있었다. 바울이 사랑을 나타내기 위해 사용하는 말은 (agape)인데 그 말은 매우 특징 있는 신약성경의 용어다. 그것은 불굴의 자비이며 호의다. 그것은 다른 사람이 어떤 짓을 하든지 간에 다른 사람의 최선만을 생각해 주며, 더욱이 복수 같은 것은 꿈에도 생각하지 않고 모든 피해와 모욕에 대해 끊임없는 자비심으로 대해 주는 정신이다.

III. 하나님께서 주신 복음 선교를 위한 장비가 있다.

1. **진리의 선언**이 있었다. 예수께서는 전파하여야 할 복음만 주셨을 뿐 아니라 그것을 전파할 능력과 재능을 아울러 자신에게 주셨다고 바울은 알고 있었다. 그는 하나님께서 말씀을 주셨으며 그것을 전파할 기회의 문도 열어 주셨다고 믿었다.

2. **하나님의 능력**이 있었다. 바울에게는 이것이 곧 전부였다. 그가 가졌던 유일한 능력은 하나님의 능력이었다. 애진코트의 전투 후에 헨리 5세에 대해 이러한 말이 있었다고 한다. "그는 자신의 영광스러운 전승에 대해 시인들이 노래를 짓거나 부르지 못하게 했다. 그는 모든 찬미와 감사를 오직 하나님께만 돌리고 싶었기 때문이다." 바울은 결코 "내가 했다"라고 자랑하지 않고, 언제나 "하나님께서 내가 이 일을 하게 해 주셨다"라고 겸손히 말했다.

3. **오른손의 무기와 왼손의 무기**가 있었다. 그것은 방어를 위한 무기와 공격을 위한 무기가 있다는 의미다. 오른손에는 칼이나 창을 들었으며, 왼손에는 방패

가 있었다. 바울이 말하고자 한 것은 하나님께서 자신에게, 다시 말해 일을 성취할 수 있는 능력과 자기 자신을 유혹에서 막을 수 있는 힘을 아울러 주셨다는 것이다.

바울은 몇 가지 대구를 나열하는 것으로 이 서정시적인 문장을 끝맺는다. 바울은 우선 **영광과 욕됨**에서 대조를 시작한다. 욕됨이라는 의미로 바울이 사용한 헬라어(atimia)는 일반적으로 시민의 권리를 잃어버리는 것, 즉 공권이 박탈되는 것을 의미한다. 따라서 바울은 이렇게 말한다. "나는 이 세상이 주는 권리와 특권은 모조리 박탈당했을는지는 몰라도 여전히 하나님 나라의 시민이다."

바울은 **악한 이름과 아름다운 이름**을 함께 받고 있다. 바울이 하는 모든 행위를 비난하며 그의 이름까지 증오하는 사람이 있지만 그는 하나님 앞에서는 좋은 평판을 받는다. 그를 속이는 자라고 말하는 이들이 있다. 이 말의 뜻은 문자 그대로 떠돌아다니는 사기꾼과 협잡꾼이다. 다른 사람들은 바울을 그렇게 보지만 그는 자신이 전하는 메시지는 하나님의 진리라는 것을 알고 있다.

그는 **무명한 자 같으나 유명한 자**다. 그를 중상하는 유대인은 바울을 쓸데없는 자요, 아무도 그의 이름을 들은 일이 없다고 말했지만 바울을 통해 그리스도 앞으로 나오게 사람들은 그를 잘 알고 있었으며 그에게 감사를 표시하고 있었다. 그의 전 생애는 마치 언제나 죽음의 위협을 받고 있었던 것같이 보인다. 위험은 그의 동지였으며 죽음의 예감은 그의 전우였다. 하지만 하나님의 은혜로 바울은 언제나 사망도 어쩔 수 없는 생명을 갖고 승리의 삶을 살았다. 인간의 정신을 능히 좌절시킬 수 있는 일들이 바울의 신상에도 일어났다. 그래도 그것이 그의 정신을 죽일 수는 없었다. 인간의 마음을 짓밟아 버릴 수 있는 일이 바울의 신상에도 일어났다. 그러나 그것이 그에게서 아무도 빼앗아 버릴 수 없는 기쁨을 파괴할 수 없었다. 그는 집도 없는 무일푼의 거지처럼 보였을는지 모른다. 그러나 그에게는 언제나 인간의 영혼을 부하게 하는 것이 있었다. 그는 아무것도 가진 것이 없는 자같이 보였을는지 몰라도 그리스도를 소유했기에 현세와 내세에 아울러 관련된 모든 것을 갖고 있었다.

사랑의 어조

고린도후서 6:11-13, 7:2-4

11고린도인들이여 너희를 향하여 우리의 입이 열리고 우리의 마음이 넓어졌
으니 12너희가 우리 안에서 좁아진 것이 아니라 오직 너희 심정에서 좁아진
것이니라 13내가 자녀에게 말하듯 하노니 보답하는 것으로 너희도 마음을 넓
히라
2마음으로 우리를 영접하라 우리는 아무에게도 불의를 행하지 않고 아무에
게도 해롭게 하지 않고 아무에게서도 속여 빼앗은 일이 없노라 3내가 이 말
을 하는 것은 너희를 정죄하려고 하는 것이 아니라 내가 이전에 말하였거니
와 너희가 우리 마음에 있어 함께 죽고 함께 살게 하고자 함이라 4나는 너희
를 향하여 담대한 것도 많고 너희를 위하여 자랑하는 것도 많으니 내가 우리
의 모든 환난 가운데서도 위로가 가득하고 기쁨이 넘치는도다

우리는 여기서 6장 11-13절과 7장 2-4절을 먼저 취급하고 6장 14절에서 7장 1절까지는 잠시 동안 뒤로 미룬다. 그 이유는 후에 6장 14절 이하를 취급할 때 밝혀질 것이다.

여기서 바울은 순수한 사랑의 어조로 말하고 있다. 불화는 치료되었다. 싸움은 화해되었으며 사랑이 모든 것을 지배하게 되었다. "우리의 마음이 너희를 향하여 넓게 열렸다"고 번역한 구절은 글자 그대로 보면 "우리의 마음이 커졌다"는 뜻이다. 크리소스토무스는 이 구절에 대해 훌륭한 주석을 붙이고 있다. 그는 열은 모든 것을 팽창시키고 사랑의 온기는 언제나 인간의 마음을 확대시켜 준다고 한다. 12절에서 KJV은 신약성경에서 흔히 볼 수 있는 용법으로 그것을 번역하고 있는데 잘 된 번역이라고 할 수 없다. KJV은 이렇게 번역하고 있다. "너희는 너희 자신의 창자에서 좁아진 것이다." **창자**(bowels)라고 번역한 헬라어는 **스플락크나**다. 이 말은 문자 그대로 상부에 있는 내장, 즉 심장, 간장, 폐를 의미한다. 이러한 기관에 감정의 자리가 있다고 생각되었던 일이 있다. 그러한 표현이

이상하게 들리지만 우리가 사용하는 영어의 표현에도 이상한 것이 많다. 우리는 어떤 사람을 두고 그가 **우울하다**(melancholy)고 하는데 문자 그대로는 그가 검은 간장을 가졌다는 뜻이다. 우리는 사랑의 자리를 심장에 두고 있는데 그것도 몸의 한 기관이다. 그러나 영어의 어법으로는 **창자**(bowels)보다는 **심장**(heart)이라는 말을 사용하는 것이 더 자연스럽다.

여기서 바울은 일련의 위대한 주장을 내세우고 있다. 그는 아무에게도 불의를 행하거나, 쓰러뜨리거나, 이용한 일이 없다. 일생이 끝나 갈 무렵에 월러 스콧트 경은 "나는 어떤 사람의 신앙도 동요하게 하지 않았으며, 어떤 사람의 주의도 무너뜨리지 않았다"라고 주장했다. 댁커리도 생의 만년에 쓴 기도문에서 이렇게 기도하고 있다. "내가 하나님의 사랑 혹은 인간의 사랑에 모순되는 말을 쓰지 않도록 하옵시며, 나 자신의 편견을 퍼뜨리거나 다른 사람의 편견을 조장시키지 않도록 하옵시며, 나의 펜을 통해 언제나 진리를 말하게 하옵시며, 탐욕에 따라 행동하지 않게 하옵소서."

스스로 죄를 범하는 것보다 더 나쁜 것이 오직 한 가지 있는데 다른 사람이 죄를 범하게 하는 것이다. 인생에서 엄연한 사실은 다른 사람을 최초의 유혹과 죄로 몰아넣는 사람이 반드시 있다는 것이다. 그리고 어리거나 약한 형제에게 악행을 저지르게 하는 일은 가장 무서운 일이다.

한 노인이 죽는 자리에서 무엇 때문인지 매우 걱정스러웠고 고민하는 것 같았다고 한다. 왜 그러느냐고 물었을 때 노인은 대답하기를, 자신이 어렸을 때 그와 몇 명의 친구가 동네 한가운데 있는 네거리에서 놀았던 일이 있었다고 한다. 그때 거기에는 도로 방향 표시판이 있었는데 그것이 흔들거렸다. 그들은 그때 그 방향 표시판을 빙 돌려 잘못된 방향을 표시하도록 세워 놓았다. 이제 노인은 "우리가 그때 장난친 것 때문에 얼마나 많은 사람이 잘못된 길을 걸어갔을까 생각하니 후회가 막심하다"라고 말했다고 한다. 다른 사람을 잘못된 길로 보낸 것보다 더 큰 후회는 없다. 바울은 언제나 다른 사람에게 가장 좋은 길로 인도하였으며 영향을 주었다고 자랑스럽게 주장하였다.

바울은 이 부분을 끝맺으면서 고린도 교인들에게 비록 자신은 환난 가운데 있을지라도 위로가 충만하며, 기쁨이 넘쳐흐른다고 말한다. 인간관계야말로 인생에게 가장 중요한 것임을 더 이상 밝혀 증명해 줄 수 있는 것이 없다. 어떤 사람이 가정에서 행복하면 가정 밖에서 어떤 일에 직면하여도 이에 대처할 수 있다. 어떤 사람이 친구와의 교제가 원만하면 운명의 딱총 알이나 화살을 웃음으로 대할 수 있다. 잠언 기자도 "채소를 먹으며 서로 사랑하는 것이 살찐 소를 먹으며 서로 미워하는 것보다 낫다"(잠 15:17)라고 말했다.

너희는 나오라

고린도후서 6:14-7:1

14너희는 믿지 않는 자와 멍에를 함께 메지 말라 의와 불법이 어찌 함께하며
빛과 어둠이 어찌 사귀며 15그리스도와 벨리알이 어찌 조화되며 믿는 자와
믿지 않는 자가 어찌 상관하며 16하나님의 성전과 우상이 어찌 일치가 되리
요 우리는 살아 계신 하나님의 성전이라 이와 같이 하나님께서 이르시되 내
가 그들 가운데 거하며 두루 행하여 나는 그들의 하나님이 되고 그들은 나의
백성이 되리라 17그러므로 너희는 그들 중에서 나와서 따로 있고 부정한 것
을 만지지 말라 내가 너희를 영접하여 18너희에게 아버지가 되고 너희는 내
게 자녀가 되리라 전능하신 주의 말씀이니라 하셨느니라
1그런즉 사랑하는 자들아 이 약속을 가진 우리는 하나님을 두려워하는 가운
데서 거룩함을 온전히 이루어 육과 영의 온갖 더러운 것에서 자신을 깨끗하
게 하자

지난번에 빼놓았던 부분을 여기서 취급하게 되었다. 이 부분은 매우 부자연스럽게 삽입되어 있는 것이 사실이다. 이 부분을 빼 버리고 6장 13절에서 곧바로 7장 2절로 계속해서 읽는 것이 의미가 분명해진다. 이 엄격한 부분은 앞뒤에 있는 기쁨과 즐거운 사랑의 부분들과는 균형이 맞지 않는다.

그런데 서론에서 우리는 바울이 고린도전서보다도 먼저 쓴 편지가 있다는 것

을 알았다. 고린도전서 5장 9절에서 바울은 "내가 너희에게 쓴 것에 음행하는 자들을 사귀지 말라 하였거니와"라고 말하고 있다. 그 편지는 완전히 잃어버렸는지 모른다. 혹은 이 부분이 바로 그 편지의 한 부분일는지 모른다. 바울의 편지들을 수집했을 때 그 한 장이 잘못 끼어들었을 가능성이 충분히 있다. 바울의 편지들이 수집된 것은 주후 90년경이다. 따라서 그때는 아무도 그 올바른 순서를 몰랐을 것이다. 분명히 이 부분은 내용상으로 볼 때 고린도전서 5장 9절에 언급된 편지와 일치한다.

이 부분의 배후에는 몇 가지 구약성경적인 이미지가 있다. 바울은 우선 고린도 교인들에게 불신자들과 서로 용납할 수 없는 멍에를 같이 메지 말라고 권면한다. 그것은 신명기 22장 10절에 나오는 옛 계명, 즉 "나는 소와 나귀를 겨리하여 갈지 말라"고 한 계명까지 소급된다고 생각할 수 있다(레 19:19 참조). 그것은 이 세상에는 본질적으로 구별이 있는 것, 근본적으로 공존할 수 없는 것, 성질상 함께 있을 수 없는 것들이 있다는 뜻이다. 그것은 기독교인의 순결과 이방인의 불결이 함께 일할 수 없다는 것이다. "하나님의 성전과 우상이 어찌 일치가 되리요"라고 바울이 힐문했을 때 그는 므낫세가 하나님의 전에 아로새긴 우상을 세운 일과(왕하 21:1-7), 그 후 요시야가 그것들을 파괴해 버린 일(왕하 23:3 이하)을 생각했을 것이다. 아니면 바울은 에스겔 8장 3-18절에 나타난 가중한 것을 생각했을 것이다. 역사적으로 볼 때 인간은 때때로 하나님의 전과 우상 숭배를 연결해 보려고 했는데 그 결과는 매우 가공할 만한 것이었다.

이 구절 전체는 불신자와 사귀지 말라는 경고다. 이스라엘의 역사의 정수는 "너희는 나오라"는 한마디의 말 속에 잘 함유되어 있다. 그것은 하나님께서 아브라함에게 하신 말씀이었다. "너는 너의 고향과 친척과 아버지의 집을 떠나 내가 네게 보여 줄 땅으로 가라"(창 12:1). 그것은 소돔과 고모라의 멸망 직전에 롯에게 준 경고였다(창 17:12-14). 이 세상에는 기독교인이 관계할 수 없거나 해서는 안 되는 것들이 많이 있다.

처음에 기독교를 받아들인 사람들에게 기독교가 어느 정도까지 세상과의 격리를 요구했던 것인지 정확히 알 수는 없다. 그러나 대부분 그것은 일종의 격리, 단절, 포기, 탈출을 의미했을 것이다.

I. 때로 그것은 "직업"을 포기하는 것을 의미했다. 어떤 사람이 석공이었다고 가정하자. 그의 회사가 신전 건축을 하기로 계약했다면 어떻게 될까? 어떤 사람이 양복 직공이었다고 가정하자. 이방신을 섬기는 제사장의 예복을 짓도록 주문 받았다면 어떻게 될 것인가? 어떤 사람이 군인이었다고 가정하자. 모든 부대의 정문에는 황제의 신성을 예배하는 제단이 있고 그 위에는 등불이 켜져 있었다. 황제 숭배의 표시로 그 제단에 한 줌의 향을 뿌려야 한다면 어떻게 될까? 초대 교인들은 여러 번 직업을 안전하게 확보할 것인가, 예수 그리스도께 충성을 다할 것인가 하는 양자택일에 직면했을 것이다. 어떤 사람이 이러한 문제를 갖고 터툴리아누스에게 갔던 일이 있었다. 그는 터툴리아누스에게 자신의 문제를 말하고 나서 "하지만 결국 나는 살아야 합니다"라고 말했다. 그러자 터툴리아누스는 "그러냐?"라고 말했다고 한다.

초대교회에서는 어떤 사람이 기독교를 믿는다는 것은 곧 그의 직업을 버려야 한다는 것을 의미할 때가 많았다. 유명한 예로 차링톤의 경우가 있다. 그는 양조업으로 이룩한 많은 재산의 상속인이었다. 어느 날 밤 그는 술집 앞을 지나가게 되었다. 그때 그 술집 문 앞에는 누군가를 기다리는 부인이 있었다. 그녀의 남편인 듯한 사람이 술집에서 나왔을 때 다시 그 술집 안으로 들어가지 못하게 하려고 애쓰고 있었다. 그 남자는 주먹으로 그녀를 때려눕혔다. 차링톤은 발을 앞으로 내디디면서 갑자기 위를 쳐다보았다. 그 술집 문 위에 있는 이름은 자기 자신의 이름이었다. 그것을 본 차링톤을 이렇게 말했다. "그 남자는 주먹 한 대로 자기 아내를 때려눕혔을 뿐 아니라, 나를 내 직업에서 영원히 깨끗이 손 떼게 했다." 그리고 그는 그런 식으로 벌어들인 돈엔 손도 대고 싶지 않아 능히 자기 것이 될 수 있었던 그 재산 상속을 포기하였다. 누구도 다른 사람의 양심을 지켜줄 수는 없다. 인간은 스스로 자신의 직업이 그리스도께 합당한 것인지, 그리스도를 모시고 날마다 일을 할 수 있는지를 결정지어야 한다.

II. 때로 그것은 "사교생활"을 버려야 하는 것을 의미했다. 고대 사회에서는 우리가 우상 앞에 놓였던 고기에 대해 살펴볼 때 이미 배운 것 같다. 대부분 이교도의 잔치는 신전에서 개최되는 일이 많았다. 그 초대장엔 이렇게 쓰여 있다.

"나는 귀하를 우리 주 세라피스의 식탁에서 함께 식사하기를 초대합니다." 그렇지 않을 경우에도 이교도의 잔치는 신들에게 신주로서 술 한 잔씩을 붓는 것으로 시작하고 끝마쳤다. 그러한 잔치에 기독교인이 참석할 수 있을까? 아니면 지금까지는 매우 중요한 의미를 가졌던 그러한 사교적인 모임에서 이탈하여야 했을까?

III. 때로 그것은 "가족 관계"를 끊어야 하는 것을 의미했다. 초대교회의 괴로움은 가족을 분열시키는 데 있었다. 아내가 기독교인이 되었기에 그녀의 남편이 그녀를 집에서 쫓아낸 일이 있었다. 남편이 기독교인이 되었기에 그의 아내가 그와 헤어진 일도 있었다. 아들이나 딸이 기독교인이 되었기에 그들은 집에서 쫓겨나기도 했다. 그리스도가 세상에 오신 것은 화평을 주기 위한 것이 아니라 서로 갈라지게 하는 검을 주려고 오셨다는 것은 문자 그대로 사실이었다. 그것은 문자 그대로 남자나 여자나 자신의 가장 가깝고 사랑하는 이보다도 더 그리스도를 사랑할 각오를 가져야 했던 것이다. 또한 그들은 자신의 집을 버릴 각오가 되어 있어야 했다.

그것이 얼마나 괴로운 일이든지 간에 기독교인이 되기 위해서는 해서는 안 될 것들이 있다는 것은 엄연한 사실이다. 모든 사람이 거기서 나와야 할 것들이 엄연히 존재한다.

이 부분을 끝내기 전에 한 가지 주의할 점이 있다. 바울은 여기서 성경 말씀을 여러 곳 인용하고 있는데 그 인용들은 여러 곳에서 나온 말씀을 뒤섞은 것이며 정확한 인용도 되지 못하고 있다. 여기에는 레위기 26장 11-12절, 이사야 52장 11절, 에스겔 20장 34절, 37장 27절, 사무엘하 7장 14절에서 부분적인 인용과 기억으로 더듬은 것들이 있다. 바울이 성경을 정확하게 인용한 일이 거의 없다는 것은 사실이다. 왜 그랬을까? 우리는 바울 시대에는 오늘날의 책과 같은 것이 없었다는 것을 기억해야 한다. 책들은 파피루스의 두루마리에 쓰였다. 사도행전과 같은 크기의 책이라면 약 서른다섯 자 길이의 두루마리였는데 매우 다루기 힘든 것이었다. 더욱이 장의 구분도 없었다. 장의 구분은 13세기 스데반 랭톤이 붙였다. 절의 구분도 없었다. 절의 구분은 16세기 파리의 인쇄인인 스네바노가 붙였다. 그리고 16세기 되기까지는 성경 용어사전(concordance) 같은 것이 없었다. 그 결과 바울은 가장 분별 있게 일했는데—그는 자신의 기억에서 인용하였으며, 내용만 정확하면 실제 용어에는 그리 신경을 쓰지 않았다. 바울이 항상 관심을 가진 것은 성경의 메시지이지 그 용어가 아니었다.

The Letter to the Corinthians 07

하나님의 뜻대로 하는 근심과 기쁨

고린도후서 7:5-16

5우리가 마게도냐에 이르렀을 때에도 우리 육체가 편하지 못하였고 사방으
로 환난을 당하여 밖으로는 다툼이요 안으로는 두려움이었노라 6그러나 낙
심한 자들을 위로하시는 하나님이 디도가 옴으로 우리를 위로하셨으니 7그
가 온 것뿐 아니요 오직 그가 너희에게서 받은 그 위로로 위로하고 너희의
사모함과 애통함과 나를 위하여 열심 있는 것을 우리에게 보고함으로 나를
더욱 기쁘게 하였느니라 8그러므로 내가 편지로 너희를 근심하게 한 것을 후
회하였으나 지금은 후회하지 아니함은 그 편지가 너희로 잠시만 근심하게
한 줄을 앎이라 9내가 지금 기뻐함은 너희로 근심하게 한 까닭이 아니요 도
리어 너희가 근심함으로 회개함에 이른 까닭이라 너희가 하나님의 뜻대로
근심하게 된 것은 우리에게서 아무 해도 받지 않게 하려 함이라 10하나님의
뜻대로 하는 근심은 후회할 것이 없는 구원에 이르게 하는 회개를 이루는 것
이요 세상 근심은 사망을 이루는 것이니라 11보라 하나님의 뜻대로 하게 된
이 근심이 너희로 얼마나 간절하게 하며 얼마나 변증하게 하며 얼마나 분하
게 하며 얼마나 두렵게 하며 얼마나 사모하게 하며 얼마나 열심 있게 하며

얼마나 벌하게 하였는가 너희가 그 일에 대하여 일체 너희 자신의 깨끗함을
나타내었느니라 [12]그런즉 내가 너희에게 쓴 것은 그 불의를 행한 자를 위한
것도 아니요 그 불의를 당한 자를 위한 것도 아니요 오직 우리를 위한 너희
의 간절함이 하나님 앞에서 너희에게 나타나게 하려 함이로라 [13]이로 말미암
아 우리가 위로를 받았고 우리가 받은 위로 위에 디도의 기쁨으로 우리가 더
욱 많이 기뻐함은 그의 마음이 너희 무리로 말미암아 안심함을 얻었음이라
[14]내가 그에게 너희를 위하여 자랑한 것이 있더라도 부끄럽지 아니하니 우리
가 너희에게 이른 말이 다 참된 것같이 디도 앞에서 우리가 자랑한 것도 참
되게 되었도다 [15]그가 너희 모든 사람들이 두려움과 떪으로 자기를 영접하여
순종한 것을 생각하고 너희를 향하여 그의 심정이 더욱 깊었으니 [16]내가 범
사에 너희를 신뢰하게 된 것을 기뻐하노라

이 부분은 훨씬 앞서 나온 2장 13절과 관련되어 있다. 거기서 바울은 드로아에서 고린도 교회의 상태가 어떻게 진전되었는지 몰라 불안하였던 것과 될 수 있는 대로 빨리 디도를 만나 소식을 듣기 위해 마게도냐로 갔던 일에 대해 말하고 있기 때문이다. 그때 상황을 다시 한 번 기억해 보자. 고린도 교회의 상황이 악화되었었다. 그것을 개선하고자 바울은 고린도를 잠깐 동안 방문했지만 오히려 사태를 더 악화시켰으며 그 때문에 그의 심정은 찢어질 듯 아팠다. 그 방문이 실패한 후 바울은 전례 없이 엄격하고 심각한 편지를 써서 디도 편에 보냈다. 그리고 그 후 그 불행한 사태가 어떻게 되었는지 궁금하여 드로아에 할 일이 많은데도 그대로 가만히 있을 수가 없었다. 즉, 될 수 있는 대로 소식을 빨리 알고 싶어 디도를 만나기 위해 길을 나섰던 것이다. 그리고 마게도냐 어딘가에서 디도를 만나 그로부터 고린도 교회의 문제가 해결되어 불화가 없어졌으며 모든 것이 잘 되었다는 소식을 듣고 기쁨이 넘쳐흐르게 되었던 것이다. 이상의 것이 이 부분을 읽으면서 염두에 두어야 할 배경이다. 그것을 염두에 둘 때 이 부분의 내용이 매우 풍부하다는 것을 알게 된다.

여기에는 바울이 취한 모든 책망의 방법과 책망에 대한 바울의 생각이 잘 나타나 있다.

I. 바울은 당시 책망이 필요하다는 것을 분명히 알고 있었다. 안일한 평화만을 찾는 사람이 결국에는 재난만 만나는 일이 흔히 있다. 위험한 상황과 부딪치기 싫어 그대로 방치해 두는 사람이나 불쾌한 것이 싫어 자녀들을 벌주거나 단속하려고 하지 않는 부모나, 가장 안전한 길인데도 자진해서 위험한 일에 맞부딪치고자 하지 않는 사람들은 결국 자신의 머리 위에 큰 재난을 더욱더 쌓아 놓는 사람들이다. 재난은 질병과 같은 것이다. 적시에 처치하면 할수록 간단히 치료될 수 있다. 손을 대지 않고 놓아두면 암과 같은 불치의 병으로 발전될 수 있다.

II. 그러한 것을 인정하면서도 바울은 책망하기를 좋아하지 않았다. 바울은 부득이한 경우에만 책망하였으며 달리 어떻게 할 수 없을 때만 했다. 그는 다른 사람에게 고통을 가하는 것을 기뻐하지 않았다. 자신의 독설 때문에 괴로워하는 것을 보고 사디스트적인 쾌락을 느끼는 사람 또는 무례하거나 상스러운데도 스스로 솔직하다고 자랑하는 사람이 있다. 자랑스럽게 하는 책망은 싫어하면서도 달리 할 수가 없어 부득이 하는 책망보다 훨씬 효과가 없다는 것은 명백한 사실이다.

III. 더욱이 바울이 책망하는 유일한 목적은 사람들을 그들이 마땅히 갖춰야 할 인간으로 만들고자 하는 것이었다. 바울이 고린도 교인들을 책망한 것은 그들이 불순종하고 사고를 저질렀을망정 그들의 마음 바탕에는 바울에 대한 참다운 열심을 갖고 있다는 것을 깨달아 주기를 바랐기 때문이다. 그러한 과정이 당장은 고통을 주지만, 궁극적인 목적은 고통을 주고자 하는 것이 아니었다. 그것은 그들을 쓰러뜨리려는 것이 아니라 오히려 일으켜 세우려는 것이었다. 그것은 그들을 낙심하게 하려는 것이 아니라, 오히려 그들을 격려하고자 하는 것이었다. 그것은 단순히 악을 제거하기 위한 것이 아니라, 선을 자라나게 하기 위한 것이었다.

또한 이 부분은 세 가지 커다란 인간적인 기쁨에 대해 말한다.

I. 우선 여기에는 화해의 기쁨, 불화가 치유된 기쁨, 분쟁이 해결된 기쁨이 있다. 우리는 모두 어렸을 때 잘못된 일을 저질러 부모와의 사이에 벽과 긴장감과

서먹서먹함이 있었던 때를 기억할 것이다. 우리는 모두 그러한 일이 지금도 사랑하는 사람 사이에 능히 일어날 수 있다는 것을 알고 있다. 하지만 벽이 없어지고 다시 사랑하는 이와 하나가 되었을 때 느끼는 파도처럼 밀려오는 안도감, 순수한 행복감, 무거운 짐을 내려놓은 듯한 감정을 알고 있다. 결국 마음속에 원한을 품은 사람은 다른 사람보다도 스스로를 해친다. 마음을 치료하는 말씀은 그러한 마음속에 간직한 원한을 평화와 기쁨으로 변화시킬 수 있다.

II. 자신이 믿었던 사람의 신뢰가 헛되지 않았다는 것을 알게 된 기쁨이 있다. 바울은 디도에게 훌륭한 추천장을 써 주었다. 그것은 바울이 디도를 의심해서가 아니다. 디도가 부딪칠 일이 너무 어려운 상황이었기 때문이다. 따라서 디도가 자신의 신뢰에 응해 주었으며 자신의 말이 진실하다는 것이 증명되었을 때 그 기쁨은 컸다. 골육의 자녀든지 믿음의 자녀든지 간에 우리 자녀가 훌륭한 일을 했다는 것을 아는 것보다 더 큰 만족이 없다. 아들이나 딸이나 학자나 학생이 부모나 교사에게 줄 수 있는 가장 큰 기쁨은 그들이 자신들의 생활을 통해 부모나 교사의 신뢰가 헛되지 않았다는 것을 보여 주는 것이다. 인생 최대의 비극은 기대가 좌절되는 것이며 인생 최대의 기쁨은 기대가 실현되는 것이다.

III. 사랑하는 이가 다른 사람들에게서 환영 받고 환대 받는 것을 보는 기쁨이 있다. 우리의 사랑하는 이에게 보여 준 친절이 우리 자신에게 보여 준 친절보다 더욱 우리를 인간적으로 감동시킨다. 그것은 하나님에 대해서도 마찬가지다. 따라서 우리는 이웃을 사랑함으로써 하나님에 대한 우리의 사랑을 가장 잘 나타낼 수 있다. 하나님의 마음을 기쁘게 하는 것은 그의 자녀에게 친절을 베풀어 주는 것이다. 우리가 그들에게 행한 것은 곧 하나님께 행한 것이다.

이 부분은 인생의 가장 중요한 구별이다. 그것은 **하나님의 뜻대로 하는 근심과 세상 근심** 간의 구별이다.

I. 하나님의 뜻대로 하는 근심은 참 회개를 낳는다. 그리고 참 회개는 근심을 행동으로 표시하는 회개다. 고린도 교인들은 자신들의 생각 없는 행위가 저질러

놓은 비참한 상태를 개선하기 위하여 할 수 있는 모든 일을 함으로써 자신들의 회개를 보여 주었다. 이제 그들은 자신들이 범한 죄를 미워하게 되었다. 그리고 그 죄를 보상하기 위해 많은 수고를 했다.

II. 세상 근심에는 두 가지 특징이 있다.

1. 세상 근심은 어떤 의미에서 참된 근심이 아니다. 단지 원망에 불과하다. 그것은 책벌에 대한 원망, 죄를 저지르고 도망치지 못한 사실에 대한 원망이다.

2. 그것은 자신의 죄, 혹은 자신이 다른 사람에게 끼친 상처나 비탄에 대한 참된 근심이 아니다. 그것은 결국 죄가 발각될 것을 근심하는 것이다. 또다시 기회가 있으면 같은 일을 또다시 행할 수 있으며 발각되지 않을 것만 같으면 다시 죄도 범할 수 있는 것이다. 그것은 전혀 죄를 미워하지 않으며, 그 죄가 성가시게 된 사실만을 후회할 따름이다.

참 회개, 하나님의 뜻대로 하는 근심은 자신이 행한 일의 잘못을 인식하게 된 회개요 근심이다. 그것은 그 결과만을 후회하지 않고 그 행위 자체를 미워한다. 죄에 대한 우리의 근심은 단순히 그 죄가 발각되었다고 근심하는 것이나, 우리가 성가신 일에 휘말려 들어가게 된 것을 근심하는 것이 되어서는 안 되며, 그 죄의 악함을 알며, 다시 죄를 범하지 않겠다고 결심하여 남은 생애를 하나님의 은혜로 그 죄를 보상하기 위해 헌신하는 근심이 되도록 주의하지 않으면 안 된다.

The Letter to the Corinthians 08

너그러움을 호소함

고린도후서 8:1-15

1 형제들아 하나님께서 마게도냐 교회들에게 주신 은혜를 우리가 너희에게
알리노니 2 환난의 많은 시련 가운데서 그들의 넘치는 기쁨과 극심한 가난이
그들의 풍성한 연보를 넘치도록 하게 하였느니라 3 내가 증언하노니 그들이
힘대로 할 뿐 아니라 힘에 지나도록 자원하여 4 이 은혜와 성도 섬기는 일에
참여함에 대하여 우리에게 간절히 구하니 5 우리가 바라던 것뿐 아니라 그들
이 먼저 자신을 주께 드리고 또 하나님의 뜻을 따라 우리에게 주었도다 6 그
러므로 우리가 디도를 권하여 그가 이미 너희 가운데서 시작하였은즉 이 은
혜를 그대로 성취하게 하라 하였노라 7 오직 너희는 믿음과 말과 지식과 모든
간절함과 우리를 사랑하는 이 모든 일에 풍성한 것같이 이 은혜에도 풍성하
게 할지니라 8 내가 명령으로 하는 말이 아니요 오직 다른 이들의 간절함을
가지고 너희의 사랑의 진실함을 증명하고자 함이로라 9 우리 주 예수 그리스
도의 은혜를 너희가 알거니와 부요하신 이로서 너희를 위하여 가난하게 되
심은 그의 가난함으로 말미암아 너희를 부요하게 하려 하심이라 10 이 일에
관하여 나의 뜻을 알리노니 이 일은 너희에게 유익함이라 너희가 일 년 전에

> 행하기를 먼저 시작할 뿐 아니라 원하기도 하였은즉 [11]이제는 하던 일을 성
> 취할지니 마음에 원하던 것과 같이 완성하되 있는 대로 하라 [12]할 마음만 있
> 으면 있는 대로 받으실 터이요 없는 것은 받지 아니하시리라 [13]이는 다른 사
> 람들은 평안하게 하고 너희는 곤고하게 하려는 것이 아니요 균등하게 하려
> 함이니 [14]이제 너희의 넉넉한 것으로 그들의 부족한 것을 보충함은 후에 그
> 들의 넉넉한 것으로 너희의 부족한 것을 보충하여 균등하게 하려 함이라
> [15]기록된 것같이 많이 거둔 자도 남지 아니하였고 적게 거둔 자도 모자라지
> 아니하였느니라

바울의 마음을 전적으로 사로잡고 있었던 계획은 예루살렘 교회를 위해 세웠던 모금 계획이었다. 예루살렘 교회는 모든 교회의 모 교회였다. 하지만 그 교회는 너무나 빈궁하였다. 따라서 바울은 이방에 있는 모든 교회가 이 믿음의 어머니 교회를 기억하고 도와주기를 바랐다. 그리하여 바울은 이 부분에서 고린도 교인들에게 자신들의 의무를 생각나게 하고 있으며 너그러움을 호소하고 있다. 바울은 고린도 교인들이 훌륭하게 모금에 응해 주도록 다섯 가지 논거를 들어 호소하고 있다.

I. 그는 다른 사람들의 경우를 예로 들고 있다. 그는 마게도냐 교회가 얼마나 너그러웠는지를 말하고 있다. 마게도냐 교회는 가난하며, 환난 가운데서도 그들이 갖고 있던 것 전부를 주었으며, 사람들이 기대했던 것 이상으로 훨씬 많이 도와주었던 것이다. 유대인의 부림절에는 아무리 가난한 사람이라 할지라도 자기 신보다 가난한 사람을 찾아 선물을 주어야만 되는 규정이 있다. 반드시 부자만이 너그럽게 남에게 주고 있는 것이 아니다. 오히려 가난한 사람이 남에게 줄 준비가 되어 있는 경우가 많다. "가난한 자가 가난한 자를 돕는다"라는 말을 흔히 한다. 그것은 가난한 자라야 가난이 어떤 것인지를 알기 때문이다.

II. 그는 예수 그리스도의 경우를 예로 들고 있다. 바울에게 예수의 희생은 십자가 위에서 시작된 것이 아니다. 또한 그것은 그의 탄생에서 시작된 것도 아

니다. 그것은 이미 하늘에서 시작된 것이다. 그것은 이미 그리스도께서 그의 영광을 버리고, 이 세상에 내려오시기로 동의하셨을 때부터 시작된 것이다. 바울은 기독교인들에게 이렇게 도전하고 있다. "너희 앞에 있는 이런 놀랍고도 감동적인 너그러움의 예를 보고도 어떻게 감히 주저할 수 있느냐?"

III. 그는 고린도 교인들의 과거의 기록을 예로 들고 있다. 그들은 모든 일에 앞장섰다. 그런데 이 문제에서만은 뒤질 수 있단 말인가? 인간이 최고의 표준에 충실하며, 최선을 다해 살아간다면 매우 놀라운 변화가 일어날 것이다! 우리는 자기 자신의 최고 수준에서 결코 뒤떨어지지 말라는 것을 좌우명으로 삼아야 한다.

IV. 그는 훌륭한 감정을 훌륭한 협동으로 옮겨야 할 필요성을 강조하고 있다. 고린도 교인들은 이 모금 계획에 가장 처음으로 감동하였던 사람들이다. 그러나 감동이 감동으로만 머물며 동정이 마음의 동정으로만 끝나고 훌륭한 바람이 훌륭한 열매를 맺지 못하면, 그것은 매우 비극적인 좌절이며 실패다. 매우 흔히 있는 인생의 비극은 고상한 충동을 갖지 못한 것이 아니라 그것이 다만 충동으로 끝나고 행동화하지 못하는 것이다.

V. 그는 고린도 교인들에게 인생에서는 이상하게도 모든 것을 평균케 하는 힘이 있다는 것을 기억하게 한다. 남을 헤아리는 그 헤아림으로 다른 사람에게서 같은 헤아림을 받는다는 것을 우리는 자주 경험한다. 선심에는 선심, 인색한 정신에는 인색한 정신으로 보응 받는다는 것이 인생의 법칙이다.

바울은 마게도냐 교인들을 매우 칭찬하고 있다. 그들은 무엇보다도 먼저 자기 자신을 주고 있다고 바울은 말하고 있으며 실제로 그렇게 했다. 그들 중에 특히 두 사람의 경우가 뚜렷하다. 데살로니가 사람 아리스다고가 있었다. 그는 바울이 마지막으로 로마를 가게 될 때 동행한 사람이다(행 27:2). 누가와 마찬가지로 그에게도 커다란 결단이 있었을 것이다. 그때 바울은 죄수의 몸이었으며, 로마 황제의 재판을 받기 위해 가는 길이었다. 그러한 바울과 아리스다고가 동행하는 방법은 한 가지밖에 없었다. 그것은 스스로 바울의 노예로 등록하는 길이었다. 사실 아리스다고는 완전한 의미에서 자신을 바치는 날이 온 것이다. 에바브로디도가 있었다. 훗날 바울이 감옥에 갇혔을 때 그는 빌립보 교회에서 보내는 선물을 갖고 바울을 찾아왔었는데, 감옥에서 중병에 걸렸다. 그는 바울이 말한 바와 같이 "그리스도의 일을 위하여 죽기에 이르렀던" 사람이다(빌 2:26-30).

선물은 그것을 주는 자가 그것과 함께 다소간의 자기 자신을 주지 않는 한 참된 의미에서 선물이라고 할 수 없다. 때문에 자기 자신을 주는 선물이야말로 최고의 선물이며, 예수 그리스도께서 최고의 모범을 보여 주신 선물이다.

이 부분을 끝맺으면서 바울이 인용한 구약성경의 말씀은 출애굽기 16장 18절이다. 그것은 이스라엘 사람들이 광야에서 만나를 거두던 이야기인데 적게 거둔 자나 많이 거둔 자나 마찬가지로 충분하였다는 것이다.

실제적인 배려

고린도후서 8:16-24

16너희를 위하여 같은 간절함을 디도의 마음에도 주시는 하나님께 감사하노
니 17그가 권함을 받고 더욱 간절함으로 자원하여 너희에게 나아갔고 18또 그
와 함께 그 형제를 보내었으니 이 사람은 복음으로써 모든 교회에서 칭찬을
받는 자요 19이뿐 아니라 그는 동일한 주의 영광과 우리의 원을 나타내기 위
하여 여러 교회의 택함을 받아 우리가 맡은 은혜의 일로 우리와 동행하는 자
라 20이것을 조심함은 우리가 맡은 이 거액의 연보에 대하여 아무도 우리를
비방하지 못하게 하려 함이니 21이는 우리가 주 앞에서뿐 아니라 사람 앞에
서도 선한 일에 조심하려 함이라 22또 그들과 함께 우리의 한 형제를 보내었
노니 우리는 그가 여러 가지 일에 간절한 것을 여러 번 확인하였거니와 이제
그가 너희를 크게 믿으므로 더욱 간절하니라 23디도로 말하면 나의 동료요
너희를 위한 나의 동역자요 우리 형제들로 말하면 여러 교회의 사자들이요

그리스도의 영광이니라 [24]그러므로 너희는 여러 교회 앞에서 너희의 사랑과
너희에 대한 우리 자랑의 증거를 그들에게 보이라

이 부분은 매우 실제적인 성격을 갖고 있기 때문에 흥미롭다. 바울은 자신에게도 적이 있으며 비판하는 이들이 있다는 것을 알았다. 그는 모금의 일부를 자신이 착복하였다고 아무 거리낌 없이 비난할 사람들이 있다는 것을 알았다. 따라서 바울은 그 모금을 예루살렘으로 가져갈 때 다른 사람들이 같이 가게 하면 감히 그런 비난을 할 수 없다는 것을 알고 그렇게 하도록 했다. 그때 이름이 밝혀지지 않은 두 형제가 누구인지는 아무도 모른다. 그 첫째 형제, 즉 모든 교회에서 칭찬을 받는 형제는 흔히 누가일 것이라고 한다. 성 누가의 날에 드리는 기도문이 그것을 가정하고 있다. "복음 안에서 칭찬을 받는 의사 누가를 부르사, 전도자와 영혼의 의사로 삼으신 전능하신 하나님이시여! 부디 그가 전한 교훈의 건전한 의약으로 우리의 모든 영혼의 질병이 고침을 받도록 해 주시옵소서." 바울의 목적은 하나님뿐 아니라 사람들에게 대해서도 자신이 공정하다는 것을 밝히고자 하는 것이었다.

서정시인과 같은 글을 쓸 수도 있으며, 신학자와 같이 사색할 수 있는 바울이 필요할 때는 공인계리사와 같이 치밀하고 정확하고 신중하게 행동할 수 있었다는 것은 매우 흥미로운 일이다. 바울은 작은 일이나 실제적인 일까지도 훌륭하게 해낼 수 있는 위대한 인간이었다.

자진해서 주는 자

고린도후서 9:1-5

[1]성도를 섬기는 일에 대하여는 내가 너희에게 쓸 필요가 없나니 [2]이는 내가
너희의 원함을 앎이라 내가 너희를 위하여 마게도냐인들에게 아가야에서는
일 년 전부터 준비하였다는 것을 자랑하였는데 과연 너희의 열심이 퍽 많은
사람들을 분발하게 하였느니라 [3]그런데 이 형제들을 보낸 것은 이 일에 너희
를 위한 우리의 자랑이 헛되지 않고 내가 말한 것같이 준비하게 하려 함이라
[4]혹 마게도냐인들이 나와 함께 가서 너희가 준비하지 아니한 것을 보면 너희
는 고사하고 우리가 이 믿던 것에 부끄러움을 당할까 두려워하노라 [5]그러므
로 내가 이 형제들로 먼저 너희에게 가서 너희가 전에 약속한 연보를 미리
준비하게 하도록 권면하는 것이 필요한 줄 생각하였노니 이렇게 준비하여야
참 연보답고 억지가 아니니라

대다수의 초기 교부들이 지적한 것과 같이, 이 부분의 배후에는 매우 기쁨을 자아내게 하는 인간적인 촉감이 넘쳐흐르고 있다. 바울은 예루살렘 교회의 성도들을 위해 모금하고 있었다. 그런데 바울은 분명히 마게도냐 교회의 예를 들면

서 고린도 교인들에게 너그럽게 헌금해 줄 것을 호소하고 있다(8:1–5). 그리고 바울은 마게도냐 교인들에게 너그럽게 헌금할 것을 호소할 때는 고린도 교회의 예를 들었던 것이다. 그런데 이제 바울은 고린도 교인들이 자신의 기대에 어긋날까 봐 약간 두려워하고 있다. 그것은 바울과 그의 마음의 위대함을 전형적으로 보여 주고 있다. 바울은 언제나 한 교회를 다른 교회 앞에서 비난하지 않기 때문이다. 그는 한 교회를 다른 교회 앞에서 칭찬하기는 한다. 바울은 언제나 한 교회의 잘못과 실수를 다른 교회 앞에서 말하지 않으며, 칭찬할 만한 것만 찾아 칭찬한다. 다른 사람의 좋은 것만 말하기 좋아하는지, 나쁜 것만 말하기 좋아하는지를 보고 그 사람을 평가한다면 결코 나쁜 평가 방법은 아닐 것이다.

다른 사람에게 무엇인가를 주는 데는 적어도 네 가지 태도가 있다.

I. 하나의 "의무"이기에 주는 수도 있다. 너그러운 마음으로 주는 경우도 있겠지만, 셈을 치르듯이 또는 세무 서원에게 세금을 내듯 주는 자가 있을 수 있다. 냉랭한 의무감 때문에 못마땅한 표정을 지으면서 주는 수도 있다. 차라리 주지 않는 것이 더 낳을 정도로 싫은 뜻을 나타내며 주는 수도 있다.

II. 단지 "자기 만족"을 위해 주는 수도 있다. 그러한 사람은 그것을 받는 상대방이 느끼는 감정보다도 그것을 줄 때 자신의 쾌감을 더 중히 여긴다. 거지를 진정으로 도와주고자 해서가 아니라, 주는 데서 오는 우쭐한 만족감을 위해 거지에게 돈 한 푼을 주는 사람이 있다. 그렇게 주는 것은 사실 이기적이다. 그렇게 주는 사람은 다른 사람에게 주는 것이 아니라 자기 자신에게 주는 것이다.

III. "위신" 때문에 주는 수도 있다. 그렇게 줄 때의 진실한 동기는 사랑이 아니라 자기 자랑이다. 그것은 받는 자를 돕고자 해서가 아니라 주는 자신에게 영광을 돌리기 위해 주는 것이다. 사실 그러한 사람은 그런 행위가 다른 사람들에게 알려지고 그들을 보고 칭찬할 수 있어야만 비로소 줄 것이다. 그것은 인간이 하나님께 빚을 지게 할 수 있다고 생각하듯이, 그런 기분으로 주는 수도 있다.

IV. 이상의 주는 것이 모두 전적으로 나쁘다고는 할 수 없다. 선물 자체는 적어도 주어졌기 때문이다. 그러나 진정으로 주는 것은 **사랑의 충동** 때문에 주는 것이며, 남을 돕지 않고는 못 견디기 때문에 주는 것이며, 어려움을 당하고 있는 사람을 보고 침묵하거나 가만히 있을 수 없는 열망의 일깨움을 받았기 때문에 주는 것이다. 사실 이것이야말로 하나님처럼 주는 것이다. 하나님께서는 세상을 **이처럼 사랑하사** 독생자를 주셨기 때문이다.

여기서 바울은, 고린도 교인들이 미리부터 모금을 하고 준비를 함으로써 마지막에 서두르는 일이 없기를 간절히 바라고 있다. 옛 라틴 격언에 "빨리 주는 자는 두 번 주는 자와 같다"라는 말이 있다. 그것은 어느 시대에도 진리다. 최선의 선물은 꼭 필요하다는 요구를 듣고서야 내놓는 것이 아니고, 아무런 요청이 없더라도 눈으로 보고 마음으로 느끼고, 요청을 하기 전에 손을 뻗쳐 미리 주는 것이다. 우리가 아직 원수였을 때 그리스도께서는 우리를 위해 죽으셨다. 하나님께서는 말하기 전에 벌써 우리의 기도를 들으신다. 우리도 우리 이웃에 대해 하나님께서 우리에게 해 주신 대로 해야 한다.

너그러움의 여러 원칙

고린도후서 9:6-15

6이것이 곧 적게 심는 자는 적게 거두고 많이 심는 자는 많이 거둔다 하는 말
이로다 7각각 그 마음에 정한 대로 할 것이요 인색함으로나 억지로 하지 말
지니 하나님은 즐겨 내는 자를 사랑하시느니라 8하나님이 능히 모든 은혜를
너희에게 넘치게 하시나니 이는 너희로 모든 일에 항상 모든 것이 넉넉하여
모든 착한 일을 넘치게 하게 하려 하심이라 9기록된바 그가 흩어 가난한 자
들에게 주었으니 그의 의가 영원토록 있느니라 함과 같으니라 10심는 자에게
씨와 먹을 양식을 주시는 이가 너희 심을 것을 주사 풍성하게 하시고 너희
의의 열매를 더하게 하시리니 11너희가 모든 일에 넉넉하여 너그럽게 연보를

함은 그들이 우리로 말미암아 하나님께 감사하게 하는 것이라 [12]이 봉사의
직무가 성도들의 부족한 것을 보충할 뿐 아니라 사람들이 하나님께 드리는
많은 감사로 말미암아 넘쳤느니라 [13]이 직무로 증거를 삼아 너희가 그리스도
의 복음을 진실히 믿고 복종하는 것과 그들과 모든 사람을 섬기는 너희의 후
한 연보로 말미암아 하나님께 영광을 돌리고 [14]또 그들이 너희를 위하여 간
구하며 하나님이 너희에게 주신 지극한 은혜로 말미암아 너희를 사모하느니
라 [15]말할 수 없는 그의 은사로 말미암아 하나님께 감사하노라

이 부분은 우리에게 구제와 너그러움의 여러 원칙을 개괄적으로 말한다.

I. 바울은 지금까지 너그럽기 때문에 손해 본 사람은 한 명도 없다고 주장한다. 구제는 씨를 뿌리는 것과 같다. 인색한 손으로 뿌리는 사람은 적게 거둘 수밖에 없을 것이요, 너그러운 손으로 심는 자는 열매 맺을 때가 이르면 풍성한 것으로 돌려받을 수 있을 것이다. 신약성경은 매우 실제적인 책이다. 그 커다란 특징 중 하나는 조금도 보응을 목적으로 하는 동기를 무서워하지 않는다는 것이다. 신약성경은 결코 선에는 아무 목적도 없으며 인생은 하나님을 믿는 자나 믿지 않는 자에게 똑같은 것이라고 말하지 않는다. 신약성경은 하나님의 명령을 자신의 계율로 받아들이는 사람의 삶에는 새롭고 존귀하며 굉장한 그 어떤 것이 주어진다는 것을 결코 잊지 않고 있다. 그러나 신약성경이 말하고 있는 보응은 결코 물질적인 것이 아니다. 신약성경은 결코 풍부한 재물을 약속하지 않는다. 그러나 마음과 정신의 풍부함을 약속한다.

그러면 너그러운 사람은 어떤 것을 기대할 수 있다고 할 수 있을까?

1. 그 사람은 **사랑에 부요할** 것이다. 이 점에 대해서는 다시 한 번 말할 기회가 있다. 아무도 인색한 사람을 좋아하지 않으며, 인간에게 있는 너그러움은 모든 죄를 가려 준다는 것은 언제나 진리다. 인간들은 언제나 타산적이기에 빈틈없는 일이 있더라도 따뜻한 마음을 가진 사람을 좋아한다.

2. 그 사람은 **친구에 부요할** 것이다. "많은 친구를 가진 사람은 그 자신이 우정을 보여 주는 사람이다." 남을 사랑하지 않는 자는 남에게 사랑을 받지 못한

다. 남을 향해 마음이 열려 있는 사람은 언제나 자신을 향해 열려진 다른 사람의 마음을 볼 수 있다.

3. 그 사람은 **도움에 부요할** 것이다. 인간에게는 다른 사람의 도움이 필요한 날이 반드시 오게 마련이다. 그리고 우리가 다른 사람을 도와주는 데 인색했다면 다른 사람도 우리를 도와주는 데 인색할 것이다. 우리가 다른 사람을 헤아린 그 헤아림으로 우리가 헤아림을 받는다는 것은 언제나 틀림없는 진리다.

4. 그 사람은 **하나님께 부요할** 것이다. 우리가 다른 사람에게 한 것이 곧 하나님께 한 것이 된다고 예수께서 가르치셨다. 그러므로 다른 사람에게 우리의 마음과 손을 열었던 모든 것이 우리에게 유리한 것이 되고 닫았던 것은 불리한 증거가 될 날이 반드시 올 것이다.

II. 하나님은 즐겨 내는 자를 사랑하신다고 바울은 주장한다. 신명기 15장 7-11절은 가난한 형제에게 너그럽게 나누어 주어야 할 우리의 의무를 말하고 있는데 그 중 10절은 다음과 같다. "구제할 때에는 아끼는 마음을 품지 말 것이니라." 가령 아무것도 주지는 못하지만 기쁜 태도로 친구를 맞아들이는 것이 침울한 태도로 맞이해 많은 것을 주는 것보다도 낫다는 랍비의 가르침이 있다. 세네카도 의심을 갖고 늦게 주는 것은 차라리 아무것도 주지 않는 것만 못하다고 말했다. 여기서 시편 112편 3, 9절을 인용하면서, 이것은 선량하면서도 너그러운 사람을 나타낸 것이라고 한다. 그런 사람은 씨를 흩뿌린다. 다시 말해 인색하게 뿌리지 않고 넉넉하게 뿌린다. 그런 사람은 가난한 자를 구제한다. 그리고 그의 행위는 영원히 그의 자랑과 기쁨으로 남는다. 카라일은 어렸을 때 거지가 자기 집 문전에 동냥하러 왔던 일을 말한다. 그의 부모는 모두 외출하였고 집 안에는 혼자만 남아 있었다. 그는 어린 마음에 자기 저금통을 깨고 그 안에 있던 것을 모조리 거지에게 주었다. 그리고 그는 그 전에도 그 후에도 그때처럼 순수하게 기쁘고 행복하였던 때가 다시없었다고 말했다. 남에게 주는 데는 분명히 기쁨이 있다.

III. 하나님은 인간에게 다른 사람에게 줄 물질과 주고 싶은 정신을 아울러 주실 수 있다고 바울은 주장한다. 8절에서 바울은 하나님께서 우리에게 주시는 넉넉함에 대해 말하고 있다. 여기서 그가 사용하고 있는 말은 **아우탈케이아**다. 이 말은 스토아 철학자들이 즐겨 사용했다. 그것은 모든 물질을 풍부하게 갖고 있는 사람의 넉넉함을 말하는 것이 아니다. 그것은 하나의 독립심을 의미한다. 그것은 생의 목적이 재물을 축적하는 데 두지 않고 단지 필요한 것을 없애는 데 두고 있는 사람의 상태를 말한다. 그것은 적은 물질에도 만족하며 아무것도 바라지 않는 것을 배운 사람, 물질이 없어도 살아갈 수 있는 법을 배운 사람을 말하는 것이다. 그런 사람은 다른 사람에게 보다 많이 줄 수 있다. 자신을 위해서는 많은 것이 필요 없기 때문이다. 때로 우리는 자신을 위해 너무 많은 것을 필요로 하기 때문에 다른 사람에게 줄 것이 없다는 것이 사실이다.

하지만 하나님은 우리에게 구제의 정신도 아울러 주신다. 로버트 루이스 스티븐슨은 원주민 사환에게서 많은 사랑을 받았다. 매일 아침 사환아이가 홍차를 들고 와서 그를 깨웠다. 그러던 어느 날 그 일을 하던 소년이 휴가여서 다른 소년이 그 일을 했다. 이 소년은 홍차뿐 아니라 잘 구워진 오믈렛을 함께 갖고 와서 그를 깨웠다. 스티븐슨은 그 소년에게 감사를 표하며 "너는 눈치가 빠르구나"라고 말하였다. "아닙니다, 주인어른. 눈치가 빠른 것이 아니라 단지 주인을 사랑하기 때문입니다"라고 그 소년은 대답하였다. 오직 하나님만이 모든 너그러운 정신의 중심인 사랑을 우리 마음에 부어 넣어 주실 수 있다.

그러나 바울은 이 부분에서 그 이상의 것을 말하고 있다. 주의 깊게 이 부분을 읽으면 우리는 바울이 구제란 세 종류의 사람들에게 매우 큰 유익을 끼친다고 주장하는 것을 알 수 있다.

I. 그것은 "남을 위해" 무엇인가 유익을 준다.

1. 그것은 그들을 곤궁에서 구해 준다. 매우 어려운 입장에 몰렸을 때 다른 사람에게서 무엇인가를 받으면 그것이 바로 하늘에서 온 선물과 같이 생각될 경우가 많다.

2. 그것은 이웃에 대한 그들의 신임을 회복시켜 준다. 인간은 곤란에 처하게 되었을 때 다른 사람에게서 무시당하고 있으며 망각되고 있다고 생각하며, 필연적으로 스스로 가련한 생각을 품게 된다. 하나의 선물이 이웃 사람에 대한 그의

신임을 회복할 수 있는 때가 바로 그러한 때다. 그 선물은 그 사람에게 사랑과 친절이 아직 죽지 않았다는 것을 보여 준다.

3. 그것은 그들이 하나님께 감사하게 한다. 곤궁할 때 주는 선물은 그에게 우리의 사랑뿐 아니라 하나님의 사랑도 아울러 전해 주는 것이다.

II. 그것은 "자신에게" 무엇인가 유익을 준다.

1. 그것은 우리가 기독교인임을 보증해 준다. 고린도 교인들의 경우 그러한 보증은 더욱 중요한 것이었다. 거의 유대인으로만 구성된 예루살렘 교회가 이방인 교회를 의심하는 눈을 갖고 쳐다보고 있었으며, 마음속으로는 기독교가 과연 이방인을 위해서도 있는 것인가 하고 의심하고 있었던 것이 사실이다. 그런데 이방인 교회의 구제금은 그들에게 이방인 교회의 실제성을 보증한 결과가 되었을 것이다. 한 인간의 너그러움은 다른 사람들에게 그가 말로만 아니라 행실로도 기독교에 귀의하였다는 것을 보여 주는 것이다.

2. 그것은 우리에게 다른 사람의 사랑과 기도까지 함께 얻게 해 준다. 이 세상에서 무엇보다도 필요한 것은 다른 사람을 자신의 동지로 붙잡아 두는 것이다. 교제처럼 존귀한 것은 없다. 그리고 너그러움은 사람과 사람 사이를 참다운 관계로 이어 주는 필연적인 단계다.

III. 그것은 "하나님께" 무엇인가 유익을 드린다. 그것은 감사의 기도를 하나님께 드리게 한다. 사람들은 예수께서 말씀하신 바와 같이, 우리의 착한 행실을 보고 영광을 우리에게가 아니라 하나님께 돌린다. 우리가 하는 일이 사람들의 생각과 마음을 하나님께 돌리게 할 수 있다는 것은 분명히 매우 놀라운 사실이다. 그것은 바로 우리의 행위가 하나님을 기쁘시게 하는 것이 되기 때문이다.

끝으로 바울은 고린도 교인들이 예수 그리스도에게서 나타난 하나님의 놀라운 선물에 대해 생각하게 하고 있다. 그 선물은 아무리 놀라워해도 한이 없으며, 아무리 말해도 끝이 없는 굉장한 것이다. 그리하여 바울은 그들에게 이렇게 말하고 있다. "너희가 하나님의 너그러우신 은혜를 받았으니만큼 너희 이웃에 베풀지 않을 수 있겠느냐?"

The Letter to the Corinthians

10

이 서신의 10-13장을 연구하기 전에 우리는 고린도서의 서문에서 이미 말한 바를 다시금 기억할 필요가 있다. 9장과 10장 사이에는 매우 놀라운 단절이 있다. 9장까지는 모든 일이 잘 되는 것같이 보였다. 불화는 치유되었으며, 분쟁은 종식되었던 것이다. 8장과 9장은 예루살렘 교회를 위한 모금을 취급하고 있다. 그 내용이 그처럼 실제적인 것이기에 바울은 이 편지를 끝맺으려 하는 것이라고 기대하였던 것이다. 그런데 기대와는 달리 우리가 그 뒤에 지금까지 바울이 쓴 편지 가운데서 가장 비통하며 쓰라리고 가슴이 찢어질 듯한 고뇌에 찬 네 개 장을 보게 된다.

어떻게 해서 이 장들이 여기에 끼여 있는지 의심하지 않을 수 없다. 그런데 바울은 고린도후서에서 두 번씩이나 자신이 전에 쓴 편지에 대해 말하고 있는데 그것이 얼마나 엄한 편지였는지 바울은 그 편지를 쓴 것을 후회할 정도였다고 한다(고후 2:4, 7:8). 그러한 설명을 볼 때 그 편지가 고린도서 같지는 않다. 그러면 두 가지 추리만이 가능하다. 그 엄한 편지가 분실되었든지, 적어도 그 일부분이 이 편지의 10장에서 13장 사이에 끼어들은 것이라고 생각할 수 있을 따름이다. 이 10-13장이 바로 그 엄한 편지인데 바울의 편지들이 수집될 때 잘못되어 여기에 끼게 되었다는 생각이 가장 그럴듯하다. 따라서 바른 순서대로 하면 1-9장을 읽기 전에 10-13장을 읽어야 한다.

하여간 우리는 여기서 바울이 쓰면서 가장 가슴이 아팠던 편지, 그의 가슴을 찢을 듯이 악화되었던 상황을 개선하기 위해 쓴 편지를 읽게 된다고 믿어도 좋다.

비난하는 자에 대한 바울의 대답—시작

고린도후서 10:1-6

[1]너희를 대면하면 유순하고 떠나 있으면 너희에 대하여 담대한 나 바울은 이
제 그리스도의 온유와 관용으로 친히 너희를 권하고 [2]또한 우리를 육신에 따
라 행하는 자로 여기는 자들에 대하여 내가 담대히 대하는 것같이 너희와 함
께 있을 때에 나로 하여금 이 담대한 태도로 대하지 않게 하기를 구하노라
[3]우리가 육신으로 행하나 육신에 따라 싸우지 아니하노니 [4]우리의 싸우는 무
기는 육신에 속한 것이 아니요 오직 어떤 견고한 진도 무너뜨리는 하나님의
능력이라 모든 이론을 무너뜨리며 [5]하나님 아는 것을 대적하여 높아진 것을
다 무너뜨리고 모든 생각을 사로잡아 그리스도에게 복종하게 하니 [6]너희의
복종이 온전하게 될 때에 모든 복종하지 않는 것을 벌하려고 준비하는 중에
있노라

이 부분의 시작에서부터 바울은 앞으로 자신이 말하고자 하는 전체의 어조를 잘 암시해 주는 두 낱말을 내세우고 있다. 바울은 그리스도의 **온유**와 **관용**에 대해 말하고 있다. **프라우테스**(prautes), 즉 **온유**는 매우 흥미 있는 말이다. 아리스토텔레스는 그 말을 지나치게 화내는 것과 전혀 화내지 않는 것과의 한가운데라고 정의했다. 그것은 화낼 때는 화내고 화내지 않아야 할 때는 화내지 않는, 다시 말해 자신의 분노를 완전히 지배하고 통제할 수 있는 사람의 특질을 말하는

것이다. 그것은 부정이나 모욕이나 중상에 대해서는 결코 화내지 않지만, 다른 사람이 당한 중상이나 모욕에 대해서는 정의의 진노를 퍼붓는 사람을 두고 하는 말이다. 바울은 이 말을 사용함으로써 자신의 엄한 편지의 서두에서부터 개인적인 진노나 분노 때문에 격도된 것이 아니라, 예수 자신의 강한 온유하심에 따라 말하고 있다는 것을 보여 주고 있다.

또 다른 말도 더 많은 것을 보여 주고 있다. **관용**이라는 헬라어는 에피에이케이아(epieikeia)다. 헬라인도 **에피에이케이아**를 "공정 이상의 공정"이라고 정의한다. 그들은 그것은 정의가 관용 때문에 정의가 되지 못할 위험에 처하게 될 때 끼어드는 특질이라고 말한다. 법이나 규칙이나 규정을 너무 지나치게 적용하다 보면 오히려 현실적으로는 부정에 흐를 경우가 있다. 엄격하고 공평한 정의가 실제적으로는 불의의 결과를 맺을 경우가 때로는 있다. 참된 정의가 때로는 법률이나 규칙을 문자 그대로 적용하고자 고집하지 않고 보다 고차원적인 요인을 우리의 결정 속에 개입시킬 때 가증한 것이다. **에피에이케이아**를 갖고 있는 사람은 결국 기독교의 기준은 정의가 아니라 사랑임을 알고 있는 사람이다. 이러한 말을 서두에 사용함으로써 바울은 자기 자신의 권리를 주장하거나, 법의 문자에 고집하거나, 규칙이나 규정을 굳이 적용하지 않겠다는 것을 말하고 있는 것이다. 그는 이 사태를 가장 순수한 인간적인 정의까지도 초월하는 그리스도와 같은 사랑을 갖고 처리하고자 했다. 다시 말해 그리스도께서 직접 그 문제를 처리하시는 것과 같이 그 문제를 처리하고자 한 것이다.

하지만 이제 우리는 이 편지에서 매우 어려운 부분에 직면하게 되었다. 이 부분이 이해하기 어려운 이유는 우리가 단지 그 논쟁의 한쪽 이야기만을 듣고 있기 때문이다. 우리는 단지 바울의 대답만을 듣고 있다. 고린도 교인들이 바울에게 퍼부은 비난이 어떤 것이었는지 우리는 정확히 알 수 없다. 우리는 바울의 대답에서 그러한 비난을 추측할 수 있을 따름이다. 우리는 여기에 또다시 모든 편지를 해석할 때 반드시 맞게 되는 근본적이며 본질적인 곤란, 다시 말해 대화의 한쪽 이야기만을 알고 있다는 사실에 봉착한다. 그러나 적어도 우리는 추측할 수 있다.

I. 고린도 교인들은 바울이 자신들과 대면하지 않을 때는 몹시 담대하나, 자신들 앞에서는 매우 겁쟁이라고 비난했다는 것이 분명하다. 멀리 떨어져서는 훌륭한 편지를 쓸 수 있으나, 자신들 앞에서는 멀리 떨어졌을 때 편지에 썼던 것과 같은 말을 할 수 있는 용기가 없는 사람이라고 말하는 것이다. 이에 대한 바울의 대답은 자신이 그들과 대면해서도 그렇게 할 수 있지만 그렇게 할 수 있는 기회가 없도록 기도하고 있다는 것이다. 편지란 위험한 것이다. 그 사람의 면전에서는 도저히 할 수 없는 신랄하고도 횡포가 가득한 말을 사람들은 곧잘 편지를 통해서는 쓰고 있다. 만나서 이야기하면 능히 피할 수 있는 해독이 편지를 주고받을 때는 언제나 생긴다. 그러나 바울은 말로 할 수 없는 것은 편지로도 쓰지 않겠다고 주장한다.

II. 고린도 교인들은 바울이 인간적인 동기로 행동한다고 비난했다는 것이 분명하다. 바울의 대답은, 자신의 행동이나 힘은 모두 하나님께로부터 오는 것이라고 한다. 분명히 바울도 인간성의 한계를 갖고 있는 인간이다. 하지만 하나님께서 그의 인도자가 되시고, 그의 능력이 되신다. 이 부분이 이해하기 곤란한 이유는 바울이 **육체**(sarx〈사르크스〉)라는 말을 두 가지 뜻으로 사용하기 때문이다.

1. 그는 그 말을 일반적으로 말하는 인간의 몸, 즉 신체라는 의미로 사용한다. "우리가 육체에 있어 행한다"라고 바울은 말한다. 그 말은 단순히 자기도 다른 사람과 마찬가지로 하나의 인간에 불과하다는 것이다.

2. 바울은 그의 독특한 용법으로 이 말을 인간성 가운데 있는 죄의 교두보로서 유혹이 힘을 얻게 하는 부분, 하나님 없는 삶이 갖고 있는 본질적인 인간의 연약함이라는 뜻으로 사용한다. 따라서 바울은 "우리의 육체를 따라, 또는 육체대로 행치 않는다"라고 말한다. 그 말은 마치 바울이 "나는 인간의 몸을 가진 하나의 인간에 불과하다. 그러나 인간적인 동기에 지배되지 않도록 한다. 나는 결코 하나님을 떠나 살려고 하지 않는다"라고 말하는 것과 같다. 인간은 비록 육체를 갖고 살면서도 하나님의 성령의 인도하심을 받을 수 있다.

바울은 계속해서 두 가지 요점을 말하고 있다.

I. 바울은 자신이 인간의 지혜가 가진 그럴듯한 영리함과 인간의 오만을 대항하며 그것들을 모두 파멸할 수 있는 무기를 갖고 있다고 한다. 가장 교묘한 인간의 지혜보다도 더욱 무게 있는 이론은 단순함에 있다. 빅토리아시대의 유명한 불가지론자인 헉슬레가 한 가정에서 모인 파티에 참석하였다. 마침 주일 아침이 되자 모두 교회에 가기로 계획이 짜여 있었다. 헉슬레는 그 회원 중 한 사람에게 이렇게 말했다. "오늘 교회에 가지 않고 집에 있으면서 왜 당신은 예수를 믿으며 기독교를 믿는지를 나에게 말하지 않으시렵니까?" 그 사람은 이렇게 대답했다. "그러면 영리한 당신은 내가 말하는 것을 모조리 뒤집어 놓으시려고요?" 헉슬레는 다시 말했다. "아니요, 나는 당신과 논장하고 싶지 않습니다. 나는 기독교가 당신에게 어떤 의의를 가지는 것인지 당신에게서 단지 듣고 싶을 따름입니다." 그러자 그 사람은 가장 단순한 말로 기독교가 자신에게 어떤 의의 있는 것인지 충심에서 우러나오는 말로 말했다. 그의 이야기가 끝났을 때 그처럼 유명한 불가지론자의 눈에 눈물이 맺혀 있었다. 그리고 그는 "나도 그것을 믿을 수만 있다면 내 오른손이라도 내놓겠다"라고 말했다고 한다. 헉슬레의 마음을 감동시킨 것은 이론이 아니라 소박한, 마음에서 우러나오는 성실함이었다. 결국 진정으로 힘 있는 것은 교묘한 지혜가 아니라 단순한 성실성이다. 그 앞에서는 인간의 지혜도 이길 수 없다.

II. 바울은 모든 생각을 그리스도의 포로가 되게 한다고 말하고 있다. 그리스도는 한때는 이교적이었던 것까지도 사로잡아 자신의 목적을 위해 복종시키는 놀라운 힘을 갖고 계신다. 막스 와렌은 뉴기니아 섬에 있는 원주민의 관습을 다음과 같이 말하고 있다. 그들은 의식에 따라 노래도 하며 춤도 춘다. 그때 그들은 흥분하여 마침내 열광적이 되고, 소위 "살인 노래"를 부르는 데서 최고조에 달하는데, 그 노래 속에서 자신들이 죽이고 싶은 사람들의 이름을 신 앞에서 부르짖는다. 이 원주민들이 기독교인들이 되었을 때 이 관습과 의식을 버리지 않고 보존했다. 그러나 그 살인 노래 가운데서 하나님께 부르짖으며, 멸망시켜 주기를 원하는 상대의 이름은 그들이 증오하는 사람의 이름이 아니라 그들이 미워하는 **죄**의 이름이 되었다고 한다. 옛 이교도의 관습이 그리스도께 사로잡힌바

된 것이다. 예수께서는 결코 우리에게서 우리가 가진 고유한 특성이나 능력이나 성격을 제거하시기를 원하지 않는다. 그는 단지 그것들을 갖고, 이제는 죄를 위해 이기적인 것을 위해서가 아니라 예수 자신을 위해 사용하시고자 하는 것이다. 예수의 초청은 우리가 우리의 갖고 있는 것을 그대로 갖고 가서 그것들을 바치도록 부르는 것이며, 우리가 그것들을 그에게 바치면 그는 그것들을 갖고 그 전보다 훨씬 훌륭하게 사용하게 하실 수 있다.

비난하는 자에 대한 바울의 대답—계속

고린도후서 10:7-18

[7]너희는 외모만 보는도다 만일 사람이 자기가 그리스도에게 속한 줄을 믿을
진대 자기가 그리스도에게 속한 것같이 우리도 그러한 줄을 자기 속으로 다
시 생각할 것이라 [8]주께서 주신 권세는 너희를 무너뜨리려고 하신 것이 아니
요 세우려고 하신 것이니 내가 이에 대하여 지나치게 자랑하여도 부끄럽지
아니하리라 [9]이는 내가 편지들로 너희를 놀라게 하려는 것같이 생각하지 않
게 함이라 [10]그들의 말이 그의 편지들은 무게가 있고 힘이 있으나 그가 몸으
로 대할 때는 약하고 그 말도 시원하지 않다 하니 [11]이런 사람은 우리가 떠나
있을 때에 편지들로 말하는 것과 함께 있을 때에 행하는 일이 같은 것임을
알지라 [12]우리는 자기를 칭찬하는 어떤 자와 더불어 감히 짝하며 비교할 수
없노라 그러나 그들이 자기로써 자기를 헤아리고 자기로써 자기를 비교하니
지혜가 없도다 [13]그러나 우리는 분수 이상의 자랑을 하지 않고 오직 하나님
이 우리에게 나누어 주신 그 범위의 한계를 따라 하노니 곧 너희에게까지 이
른 것이라 [14]우리가 너희에게 미치지 못할 자로서 스스로 지나쳐 나아간 것
이 아니요 그리스도의 복음으로 너희에게까지 이른 것이라 [15]우리는 남의 수
고를 가지고 분수 이상의 자랑을 하는 것이 아니라 오직 너희 믿음이 자랄수
록 우리의 규범을 따라 너희 가운데서 더욱 풍성하여지기를 바라노라 [16]이는

남의 규범으로 이루어 놓은 것으로 자랑하지 아니하고 너희 지역을 넘어 복
음을 전하려 함이라 [17]자랑하는 자는 주 안에서 자랑할지니라 [18]옳다 인정함
을 받는 자는 자기를 칭찬하는 자가 아니요 오직 주께서 칭찬하시는 자니라

이 부분에서도 바울은 자신을 비난하는 자에게 대답을 계속하고 있다. 그리고 우리는 또다시 같은 어려움에 봉착하게 된다. 우리는 단지 논쟁의 한쪽 말만을 들으며 바울의 대답을 통해서만 그 비난이 어떤 것이었는지를 추측할 따름이다.

I. 바울의 적대자 가운데서 적어도 몇 명은 바울이 자신들과는 달리 그리스도께 속하지 않았다고 비난한 것이 분명하다. 아마 그들은 바울이 한때 교회의 대박해자였다는 사실을 들어 계속해서 그를 공격하였던 것 같다. 그들은 특별히 성결하며 특별히 영적인 존재들이라고 주장했는지 모른다. 하여튼 그들은 바울을 얕잡아 보았으며, 그들과 그리스도와의 관계를 자랑하며 스스로를 영화롭게 했던 것이다. 어떤 종교든 다른 사람을 얕잡아 보며 자신을 그들보다 높은 자라고 생각하게 하는 종파는 참된 종교라고 할 수 없다.

최근 동부 아프리카 교회에 매우 큰 부흥운동이 일어났던 일이 있다. 그 부흥운동의 특징 가운데 하나는 여러 사람 앞에서 죄를 고백하는 것이었다. 원주민들은 그러한 죄의 고백에 가담하였는 데 비해 유럽인들은 아닌 척하고 뻣뻣이 서 있기만 했다. 그래서 선교사는 이렇게 썼다. "이 고백에 참가하지 않는 것은 용서 받은 죄인들의 사귐에 참가하지 않으려는 것처럼 느껴졌다. 그랬기 때문에 유럽인들은 오만하다든가 사람들과 잘 사귀려고 하지 않는다는 비난을 면할 수 없었다. 교회에 대한 가장 좋은 정의는 **용서 받은 죄인들의 사귐**이라는 정의다. 이러한 사귐에 자신이 속해 있다는 것을 인식한다면 그 사람은 도저히 교만할 수 없다. 오만한 기독교인의 잘못은 자신이 그리스도께 속한 것이 아니라 그리스도께서 자신에게 속했다고 생각하는 것이다.

II. 고린도 교인들은 바울의 용모를 조롱할 정도로 그 품격이 빈약했던 것 같다. 그들은 바울의 몸매와 외모가 빈약했으며 말도 시원치 않았다고 조롱했다.

그들의 말이 옳았을는지 모른다. 매우 오래된 《바울과 데클라 행전》이란 책에는 바울의 외모에 대한 설명이 전해 내려오고 있다. 이 책은 주후 200년경에 쓰였다. 전혀 아첨 같은 것은 없이 사실대로 쓴 책이다. 그 책에는 바울을 이렇게 묘사하고 있다. "키가 작고 이마가 벗어지고 다리는 구부러지고 몸집은 뚱뚱하고 눈썹은 맞붙고 코는 매부리코인데, 은혜가 넘쳐 때로는 사람으로 때로는 천사의 얼굴로 보였다." 작은 체구에 대머리에 구부러진 다리를 가진 사나이인데다가 매부리코와 맞붙은 눈썹이라면 그 인상은 매우 좋지 않았을 것이다. 따라서 고린도 교인들이 그러한 그의 외모를 놀려 대었을 것이다. 우리는 위대한 정신이 매우 빈약한 신체 속에 머물렀던 일이 결코 적지 않다는 사실을 기억하여야 한다. 대영국 제국의 노예해방을 위해 큰 공헌을 세운 이는 윌리엄 윌버포스였다. 그는 매우 몸집이 작고 가냘팠기 때문에 조금만 강한 바람에도 넘어질 듯하였다고 한다. 그런데 보즈웰이 언젠가 그가 공중 앞에서 연설하는 것을 듣고 나서 이렇게 말했다. "나는 새우가 책상 위에 기어오르는 줄 알았다. 그런데 그가 하는 말을 듣고 있으니까 자꾸만 그 몸이 커지는 것 같았는데 마지막에는 새우가 큰 고래로 변한 것 같았다." 바울의 용모에 대해 조롱했을 때 고린도 교인들은 그 무례함과 어리석음이 한껏 떨어질 대로 떨어졌던 것이다.

III. 고린도 교인들은 바울이 그의 권위가 미칠 수 없는 지역에 대해서도 권위를 주창하고 있다고 비난한 것 같다. 다른 교회에 대해서라면 바울이 주인 행세를 해도 상관없지만 고린도 교회에 대해서는 그게 안 된다고 그들이 말하는 것이다. 이에 대해 바울은 무뚝뚝하게 고린도 교회는 자신의 구역 안에 있다고 대답한다. 그들에게 예수 그리스도의 복음을 맨 처음 전한 사람은 바로 자기 자신이었기 때문이라고 한다. 바울은 랍비였다. 따라서 랍비가 곧잘 주장했던 것을 여기서 생각한 것인지 모른다. 랍비는 매우 특별한 존경을 요구했으며 받기도 했다. 그들은 교사에 대한 존경은 양친에 대한 존경을 훨씬 능가하는 것이어야 한다고 주장하였다. 부모는 단지 아이를 이 세상으로 데려온 것이지만, 교사들은 학생을 저 세상으로 인도하기 때문이라고 그들은 말했다. 분명히 고린도 교회를 하나님의 은혜 아래서 세운 인간 이상으로 그 교회에 대해 권위를 주장할 수 있는 사람은 있을 수 없다.

IV. 그러고 나서 바울은 고린도 교인들에게 비난을 퍼부었다. 바울은 언제나 스스로를 칭찬하는 사람들과 자신을 비교하는 일은 꿈에서 생각하지 않은 일이라고 빈정대고 나서, 문제의 소재를 틀림없이 정확하게 지적하고 있다. 그들이 스스로를 칭찬할 수 있는 것은 그들의 헤아리는 표준이 단지 자신들밖에 없으며, 그들이 비교할 수 있는 표준도 자신들끼리 서로 비교하는 길밖에 없기 때문이다. 그들은 다른 많은 사람과 마찬가지로 잘못된 표준으로 헤아렸던 것이다.

한 소녀가 스스로를 유능한 피아니스트라고 생각할 수 있을 것이다. 그러나 켄터나 솔로몬이나 모이지빗치의 연주를 보고 자신과 비교하게 하면 그 마음이 달라질 것이다. 어떤 사람이 스스로를 골프의 명수라고 생각할 수도 있을 것이다. 그러나 코튼이나 호간이나 스니드와 자신을 비교하게 하면 그 마음이 달라질 것이다. 어떤 사람이 스스로를 뛰어난 설교가라고 생각할 수도 있다. 그러나 성자나 설교계의 왕자와 비교하게 하면 다시는 사람들 앞에서 입을 벌릴 생각을 하지 않게 될 것이다. "나는 내 이웃 사람만큼은 잘할 수 있다"라고 말하기는 쉽다. 또 사실 그렇기도 하다. 그러나 문제는 거기에 있지 않다. 문제는 예수 그리스도만큼 잘할 수 있는지에 달려 있다. 예수 그리스도는 우리를 헤아릴 수 있는 자막대기이며, 우리의 모든 비교의 표준이다. 따라서 우리가 그리스도로 우리를 헤아려 보면 조금도 자랑할 것이 없을 것이다. "자화자찬은 아무런 자랑거리가 되지 못한다"라고 바울은 말하고 있다. 우리가 언제나 찾아야 할 것은 우리 자신이 아니라 그리스도께서 "잘하였다"라고 하시는 말씀이어야 한다.

이 부분을 끝내기 전에 우리는 바울의 마음을 잘 나타내 보여 주는 한 구절에 주의할 필요가 있다. 바울은 고린도 교회의 문제가 속히 해결되기를 원했는데 그것은 아직도 그리스도의 말씀이 전파된 일이 없는 **지경 너머**까지 가기를 원했기 때문이다. 맥그레골(W. M. Macgregor)이 언제나 말했듯이 바울은 지경 너머에 매력을 가졌던 사람이다. 그는 항구에 정박하고 있는 배를 볼 때마다 그 배를 타고 지경 너머까지 가서 복음을 전파하고 싶은 생각이 간절했다. 또 그는 멀리 있는 푸른 산을 볼 때마다 그 산을 넘고 지경 너머까지 그리스도의 말씀을 갖고 가고 싶었던 것이다. 키플링이 쓴 〈탐험가〉라는 시가 있는데 지경 너머에 대해 매력을 가졌던 사람에 대해 노래한 것이다.

> "이상 더 가 봐야 소용이 없지.
> 여기가 바로 문명의 끝이라네."
> 사람들은 말했고, 나도 그걸 믿었지.
> 그래서 그 땅을 갈고 씨를 뿌렸네.
> 창고도 짓고 작은 변경의 땅에
> 담도 둘렀네.
> 산록이 가려지고 오솔길도
> 끝나는 그런 땅인데.
>
> 그런데 양심에서 우러나는 연한 소리가
> 끊임없이
> 변함없는 속삭임으로 밤낮없이 반복해서
> 들려오는데—말하기를,
> "숨은 보화가 있도다. 가서 찾아라.
> 언덕 너머에 가서 찾아라.
> 언덕 너머에 숨은 보화가 있도다.
> 너를 기다리고 있으니 가서 찾아라."

이것은 바로 바울이 느낀 감정일 것이다. 위대한 전도자는 큰 도시의 거리를 지나갈 때 그리스도를 알지 못하는 몇 백만 명의 사람들이 더벅더벅 땅을 밟으며 걸어가는 소리가 그의 마음을 사로잡는 것을 느꼈다고 한다. 그리스도를 사랑하는 사람은 자신에겐 그처럼 귀한 의미를 가진 그리스도를 알지 못하는 사람들이 몇 백만 명이나 있다는 생각을 언제나 잊지 못한다.

The Letter to the Corinthians 11

유혹의 위험

고린도후서 11:1-6

[1]원하건대 너희는 나의 좀 어리석은 것을 용납하라 청하건대 나를 용납하라
[2]내가 하나님의 열심으로 너희를 위하여 열심을 내노니 내가 너희를 정결한
처녀로 한 남편인 그리스도께 드리려고 중매함이로다 그러나 나는 [3]뱀이 그
간계로 하와를 미혹한 것같이 너희 마음이 그리스도를 향하는 진실함과 깨
끗함에서 떠나 부패할까 두려워하노라 [4]만일 누가 가서 우리가 전파하지 아
니한 다른 예수를 전파하거나 혹은 너희가 받지 아니한 다른 영을 받게 하거
나 혹은 너희가 받지 아니한 다른 복음을 받게 할 때에는 너희가 잘 용납하
는구나 [5]나는 지극히 크다는 사도들보다 부족한 것이 조금도 없는 줄로 생각
하노라 [6]내가 비록 말에는 부족하나 지식에는 그렇지 아니하니 이것을 우리
가 모든 사람 가운데서 모든 일로 너희에게 나타내었노라

이 부분 전체를 통해 바울은 매우 유쾌하지 못한 방법을 채택할 수밖에 없다. 그는 불가불 자기 자신의 권위를 주장해야 하며, 스스로를 추천해야 하고 자랑해야 하며, 고린도 교회를 유혹하고 있는 자들과 자신을 비교해야 하는데 결코

좋아서 하는 것은 아니다. 그는 본능적으로 이런 것을 전부 부정하는 사람이다. 따라서 그런 방법을 불가불 취할 때마다 그는 용서를 청한다. 바울은 자신의 권위에 기대는 사람이 아니었다. 위대한 인간이란 "남들이 그것을 모두 잊어버릴 때까지 자신의 권위를 기억하지 않는 사람"이라고 한다. 그러나 바울은 자신의 권위와 명예가 위험에 처했다는 것을 알았다.

바울은 우선 유대인의 결혼 관습에서 생생한 이미지를 끌어 오고 있다. 이스라엘을 하나님의 신부라는 생각은 구약성경에서 흔히 볼 수 있는 사상이다. "너를 지으신 이가 네 남편이시라"고 이사야는 말했다(사 54:5). "신랑이 신부를 기뻐함같이 네 하나님이 너를 기뻐하시리라"(사 62:5). 따라서 결혼의 비유를 적용해서 고린도 교회를 그리스도의 신부라고 바울이 생각한 것은 자연스러운 일이었다.

그런데 유대인의 결혼식에는 신랑의 친구들이라고 하는 사람들이 있었다. 그들은 두 사람이었는데 하나는 신랑의 대리, 또 하나는 신부의 대리였다. 그들에겐 많은 책임이 주어졌다. 그들은 신랑과 신부 사이를 연락해 주는 일을 했다. 또 그들은 손님들에게 초대장도 전달했다. 그런데 특별한 책임이 또 한 가지 있었다. 그것은 신부의 순결을 보증하는 책임이었다. 여기서 바울이 생각하는 것은 바로 그런 점이다. 예수 그리스도와 고린도 교회와의 결혼에서 바울은 신랑의 친구다. 그에게는 신부의 순결을 보증할 책임이 있다. 따라서 그는 고린도 교회가 예수 그리스도께 합당한 신부가 되도록 청순함과 순결함을 간직할 수 있도록 최선을 다하고자 하는 것이다.

바울 시대에 잘 알려진 유대인의 전설이 있었다. 그것은 에덴동산에서 사탄이 하와를 실제로 유혹하였으며 가인은 그들 사이에서 생겨난 아들이라고 하는 것이다. 고린도 교회가 유혹을 받아 그리스도를 멀리하는 것이 아닌가 하는 두려움이 있을 때 바울은 이 옛 전설을 생각한 것이다.

고린도 교회에는 기독교를 자기 식으로 해석하며 설교하고, 자신들의 해석이 바울의 해석보다 훨씬 우수하다고 주장하는 사람들이 있었다는 것은 명백한 사실이다. 또 그들은 스스로를 특별한 사람들—바울이 말한 대로 지극히 큰 사도—라고 자처한 것도 명백하다. 바울은 고린도 교인들이 그들의 말을 잘 들어주는 것을 비꼰다. 그리고 고린도 교인들이 그처럼 그들의 말을 잘 들으면서 왜 나의 말은 듣지 않는가 하고 말한다.

그러고 나서 바울은 그들 거짓 사도들과 자신을 비교하여 보여 준다. 바울은 말을 잘하지 못한다. 여기서 그가 사용하고 있는 말은 **이디오테스**(idiotes)다. 이디오테스란 원래 공적인 생활에 가담하지 못하는 사적인 개인을 두고 하는 말에서 시작된 것이다. 따라서 그 후에는 전문적인 훈련을 받지 못한, 다시 말해 문외한을 의미하게 되었다. 따라서 바울은 거짓되지만 오만한 사도들은 자신보다 훨씬 훌륭한 연설가일 수 있다고 말한다. 그들은 말하는 데 전문가일 수 있으며, 바울은 한갓 아마추어에 지나지 않는다. 그들은 학문적인 자격을 갖춘 사람일 수 있으며, 바울은 과거 문외한에 불과하다. 그러나 비록 전문적인 웅변술에는 숙달하지 못했다 하더라도 바울은 자신이 말하는 것에 대해 잘 알고 있으며, 그들은 알지 못하는 것에 대해 말한다는 사실은 남아 있다.

어느 날 밤 몇 명의 사람이 함께 모여 식사를 했을 때 생긴 유명한 이야기가 있다. 식사 후에 각자 돌려 가며 한 가지씩 낭송하도록 합의를 보았다. 유명한 배우가 일어나 모든 웅변술과 연극적인 기교를 다 부리면서 시편 23편을 낭송하였는데 그가 앉자마자 박수가 요란하게 울려 나왔다. 그의 위를 따라 조용하고 말이 없는 사람이 일어섰다. 그도 시편 23편을 낭송하였는데 처음엔 비웃음소리가 여기저기서 들렸다. 그러나 그가 낭송이 끝나기 전에 어떤 박수보다도 더 감동적인 고요함이 그 방에 가득 차게 되었다. 그리고 그가 마지막 말을 낭송하였을 때도 고요함은 계속되었다. 그때 그 배우가 몸을 일으켜서 이렇게 말했다. "선생님, 나는 그 시편을 알고 있습니다. **그러나 선생님은 그 목자를 알고 계십니다**."

바울의 적대자들은 웅변술이나 기타 기술들을 갖고 있었는지 모른다. 바울은 말하는 것이 서투르고 숙달하지 못했을는지 모른다. 그러나 말하는 내용 그 자체를 알고 말하는 이는 그들이 아니라 바울이었다. 바울은 참 그리스도를 알고 있었기 때문이다.

기독교인으로 가장한 사람들

고린도후서 11:7-15

7내가 너희를 높이려고 나를 낮추어 하나님의 복음을 값없이 너희에게 전함
으로 죄를 지었느냐 8내가 너희를 섬기기 위하여 다른 여러 교회에서 비용을
받은 것은 탈취한 것이라 9또 내가 너희와 함께 있을 때 비용이 부족하였으
되 아무에게도 누를 끼치지 아니하였음은 마게도냐에서 온 형제들이 나의
부족한 것을 보충하였음이라 내가 모든 일에 너희에게 폐를 끼치지 않기 위
하여 스스로 조심하였고 또 조심하리라 10그리스도의 진리가 내 속에 있으니
아가야 지방에서 나의 이 자랑이 막히지 아니하리라 11어떠한 까닭이냐 내가
너희를 사랑하지 아니함이냐 하나님이 아시느니라 12나는 내가 해 온 그대로
앞으로도 하리니 기회를 찾는 자들이 그 자랑하는 일로 우리와 같이 인정받
으려는 그 기회를 끊으려 함이라 13그런 사람들은 거짓 사도요 속이는 일꾼
이니 자기를 그리스도의 사도로 가장하는 자들이니라 14이것은 이상한 일이
아니니라 사탄도 자기를 광명의 천사로 가장하나니 15그러므로 사탄의 일꾼
들도 자기를 의의 일꾼으로 가장하는 것이 또한 대단한 일이 아니니라 그들
의 마지막은 그 행위대로 되리라

바울은 여기서도 자신에게 던져진 비난에 대해 대답하고 있다. 이번 경우 그 비난의 내용이 명백하다. 고린도 교인들의 마음속에는 왜 바울은 자신들의 보조를 일체 거절하는가 하고 불만이 많이 쌓여 있었다. 바울은 에베소 교회의 장로들에게 노동 때문에 거칠어지고 굳은살이 박힌 자신의 손을 보이면서 "여러분이 아는 바와 같이 이 손으로 나와 내 동행들이 쓰는 것을 충당하여"라고 말한 일이 있다(행 20:34). 그리고 그가 어려움을 당할 때 빌립보 교회는 그에게 필요한 것을 도와준 일이 있다(빌 4:10-18 참조).

우리가 이 부분에 대한 연구를 더 진전시키기 전에 정리해야 할 문제가 하나 있다. 바울은 자기 모순에 빠진 것이 아닐까? 빌립보 교회에서는 보조를 받았으

면서도 고린도 교회에서는 어떻게 해서 독립적인 태도를 취할 수 있었을까? 바울이 모순에 빠진 것은 아니었다. 그 이유는 매우 실제적이며 가상할 만한 것이었다. 우리가 아는 한 바울은 **빌립보에 머물고 있을 때는** 빌립보 교회에서 보조를 받지 않았다. 바울은 빌립보를 떠나고 나서야 보조를 받았다. 그 이유는 분명하다. 바울은 그곳에 머물러 있는 한 그곳 사람들과는 완전히 독립적인 태도를 취하였다. 어떤 사람의 신세도 질 수 없었다. 그는 어떤 사람에게도 의무가 있어서는 안 되었다. 어떤 사람의 신세를 지고 있으면서 그 사람의 잘못을 책망하거나 설교할 수는 도저히 없는 것이다. 따라서 빌립보 사람들 가운데 있을 때는 그들 중 누구에게도 바울은 신세를 질 수 없었던 것이다. 그러나 그 고장을 떠났을 때는 상황이 달라졌다. 그때에는 빌립보 교인들이 사랑으로 주는 보조를 아무 거리낌 없이 받을 수 있었다. 보조를 받는다고 해서 그 중 어떤 개인이나 당파와도 결부될 염려가 없었기 때문이다. 바울이 고린도에 있었을 때도 이러한 이유로 고린도 교회의 보조를 받아들일 수 없었던 것이다. 보조를 받으면 필요한 독립적인 관계를 유지할 수 없었기 때문이다. 바울은 적어도 자기 모순에 빠지지는 않았던 것이다. 단지 현명하게 처신했을 따름이다.

그러면 고린도 교인들은 바울이 보조를 거부한 것에 대해 왜 그처럼 불쾌하게 느꼈을까?

한 가지, 당시 헬라적인 사고방식에 의하면 자유인으로서 손으로 직접 일한다는 것은 매우 수치스러운 일이었다. 정직하게 일한다는 그 귀중함을 잃어버렸던 것이며, 고린도 교인들은 바울의 생각을 이해하지 못했던 것이다. 한편 당시 헬라 세계에서는 교사가 가르치는 것으로 수입을 얻는다는 것은 당연한 것으로 생각했다. 그 시대는 말을 잘하는 사람이 많은 돈을 벌 수 있었던 시대다. 로마 황제 아우구스투스는 수사학자 베리우스 후락쿠스에게 연봉 10만 세스티세스를 지급하였는데, 그것은 연봉 1천 파운드 이상과 맞먹는 금액이다. 어떤 도시는 특정수의 수사학이나 문학을 가르치는 교사들에게는 세금이나 기타 시민으로서 부담을 일체 면제해 주도록 되어 있었다. 교사들은 그가 가르치는 사람들에게서 돈을 받는 것을 당연한 것으로 알고 있었다. 그렇기 때문에 고린도 교인들은 바울의 독립정신을 이해할 수 없었다.

거짓 사도의 경우 그들도 바울의 독립심을 갖고 바울을 비난하였다. 그들은 보조를 받았으며 보조를 받는 것이 곧 그들이 참된 성도임을 증거한다고 주장하였다. 그들은 틀림없이 바울이 아무 가치도 없는 것을 가르쳤기 때문에 아무것도 받기를 거절하였다고 말했을 것이다. 그들은 마음속으로 언젠가는 고린도 교인들이 그들의 정체를 알 날이 있을 것이 아닌가고 두려워하였다. 누구도 언제까지나 사람들을 속일 수는 없기 때문이다. 사람들은 그들이 돈벌이를 위해 일한다는 것을 알게 될 날이 올 것이다. 그래서 그들은 바울을 자신들과 마찬가지로 탐욕스러운 자로 끌어내리려고 했다. 그래야만 바울의 독립심이 그들의 탐욕과 대조되지 않기 때문이다.

바울은 그들이 그리스도의 사도로 가장한 사람들이라고 비난하였다. 유대인의 전설에 의하면 사탄은 한때 천사로 가장하여 하나님을 찬미한 일이 있으며, 하와는 그때 사탄을 보고 유혹을 당했다고 한다.

오늘날에도 여전히 많은 사람이 기독교인으로 가장하고 있는 것이 사실이다. 어떤 사람들은 의식적으로, 더욱 많은 사람은 무의식적으로 그렇게 하고 있다. 그러한 사람들의 기독교는 알맹이 없는 겉만 번지르르한 의상과 같은 것이다. 우간다에서 모인 교회회의는 사람들이 스스로를 검증하며 자신이 믿는 기독교가 진실한 것인지 시험해 볼 수 있는 네 개의 설문을 작성하였다.

I. 그리스도의 십자가를 통한 구원을 알고 있는가?

II. 성령의 능력, 기도, 명상, 하나님에 대한 지식 안에서 성장하고 있는가?

III. 모범적인 생활과 설교와 교육을 통해 하나님 나라를 확장시키고자 하는 커다란 소원이 있는가?

IV. 다른 사람을 개인적으로 찾아보고 심방하고 여러 사람들 앞에서 증거함으로 다른 사람들을 그리스도 앞으로 인도하는가?

다른 사람들의 신앙은 어찌하든지 우리는 자신의 기독교가 가장이 아닌 진실한 것이 되기 위해서는 이상의 설문을 갖고 자신을 시험해 보아야 한다.

사도의 신임장

고린도후서 11:16-33

[16]내가 다시 말하노니 누구든지 나를 어리석은 자로 여기지 말라 만일 그러하더라도 내가 조금 자랑할 수 있도록 어리석은 자로 받으라 [17]내가 말하는 것은 주를 따라 하는 말이 아니요 오직 어리석은 자와 같이 기탄없이 자랑하노라 [18]여러 사람이 육신을 따라 자랑하니 나도 자랑하겠노라 [19]너희는 지혜로운 자로서 어리석은 자들을 기쁘게 용납하는구나 [20]누가 너희를 종으로 삼거나 잡아먹거나 빼앗거나 스스로 높이거나 뺨을 칠지라도 너희가 용납하는도다 [21]나는 우리가 약한 것같이 욕되게 말하노라 그러나 누가 무슨 일에 담대하면 어리석은 말이나마 나도 담대하리라 [22]그들이 히브리인이냐 나도 그러하며 그들이 이스라엘인이냐 나도 그러하며 그들이 아브라함의 후손이냐 나도 그러하며 [23]그들이 그리스도의 일꾼이냐 정신없는 말을 하거니와 나는 더욱 그러하도다 내가 수고를 넘치도록 하고 옥에 갇히기도 더 많이 하고 매도 수없이 맞고 여러 번 죽을 뻔하였으니 [24]유대인에게 사십에서 하나 감한 매를 다섯 번 맞았으며 [25]세 번 태장으로 맞고 한 번 돌로 맞고 세 번 파선하고 일 주야를 깊은 바다에서 지냈으며 [26]여러 번 여행하면서 강의 위험과 강도의 위험과 동족의 위험과 이방인의 위험과 시내의 위험과 광야의 위험과 바다의 위험과 거짓 형제 중의 위험을 당하고 [27]또 수고하며 애쓰고 여러 번 자지 못하고 주리며 목마르고 여러 번 굶고 춥고 헐벗었노라 [28]이외의 일은 고사하고 아직도 날마다 내 속에 눌리는 일이 있으니 곧 모든 교회를 위하여 염려하는 것이라 [29]누가 약하면 내가 약하지 아니하며 누가 실족하게 되면 내가 애타지 아니하더냐 [30]내가 부득불 자랑할진대 내가 약한 것을 자랑하리라 [31]주 예수의 아버지 영원히 찬송할 하나님이 내가 거짓말 아니하는 것을 아시느니라

[32]다메섹에서 아레다 왕의 고관이 나를 잡으려고 다메섹 성을 지켰으나 [33]나
는 광주리를 타고 들창문으로 성벽을 내려가 그 손에서 벗어났노라

바울은 자신의 생각과는 달리 사도로서 자신의 신임장을 불가불 제출한다. 그것은 어리석은 일이라고 바울은 느끼고 있으며, 더욱이 자신을 다른 사람과 비교하는 것이 미친 짓처럼 생각되었다. 그러나 자신을 위해서가 아니라 그가 전파한 복음을 위해 그렇게 할 수밖에 없었다. 바울의 적대자들은 유대인 교사들이었으며, 그들은 자신들의 복음이나 권위가 바울의 그것보다 훨씬 훌륭하다고 분명히 주장했을 것이다.

바울은 고린도 교인들이 그들 때문에 많은 고생을 당해도 기쁘게 참는다고 말하면서 그들의 정체를 신속하게 잘 묘사하고 있다.

그들은 고린도 교인들을 비천한 노예로 만든다. 그것은 그들이 고린도 교인들에게 할례나 그 밖에도 수천 가지 쓸데없는 유대교의 율법이 요구하는 규칙이나 규정을 지키게 함으로써 복음의 은총이 주는 영광스러운 자유를 포기하게 하기 때문이다.

그들은 고린도 교인들을 잡아먹거나 사로잡는다. 유대 랍비 가운데 심한 자는 염치없이 강탈하는 자들이 있었다. 그들은 이론적으로는, 랍비는 가르치는 것 때문에 보수를 받아서는 안 되며, 그 손으로 수고함으로써 양식을 벌어야 한다고 주장하였다. 그러나 동시에 그들은 랍비를 도와주는 것은 특별한 선행이며, 그러한 선행을 베푸는 자는 하늘의 아카데미에 반드시 들어갈 수 있다고 가르쳤다.

그들은 오만하게 행동하였다. 그들은 고린도 교인들 위에 군림하였다. 사실 랍비는 부모에 대한 존경 이상의 존경을 요구했으며, 가령 부친과 교사가 같이 산적들에게 납치되었다면 교사를 위해 먼저 몸값을 치르고 나서 그 후 부친을 위해 몸값을 치러야 한다고 실세로 주장하였다.

그들은 제자들의 얼굴을 때렸다. 이것은 그들의 오만하고 무례한 행위를 나타내는 말일 수 있으며, 실제로 글자 그대로 행동한 것일 수도 있다(행 32:2 참조). 이러한 고린도 교인들은 유대인 교사들의 오만불손한 행위를 오히려 사도적인

권위의 보증이라고 보는 이해할 수 없는 상황까지 떨어져 있었다.

거짓 교사들은 자신들의 자격을 세 가지로 주장하였는데 이에 대해 바울도 자신에게 그러한 같은 자격이 있노라고 주장하고 있다.

그들은 **히브리인**임을 주장한다. 이 말은 특별히 히브리어를 기억하고 있으며, 바울 시대의 히브리어 형태인 아람어로 고대 히브리어를 말하고 있는 사람들을 의미하고 있다. 당시 유대인은 전 세계 각처에 흩어져 살고 있었다. 예를 들면 알렉산드리아에는 백만 명이 살고 있었다. 흩어져 사는 유대인은 대부분 모국어를 잊어버렸으며 헬라어를 사용하였다. 팔레스타인에 남아 있던 유대인은 모국어를 계속 보존했으며, 그러한 외국에 있는 유대인을 항상 멸시했다. 아마 바울의 적대자들은 이렇게 말했을 것이다. "이 바울은 다소의 시민이다. 그는 우리와 같이 순수한 팔레스타인 출신의 유대인이 아니다. 그는 헬라어밖에 모르는 유대인이다." 이에 대해 바울은 이렇게 답변한다. "아니다! 나도 순수한 우리 조상의 말을 결코 잊지 않았다." 그러한 점에서 그들은 결코 우월성을 자랑할 수 없었다.

그들은 **이스라엘인**임을 주장한다. **이스라엘인**이란 말은 **하나님의 선민의 한 사람**으로서 유대인을 두고 하는 말이다. 유대교의 신조를 나타내는 기본적인 문구, 모든 회당에서 예배드릴 때 개회사로 사용되는 문구는 "이스라엘아 들으라 우리 하나님 여호와는 오직 유일한 여호와이시니"(신 6:4)라는 성구다. 분명히 바울을 적대시하는 유대인은 이렇게 말했을 것이다. 바울은 팔레스타인에서 살아본 적이 없다. 길리기아의 헬라인 틈에서 사는 동안 선민에게서 떨어져 나갔다. 이에 대해 바울은 이렇게 대답한다. "아니다! 나도 누구 못지않게 순수한 이스라엘인이다." 그러한 점에 대해 그들은 결코 우월성을 자랑할 수 없었다.

그들은 **아브라함의 자손**임을 주장한다. 그러한 그들의 주장은 곧 자신들은 아브라함의 직계 자손이며, 따라서 자신들은 하나님께서 아브라함에게 주신 크신 약속(창 12:1-3)의 상속인이라는 것이다. 분명히 그들은 바울이 그들과 같이 순수한 자손이 아니라고 주장했을 것이다. 이에 대해 바울은 이렇게 말한다. "아니다! 나도 누구 못지않게 순수한 자손이다(빌3:5-6). 유대인의 순수한 혈통이란 문제에서도 나는 어떤 사람과 비해 결코 떨어지지 않는다." 그러한 문제에 대해서도 그들은 우월성을 자랑할 수 없었다.

그러고 나서 바울은 사도로서 자신의 신임을 제출하는데, 그의 신임장이란 그가 받은 고난의 흔적이다. 바울이 자신의 유일한 자격이라고 제시하는 바는 그리스도를 위해 그가 받은 고난의 목록이다. 진충씨(《천로역정》의 등장인물)가 "부르심을 받고" 하나님의 앞으로 가야 한다는 것을 알고 이렇게 말한 바 있다. "나는 내 아버지께 가려고 한다. 지금까지도 벌써 많은 어려움을 당했지만 내가 있는 이곳까지 오기 위해 당한 모든 환난을 결코 후회하지 않는다. 나의 순례 길을 성공하도록 할 이에게 나는 나의 검을 주련다. 또 나의 용기와 재주 그것을 받을 만한 이에게 주겠다. 그러나 상처와 흔적은 나를 위한 증거로서 내가 갖고 가겠다. 그들은 나에게 이제 상급을 주실 이를 위해 내가 싸운 것을 증언해 줄 것이다." 진충씨와 같이 바울은 그의 유일한 신임장을 그가 받은 고난의 흔적 속에서 찾는다.

바울이 견뎌 낸 많은 갖가지 목록들을 볼 때 통감하는 것은 우리가 바울에 대해 알고 있는 것이 극히 적다는 것이다. 이 편지를 썼을 때 바울은 에베소에 머물러 있었다. 다시 말해 우리는 사도행전 이야기의 19장에 겨우 도달한 것에 불과하며, 이 바울의 고난의 목록을 사도행전의 이야기와 비교해 볼 때 거기에는 그가 받은 고난의 4분의 1밖에 기록하지 않았다는 것을 안다. 이 목록을 읽을 때, 바울은 우리가 생각했던 것 이상의 위대한 인물임을 알게 된다. 사도행전은 바울의 행적과 인내의 표면만을 훑어놓은 것에 불과하기 때문이다.

이 기다란 목록 가운데서 우리는 다만 세 가지만을 취할 수 있다.

1. "세 번 태장으로 맞았다"라고 바울은 말한다. 이것은 로마의 형벌이었다. 로마의 관리 밑에서 처벌을 책임졌던 하수인들을 릭토르라고 했다. 그들은 자작나무로 만든 태장을 갖고 죄수를 쳤던 것이다. 바울은 이런 형벌을 세 번씩이나 받았다. 이러한 형벌은 바울에게 내려서는 안 되는 것이었다. 로마법에 의하면, 로마의 시민에게 채찍질하는 것은 죄가 된다고 했는데 바울은 로마의 시민이었기 때문이다. 그러나 폭도가 난폭하게 대들고, 관리가 약골이었을 경우 비록 로마의 시민이더라도 바울은 이런 형벌을 받았던 것이다.

II. "사십에 하나 감한 매를 다섯 번 맞았다"라고 바울은 말한다. 이것은 유대의 형벌이었다. 유대의 율법은 그러한 태형을 규정하고 있다(신 25:1-3). 보통의 경우 형벌은 사십 번 매를 때리는 것이며, 어떤 경우도 그 이상을 초과해서는 안 된다. 그걸 넘기면 매를 때린 자가 오히려 매를 맞게 되어 있다. 그래서 언제나 서른아홉 번에서 매를 멈추었던 것이다. 그러기에 태형을 두고 "사십에 하나 감한" 것이라고 알려진 것이다. 그 형벌의 상세한 규정을 **미슈나** 속에 기록하고 있는데 그것은 유대인의 전통적인 율법을 법전화한 책이다. "그들은 죄인의 두 손을 기둥의 양쪽에 붙잡아 매고 회당의 집행인은 그의 옷—그것이 찢어졌으면 찢어진 채로, 해져 있으면 해져 있는 그대로—을 헤쳐 가슴을 드러나게 한다. 죄인의 뒤에 돌을 놓고 회장의 집행인이 그 위에 서며, 송아지 가죽으로 만든 채찍을 네 겹으로 만들어 손에 들고, 그 위에 오르내리는 두 개의 다른 채찍을 함께 가진다. 채찍의 끝이 그의 배꼽까지 가 닿아야 한다(다시 말해 희생자의 어깨를 쳤을 때 채찍의 끝이 배꼽까지 가 닿아야 한다). 집행인은 채찍의 3분의 1은 앞가슴에, 3분의 2는 등에 때린다. 그리고 서 있을 때나 앉아 있을 때는 때릴 수 없고 다만 구부리고 있을 때만 때릴 수 있다. …치는 자는 한 손으로 힘껏 때려야 한다. 맞은 자가 죽어도 때린 자에게는 하등의 죄가 되지 않는다. 그러나 한 번이라도 더 많이 때리고 그가 죽었다면 때린 자는 추방당해야 한다." 바울이 **다섯 번**씩이나 맞은 매는 바로 이런 매이며, 그 매를 맞으면 죽을 수도 있는 가혹한 형벌이었다.

III. 거듭 바울은 그 목록 가운데서 여행 중 위험에 대해 말하고 있다. 바울의 시대는 그 이전의 시대보다 육로나 해상 여행이 안전하였던 것이 사실이나 여전히 위험한 것이었다. 고대 사람들은 대체로 바다를 좋아하지 않았다. 루크레시어스는 "해면에 서서 불쌍한 악마 같은 뱃놈들이 고생하는 것을 보기가 즐겁다"라고 말했다. 세네카도 친구에게 이렇게 써 보낸 일이 있다. "너는 나를 설복해서 무슨 일이든지 시킬 수 있네. 나는 최근 해상 여행을 하도록 설복을 당했으니까." 당시 사람들은 해상 여행을 마치 자살 행위와 같이 생각하였다.

육로 여행에서도 산적들의 위험이 여전히 있었다. 에픽테토스는 이렇게 말했다. "길에는 도적이 들끓는다는 말을 듣고 감히 혼자 여행하기를 단념하고 길동무, 즉 사절단이든가, 지방총독들의 행렬이 생길 때까지 기다렸다가 그 일행을 따라 나섬으로써 안전하게 여행한다." 그러나 바울에게는 같이 따라갈 수 있는 무리가 없었다. "생각해 보라. 언제 도둑이 나타나서 너의 목을 자를지 모른다"라고 세네카는 말했다. 나그네들이 붙잡히고 몸값을 치르도록 요청 받는 일은 흔한 일이었다. 바울이야말로 가장 모험심이 강한 사람이었다.

그리고 이 모든 고난 위에 **모든 교회를 위한 염려**가 있었다. 그것은 분명히 여러 교회의 일상적인 관리를 위한 무거운 짐을 의미하고 있을 것이다. 그러나 그 이상의 의미가 있다. 마이아즈가 자신의 시 〈성 바울〉에서 바울이 다음과 같이 말하고 있다.

> 온 세계의 고난의 노한 파도가
> 내 한마음의 수로로 밀려오도다.

바울은 백성의 슬픔과 고난을 마음으로 짊어졌던 것이다.

이 부분은 이상하게 끝나고 있다. 얼핏 보아 다메섹에서 도망친 것은 용두사미격이 된 것같이 보인다.

이 사건은 사도행전 9장 23-25절에 나타나 있다. 다메섹의 성벽은 그 위로 마차가 달릴 수 있으리만큼 넓었다. 그리고 그 위에 많은 집이 있었기 때문에 바울은 그 중 어느 한 집에서부터 매달려 왔을 것이다. 하지만 무엇 때문에 바울은 이 사건에 대해 그처럼 직접적으로 그리고 확정적으로 말하는 것일까? 그것은 이 사건이 그를 항상 괴롭혔기 때문일 것이다. 바울은 이처럼 다메섹에서 도망친 것이 태형을 당한 것보다 더 애통하게 생각하는 그런 사람이었다. 그는 밤중에 탈주병처럼 도망치는 것을 충심에서 미워했을 것이다. 폭도를 정면으로 대할 수 있었던 그에게 몰래 도망친 사실이 매우 못마땅했을 것이다. 바울에게 가장 쓰라린 굴욕은 폭도를 정면으로 내면하는 것도, 목숨을 걸고 그늘과 대면하는 것도 아니었다.

The Letter to the Corinthians 12

가시와 은혜

고린도후서 12:1-10

1무익하나마 내가 부득불 자랑하노니 주의 환상과 계시를 말하리라 2내가 그
리스도 안에 있는 한 사람을 아노니 그는 십사 년 전에 셋째 하늘에 이끌려
간 자라(그가 몸 안에 있었는지 몸 밖에 있었는지 나는 모르거니와 하나님은
아시느니라) 3내가 이런 사람을 아노니(그가 몸 안에 있었는지 몸 밖에 있었
는지 나는 모르거니와 하나님은 아시느니라) 4그가 낙원으로 이끌려 가서 말
로 표현할 수 없는 말을 들었으니 사람이 가히 이르지 못할 말이로다 5내가
이런 사람을 위하여 자랑하겠으나 나를 위하여는 약한 것들 외에 자랑하지
아니하리라 6내가 만일 자랑하고자 하여도 어리석은 자가 되지 아니할 것은
내가 참말을 함이라 그러나 누가 나를 보는 바와 내게 듣는 바에 지나치게
생각할까 두려워하여 그만두노라 7여러 계시를 받은 것이 지극히 크므로 너
무 자만하지 않게 하시려고 내 육체에 가시 곧 사탄의 사자를 주셨으니 이는
나를 쳐서 너무 자만하지 않게 하려 하심이라 8이것이 내게서 떠나가게 하기
위하여 내가 세 번 주께 간구하였더니 9나에게 이르시기를 내 은혜가 네게
족하도다 이는 내 능력이 약한 데서 온전하여짐이라 하신지라 그러므로 도

리어 크게 기뻐함으로 나의 여러 약한 것들에 대하여 자랑하리니 이는 그리스도의 능력이 내게 머물게 하려 함이라 [10]그러므로 내가 그리스도를 위하여 약한 것들과 능욕과 궁핍과 박해와 곤고를 기뻐하노니 이는 내가 약한 그때에 강함이라

우리에게 조그마한 감수성이라도 있다면, 우리는 이 부분을 외경심을 갖고 읽을 것이다. 바울은 여기서 가슴을 열어 보이며, 그의 영광과 고뇌를 동시에 보여주기 때문이다.

자신의 의지와는 반대로 바울은 여전히 자신의 신임장을 제출하면서, 하나의 경험담을 말하고 있다. 그 경험에 대해 우리는 다만 감탄할 뿐이지 그 내용이 어떤 것인지 도저히 알 수 없다. 그는 매우 이상하게도 자기 자신의 밖에 서서 스스로를 보고 있는 것 같다. "내가 한 사람을 안다"라고 그는 말한다. 그 사람이란 바울 자신이다. 그런데도 바울은 이 놀라운 경험을 체험한 사람을 일종의 냉정한 경의심과 놀라운 생각을 갖고 바라보고 있다. 신비가에게 모든 종교적 경험이 지향하는 큰 목적은 하나님을 보는 것이며, 더욱 하나님과 하나가 되는 것이다. 신비가는 항상 "보는 자와 모이는 자가 하나가 되는" 놀라운 순간을 목적으로 한다. 유대인의 구전에 의하면 네 사람의 랍비가 하나님을 보았다고 한다. 벤 아자이는 그 영광을 보고 죽었다. 벤 소마는 그것을 보고 미쳤다. 아헬은 그것을 보고 "어린 나무를 찍었다". 다시 말해 하나님을 보았는데도 이단자가 되어 진리의 동상을 망쳤다. 아키바만이 단지 고요하게 하늘로 올라갔다가 고요하게 돌아왔다고 한다.

어떤 일이 바울에게 일어났던 것인지 우리는 추측할 수도 없다. 바울이 셋째 하늘에 대해 말한다고 해서 우리는 하늘이 몇 개 있을 것인지 규명하기 위해 학설을 세울 필요는 없다. 그는 단지 자신의 영이 황홀 상태에 들어가, 그 이상은 아무나 가까이 갈 수 없을 정도로 하나님께 가까이 갔었다는 것을 말하고 있나.

다소 이해에 도움이 되는 하나의 아름다운 사실에 대해 알아보자. 파라다이스(paradies〈**낙원**〉)란 말은 바사어에서 온 것인데, **담으로 둘러싸인 동산**이란 뜻이다. 바사 왕이 특별히 중히 여기는 사람에게 명예를 주고자 할 때는 그 사람을

동산의 벗으로 삼아, 그에게 왕궁 내의 동산을 왕과 가까이에서 소요할 수 있는 권리를 주었던 것이다. 바울은 이 경험을 통해서 전무후무하게도 하나님과 동행하는 경험을 했다.

그러고 나서 영광 후에 고통이 뒤따랐다. KJV에는 그것을 육체에 주어진 **가시**라고 한다. 그 말(skolops)은 가시라는 뜻도 있지만 **말뚝**이라는 의미가 더 가깝다. 때로 범죄인들이 끝이 뾰족한 말뚝에 찔리는 수가 있었다. 바울은 그러한 말뚝으로 몸이 뒤틀리는 것 같은 아픔을 느꼈던 것이다. 그의 육체의 가시란 어떤 것이었을까? 여기에 대해 많은 대답이 있다. 우선 여러 훌륭한 인사가 지지하였지만, 증거라는 면에서 우리가 부정할 수밖에 없는 것들을 살펴보자.

I. 그 가시란 "영적인 유혹"을 의미한다고 했다. 다시 말해 의심의 유혹, 사도로서 의무를 회피하고자 하는 유혹, 이런 유혹에 빠졌을 때 양심의 고통을 의미한다. 그것은 칼뱅의 견해였다.

II. 그것은 바울이 직면하지 않으면 안 되었던 "반대와 박해"를 의미한다고 했다. 다시 말해 그에게 반대하여 그의 일을 파괴하려는 자와의 끊임없는 싸움이라는 주장이다. 그것은 루터의 견해였다.

III. 그것은 "육욕의 유혹"을 의미한다고 했다. 수도승이나 은자가 수도원이나 암자에 파묻혀 있을 때, 성 본능만은 마지막까지 억제하기 어려운 것임을 그들은 발견하였던 것이다. 그들은 금욕주의의 이상에 따라 그것을 제거하기 원했지만 그렇게 할 수 없었다. 바울도 그랬을 것이라고 그들은 생각하였다. 그것은 오늘날까지도 로마 가톨릭 교회가 공통적으로 가진 견해다.

이상의 해답은 다음의 세 가지 이유 때문에 정당하게 이해될 수 없다.

1. 말뚝이란 말 자체가 매우 맹렬한 고통을 나타내 주고 있다.

2. 우리 앞에 있는 모든 이미지는 육체적인 고통의 이미지다.

3. 가시가 어떤 것이었던 간에 그것은 간헐적인 것이었다. 그것은 때때로 바울을 쓰러뜨리기도 했지만 자신의 일을 전혀 하지 못하게 하지는 않았기 때문이다.

그러면 이제 다른 가능한 해답을 찾아보자.

IV. 그 가시란 바울의 "육체적인 외모"라는 추측이 있다. "그가 몸으로 대할 때는 약하고 그 말도 시원하지 않다 하니"(고후 10:10). 바울의 몸에는 어딘가 결함이 있고, 일을 하는데도 방해가 되었다는 추측이 있다. 하지만 그것은 거기에 있어야 할 맹렬한 고통을 설명해 주지 못한다.

V. 매우 널리 알려진 해답은 "간질병"이란 주장이다. 그것은 맹렬한 고통도 동반하며, 간헐적인 것이기도 하다. 고통을 당하는 사이사이에 일도 할 수 있다. 그것은 징그러운 것이었다. 고대 세계에는 그것이 악령의 장난이라고 생각했다. 그것은 바울이 경험한 것과 같은 환상이나 황홀 상태를 만들어 준다. 고대 세계에서는 간질병 환자를 보면 사람들은 악령이 자신에게 달라붙지 못하도록 그 사람을 향해 침을 뱉었다. 갈라디아서 4장 14절에서 바울은 갈라디아 사람들이 자신의 허약한 것을 보고도 업신**여기지** 않았다고 한다. 그 말을 헬라어 문자 그대로 보면 **너희가 나에게 침을 뱉지 않았다**는 의미다. 무엇보다도 줄리어스 시저도, 올리버 크롬웰도, 나폴레옹도 모두 간질병 환자였다. 하지만 이 견해는 받아들이기 어려운 결론을 내포하고 있다. 이 견해에 의하면 바울이 하나님을 본 경험은 일시적으로 혼란에 빠진 정신이 가졌던 환상, 간질병 특유의 황홀 상태가 만들어 낸 환각이 되어 버릴 것이다. 그런데 세계를 변혁시킨 비전이 간질병의 발작에서 생긴 것이란 도저히 믿을 수 없는 것이다.

VI. 가장 오래된 것은 바울이 매우 "지독한 두통"으로 고통을 당했다는 것이다. 터툴리아누스와 제롬이 다 같이 이 주장을 믿었다.

VII. 가장 진실되게 느껴지는 것이 있다. 그것은 바울이 안실 때문에 고통당한다는 주장이다. 그것은 두통의 원인을 설명해 주기도 한다. 다메섹 도상에서 있었던 영광 뒤에 바울의 눈이 보이지 않게 되었다(행 9:9). 그 후 그의 눈이 완전히 회복되지 않았다고 생각할 수 있다. 바울은 갈라디아 사람들에게 너희가 할 수만 있었다면 너희의 눈이라도 빼어 나를 주었으리라고 말한 일이 있다(갈 4:15). 또 갈라디아서의 마지막 부분에서 "내 손으로 너희에게 이렇게 큰 글자로 쓴 것을 보라"(갈 6:11)고 쓰고 있는데 이 말은 눈이 거의 보이지 않는 사람이 쓰는 커다란 글씨를 두고 하는 말이라고 생각된다.

Ⅷ. 그러나 무엇이라고 해도 가장 가능성이 큰 주장은, 바울이 동부 지중해안 지대를 늘 휩쓸던 일종의 맹렬한 말라리아 열병에 만성적으로 걸려 간헐적으로 무서운 증상이 나타나 그를 괴롭혔다는 것이다. 그 지방의 원주민들은 원수를 해치고자 할 때, 그들의 신에게 그 원수가 이러한 열병으로 "불탔으면"라고 기도했다고 한다. 이 열병을 앓았던 사람은 그때 발생하는 두통을 "시뻘겋게 달은 쇠몽둥이로 이마를 지르는 것" 같았다고 표현하고 있다. 또 다른 사람은 "치과의사의 기계를 갖고 구멍을 뚫어 두 턱 사이에 사슬을 끼는 것 같은 아픔"이며, 한창 심할 때는 "인간의 인내력의 한계에 도달한다"라고 말하고 있다. 이것은 충분히 육체의 가시, 아니 육체에 꽂힌 말뚝이란 표현에도 꼭 들어맞는다. 사도로서 많은 일들을 이룩하기까지 여러 환난에 직면해 잘 견뎌냈던 사람이 이제 또다시 심한 고통과 늘상 싸우지 않으면 안 되었던 것이다.

바울은 이 가시가 제거되었으면 좋겠다는 기도를 드렸지만, 대부분 하나님의 대답이 그런 것같이 이 가시를 제거하는 것이 아니라 그 고통을 참고 이길 수 있는 힘을 바울에게 주신다는 식으로 주어졌다. 하나님께서는 우리에게 모든 것을 아낌없이 주시며 우리가 그 고난을 이기고, 무사히 지나가게 하신다.

바울에게는 넉넉한 은혜가 약속으로 또 현실적으로 주어졌다. 바울의 생애 가운데서 그에게 주신 은혜가 얼마나 넉넉했는지를 보여 주는 몇 가지 실례를 찾아보자.

Ⅰ. 그 은혜는 "육체적인 피로"에 대해 넉넉하였다. 그 은혜는 바울이 계속 일을 하도록 하게 했다. 요한 웨슬리는 4만 2천 번의 설교를 했다. 일 년 평균 4천5백 마일을 여행하였다. 그는 하루에 60 내지 70마일씩 말을 탔으며, 평균 하루에 세 번 설교했다. 그가 83세 되던 해 일기에 이렇게 쓰고 있다. "나는 나 자신을

두고도 놀란다. 나는 설교를 해도, 여행을 해도 피곤을 모른다." 그것은 넉넉한 은혜의 결과였다.

II. 그 은혜는 "육체적인 고통"에 대해 넉넉하였다. 이 은혜 때문에 바울은 잔악한 말뚝을 능히 참을 수 있었다. 한때 어떤 사람이 지독한 고통을 동반하는 불치병으로 죽어가고 있는 한 소녀를 문병 차 방문한 일이 있다. 그때 그는 누군가 괴로움을 당하는 사람들을 위로하기 위해 쓴 작은 책자를 갖고 갔다. 그것은 밝은 책, 행복한 책, 웃음을 주는 책이었다. "고맙습니다"라고 소녀는 말했다. "하지만 나는 그 책을 잘 알고 있습니다." "읽어 본 일이 있어요?" 그는 물었다. 그러자 소녀는 대답하였다. "**그 책은 내가 쓴 것입니다**." 그것은 모든 일에 넉넉한 은혜의 결과였다.

III. 그 은혜는 "반대"에 대해 넉넉하였다. 바울은 자신의 생애를 통해 반대하는 자들과 대결했으며, 그들에게 굴복당한 일이 한 번도 없었다. 아무리 가혹한 반대라도 그를 쳐부수거나 후퇴시키는 일은 할 수 없었다. 그것은 넉넉한 은혜의 결과였다.

IV. 그 은혜는 그의 모든 편지가 보여 주듯이 "중상"과 대결할 수 있는 힘을 그에게 주었다. 중상, 오해, 잔악한 오판과 같은 것들과 대면하기란 매우 어려운 일이다. 옛날 어떤 사람이 마게도냐 사람 알케라우스에게 물 한 통을 퍼부은 일이 있다. 그는 아무 말도 하지 않았다. 친구가 그에게 어떻게 해서 그렇게 태연할 수 있었느냐고 물었을 때 "그 사람은 나에게 물을 끼얹은 것이 아니고, 그가 나라고 생각한 사람에게 끼얹은 것이라네"라고 대답했다고 한다. 넉넉한 은혜는 바울이 사람들이 자신을 어떻게 생각하는지에 개의치 않고 하나님께서 자신을 어떻게 알고 계시는지만 전념하게 했다.

우리가 약할 때 이러한 놀라운 은혜를 발견할 수 있다는 것은 참으로 생의 영광이다. 인간의 궁지는 하나님의 기회가 되기 때문이다.

최후의 변명

고린도후서 12:11-18

11내가 어리석은 자가 되었으나 너희가 억지로 시킨 것이니 나는 너희에게
칭찬을 받아야 마땅하도다 내가 아무것도 아니나 지극히 크다는 사도들보다
조금도 부족하지 아니하니라 12사도의 표가 된 것은 내가 너희 가운데서 모
든 참음과 표적과 기사와 능력을 행한 것이라 13내 자신이 너희에게 폐를 끼
치지 아니한 일밖에 다른 교회보다 부족하게 한 것이 무엇이 있느냐 너희는
나의 이 공평하지 못한 것을 용서하라 14보라 내가 이제 세 번째 너희에게 가
기를 준비하였으나 너희에게 폐를 끼치지 아니하리라 내가 구하는 것은 너
희의 재물이 아니요 오직 너희니라 어린아이가 부모를 위하여 재물을 저축
하는 것이 아니요 부모가 어린아이를 위하여 하느니라 15내가 너희 영혼을
위하여 크게 기뻐하므로 재물을 사용하고 또 내 자신까지도 내어 주리니 너
희를 더욱 사랑할수록 나는 사랑을 덜 받겠느냐 16하여간 어떤 이의 말이 내
가 너희에게 짐을 지우지는 아니하였을지라도 교활한 자가 되어 너희를 속
임수로 취하였다 하니 17내가 너희에게 보낸 자 중에 누구로 너희의 이득을
취하더냐 18내가 디도를 권하고 함께 한 형제를 보내었으니 디도가 너희의
이득을 취하더냐 우리가 동일한 성령으로 행하지 아니하더냐 동일한 보조로
하지 아니하더냐

바울의 변명이 거의 끝나 가는 이 부분을 읽을 때, 우리는 전심전력을 다해 분투노력했기에 이미 지칠 대로 지친 사람이 하고 있는 말을 듣는 것 같다. 힘껏 노력했기에 바울은 매우 지친 듯이 보인다.

다시 한 번 바울은 쑥스러운, 자증하는 일을 내키지 않는 마음으로 하고 있다. 아무리 내키지 않아도 하지 않으면 안 되는 일이었다. 자신이 불신을 당하는 것은 큰 일이 아니지만, 그 때문에 복음이 무효한 것이 된다면 내버려 둘 수 없는 것이다.

I. 무엇보다 첫째로, 바울은 자신이 결코 위대한 사도라 칭하는 무리에게 어떠한 점에서도 떨어지지 않는다고 주장한다. 그리고 그 주장은 하나의 사실—**그의 선교의 효과**—에 기초하고 있다. 세례 요한이 예수께 제자를 보내어, "오실 분이 당신입니까? 아니면 우리가 다른 사람을 기다려야 합니까"라고 물었을 때, 예수의 대답은 한마디로 "가서 요한에게 어떠한 일이 일어나고 있는지를 말하라"는 것이었다(눅 7:18–22).

바울이 자신이 고린도에서 전한 복음의 진실성을 보증하고자 했을 때, 그는 여러 가지 죄와 죄인의 목록을 나열했으며, 거기에다 하나의 번쩍번쩍 빛나는 문장을 첨부하였다. "너희 중에 이와 같은 자가 있었다"(고전 6:9–11). 언젠가 찰머스 박사가 많은 회중 앞에서 설교에 대해 칭찬하는 말을 들었는데, 그때 그는 "고맙습니다. **하지만 그 결과가 무엇입니까**?"라고 물었다. 결과야말로 진실성의 증명이요 보증이다. 교회의 진실성은 그 건물의 웅장함이나, 예배 의식의 화려함이나, 헌금 액수나, 더욱이 많은 회중의 숫자에 있는 것이 아니라 사람들의 **생활의 변화** 속에서 나타나는 것이다. 그리고 사람들의 생활에 변화가 없다면 진실성의 본질은 잃어버린 것이다. 바울이 세운 사도직의 진실성을 판단하는 유일한 기준은 사람들의 생활을 변화시키는 예수 그리스도의 은혜를 사람들에게 전할 수 있는 능력이었다.

II. 고린도 교인들은 바울이 자신들에게서 보조를 받으려 하지 않는 것을 매우 못마땅하게 생각하고 있었던 것 같다. 왜냐하면 바울은 여러 번 이런 비난에 대해 언급하고 있는 것으로 알 수 있다. 그는 여기서 또다시 기독교적인 자선의 최고 원리를 규정하고 있다. "나의 구하는 것은 너희의 재물이 아니요, 오직 너희니라"고 바울은 말한다. 자신을 주지 않는 자선은 언제나 보잘것없는 것이다. 일정한 돈을 지불하면 갚을 수 있는 빚도 있지만, 돈만으로는 도저히 갚을 수 없는 빚도 있다. H. L. 지이가 이런 이야기를 쓴 적이 있다. 거지가 착한 여인이 살고 있는 집에 찾아와 구걸을 했다. 무엇인가 줄 것이 없는 그녀는 집 안을 찾아보았지만 잔돈이 한 푼도 없었다. 그래서 그녀는 그에게 가서 이렇게 말했다. "지금 잔돈이 없는데, 마침 빵이 좀 필요해요. 여기 1파운드짜리 돈이 있으니까, 가서 빵을 좀 사다 주시면 잔돈 가운데서 얼마를 드리겠어요." 그리고 그 사람이 심부름을 갔다 오자 그녀는 작은 동전 몇 푼을 그에게 건네주었다. 그것을 받았을 때 그 사람의 눈에는 눈물이 고였다. "돈을 받았기 때문이 아닙니다. 당신이 나를 믿어 주었기 때문입니다. 지금까지 나는 아무도 나를 믿어 주는 사람을 보지 못했습니다. 이 이상 더 고마울 데가 없습니다." 그녀가 너무 어리석기에 그런 위험한 일을 할 수 있었다고 말하기 쉽다. 그러나 그녀는 그 남자에게 돈 이상의 것을 주었던 것이다. 다시 말해 그 남자를 신용함으로써 그녀 자신의 일부를 그 남자에게 주었던 것이다.

츠르게네프도 이런 말을 하고 있다. 어느 날 그는 길모퉁이에서 거지를 만났다. 그는 주머니를 뒤졌으나 돈이 한푼도 없었다. 반사적으로 그는 손을 거지에게 내밀면서 "형제여! 너에게 줄 것은 이 손밖에 없네"라고 말했다. 그 거지가 말했다. "선생님은 저를 형제라고 불러 주셨습니다. 선생님은 제 손을 잡아 주셨습니다. 그것도 훌륭한 적선입니다."

교회에 대한 의무, 동료들을 도와주어야 할 자선의 의무, 가난한 자와 굶주린 자에 대한 의무를 다하는 가장 안일한 방법은 돈만 내주고 그것으로 모든 것이 끝났다고 생각하는 것이다. 그것도 무의미한 행위는 아니다. 그러나 온전한 행위라고는 할 수 없다. 참다운 자선은 자선을 베푸는 자가 재물뿐만 아니라 자기 자신을 주어야 하기 때문이다.

III. 고린도 교인들은 마지막으로 또 하나의 바울에 대한 비난을 갖고 있었던 것 같다. 그들은 바울이 자신들을 이용한다고는 말할 수 없었다. 어떤 악의를 갖고서도 그러한 비난의 근거를 찾을 수 없었기 때문이다. 그러나 다음과 같은 비난을 했던 것 같다. 다시 말해 예루살렘의 가난한 성도를 위해 모금한 헌금의 일부에 대해 디도와 바울의 또 하나의 심부름꾼이 손을 대서 바울과 함께 나누어 가진 것이 아닌가 하는 것이다. 큰 악의를 가진 사람은 비난의 근거를 찾기 위해서는 못할 일이 없다. 친구에 대한 바울의 충성심은 그들을 변명하게 해 주었다. 위대한 인간의 친구가 된다는 것은 결코 언제나 안전한 일이 아니다. 큰 인물이 갖고 있는 여러 문제에 휩쓸릴 때가 많기 때문이다. 그러나 자기 자신처럼 믿을 수 있는 지지자나, 제자나, 조력자를 갖고 있는 사람은 행복한 사람이다. 바울은 그러한 제자들을 가진 사람이었다. 그리스도께서도 그런 제자들을 원하신다.

비기독교적인 교회의 표시

고린도후서 12:19-21

[19]너희는 이때까지 우리가 자기 변명을 하는 줄로 생각하는구나 우리는 그리
스도 안에서 하나님 앞에 말하노라 사랑하는 자들아 이 모든 것은 너희의 덕
을 세우기 위함이니라 [20]내가 갈 때에 너희를 내가 원하는 것과 같이 보지 못
하고 또 내가 너희에게 너희가 원하지 않는 것과 같이 보일까 두려워하며 또
다툼과 시기와 분냄과 당 짓는 것과 비방과 수군거림과 거만함과 혼란이 있
을까 두려워하고 [21]또 내가 다시 갈 때에 내 하나님이 나를 너희 앞에서 낮추
실까 두려워하고 또 내가 전에 죄를 지은 여러 사람의 그 행한 바 더러움과
음란함과 호색함을 회개하지 아니함 때문에 슬퍼할까 두려워하노라

변명을 끝내려고 하는 지금 바울의 마음에 걸리는 것이 한 가지 있다. 지금까지는 자신의 사도로서 자격을 말하거나 자기 변명을 하거나 했는데, 그것이 고린도 교인들에게 자신의 평판이나 인기를 위한 것이었다고 생각되지 않을까 하는 걱정이다. 그러한 것은 조금도 없었던 것이 사실이다. 바울은 자신이 하나님과 바른 관계를 갖고 있다는 것을 자각하고 있는 한, 다른 사람이 어떻게 생각하고 있는지 조금도 개의하지 않았다. 따라서 그가 지금까지 말해 온 것이 사람들에게 잘 보이기 위한 것이었다고 오해해서는 안 된다는 것이었다.

아브라함 링컨과 자문관들이 하나의 중대한 결의를 하게 되었다. 그때 자문관 중 한 명이 "좋습니다. 대통령 각하, 하나님께서 우리 편에 계셨으면 좋겠지요"라고 말했다. 그 말에 링컨은 "내가 걱정하는 것은 하나님께서 우리 편이 되어 주실 것인가 하는 것이 아니라, 우리가 하나님 편에 서는가 하는 것입니다"라고

대답했다. 바울의 최고 목적은 사람들이야 어떻게 생각하고 말하든, 하나님과의 바른 관계를 갖고 서는 것이었다.

그래서 바울은 고린도 방문 계획을 추진한다. 그는 약간 엄중한 태도로 고린도에 갔을 때, 그들이 자신이 원하는 사람이 아니었다고 말하지 않았으면 좋겠다고 말한다. 그렇게 되면 자신도 고린도 교인들이 원하는 사람이 될 수 없겠기 때문이다. 어떤 의미에서 그것은 거짓에 가깝다. 그는 엄중한 수단을 취하기를 원하지는 않을 것이다. 그러나 필요하다면, 결코 그들을 용서하지 않을 것이다. 그러고 나서 바울은 비기독교적인 교회를 열거한다.

다툼(eris)이 있다. 이것은 전쟁용어다. 그것은 대항이나 경쟁, 지위나 특권을 둘러싼 불화를 의미한다. 그것은 자신을 낮추는 자가 높아진다는 것을 잊어버린 인간에게 있는 특성이다.

시기(zelos)가 있다. 이 말은 이 세상이 전해 받은 가장 위대한 말이다. 그것은 원래 위대한 감정, 즉 훌륭한 생활이나 행위를 보고 마음의 감동을 받아 자신도 그대로 겨루어 보고자 하는 사람의 감정을 의미하는 것이었다. 하지만 겨루어 보고자 하는 마음은 시기심이 되기 쉽다. 다시 말해 자신이 갖지 못한 것을 갖고자 하는 욕망이나 갖지 못한 것은 다른 사람도 가져서는 안 된다는 인색한 마음으로 떨어지기 쉽다. 훌륭한 것을 위해 서로 겨루는 것은 고상한 성품이다. 그러나 시기는 비열하고 소심한 사람의 성품이다.

분냄(thumoi)이 있다. 이것은 오랫동안 품고 있는 노여움이 아니다. 그것은 맹렬한 진노가 갑자기 폭발하는 것을 말한다. 그것은 바실이 영혼의 광기라고 부르는 것과 같은 노여움, 갑자기 행동으로 돌진했지만 곧 후회하게 하는 노여움을 말한다. 고대인들도 이러한 폭발적인 노여움은 인간보다도 오히려 동물들의 특성이라고 말한다. 동물들은 자신을 억제할 수 없다. 하지만 인간은 자제할 수 있어야 한다. 격정에 몸을 바칠 때 인간은 사고력을 가진 인간이 아니라, 오히려 이성도 억제력도 없는 동물에 가까워진다.

당파심(eritheia)이 있다. 원래 이 말은 단순하게 **돈을 벌기 위해 하는 일**, 즉 날품팔이 일을 표현하는 말이었다. 그 후 돈을 버는 동기는 일체 생각하지 않고 하는 모든 일을 의미하게 되었다. 그래서 마침내 봉사의 정신은 전혀 없이 자신의 이익만을 생각하며 완전히 이기적인 자기중심적인 야심을 의미하게 되었다.

중상(katalaliai)**과 수군수군하는 것**(psithurismoi)이 있다. 중상이란 공중 앞에서 소리를 높여 상대방을 공격, 모욕, 비난하는 것, 자신과 견해가 같지 않은 사람을 비방하는 것이다. 수군수군한다는 것은 보다 추잡한 말이다. 그것은 악의가 있는 소문을 수군수군대며, 다른 사람의 귀에 중상하는 말을 속삭이며, 수치스러운 말을 비밀스럽게 이야기하는 것이다. 전자와 같은 경우에는 사람들이 대책을 세울 수 있다. 그것은 정공법으로 공격해 오기 때문이다. 그러나 후자와 같은 경우에는 어쩔 수 없다. 그것은 결코 얼굴을 내밀지 않는 지하운동이며, 주위 공기를 어느새 오염시키는 것이며, 그것이 어디서부터 오는 것인지 모르기 때문에 격퇴할 수도 없다.

거만함(phusioseis)이 있다. 교회 안에서는 누구도 자신의 직분을 자랑스럽게 생각하여야 하는 동시에 자기 자신을 과장해서는 절대로 안 된다. 사람들이 우리의 선행을 보고 찬미하는 것은 우리 자신이 아니라 우리가 섬기며, 우리에게 선을 행할 수 있는 능력을 주시는 하늘에 계신 아버지에 대한 것이다.

어지러운 것(akatastasiai)이 있다. 이것은 소동, 무질서, 무정부 상태를 의미한다. 항상 교회를 휘젓는 위험이 한 가지 있다. 교회는 민주적인 것이다. 하지만 교회에서는 민주주의가 지나칠 수 없다. 민주주의란 각자가 제 마음대로 하는 것이 아니다. 그것은 사람들이 독립적인 고집이 아니라, 상호 의존적인 공동성을 표어로 하는 사귐으로 들어가는 것이다.

끝으로 완악한 고린도 교인들이 아직 회개하지 않았던 죄가 몇 가지 있다.

더러움(akatharsia)이 있다. 이 말은 사람이 하나님 앞에 나가기에 합당치 못하게 하는 모든 것을 의미한다. 그것은 이 세상의 수렁 길에서 뒹굴었기에 진흙투성이가 된 인생을 의미한다. 키플링은 다음과 같이 기도하였다.

> 밤낮 절도 있고 깨끗하게
> 자신을 늘 다스리도록 가르쳐 주소서.

아카달시아는 그러한 깨끗하고 청순한 것과는 정반대다.

음란함(porneia)이 있다. 고린도 교인들은 간통을 죄라고 생각하지 않는 그런 사회 속에 살았다. 그 사회에서는 사람들이 하고 싶은 대로, 또 할 수 있는 대로 쾌락을 탐하는 것을 당연한 것으로 생각했다. 인간은 그러한 열등한 본성에 호소하는 것에 물들며, 그러한 것에 빠지기 쉽다. 그리하여 그러한 것에서 피하기 위해서는 "그리스도 자신이 깨끗하신 것처럼 영혼을 관능이나 죄에서 깨끗하게 하는" 희망을 확실히 붙잡고 있지 않으면 안 된다.

호색함(aselgeia)이 있었다. 이것은 번역하기 어려운 말이다. 그것은 성적인 불결만을 의미하지 않는다. 그것은 순전히 방자한 거만이다. 바실이 정의한 것과 같이 "그것은 자기 훈련의 고통에 견딜 수 없으며 견디려고 하지 않는 영혼의 태도다". 그것은 한계를 모르며, 사물의 품위를 모르는 방자한 거만이며, 방자하게 모든 일을 마음 내키는 대로 해 다른 사람들의 말을 상관하지 않는 오만함을 말한다. 요세푸스는 하나님의 도성 안에 바알의 신전을 지은 이세벨이 그러한 자였다고 한다. 헬라인의 근원적인 죄는 **휴브리스**(hubris)였다. 그런데 **휴브리스**란 하나님에게도, 인간에게도 그 각각에게 당연한 지위를 주지 않는 오만을 의미한다. **아셀게이아**는 명예심도 수치심도 없이, 염치없게도 하나님과 인간을 완전히 무시한 채 원하는 것을 원하는 때 제 손에 넣고자 하는 오만한 이기심을 가리킨다.

The Letter to the Corinthians

13

경고, 소원, 희망, 축복

고린도후서 13:1-13

1내가 이제 세 번째 너희에게 가리니 두세 증인의 입으로 말마다 확정하리라
2내가 이미 말하였거니와 지금 떠나 있으나 두 번째 대면하였을 때와 같이
전에 죄 지은 자들과 그 남은 모든 사람에게 미리 말하노니 내가 다시 가면
용서하지 아니하리라 3이는 그리스도께서 내 안에서 말씀하시는 증거를 너
희가 구함이니 그는 너희에게 대하여 약하지 않고 도리어 너희 안에서 강하
시니라 4그리스도께서 약하심으로 십자가에 못 박히셨으나 하나님의 능력으
로 살아 계시니 우리도 그 안에서 약하나 너희에게 대하여 하나님의 능력으
로 그와 함께 살리라 5너희는 믿음 안에 있는가 너희 자신을 시험하고 너희
자신을 확증하라 예수 그리스도께서 너희 안에 계신 줄을 너희가 스스로 알
지 못하느냐 그렇지 않으면 너희는 버림 받은 자니라 6우리가 버림 받은 자
되지 아니한 것을 너희가 알기를 내가 바라고 7우리가 하나님께서 너희로 악
을 조금도 행하지 않게 하시기를 구하노니 이는 우리가 옳은 자임을 나타내
고자 함이 아니라 오직 우리는 버림 받은 자 같을지라도 너희는 선을 행하게
하고자 함이라 8우리는 진리를 거슬러 아무것도 할 수 없고 오직 진리를 위

할 뿐이니 9우리가 약할 때에 너희가 강한 것을 기뻐하고 또 이것을 위하여
구하니 곧 너희가 온전하게 되는 것이라 10그러므로 내가 떠나 있을 때에 이
렇게 쓰는 것은 대면할 때에 주께서 너희를 넘어뜨리려 하지 않고 세우려 하
여 내게 주신 그 권한을 따라 엄하지 않게 하려 함이라 11마지막으로 말하노
니 형제들아 기뻐하라 온전하게 되며 위로를 받으며 마음을 같이하며 평안
할지어다 또 사랑과 평강의 하나님이 너희와 함께 계시리라 거룩하게 입맞
춤으로 서로 문안하라 12모든 성도가 너희에게 문안하느니라 13주 예수 그리
스도의 은혜와 하나님의 사랑과 성령의 교통하심이 너희 무리와 함께 있을
지어다

이 엄격하고도 통렬한 편지의 마지막 장에서 바울은 네 가지를 말하면서 끝을 맺는다.

I. 바울은 "경고"의 말로 끝맺는다. 그는 또다시 가고자 하는데, 이번에는 무책임한 말이나 무모한 진술이 있을 수 없다고 한다. 무엇을 말했든지 모두 확증될 것이라고 한다. 현대적으로 말하면 바울은 최후의 시도가 있어야 한다고 주장하는 것이다. 잘못된 상황이 더 이상 오래 끌어서는 안 된다는 것이다. 마침내 그 문제와 직면할 때가 온다는 것을 바울은 알았다. 약으로 고칠 수 없는 질병은 의사의 칼로 수술해야만 한다. 문제는 피하는 것으로 해결될 수 없다.

II. 바울은 "소원"의 말로 끝맺는다. 그들이 좋은 일을 해 줄 것을 바울은 원하고 있다. 그들이 좋은 일을 행한다면 바울은 권위를 행사하지 않아도 된다. 그리고 그것은 그에게 실망이 아니라, 오히려 깊고도 참된 기쁨이 된다. 바울은 결코 권위를 나타내기 위해 권위를 행사하기를 원하지 않았다. 그가 행한 모든 것은 세우기 위한 것이지 결코 허물어뜨리기 위한 것이 아니었다. 징계는 그 사람을 세우기 위한 것이지 결코 쓰러뜨리기 위한 것이어서는 안 된다.

III. 바울은 "희망"의 말로 끝맺는다. 그는 고린도 교인들에게 세 가지 희망

을 갖고 있다.

1. 그들이 완전을 향해 나아갈 것을 희망한다. 기독교 생활에는 서서 머무는 일이 있을 수 없다. 전진하지 않는 자는 후퇴하는 자다. 기독교인은 끊임없이 하나님을 향해 걸어가는 사람이며, 따라서 그는 매일 그리스도의 은혜로 하나님 보시기에 합당한 자가 되어야 한다.

2. 그들이 그의 권면의 말씀을 잘 들어주기를 희망한다. 듣기 어려운 권면을 잘 듣는 자가 곧 위대한 인간이다. 우리가 원하는 것에 대한 논의를 중단하고 현인들의 말, 더욱이 예수 그리스도의 말씀에 귀 기울이면 우리는 커다란 진보를 갖게 될 것이다.

3. 그들이 화해와 평화 속에 살아가기를 희망한다. 어떤 교회도 서로 원망하는 마음을 지니고서는 평화의 하나님께 예배드릴 수 없다. 하나님에 대한 그들의 사랑이 현실화되기에 앞서 인간들은 서로 사랑해야 한다.

IV. 끝으로 바울은 "축복"의 말로 끝맺는다. 엄격함, 통렬함, 싸움과 논쟁 뒤에 해맑은 축복의 말씀이 뒤따른다. 원수와 화평을 맺는 최선의 방법은 그들을 위해 기도하는 것이다. 어떤 사람을 미워하면서 동시에 그 사람을 위해 기도할 수는 없기 때문이다.

그리하여 우리는 고난에 찬 바울의 이야기와 고린도 교회에 대해 울려 퍼지는 축복의 종소리를 들어가며 이별하게 된다. 그 길은 매우 어려웠다. 하지만 최후의 말은 평화다.